해커스
한국전력공사
NCS + 전공
봉투모의고사

기출동형모의고사
1회

(전기 전공 + NCS)

해커스

수험번호	
성명	

기출동형모의고사
1회
(전기 전공 + NCS)

문제 풀이 시작과 종료 시각을 정한 후, 실전처럼 모의고사를 풀어보세요.

- 사무/기술(전기 제외) 분야 　　시　　분 ~　　시　　분 (총 50문항/70분)
- 전기 분야 　　시　　분 ~　　시　　분 (총 55문항/70분)

□ **시험 유의사항**

[1] 한국전력공사 필기시험은 영역별 제한 시간 없이 전체 문항을 70분 이내에 풀어야 하며, 분야별 시험 구성은 다음과 같습니다.
- 사무: NCS(의사소통·수리·문제해결·자원관리·정보능력) 50문항
- 기술(전기): 전공 15문항 + NCS(의사소통·수리·문제해결·자원관리능력) 40문항
- 기술(전기 제외): 전공 15문항 + NCS(의사소통·수리·문제해결·정보능력) 40문항

[2] 본 기출동형모의고사는 전기 전공 15문항과 NCS 50문항으로 구성되어 있으므로 지원 분야에 따라 다음과 같이 풀이하시면 됩니다.
- 사무/기술(전기 제외) 분야 응시자: NCS 1~50번 풀이
- 기술(전기) 분야 응시자: 전기 전공 풀이 후, NCS 1~40번(정보능력 제외) 풀이

[3] 본 기출동형모의고사 마지막 페이지에 있는 OMR 답안지와 해커스ONE 애플리케이션의 학습 타이머를 이용하여 실전처럼 모의고사를 풀어보시기 바랍니다.

전공

전기

01. 다음 중 반원구의 입체각은 몇 스테라디안[sr]인가?

① $\frac{1}{2}\pi$ ② π ③ 2π ④ 4π ⑤ 8π

02. 전계에서는 방향을 가진 쌍극자가 그 중심을 한 면 위에 두고 연속적으로 분포하는 것을 가리켜 전기 이중층이라 할 때, 이를 자계에서 나타내는 용어로 가장 적절한 것은?

① 전기 쌍극자 ② 점전하 ③ 원형코일 ④ 판자석 ⑤ 점자극

03. 다음 중 변전소의 역할로 적절하지 않은 것은?

① 전력을 발생시킨다.
② 전압을 변성 및 조정한다.
③ 무효전력과 유효전력을 제어한다.
④ 전력조류를 제어한다.
⑤ 송배전선로를 보호한다.

04. 다음 설명에 해당하는 유속 측정 장치는?

> 개수로의 유량을 측정하거나 취수를 위한 수위 증가 등을 목적으로 설치하는 장치로 물에 의한 침식에서 강우량의 특성을 파악하기 위해 포장이나 유역의 말단에 설치하여 계량한다. 작은 유량을 측정할 경우 삼각형의 이 장치를 사용하는 것이 효과적이다.

① 위어   ② 피토관   ③ 열선 풍속계
④ 초음파 유량계   ⑤ 레이저 도플러 유속계

05. 3상 3선식 1회선 송전선의 소호리액터 접지방식에서 1상의 대지정전용량이 $C[\mu F]$이고, 정격전압이 $V[kV]$, 주파수가 $f[Hz]$일 때, 소호리액터 용량$[kVA]$은?

① $\pi fCV^2 \times 10^{-3}$ ② $2\pi fCV^2 \times 10^{-3}$ ③ $3\pi fCV^2 \times 10^{-3}$
④ $4\pi fCV^2 \times 10^{-3}$ ⑤ $6\pi fCV^2 \times 10^{-3}$

06. 전부하로 운전하고 있는 60$[Hz]$ 4극의 권선형 유도 전동기의 전부하 속도가 1,720$[rpm]$이다. 2차 회로의 저항을 3배로 할 때, 회전 수$[rpm]$는? (단, 2차 1상 저항은 0.02$[\Omega]$이다.)

① 1,352   ② 1,560   ③ 1,782   ④ 1,882   ⑤ 2,032

07. 다음 중 알칼리 축전지와 납 축전지를 비교한 것으로 적절하지 않은 것은?

① 알칼리 축전지는 납 축전지에 비해 진동이 강하다.
② 알칼리 축전지는 납 축전지에 비해 자기방전이 적다.
③ 알칼리 축전지는 납 축전지에 비해 열악한 주위 환경에서 오래 사용할 수 있다.
④ 알칼리 축전지는 납 축전지에 비해 기전력이 크다.
⑤ 알칼리 축전지는 납 축전지에 비해 암페어 시효율이 낮다.

08. 3상 배전선로의 말단에 소모 전력이 160[kW], 역률 80[%](뒤짐)인 평형 3상 부하가 있다. 부하점에 병렬콘덴서를 접속하여 선로손실을 최소화하기 위한 콘덴서 용량[kVA]은? (단, 부하단 전압은 일정하다.)

① 80   ② 100   ③ 120   ④ 140   ⑤ 160

09. 다음 중 단권변압기에 대한 설명으로 적절하지 않은 것은?

① 부하용량이 등가용량 대비 커 경제적이다.
② 동손 발생이 작아 효율이 좋아진다.
③ 누설자속이 적어 누설리액턴스도 적으므로 단락 사고 시 단락 전류가 크다.
④ %임피던스와 전압변동률이 모두 크다.
⑤ 1권선 변압기이기 때문에 동량을 줄일 수 있어 경제적이다.

10. 다음 중 직류 전동기의 속도 제어 방식인 워드 레오나드 시스템의 속도 제어 방법으로 적절한 것은?

① 저항제어   ② 직렬제어   ③ 병렬제어   ④ 계자제어   ⑤ 전압제어

11. R-L 직렬회로의 저항이 8[Ω], 유도 리액턴스가 6[Ω], 전류가 10[A]일 때, 전압[V]은?

① 60   ② 80   ③ 100   ④ 120   ⑤ 140

12. 다음 중 고압 가공전선로의 지지물로서 사용하는 목주의 풍압하중에 대한 안전율과 지름을 순서대로 바르게 나열한 것은?

① 1.1 이상, 12[cm] 이상   ② 1.2 이상, 제한 없음   ③ 1.3 이상, 0.12[m] 이상

④ 1.5 이상, 제한 없음   ⑤ 2 이상, 0.12[m] 이상

13. 시간함수 $f(t) = 2\delta(t) + 4u(t) + e^{-t}$를 라플라스 변환한 함수는?

① $\dfrac{s+2}{s(s+1)}$ ② $\dfrac{(s+2)^2}{s(s+1)}$ ③ $\dfrac{2s^2+5s+4}{s(s+2)}$ ④ $\dfrac{2s^2+7s+4}{s(s+1)}$ ⑤ $\dfrac{2(s+1)(s+2)}{s}$

14. 가로가 14[m], 세로가 20[m], 조명률이 80[%]인 사무실에 전광속 450[lm]의 형광등을 사용하여 평균조도 90[lx]가 되도록 하였을 때, 이 사무실에 사용한 형광등은 몇 개인가? (단, 감광보상률은 80[%]로 계산한다.)

① 54   ② 55   ③ 56   ④ 57   ⑤ 58

15. 다음 중 옥내에 시설하는 저압전선으로 나전선을 사용할 수 없는 경우에 해당하는 것은?

① 합성수지관 공사   ② 버스 덕트   ③ 이동용 기중기 전선

④ 라이팅 덕트   ⑤ 축전지실 전선

약점 보완 해설집 p.4

NCS

의사소통능력

01. 다음 글의 주제로 가장 적절한 것은?

'샌드박스(Sandbox)'라는 단어를 들어본 적이 있는가? 생소한 사람들이 많을 것이다. 그렇다면, '모래 놀이터'라고 단어를 바꾸면 어떤가? 정겨우면서도 즐거운, 따뜻한 느낌이 몰려온다. 아이들의 웃음소리가 들리는 듯하다. 이곳에서는 어떤 것이라도 시도하고 만들 수 있다.

이렇게 샌드박스라는 뉘앙스에서 착안한 것이 바로 '규제 샌드박스'라는 개념이다. 규제 샌드박스는 기업들이 신기술을 활용한 신제품과 새로운 서비스를 제공하려고 하지만 규제에 막혀 출시가 불가능한 경우 한시적으로 규제를 유예하여 일정 조건 하에 우선 시장에서 실증 테스트를 할 수 있도록 기회를 제공해 주고, 그 결과에 따라 안전성과 유효성 등이 입증되면 규제를 개선해주는 제도다.

스타트업을 포함한 기업들에게는 규제 샌드박스가 엄청난 기회로 다가올 수 있다. 그렇지만 신기술과 신제품은 그야말로 '새로운 것'이다. 국민들과 우리 생활에 널리 퍼질 경우, 어떤 영향을 미치는지 파악하는 것이 중요하다. 정부 입장에서도 법령과 규제를 단박에 바꿀 수는 없다. 분명하게 검증되지 않았기 때문이다. 그래서 곧바로 현행 규제를 풀지 않고 '규제 샌드박스'라는 제도를 도입하여 한정된 시간과 장소에서 실증 테스트를 진행할 수 있도록 했다.

이 제도는 2019년 1월에 처음 도입되었으며, 그간의 성과는 매우 눈부시다. 그간 632건의 과제가 승인되었고 이 중 361건이 시장에 출시됐거나 실증 테스트 중이라고 한다. 최종적으로 132건이 실증 테스트 결과 안전성이 입증돼 규제 개선까지 완료됐다. 이 제도를 통해 600여 건의 과제가 '모래 놀이터'에서 마음껏 뛰놀 수 있었던 것이고 이 중, 130여 건이 모래 놀이터에 방문하는 아이들 누구나 즐길 수 있는 '상설 놀이기구'가 된 것이다.

그렇다면 규제 샌드박스로 우리 삶까지 윤택하게 만든 과제들에는 어떤 것들이 있을까? 우리가 스마트폰 배터리 충전 시 무선 충전을 하는 것처럼, 전기차도 주차를 하면 별도로 선을 연결하지 않더라도 자동차의 배터리가 충전되는 무선 충전 서비스가 2년간 특례 기간을 부여받게 되었다. 이 기간 동안 주파수 혼선 여부, 전자파 인체 보호 기준, 전자파 적합성, 안전성 테스트를 거쳐야 한다. 이 제도는 앞으로 전기차가 확대되는 상황에서 파급력이 증대될 것으로 예측된다.

이 밖에도 공유주방, 택시 동승 서비스, 이웃 간 차량 공유 서비스, 맞춤형 모빌리티 서비스, 주행 중 디스플레이 알림 서비스, 농어촌 빈집 재생 숙박 플랫폼, 웨어러블 메모워치로 응급환자 살리기, 반려동물 안면인식 기술 등 규제 샌드박스 사례는 정말 다양하고 무궁무진하다. 규제 샌드박스 도입 이후 우리 사회와 내 삶에 큰 변화가 있었다. 다만, 이제 발걸음을 뗀 단계인 만큼 제도가 좀 더 발전하면 우리 삶에 도움이 되는 다양한 기술과 제품들이 만들어질 것으로 기대된다.

※ 출처: 정책브리핑 보도자료

① 규제 샌드박스의 의미와 어원의 유래
② 규제 샌드박스 시스템 도입의 필요성
③ 규제 샌드박스로 인한 부작용 및 해결 방안
④ 규제 샌드박스에 따라 시행된 과제 사례
⑤ 규제 샌드박스 시행에 따른 장점 및 이후 전망

02. 다음 글의 논지를 강화하는 내용으로 가장 적절하지 않은 것은?

> 수많은 제품 사이에서 하나의 제품을 선택해야 하는 소비자들은 종종 깊은 갈등 상황에 빠진다. 소비자는 제품 선택에 앞서 다양한 제품들의 특징이나 편익 등을 서로 비교하는데, 예를 들어 기능은 만족스러우나 가격이 비싼 경우 혹은 가격은 만족스러우나 기능은 불만족스러울 경우 소비자의 갈등은 더욱 깊어진다. 이는 둘 이상의 대안 중 하나만을 골라야 하나 대안들 모두 긍정적인 결과가 예상되거나 대안들이 상호 배타적일 경우 어떤 대안을 선택해야 할지 결정하지 못해 발생한다. 이때 판매자는 소비자의 갈등 시간을 줄여주기 위해 대안들을 함께 묶어 제공하는 마케팅 전략을 시행하기도 한다.
>
> 그러나 다양한 제품들 사이에서 이들을 함께 묶어 제공받지 못해 하나의 제품만 선택해야 했던 소비자는 선택하지 못한 제품에 대한 아쉬움 때문에 심리적 불편함을 호소하기도 한다. 소비자들은 이러한 심리적 불편함을 해소하기 위해 기존의 행동이나 태도를 바꾸려고 노력하는데, 이는 인지 부조화 이론으로 설명할 수 있다. 이 이론에 따르면 사람들은 자신의 생각과 태도가 자신이 한 행동과 서로 일치하기를 바라며, 일치하지 않을 때는 심리적 긴장 상태가 발생한다. 이런 경우 사람들은 긴장 상태를 해소하기 위해 생각과 행동을 일치시키기 위한 방안을 찾는다. 그렇다면 제품을 구입한 행동과 제품 구입 후에 자신의 선택이 최선이 아닐지도 모른다는 생각 사이의 부조화는 어떻게 극복할 수 있을까?
>
> 인지 부조화 상태를 겪고 있는 소비자는 이를 해소하기 위해 선택하지 않은 제품의 단점을 찾아내거나 그 제품의 장점을 무시하기도 한다. 하지만 일반적으로는 자신의 구매 행동을 지지하는 부가 정보들을 찾아냄으로써 현명한 선택을 했다는 것을 스스로에게 확신시킨다. 특히 자동차나 아파트처럼 고가의 재화를 구매했을 경우에는 구매 직후의 인지 부조화가 심화되므로 이를 해소하려는 노력도 더 크게 나타난다. 이때 중요한 역할을 하는 것이 바로 광고이다. 소비자들은 광고를 통해 자신이 선택한 제품에 대한 장점을 다시 한번 확인하기도 하며, 자신이 해당 제품을 선택했던 또 다른 이유를 찾고자 한다. 이에 따라 기업은 적절한 광고를 노출하여 소비자의 인지 부조화 상태를 해소하는 데 도움을 주어야 한다.
>
> 소비자들이 구매 후에 광고를 탐색하는 것은 인지 부조화를 감소시키고자 하는 노력인데, 기업 입장에서는 또 다른 효과들을 가져오기도 한다. 구매 후 광고는 제품을 구매한 소비자들에게 자신의 구매 행동이 옳았다는 확신이나 만족을 심어주기 때문에 회사의 이미지를 높이고 브랜드 충성심을 구축하는 데 크게 기여한다. 따라서 구매 후 광고는 재구매를 유도하거나 긍정적 입소문을 확산시켜 광고의 효과를 극대화할 수 있다. 이처럼 기업은 제품을 판매한 이후에도 소비자의 인지 부조화 상태 해소에 긍정적인 영향을 미쳐 소비자와 제품의 우호적인 관계가 유지될 수 있도록 지속적으로 광고를 노출해야 한다.

① 패스트푸드 판매 기업은 광고를 통해 자사 음식의 열량이 생각만큼 높지 않다는 메시지를 전달하여 음식의 열량 때문에 고민하던 소비자들의 재구매율을 높였다.

② 가전제품 판매 기업은 자사 제품을 구입한 소비자를 대상으로 다양한 매체를 통한 지속적인 홍보 활동을 이어가 회사 이미지를 제고시켰다.

③ 전자제품 판매 대리점은 매달 자사 제품 이용 고객을 대상으로 하는 다양한 경품 이벤트를 진행하여 매년 판매량이 증가하는 효과를 거두었다.

④ 자동차 판매 기업은 자사 자동차 구입 후 자동차의 연비 때문에 갈등을 겪고 있는 고객을 대상으로 새로운 자동차의 출시가 임박했다는 광고를 노출해 소비자들의 브랜드 충성심을 구축하였다.

⑤ 온라인 식품 판매 업체는 같은 식품을 재구매하는 고객에게만 주어지는 할인 혜택을 강조하는 광고를 노출하여 고객의 구매 만족도를 높였다.

03. 다음 글의 내용과 일치하지 않는 것은?

오랜 시간 동안 빈부격차는 반드시 해결해야 할 중요한 사회 문제로 대두되어 왔다. 이러한 문제는 에너지 소비에서도 크게 다르지 않다. 나날이 심각해지는 폭염과 강추위에 적정 수준의 냉난방을 하기 벅찬 에너지 빈곤층이 증가하면서 에너지 소비의 불평등이 하나의 사회적 문제로 떠오른 것이다. 여기서 말하는 에너지 빈곤층이란 경제적 여건이 열악하여 에너지 소비를 감당하기 어려운 가구를 의미한다. 일반적으로 소득의 10% 이상을 전기료, 연료, 난방비에 소비하는 가구를 에너지 빈곤층으로 분류한다.

에너지 빈곤의 원인은 크게 저소득, 고가의 에너지원, 낮은 에너지 효율 세 가지로 분류된다. 에너지 빈곤층은 소득이 낮을 뿐만 아니라 등유, 연탄 등 상대적으로 비싼 에너지원에 의존하는 경우가 많다. 그러나 이들은 에너지 비용을 감당할 경제적 여력이 부족하므로 에너지 가격이 상승하면 사용할 수 있는 에너지양이 적어져 실제 가격 상승률보다 상대적으로 가격이 더 많이 올랐다고 느낀다. 또한, 에너지 빈곤층이 거주하는 건물은 에너지 효율이 낮은 다가구주택 또는 단독주택의 비율이 높아 냉난방에 더 많은 에너지를 사용할 수밖에 없어 에너지 빈곤이 되풀이될 확률이 높아진다.

우리나라에서 시행되고 있는 에너지 복지는 크게 공급형, 효율형, 전환형으로 나뉜다. 우선, 공급형 에너지 복지는 에너지 빈곤층에게 연료 또는 연료비를 직·간접적으로 지원하는 사업이다. 대표적으로 기준 중위소득 75% 이하인 가구 또는 생계 곤란에 처한 긴급 상황 발생자를 대상으로 연료비나 연체된 전기 요금을 지급하는 긴급복지 서비스가 있다. 공급형 에너지 복지는 가장 기본적인 복지지만 지속해서 시행해야 하기 때문에 비용이 많이 들고 단기적인 효과밖에 얻을 수 없다는 단점이 있다.

공급형 에너지 복지의 단점을 극복할 수 있는 것이 바로 효율형 에너지 복지이다. 효율형 에너지 복지는 고효율의 에너지 보급, 저효율 주택 개량 및 노후화된 가전 기기 개선 등을 통해 에너지 효율을 높이는 사업으로, 이 중 에너지 효율 개선 사업이 가장 대표적이다. 해당 사업을 통해 낙후된 주택 수리를 지원하여 복사열이 빠져나가지 않도록 단열 기능을 강화하고 에너지 기능성을 높일 수 있다. 효율성 에너지 복지는 적은 비용으로도 높은 에너지 효과를 볼 수 있다는 장점이 있으나, 에너지를 사용하기 위해 비용을 지불해야 하는 것은 피할 수 없다.

전환형 에너지 복지는 앞서 제시된 두 유형의 에너지 복지가 가지고 있는 단점을 보완하는 해답이 될 수 있다. 전환형 에너지 복지는 에너지 빈곤 가구와 사회복지시설에 태양광 패널 등 신재생에너지를 보급하는 사업이다. 비록 초기 설치 비용이 많이 들지만, 유지·보수만 된다면 지속 가능성이 높고 복지·환경·고용 효과가 가장 뛰어나다는 장점이 있다.

이처럼 우리나라에는 에너지 빈곤층을 위한 다양한 에너지 복지가 마련되어 있으나, 정보 접근성이 떨어져 적절한 지원을 받지 못하는 사례가 다수 발생한다. 따라서 바우처 혹은 현물을 지급하거나 주택을 개량하고 재생에너지를 확대하는 등의 복지도 중요하지만, 정보 접근성을 높이고 네트워크를 보완하여 복지 사각지대에 처한 인원을 최소화할 수 있도록 노력해야 한다.

① 에너지 복지 중 복지 효과가 가장 탁월한 것은 에너지 빈곤층에 신재생에너지를 보급하는 전환형이다.
② 효율형 에너지 복지를 실현함으로써 에너지 빈곤층이 연료와 연료비를 지원받을 수 있게 되었다.
③ 모든 에너지 빈곤층에게 에너지 복지를 실현하기 위해 네트워크 및 정보 접근성 강화가 시급하다.
④ 에너지 효율 개선 사업에 선정된 가구의 경우 오래된 주택의 단열 시설 수리를 지원받을 수 있다.
⑤ 전기료, 연료, 난방비에 소득의 $\frac{1}{10}$ 이상의 금액을 지불하는 가구를 에너지 빈곤층이라고 한다.

04. 다음 문단을 논리적 순서대로 알맞게 배열한 것은?

> (가) 물론 기본적인 욕구가 충족되어 있지 않다면 소득 증가는 행복감 상승에 큰 영향을 준다. 그러나 욕구의 수준이 일정 수준 이상 늘어났을 때 같은 수준으로 소득이 증가하는 것은 오히려 행복 지수를 떨어트리는 결과를 부른다. 다시 말해 기본적인 욕구가 충족되는 상태에서 소득이 일정 수준을 넘어서면 행복의 정의를 내릴 때 소득 외의 것들도 고려하게 된다는 것이다. 일례로 1950년대 후반까지 미국은 개인 소득 증가와 함께 행복도가 증가하였다. 그러나 개인 소득이 급증한 1970년대 후반을 비롯해 1990년대까지 스스로 행복하다고 대답한 미국인의 수는 꾸준히 감소하였다.
>
> (나) 소득의 크기가 행복의 크기를 결정할 수 있을까? 인간이 행복한 삶을 꾸려가기 위해서는 현실적인 수단을 확보해야 하며, 일반적으로 이를 얻기 위해 가장 효율적인 수단은 돈이다. 즉, 소득의 크기가 곧 행복한 삶에 대한 하나의 척도가 될 수 있다. 이에 따라 전통적인 경제학자들은 소득 증가가 행복 증진에 가장 중요한 요인임을 주장해 왔다. 소득이 증가할수록 삶에 필요한 수단을 확보하는 것이 용이해지고, 결국 개인에게 더 큰 만족으로 돌아와 행복도가 높아진다는 것이다.
>
> (다) 그렇다면 우리나라의 상황은 어떨까? 최근 한국은 전 세계에서 61번째로 행복한 국가라는 조사 결과가 드러났다. 세계 12위 경제 규모를 보유한 한국이 1인당 국민 소득이 1,500달러인 우간다에 비해 국민 행복 지수가 크게 다르지 않다는 것이다. 이는 미국의 사례와 마찬가지로 소득과 행복이 반드시 정비례의 상관관계를 가지는 것은 아님을 증명한다. 물론 경제 성장이 국민의 삶의 질을 높이는 중요한 요소라는 점에는 이견이 없으나, 기존에 가지고 있는 생각의 틀을 깨고 심리·사회적으로도 국민이 행복할 수 있는 나라를 만들기 위한 고민이 필요한 시점이다.
>
> (라) 경제학자 리처드 이스털린은 소득 증가가 행복도 상승의 주요 요인이라는 주장에 근본적인 의문을 품었다. 그는 해당 전제의 오류를 찾아내고자 1946년부터 약 24년 동안 총 30개의 국가에서 설문 조사를 시행하였다. 그 결과 소득 수준과 개인의 만족도는 비례하였으며, 이는 앞서 제시되었던 전통적인 경제학자들의 주장과 크게 다르지 않았다. 주목할 점은 소득 수준이 특정 기준점을 상회하는 순간 행복 지수가 더 증가하지 않았다는 것이다. 결국, 그의 조사 결과는 소득이 높아질지언정 행복한 사람의 비율이 함께 높아지지는 않는다는 것을 증명하였으며, 해당 이론을 '이스털린의 역설(Easterlin's paradox)'이라고 부른다.

① (가) - (다) - (나) - (라)

② (가) - (라) - (나) - (다)

③ (나) - (가) - (라) - (다)

④ (나) - (다) - (가) - (라)

⑤ (나) - (라) - (가) - (다)

통화스와프(Currency swap)는 '금융시장에서 거래되는 파생상품'과 '국가 간의 통화 교환'이라는 두 가지 의미가 있다. 원래 통화스와프는 여러 파생상품 중 한 가지를 칭하는 것이 일반적이었다. 그러나 글로벌 금융위기 당시 한미 통화스와프 계약은 국내 금융시장을 빠르게 안정시켰을 뿐 아니라 원활한 달러 공급을 가능하게 하였다. 이로 인해 통화스와프가 (   )으로서 인식되었다.

(가) 나아가 국가 간의 통화스와프 계약은 자국 통화와 상대국 통화를 맞교환함으로써 외화 유동성을 확대시킬 수 있다. 외환위기가 발생하여 A국가가 가진 외화 보유액이 모두 떨어졌을 경우 B국가에서 돈을 빌려오는 대신 동일한 가치의 A국 화폐를 B국에 담보로 맡길 수 있기 때문이다. 예를 들어, 한국이 미국에 1,200원을 맡기는 대신 1달러를 빌렸을 경우 만기일의 환율과 상관없이 1달러를 상환하고 1,200원을 받을 수 있다. 이는 내용상 차입에 해당하지만, 자국의 돈을 맡기고 타국의 돈을 빌려올 수 있어 사실상 외화 보유액이 증가하는 효과를 얻을 수 있다.

(나) 통화스와프란 계약을 맺은 두 국가가 양국 화폐의 교환 비율에 따라 필요한 만큼의 돈을 상대 국가와 바꾸고, 계약 기간이 만료되면 최초 계약 때 설정해놓은 환율로 원금을 재교환하는 약속이다. 이는 사전에 결정한 비율에 따라 통화 교환이 가능하고, 환위험 및 이자율 위험을 크게 줄일 수 있어 그 효용 가치가 높다.

(다) 일반적으로 미국 달러와 통화스와프가 이루어지는 때는 앞선 사례와 같이 금융위기 등 특수한 상황인 경우가 많다. 따라서 양국 간의 상호 교환이라기보다는 사실상 상대국이 미국의 달러를 빌려다 쓰는 구조에 가깝기 때문에 미국과 통화스와프를 진행하여 교환국의 통화 가치가 저평가되는 것은 통화 가치 안정을 위해 감수해야 하는 비용으로 여겨진다.

(라) 앞선 문제를 해결하기 위해 국제통화기금(IMF)은 통화스와프의 다자화를 추진하고 있다. 통화스와프의 다자화란 여러 국가가 함께 자금을 모으고 금융위기가 발생할 경우 해당 자금을 통화 가치를 안정시키는 데 쓰는 것이다. 현재 한국은 글로벌 금융 규제에 따라 해당 협의에 참여하고 있으나 국가 간 이해관계가 일치하지 않아 계약 여부는 정해지지 않은 상태이다.

(마) 이처럼 통화스와프는 주로 개별 국가 간 이루어지지만, 국제적인 금융위기가 발생할 경우 미국과 상대적으로 안정적인 미국의 달러가 필요한 다수의 국가 간에 이루어지기도 한다. 대표적으로 2008년 금융위기 당시 미국 중앙은행인 연방준비제도(Fed)는 총 14개국과 통화스와프 계약을 체결하였으며, 2년 후 캐나다, 영국, 일본, 스위스, 유럽연합(EU) 총 5개국을 제외한 나머지 국가와의 계약을 종료하기도 하였다.

05. 윗글의 빈칸에 들어갈 문장으로 가장 적절한 것은?

① 금융위기 발생 시 개별 국가끼리만 진행하는 일종의 화폐 교환 수단
② 통화 가치 저평가 문제 억제를 위한 통화 교환 국가 간 금융 규제 대책 협약
③ 금융 전문가 및 일반인들에게 국가 간 통화를 맞교환하는 하나의 계약
④ 금융위기 발생에 따른 통화 가치 안정화를 위한 국제통화기금의 노력
⑤ 외화의 유동성을 억제함으로써 자국의 외화 보유액을 줄일 수 있는 방법

06. 윗글의 (가)~(마)를 논리적 순서대로 알맞게 배열한 것은?

① (가) – (나) – (다) – (마) – (라)
② (가) – (나) – (라) – (다) – (마)
③ (나) – (가) – (라) – (마) – (다)
④ (나) – (가) – (마) – (다) – (라)
⑤ (나) – (다) – (가) – (라) – (마)

07. 다음 글의 내용과 일치하는 것의 개수는?

> 기업은 근로자에게 제공하는 보상에 비해 근로자가 더 많이 노력하기를 바라는 반면, 근로자는 자신이 노력한 것에 비해 기업으로부터 더 많은 보상을 받기를 바란다. 이처럼 기업과 근로자 간의 이해가 상충되는 문제를 완화하기 위해 근로자가 받는 보상에 근로자의 노력이 반영되도록 하는 약속이 인센티브 계약이다. 인센티브 계약에는 명시적 계약과 암묵적 계약을 이용하는 두 가지 방식이 존재한다.
>
> 명시적 계약은 법원과 같은 제3자에 의해 강제되는 약속이므로 객관적으로 확인할 수 있는 조건에 기초해야 한다. 근로자의 노력은 객관적으로 확인할 수 없기 때문에, 노력 대신에 노력의 결과인 성과에 기초하여 근로자에게 보상하는 약속이 명시적인 인센티브 계약이다. 이 계약은 근로자로 하여금 자신의 노력을 증가시키도록 하는 매우 강력한 동기를 부여한다. 가령, 근로자에 대한 보상 체계가 '고정급+α×성과'(0≤α≤1)라고 할 때, 인센티브 강도를 나타내는 α가 커질수록 근로자는 고정급에 따른 기본 노력 외에도 성과급에 따른 추가적인 노력을 더 하게 될 것이다. 왜냐하면 기본 노력과 달리 추가적인 노력에 따른 성과는 α가 커질수록 더 많은 몫을 자신이 갖게 되기 때문이다. 따라서 α를 늘리면 근로자의 노력 수준이 증가함에 따라 추가적인 성과가 더욱 늘어나, 추가적인 성과 가운데 많은 몫을 근로자에게 주더라도 기업의 이윤은 늘어난다.
>
> 그러나 명시적인 인센티브 계약이 갖고 있는 두 가지 문제점으로 인해 α가 커짐에 따라 기업의 이윤이 감소하기도 한다. 첫째, 명시적인 인센티브 계약은 근로자의 소득을 불확실하게 만든다. 왜냐하면 근로자의 성과는 근로자의 노력뿐만 아니라 작업 상황이나 여건, 운 등과 같은 우연적인 요인들에 의해서도 영향을 받기 때문이다. 그런데 소득이 불확실해지는 것을 근로자가 받아들이도록 하기 위해서 기업은 근로자에게 위험 프리미엄 성격의 추가적인 보상을 지불해야 한다. 따라서 α가 커지면 기업이 근로자에게 지불해야 하는 보상이 늘어나 기업의 이윤이 줄기도 한다. 둘째, 명시적인 인센티브 계약은 근로자들이 보상을 잘 받기 위한 노력에 치중하도록 하는 인센티브 왜곡 문제를 발생시킨다. 성과 가운데에는 측정하기 쉬운 것도 있지만 그렇지 않은 것도 있기 때문이다. 중요하지만 성과 측정이 어려워 충분히 보상받지 못하는 업무를 근로자들이 등한시하게 되면 기업 전체의 성과에 해로운 결과를 초래하게 된다. 따라서 α가 커지면 인센티브를 왜곡하는 문제가 악화되어 기업의 이윤이 줄기도 하는 것이다.
>
> 합당한 성과 측정 지표를 찾기 힘들고 인센티브 왜곡의 문제가 중요한 경우에는 암묵적인 인센티브 계약이 더 효과적일 수 있다. 암묵적인 인센티브 계약은 성과와 상관없이 근로자의 노력에 대한 주관적인 평가에 기초하여 보너스, 복지 혜택, 승진 등의 형태로 근로자에게 보상하는 것이다. 암묵적 계약은 법이 보호할 수 있는 계약을 실제로 맺는 것이 아니다. 이에 따르면 상대방과 협력 관계를 계속 유지하는 것이 장기적으로 이익일 경우에 자발적으로 상대방의 기대에 부응하도록 행동하는 것을 계약의 이행으로 본다. 물론 어느 한쪽이 상대방의 기대를 저버림으로써 얻게 되는 단기적 이익이 크다고 생각하여 협력 관계를 끊더라도 법적으로 이를 못 하도록 강제할 방법은 없다. 하지만 상대방의 신뢰를 잃게 되면 그때부터 상대방의 자발적인 협력을 기대할 수 없게 된다. 따라서 암묵적인 인센티브 계약에 의존할 때에는 기업의 평가와 보상이 공정하다고 근로자가 신뢰하도록 만드는 것이 중요하다.

ㄱ 기업이 근로자와 체결한 명시적 인센티브 계약이 오히려 근로자의 소득을 불확실하게 만드는 데 영향을 미친다면 인센티브 강도가 커질수록 기업의 이윤은 줄어들 수밖에 없다.

ㄴ 법원과 같은 제3자가 강제할 수 없는 인센티브 계약이 효과적으로 유지되는 데에는 기업의 평가와 보상 체계에 대한 근로자의 신뢰가 중요한 역할을 한다.

ㄷ 인센티브 왜곡 문제로 인한 기업의 이윤 감소 문제가 초래되지 않도록 하려는 기업이라면 근로자의 보상 체계 수립 시 명시적인 인센티브의 강도를 높여야 한다.

ㄹ 명시적인 인센티브 계약에서 근로자에게 개인의 성과를 기반으로 보상을 약속하는 이유는 근로자의 노력을 객관적으로 확인할 수 있기 때문이다.

① 0개   ② 1개   ③ 2개   ④ 3개   ⑤ 4개

08. 다음 글을 통해 추론한 내용으로 가장 적절하지 않은 것은?

암모니아는 질소 원자 1개와 수소 원자 3개로 이루어진 화합물이다. 고대 이집트에서는 태양의 신 암몬의 사원 근처에서 발견되는 염을 암몬의 소금이라 칭하였는데, 당시 소금과 소변으로 만들어지는 염화암모늄을 가리키는 것이 암몬의 소금이었다. 암모니아는 염화암모늄에서 추출할 수 있다 하여 명명되었다고 알려져 있으며, 현재 비료용과 공업용으로 그 용도가 구분 지어져 사용되고 있다. 암모니아는 미세하게나마 공기 중에 섞여 있으며, 토양에 포함된 질소 유기물이 분해되는 과정에서도 만들어지기는 하지만 이는 극소량이기 때문에 질소와 수소를 직접 합성하여 암모니아를 생산하는 암모니아 공업 과정을 거쳐 활용되고 있다.

암모니아는 식물체에 질소를 공급하는 근원으로서의 역할을 한다. 식물체는 토양과 대기 중에 존재하는 재료들을 섭취하며, 섭취한 재료들을 통해 필요한 유기물을 합성한다. 이때 식물체가 정상적으로 생장하기 위해서는 단백질을 합성해야 하며, 단백질 합성을 위해서는 질소가 꼭 필요하기 때문에 주로 토양으로부터 질소를 흡수하게 된다. 그러나 토양이 척박한 환경에서는 질소가 부족한 경우가 많다. 따라서 질소의 역할을 암모니아가 대신하여 식물 생장에 일조할 수 있도록 질소와 수소의 인위적 합성을 통해 요소나 각종 암모늄염 형태로 제조하고 이를 질소비료의 질소원으로 활용한다. 또한, 질산의 원료로 사용되거나 합성섬유 및 합성수지 분야에서 멜라민 수지 등의 원료로 사용되는 등 인간이 생활하는 데 필요한 공업용 원료로도 사용되고 있다.

인간은 체내에서 암모니아를 직접 만들어내기도 한다. 단백질을 섭취하여 분해하고 이를 통해 에너지를 얻고 나면 노폐물로 암모니아가 생성되기 때문이다. 우리가 흔히 알고 있는 것처럼 암모니아는 독성을 가지고 있으므로 몸속에 오랜 시간 머물게 되면 위험하다. 그래서 포유류와 양서류는 암모니아를 요소라는 무독성의 물질로 바꾸어 신장에 저장하며, 이후 소변이나 땀 등의 형태로 몸 밖으로 배출해낸다. 또 파충류나 조류, 곤충 등은 암모니아를 요산이라는 물질로 바꾸어 내보낸다. 결과적으로 노폐물을 몸속에 짧은 시간 저장해 두었다가 배출하는 동물들은 모두 이와 같이 독성을 지닌 암모니아를 독성이 적은 물질로 변환시킨다. 반면 수중 동물의 경우 암모니아가 생기면 그때그때 소변으로 내보내기 때문에 굳이 다른 물질로 전환하지 않는다.

암모니아의 끓는점은 약 −33℃로 알려져 있다. 이 때문에 일상적인 온도와 압력에서는 무색의 기체 상태로 존재하며, 냉각에 의해 액화된다는 특징이 있다. 가정이나 실험실 등에서 일반적으로 사용되는 암모니아 용액은 암모니아 기체를 물에 녹인 것으로, 물에 녹는 과정에서 발열 현상이 발생하기는 하나, 직접적인 폭발의 원인으로 작용하지는 않는다. 이와 달리 공장에서는 물이 포함되지 않은 무수 암모니아를 사용한다. 무수 암모니아의 경우 자체적으로 불이 나는 경우가 거의 없긴 하나 공기에 16~25%가량 섞여 있을 때 점화된다면 폭발적인 발화에 직접적인 영향을 미친다는 특징을 지닌다.

한편 암모니아 기체가 녹아있는 수용액인 암모니아 용액은 수산화암모늄 용액이라 일컬어지기도 한다. 이는 암모니아가 물과 반응할 경우 수산화암모늄이 만들어지기 때문이다. 암모니아 기체는 다른 기체와 마찬가지로 압력이 높을수록, 온도가 낮을수록 녹는 속도가 빨라진다. 실험실에서 사용되는 진한 용액의 암모니아 농도는 약 $15M(mol/L)$이며, 포화 암모니아 용액의 밀도는 약 $0.88g/mL$에 달한다. 이를 무게 비율로 따지면 약 30% 정도가 되지만, 이 또한 온도에 따라 상이하게 나타난다. 높은 밀도의 암모니아가 피부나 점막에 닿을 경우 심한 상처를 입을 수 있으며, 금속과 접촉하게 될 경우 부식이 급속도로 진행될 수 있어 사용 시 주의를 필요로 한다.

① 식물체가 토양을 통해 질소를 흡수하는 이유는 생장을 위해서는 단백질 합성이 필수적이기 때문이다.
② 무수 암모니아는 공기 중에 일정 비율 혼합되어 있을 경우 점화로 인한 폭발의 원인이 될 수 있다.
③ 암모니아를 비료로 활용하기 위해서는 질소와 수소를 인공적으로 합성하는 과정이 필요하다.
④ 암모니아 기체가 용해되는 속도를 높이기 위해서는 압력을 높이고, 온도를 낮추어야 한다.
⑤ 수중 동물은 몸속의 암모니아를 무독성의 물질로 바꾸어 단시간 저장해 두었다가 소변으로 배출한다.

09. 다음 보도자료의 중심 내용으로 가장 적절한 것은?

환경부는 2022년 5월 오존 농도가 상승하고 오존주의보 발령 일수가 급증함에 따라 오존 대응 국민행동요령 홍보와 오존 관리대책(5~8월)의 실행력을 더욱 강화한다고 밝혔다. 2022년 5월 전국 평균 오존 농도는 0.051ppm으로 지난해 같은 기간 0.042ppm에 비해 21% 증가했다. 이는 2001년 이후 관측 이래 가장 높은 월 평균 농도이다. 아울러 5월 한 달간 전국 오존주의보 발령 일수는 18일로 지난해 같은 기간 8일에 비해 10일이 늘었다.

환경부 소속 국립환경과학원은 일반적으로 오존 농도는 일사량과 기온 등에 비례해 증가하고, 강수량과 상대습도 등에 반비례하는 등 기상 조건의 영향을 많이 받는다고 밝혔다. 국립환경과학원이 2010년부터 2022년까지 5월의 기상 현상을 분석한 결과, 일사량 증가(754.78MJ/m²), 강수량 감소(5.8mm), 상대습도 감소(57%) 등의 영향으로 올해 전국의 오존 농도가 0.051ppm까지 급격히 증가한 것으로 나타났다. 전국의 오존 농도가 0.050ppm까지 상승했던 2019년 5월에도 높은 일사량(720.71MJ/m²), 높은 기온(35.6℃), 낮은 상대습도(57%) 등의 기상 조건을 보였다.

[5월 오존 농도 및 기상 조건]

기간	O3(ppm)	일사량(MJ/m²)	강수량(mm)	상대습도(%)	최고기온(℃)
2010년 5월	0.034	588.17	124.2	65	32.9
2011년 5월	0.033	543.59	123.1	66	32.9
2012년 5월	0.040	621.57	36.2	62	33.1
2013년 5월	0.040	576.18	129	66	34.5
2014년 5월	0.045	677.44	56.2	60	37.4
2015년 5월	0.040	638.56	56.5	59	35.5
2016년 5월	0.043	618.85	98.4	64	33.7
2017년 5월	0.043	637.54	29.5	60	36.6
2018년 5월	0.039	554.67	123.7	71	32.9
2019년 5월	0.050	720.71	55.9	57	35.6
2020년 5월	0.041	613.61	103.5	72	32.8
2021년 5월	0.042	572.51	142.4	71	31.8
2022년 5월	0.051	754.78	5.8	57	33.6

환경부는 고농도 오존으로부터 국민건강을 보호하기 위해서 오존 대응 국민행동요령을 코레일(KTX), 서울역 등 사람들이 많이 이용하는 대중교통을 중심으로 더욱 적극적으로 알릴 계획이다. 또한, 지난 5월부터 실시하고 있는 스마트폰 앱을 이용한 오존 예·경보제와 함께 각 기관의 옥외 광고판, 카드뉴스, 사회관계망서비스를 이용한 홍보도 강화할 예정이다.

아울러, 질소산화물 등 오존 생성의 원인이 되는 대기오염물질을 많이 배출하는 사업장을 특별 점검하고 유역(지방)환경청장이 배출 현장을 방문하는 등 오존 관리대책의 실행력을 더욱 높일 계획이다. 특별 점검 대상은 질소산화물 다량 배출사업장 상위 50곳, 휘발성유기화합물 비산배출 신고 사업장 160곳, 페인트 제조·수입·판매업체 150곳 등이다. 환경부는 일사량이 줄어드는 장마 전까지 대기오염물질 다량 배출 사업장 점검에 집중하고 이행 상황을 주간 단위로 확인하는 한편, 유역(지방)환경청장이 현장 방문에 나서는 등 오존 원인물질 저감에 최선을 다할 계획이다.

환경부 대기환경정책관은 "고농도 오존에 지속적으로 노출될 경우 호흡기 등에 부정적인 영향을 줄 수 있으므로 오존 농도가 높은 날은 오존 대응 국민행동요령에 따라 실외활동을 자제해 주실 것을 부탁드린다"라면서 "근본적으로 오존 발생을 줄이기 위해 오존 생성 원인물질의 집중관리 등에 최선을 다하겠다"라고 밝혔다.

※ 출처: 환경부 보도자료

① 국립환경과학원 원장은 오존 생성 원인을 억제하기 위해 대기오염물질을 배출하는 사업장을 직접 방문할 예정이다.

② 오존 농도 급증으로 인한 국민의 재산 피해를 최소화하기 위해 오존 농도 저감을 위한 국민 참여를 독려하였다.

③ 환경부는 사회관계망서비스를 통해 오존 농도가 급증하는 것으로부터 국민건강 보호를 위해 노력하겠음을 공표하였다.

④ 일사량과 강수량, 상대습도 증가로 인해 전국적으로 오존 농도가 급증하고 있어 대책 마련이 시급하다.

⑤ 환경부는 급증하는 오존 농도로부터 국민의 건강을 보호하기 위해 오존 대응 국민행동요령 안내 및 오존 관리 대책 실행력을 제고할 예정이다.

10. 다음 글의 내용과 일치하지 않는 것은?

최근 안전한 먹거리에 대한 관심이 늘어남에 따라 '로컬푸드'가 소비 트렌트로 주목받고 있다. 로컬푸드는 말 그대로 장거리 운송을 거치지 않고 지역에서 생산된 농수산물을 지칭한다. 지역 내에서 생산된 신선하고 안전한 농수산물을 지역 내에서 소비하자는 취지로 시작된 로컬푸드 운동은, 2000년대 초반에 시작되어 전 세계로 퍼져나갔다. 거주지에서 100마일 반경 이내에서 생산된 식자재로 만든 음식만 섭취하는 미국의 100마일 다이어트 운동과 지역의 농수산물을 그 지역에서 모두 소비한다는 일본의 지산지소(地産地消) 운동이 대표적이다.

이렇게 전 세계적으로 로컬푸드가 유행하는 원인 중 가장 큰 부분을 차지하는 것은 먹거리에 대한 불신을 꼽을 수 있다. 우리나라에서도 방부제 김치, 살충제 달걀, 식품 내 이물질 검출 등 식자재와 관련한 사건·사고가 계속되면서 소비자들 사이에는 먹거리와 생산자에 대한 불신이 팽배하였다. 이러한 소비자의 불안을 해소할 수 있는 것이 바로 로컬푸드이다. 로컬푸드의 포장지 겉면에는 누가, 언제, 어디서, 어떻게 농수산물을 생산했는지에 관한 처가 명확하게 밝혀져 있으며, 생산자의 사진이 함께 있는 경우도 있다. 로컬푸드는 기존 원산지 표시제보다 더 구체적이고 상세한 출처를 표시하므로 소비자는 안심하고 식자재를 구매할 수 있고, 생산자는 책임감을 느끼고 수산물을 생산하는 선순환이 이루어진다.

로컬푸드는 복잡한 유통과정을 생략하고 생산자가 소비자에게 직접 농수산물을 판매하는 직거래 구조로 유통된다. 이를 통해 생산자는 농수산물의 안정적인 판로를 구축하여 경쟁력을 갖출 수 있으며, 소비자는 인근 지역에서 생산된 신선한 식자재를 보다 저렴하게 구매할 수 있어 생산자와 소비자 모두 이익을 얻을 수 있다. 또한, 오프라인 구매가 어렵거나 불가능한 소비자를 위한 온라인 로컬푸드 직거래 매장이 활성화되어 로컬푸드 소비 시장의 범위도 더욱 확대되고 있다. 이에 따라 일반 농수산물보다 가격이 비싸고 대량 거래가 어려웠던 친환경 농수산물에 대한 새로운 판매 루트도 개척할 수 있을 것으로 기대되고 있다.

우리나라에서는 2008년에 전북 완주군이 지자체 최초로 로컬푸드를 정책으로 도입하였으며, 최근에는 정부의 주도하에 국가적인 차원에서 로컬푸드 정책의 일환인 푸드플랜 수립을 대대적으로 지원하고 있다. 국내 소비자에게 품질이 우수한 먹거리를 안정적으로 공급하고, 먹거리 체계의 공공성과 지속 가능성을 높이기 위한 푸드플랜은 수많은 부가가치를 생산해낼 수 있을 뿐만 아니라 지속 가능한 경제를 도모할 수 있는 성장 잠재력을 지니고 있다. 예를 들어 지역 농민이 생산한 농산물을 해당 지역의 식당에서 소비하면, 이 과정에서 창출된 경제적 이익이 지역 내에서 자체적으로 순환하여 지역 경제가 활성화된다.

① 로컬푸드 포장지의 겉면에는 제품 생산자의 이름, 생산 지역의 주소, 제품 생산 방법 등이 기재되어 있다.
② 직거래 구조로 유통되는 로컬푸드의 특성상 온라인으로 유통하는 것이 불가능하다는 한계가 있다.
③ 우리나라는 국내 소비자에게 좋은 품질의 먹거리를 안정적으로 공급하기 위한 푸드플랜 수립을 추진하고 있다.
④ 지역 내에서 생산된 식자재를 지역 내에서 소비하자는 로컬푸드 운동은 전 세계적인 소비 트렌드이다.
⑤ 식자재와 관련한 각종 사건으로 인해 먹거리에 대한 믿음이 사라지면서 로컬푸드가 성행하기 시작했다.

11. ○○기업에서 직원 A~E에 대한 성과급을 아래와 같이 산정했다고 할 때, B와 D에게 산정된 성과급의 차이는?

- B의 성과급은 E의 성과급보다 20% 더 적다.
- C의 성과급은 A의 성과급보다 30% 더 많다.
- E의 성과급은 C의 성과급보다 40만 원 더 적다.
- D의 성과급은 A의 성과급보다 50만 원 더 많다.
- A의 성과급은 E의 성과급보다 80만 원 더 적다.

① 58만 원　　② 62만 원　　③ 65만 원　　④ 66만 원　　⑤ 70만 원

12. A 기업의 전체 직원은 서울 지사 또는 부산 지사 중 한 곳에서 근무하며, A 기업에서는 모든 직원에게 창립기념일 기념품으로 보조배터리 또는 공기청정기 중 하나를 주었다고 한다. 다음 조건을 모두 고려하였을 때, 보조배터리를 받은 직원이 서울 지사에서 근무할 확률은?

- A 기업의 직원 중 서울 지사에서 근무하는 직원은 30명이고, 부산 지사에서 근무하는 직원은 50명이다.
- 서울 지사의 직원 중 20%는 기념품으로 보조배터리를 받았다.
- 부산 지사의 직원 중 60%는 기념품으로 공기청정기를 받았다.

① $\frac{5}{26}$　　② $\frac{3}{13}$　　③ $\frac{7}{26}$　　④ $\frac{4}{13}$　　⑤ $\frac{9}{26}$

[13 – 14] 다음은 2024년 주택용 전력(저압) 전기요금표에 대한 자료이다. 각 물음에 답하시오.

[기간별 주택용 전력(저압) 전기요금표]

하계(7~8월) 기간			동계(12~2월) 및 기타(3~6월, 9~11월) 기간		
구간	기본 요금 (원/호)	전력량 요금 (원/kWh)	구간	기본 요금 (원/호)	전력량 요금 (원/kWh)
300kWh 이하 사용	910	120.0	200kWh 이하 사용	910	120.0
301~450kWh 사용	1,600	214.6	201~400kWh 사용	1,600	214.6
450kWh 초과 사용	7,300	307.3	400kWh 초과 사용	7,300	307.3

※ 1) 1,000kWh 초과 전력량 요금은 하계 기간과 동계 기간에 736.2원/kWh를 적용하고, 기타 기간은 400kWh 초과 전력량 요금과 동일하게 적용함
　2) 전기 요금 = 기본 요금 + 전력량 요금
　3) 전력량 요금은 사용전력량이 증가함에 따라 순차적으로 높은 단가가 적용되는 요금임
　　예 하계 기간에 주택용 전력(저압)을 월 400kWh 사용한 가정의 전력량 요금은 (300 × 120.0) + (100 × 214.6) = 57,460원임

13. A 가구가 2024년 7월에 사용한 전력(저압)이 1,100kWh일 때, A 가구가 납입해야 하는 7월 전기요금은? (단, 제시되지 않은 내용은 고려하지 않는다.)

① 244,505원　　② 280,855원　　③ 288,155원　　④ 318,125원　　⑤ 324,920원

14. 다음은 2015년 기타 기간 주택용 전력(저압) 전기요금표에 대한 자료이다. 2015년 4월과 2024년 4월 모두 350kWh의 전력(저압)을 사용한 B 가구가 납입한 2015년 4월 전기요금과 2024년 4월 전기요금의 차이는? (단, 제시되지 않은 내용은 고려하지 않는다.)

[2015년 기타 기간 주택용 전력(저압) 전기요금표]

구분	기본 요금(원/호)	전력량 요금(원/kWh)
100kWh 이하 사용	410	60.7
101~200kWh 사용	910	125.9
201~300kWh 사용	1,600	187.9
301~400kWh 사용	3,850	280.6
401~500kWh 사용	7,300	417.7
500kWh 초과 사용	12,940	709.5

① 860원　　② 1,730원　　③ 2,460원　　④ 4,710원　　⑤ 12,860원

15. 다음은 OECD 중 G7 국가의 성별 기대수명과 한국의 성별 기대수명을 나타낸 자료이다. 자료에 대한 설명으로 옳은 것을 모두 고르면?

[G7 국가 성별 기대수명]

(단위: 세)

구분		2030년	2035년	2040년	2045년	2050년	2055년
일본	남자	82.5	83.1	83.7	84.3	84.9	85.5
	여자	88.7	89.3	89.9	90.5	91.1	91.6
캐나다	남자	82.1	82.8	83.5	84.1	84.6	85.2
	여자	85.3	86.0	86.6	87.2	87.8	88.3
미국	남자	77.5	78.8	79.7	80.6	81.4	82.2
	여자	82.3	83.1	83.7	84.3	84.8	85.4
프랑스	남자	81.0	81.7	82.3	82.9	83.5	84.1
	여자	86.4	87.2	87.8	88.3	88.9	89.5
독일	남자	80.6	81.5	82.3	82.9	83.6	84.2
	여자	84.7	85.3	85.9	86.5	87.0	87.6
이탈리아	남자	82.6	83.2	83.9	84.5	85.1	85.7
	여자	86.6	87.2	87.8	88.4	89.0	89.5
영국	남자	81.1	82.0	82.8	83.5	84.1	84.7
	여자	83.9	84.7	85.3	85.8	86.4	86.9

[한국 성별 기대수명]

(단위: 세)

구분	2030년	2035년	2040년	2045년	2050년	2055년
남자	81.2	81.9	82.6	83.3	83.9	84.5
여자	87.1	87.8	88.4	89.1	89.7	90.3

※ 출처: KOSIS(UN)

㉠ G7 국가 중 2030년 대비 2055년 남자 기대수명 증가량이 한국보다 큰 국가는 총 3개국이다.
㉡ 제시된 연도 중 한국의 남자와 여자 기대수명 차이가 5.8세인 해는 총 4개 연도이다.
㉢ 제시된 연도에서 G7 국가 중 여자 기대 수명이 한국보다 긴 국가는 매년 1개국이다.
㉣ 2040년 대비 2050년 미국 기대수명의 증가율은 여자가 남자보다 크다.

① ㉠, ㉢　　　　② ㉡, ㉣　　　　③ ㉠, ㉡, ㉢　　　　④ ㉠, ㉡, ㉣　　　　⑤ ㉠, ㉡, ㉢, ㉣

[16 – 17] 다음은 군필자 또는 군 미필자 남성을 대상으로 진행한 H 사에서 출시한 화장품 인식도 조사에 대한 자료이다. 각 물음에 답하시오.

[H 사 화장품 인식도 조사]

(단위: 명)

구분		모름	알고 있음		
			관심이 많음	보통	관심이 적음
군 미필자		100	75	75	50
군필자	육군/해병	600	400	400	400
	해군	300	100	150	50
	공군	300	100	100	100
	기타	400	300	100	200

[H 사 화장품 이용 경험]

경험 없음 25%
경험 있음 75%

[H 사 화장품 구매 개수별 응답자 수]

(명)

군 미필자: 1개 60, 2개 50, 3개 이상 20
군필자: 1개 660, 2개 600, 3개 이상 560

※ 1) [H 사 화장품 이용 경험]에 대한 조사는 [H 사 화장품 인식도 조사]에서 '알고 있음'이라고 응답한 사람에 한하여 진행함
  2) [H 사 화장품 구매 개수별 응답자 수]에 대한 조사는 [H 사 화장품 이용 경험]에서 '경험 있음'이라고 응답한 사람에 한하여 진행함

16. [H 사 화장품 이용 경험] 조사 시 '경험 없음'이라고 응답한 사람 중 임의로 한 명을 선출했을 때, 그 사람이 군필자일 확률은 약 얼마인가? (단, 소수점 첫째 자리에서 반올림하여 계산한다.)

① 85%　　　　② 87%　　　　③ 89%　　　　④ 92%　　　　⑤ 95%

17. [H 사 화장품 인식도 조사]에 응답한 전체 군필자 수에서 군복무유형별 군필자 수가 차지하는 비중과 H 사 화장품 구매 개수별로 응답한 전체 군필자 수에서 군복무유형별 군필자 수가 차지하는 비중이 동일하다는 정보를 얻어 화장품 구매 개수별 군필자 응답자 수를 각각 나타낸 자료가 다음과 같을 때, A~C를 바르게 연결한 것은?

[화장품 구매 개수별 군필자 응답자 수]

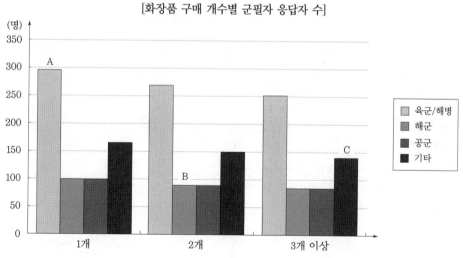

	A	B	C
①	297	90	140
②	297	87	135
③	297	90	135
④	292	87	140
⑤	292	90	135

18. 다음은 ○○시에서 A~D 구에 거주하는 사람을 대상으로 전동 킥보드와 전동 휠을 보유한 사람의 비율을 조사한 자료이다. 구별로 500명의 사람이 조사에 응답하였고 응답자 중 전동 킥보드와 전동 휠을 보유한 사람은 복수 응답을 했다고 할 때, A~D 구에서 전동 킥보드와 전동 휠을 모두 보유한 사람은 최대 몇 명인가?

[전동 킥보드 및 전동 휠 보유자 비율]

(단위: %)

구분	A 구	B 구	C 구	D 구
전동 킥보드	54	32	34	46
전동 휠	62	24	45	17

① 540명　　　② 645명　　　③ 735명　　　④ 830명　　　⑤ 925명

19. 다음은 A 지역의 일자리 형태별 일자리 수에 대한 자료이다. 제시된 기간 중 신규 채용 일자리 수가 가장 많은 해의 일자리 총수는 신규 채용 일자리 수가 가장 적은 해 일자리 총수의 약 몇 배인가? (단, 소수점 셋째 자리에서 반올림하여 계산한다.)

[일자리 형태별 일자리 수]

(단위: 만 개)

구분	2019년	2020년	2021년	2022년	2023년
지속 일자리	1,679	1,719	1,739	1,794	1,865
대체 일자리	309	296	306	286	274
신규 일자리	298	302	297	322	333
소멸 일자리	267	271	272	262	263

※ 1) 신규 채용 일자리 수 = 대체 일자리 수 + 신규 일자리 수
　　2) 일자리 총수 = 지속 일자리 수 + 신규 채용 일자리 수

① 1.01배　　　② 1.02배　　　③ 1.04배　　　④ 1.06배　　　⑤ 1.08배

20. 다음은 Z 기업에서 甲 향수 시향 이벤트를 진행하며 참가자에게 요청한 설문조사 결과이다. 다음 조건을 모두 고려하였을 때, 제시된 자료의 A~B를 바르게 연결한 것은?

[甲 향수 구매 의사 조사 결과]

(단위: %)

구분		구매하지 않겠음	잘 모르겠음	구매하겠음
성	남성	36.7	15.7	47.6
	여성	33.3	( )	(A)
학력	초등학교 졸업 이하	54.2	11.7	34.1
	중학교 졸업	42.3	15.2	42.5
	고등학교 졸업	36.2	17.9	45.9
	대학교 졸업 이상	(B)	15.9	( )

㉠ 甲 향수 구매 의사 관련 설문조사에 응답한 모든 사람은 '구매하지 않겠음', '잘 모르겠음', '구매하겠음' 중 하나의 항목을 선택하였다.

㉡ 설문조사에 참여한 여성 중 '잘 모르겠음'이라고 응답한 비중은 남성 중 '잘 모르겠음'이라고 응답한 비중보다 높다.

㉢ 설문조사에 참여한 사람 중 학력이 대학교 졸업 이상인 사람 중 '구매하지 않겠음'이라고 응답한 비중은 학력이 초등학교 졸업 이하인 사람 중 '구매하지 않겠음'이라고 응답한 비중의 절반 이하이다.

　A　　　B
① 46.5　　27.1
② 46.5　　27.5
③ 46.5　　28.5
④ 52.1　　27.1
⑤ 52.1　　27.5

21. 신입사원 A, B, C는 기획팀, 인사팀, 연구팀 중 하나의 부서에 배치되었다. 다음 조건을 모두 고려하였을 때, 신입사원별 희망 부서와 배치 부서를 바르게 연결한 것은?

> - 기획팀, 인사팀, 연구팀 중 신입사원이 배치되지 않은 부서는 없다.
> - A, B, C 중 희망 부서와 배치 부서가 같은 신입사원은 1명이다.
> - A와 B의 희망 부서는 같고, B와 C의 희망 부서는 서로 다르다.
> - A의 희망 부서에 B가 배치되었다.
> - C의 배치 부서는 연구팀이다.
> - A의 배치 부서는 기획팀이 아니다.

	신입사원	희망 부서	배치 부서
①	A	연구팀	인사팀
②	A	인사팀	인사팀
③	B	연구팀	기획팀
④	B	기획팀	인사팀
⑤	C	인사팀	연구팀

22. 전력공학 수업을 듣는 A, B, C, D, E 다섯 명은 두 명, 두 명, 한 명씩 세 개의 조를 만들어 조별 과제를 진행하였다. 세 개의 조 중 조별 과제 점수가 가장 낮은 조에 속한 사람만 거짓을 말할 때, 항상 옳은 것은? (단, 진실을 말하는 사람의 말은 모두 진실이고, 거짓을 말하는 사람의 말은 모두 거짓이다.)

> - A: 나와 C는 같은 조가 아니고, B가 속한 조의 조별 과제 점수가 가장 낮아.
> - B: 조별 과제 점수가 가장 낮은 조에 속한 사람은 C이고, 나는 A와 다른 조야.
> - C: 내가 속한 조의 조별 과제 점수는 다른 조들에 비해 가장 높아.
> - D: 나는 B와 같은 조이고, 우리 조의 조별 과제 점수가 가장 높아.
> - E: 나와 같은 조인 사람은 없고, B가 속한 조의 조별 과제 점수가 가장 높아.

① D와 같은 조인 사람은 없다.
② E가 속한 조의 조별 과제 점수는 C가 속한 조의 조별 과제 점수보다 낮다.
③ A와 E는 같은 조이다.
④ 조별 과제 점수가 두 번째로 높은 조는 E가 속한 조이다.
⑤ B와 D는 다른 조이다.

23. A, B, C는 각각 빨간색, 파란색, 노란색 중 한 가지 색의 물감을 가지고 있다. 다음 조건을 모두 고려하였을 때, 항상 옳은 것은?

- A, B, C가 가지고 있는 물감의 색은 서로 다르고, 각각 1g 또는 3g을 가지고 있다.
- A가 가지고 있는 물감 전부와 C가 가지고 있는 물감 전부를 섞으면 자주색 물감이 나온다.
- B가 가지고 있는 물감과 C가 가지고 있는 물감을 1:1 비율로 섞으면 주황색 물감이 나온다.

[물감 색 혼합표]

합성 전		합성 후	합성 전		합성 후
빨간색	파란색	보라색	노란색	파란색	초록색
빨간색	노란색	주황색	파란색	보라색	남색
빨간색	보라색	자주색	노란색	초록색	연두색

① A가 가지고 있는 물감 전부와 B가 가지고 있는 물감 전부를 섞으면 연두색 물감이 나온다.
② A와 C가 가지고 있는 물감으로 1g의 주황색 물감을 만들 수 있다.
③ A와 B가 가지고 있는 물감으로 1g의 연두색 물감을 만들 수 있다.
④ A가 가지고 있는 물감과 C가 가지고 있는 물감을 1:1 비율로 섞으면 초록색 물감이 나온다.
⑤ B와 C가 가지고 있는 물감으로 1g의 남색 물감을 만들 수 있다.

24. 다음은 개인정보 보호법의 일부이다. 제시된 자료를 참고할 때, 개인정보 보호법 위반 사례로 적절하지 않은 것은?

제17조(개인정보의 제공)
① 개인정보처리자는 다음 각호의 어느 하나에 해당되는 경우에는 정보주체의 개인정보를 제3자에게 제공(공유를 포함한다. 이하 같다)할 수 있다.
  1. 정보주체의 동의를 받은 경우
  2. 제15조 제1항 제2호·제3호 및 제5호에 따라 개인정보를 수집한 목적 범위에서 개인정보를 제공하는 경우
② 개인정보처리자는 제1항 제1호에 따른 동의를 받을 때에는 다음 각호의 사항을 정보주체에게 알려야 한다. 다음 각호의 어느 하나의 사항을 변경하는 경우에도 이를 알리고 동의를 받아야 한다.
  1. 개인정보를 제공받는 자
  2. 개인정보를 제공받는 자의 개인정보 이용 목적
  3. 제공하는 개인정보의 항목
  4. 개인정보를 제공받는 자의 개인정보 보유 및 이용 기간
  5. 동의를 거부할 권리가 있다는 사실 및 동의 거부에 따른 불이익이 있는 경우에는 그 불이익의 내용
③ 개인정보처리자가 개인정보를 국외의 제3자에게 제공할 때에는 제2항 각호에 따른 사항을 정보주체에게 알리고 동의를 받아야 하며, 이 법을 위반하는 내용으로 개인정보의 국외 이전에 관한 계약을 체결하여서는 아니 된다.

제18조(개인정보의 목적 외 이용·제공·제한)
① 개인정보처리자는 개인정보를 제15조 제1항에 따른 범위를 초과하여 이용하거나 제17조 제1항 및 제3항에 따른 범위를 초과하여 제3자에게 제공하여서는 아니 된다.
② 제1항에도 불구하고 개인정보처리자는 다음 각호의 어느 하나에 해당하는 경우에는 정보주체 또는 제3자의 이익을 부당하게 침해할 우려가 있을 때를 제외하고는 개인정보를 목적 외의 용도로 이용하거나 이를 제3자에게 제공할 수 있다. 다만, 제5호부터 제9호까지의 경우는 공공기관의 경우로 한정한다.
  1. 정보주체로부터 별도의 동의를 받은 경우
  2. 다른 법률에 특별한 규정이 있는 경우
  3. 정보주체 또는 그 법정대리인이 의사표시를 할 수 없는 상태에 있거나 주소불명 등으로 사전 동의를 받을 수 없는 경우로서 명백히 정보주체 또는 제3자의 급박한 생명, 신체, 재산의 이익을 위하여 필요하다고 인정되는 경우
  4. 통계작성 및 학술연구 등의 목적을 위하여 필요한 경우로서 특정 개인을 알아볼 수 없는 형태로 개인정보를 제공하는 경우
  5. 개인정보를 목적 외의 용도로 이용하거나 이를 제3자에게 제공하지 아니하면 다른 법률에서 정하는 소관 업무를 수행할 수 없는 경우로서 보호위원회의 심의·의결을 거친 경우
  6. 조약, 그 밖의 국제협정의 이행을 위하여 외국정부 또는 국제기구에 제공하기 위하여 필요한 경우
  7. 범죄의 수사와 공소의 제기 및 유지를 위하여 필요한 경우
  8. 법원의 재판업무 수행을 위하여 필요한 경우
  9. 형(刑) 및 감호, 보호처분의 집행을 위하여 필요한 경우

① 음식점 사장인 A와 손님인 B 사이에 작은 말싸움이 있었다. A는 분이 풀리지 않아 B가 결제했던 카드의 카드사에 전화를 걸어 B가 카드를 잃어버렸다고 거짓으로 분실 신고를 해 B의 전화번호를 취득했고, 취득한 전화번호로 전화를 걸어 사과를 요구했다.

② 보험관리사인 C는 고객인 D가 가입한 보험 상품의 변경 내용을 안내하기 위해 D에게 연락했다. C는 만나서 설명하기 위해 끊임없이 전화를 걸었지만 D는 계속 전화를 무시했다. 결국 C는 D가 보험 가입 시 작성했던 서류를 찾아 D의 집 주소를 확인한 뒤 해당 주소로 안내 우편을 보냈다.

③ E는 아파트 소방도로에 불법으로 주차된 차량을 발견하고, 아파트 관리 센터를 찾아가 CCTV를 통해 차량 주인을 확인하였다. 관리 센터 직원으로부터 차량 주인인 F의 이름과 거주지, 전화번호 등을 확보한 E는 전화를 걸어 신고하겠다고 협박했다.

④ G는 중고거래 커뮤니티에 거래할 물건 정보와 연락 받을 전화번호를 게시하였다. 그런데 중고거래가 끝난 뒤 계속해서 광고 전화를 받게 되었고, 알고 보니 커뮤니티 회원인 H가 중고거래를 위해 게시된 전화번호들을 수집하여 마케팅 용도로 사용하고 있었다.

⑤ 학원강사 I는 지난 달 개인학원을 차렸다. 홍보를 고민하던 I는 과거 근무하던 학원에서 친하게 지냈던 행정 직원 J로부터 학부모 명단과 연락처를 받은 후, 명단에 있는 학부모들에게 홍보 문자를 보냈다.

[25 - 26] 다음은 전세자금이 부족한 신혼부부를 대상으로 제공하는 전세자금 대출 상품에 대한 내용이다. 각 물음에 답하시오.

[신혼부부 전용 전세자금 대출 상품]

1. 상품 개요

대출 대상	• 대출신청일 현재 세대주로, 대출 대상주택의 임차보증금이 2억 원 이하이고 임차 전용면적이 85m² 이하이며 임대차계약을 체결하고 임차보증금을 5% 이상 지급한 자 ※ 단, 다음의 경우는 예외 조건을 따름 – 수도권(서울, 경기, 인천): 임차보증금 3억 원 이하 – 2자녀 이상 가구: 임차보증금 3억 원 이하, 수도권(서울, 경기, 인천)은 임차보증금 4억 원 이하 – 수도권(서울, 경기, 인천)을 제외한 도시지역이 아닌 읍 또는 면지역은 임차 전용면적 100m² 이하 • 대출신청인과 배우자의 연 소득 6천만 원 이하인 자 • 대출신청일 현재 세대주로, 세대주를 포함한 세대원 전원이 무주택자 • 혼인관계증명서상 혼인기간 5년 이내 가구 또는 결혼예정자와 배우예정자로 구성될 가구
대출 대상 주택	• 임차 전용면적 85m² 이하 주택 ※ 단, 수도권(서울, 경기, 인천)을 제외한 도시지역이 아닌 읍 또는 면지역은 임차 전용면적 100m² 이하 • 임차 전용면적 85m² 이하 주거용 오피스텔
대출한도	• 전(월)세 계약서상 임차보증금의 80% 이내 – 수도권(서울, 경기, 인천): 최대 2억 원 – 그 외 지역: 최대 1억 6천만 원 • 1년 미만 재직자의 경우 대출한도가 2천만 원 이하로 제한될 수 있음 • 대출한도는 신청인의 소득, 부채, 신용도 등에 따라 달라질 수 있음
대출기간 및 상환방법	• 대출기간: 2년(4회 연장하여 최장 10년 가능) – 기한 연장 시마다 최초 대출금의 10% 이상 상환 또는 상환불가 시 연 0.1%p 금리 가산 • 상환방법: 일시상환 또는 혼합상환 – 일시상환: 약정기간에 이자만 부담하고 만기에 대출금을 모두 상환하는 방식 – 혼합상환: 대출기간 중 원금 일부(10%)를 나누어 갚고, 잔여원금을 만기에 일시상환하는 방식 • 중도상환 수수료: 없음
신청기한	• 신규: 잔금지급일과 주민등록등본상 전입일 중 빠른 날짜로부터 3개월 이내 • 추가대출: 주민등록등본상 전입일로부터 1년 이상, 기존 대출실행일로부터 1년 이상 경과하고 계약갱신일로부터 3개월 이내

2. 대출금리

연 소득 \ 보증금	5천만 원 이하	5천만 원 초과 1억 원 이하	1억 원 초과 1.5억 원 이하	1.5억 원 초과
2천만 원 이하	연 1.2%	연 1.3%	연 1.4%	연 1.5%
2천만 원 초과 4천만 원 이하	연 1.5%	연 1.6%	연 1.7%	연 1.8%
4천만 원 초과 6천만 원 이하	연 1.8%	연 1.9%	연 2.0%	연 2.1%

3. 추가금리우대(①, ② 중복 적용 가능)

① 부동산 전자계약: 국토교통부 부동산 전자계약 시스템으로 주택 임대차계약 체결 시 0.1%p 금리 우대
② 자녀 우대금리: 다자녀 0.5%p, 2자녀 0.3%p, 1자녀 0.2%p
   (단, 우대금리 적용 후 최종금리가 1.0% 미만일 경우 1.0%로 금리 적용함)

25. 박 사원은 결혼 박람회에서 신혼부부를 대상으로 전세자금 대출 상품 소개 및 상담업무를 진행하였다. 제시된 자료를 토대로 박 사원이 다섯 쌍의 신혼부부의 질문에 답변한 내용으로 가장 적절하지 않은 것은?

① Q: 저희 부부는 지금 저 혼자 일을 하는 상태이고 18개월의 자녀가 1명 있으며, 현재 연 소득은 2천만 원입니다. 경기도 광주시의 보증금 7천만 원의 주택을 전세로 계약하고 싶은데, 이 경우 대출금리는 얼마가 적용되나요?
   A: 연 소득 2천만 원 이하에 보증금 7천만 원인 주택의 대출금리는 연 1.3%가 적용되나 두 분의 경우 1자녀 우대금리인 0.2%p가 추가로 적용되므로 연 1.1%의 대출금리가 적용되겠네요.

② Q: 인천에 있는 임차 전용면적 90m²의 주거용 오피스텔을 월세로 계약할 예정이며, 보증금은 1억 원입니다. 저와 신랑의 연 소득은 6천만 원인데, 저희도 대출을 받을 수 있나요?
   A: 대출 대상 주택의 조건에 따라 주거용 오피스텔의 경우 임차 전용면적이 85m² 이하인 경우에만 대출을 받을 수 있으므로 임차 전용면적 90m²의 오피스텔의 경우 대출 대상이 아닙니다.

③ Q: 저희는 둘 다 입사한 지 9개월 차인 신입사원이며, 연 소득을 합하면 4천만 원입니다. 결혼 준비를 하면서 서울시 관악구에 보증금이 5천만 원인 주택의 전세 임대차계약을 체결하였습니다. 임차 전용면적은 80m²이고, 임차보증금 5백만 원은 이미 지급하였습니다. 남은 보증금 중 40%를 대출받고 싶은데 가능할까요?
   A: 네, 1년 미만 재직자의 경우 대출한도가 2천만 원 이하로 제한될 수 있지만 두 분이 대출받고자 하는 금액은 1천 8백만 원으로 영향을 미치지 않을 것으로 보입니다.

④ Q: 저희는 작년에 결혼한 신혼부부이고, 현재 자녀가 없습니다. 둘 다 2년 차 직장인으로 연 소득의 합은 5천 5백만 원입니다. 이번에 서울에 있는 주거용 오피스텔을 월세로 계약하면서 대출을 받고 싶은데 최대 얼마까지 대출받을 수 있나요?
   A: 두 분이 대출받으려는 주거용 오피스텔의 임차 전용면적이 85m² 이하이고, 임차보증금이 3억 원 이하이면 보증금의 80% 이내로 대출을 받을 수 있지만, 수도권 지역이므로 최대 1억 6천만 원까지만 가능합니다.

⑤ Q: 현재 13개월 된 쌍둥이 자녀가 있으며, 강원도 횡성군 횡성읍에 있는 임차 전용면적 100m²에 보증금이 2억 원인 주택을 전세로 신규 계약하고 싶습니다. 저는 전업주부이고 신랑은 현재 3년째 재직 중으로 연 소득이 4천 5백만 원인데, 저희 부부의 경우 대출금리가 어느 정도인가요?
   A: 두 분의 경우 보증금과 연 소득에 따른 대출금리인 연 2.1%에 2자녀 우대금리인 0.3%p가 추가로 적용되며 부동산 전자계약 시스템으로 체결할 경우에는 0.1%p 금리 우대가 중복 적용되니 참고하시면 좋을 것 같습니다.

26. 올해 가을 결혼을 앞둔 4년 차 직장인 현호와 은아는 무주택자로 신혼부부 전용 전세자금 대출 상품을 이용하고자 한다. 제시된 조건을 모두 고려하였을 때, 현호와 은아가 상환하게 될 총금액은?

- 현호의 연 소득은 3천 5백만 원이며, 은아의 연 소득은 2천 5백만 원이다.
- 경기도 안양에 보증금 1억 5천만 원의 49m² 주거용 오피스텔을 전세로 계약했다.
- 신규 가입을 위해 2개월 전 전입신고를 마쳤다.
- 대출을 최대한도까지 받은 후 기한 연장 없이 일시상환할 예정이다.
- 신용평가기관의 신용도 조회 결과 두 사람 모두 신용도가 높고 부채도 없다.
- 추가 금리 우대는 적용되지 않는다.

① 124,320,000원 ② 124,800,000원 ③ 125,040,000원 ④ 156,000,000원 ⑤ 156,300,000원

27. △△시 산업진흥원에서는 크라우드 펀딩 사업을 통해 초기 창업자에게 사업 재원을 지원하고자 한다. 다음에 제시된 공고문과 크라우드 펀딩 사업에 지원한 A~E 기업의 정보를 근거로 판단할 때, 예비기업으로 선정되는 기업은? (단, A~E 기업은 크라우드 펀딩 사업 공모대상에 해당한다.)

[크라우드 펀딩 사업 지원기업 모집 공고]

1. 사업 개요

사업목적	• 크라우드 펀딩 지원을 통한 관내 초기 창업자의 재원 확보 및 성과 창출 독려
사업기간	• 2024년 6월~2024년 10월(자세한 일정 추후 공지)
지원내용	• 크라우드 펀딩 플랫폼 등록 시 필요한 페이지 제작·홍보 비용 지원 • 사업 운영에 필요한 전문가 멘토링 지원
지원규모	• 지원기업: 2개 기업 • 기업당 최대 300만 원 지원

2. 공모 안내

공모대상	• △△시에 소재를 둔 창업 기업 중 사업 개시 7년 미만인 기업
공모기간	• 2024년 6월 7일~2024년 6월 20일
공모방법	• 온라인 접수(crowd.or.kr)

3. 추진일정

신청서 접수(6월)		선정 및 협약(6월)		사업수행(7~10월)		지원금 지급(10월)
• 모집기간	▶	• 선정 평가 • 실사/멘토링 • 협약	▶	• 크라우드 펀딩 플랫폼 등록	▶	• 플랫폼 등록 완료 보고서 제출 시 지원금 지급

4. 지원기업 선정방법 및 평가기준

1) 선정방법
   - 평가 항목별 점수의 총점에 가점 및 감점을 적용한 최종 점수가 가장 높은 순으로 총 2개 기업을 지원기업으로 선정함
   - 미선정 기업 중 최종 점수가 가장 높은 1개 기업을 예비기업으로 선정함
   ※ 선정 후 결격사유로 인해 탈락 또는 포기하는 기업 발생 시 예비기업을 지원기업으로 추가 선정함

2) 평가기준
   - 평가 항목

구분	평가 내용	배점
지원 필요성	• 사업 추진 목적 및 배경 • 사업 추진 필요성	30점
역량	• 기술성 및 제품 우수성 • 전문성 및 사업 수행 능력	20점
계획 적정성	• 계획의 체계성 및 구현 가능성 • 사업비 활용 계획의 타당성	30점
기대효과	• 예상 매출 • 경제적·산업적 파급효과	20점

– 가점 및 감점

구분	내용		점수
가점	사회적 기업		+2점
	장애인 기업		+2점
	우선 지원 대상 기업		+5점
감점	전년도매출액	300억 원 이상	−8점
		100억 원 이상 300억 원 미만	−6점
		30억 원 이상 100억 원 미만	−4점
		10억 원 이상 30억 원 미만	−2점
		10억 원 미만	−

※ 우선 지원 대상 기업에 해당하는 기업은 다른 가점 항목과 중복 적용 불가능함

[크라우드 펀딩 사업에 지원한 기업별 정보 및 평가 점수]

구분	평가 항목				전년도 매출액	비고
	지원 필요성	역량	계획 적정성	기대효과		
A 기업	29점	18점	24점	17점	20억 원	장애인 기업
B 기업	28점	16점	25점	14점	260억 원	• 사회적 기업 • 우선 지원 대상 기업
C 기업	23점	19점	27점	17점	115억 원	−
D 기업	26점	20점	28점	18점	320억 원	사회적 기업
E 기업	27점	17점	26점	13점	8억 원	장애인 기업

① A 기업   ② B 기업   ③ C 기업   ④ D 기업   ⑤ E 기업

[28 – 29] 다음은 ○○공사의 신입사원 공개 채용 절차 안내문과 공개 채용에 지원한 다섯 명의 서류 심사 및 1차 시험 결과에 대한 정보이다. 각 물음에 답하시오.

[○○공사 신입사원 공개 채용 절차 안내]

1. 채용 절차: 서류 접수 및 심사 → 1차 시험(필기시험) → 2차 시험(면접시험 및 인성역량검사) → 최종 합격자 발표

2. 세부 내용
   1) 서류 접수: 20XX. 02. 10.(월) 9시 ~ 20XX. 02. 17.(월) 18시
   2) 서류 심사: 20XX. 02. 18.(화) ~ 20XX. 02. 21.(금)

구분	가점
보훈 가점	10점
장애인 가점	5점
자격증 가점	1개당 2점 (단, 최대 6점까지 인정)

   ※ 단, 가점은 가장 점수가 높은 가점 항목 1개만 인정됨

   3) 1차 시험: 20XX. 02. 29.(토)

구분	세부 내용
필기시험	50문항/60분
1차 합격자 처리 기준	필기시험 점수와 가점을 합산하여 고득점 순으로 2명을 합격 처리 (단, 동점자의 경우 '보훈, 장애인, 자격증' 항목 순으로 처리)

   ※ 단, 1차 시험 결과는 2차 시험에 영향이 없음

   4) 2차 시험: 20XX. 03. 20.(금)

구분	세부 내용
면접시험	• 시험 시간: 1인당 약 15분 소요 • 면접 방식: 면접관 3인과 지원자 1인으로 구성된 다대일 형식
인성역량검사	• 시험 시간: 1시간
2차 합격자 처리 기준	• 면접시험 점수(70%)와 인성역량검사 점수(30%)를 합산한 최고득점자 1명을 합격 처리 (단, 동점자의 경우 면접시험 점수가 더 높은 사람을 합격 처리)

   5) 최종 합격자 발표: 20XX. 03. 31.(화)

[○○공사 공개 채용 지원자 A~E 가점 및 필기시험 점수]

구분		A	B	C	D	E
가점 항목	보훈	해당	해당 없음	해당	해당 없음	해당 없음
	장애인	해당 없음	해당	해당 없음	해당 없음	해당
	자격증	1개	4개	해당 없음	2개	2개
필기시험 점수		87점	92점	88점	84점	94점

28. ○○공사 신입사원 공개 채용에 지원한 A~E의 가점 및 필기시험 점수가 일반에 공개되었다고 할 때, 공개한 내용을 확인한 지원자의 반응으로 가장 적절한 것은?

① A: 보유한 가점이 모두 인정됐다면, 면접시험도 볼 수 있었어.

② B: 자격증이 1개만 더 있었다면 1차 합격은 할 수 있었네.

③ C: 필기시험 점수와 가점을 합산한 총점은 나와 D가 똑같아.

④ D: 필기시험에서 2점짜리 1문제만 더 맞혔으면 1차 합격했을 텐데 아쉬워.

⑤ E: 1차 시험은 1등으로 합격했으니, 2차 시험도 1등으로 합격하도록 준비해야겠어.

29. ○○공사의 인사팀에서 근무하는 귀하는 1차 시험 합격자를 정리하던 중 갑, 을, 병, 정, 무 지원자의 서류 및 필기시험 결과가 누락된 사실을 확인했다. 누락된 지원자들과 A~E의 가점 및 필기시험 결과를 토대로 1차 합격자를 다시 선발하기로 하였을 때, 다음 중 합격 결과를 바꿀 수 있는 지원자를 모두 고르면?

구분		갑	을	병	정	무
가점 항목	보훈	해당	해당 없음	해당	해당 없음	해당
	장애인	해당 없음	해당	해당	해당 없음	해당
	자격증	4개	1개	해당 없음	3개	5개
필기시험 점수		85점	94점	78점	95점	88점

① 을   ② 병   ③ 정   ④ 갑, 무   ⑤ 을, 정

30. 다음 회의록 내용으로 판단할 때, 회의가 끝난 후 각 직원별로 해야 할 업무로 적절하지 않은 것은?

[회의록]

일시	202X년 11월 13일 14:00~15:30	장소	본사 18층 A회의실
작성자	기획팀 김진복 사원	작성일	202X년 11월 13일
참석자	• 기획팀: 이동구 과장, 권자훈 대리, 김진복 사원 • 개발팀: 소이연 대리, 인규진 사원		
안건	기차여행 상품 소개 팸플릿 기획		

회의 내용	• 11월 11일, 김진복 사원이 팸플릿 기획안 초안 작성 완료함
	• 기획안 초안 수정 방향 관련
	→ 국내 도별(강원도, 경상도, 전라도, 충청도) 관광 열차 여행 상품 관련
	  : 도별로 묶은 여행 상품뿐만 아니라, 특정 지역만 여행하는 상품도 추가하도록 함
	→ 일정별(무박, 1박, 2박) 여행 상품 관련
	  : 팸플릿에 들어갈 여행의 컨셉이 성인 자녀와 부모가 함께 떠나는 효도 여행이므로 무박 여행 상품은 삭제하고, 현재 기획한 일정보다 더 긴 일정의 여행 상품을 추가하도록 함
	→ 가격별(5만 원 이내, 10만 원 이내, 20만 원 이내) 여행 상품 관련
	  : 일정별 여행 상품을 수정한 후, 해당 일정에 맞는 가격으로 수정하며 되도록이면 저가의 여행 상품은 넣지 않고, 고가의 여행 상품을 추가하도록 함
	• 기획안 수정 기한 관련
	→ 김진복 사원은 11월 20일까지 기획안 수정하여 이동구 과장과 권자훈 대리에게 보고하도록 함
	→ 이동구 과장과 권자훈 대리는 11월 22일까지 기획안의 수정안을 검토 후 피드백 전달하며, 김진복 사원은 11월 25일까지 최종 기획안 작성을 완료하도록 함
	• 기획안 확정 후 추후 업무 관련
	→ 11월 27일까지 권자훈 대리가 최종 기획안을 바탕으로 홍보 포인트 선정하여 팸플릿 첫 페이지에 수록하도록 하고 팸플릿 샘플 페이지 제작을 완료하도록 함
	→ 권자훈 대리는 팸플릿 페이지 수 및 디자인 작업 사양을 11월 30일까지 개발팀에 전달하고, 인규진 사원은 12월 3일까지 팸플릿 업체별 제작 단가 및 작업 가능 여부 조사를 완료하도록 함
	→ 소이연 대리는 12월 둘째 주까지 역사 안에 팸플릿을 배치할 위치 검토 및 팸플릿 배부할 인력을 채용하도록 함

① 이동구 과장은 11월 21일에 김진복 사원에게 팸플릿 마지막 페이지에 여행 상품 예약 사이트 및 애플리케이션 홍보 문구를 추가하라는 피드백을 전달할 예정이다.

② 소이연 대리는 12월 6일에 팸플릿을 배부할 아르바이트생 모집 공고를 회사 사이트에 게시할 예정이다.

③ 권자훈 대리는 팸플릿 분량을 총 8페이지로 확정하여 팸플릿 작업 정보를 11월 29일에 개발팀 인규진 사원에게 전달할 예정이다.

④ 김진복 사원은 11월 19일에 커뮤니티에서 기차여행 상품을 선호하는 연령층을 조사하여 기획안 내용을 수정할 예정이다.

⑤ 인규진 사원은 12월 1일에 팸플릿 제작 업체 중 가장 저렴한 곳을 선정하여 제작 단가를 협의할 예정이다.

31. 동현이는 B 대학교 도서관에 책을 기증하기 위해 ○○용달을 이용하여 책을 옮겼다. ○○용달 운임 안내 및 동현이와 기사의 대화를 근거로 판단할 때, 동현이가 지불한 전체 운임은? (단, 용달 이용 시간에 비가 내렸다.)

[○○용달 운임 안내]

1. 운임 책정 기준
   – 운임은 이동 거리, 차종, 날씨, 운송 시간대, 운송 옵션에 근거하여 책정됨

2. 운임 책정 세부 사항

구분	오토바이	다마스	라보	카고
기본 요금(10km 이내)	15,000원	20,000원	30,000원	35,000원
추가 요금(10km 초과)	1km당 2,500원	1km당 3,000원	1km당 4,000원	1km당 4,500원
할증 요금	• 우천 시 할증: 기본 및 추가 요금에 각각 20% 가산 • 야간 할증: 기본 및 추가 요금에 각각 30% 가산			
운송 옵션 요금	• 차량만 이용: 없음 • 기사님 도움: 5만 원 • 기사님 도움 + 인부 1명 추가: 10만 원			

※ 1) 우천은 비가 오는 날씨를 의미함
   2) 추가 요금은 10km를 초과하는 이동 거리 1km당 운임임
   3) 야간 할증 시간은 18:00~07:00임
   4) 우천 시 할증과 야간 할증을 모두 적용받는 경우 기본 및 추가 요금에 각각 40%가 가산됨
   5) 운송 옵션의 기사님 도움은 짐을 기사님과 함께 옮기는 것을 의미하고, 인부 추가는 짐을 옮길 인부 1명을 추가로 고용하는 것을 의미함
   6) 전체 운임 = 기본 요금 + 추가 요금 + 할증 요금 + 운송 옵션 요금

3. 차종별 최대 적재량

구분	오토바이	다마스	라보	카고
최대 적재량	20kg	400kg	500kg	1,000kg

동현: 안녕하세요. 기사님 오늘 오후 9시에 용달을 이용하려고 합니다. 운송 품목은 책이고, 총 450kg입니다.

기사: 네, 이용하고자 하는 차량의 차종과 출발지, 도착지는 어떻게 되나요?

동현: 먼저 차량은 책을 한 번에 옮길 수 있는 차종 중 가장 저렴한 차로 부탁드리고, A 동 619번지에서 B 대학교 도서관까지 이동하려고 합니다.

기사: A 동 619번지에서 B 대학교까지 이동 거리가 42km 나오네요. 이동 소요 시간은 2시간 내로 가능할 것 같습니다. 혹시 차량만 이용하실 건가요?

동현: 짐을 옮길 때 기사님과 인부 1명을 추가로 고용하여 함께 옮겨야 할 것 같습니다.

기사: 네, 말씀해주신 조건들을 반영하여 운임이 책정되고, 우천 시 할증 요금이 가산될 수 있습니다. 그럼 오후 9시에 A 동 619번지에서 뵙겠습니다.

① 315,000원   ② 321,200원   ③ 337,000원   ④ 377,200원   ⑤ 397,000원

32. 다음은 △△공사의 사내 벤처 사업팀 성과 보상금 지급 기준이다. 사내 벤처 사업팀 성과 보상금 지급 기준과 사내 벤처 사업팀별 영업성과 및 운영성과 평가 점수를 근거로 판단할 때, △△공사가 두 번째로 많은 성과 보상금을 지급하는 사내 벤처 사업팀은?

[사내 벤처 사업팀 성과 보상금 지급 기준]

− 성과 보상금 = 운영성과 보상금 + 영업성과 보상금
− 운영성과 보상금은 운영성과 평가표에 따른 최종 점수에 따라 아래와 같이 지급한다.
  • 95점 이상: 2천만 원
  • 85점 이상 95점 미만: 1천만 원
  • 75점 이상 85점 미만: 5백만 원
  • 75점 미만: 0원
− 영업성과 보상금은 최대 5천만 원까지 지급하며, 단계별로 누진 적용한다.
  • 1억 원 이하: 10%
  • 5억 원 이하: 5%
  • 10억 원 이하: 2%
  • 15억 원 이하: 1%
  • 15억 원 초과: 0.8%
  예 영업성과가 6억 원인 경우 영업성과 보상금은 $(1 \times 0.1) + (4 \times 0.05) + (1 \times 0.02) = 0.32$억 원이다.

[운영성과 평가표]

구분	주요 평가 사항	배점				
추진 프로세스 평가(30점)	• 목표 달성 여부 • 추진경과 보고의 적시성	30점	20점	15점	10점	5점
추진 실적 평가(30점)	• 매출액 • 영업성과	30점	20점	15점	10점	5점
기여도 평가(30점)	• 회사 이미지 제고 효과 • 예산 절감 기여도	30점	20점	15점	10점	5점
구성원 평가(10점)	• 구성원 참여도 • 구성원 역량	10점	5점	3점	2점	1점

※ 최종 점수는 각 평가 항목별 점수를 모두 합한 점수로 산정함

[사내 벤처 사업팀별 영업성과 및 운영성과 평가 점수]

구분	영업성과	운영성과 평가 점수			
		추진 프로세스 평가	추진 실적 평가	기여도 평가	구성원 평가
A 팀	8억 원	20점	20점	15점	10점
B 팀	12억 원	30점	20점	20점	10점
C 팀	9억 원	30점	20점	20점	5점
D 팀	4억 원	30점	30점	30점	5점
E 팀	16억 원	20점	30점	30점	10점

① A 팀 ② B 팀 ③ C 팀 ④ D 팀 ⑤ E 팀

33. P 대학교의 산학협력팀 조 과장은 2022~2024년 산학협력 연구비 예산서 및 지출서를 참고하여 예산 집행률이 가장 낮은 해의 예산과 지출액 차이가 가장 큰 항목을 확인하였다. 조 과장이 확인한 항목의 2022년 지출액이 같은 해 총 지출액에서 차지하는 비중은 약 얼마인가? (단, 소수점 둘째 자리에서 반올림하여 계산한다.)

[연도별 산학협력 연구비 예산서] (단위: 천 원)

구분		2022년	2023년	2024년
예산액	인건비	101,518	121,050	150,183
	연구 활동비	35,126	37,246	31,284
	시설비	8,122	9,105	10,181
	연구 장비비	29,054	28,320	29,085
	연구 재료비	43,678	48,151	40,718
	연구과제 추진비	33,338	25,914	16,527
	연구 수당	28,150	27,667	29,130
	연구 개발비	17,392	15,785	19,038
	총액	296,378	313,238	326,146
전년 이월액		5,103	4,922	4,559
예비비		22	0	0

[연도별 산학협력 연구비 지출서] (단위: 천 원)

구분		2022년	2023년	2024년
지출액	인건비	100,627	120,349	148,550
	연구 활동비	28,015	40,460	29,846
	시설비	9,048	7,860	10,064
	연구 장비비	30,011	25,310	30,025
	연구 재료비	44,187	50,313	28,720
	연구과제 추진비	31,120	22,728	21,722
	연구 수당	26,088	25,413	30,091
	연구 개발비	23,112	16,423	22,484
총 지출액		292,208	308,856	321,502

※ 1) 총 예산 = 예산 총액 + 전년 이월액 + 예비비
   2) 예산 집행률(%) = (총 지출액 / 총 예산) × 100

① 7.8% ② 8.1% ③ 9.6% ④ 10.4% ⑤ 11.2%

[34 - 35] 다음은 ○○공사의 전기요금 복지할인에 대한 자료이다. 각 물음에 답하시오.

[○○공사 전기요금 복지할인]

구분	할인 대상 전력	호수	할인율 또는 할인 한도
장애인	주택용	687천 호	월 16,000원 한도 (여름철 20,000원 한도)
상이유공자	주택용	8천 호	
독립유공자	주택용	6천 호	
기초생활수급자	주택용(생계, 의료)	979천 호	월 16,000원 한도 (여름철 20,000원 한도)
	주택용(주거, 교육)		월 10,000원 한도 (여름철 12,000원 한도)
	심야전력		심야(갑) 31.4% 심야(을) 20%
차상위계층	주택용	219천 호	월 8,000원 한도 (여름철 10,000원 한도)
	심야전력		심야(갑) 29.7% 심야(을) 18%
사회 복지 시설	주택용, 일반용	124천 호	30%
	심야전력		심야(갑) 31.4% 심야(을) 20%
3자녀 이상	주택용	598천 호	30% (월 16,000원 한도)
대가족	주택용	266천 호	
출산 가구	주택용	613천 호	
생명유지장치	주택용	15천 호	30%

※ 1) 호수는 20X1년 기간 동안 복지할인을 받은 전체 호수를 의미함
   2) 여름철은 7~8월을 의미함
   3) 한도가 정해진 정액 및 정률 할인은 한도액 이상 할인받을 수 없고, 한도가 정해지지 않은 정률 할인은 정해진 한도액 없이 할인율만큼 할인받을 수 있음
   4) 기초생활수급자·차상위계층에 한하여 3자녀 이상, 대가족, 출산 가구 중 하나 이상에 해당할 경우 이 중 한 개의 할인에 대해 중복 적용 가능함
   5) 기초생활수급자·차상위계층을 제외한 나머지 복지할인 대상은 할인을 중복 적용 받을 수 없으며, 해당하는 복지할인 중 할인액이 가장 높은 할인이 적용됨
   6) 정액 할인은 할인 한도액 이하의 전기요금 부과 시 부과된 전기요금만큼 할인되고, 할인 한도액을 초과한 전기요금 부과 시 할인 한도액만큼 할인됨
   7) 정률 할인은 전기요금에 할인율을 곱하여 산출된 할인액이 할인 한도 이하의 금액까지 할인됨
   8) 정액 할인과 정률 할인이 모두 적용되는 경우 정액 할인이 우선 적용되고, 할인된 전기요금에서 정률 할인이 추가 적용됨

34. 다음 중 20X1년 주택용 전기를 사용한 모든 장애인, 상이유공자, 독립유공자가 받은 연간 총 전기요금 복지할인 금액의 **최댓값은?** (단, 제시되지 않은 사항은 고려하지 않는다.)

① 1,346억 원   ② 1,374억 원   ③ 1,402억 원   ④ 1,540억 원   ⑤ 1,682억 원

35. 다음은 A~E 가구의 정보이다. 각 가구가 연간 전기요금 복지할인을 최대로 받았을 때, 전기요금 복지할인을 가장 많이 받은 가구가 1년간 받은 전기요금 복지할인 금액은? (단, 가구별 월 전기요금은 매월 동일하고, 제시되지 않은 사항은 고려하지 않는다.)

[A~E 가구 정보]

구분	할인 전 월 전기요금	사용 전력	특이사항
A 가구	11,000원	주택용	장애인, 출산 가구
B 가구	30,000원	심야전력(갑)	기초생활수급자
C 가구	18,000원	주택용	차상위계층, 대가족
D 가구	35,000원	주택용	출산 가구
E 가구	40,000원	심야전력(을)	생명유지장치

① 113,040원   ② 126,000원   ③ 132,000원   ④ 134,800원   ⑤ 143,080원

[36 ~ 37] 다음은 ○○비즈니스 센터의 회의실 정보이다. 각 물음에 답하시오.

[○○비즈니스 센터 회의실 정보]

구분	공간안내	이용료	전문 케이터링
A 형	• 회의식 'ㅁ'자형(최대 14명) • 공간 크기: 10평 • 패널 화이트보드 • 빔프로젝터 • 120인치 스크린 • 별도 노트북 대여 가능	• 평일 시간 금액: 140,000원 • 평일 반일 금액: 400,000원 • 평일 종일 금액: 700,000원 • 화상회의 카메라: 50,000원/회	• 커피머신 및 티백: 무료 • 도시락: 22,000원/인 • 다과: 7,000원/인 • 생수: 1,000원/개 • 음료: 5,000원/병 • 외부 식음료 반입 시 쓰레기 수거 비용: 3,000원/인
B 형	• 강의식(최대 30명) • 공간 크기: 16평 • 패널 화이트보드 • 빔프로젝터 • 120인치 스크린 • 별도 노트북 대여 가능	• 평일 시간 금액: 190,000원 • 평일 반일 금액: 620,000원 • 평일 종일 금액: 940,000원 • 마이크 이용료: 16,500원/회	• 커피머신 및 티백: 무료 • 도시락: 22,000원/인 • 다과: 7,000원/인 • 생수: 1,000원/개 • 음료: 5,000원/병 • 외부 식음료 반입 시 쓰레기 수거 비용: 3,000원/인
C 형	• 회의식 'ㅁ'자형(최대 4명) • 공간 크기: 4평 • 패널 화이트보드 • 120인치 스크린 • 별도 노트북 대여 가능	• 평일 시간 금액: 28,000원 • 평일 반일 금액: 85,000원 • 평일 종일 금액: 170,000원 • 화상회의 카메라: 50,000원/회	• 커피: 3,000원/컵 • 다과: 7,000원/인 • 생수: 1,000원/개 • 음료: 5,000원/병 • 외부 식음료 반입 시 쓰레기 수거 비용: 3,000원/인
D 형	• 회의식 'ㅁ'자형(최대 8명) • 공간 크기: 5.5평 • 패널 화이트보드 • 65인치 LED TV • 별도 노트북 대여 가능	• 평일 시간 금액: 56,000원 • 평일 반일 금액: 170,000원 • 평일 종일 금액: 300,000원 • 마이크 이용료: 16,500원/회	• 커피: 3,000원/컵 • 다과: 7,000원/인 • 생수: 1,000원/개 • 음료: 5,000원/병 • 외부 식음료 반입 시 쓰레기 수거 비용: 3,000원/인
E 형	• 회의식 'ㅁ'자형(최대 6명) • 공간 크기: 5평 • 패널 화이트보드 • 빔프로젝터 • 120인치 스크린 • 별도 노트북 대여 가능	• 평일 시간 금액: 45,000원 • 평일 반일 금액: 130,000원 • 평일 종일 금액: 240,000원 • 화상회의 카메라: 50,000원/회	• 커피: 3,000원/컵 • 다과: 7,000원/인 • 생수: 1,000원/개 • 음료: 5,000원/병 • 외부 식음료 반입 시 쓰레기 수거 비용: 3,000원/인

※ 1) 평일 시간 금액은 1시간당 이용 요금, 평일 반일 금액은 09~13시 또는 14~18시 이용 요금, 평일 종일 금액은 09~18시 이용 요금이며, 가장 저렴한 방법으로 지불됨

 예 10시~14시 E 형 회의실 이용 시 평일 시간 금액인 45,000 × 4 = 180,000원, 평일 반일 금액(09~13시)과 평일 시간 금액(13~14시)으로 계산된 130,000 + 45,000 = 175,000원, 평일 종일 금액인 240,000원 중 가장 저렴한 175,000원이 청구됨

 2) 사전 공지 없이 이용 시간 초과 이용 시 초과 시간당 평일 시간 금액의 1.5배의 비용이 청구됨

36. ○○비즈니스 센터에서 근무하는 귀하가 [○○비즈니스 센터 회의실 정보]를 토대로 회의실과 관련한 고객 문의에 대해 답변한 내용으로 가장 적절한 것은?

① Q: 회의 진행 시 화상회의 카메라를 이용해야 하는데, 화상회의 카메라를 이용할 수 있는 회의실을 추천해주실 수 있나요?
   A: 화상회의 카메라를 대여해주는 회의실은 A 형과 C 형 2개의 회의실이 있습니다.

② Q: D 형 회의실을 화요일 10~11시에 예약하였으나, 미팅이 길어져 사전 공지 없이 1시간을 추가로 이용하였는데, 이용료는 얼마가 추가되나요?
   A: 이용 시간 초과 이용 시 초과 시간당 평일 시간 금액이 청구되어 D 형 회의실 이용료 56,000원이 추가로 청구됩니다.

③ Q: 회원님들을 초빙하여 강의식으로 배치된 회의실을 대여하려고 하는데, 이용할 수 있는 회의실이 있나요?
   A: 강의식으로 배치된 회의실은 B 형 회의실이 있으며, 최대 40명까지 이용할 수 있습니다.

④ Q: E 형 회의실을 수용 가능한 최대 인원이 이용하고자 합니다. 전문 케이터링 서비스로 다과를 이용하고 싶은데, 다과 이용 가격은 얼마인가요?
   A: E 형 회의실을 최대 인원이 이용하실 경우 다과 이용 가격은 총 42,000원입니다.

⑤ Q: 외부 음식을 가지고 출입할 수 있는 회의실이 있나요?
   A: 저희 비즈니스 센터에는 외부 음식 반입이 금지되어 있어 외부 음식을 이용할 수 있는 회의실은 없습니다.

37. 영업팀 신입사원 갑은 ○○비즈니스 센터의 회의실을 예약하고자 한다. ○○비즈니스 센터 회의실 정보 및 김 팀장의 지시를 고려하여 회의실을 예약했을 때, 갑이 예약할 회의실은?

[김 팀장]

저와 해외 바이어들이 회의할 수 있는 회의실을 예약해주세요. 해외 바이어는 총 4명이 올 예정이며, 09시부터 14시까지 이용할 계획입니다. 식사는 회의 이후 나가서 먹을 예정이라 포함되지 않아도 되지만, 다과 서비스는 인원수만큼, 음료 서비스는 한 명당 한 병씩 먹을 수 있도록 신청해주세요. 회의에 사용할 120인치 스크린은 필수로 포함되는 곳으로 예약해주시고, 회의실 각종 서비스 비용을 포함한 총이용료는 600,000원 이하인 선에서 가장 넓은 회의실로 예약해주세요.

① A 형   ② B 형   ③ C 형   ④ D 형   ⑤ E 형

38. 가민, 나은, 다형, 라윤이는 한국철도공사의 여행 상품을 이용하여 함께 여행을 떠나려고 한다. 다음 제시된 여행 상품 정보와 조건을 고려하였을 때, 4명이 최소 비용으로 함께 이용할 수 있는 여행 상품과 1인당 여행 경비가 바르게 연결된 것은?

[여행 상품 정보]

구분	유형	이용 시간	비용		선택 상품	
			평일(월~금)	주말(토, 일)	유형	비용
로맨틱 부산	1박 2일	10:30~17:30	241,100원	263,800원	케이블카	15,000원
로맨틱 부산 야경	당일	18:30~21:30	151,800원	161,800원	요트 체험	30,000원
간절곶 십리대숲	당일	08:00~21:00	102,500원	휴무	–	–
여수밤바다	1박 2일	07:00~21:00	99,000원		유람선	15,300원
어서와 내장산	당일	09:30~20:40	49,800원		케이블카	8,000원

※ 1) 이용 시간은 출발일 여행 시작 시각부터 도착일 여행 종료 시각까지를 나타내며, 변경 불가능함
  2) 여행 상품 및 선택 상품의 비용은 1인 기준임

[조건]
• 선택 상품이 포함된 여행 상품을 이용할 경우에는 4명 모두 선택 상품을 이용해야 한다.
• 4명 모두 여행 상품을 이용하는 곳까지 20분이 소요된다.
• 가민이는 평일 오전 12시부터 오전 9시까지 근무를 한다.
• 나은이는 유람선을 타지 않는다.
• 다형이는 평일 오전 9시부터 오후 6시까지 근무를 하고, 월요일 오전에 회의가 있어 일요일 오후 1시까지 회사로 돌아와서 회의 준비를 해야 한다.
• 라윤이는 선택 상품이 없는 여행 상품은 이용하지 않는다.

① 로맨틱 부산 야경 – 181,800원
② 로맨틱 부산 – 256,100원
③ 어서와 내장산 – 57,800원
④ 로맨틱 부산 야경 – 191,800원
⑤ 로맨틱 부산 – 278,800원

39. 다음은 △△공사의 부가 급여 지급 규정이다. 부가 급여 지급 규정을 근거로 각 사례를 판단한 내용으로 적절하지 않은 것은?

[부가 급여 지급 규정]

부가 급여 종류	지급 대상	지급 기준	지급액
가족 수당	임직원	임직원 중 부양가족이 있는 자에 대하여 매월 급여 지급일에 지급하되, 부양가족 수는 4인 이하로 함 ※ 자녀의 경우 부양가족 수가 4인을 초과하더라도 가족 수당을 지급함	1) 배우자: 월 4만 원 2) 자녀 　– 한 명: 월 2만 원 　– 두 명: 월 6만 원 　– 세 명 이상: 월 10만 원 3) 배우자 및 자녀를 제외한 부양가족: 　월 2만 원
자녀 학비 보조금	임직원	고등학교에 취학하는 자녀가 있는 임직원	수업료와 학교 운영 지원비 ※ 입학금은 지급되지 않음
육아휴직 대행 업무비	일반직 직원	30일 이상 육아휴직 중인 직원의 업무를 대행하는 직원	월 20만 원
자격증	일반직 직원	공사 업무와 관련된 국가기술자격법에 의한 기술자격 또는 국가공인자격증에 한함	1) 기술사: 월 10만 원 2) 기사: 월 3만 원
특정 업무 수행비	일반직 직원	예산, 결산, 감사, 노사, 경영평가 실무담당 직원	월 8만 원
휴일 근무	일반직 직원	휴일에 근무하는 직원 ※ 휴일 근무 후 평일에 대체 휴무를 실시하는 경우는 제외함	월 임금 × (1.5 / 200) × 시간
미사용 연차	일반직 직원	근로기준법에 의하여 지급	월 임금 × (1 / 200) × 8시간 × 미사용 일수
대우 수당	일반직 직원	한 직급으로 5년 이상 근무한 직원 중 대우 직원으로 선발된 직원	월 임금의 4%
이사회 참석 수당	비상임 이사·감사	이사회에 참석한 비상임 이사·감사	1회당 10만 원 ※ 2시간 이상 시 5만 원 추가 지급

※ 1) 임직원은 공사의 임원 및 일반직 직원을 의미하고 임원에는 상임·비상임 이사, 사장이 포함되며 임원에 포함되지 않는 모든 직원은 일반직 직원에 해당함

　2) 강등·정직 기간에는 각 부가 급여액의 2/3, 감봉 기간에는 각 부가 급여액의 1/10을 감액하여 지급하며 강등·정직 기간 중 근로를 제공하지 않은 경우에는 부가 급여액을 지급하지 않음

① 2개월간 육아휴직 중인 동료 직원의 업무를 대신 수행하고 있는 일반직 직원 A 씨는 월 20만 원의 부가 급여를 지급받는다.

② 강등 처분을 받은 상임 이사 B 씨가 강등 기간 중에도 근로를 제공했다면, 국가공인 기사자격증을 소지한 데에 따른 월 1만 원의 부가 급여를 지급받는다.

③ 7년간 대리로 근무하여 월 350만 원을 수령하는 C 씨가 대우 직원으로 선발될 경우 대우 수당으로 월 14만 원을 지급받는다.

④ 기획팀 주임 D 씨는 감봉 기간 중 경영평가 실무담당 직원이자 배우자와 친동생 한 명, 자녀 두 명을 부양하는 데에 따른 월 18만 원의 부가 급여를 지급받는다.

⑤ 비상임 감사 E 씨가 각각 1시간 30분, 2시간 10분씩 진행된 이사회에 참석했다면, 총 25만 원의 이사회 참석 수당을 지급받는다.

40. 자산관리팀에 근무하는 김 사원은 사무실 인테리어에 사용할 바닥 타일을 주문하고자 한다. 타일 종류 및 대화 내용을 근거로 판단할 때, 김 사원이 주문할 타일은?

[타일 종류]

구분	규격(mm)	패턴	재질	마감	1개당 가격
A 타일	300×300	테라조	자기질	혼드	13,000원
B 타일	300×300	데코	도기질	혼드	10,000원
C 타일	600×600	테라조	석재	폴리싱	12,000원
D 타일	600×600	테라조	자기질	혼드	16,000원
E 타일	600×600	데코	석재	폴리싱	13,000원
F 타일	600×600	테라조	자기질	혼드	14,000원
G 타일	600×600	헥사곤	도기질	폴리싱	13,000원
H 타일	600×600	헥사곤	자기질	혼드	14,500원
I 타일	600×600	헥사곤	석재	폴리싱	15,000원

박 부장: 이번에 사무실 인테리어를 진행하려고 하는데, 각자 선호하는 타일을 말해보세요. 그중 가장 적합한 타일로 주문하여 시공하려고 합니다.

이 과장: 저는 바닥이 미끄럽지 않도록 석재 재질과 혼드 마감의 타일 제품이 좋을 것 같습니다. 또한, 사무실이 넓어 보이는 효과가 있도록 600 × 600 규격이 좋을 것 같습니다. 패턴은 모두 좋습니다.

한 대리: 저는 내구성이 좋은 자기질 재질이 좋으며, 어느 정도 광이 있으면 좋을 것 같아 폴리싱 마감이 좋을 것 같아요. 저도 이 과장님과 동일하게 규격은 600 × 600 규격이 좋을 것 같고, 헥사곤을 제외한 패턴이 좋은 것 같습니다.

김 사원: 네, 저도 타일 규격은 600 × 600이 가장 좋은 것 같고, 패턴은 테라조나 헥사곤으로 진행되면 좋을 것 같습니다. 재질은 도기질만 제외하면 괜찮을 것 같고, 마감은 광이 적은 혼드가 좋은 것 같습니다.

박 부장: 그래요. 그럼 김 사원이 타일을 주문해주시고, 타일 1개당 가격이 15,000원 이하인 선에서 타일의 각 특징 중 가장 많은 팀원이 선호하는 특징들을 종합하여 가장 적합한 타일을 주문하도록 해요.

① A 타일   ② C 타일   ③ E 타일   ④ F 타일   ⑤ H 타일

-------------------------------- 전기 분야 응시자는 여기까지 풀어야 합니다. --------------------------------

약점 보완 해설집 p.6

정보능력

41. 다음 지문의 스마트 그리드에 대한 설명으로 가장 적절하지 않은 것은?

> 최근 극심한 기후 변화와 에너지 자원 고갈 문제가 대두되면서 에너지 효율화에 대한 관심이 증폭되고 있다. 이에 따라 전력과 IT 기술을 접목한 스마트 그리드가 차세대 전력망으로 주목받고 있다. 스마트 그리드(Smart Grid)는 기존의 전력망에 정보통신기술을 접목하여 에너지 효율성을 높인 것으로, 화석 연료와 원자력 에너지를 활용하는 발전 시설에 대한 의존도를 낮추고 고갈 자원의 대비책을 마련해야 한다는 목소리가 높아지면서 등장하였다. '똑똑한'을 의미하는 '스마트'와 전기, 가스 등의 '공급용 전력망'을 의미하는 '그리드'가 결합한 스마트 그리드는 전기 공급자와 수요자가 소통을 통해 실시간으로 정보를 교환함으로써 보다 효율적인 전기 공급 관리를 가능케 하는 서비스이다. 이러한 스마트 그리드의 구성 요소는 크게 에너지 관리 시스템, 에너지 저장 시스템, 지능형 원격 검침 인프라로 구분할 수 있다.
>
> 먼저 에너지 관리 시스템은 정보통신기술을 활용하여 소비되는 에너지 사용량을 파악하고 관리함으로써 낭비되는 에너지 사용량을 줄여 나가는 능동적 에너지 관리 시스템으로, 공장에서 사용되는 FEMS, 건물에서 사용되는 BEMS, 가정에서 사용되는 HEMS 등으로 나뉜다. 스마트 그리드의 핵심인 에너지 저장 시스템은 생산된 전기를 저장 장치에 보관했다가 전력 공급이 필요한 순간에 사용함으로써 전력 사용의 효율성이 증진되도록 돕는 장치이다. 또한 지능형 원격 검침 인프라, 즉 스마트 계량기는 전력 사용 현황을 자동 분석하는 기술로, 미래 지능형 전력망 사용을 위해 최우선 순위로 구축해야 하는 지능화 전력망 인프라이다.
>
> 여기서 에너지 저장 시스템은 태양광, 풍력, 조력, 파력 등 신재생 에너지에서 획득한 소량의 전기를 저장해두었다가 필요할 때 사용할 수 있어 신재생 에너지에서 전력을 생산할 때 동반되는 송전 상의 제약을 최소화할 수 있다. 이 뿐만 아니라 스마트 그리드의 시스템 주파수 안정화에 영향을 미치며, 일반 주택이나 상업용 시설의 에너지 사용 비용을 줄이는 데 일조한다. 스마트 계량기는 규격화된 프로토콜을 기반으로 시스템 간의 상호 운용성을 갖춰놓고 미터기를 이용하여 양방향 통신을 지원한다. 이때 소비자의 전력 자원 측정 및 제어를 바탕으로 하는 양방향 데이터 통신을 통해 에너지 효율성을 높이며, 에너지 네트워크 운영의 효율성과 신뢰성을 증진하는 역할을 한다. 이로써 전력 생산자는 스마트 계량기를 통해 전력 사용 현황을 실시간으로 파악해 전력 공급량을 탄력적으로 조절할 수 있다. 전력 사용량이 적은 시간대에 최대 전력량을 유지하지 않아도 되므로 결과적으로 전기 요금 또한 절약할 수 있다.
>
> 스마트 그리드는 중앙으로부터 전력을 공급하던 기존 방식에서 벗어나 수평적 전력 공급체계를 기반으로 하며, 디지털 기술을 통해 전력 사용량을 실시간으로 파악해 필요한 곳에 전력을 적시에 공급할 수 있다. 이에 따라 단순히 전력 공급원으로부터의 에너지를 공급받는 일방적인 전력 거래가 아닌 일반 가정 및 개인 또한 반대로 공급자에게 에너지를 판매하는 양방향 전력 거래 시장이 도입될 수 있다. 고정 전력 요금제였던 지금과 달리 전력 사용량에 따른 실시간 요금제로 변경될 수 있다는 것이다. 따라서 기존 방식인 추가 잉여 전력 생산 방식이 아닌 양방향 소통을 통한 한정된 에너지 자원의 효율적 활용이 가능해질 것이다.

① FEMS, BEMS, HEMS는 정보통신기술을 통해 에너지 사용량을 효율적으로 관리하는 시스템에 해당한다.

② 전기 요금이 실시간 요금제로 변경될 경우 한정된 에너지 자원의 효율적 활용이 가능해질 것이다.

③ 스마트 계량기는 양방향 통신 지원을 위해 표준화된 프로토콜을 바탕으로 시스템 간의 상호 운용성을 구축하였다.

④ 스마트 그리드는 전기를 생산하는 자와 전기를 얻고자 하는 자 간의 양방향 소통을 가능하게 하는 서비스이다.

⑤ 신재생 에너지를 통해 얻은 전기를 에너지 저장 시스템을 거쳐 공급할 경우 전기 활용도에 영향을 미치는 여러 제약이 많다.

42. 다음 지문의 생체인식에 대한 설명으로 가장 적절하지 않은 것은?

생체인식은 지문, 홍채, 혈관 등 개인의 고유한 생체 특성을 정보화시켜 신원을 파악하는 보안 인증 방식이다. 열쇠나 비밀번호와 비교하여 도용 또는 모방이 어렵고, 분실하거나 변경될 위험이 적은 것이 특징이다. 해킹 우려로 인해 비밀번호를 정기적으로 변경할 것을 요구하는 사이트가 증가함에 따라 숫자와 영문, 한글, 특수기호로 복잡하게 조합된 비밀번호를 일정 기간마다 변경 및 생성하는 과정에서 비밀번호를 잊어버리는 빈도 역시 높아졌다. 이러한 불편을 해소하기 위해 비교적 간편하게 본인인증을 할 수 있으면서도 보안이 뛰어난 생체인식을 통한 보안 인증 시스템이 등장하였다.

지문인식은 가장 대중적인 생체인식 방법의 하나로 태어나면서 죽을 때까지 형태가 유지되는 지문을 이용한 개인 식별 기술이다. 지문은 피부 표피 밑층인 진피에서 만들어진 손가락의 끝마디에 있는 곡선 무늬이며, 사람마다 고유한 형태를 가진다. 지문의 형태는 일란성 쌍둥이라 할지라도 서로 다르고, 외력에 의한 상처에도 쉽게 변하지 않는다. 만일 상처에 의해 훼손되었다 하더라도 상처가 회복되면서 다시 이전과 동일한 형태로 지문이 형성된다. 이렇듯 유일성과 영구성이라는 특징을 가진 지문은 오래전부터 보편적 생체인식 방법으로 사용되어왔으나, 건조하거나 습한 날씨에는 인식이 어렵다는 단점도 있다.

사람마다 고유한 특성을 가진 홍채의 패턴을 이용하여 개인을 식별하는 홍채인식은 인식의 정확도가 높고, 타인이 쉽게 취득할 수 없다는 점에서 안정적인 생체인식 방법이다. 홍채의 주름을 주파수로 바꾸어 본인을 인증하는 데 2초가량 소요될 정도로 인식 속도가 빠르고, 인식기기와 8~25cm 떨어진 상태에서 홍채 패턴을 인식하는 비접촉 방식의 보안 인증으로 사용자의 거부감이 낮다. 또한, 살아있는 사람의 홍채는 미세하게 떨리는데, 홍채인식은 이 떨림을 파악하여 죽은 사람의 홍채로는 보안 인증이 불가능하다는 특징이 있다. 유일성과 영구성, 처리 속도 면에서 우수한 홍채인식은 기술이 개발된 지 오래 지나지 않아 법률 개정 과정이 필요하고, 이미지의 품질이 매우 높아야만 인식이 가능하다는 단점이 있다.

정맥인식은 손등이나 손목 혈관의 형태를 이용하여 개인을 식별하는 기술로, 근적외선을 혈관에 투시한 후 정맥이 흐르는 일정한 형태를 통해 신분을 확인한다. 사람을 잘못 인식할 확률이 0.00008%에 불과하고 손목 혈관의 형태는 복제 역시 거의 불가능해 높은 보안성을 자랑하지만, 복잡한 손등의 정맥 패턴으로 인한 오인식, 손의 위치에 따른 개인 식별의 오류가 발생할 수 있다는 문제가 있다. 게다가, 현재 사용 중인 정맥인식 방법은 정맥인식을 위한 적외선 카메라를 포함한 별도의 전용 장비가 필요해 비용 부담이 높다.

생체인식 중에서도 보편성과 획득성이 가장 높은 얼굴인식은 마스크를 착용한 상태에서도 얼굴을 인식할 수 있다는 점에서 편리성이 높으나, 얼굴의 각도나 수염 유무, 화장 여부, 조명 등에 따라 인식률의 편차가 크다는 문제가 있다. 심지어 형제·자매의 얼굴을 인식하거나 개인이 촬영된 사진 및 동영상으로도 보안을 통과하는 경우가 종종 발생해 개인 식별의 정확도가 다른 생체인식에 비해 매우 낮다. 낮은 정확도로 인해 사용자의 신뢰도 또한 매우 낮음에도 불구하고 등록과 사용이 쉽다는 점에서 가장 많이 사용되고 있는 보안 인증 방식이다.

---

① 상처로 훼손된 지문은 상처의 회복 과정에서 기존과 동일한 형태로 재생성 된다.

② 생체인식은 비밀번호보다 인증 과정이 복잡하지만 보안에 강해 많이 사용되고 있다.

③ 실제로 얼굴을 인식하지 않아도 사용자를 촬영한 사진만으로도 얼굴인식이 가능하다.

④ 사용자의 홍채와 동일한 패턴의 홍채를 인식하더라도 떨림이 감지되지 않으면 홍채인식이 불가능하다.

⑤ 혈관의 형태는 매우 복잡하여 인식할 손의 위치에 따라 정맥인식이 제대로 작동하지 않을 수 있다.

43. 다음 지문의 IDC에 대한 설명으로 가장 적절하지 않은 것은?

> IDC(Internet Data Center)로 간략히 표기되기도 하는 인터넷 데이터 센터는 서버를 한곳에 모아 집중시킬 필요가 있을 때 설립하는 시설로 서버 컴퓨터와 네트워크 회선 등을 서버장비 및 통신장비를 개별적으로 운영하는 데 어려움이 있는 기업 또는 개인 고객에게 제공한다. IDC는 기업고객으로부터 인터넷 서비스를 조달받아 서버와 네트워크를 제공하고, 콘텐츠를 대신 관리해 준다고 하여 '인터넷 서버 호텔'이라고도 불리며, 인터넷 사업의 증가와 함께 수요가 크게 증가하였다.
>
> 주로 서버의 중요도가 높은 기업군에서 안정적인 서버 운용을 위해 IDC를 이용하는데, 그중에서도 온라인 게임 업체의 수요가 가장 크다. 온라인 게임은 업종 특성상 24시간 내내 서비스를 제공하고, 서버가 없으면 서비스의 제공 자체가 어려워 IDC를 이용할 수밖에 없다. 특히 수십 명의 대규모 플레이어가 동시에 인터넷에 접속해 역할 수행 게임을 하는 다중 사용자 온라인 롤 플레잉 게임(MMORPG)에서는 네트워크 속도와 관리 면에서 IDC의 역할이 절대적으로 중요하다.
>
> IDC에서는 IT 서비스 제공에 필요한 서버와 네트워크, 스토리지 등의 장비가 모여 24시간, 365일 운영되고 관리된다. 이러한 장비들뿐 아니라 장비를 유지하는 데 필요한 발전기, UPS(무정전 전원장치), 항온·항습기, 백업 시스템이 매시간 작동하고 있어 정보통신 분야 내 단일 시설 중 최대 규모의 전기를 소비하고 있다. 정보통신 부문 전체 전력 사용량에서 IDC가 차지하는 비중은 약 20% 정도이며, 2020년 전 세계 인터넷 데이터 센터가 사용한 전기량은 1조 9,730억kWh에 달할 것으로 추정되었다.
>
> IDC의 에너지 사용량이 지속해서 늘어남에 따라 에너지 효율을 높이기 위한 그린 데이터 센터 인증제도가 시행되고 있다. 그린 IDC는 교류 전원 방식의 전원 공급 방식을 직류 전원 방식으로 전환하여 에너지를 절감하는 등 기존 인터넷 데이터 센터의 운영을 개선하여 친환경적이고 에너지 절약형인 인터넷 데이터 센터이다. 그린 데이터 센터 인증제도에서 에너지 효율을 인증 받은 그린 IDC는 전기요금 절감 혜택을 받을 수 있으며, 국내 20개의 인터넷 데이터 센터 사업자는 IDC의 효율적인 에너지 운영을 위한 협의체를 구성하여 기술 교류를 진행하는 등 에너지 절감을 위한 노력을 이어가고 있다.
>
> DCiE(Data Center Infrastructure Efficiency)는 IDC의 에너지 효율성을 표시하는 단위이다. DCiE는 총 전력량 대비 IT 장비 전력량을 백분율로 나타낸 것으로 100에 가까울수록 에너지 효율성이 높다. IDC의 에너지 효율성을 나타내는 다른 단위로는 PUE(Power Usage Effectiveness)가 있는데, 이는 IT 장비 전력량 대비 총 전력량의 비율을 나타낸 것으로 1에 가까울수록 에너지 효율성이 높다고 본다. 현재 국내 IDC의 평균 PUE는 1.91, 해외 IDC의 평균 PUE는 1.75 정도이며 국내 신규 IDC는 PUE 1.5 이하를 목표로 설계되고 있다.

① 전원 공급 방식은 교류 전원 방식보다 직류 전원 방식이 에너지 절감에 더 효과적이다.

② 인터넷 데이터 센터를 이용하면 네트워크의 속도를 향상시킬 수 있다.

③ 국내 인터넷 데이터 센터의 평균 DCiE는 해외 인터넷 데이터 센터의 평균 DCiE보다 높다.

④ 인터넷 데이터 센터의 전력 사용량은 정보통신 분야의 단일 시설이 사용하는 전력량 중 가장 많다.

⑤ 인터넷 데이터 센터는 서버장비를 개별적으로 운영하기 어려운 기업의 콘텐츠를 관리해 준다.

[44 – 45] 다음은 ○○공사에서 규정한 부서별 전자문서 암호화 키 생성 방식이다. 각 물음에 답하시오. (단, 같은 팀 내 작성된 문서에 대해서는 본인이 작성했거나 본인보다 낮은 직급의 직원이 작성한 문서에 한하여 열람할 수 있으며, 다른 팀에서 작성된 문서는 열람할 수 없다.)

[부서별 전자문서 암호화 키 생성 방식]

[소속]–[직원]–[작성 날짜]

㉠ 해외영업팀 소속 대리 중 승진 순서가 가장 빠른 이 대리가 2024년 3월 4일에 작성한 전자문서

SI – AM001 – 240304

소속			직원			작성 날짜
부서 코드	팀 코드		직급 코드		등급 코드	
BS 경영지원	GA	총무	GM	부장	• 같은 팀 내 직급이 동일한 직원이 있을 경우 001부터 시작하여 승진 순서가 빠른 순서대로 3자리의 번호가 부여됨 • 같은 팀 내 직급이 동일한 직원이 없을 경우 001로 부여됨	• 2024년 8월 12일 → 240812 • 2024년 11월 3일 → 241103
	P	기획				
	HR	인사	DGM	차장		
S 영업	D	국내영업				
	I	해외영업	M	과장		
TD 기술개발	R	기술연구				
	WP	백엔드/프론트엔드	AM	대리		
PD 기획/디자인	SP	서비스 기획				
	SW	UI/UX 디자인	ASM	주임		
C 콘텐츠	PL	콘텐츠 기획				
	PR	콘텐츠 제작	S	사원		
	PV	콘텐츠 검수				

※ 1) 직급은 부장–차장–과장–대리–주임–사원 순으로 높음
2) 같은 날 승진한 직원이 있거나 사원의 경우 입사 순서가 빠른 순서대로 등급 코드가 부여됨

44. 위 자료를 근거로 판단할 때, 경영지원부 기획팀 소속 과장 중 승진 순서가 두 번째로 빠른 김 과장이 열람할 수 있는 전자문서의 암호화 키로 가장 적절한 것은?

① BSGA-ASM001-240811   ② BSP-AM004-241224   ③ PDSW-S002-240316

④ BSP-M001-240509   ⑤ CPL-AM010-240722

45. 위 자료를 근거로 판단할 때, 전자문서 암호화 키 TDR-DGM002-240115에 대한 설명으로 적절하지 않은 것은?

① 기술연구팀에서 작성한 문서이다.

② 문서가 작성된 팀에 문서를 작성한 직원과 직급이 동일한 직원이 최소 1명 이상 있다.

③ 문서가 작성된 팀의 과장이 열람할 수 있다.

④ 2024년 1월 15일에 작성된 문서이다.

⑤ 기술개발부에서 작성한 문서이다.

[46 – 47] 다음 지문을 읽고 각 물음에 답하시오.

　　상점에서 물건을 구입할 때 카운터에서 광학 스캐너로 바코드를 읽는 것을 보았을 것이다. 바코드에 포함된 정보를 읽어 내는 시스템에는 스캐너, 디코더 및 컴퓨터가 있다. 먼저 스캐너는 레이저 빛을 쏘는 부분과 바코드로부터 반사된 빛을 검출하는 부분으로 구성되어 있다. 바코드에 빛을 쏘면 바코드의 검은 부분은 적은 양의 빛을 반사하고, 흰 부분은 많은 양의 빛을 반사한다. 스캐너는 이렇게 반사된 빛을 전기적 신호로 번역하고, 이를 다시 이진수 0과 1로 바꾼다. 디코더는 이 정보를 문자와 숫자의 부호로 변환하는 디코딩 과정을 거쳐 컴퓨터로 전송한다. 그래서 물건이 계산기에 설치된 바코드 스캐너를 통과하면 바로 컴퓨터에서 금액, 판매량 등 각종 정보를 집계할 수 있는 것이다.

　　바코드는 1948년 미국 한 대학의 대학원생이었던 버나드 실버에 의해 최초로 만들어졌다. 당시 실버가 생각해낸 바코드는 검은 바탕에 4개의 흰 줄이 그어져 있었는데, 그중 1번 줄은 기준선, 나머지는 차례로 2, 3, 4번 줄이 되었다. 이때 2, 3, 4번 줄에 흰 줄이 있는 경우는 1을, 흰 줄이 없는 경우는 0을 나타내었으며, 이 바코드를 세 줄 바코드라 칭하였다. 4번 줄은 이진수 1의 자리(2^0), 3번 줄은 이진수 2의 자리(2^1), 2번 줄은 이진수 4의 자리(2^2)를 나타낸다. 기준선을 제외하고 3번 줄과 4번 줄만 있는 경우 이진수인 $011_{(2)}$을 의미하고, 이를 십진수로 환산하면 $0×2^2+1×2^1+1×2^0=3$이 된다. 이렇게 십진수로 환산한 숫자에 물건을 대응시켜 정보를 표시하는 것이다. 세 줄 바코드에서는 0~7까지의 여덟 가지를 표시할 수 있지만, 한 자릿수가 더 늘어나 네 줄 바코드가 되면 세 줄 바코드보다 물건 여덟 가지를 더 표현할 수 있다.

　　최근에 사용되는 1차원 바코드 중 13자리로 구성된 표준형 바코드는 줄이 더 많아진 만큼 정보도 더 많이 담겨 있다. 예를 들어 8801234 567893의 바코드에서 앞의 세 자리는 제품 생산국가의 국가 정보를 나타내며, 여기서 880은 우리나라의 국가 코드이다. 그다음 차례로 이어지는 숫자인 1234는 제조업체의 정보를 나타내며, 띄어쓰기 이후에 나타나는 숫자들 중 마지막 숫자를 제외한 56789는 상품이 무엇인지를 나타내는 정보이다. 마지막 숫자 3은 검증 코드로, 다음과 같이 총 4단계의 계산 과정을 통해 구할 수 있다.

1단계	13자리의 숫자 중 짝수 번째 자리에 위치한 숫자들을 모두 더한 값에 3을 곱한다.
2단계	검증 코드를 제외하고 홀수 번째 자리에 위치한 숫자들을 모두 더한다.
3단계	1단계의 값과 2단계의 값을 더한다.
4단계	3단계의 결괏값이 10의 배수가 되기 위해 더해야 하는 최솟값을 검증 코드로 결정한다.

　　1차원 바코드보다 나중에 등장한 2차원 바코드는 사각형 안에 정보를 담는 것으로, 대표적인 2차원 바코드는 QR 코드이다. QR 코드에 담긴 정보를 읽는 기본적인 원리는 1차원 바코드와 흡사하며, 바둑판무늬가 흰색일 때 0, 검은색일 때 1로 구분한다. 1차원 바코드가 가로 방향으로만 정보를 표시할 수 있는 데 비해 QR 코드는 가로와 세로 방향으로 정보를 담을 수 있어 1차원 바코드에 비해 훨씬 많은 데이터를 저장할 수 있기 때문에 인터넷 주소 등과 같이 문자로 된 정보도 표현할 수 있다. 이런 주소를 통해 사진 정보, 동영상 정보가 있는 사이트로 바로 연결될 수 있다. QR 코드는 스마트폰 사용자 수가 급증하면서 광고 및 홍보 분야에서 활발하게 적용되었는데, 여기에는 QR 코드가 별도의 스캐너 없이 스마트폰에 내재된 카메라를 활용하여 누구나 쉽게 정보를 얻을 수 있다는 사실이 한 몫 했다.

　　QR 코드의 사각형 귀퉁이 세 곳에는 큰 네모 상자가 있는데, 이 부분들은 스마트폰으로 QR 코드를 찍을 때 위치를 찾기 위한 표시로서 작용한다. 다시 말해 사용자가 어느 방향에서 QR 코드를 찍더라도 큰 네모 상자로 인해 정보를 읽는 데에 어려움이 없다. QR 코드의 오른쪽 하단에는 작은 네모 상자가 있는데, 이것은 QR 코드의 기준점으로, 스마트폰 카메라가 QR 코드에 초점을 맞출 수 있도록 돕는다. 따라서 따로 초점을 맞추려고 노력하지 않아도 사용자가 스마트폰의 QR 코드 인식 애플리케이션을 활용하여 QR 코드를 찍으면 초점에 맞게 QR 코드를 인식한 후 그것과 연결된 상품 정보를 제공하거나 상품 관련 웹 사이트로 접속하여 사진, 홍보 동영상, 할인권 등의 여러 가지 정보를 쉽게 확인할 수 있다.

46. 위 지문을 근거로 판단할 때, 국가 코드가 880, 제조업체 코드가 6400, 상품 코드가 07156인 표준형 바코드의 검증 코드는?

① 1   ② 2   ③ 3   ④ 4   ⑤ 5

47. 위 지문의 바코드에 대한 설명으로 가장 적절하지 않은 것은?

① 2차원 바코드가 문자로 구성된 정보를 표현할 수 있는 이유는 1차원 바코드보다 훨씬 많은 정보를 저장할 수 있기 때문이다.

② 실버가 만든 바코드 중 기준선과 2, 3번 줄이 있고 4번 줄이 없는 경우를 십진수로 나타내면 6이다.

③ 1차원의 바코드는 바코드에 포함된 정보를 전기적 신호로 번역하여 옮긴 후 이를 다시 0과 1로 바꾼다.

④ QR 코드는 바둑판무늬의 검은색 부분을 1로, 흰색 부분을 0으로 나타내는 원리를 활용하여 정보를 담아낸다.

⑤ QR 코드의 귀퉁이 세 곳에 있는 큰 네모 상자들은 스마트폰 카메라가 QR 코드 인식을 위해 초점 맞출 때 도움을 준다.

48. 다음 지문의 해시 함수에 대한 설명으로 가장 적절하지 않은 것은?

온라인을 통한 통신, 금융, 상거래 등은 우리에게 편리함을 주지만 보안상의 문제도 안고 있는데, 이런 문제를 해결하기 위하여 암호 기술이 동원된다. 예를 들어 전자 화폐의 일종인 비트코인은 해시 함수를 이용하여 화폐 거래의 안전성을 유지한다. 해시 함수란 입력 데이터 x에 대응하는 하나의 결괏값을 일정한 길이의 문자열로 표시하는 수학적 함수이다. 그리고 입력 데이터 x에 대하여 해시 함수 H를 적용한 수식을 $H(x) = k$라 할 때, k를 해시값이라 한다. 이때 해시값은 입력 데이터의 내용에 미세한 변화만 있어도 크게 달라진다. 현재 여러 해시 함수가 이용되고 있는데, 해시값을 표시하는 문자열의 길이는 각 해시 함수마다 다를 수 있지만 특정 해시 함수에서의 그 길이는 고정되어 있다.

이러한 특성을 갖고 있기 때문에 해시 함수는 데이터의 내용이 변경되었는지 여부를 확인하는 데 이용된다. 가령, 상호 간에 동일한 해시 함수를 사용한다고 할 때, 전자 문서와 그 문서의 해시값을 함께 전송하면 상대방은 수신한 전자 문서에 동일한 해시 함수를 적용하여 결괏값을 얻은 뒤 전송받은 해시값과 비교함으로써 문서가 변경되었는지 확인할 수 있다.

그런데 해시 함수가 일방향성과 충돌 회피성을 만족시키면 암호 기술로도 활용된다. 일방향성이란 주어진 해시값에 대응하는 입력 데이터의 복원이 불가능하다는 것을 말한다. 특정 해시값 k가 주어졌을 때 $H(x) = k$를 만족시키는 x를 계산하는 것이 매우 어렵다는 것이다. 그리고 충돌 회피성이란 특정 해시값을 갖는 서로 다른 데이터를 찾아내는 것이 현실적으로 불가능하다는 것을 의미한다. 서로 다른 데이터 x, y에 대해서 $H(x)$와 $H(y)$가 각각 도출한 값이 동일하면 이것을 충돌이라 하고, 이때의 x와 y를 충돌쌍이라 한다. 충돌 회피성은 이러한 충돌쌍을 찾는 것이 현재 사용할 수 있는 모든 컴퓨터의 계산 능력을 동원하더라도 그것을 완료하기가 사실상 불가능 하다는 것이다.

해시 함수는 온라인 경매에도 이용될 수 있다. 예를 들어 ○○ 온라인 경매 사이트에서 일방향성과 충돌 회피성을 만족시키는 해시 함수 G가 모든 경매 참여자와 운영자에게 공개되어 있다고 하자. 이때 각 입찰 참여자는 자신의 입찰가를 감추기 위해 논스의 해시값과 입찰가에 논스를 더한 것의 해시값을 함께 게시판에 게시한다. 여기서 논스란 입찰가를 추측할 수 없게 하기 위해 입찰가에 더해지는 임의의 숫자를 말한다. 해시값 게시 기한이 지난 후 각 참여자는 본인의 입찰가와 논스를 운영자에게 전송하고 운영자는 최고 입찰가를 제출한 사람을 낙찰자로 선정한다. 이로써 온라인 경매 진행 시 발생할 수 있는 다양한 보안상의 문제를 해결할 수 있다.

① 해시 함수는 데이터 송·수신 시 내용의 변경 여부를 확인하는 데 활용할 수 있다.
② 입력 데이터 x, y에 상이한 해시 함수를 적용했음에도 동일한 해시값이 도출되는 경우를 충돌이라 한다.
③ 해시 함수가 일방향성을 만족시키면 도출된 해시값에 대응하는 입력 데이터를 복원할 수 없다.
④ 온라인 경매 시 사용되는 해시 함수는 입찰 참여자가 입찰가를 노출하지 않아도 참여할 수 있도록 한다.
⑤ 특정 해시 함수는 입력한 하나의 데이터에 대응하는 하나의 해시값을 도출한다.

49. 다음 지문의 마이데이터에 대한 설명으로 가장 적절한 것은?

마이데이터란 개인이 자신의 이름, 주민등록번호를 포함한 개인정보를 주체적으로 관리 및 통제하는 것으로, 개인정보를 열람하거나 이동하는 등의 방법을 통해 적극적으로 자신의 정보를 활용하는 일련의 과정을 말한다. 기존에는 각 기업에서 필요로 하는 개인정보를 개별적으로 수집하고 관리하였는데, 이는 이용자 수가 많은 기업이 개인정보를 독점하게 되는 정보의 불균형 문제를 야기하였다. 디지털 대전환 시대를 맞이해 데이터 산업의 발전이 국가 성장의 핵심으로 거론되고 있는 현시점에서 특정 기업의 정보 독점은 산업의 발전을 저하시킬 수 있어 개인정보의 관리 주체를 기업에서 개인으로 전환하는 마이데이터의 개념이 등장하게 되었다.

마이데이터의 주요 당사자는 정보주체, 정보 보유자, 마이데이터 사업자, 그리고 제3자로 구분된다. 정보주체는 개인정보로 식별 가능한 개인이자 해당 개인정보의 통제권을 가진 사람을, 정보 보유자는 개인정보를 보유하고 있는 기관 또는 기업을 지칭한다. 또한, 마이데이터 사업자는 개인정보를 수집하여 마이데이터 서비스를 제공하는 모든 개인 또는 기업을 뜻하며, 제3자는 정보주체의 요청이나 동의가 있는 경우 마이데이터 사업자가 보유한 개인정보를 제공받는 자 또는 이를 통해 독립적인 서비스 등을 제공하는 기관이나 기업을 말한다. 정보주체가 정보 보유자에게 개인정보 열람을 요청하거나, 제3자가 본인의 개인정보를 열람하는 것에 동의할 경우 정보 보유자는 마이데이터 사업자에게 해당 정보를 전달하고, 정보주체 및 제3자는 마이데이터 사업자를 통해 그것을 조회하는 과정을 거치게 된다.

정보주체는 마이데이터 사업자를 통해 각종 기업 및 기관에 흩어져 있던 자신의 개인정보를 한 곳에서 확인할 수 있으며, 그것을 언제, 어디서, 어떻게 사용할 것인지 역시 스스로 결정할 수 있다. 뿐만 아니라 원할 경우 언제든지 정보 보유자에게 개인정보의 열람 및 파기를 요청할 수 있다. 정보주체가 이처럼 자신의 개인정보를 주체적으로 활용할 수 있는 이유는 마이데이터가 개인정보 자기결정권과 개인정보 이동권을 기반으로 하기 때문이다. 여기서 개인정보 자기결정권이란 개인정보의 이용에 관하여 정보주체가 자율적으로 결정할 수 있는 권리를 말하며, 개인정보 이동권은 이미 활용되고 있는 개인정보를 다른 곳으로 이동 또는 복사할 수 있는 권리를 뜻한다.

이렇듯 마이데이터의 도입으로 정보주체가 개인정보의 활용에 대해 자주적으로 결정할 수 있게 되었을 뿐 아니라 개인정보의 보안 역시 한층 강화되었다. 마이데이터는 주로 금융 분야에서 활용되는데, 마이데이터가 시행되기 전에는 고객이 본인의 신용 정보 열람을 요청하면, 사업자가 고객을 대신하여 금융 사이트에 접속해 개인 신용 정보가 담긴 화면을 전부 읽어내는 스크린 스크래핑 방식으로 정보를 제공하였다. 이렇다 보니 사업자는 개인이 요구하지 않은 정보까지 모두 열람할 수 있었고, 이 과정에서 개인정보의 유출 문제가 빈번하게 발생하였다.

반면 마이데이터 사업에서는 고객이 요청한 정보만을 전송 및 열람할 수 있는 API 방식을 통해 고객에게 정보를 제공하기 때문에 스크린 스크래핑 방식에 비해 정보 유출 가능성이 매우 낮다. 게다가 소비자가 원하는 정보만을 선택해 전송해야 하기 때문에 혹시나 고객이 요청한 범위를 넘어서는 정보가 유출될 경우 마이데이터 사업자에게 책임을 물을 수 있다. 개인정보가 여러 기관에 분산되어 있어 책임소재를 명확히 할 수 없었던 예전과 달리, 정보 유출에 대한 마이데이터 사업자의 책임을 강화함으로써 손해배상 책임소재를 명확히 할 수 있게 된 것이다.

① 정보주체는 개인정보 이동권을 통해 자신의 개인정보를 자유롭게 열람하거나 파기할 수 있다.
② 마이데이터 서비스에서 정보 보유자는 정보주체가 자신의 개인정보 열람을 요청하더라도 이를 정보주체에게 바로 전달할 수 없다.
③ 개인정보를 관리하는 주체가 기업에서 개인으로 바뀌게 될 경우 정보의 불균형 문제가 발생할 수 있다.
④ 금융 분야의 사업자는 고객의 신용 정보 열람 요청이 있을 경우 API 방식을 통해 고객이 요청한 범위를 넘어서는 신용 정보를 확인할 수 있다.
⑤ 개인정보의 관리 주체가 기업일 경우 개인정보 유출에 따른 문제의 책임소재를 명확히 할 수 있다.

50. 다음 중 엑셀 함수에 대한 설명으로 가장 적절하지 않은 것은?

① IF 함수는 데이터 값이 특정 조건에 부합하는지 확인하기 위하여 사용하는 함수이다.

② AVERAGE 함수는 수치의 평균을 구하기 위하여 사용하는 함수이다.

③ SUM 함수는 숫자의 합계를 구하기 위하여 사용하는 함수이다.

④ AND 함수는 두 개 이상의 조건을 만족시키는 데이터를 구하기 위하여 사용하는 함수이다.

⑤ MODE 함수는 숫자를 크기대로 정렬하였을 때, 중간에 위치하는 값을 구하기 위하여 사용하는 함수이다.

약점 보완 해설집 p.6

해커스잡

기출동형모의고사 1회(전기 전공 + NCS)

성명

수험번호

⓪	⓪	⓪	⓪	⓪	⓪	⓪	⓪
①	①	①	①	①	①	①	①
②	②	②	②	②	②	②	②
③	③	③	③	③	③	③	③
④	④	④	④	④	④	④	④
⑤	⑤	⑤	⑤	⑤	⑤	⑤	⑤
⑥	⑥	⑥	⑥	⑥	⑥	⑥	⑥
⑦	⑦	⑦	⑦	⑦	⑦	⑦	⑦
⑧	⑧	⑧	⑧	⑧	⑧	⑧	⑧
⑨	⑨	⑨	⑨	⑨	⑨	⑨	⑨

응시분야

감독관 확인

전공

번호	①	②	③	④	⑤
1	①	②	③	④	⑤
2	①	②	③	④	⑤
3	①	②	③	④	⑤
4	①	②	③	④	⑤
5	①	②	③	④	⑤
6	①	②	③	④	⑤
7	①	②	③	④	⑤
8	①	②	③	④	⑤
9	①	②	③	④	⑤
10	①	②	③	④	⑤
11	①	②	③	④	⑤
12	①	②	③	④	⑤
13	①	②	③	④	⑤
14	①	②	③	④	⑤
15	①	②	③	④	⑤

NCS

번호	①	②	③	④	⑤
1	①	②	③	④	⑤
2	①	②	③	④	⑤
3	①	②	③	④	⑤
4	①	②	③	④	⑤
5	①	②	③	④	⑤
6	①	②	③	④	⑤
7	①	②	③	④	⑤
8	①	②	③	④	⑤
9	①	②	③	④	⑤
10	①	②	③	④	⑤
11	①	②	③	④	⑤
12	①	②	③	④	⑤
13	①	②	③	④	⑤
14	①	②	③	④	⑤
15	①	②	③	④	⑤
16	①	②	③	④	⑤
17	①	②	③	④	⑤
18	①	②	③	④	⑤
19	①	②	③	④	⑤
20	①	②	③	④	⑤
21	①	②	③	④	⑤
22	①	②	③	④	⑤
23	①	②	③	④	⑤
24	①	②	③	④	⑤
25	①	②	③	④	⑤
26	①	②	③	④	⑤
27	①	②	③	④	⑤
28	①	②	③	④	⑤
29	①	②	③	④	⑤
30	①	②	③	④	⑤
31	①	②	③	④	⑤
32	①	②	③	④	⑤
33	①	②	③	④	⑤
34	①	②	③	④	⑤
35	①	②	③	④	⑤
36	①	②	③	④	⑤
37	①	②	③	④	⑤
38	①	②	③	④	⑤
39	①	②	③	④	⑤
40	①	②	③	④	⑤
41	①	②	③	④	⑤
42	①	②	③	④	⑤
43	①	②	③	④	⑤
44	①	②	③	④	⑤
45	①	②	③	④	⑤
46	①	②	③	④	⑤
47	①	②	③	④	⑤
48	①	②	③	④	⑤
49	①	②	③	④	⑤
50	①	②	③	④	⑤

해커스
한국전력공사
NCS + 전공
봉투모의고사

기출동형모의고사
2회

(전기 전공 + NCS)

해커스

수험번호	
성명	

기출동형모의고사
2회
(전기 전공 + NCS)

문제 풀이 시작과 종료 시각을 정한 후, 실전처럼 모의고사를 풀어보세요.

- 사무/기술(전기 제외) 분야   시   분 ~   시   분 (총 50문항/70분)

- 전기 분야   시   분 ~   시   분 (총 55문항/70분)

□ **시험 유의사항**

[1] 한국전력공사 필기시험은 영역별 제한 시간 없이 전체 문항을 70분 이내에 풀어야 하며, 분야별 시험 구성은 다음과 같습니다.
  - 사무: NCS(의사소통 · 수리 · 문제해결 · 자원관리 · 정보능력) 50문항
  - 기술(전기): 전공 15문항 + NCS(의사소통 · 수리 · 문제해결 · 자원관리능력) 40문항
  - 기술(전기 제외): 전공 15문항 + NCS(의사소통 · 수리 · 문제해결 · 정보능력) 40문항

[2] 본 기출동형모의고사는 전기 전공 15문항과 NCS 50문항으로 구성되어 있으므로 지원 분야에 따라 다음과 같이 풀이하시면 됩니다.
  - 사무/기술(전기 제외) 분야 응시자: NCS 1~50번 풀이
  - 기술(전기) 분야 응시자: 전기 전공 풀이 후, NCS 1~40번(정보능력 제외) 풀이

[3] 본 기출동형모의고사 마지막 페이지에 있는 OMR 답안지와 해커스ONE 애플리케이션의 학습 타이머를 이용하여 실전처럼 모의고사를 풀어보시기 바랍니다.

01. 다음 중 차단기에 대한 설명으로 적절하지 않은 것을 모두 고르면?

> ㉠ 차단기의 정격 차단시간은 고장 발생으로부터 소호까지의 시간이다.
> ㉡ 전기기계의 %임피던스가 크면 차단기의 용량은 작아진다.
> ㉢ 기중 차단기는 배전계통에서 사용하는 고압용 차단기이다.
> ㉣ 고압전로에 과전류 차단기로 사용하는 포장퓨즈는 정격전류의 1.3배 전류에 견뎌야 한다.

① ㉠, ㉡   ② ㉠, ㉢   ③ ㉠, ㉣   ④ ㉡, ㉣   ⑤ ㉢, ㉣

02. 3상 변압기의 정격용량(P_n)이 20,000[kVA]이고, %임피던스는 8[%]이다. 이 변압기가 2차 측에서 3상 단락되었을 때, 단락용량[MVA]은?

① 100   ② 150   ③ 200   ④ 250   ⑤ 300

03. 다음 중 피뢰기를 설치해야 하는 장소로 가장 적절하지 않은 것은?

① 발전소의 가공 전선로 인입구
② 피보호기가 보호 범위 내 위치하는 가공 전선로와 지중 전선로의 접속점
③ 고압 및 특별고압을 공급받는 수용소의 인입구
④ 가공 전선로에 접속하는 배전용 변압기의 고압측 및 특별고압측
⑤ 변전소에 준하는 장소의 가공 전선로 인출구

04. 다음 중 병렬 회로가 공진할 때, 임피던스와 전류에 대한 변화로 적절한 것은?

① 임피던스는 최대, 전류도 최대가 된다.

② 임피던스는 최소, 전류도 최소가 된다.

③ 임피던스는 최대, 전류는 최소가 된다.

④ 임피던스는 최소, 전류는 최대가 된다.

⑤ 임피던스와 전류의 변화는 없다.

05. 정전용량이 같은 콘덴서 2개를 연결할 때, 합성 정전용량은 병렬로 연결했을 때가 직렬로 연결했을 때의 몇 배인가?

① 2배   ② 4배   ③ 5배   ④ 6배   ⑤ 10배

06. 다음 중 3상 전원으로 6상 전원을 얻을 수 있는 변압기 결선 방식에 해당하지 않는 것은?

① 포크 결선   ② 환상 결선   ③ 대각 결선   ④ 메이어 결선   ⑤ 2중 3각 결선

07. 다음 중 지중 전선로에 사용하는 지중함의 시설기준으로 적절하지 않은 것은?

① 견고하고 차량 기타 중량물의 압력에 견디는 구조여야 한다.

② 뚜껑은 시설자 외에도 쉽게 열 수 있도록 시설해야 한다.

③ 차도 이외의 장소에 설치하는 저압 지중함은 절연성능이 있는 재질의 뚜껑을 사용할 수 있다.

④ 지중함 내부의 고인 물을 제거할 수 있는 구조여야 한다.

⑤ 폭발성 가스가 침입할 우려가 있는 것에 시설하는 지중함으로 크기가 $1[m^2]$ 이상인 것에는 기타 가스를 방산시키기 위한 적당한 장치를 시설해야 한다.

08. 다음 회로의 구동점 임피던스 $Z_{ab}[\Omega]$는?

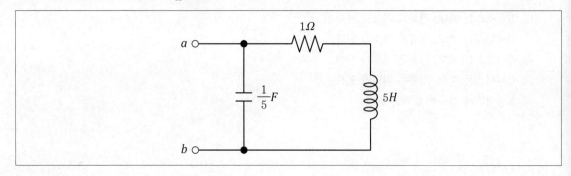

① $\dfrac{5(5s+1)}{5s^2+s+5}$

② $\dfrac{5s+1}{5s^2+s+5}$

③ $\dfrac{5(5s-1)}{5s^2+s+5}$

④ $\dfrac{5s^2+s+5}{5(5s+1)}$

⑤ $\dfrac{5s-1}{5s^2+s+5}$

09. 다음 빈칸에 해당하는 숫자가 올바르게 연결된 것은?

> 제2종 특고압 보안공사 시 지지물로 사용하는 B종 철주 또는 B종 철근 콘크리트주의 경간을 $200[m]$ 초과로 하려면 전선에 인장강도 (㉠)$[kN]$ 이상의 연선 또는 단면적이 (㉡)$[mm^2]$ 이상인 경동연선을 사용하여야 한다.

	㉠	㉡
①	21.67	55
②	21.67	95
③	38.05	55
④	38.05	95
⑤	58.84	55

10. 역률 0.6의 부하전력이 $150[kW]$인 부하에 전력용 콘덴서를 병렬로 접속하여 역률을 1.0으로 개선하고자 할 때, 필요한 전력용 콘덴서의 용량$[kVA]$은?

① 50   ② 100   ③ 150   ④ 200   ⑤ 250

11. 단위 피드백계에서 개루프 전달함수 $G(s) = \dfrac{20}{s(s+1)(s+2)}$일 때, 단위 속도 입력에 대한 정상 편차는?

① $\dfrac{1}{2}$ ② $\dfrac{1}{5}$ ③ $\dfrac{1}{10}$ ④ $\dfrac{1}{15}$ ⑤ $\dfrac{1}{20}$

12. 다음 중 고압용 기계 기구를 시설하면 안 되는 경우를 고르면?

① 시가지 외에 지표상 4.2[m]의 높이에 사람이 쉽게 접촉할 우려가 없도록 시설한 경우
② 공장 구내에서 기계 기구의 주위에 사람이 쉽게 접촉할 우려가 없도록 적당한 울타리를 설치한 경우
③ 발전소·변전소·개폐소 또는 이에 준하는 곳에 시설하는 경우
④ 기계 기구를 콘크리트제의 함에 넣고 충전 부분만 노출하여 시설한 경우
⑤ 옥내에 설치한 기계 기구를 취급자 이외의 사람이 출입할 수 없도록 설치한 곳에 시설한 경우

13. 슬립이 20[%], 주파수가 50[Hz], 극수가 8극인 3상 유도 전동기의 회전 속도[rpm]는?

① 550   ② 600   ③ 750   ④ 800   ⑤ 950

14. 경간 200[m]의 지지점이 수평인 가공 전선로가 있다. 전선 1[m]당 하중은 2[kg], 전선의 인장하중은 3,000[kg], 안전율은 1.5일 때 이도[m]는? (단, 풍압하중은 없는 것으로 한다.)

① 2.5   ② 5   ③ 7.5   ④ 10   ⑤ 15

15. 용량이 80[kVA], 철손이 2[kW], 전부하 동손이 4[kW]인 변압기 1대에 부하를 걸었을 때, 이 변압기의 전부하 효율은 약 몇 [%]인가? (단, 부하의 역률은 1이다.)

① 85   ② 88   ③ 90   ④ 93   ⑤ 96

약점 보완 해설집 p.18

NCS

의사소통능력

01. 다음 글의 내용과 일치하는 것은?

> 산림에 인접한 농가들은 야생 동물의 먹이 활동이 활발한 시기가 다가오면 농작물 피해를 예방하기 위해 갖은 노력을 한다. 전기 울타리는 그중에서도 가장 보편적으로 활용되는 시설이다. 전기 울타리는 울타리 기둥에 전류가 흐르는 철선을 연결하여 철선에 야생 동물이 접촉하면 전류에 의한 충격을 주어 도망가게 하는 장치이다. 고압 전류가 간헐적으로 흐르는 전기 울타리는 고전압 발생기와 기둥 역할을 하는 지주대, 전류가 흐르는 철선, 사람이 울타리를 안전하게 드나들 수 있도록 설치한 출입문의 절연 손잡이, 고전압 주의 안전 경고판, 낙뢰 등의 비정상적인 전압을 방출하기 위해 땅에 삽입해 놓은 접지봉으로 구성되어 있다.
>
> 농가에서 사용하는 전기 울타리는 설치 시 사용되는 전원에 따라 상용 전기식 전기 울타리와 태양 전지식 전기 울타리로 나뉜다. 먼저 상용 전기식 전기 울타리는 상용이라는 단어에서도 알 수 있듯이 가장 일반적으로 공급되는 220V를 사용하는 것으로, 고전압 발생기에 전기를 연결하여 순간 전압 7,000~9,000V 정도에 이르는 고전압을 발생시킨다. 상용 전기식 전기 울타리는 가장 보편적으로 사용되는 시설이지만, 사용을 위해서는 전기 연결이 필수이므로 전기를 끌어오기 힘든 위치에는 설치가 어렵다는 단점이 있다.
>
> 태양 전지식 전기 울타리는 상용 전기식 전기 울타리의 단점을 보완한 방식으로, 태양광 발전기를 활용하는 전기 울타리를 말한다. 태양 전지식 전기 울타리의 고전압 발생기에는 태양광 패널이 부착되어 있어 전기를 끌어오기 어려운 산속이나 오지 등에서도 쉽게 사용할 수 있다. 태양광 패널을 이용해야 하기 때문에 상용 전기식 전기 울타리보다 설치 비용이 많이 들지만, 낮 동안 충전된 태양광 에너지를 전기 에너지로 변환하여 사용할 수 있어 야생 동물이 활동하는 늦은 시간까지 저렴한 비용으로 이용할 수 있다.
>
> 종류와 관계없이 전기 울타리는 일반 철조망보다는 농작물 보호 효과가 크다는 장점이 있다. 하지만, 전기 울타리 설치가 잘못돼 출력 고전압이 누전되면 울타리에 전류가 흐르지 않아 무용지물이 되거나 반대로 정도보다 높은 전류가 흘러 감전사고가 발생할 위험성이 있다. 따라서 전기 울타리 설치 시 농작물에 접근하는 야생 동물의 종류를 확인하여 사용 용도에 맞게 적절한 위치에 올바르게 설치하고 관리하는 것이 매우 중요하다.
>
> 먼저 전류가 흐르는 철선에 잡초나 풀이 닿으면 전기가 누전될 수 있으므로 울타리 주변에 자란 잡초 등을 주기적으로 관리해야 하며, 전원 스위치나 연결 콘센트와 같이 전류가 흐르는 기기는 습기가 없는 곳에 설치해야 한다. 또한 고압선이 지나가거나 금속 파이프 배관이 매설된 지역은 피해 설치해야 하며, 철선과 통신선이 나란하게 위치하지 않도록 해야 한다. 그뿐만 아니라 물이 묻은 몸은 전기 저항력이 감소하여 감전사고가 발생할 위험이 커지므로 전기 울타리 사용 및 접근 시에도 주의해야 한다.

① 태양 전지식 전기 울타리는 상용 전기식 전기 울타리보다 설치 비용이 적게 든다.
② 야생 동물로부터 농작물을 보호하기도 하는 전기 울타리는 고압의 전류가 지속적으로 흐른다.
③ 전기 울타리의 사용 효율을 높이기 위해서는 금속 파이프 배관이 매설된 지역에 설치해야 한다.
④ 상용 전기식 전기 울타리는 전기를 연결하지 않고도 사용할 수 있어 가장 보편적으로 이용된다.
⑤ 전기 울타리에 미치는 비정상적인 전압의 영향을 차단하는 역할은 접지봉이 맡고 있다.

02. 다음 글을 논리적 순서대로 알맞게 배열한 것은?

> (가) 하지만, 개정안 시행에 따라 소규모 전력자원 설비 용량이 확대되면 RE100에 참여 가능한 기업이 늘어날 것으로 기대된다. 특히 이번 제도 시행과 관련해 산업통상자원부에서는 "그동안 민간 전문가와 기업, 환경단체와 같은 이해관계자 의견을 종합 수렴하는 과정을 거쳐 이번 개정안을 마련했으며, 향후에도 의견을 적극 반영해 제도를 지속 발전시켜 나갈 계획"이라고 밝힌 만큼 국내에서도 재생에너지 전기를 직접 구매할 수 있는 길이 열려 국내 기업의 재생에너지 전기 사용이 활성화될 것으로 기대된다.
>
> (나) 시행령 개정안에는 재생에너지 전기를 직접 공급할 수 있는 재생에너지 전기공급사업자의 유형과 전기사용자의 부족 전력 공급 방법 등이 구체적으로 규정돼 있다. 우선, 재생에너지 전기공급사업자는 재생에너지 발전사업자 또는 다수 재생에너지 발전사업자를 모아 집합자원화 한 사업자 모두 가능하게 됐다. 또, 재생에너지 전기공급사업자를 통해 공급받는 전력이 줄거나 사용량이 늘어 부족 전력이 발생하게 될 경우 전기사용자는 전기판매사업자인 한국전력공사뿐만 아니라 일정 요건을 갖춘 경우 전력시장에서 직접 전기를 구매할 수 있게 했다.
>
> (다) 산업통상자원부는 12일 이달 말부터 재생에너지를 이용해 생산된 전기를 전기사용자가 직접 구매(PPA)할 수 있는 '재생에너지 전기공급사업' 제도가 시행된다고 밝혔다. 이는 지난 4월 '재생에너지 전기공급사업'을 신설하는 것으로 전기사업법이 개정된 데 이어, 이를 시행하는데 필요한 세부 사항을 담은 전기사업법 시행령 개정안이 이날 국무회의에서 의결된 데 따른 것이다.
>
> (라) 이외에도, 이번 개정안에는 '소규모 전력자원 설비 용량' 기준을 현행 1MW 이하에서 20MW 이하로 확대하는 내용도 포함됐다. 최근 글로벌 기업을 중심으로, 저탄소 사회 구현, 사회적 책임 이행 등을 위해 재생에너지로 생산된 전기를 사용하는 RE100 캠페인이 확산되고 있으나, 국내 기업들은 재생에너지를 이용해 생산된 전기를 직접 구매할 수 없어 RE100 참여 수단이 제한적이었다.

※ 출처: 산업통상자원부 보도자료

① (나) – (가) – (다) – (라)
② (나) – (다) – (라) – (가)
③ (다) – (나) – (가) – (라)
④ (다) – (나) – (라) – (가)
⑤ (다) – (라) – (나) – (가)

03. 다음 중 각 문단의 내용을 요약한 것으로 적절하지 않은 것은?

(가) 홍대입구역 근처를 지나다 보면 길거리에서 노래를 부르거나 춤을 추는 사람들을 자주 목격할 수 있다. 이를 일컬어 버스킹(Busking)이라고 하는데, 사전적 정의 역시 사람들이 많이 다니는 길거리에서 여는 공연을 말한다. 버스킹을 하는 사람들은 버스커(Busker)라고 불리며, 버스커들은 악기, 마이크, 휴대용 앰프 등을 직접 소지하고 거리 도처에서 관객들과 직접 교류하며 노래를 부르기도 하고, 춤을 추기도 하며 음악을 즐긴다.

(나) 그렇다면 이와 같은 버스킹은 언제부터 어떻게 발전하게 된 것일까? 버스킹이라는 용어 자체는 19세기 후반 영국에서 사용되었는데, 거리공연만을 의미하는 단어는 아니었고 본래 거지들이 구걸하는 행위에서 비롯되었다고 한다. 즉, 유랑 생활을 하는 이들이 최초의 버스커로 여겨지며, 당시에는 단순히 구걸하며 공연만 한 것이 아니라 다양한 장소를 돌아다니며 정보를 전달해주는 역할도 했다고 한다. 이로 인해 오늘날 버스킹이 일상화된 유럽과 북미 지역에서는 음악가들 외에도 인형극, 연극, 마술, 행위예술 등 다양한 예술을 길거리에서 펼치고 있다.

(다) 우리나라의 경우에도 크게 다르지 않다. 각설이, 유랑악사, 판소리꾼, 남사당패 등이 우리나라 전통의 버스커로 여겨지는데, 이들은 비교적 사람이 많은 마을의 장터 혹은 마당에서 공연을 하며 생계를 유지하였다. 그 중에서도 남사당패는 자생적으로 만들어진 유랑 예인 집단으로, 특히 실외에서 음악, 묘기, 탈놀이, 인형극과 같이 수많은 공연을 마음껏 펼친다는 점에서 유럽 및 북미 지역의 버스킹과 비슷한 면모를 지니고 있다.

(라) 다만, 우리나라에 '버스킹'이라는 용어 자체가 도입된 것은 비교적 최근의 일이다. 본래 인디 음악가들은 소규모 공연장이나 길거리에서 자신의 음악을 전개해왔으나, 버스커 혹은 버스킹이라는 용어는 사용되지 않았다. 하지만 유명 밴드 '버스커버스커'로 인해 대중들이 버스킹과 버스커라는 용어에 친숙하게 되었고, 버스킹 문화가 확산되는 계기가 되었다. 오늘날 우리나라에서는 홍대는 물론 대학로, 한강 공원에도 '버스킹 존'을 쉽게 확인할 수 있으며, 서울이 아니더라도 부산 해운대, 대구 동성로, 여수 해양공원 등에서 버스커들을 쉽게 찾아볼 수 있다.

(마) 현재의 버스킹은 공연 무대가 없는 음악가들이 길거리에서 자신의 음악을 불특정 다수에게 보여주는 용도로 활용하기 때문에 공연 대상을 명확히 정해두는 것은 아니다. 이로 인해 관객들은 특별히 돈을 지불하지 않고도 공연을 즐길 수 있고, 공연이 유명해질 경우 지역상권 활성화 등에도 기여하는 등 여러 장점이 존재한다. 그러나 능력이 부족한 버스커의 공연은 오히려 소음으로 작용할 수 있다는 점에서 주변 상가 또는 지역 주민들이 피해를 입을 수도 있다. 최근에 일정한 심사를 거쳐 통과한 버스커에 대해서만 공연을 허락하자는 의견이 높아지는 이유도 바로 여기에 있다.

① (가): 버스킹과 버스커 용어의 의미
② (나): 버스킹의 유래와 오늘날 유럽과 북미 지역의 버스킹에 미친 영향
③ (다): 한국 전통의 버스커인 남사당패와 유럽 및 북미 지역의 버스커 간 유사성
④ (라): 우리나라에 버스킹이라는 용어가 도입된 과정과 버스킹 문화의 현황
⑤ (마): 버스킹 문화를 확대 발전시켜야만 하는 이유

[04 - 05] 다음 글을 읽고 각 물음에 답하시오.

(가) 대개 서양 음악에서는 선법을 통해 민요 선율의 특성을 규명하지만, 우리나라의 민요는 동일한 민요에도 다양한 종지음이 나타나 선법을 규명하기 힘들다. 그뿐만 아니라 같은 선법으로 정리되어도 시김새에 차이가 있어서 변별되는 특성으로 인해 '토리'라는 별도의 용어를 사용하는 것이다. 예를 들어 선법은 종지음으로 민요를 규명하는데, 메나리토리의 종지음은 '미' 혹은 '라'이고, 수심가토리의 종지음은 '레' 혹은 '라'이기 때문에 종지음으로 선법을 규명하는 것이 불가능하다. 그러므로 토리는 우리나라 민요의 선율적인 특징을 나타내기 위해 사용되는 용어라는 점에서 의의가 있다.

(나) 먼저 태백산맥을 기준으로 동부지방에서 나타나는 메나리토리는 경상도와 강원도, 함경도를 포괄하는 지역의 토리이지만, 동부지역에 한정되지 않고 우리나라의 전역에서 폭넓게 사용되었다는 점에서 다른 토리와 차별점을 갖는다. 실제로 전래 동요라고 불리는 지역별 향토 민요 중에는 메나리토리가 사용된 음악이 매우 많다. 메나리토리는 '미', '라', '도'가 중심이 되는 계면조로, 경상도 지역의 민요는 명랑하고 활동적인 반면 강원도와 함경도 지역의 민요는 애원하는 느낌의 슬픈 감정을 전달하는 곡도 많다.

(다) 여기서 더 내려가 전라도를 포함한 서남부지역에서 특징적으로 나타나는 육자배기토리는 메나리토리와 마찬가지로 3음의 계면조를 이룬다. 이로 인해 가락이 느리고 구성지면서도 애처로운 느낌을 준다. 시김새로 격렬하게 떨거나 애절하게 꺾는 음을 자주 사용한다. 마지막으로 제주도 민요는 고유의 사투리와 수수한 가락이 매력적이지만 〈서우젯소리〉 외에는 제주토리로 규정할 수 있는 민요가 없다. 즉, 제주토리는 각 지역별 토리의 특징이 혼재되어 있기 때문에 제주도만의 독자적인 토리로 정리하기는 어렵다.

(라) '토리'는 민요나 무악(舞樂) 등에서 지역에 따라 독특하게 구별되는 노래의 투, 다시 말해 음악의 기층에 나타나는 특유의 음악적 특징을 의미한다. 민요권은 태백산맥을 기준으로 크게 동부와 서부로 나뉘며, 서부는 또다시 북부지역인 평안도와 황해도, 중부지역인 경기도와 충청도, 남부지역인 전라도로 구분된다. 토리는 이렇게 나뉘는 지역별 민요의 구성음, 구성음 간의 음정, 시김새, 음의 기능, 발성법, 장식음 등 총체적인 특징을 고려하여 분류된다.

(마) 서부지역으로 넘어오면 경제, 경드름이라고도 불리며 서울, 경기, 충청도를 포함한 경기 지역 민요의 전형적인 특징을 보이는 경토리가 있다. 하위 개념으로 창부타령토리에 해당하는 진경토리와 한강수타령토리에 해당하는 반경토리라는 용어가 사용되기도 한다. 보통 빠르기의 장단을 사용하여 가볍고 맑으면서도 서정적인 느낌을 준다. 평안도, 황해도 등 서북지역에서 보이는 수심가토리는 평성, 요성, 퇴성 등의 시김새를 사용하며 수심에 잠긴 애수를 느낄 수 있다.

04. 윗글을 논리적 순서대로 알맞게 배열한 것은?

① (가) - (나) - (다) - (마) - (라)
② (가) - (나) - (마) - (라) - (다)
③ (라) - (가) - (나) - (마) - (다)
④ (라) - (나) - (다) - (마) - (가)
⑤ (라) - (나) - (마) - (다) - (가)

05. 윗글을 통해 추론한 내용으로 가장 적절하지 않은 것은?

① 동부지역 토리에 해당하는 메나리토리는 다른 지역에서도 나타난다는 특징을 보인다.
② 반경토리는 가볍고 맑은 느낌과 서정적인 느낌을 동시에 전달한다.
③ 계면조가 중심이 되면 애처롭고 슬픈 느낌의 가락도 구성할 수 있다.
④ 종지음이 하나로 규명되는 민요는 서양 음악에서 나타나는 특징이다.
⑤ 제주도는 지리적 특징으로 인해 다른 지역과 확연히 구분되는 토리가 발달하였다.

18세기 후반 산업혁명으로 탄생한 석탄·석유 등의 화석 연료는 사람들의 생활을 **빠른** 속도로 편리하게 바꿔줬으며 현대문명의 시대를 여는 데 크게 기여하였다. 하지만 이러한 빠른 발전은 지구를 병들게 하는 재앙이 됐다. 지난 50년 간 화석연료로 인해 발생한 이산화탄소는 지구 온난화, 기상이변 등 기후위기를 불러왔다. 특히 우리나라의 경우 산업 구조와 사회를 고려할 때 화석연료 의존도가 높아 탄소중립의 실현은 쉬운 일이 아니다. 하지만 '탄소중립'은 이제 거스를 수 없는 흐름이며, 기후위기에 공동 대응하기 위해 세계가 함께 나아가야 할 방향이자 또 다른 기회가 될 수 있다. 여기서 탄소중립은 온실가스 배출을 최대한 줄이고, 남은 온실가스는 흡수 및 제거해서 실질적인 배출량이 0이 되는 개념이다. 즉, 배출되는 탄소와 흡수되는 탄소량을 같게 해 탄소 순배출이 '0'이 되는 상태를 말하는 것으로, 탄소중립이 '넷-제로(Net-zero)'라 불리는 이유도 바로 여기에 있다.

탄소중립이 본격화된 것은 2015년 12월 프랑스 파리에서 열린 제21차 유엔기후변화협약(UNFCCC) 당사국 총회에서 파리기후변화협약이 채택되면서부터이다. 이 협약에는 온실가스 배출을 감축함으로써 산업화 이전 대비 지구 평균 기온 상승을 2℃보다 낮은 수준으로 유지한다는 목표에 각국이 협력한다는 내용을 담고 있다. 이에 선진국뿐만 아니라 개발도상국은 온실가스 감축에 동참하기로 결의했고, 세계 각국은 2016년부터 자발적 온실가스 감축 목표(NDC)를 제출한 뒤 2020년까지 당사국 전체가 '파리협정 제4조 제19항'에 근거해 지구 평균기온 상승을 2℃ 이하로 유지하고, 나아가 1.5℃를 달성하기 위한 장기 저탄소 발전전략(LEDS)을 제출하기로 합의했다. 실제로 스웨덴, 영국, 프랑스, 덴마크, 뉴질랜드, 헝가리 등 6개국에서는 탄소중립을 이미 법제화하였으며, 유럽, 중국, 일본 등 주요국들에서도 탄소중립 목표를 선언했다. 또한 조 바이든 미국 대통령도 취임 직후 파리협정에 재가입하고 2050년까지 탄소중립을 이루겠다고 약속하였고, 우리나라에서도 2020년 10월 28일 국회 시정연설에서 2050 탄소중립 계획을 처음 천명한 바 있다.

그렇다면 왜 2050년일까? 그 배경에는 지난 2018년 10월에 열린 IPCC(유엔 산하 기후변화에 관한 정부 간 협의체) 총회에서 만장일치로 채택된 '지구온난화 1.5℃ 특별보고서'가 있다. 보고서에 따르면 지구의 평균 기온이 1℃ 올라갈 때마다 옥수수, 쌀, 밀의 생산량은 약 3~7% 이상 감소하며, 지구의 온도 상승이 인류 생존 한계선인 평균 1.5℃를 넘지 않으려면 오는 2050년까지 탄소 순배출량을 0으로 낮춰야 한다. 이로 인해 세계 각국은 탄소중립을 선언하기 시작했으며, 세계 경제도 '저탄소 경제'로 패러다임을 바꾸게 되었다. 흔히 기후변화 문제를 '끓는 물속의 개구리(Boiling frog)'에 비유한다. 처음부터 끓는 물에 뛰어든 개구리는 목숨을 건지기 위해 바로 뛰쳐나오지만, 차가운 물속에 넣고 열을 가열하면 점점 따뜻해지는 물속에서 자신이 죽어가는지도 모른 채 서서히 죽게 된다. 기후위기는 이제 국제사회의 문제이며 절대 간과해서는 안 되는 심각한 문제로 인류의 생존 자체를 위협하고 있다. 끓는 물속의 개구리가 되지 않으려면 기후위기 대응은 선택이 아닌 필수가 되어야 한다.

※ 출처: 정책브리핑 보도자료

06. 윗글의 중심 내용으로 가장 적절한 것은?

① 세계적인 흐름과 관계없이 우리나라의 사업 현황을 고려한다면 탄소중립 시행 시기를 현재의 계획보다 더 늦출 필요가 있다.

② 탄소중립으로 인해 피해 보는 기업들을 구제하기 위한 방안을 마련해야만 한다.

③ 탄소중립으로 기후위기에 공동 대응하여 지구의 온도 상승 정도가 인류 생존 한계선을 넘지 않도록 해야 한다.

④ 파리기후변화협약에 따라 당사국들은 2050년까지 장기 저탄소 발전전략을 제출할 필요가 있다.

⑤ 탄소중립의 의미를 고려할 때, 탄소중립이 넷−제로라고 불리는 이유를 이해할 필요가 있다.

07. 윗글의 내용과 일치하지 않는 것은?

① 우리나라는 산업구조 및 사회 특성상 화석연료에 대한 의존도가 높은 편이다.

② 지구온난화로 인한 기후위기가 유발되지 않으려면 지구의 온도 상승 정도가 1.5℃를 넘지 않아야 한다.

③ 탄소의 배출량과 흡수되는 탄소량이 같아져 탄소 순배출이 0이 되어야만 탄소중립이라 할 수 있다.

④ 유럽, 중국, 일본 등의 주요 국가에서는 탄소중립에 대한 법제화를 이미 완료하였다.

⑤ 파리기후변화협약의 채택은 2015년에 진행된 유엔기후변화협약(UNFCCC) 당사국 총회에서 이루어졌다.

08. 다음 글의 내용과 일치하지 않는 것은?

물고기 양식을 의미하는 'Aquaculture'와 수경 재배를 의미하는 'Hydroponics'의 합성어인 아쿠아포닉스 (Aquaponics)는 물고기를 키우는 과정에서 발생하는 유기물을 사용하여 식물을 수경 재배하는 방식을 일컫는다. 물에 첨가한 양분이 식물 뿌리에 공급되도록 한다는 면에서 수경 재배를 뜻하는 하이드로포닉스와 동일하다고 볼 수 있으나, 물에 양분을 공급하는 방법에 차이가 있다. 수경 재배는 물에 양분을 직접 타서 식물 뿌리가 흡수하도록 하는 방식인 반면, 아쿠아포닉스는 물고기에게 사료를 주고 그 물고기의 배설물과 잉여 양분이 식물의 양분이 되도록 하는 방식이다.

이로 인해 아쿠아포닉스 농법은 수경 재배 방식에 비해 좀 더 복잡한 과정이 필요하다. 일반적으로 아쿠아포닉스는 물탱크나 연못 등에서 물고기를 사육하는 것을 시작으로 물속의 미생물이 암모니아와 아질산을 질산염으로 바꾸도록 한다. 식물은 뿌리를 통해 물고기를 양식한 물에서 나온 양분을 흡수하고, 그 과정에서 물속을 정화한다. 이렇게 식물에 의해 깨끗하게 정화된 물은 다시 물고기를 양식하는 물로 순환되게 된다.

아쿠아포닉스는 양식 폐수를 정화시킨 물을 계속해서 사용하기 때문에 물 소비를 최소화하고 수자원을 효율적으로 사용할 수 있다. 이때, 자연적으로 증발되어 사라진 만큼의 물만 추가로 공급해주면 되기 때문에 양식을 위해 필요한 최소한의 물만 사용하면 된다. 또한, 일반적인 재배 방식과 달리 흙을 필요로 하지 않기 때문에 흙으로 인해 나타나는 질병이나 병충해, 잡초로 인한 식물 생장의 어려움을 극복할 수 있고, 물고기의 배설물이 식물에 영양분을 공급하기 때문에 흙이 없더라도 기존 농업을 통해 자라는 농작물보다 더 빠르고 크게 성장할 수 있다. 즉, 아쿠아포닉스는 많은 물을 요구하지 않기에 연안 지역이 아닌 도시에도 설치할 수 있으며, 가정에서도 소규모의 아쿠아포닉스 농업이 가능하다.

그러나 아쿠아포닉스 농업은 식물의 생장과 더불어 물고기 양육이 하나의 시스템 안에서 이루어지는 만큼 두 과정을 절충해야 하는 어려움이 있다. 우선 염분에 취약한 식물을 위해 담수어류인 금붕어, 메기 등을 사육하는 게 좋으며, 물고기와 식물이 성장하는 데 적합한 수온이 다르다는 점을 고려해야 한다. 이와 더불어 재배가 가능한 작물도 엽채류로 제한되기 때문에 앞으로 더 많은 연구가 필요하다. 높은 초기 설치 비용이나 유지 비용 문제 또한 해결해야 할 과제 중 하나이지만, 식물을 토양에서 재배하는 기존 농업과 달리 식물의 식감과 생산성이 우수하며 친환경적인 재배 방식이므로 건강한 먹거리를 공급할 수 있다는 장점은 무시할 수 없다.

① 아쿠아포닉스 농법을 이용하면 질병이나 병충해 등의 피해를 줄일 수 있지만 식물 성장 속도가 비교적 더디다.
② 아쿠아포닉스 농법을 원활하게 적용하려면 금붕어나 메기 등 담수어류의 물고기를 사육하는 게 좋다.
③ 하이드로포닉스는 물에 양분을 직접 투여하여 식물 뿌리가 이를 흡수하도록 하는 방식을 이용한다.
④ 아쿠아포닉스 농법에서 물속에 존재하는 미생물은 암모니아와 아질산을 질산염으로 바꾸는 역할을 한다.
⑤ 아쿠아포닉스 농법을 활용할 경우 물고기 사육 및 식물 생장에 필요한 물을 최소화할 수 있다.

09. 다음 글의 내용과 일치하지 않는 것은?

> 우리나라 고유의 정형시인 시조는 우리 민족이 만든 전통적인 시가 양식 중 가장 오랫동안 많은 사람에 의해 창작되었으며, 오늘날까지도 계승되고 있다. 시조의 발생 시기에 대해서는 여러 의견이 존재하지만, 고려 말기인 14세기부터 발달했다고 보는 것이 통설이다. 이는 시조의 특징인 간결하고 담백하게 절제된 언어와 형식이 사대부층의 미의식과 맞닿아 있는데, 조선을 건국한 사대부의 전신인 신흥사대부 계층이 14세기에 새로운 정치세력으로 떠올랐기 때문으로 보는 시각이 많다.
>
> 시조는 형식이나 운율이 매우 안정적이고 단아하다는 특징이 있다. 이로 인해 유학자나 사대부들이 자신들의 사상과 감정을 절제해 표현하기에 가장 적절한 서정 갈래로 판단된다. 다만, 시대와 관계없이 임금에 대한 충성, 자연 속에 묻혀 살아가는 한가로움, 개인의 사랑과 그리움 등 다양한 주제를 삼은 시조를 확인할 수 있는데, 이는 신분이나 계층에 상관없이 유학자와 사대부가 아니더라도 누구나 쓸 수 있었다는 것에 연유를 둔다.
>
> 그렇다면 시조는 어떻게 이루어져 있을까? 현존하는 우리나라 고유의 정형시라는 점에서 시조의 정형성을 알아내고자 하는 노력은 아주 오래전부터 이어져 왔다. 현재까지 밝혀진 바에 따르면 평시조를 기준으로 3·4조의 음수율을 가지면서 3장 6구로 이루어진 45자 내외로 구성되어 있다. 3장 6구란 말에 다소 의문을 갖기 쉽다. 이때의 장은 3행으로 구성되는 시조의 각 행으로, 1행은 초장, 2행은 중장, 3행은 종장이라고 불린다. 그리고 각 장은 두 개의 구절로 이루어진다는 점에서 6구라 불리게 된다.
>
> 각 장을 자세히 살펴보면 다음과 같다. 초장과 중장은 대개 3음절 혹은 4음절의 음보가 규칙적으로 반복되며, 종장의 경우 첫 세 글자는 반드시 세 글자로 작성되어야 하며, 이후 5음절, 4음절, 3음절 순으로 작성되어 정서를 전환하고 높이면서 주제를 집중적으로 제시한다. 초장과 중장은 율격적 측면에서 비교적 개방된 모습으로 뒤에 무엇인가 이어질 것 같은 느낌이 드는데, 이를 통해 화자의 생각이 지속될 것임을 예상할 수 있다. 반면 종장은 비대칭적인 호흡을 제시하여 긴장감을 준 뒤 이를 다시 풀어줌으로써 작품을 종결시킨다.
>
> 시조가 정형시이므로 형식적 측면에서 다소 까다롭다고 느낄 수도 있다. 하지만, 시조에서의 형식은 각 민족이 보유한 전통을 토대로 당대 상황과 사람들의 정서를 드러낼 수 있는 가장 적절한 형식을 모색한 결과라 보아야 한다. 다시 말해, 향가를 통해 불교적 세계관에 놓여 있던 신라인들이 자신들의 정서를 표출했듯 사대부들이 성리학적 세계관을 드러낼 수 있는 양식인 시조를 만들어 냈다고 보아야 한다.

① 시조를 구성하는 3개의 장 중 초장과 중장의 율격에서 개방적인 느낌을 확인할 수 있다.
② 시조는 3장 6구로 이루어지며, 각 장은 여섯 개의 구절로 구성되어 있다.
③ 고려 말에 신흥 세력으로 부상한 사대부들에 의해 시조가 발전되었다고 보는 것이 통설이다.
④ 사대부들은 시조를 통해 성리학적 세계관을 드러내고자 하였다.
⑤ 시조는 정형시라는 점에서 형식과 운율이 안정적이다.

10. 다음 글을 통해 추론한 내용으로 가장 적절하지 않은 것은?

> 수소결합이란 질소, 산소, 플루오린 등 전기음성도가 큰 원자에 결합되어 있는 수소와 분자 내에서 혹은 다른 분자의 전기음성도가 큰 원자 사이에 만들어지는 화학 결합을 말한다. 예를 들어 수소 원자 2개와 산소 원자 1개가 결합한 형태인 물 분자(H_2O)의 경우 전기음성도가 큰 산소 원자는 수소 원자로부터 전자를 끌어들여 부분적 음전하를 띠게 되고, 이로 인해 수소 원자는 부분적 양전하를 띠는 구조를 보인다. 이때 산소 원자와 수소 원자 사이에는 강한 정전기적 인력이 생기는데, 이를 가리켜 물의 수소결합이라 한다.
>
> 이러한 물 분자들 간에 존재하는 수소결합의 결합력은 비슷한 분자량을 가진 다른 화합물의 결합력과 비교하면 상대적으로 강해 물 분자 간의 인력을 끊기 위해서는 그만큼 많은 에너지가 필요하며, 동일한 양의 에너지가 가해지는 물질과 비교했을 때 온도가 쉽게 올라가지 않는다는 특징이 있다. 다른 물질에 비해 물의 끓는점과 어는점이 매우 높게 나타나는 것은 이를 통해 설명할 수 있다. 이처럼 물은 수소결합으로 인해 다량의 열을 담을 수 있어 매우 높은 비열과 큰 열용량을 갖게 되고, 이러한 특징으로 지구 생태계를 유지할 뿐 아니라 바닷가에서 해풍과 육풍 발생에도 영향을 미친다.
>
> 수소결합은 여러 물질에 중요한 영향을 미치고 있다. 순수한 물은 섭씨 0도에서 얼기 시작하여 액체 상태에서 고체 상태인 얼음으로 바뀌는데, 물의 강한 수소결합으로 인해 얼음은 육각형 구조를 형성하게 되고, 이때 얼음 결정에는 상당한 빈 공간이 생긴다. 이는 일반적인 물질이 액체 상태에서 고체 상태로 변화하면 입자들 간의 거리가 가까워지는 것과는 다름을 알 수 있다. 다른 물질과는 다른 빈 공간으로 인해 물이 얼음으로 변화하면 부피는 커지나 밀도는 작아진다.
>
> 실제로 물은 1기압에서 온도가 약 4°C일 때 밀도가 $0.99997g/cm^3$로 가장 크고, 0°C일 때 물의 밀도가 $0.99984g/cm^3$, 얼음의 밀도가 $0.91687g/cm^3$로 물의 밀도가 얼음의 밀도보다 크다. 물의 밀도가 얼음의 밀도보다 크기 때문에 추운 날씨에 호수의 물이 얼 때 위쪽에 언 얼음이 아래로 가라앉지 않아 물 아래의 물고기들이 생명을 유지할 수 있다. 또한, 추운 겨울에 물을 수송하는 파이프가 얼어서 터지기도 하고, 바위 사이의 물이 오랜 시간 얼고 녹는 과정을 반복하며 바위가 부서지기도, 수분을 함유하고 있던 쇠고기나 채소 등이 어는 과정에서 세포막이 파괴되어 맛이 변하기도 한다.

① 얼음이 육각형 구조를 형성할 수 있는 이유는 물이 강한 수소결합을 하기 때문일 수도 있다.
② 수분이 포함된 음식을 냉동실에 얼리면 수소결합으로 인해 세포막이 파괴되어 맛이 변질되기도 한다.
③ 물 분자 사이의 인력을 끊기 위해 많은 에너지가 필요한 이유는 물 분자 수소결합의 결합력이 강하기 때문이다.
④ 전기음성도가 큰 원자는 상대적으로 작은 원자로부터 전자를 끌어들여 부분적 음전하를 띠게 된다.
⑤ 얼음이 물로 변화하면 부피가 커지고 밀도가 작아지는 특징이 나타난다.

11. A, B, C, D, E, F 6명이 서로 다른 3종류의 음식 중 각자 하나씩 선택하여 주문하고자 할 때, 음식을 주문할 수 있는 경우의 수는 총 몇 가지인가? (단, 6명 모두가 음식을 주문하며 주문하지 않는 음식의 종류가 있을 수 있다.)

① 24가지

② 216가지

③ 729가지

④ 1,296가지

⑤ 4,096가지

[12 – 13] 다음은 A 국가의 석유 제품별 수출량 및 수입량에 대한 자료이다. 각 물음에 답하시오.

[석유 제품별 수출량 및 수입량]

(단위: 천 배럴)

구분	2021년		2022년		2023년	
	수출량	수입량	수출량	수입량	수출량	수입량
합계	509,112	314,487	531,564	341,628	522,098	352,147
휘발유	82,217	1,127	87,895	174	87,872	130
등유	5,227	37	6,530	1	4,171	35
경유	176,154	236	190,712	237	195,231	138
벙커C유	362	40,091	175	42,915	16,928	31,585
나프타	15,824	199,632	25,872	218,814	47,382	226,088
경질중유	44,194	0	43,564	0	225	0
용제	1,758	4	1,412	9	1,260	3
항공유	121,203	3	115,417	3	114,850	3
LPG	2,413	73,279	4,942	79,325	5,807	94,093
아스팔트	29,689	0	24,008	65	20,808	0
윤활유	16,886	0	18,664	11	15,915	35
부생연료유	510	0	299	0	338	0
기타	12,675	78	12,074	74	11,311	37

12. 다음 중 자료에 대한 설명으로 옳지 않은 것을 모두 고르면?

㉠ 기타를 제외한 제시된 석유 제품군 중 매년 수출량의 전년 대비 증감 추이와 수입량의 전년 대비 증감 추이가 서로 같은 석유 제품은 총 2개이다.
㉡ 2021~2023년 연도별 휘발유 수출량의 평균은 86,000천 배럴 이상이다.
㉢ 2022년 경유 수출량은 같은 해 경유 수입량의 800배 이상이다.
㉣ 2023년 벙커C유 수입량은 2년 전 대비 25% 이상 감소하였다.

① ㉡   ② ㉢   ③ ㉠, ㉢   ④ ㉡, ㉣   ⑤ ㉢, ㉣

13. 2023년 전체 수출량에서 항공유 수출량이 차지하는 비중은 약 얼마인가? (단, 소수점 첫째 자리에서 반올림하여 계산한다.)

① 22%   ② 24%   ③ 26%   ④ 28%   ⑤ 30%

14. 다음은 Z 지역의 아동학대 유형별 현황에 대한 자료이다. 자료에 대한 설명으로 옳지 않은 것은?

[아동학대 유형별 건수]

(단위: 건)

구분	신체학대	정서학대	성학대	방임
1세 미만	181	276	23	314
1~3세	1,243	1,938	188	1,276
4~6세	1,787	2,514	80	1,015
7~9세	3,252	3,990	165	964
10~12세	3,912	4,931	351	891
13~15세	4,783	5,411	431	632
16~17세	2,290	2,690	304	226
합계	17,448	21,750	1,542	5,318

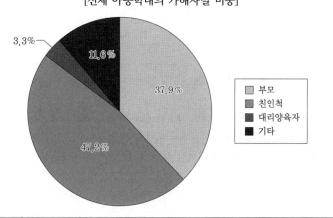

[전체 아동학대의 가해자별 비중]

3.3% 11.6% 37.9% 47.2%

☐ 부모
☐ 친인척
☐ 대리양육자
☐ 기타

① 13~15세의 신체학대 건수와 정서학대 건수의 합은 7~9세의 신체학대 건수와 정서학대 건수의 합보다 2,952건 더 많다.

② 제시된 연령대 중 방임 건수가 신체학대 건수보다 높은 연령대는 총 2개이다.

③ 전체 아동학대 건수에서 친인척이 가해자인 아동학대 건수는 21,700건 이상이다.

④ 제시된 연령대 중 1세 미만을 제외하고 연령대가 높아질수록 방임 건수는 감소한다.

⑤ 전 연령대에서 발생한 정서학대 건수의 총합은 전 연령대에서 발생한 성학대 건수 총합의 15배 이상이다.

15. 다음은 A 국가의 선종별 해상 조난사고 현황에 대한 자료이다. 자료에 대한 설명으로 옳은 것을 모두 고르면?

[선종별 해상 조난사고 현황]

구분	2022년		2023년	
	척수(척)	인원(명)	척수(척)	인원(명)
어선	1,928	7,030	1,985	7,186
낚시어선	245	3,061	306	3,716
레저선박	733	1,990	892	2,531
여객선	34	4,060	47	3,664
유도선	23	798	26	872
화물선	135	1,510	116	1,139
유조선	70	498	83	468
예부선	147	376	205	399
관공선	17	74	27	107
기타선	102	199	133	340
합계	3,434	19,596	3,820	20,422

ⓐ 2022년 해상 조난사고 척수가 네 번째로 많은 선종과 같은 해 해상 조난사고 인원이 네 번째로 많은 선종은 동일하다.
ⓑ 2023년 해상 조난사고 척수가 전년 대비 감소한 선종은 총 1개이다.
ⓒ 2023년 전체 선종의 해상 조난사고 인원에서 어선의 해상 조난사고 인원이 차지하는 비중은 35% 이상이다.
ⓓ 2022년 여객선의 해상 조난사고 척수 1척당 해상 조난사고 인원은 115명 이상이다.

① ㉠, ㉢   ② ㉡, ㉢   ③ ㉡, ㉣   ④ ㉢, ㉣   ⑤ ㉡, ㉢, ㉣

[16 – 17] 다음은 기관별 상용직 및 임시직 인원수에 대한 자료이다. 각 물음에 답하시오.

[기관별 상용직 및 임시직 인원수]

(단위: 명)

구분	2012년		2014년		2016년		2018년		2020년	
	상용직	임시직	상용직	임시직	상용직	임시직	상용직	임시직	상용직	임시직
정부기관	3,468	809	3,519	781	3,458	869	3,793	475	4,066	784
중앙행정기관	3,073	794	3,171	769	3,122	843	3,478	465	3,709	747
지방자치단체	395	15	348	12	336	26	315	10	357	37
시·도	81	2	81	1	75	1	70	2	82	1
시·군·구	287	10	243	4	242	19	228	8	262	33
시·도 교육청	27	3	24	7	19	6	17	0	13	3
지정기관	386	74	417	50	419	56	500	93	548	79

※ 1) 정부기관 = 중앙행정기관 + 지방자치단체
　2) 지방자치단체 = 시·도 + 시·군·구 + 시·도 교육청
※ 출처: KOSIS(통계청, 통계인력및예산조사)

16. 다음 중 자료에 대한 설명으로 옳지 않은 것은?

① 제시된 기간 중 중앙행정기관의 임시직 인원수가 가장 적은 해에 중앙행정기관의 상용직 인원수는 2년 전 대비 356명 증가하였다.

② 2012년 지방자치단체의 상용직과 임시직 전체 인원수에서 시·군·구의 상용직 인원수가 차지하는 비중은 70%이다.

③ 2016년 정부기관과 지정기관의 임시직 인원수는 총 925명이다.

④ 제시된 기간 동안 중앙행정기관과 지방자치단체의 임시직 인원수는 2년마다 같은 증감 추이를 보인다.

⑤ 2014년 중앙행정기관의 상용직 인원수는 같은 해 시·도 교육청 상용직 인원수의 150배 이상이다.

17. 2020년 지정기관의 상용직 인원수의 2년 전 대비 증가율은?

① 8.8%　　　② 9.6%　　　③ 15.1%　　　④ 25.6%　　　⑤ 30.8%

[18 – 19] 다음은 지역별 나노사업에 대한 자료이다. 각 다음에 답하시오.

[지역별 나노사업 기업 수]

(단위: 개)

구분	2015년	2016년	2017년	2018년	2019년
전국	609	673	717	775	809
서울특별시	81	89	98	102	120
부산광역시	10	14	14	21	24
대구광역시	31	27	24	25	22
인천광역시	33	25	28	31	34
광주광역시	10	10	11	11	10
대전광역시	74	85	90	102	96
울산광역시	6	7	8	9	7
경기도	222	271	292	311	328
강원도	14	10	13	10	10
충청북도	25	30	30	33	36
충청남도	28	32	32	35	35
전라북도	14	14	15	16	21
전라남도	7	10	9	9	11
경상북도	32	29	29	31	31
경상남도	20	19	20	25	21
제주특별자치도	1	1	1	1	1

[연도별 전국 및 경기도의 나노사업 매출액]

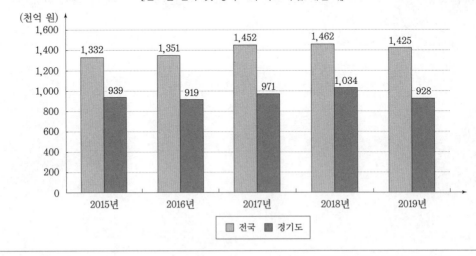

※ 출처: KOSIS(산업통상자원부, 나노융합산업조사)

18. 다음 중 자료에 대한 설명으로 옳지 않은 것은?

① 2019년 전국의 나노사업 기업 수는 2015년 대비 30% 이상 증가하였다.

② 제시된 기간 동안 경기도의 나노사업 매출액이 가장 많은 해에 전국의 나노사업 매출액에서 경기도의 나노사업 매출액이 차지하는 비중은 70% 미만이다.

③ 제시된 기간 중 경기도의 나노사업 기업 수가 처음으로 300개 이상이 된 해에 서울특별시의 나노사업 기업 수는 전년 대비 4개 증가하였다.

④ 2019년 나노사업 기업 수 1개당 매출액은 경기도가 전국보다 크다.

⑤ 2017년 대구광역시의 나노사업 기업 수의 전년 대비 감소율은 약 11.1%이다.

19. 2015년 대비 2019년 나노사업 기업 수의 증가율이 두 번째로 큰 지역의 2015~2019년 연도별 나노사업 기업 수의 평균은?

① 9.2개   ② 9.8개   ③ 16.0개   ④ 30.8개   ⑤ 32.4개

20. 다음은 Q 국가의 현역병 모집 계획 및 입영 인원수에 대한 자료이다. 자료에 대한 설명으로 옳은 것은?

[현역병 모집 계획 및 입영 인원수]

(단위: 명)

구분		육군	해군	해병대	공군
2019년	모집 계획 인원	96,553	8,617	12,900	18,007
	입영 인원	97,858	8,694	12,932	18,022
2020년	모집 계획 인원	104,435	9,158	11,550	18,000
	입영 인원	102,220	8,789	11,491	18,308
2021년	모집 계획 인원	90,407	9,120	12,000	18,000
	입영 인원	80,571	7,991	11,156	17,939
2022년	모집 계획 인원	91,348	8,043	11,484	16,600
	입영 인원	84,433	8,050	11,380	16,921
2023년	모집 계획 인원	88,874	8,990	11,856	17,950
	입영 인원	79,176	8,643	11,524	17,450

※ 입영률(%) = (입영 인원 / 모집 계획 인원) × 100

① 제시된 기간 중 모든 군의 입영 인원이 모집 계획 인원보다 많은 해는 총 2개 연도이다.

② 2023년 육군 모집 계획 인원의 3년 전 대비 감소율은 15% 이상이다.

③ 제시된 기간 중 해군의 입영 인원이 가장 적은 해에 해군의 입영률은 85% 미만이다.

④ 제시된 기간 중 해병대 모집 계획 인원이 가장 많은 해와 해병대 모집 계획 인원이 가장 적은 해의 해병대 모집 계획 인원 차이는 1,516명이다.

⑤ 2020년 공군의 입영률은 2021년 공군의 입영률보다 1.5%p 이상 더 높다.

21. A, B, C, D, E 5명 중 거짓을 말하고 있는 사람은 2명, 캐러멜을 가지고 있는 사람은 3명이다. 다음 조건을 모두 고려하였을 때, 캐러멜을 가지고 있는 사람을 모두 고르면?

> • A: B와 C 둘 다 캐러멜을 가지고 있지 않아요.
> • B: D는 캐러멜을 가지고 있고, E는 캐러멜을 가지고 있지 않아요.
> • C: 저는 캐러멜을 가지고 있어요.
> • D: A는 거짓을 말했어요.
> • E: B는 진실을 말했어요.

① A, B, C   ② A, B, D   ③ B, C, D   ④ B, C, E   ⑤ C, D, E

22. 할머니, 할아버지, 엄마, 아빠와 첫째, 둘째, 셋째, 넷째 아이까지 총 8명은 공원으로 소풍을 가서 원형으로 둘러앉아 점심을 먹었다. 다음 조건을 모두 고려하였을 때, 항상 옳지 않은 것은?

> • 엄마와 아빠는 마주 보고 앉는다.
> • 모든 아이의 오른쪽 바로 옆에는 항상 어른이 앉는다.
> • 넷째 아이는 할아버지 바로 왼쪽 옆에 앉는다.
> • 둘째 아이는 엄마와 이웃하여 앉는다.
> • 첫째 아이와 셋째 아이는 한 명을 사이에 두고 앉는다.

① 첫째 아이는 엄마 바로 옆에 앉지 않는다.
② 셋째 아이는 할머니의 왼쪽 바로 옆에 앉는다.
③ 엄마의 왼쪽 바로 옆에는 둘째 아이가 앉아 있다.
④ 첫째 아이와 셋째 아이 사이에 할아버지가 앉는다.
⑤ 할아버지의 오른쪽 바로 옆에 둘째 아이가 앉는다.

23. 어느 동네에서 개업하는 A, B, C, D 4개의 약국은 주별 휴무일을 모두 다르게 정했다. 제시된 조건을 모두 고려하였을 때, 항상 옳은 것은? (단, 일주일의 시작은 월요일이고, 주말은 토요일, 일요일이다.)

- 각 약국의 주별 휴무일 수는 적어도 1개이다.
- 주별 휴무일이 평일에 있는 약국은 3개이다.
- 주별 근무일 수가 가장 적은 약국은 C 약국이다.
- 모든 약국이 근무하는 요일은 목요일과 일요일이다.
- A 약국과 D 약국의 주별 휴무일은 금요일 이후이다.

① A 약국은 토요일에 근무한다.
② B 약국은 주말에 주별 휴무일이 있다.
③ C 약국은 화요일 이전에 주별 휴무일이 있다.
④ D 약국은 평일에 주별 휴무일이 있다.
⑤ 주별 휴무일 수가 2개인 약국은 2곳이다.

24. Y 씨는 청구범위가 5개 항으로 구성된 명세서와 도면, 요약서를 국어로 총 35면 작성하여 1건의 실용신안을 출원하고자 한다. Y 씨가 서면으로 실용신안을 출원하면서 실용신안에 대한 심사까지 함께 청구하였다고 할 때, Y 씨가 납부해야 할 수수료의 총액은?

[출원 수수료]

구분		특허	실용신안	디자인	
				심사	일부심사
전자출원 (온라인)	기본료	• 국어: 46,000원 • 외국어: 73,000원	• 국어: 20,000원 • 외국어: 32,000원	디자인 1개당 94,000원	디자인 1개당 45,000원
서면출원	기본료	• 국어: 66,000원 • 외국어: 93,000원	• 국어: 30,000원 • 외국어: 42,000원	디자인 1개당 104,000원	디자인 1개당 55,000원
	가산료	명세서·도면·요약서의 합이 20면을 초과하는 경우 초과하는 1면당 1,000원 가산	명세서·도면·요약서의 합이 20면을 초과하는 경우 초과하는 1면당 1,000원 가산	없음	없음

[심사청구 수수료]

구분		특허	실용신안	디자인	
				심사	일부심사
심사 청구료	기본료	143,000원	71,000원	없음	없음
	가산료	44,000원 가산 (청구범위 1항당)	19,000원 가산 (청구범위 1항당)	없음	없음

① 91,000원　　② 101,000원　　③ 189,000원　　④ 196,000원　　⑤ 211,000원

25. 다음은 ○○공사의 아파트 노후변압기 교체 지원 사업에 대한 안내문이다. 안내문과 신청 현황을 근거로 판단한 내용으로 옳은 것은?

[아파트 노후변압기 교체 지원 사업 시행 안내]

1. 사업 목적
 – 고압 아파트의 노후화된 변압기 교체를 지원함으로써 변압기의 노후화 및 용량 부족으로 인한 정전 사고를 적기에 예방하기 위함

2. 지원 대상
 1) 변압기 설치 후 15년 이상 경과한 아파트
 2) 세대당 계약전력이 5kW 이하인 아파트
 3) 서울 및 6대 광역시의 아파트이면서 매매 가격이 중윗값의 평균인 5.7억 원 이하에 해당하는 아파트
 ※ 위의 사항을 모두 충족하는 아파트 중 노후도 및 고장빈도를 고려해 우선순위 선정 예정

3. 지원 규모
 – 200개 아파트 단지에 총 43억 원 지원 예정
 – 아파트별 교체 변압기·저압 차단기 자재 가격의 최대 80%(○○공사 50%, 국비 30%)까지 지원

4. 지원 기준
 – 교체 변압기 자재 가격: 25,600원/kVA
 – 저압 차단기 자재 가격: 1,440원/AF

5. 접수 기간 및 방법
 – 20X1. 5. 7.(금)까지 아파트 소재 지역의 ○○공사 사업소를 통해 신청

[신청 현황]

구분	변압기 설치 후 경과 기간	세대당 계약전력	아파트 매매 가격	접수 일자	교체 신청한 자재 용량 및 개수 교체 변압기	저압 차단기
A 아파트	18년	5kW	4.2억 원	20X1. 5. 3.(월)	4,500kVA / 2개	30AF / 10개
B 아파트	24년	3kW	5.1억 원	20X1. 5. 7.(금)	1,200kVA / 5개	50AF / 6개
C 아파트	15년	6kW	5.7억 원	20X1. 5. 7.(금)	1,900kVA / 3개	30AF / 5개
D 아파트	13년	2kW	3.8억 원	20X1. 5. 4.(화)	4,000kVA / 4개	30AF / 20개
E 아파트	17년	3kW	4.9억 원	20X1. 4. 30.(금)	3,800kVA / 1개	50AF / 1개
F 아파트	20년	5kW	5.3억 원	20X1. 5. 6.(목)	3,000kVA / 5개	30AF / 10개

※ A~F 아파트 모두 서울 및 6대 광역시에 위치하고 있음

① A~F 아파트 중 노후변압기 교체 대상에 해당하지 않는 아파트는 총 3개이다.
② A 아파트가 노후변압기 교체 대상으로 선정되었을 때, 교체 변압기 자재 가격으로 납부할 최소 금액은 5천만 원 이상이다.
③ B 아파트가 노후변압기 교체 대상으로 선정되었을 때, 최대 지원받을 수 있는 금액은 1억 5천만 원 이상이다.
④ D 아파트가 20X2년에 아파트 노후변압기 교체 지원 사업에 지원한다면, 지원 대상에 충족한다.
⑤ F 아파트가 노후변압기 교체 대상으로 선정되었을 때, ○○공사로부터 최대 지원받을 수 있는 금액은 2억 원을 넘지 않는다.

26. 다음 보도자료를 토대로 판단한 내용으로 옳지 않은 것은?

질병관리청은 12월 16일 「국민건강영양조사 제8기 2차년도 결과발표회」를 개최하여 우리 국민의 주요 만성질환 유병 및 건강행태에 관한 통계를 발표한다고 밝혔다. 흡연, 음주, 영양, 만성질환 등 250여 개 보건지표를 산출하는 대표적인 건강통계조사로 1998년에 도입하여 매년 만 1세 이상 약 1만 명을 대상으로 실시하는 국민건강영양조사는 건강증진법 제16조에 근거하여 우리 국민의 건강과 영양수준을 파악하기 위해 실시하고 있으며, 조사 결과는 국가 건강정책 수립 및 평가를 위한 근거자료로 활용되고 있다.

19세 이상 성인의 비만 유병률의 경우, 2020년 남자의 비만유병률은 48.0%로 2019년 대비 6.2%p 증가하여 큰 증가 폭을 보였고, 2020년 여자의 비만유병률은 27.7%로 2019년 대비 2.7%p 소폭 증가하여 남녀 모두 전년 대비 증가하였다. 또한, 고콜레스테롤혈증, 고혈압, 당뇨병 유병률도 남자의 경우 전년 대비 증가하였으나 여자는 큰 변화가 없었다.

2020년 남자의 비만율은 모든 연령에서 큰 폭으로 증가하여 조사 이래 가장 높았으며 30대의 58.2%, 40대의 50.7%가 비만으로 나타나 30·40대 남성의 절반 이상이 비만인 것으로 조사되었다. 2020년 고혈압 유병률은 남자가 28.6%, 여자가 16.8%이며, 40대 남성에서 31.5%, 50대 남성에서 45.4%로 이 또한 조사 이래 가장 높았다. 한편, 2020년 당뇨병 유병률은 남자가 13.0%, 여자가 8.2%로 2019년 대비 남자는 소폭 증가였으며, 여자는 큰 변화가 없었고, 고콜레스테롤혈증 유병률은 남자가 20.2%, 여자가 18.8%로 남자는 2005년 이후 지속 증가하였고, 여자는 2019년 대비 큰 변화가 없었다. 고콜레스테롤혈증 유병률의 경우 남자는 모든 연령에서 2019년 대비 증가하였고, 특히 40대 남자의 경우 2019년 20.4%에서 7.8%p 큰 폭으로 증가하였다.

건강행태 부문을 살펴보면, 궐련 기준 성인 남자 현재 흡연율은 꾸준히 감소해 2020년 34.0%로 최저치를 나타냈다. 담배제품을 하나라도 사용한 담배제품 현재사용률은 2020년에 남자가 38.7%, 여자가 7.5%로 나타났으며, 간접흡연 노출률은 직장·가정·공공장소 실내 모두 감소하였다. 월간음주율은 조사 이래 지속적으로 정체상태를 보였지만 2020년 58.9%로 2019년 대비 1.9%p 소폭 감소하였다. 하지만 월간폭음률은 2020년에 38.4% 전년 대비 큰 변화 없었다. 걷기실천율은 2020년 39.2%로 2019년 43.5% 대비 감소하였고, 유산소 신체활동 실천율도 2020년 45.6%로 조사 이래 지속적으로 감소하였으며, 특히 20대에서 신체활동 실천율 감소 폭이 가장 크게 나타났다. 스트레스인지율은 2020년 31.5%로 2019년 30.8% 대비 큰 변화가 없었지만, 우울장애 유병률은 조사 이래 지속 감소추세를 보이다가 2020년 5.7%로 소폭 증가하였다.

식생활과 영양 부문의 경우 과일류 섭취 감소, 음료류 섭취 증가 추세는 지속되고 있다. 대부분의 식품군 섭취량은 2019년 대비 큰 변화가 없으나 과일류 섭취량은 2020년 121g으로 2019년 135g 대비 감소하였으며, 음료류 섭취는 2020년 229g으로 2019년 대비 5g 증가하였다. 지방 섭취 증가와 탄수화물 섭취 감소도 지속되었다. 지방의 에너지 섭취 분율은 2020년 남자 24.6%, 여자 24.2%로 지속적으로 증가하고 있으며, 지방 과잉섭취분율도 2019년 대비 3.5%p 증가하였다. 반면 탄수화물의 에너지 섭취 분율은 감소하여 2019년에 남자 60.1%, 여자 61.6%에서 2020년 남자 59.4%, 여자 60.8%로 변화되었다.

질병관리청 청장은 "흡연 관련 지표는 지속 개선 중이나, 신체활동은 악화되었으며 비만, 당뇨병 등 만성질환 유병률이 증가하였다"고 밝혔다. 아울러 "국민건강영양조사는 앞으로도 고령화, 기후변화 등 신규 건강문제를 지속 발굴하여 주기적으로 조사할 계획이며, 감염병 유행에 대비한 비대면 조사방법을 단계적으로 적용하는 등 변화하는 사회환경에 적합한 대응을 계속해 나갈 것이다"고 밝혔다.

※ 출처: 질병관리청 보도자료

① 2019년 성인 남자의 궐련 흡연율은 34.0% 이하이다.
② 2019년 여자의 비만유병률은 25.0%이고, 남자의 비만유병률은 41.8%이다.
③ 전년 대비 2020년 과일류 섭취량의 감소율은 10.4%이다.
④ 국민건강영양조사는 1998년 이후 건강증진법에 근거하여 매년 만 1세 이상을 대상으로 실시하고 있다.
⑤ 2020년 40대 남자의 고콜레스테롤혈증 유병률은 28.2%이다.

27. 갑은 본인의 7월 지출 내역과 카드 정보를 토대로 할인 금액이 가장 높은 카드를 조사하려고 한다. 갑은 본인의 7월 지출 내역을 기준으로 최종 할인 금액이 가장 큰 카드를 발급받았다고 할 때, 갑이 발급받은 카드는?

(단, 최종 할인 금액은 할인 금액에서 연회비를 12로 나눈 금액을 차감하여 계산한다.)

[갑의 7월 지출 내역]

사용 일자	내역	결제 장소	결제 금액	비고
7월 1일	아메리카노	커피 전문점	4,000원	
7월 7일	커트	헤어샵	20,000원	
7월 10일	입장료	놀이공원	40,000원	
7월 13일	영화관람권	영화관	10,000원	간편 결제
7월 16일	햄버거 세트	패스트푸드 전문점	8,000원	
7월 18일	홈트 용품	온라인 쇼핑몰	50,000원	
7월 21일	영화관람권	영화관	10,000원	간편 결제
7월 25일	휘발유 주유	주유소	51,000원	34L
7월 29일	카페라테	커피 전문점	6,000원	
7월 30일	휴대폰 요금	◇◇통신사	59,000원	

[카드 정보]

구분	연회비	월간 할인 혜택
A 카드	24,000원	커피 전문점 50% 할인(최대 금액 10,000원) 패스트푸드 전문점 30% 할인(최대 금액 8,000원) 간편 결제 이용 시 10% 할인(최대 금액 10,000원)
B 카드	36,000원	커피 전문점 50% 할인(최대 금액 15,000원) 온라인 쇼핑몰 7% 할인(최대 금액 20,000원) 통신요금 및 대중교통 10% 할인(한도 없음)
C 카드	12,000원	영화관 결제 1건당 2,500원 할인(월 2건) 대형마트 10% 할인(최대 금액 5,000원) 통신요금 10% 할인(최대 금액 5,000원)
D 카드	18,000원	주유소 1L당 100원 할인(한도 없음) 통신요금 및 대중교통 10% 할인(한도 없음) 전시회 5,000원 할인(월 2회) 헤어샵 20% 할인(월 1회)
E 카드	30,000원	놀이공원 30% 할인(최대 금액 30,000원) 영화관 결제 1건당 1,000원 할인(한도 없음) 대형마트 10% 할인(최대 금액 10,000원)

※ 최대 금액은 월간 최대 할인 가능 금액을 의미함

① A 카드　　② B 카드　　③ C 카드　　④ D 카드　　⑤ E 카드

28. 다음 안내문을 근거로 판단한 내용으로 옳지 않은 것은?

[요금 상계거래제도 안내문]

1. 상계거래란?
– 전기 사용장소와 동일한 장소에서 10kW 이하 신재생에너지 발전설비(단, 태양에너지는 1,000kW 이하)를 설치한 고객이 자가소비 후 잉여 전력을 한전에 공급하고 그 잉여 전력량을 고객이 한전으로부터 공급받은 전력량에서 상계하는 거래제도

2. 요금 상계거래 신청안내
– 요금 상계거래 신청서 및 기타 구비서류를 우편, 팩스, 내방, 사이버지점(인터넷)을 통하여 제출

  ※ 기타 구비서류: 발전설비 위치도, 발전설비 시험성적서, 내선설계도면

3. 업무처리 절차안내
– 업무처리 절차

1단계	고객: 요금 상계거래 신청	5단계	안전공사: 사용 전 점검(검사)
2단계	한전: 기술 검토	6단계	한전 및 고객: 병렬운전 조작 합의 및 전력수급계약(요금 상계거래 계약) 체결
3단계	고객: 계기부설비(접속 공사비) 납부	7단계	한전: 계기부설
4단계	한전: 접속설비공사(발생 시)	8단계	고객: 발전설비 운전개시

– 업무처리 소요기간: (저압) 신청일로부터 13일 소요
  (고압) 신청일로부터 28일 소요

  ※ 위 소요일에는 접속설비공사 발생 시 공사시간, 전기안전공사에서 수행하는 사용 전 점검 수행일은 제외됨

4. 전기요금계산 기준
– 기본요금: (주택용) 상계 전 수전전력량
  (기타종별) 수전전력의 계약전력
– 전력량요금: 상계 후 전력량
– 부가가치세: 상계 전 수전량 기준 기본 + 전력량 요금의 10%

  ※ 부가가치세법상 전기요금은 고객이 실제로 한전에서 수전한 전력량을 기준(상계 전)으로 공급가액과 부가가치세가 산정되므로 청구서상의 청구금액(상계 후)과 매입세금계산서의 공급가액은 상이함

5. 매출부가가치세 신고방법
– 매출부가가치세 산정기준

공급가액	매월 발생되는 잉여 전력량에 대하여 고객의 해당 계약종별 단가로 계산 ※ 자동이체, 빌링 등 할인금액이 있는 경우 차감 반영
부가세액	공급가액의 10%

– 부가가치세 신고
– 과세사업자인 경우 부가가치세법 제16조에 의거하여 한전이 매입한 잉여 전력량에 대한 매출세금계산서를 한전에 교부하고 국세청에 신고해야 함
– 매월 전기요금청구서 하단 세금계산서 서식에 공급자 정보를 기재 날인 후 공급받는 자는 보관용 세금계산서를 한전에 송부

  ※ 1) 전자세금계산서 시행사업자는 한전에 전자세금계산서로 전송
    2) 주택용, 비사업자는 세금계산서 교부대상이 아니므로 송부하지 않아도 됨

① 과세사업자는 한전이 매입한 잉여 전력량에 대한 매출세금계산서를 한전에 교부하고 국세청에 부가가치세를 신고해야 한다.

② 요금 상계거래를 신청하고자 하는 자는 신청서를 포함하여 발전설비 위치도, 발전설비 시험성적서, 내선설계 도면을 구비해야 한다.

③ 부가가치세법에 의해 전기요금은 상계 전을 기준으로 공급가액과 부가가치세가 계산되기 때문에 청구서 내의 청구금액과 매입세금계산서의 공급가액은 서로 다르다.

④ 신재생에너지 저압 발전설비를 신청한 고객이 발전설비의 운전을 개시하기 위해서는 접속설비공사 및 사용 전 점검을 포함하여 13일을 넘지 않는다.

⑤ 전기를 사용하는 장소와 같은 장소에 태양에너지 발전설비를 설치한 고객이 상계거래를 하기 위해서는 1,000kW 이하의 태양에너지 발전설비를 설치해야 한다.

29. 다음 안내문을 근거로 판단한 내용으로 옳지 않은 것은?

[정보공개제도 안내]

1. 정보공개제도란?
   - 공공기관이 직무상 작성 또는 취득하여 관리하고 있는 정보를 수요자인 국민의 청구에 의하여 열람·사본·복제 등의 형태로 청구인에게 공개하거나 공공기관이 자발적으로 또는 법령 등의 규정에 의하여 의무적으로 보유하고 있는 정보를 배포 또는 공표 등의 형태로 제공하는 제도

2. 정보공개 형태
   - 청구공개: 공공기관이 직무상 작성 또는 취득하여 관리하고 있는 정보를 청구인의 청구에 의하여 공개하는 제도
     예 정부 공문서의 열람, 복사청구 등
   - 정보제공: 정보를 보유한 공공기관이 자발적으로 또는 법령상 의무적으로 정보를 제공하는 제도
     예 인터넷을 통한 정보 제공, 간행물의 배포 등

3. 정보공개의 청구권자
   - 모든 국민: 모든 국민은 청구인 본인 또는 그 대리인을 통하여 공공기관에 정보공개를 청구할 권리를 가짐
   - 법인단체: 법인과 단체의 경우는 대표자의 명의로 공공기관에 정보공개를 청구할 권리를 가짐
   - 외국인: 국내에 일정한 주소를 두고 거주하는 자, 학술·연구를 위하여 일시적으로 체류하는 자, 국내에 사무소를 두고 있는 법인 또는 단체는 정보공개를 청구할 권리를 가짐

4. 정보공개대상
   - 공공기관이 직무상 작성 또는 취득하여 관리하고 있는 문서·도면·사진·필름·테이프·슬라이드 및 컴퓨터에 의하여 처리되는 매체 등에 기록된 사항

5. 공공기관의 의무

구분	내용
국민의 공개청구권 존중	• 공공기관은 정보의 공개를 청구하는 국민의 권리가 존중될 수 있도록 정보공개 법령을 운영하고 소관 관련 법령을 정비해야 함
정보관리체계 정비	• 공공기관은 정보의 적절한 보존과 신속한 검색이 이루어지도록 정보관리체계를 정비해야 함
정보공개처리대장 기록 유지	• 공공기관은 정보공개청구에 대한 처리상황을 정보공개처리대장에 기록·유지해야 함
적극적 정보제공 노력	• 공공기관은 공개청구되지 않은 정보로서 국민이 알아야 할 필요가 있다고 인정되는 정보에 대해 이를 국민에게 제공하도록 적극적으로 노력해야 하며, 컴퓨터통신과 기타 새로운 정보통신기술을 이용한 방법이나 정보간행물의 발간·판매 등 다양한 방법으로 국민에게 정보를 제공해야 함 • 행정자치부장관은 공공기관이 제공한 정보의 이용편의를 위하여 종합목록의 발간 및 기타 필요한 조치를 취해야 함
주요 문서 목록 등의 작성·비치	• 공공기관은 일반 국민이 공개대상 정보를 쉽게 이용할 수 있도록 주요 문서 목록과 정보 공개편람 등을 작성·비치해야 함
정보공개장소 확보 및 공개시설 구비	• 공공기관은 정보의 공개에 관한 사무를 신속하고 원활하게 수행하기 위하여 정보공개 장소를 확보하고 공개에 필요한 시설(컴퓨터 단말기 설치 등)을 갖추어야 함
정보공개 주관 부서 지정 및 표시	• 공공기관은 청구인의 편의를 도모하기 위하여 정보공개 주관 부서를 지정하고 이를 표시해야 함

6. 청구인의 의무
 - 청구인은 정보공개법령의 규정에 의하여 취득한 정보를 청구한 목적에 따라 적절하게 사용해야 함

① 학술이나 연구를 목적으로 국내에 일시적으로 체류하는 외국인은 공공기관이 관리하고 있는 정보에 대한 공개를 청구할 수 없다.

② 공공기관이 직무상 취득하여 관리하는 정보를 국민에게 공개할 때는 열람, 복제 또는 사본의 형태로도 공개할 수 있다.

③ 공공기관은 정보공개를 청구한 국민의 편의를 위해 정보공개 주관 부서를 지정하고 지정한 바를 표시해야 할 의무가 있다.

④ 정보공개 청구가 가능한 대상에는 공공기관이 관리 중인 문서뿐 아니라 컴퓨터로 처리되는 매체 등에 기록된 사항도 포함된다.

⑤ 행정자치부장관은 공공기관이 제공한 정보의 이용편의를 위해 종합목록의 발간 또는 기타 필요한 조치를 취해야 할 의무가 있다.

30. 다음 국가인권위원회 공무원 행동강령을 근거로 판단할 때, 적절하지 않은 것은?

> **제4조(공무원의 청렴 의무)**
> ① 공무원은 법령을 준수하고 공정하고 성실하게 직무를 수행하여야 하며, 일체의 부패행위와 품위를 손상하는 행위를 하여서는 아니 된다.
> ② 공무원은 직무수행과정에서 다른 공무원이 부패행위를 한 사실을 알게 되었거나 부패행위를 강요 또는 제의받은 경우에는 지체 없이 이를 행동강령책임관, 피신고자의 소속·감독기관, 국민권익위원회, 감사원, 수사기관 중 어느 하나의 기관에 신고하여야 한다.
>
> **제11조(수의계약 체결 제한)**
> ① 고위공직자는 위원회와 물품·용역·공사 등의 수의계약(이하 "수의계약"이라 한다)을 체결해서는 아니 되며, 자신의 가족이나 특수관계사업자가 위원회와 수의계약을 체결하도록 해서는 아니 된다.
> ② 계약업무를 담당하는 공무원은 위원회와 수의계약을 체결해서는 아니 되며, 자신의 가족이 위원회와 수의계약을 체결하도록 해서는 아니 된다.
>
> **제14조(직무 관련 영리 행위 등 금지)**
> ① 공무원은 직무와 관련하여 다음 각호의 행위를 해서는 아니 된다. 다만, 「국가공무원법」 등 다른 법령에 따라 허용되는 경우에는 그러하지 아니하다.
>   1. 직무관련자에게 사적으로 노무 또는 조언·자문을 제공하고 대가를 받는 행위
>   2. 위원회가 쟁송 등의 당사자가 되는 직무이거나 위원회에 직접적인 이해관계가 있는 직무인 경우에 위원회의 상대방을 대리하거나 상대방에게 조언·자문 또는 정보를 제공하는 행위
>   3. 외국의 정부·기관·법인·단체를 대리하는 행위. 다만, 위원장이 허가한 경우는 제외한다.
>   4. 직무와 관련된 다른 직위에 취임하는 행위. 다만, 위원장이 허가한 경우는 제외한다.
> ② 위원장은 소속 공무원의 행위가 제1항 각호의 어느 하나에 해당한다고 인정하는 경우에는 그 행위를 중지하거나 종료하도록 해당 공무원에게 명하여야 한다.
>
> **제15조(예산의 목적 외 사용 금지)**
> 공무원은 여비·업무추진비 등 공무 활동 예산을 그 지급되는 목적에 적합하게 사용하여야 한다.
>
> **제28조(경조사의 통지 제한)**
> 공무원은 직무관련자나 직무관련공무원에게 경조사를 알려서는 아니 된다. 다만, 다음 각호의 어느 하나에 해당하는 경우에는 경조사를 알릴 수 있다.
> 1. 친족(「민법」 제767조에 따른 친족을 말한다)에 대한 통지
> 2. 현재 근무하고 있거나 과거에 근무하였던 기관의 소속 직원에 대한 통지
> 3. 신문·방송 또는 제2호에 따른 직원에게만 열람이 허용되는 내부 통신망 등을 통한 통지
> 4. 공무원 자신이 소속된 종교 및 친목 단체 등의 회원에 대한 통지

① 공무원은 개인적인 친분이 있더라도 직무와 관련된 사람에게 대가를 받고 자문을 해서는 안 된다.
② 공무원은 법률을 위반하는 행동이나 공직자로서 품위를 훼손하는 일체의 언행을 해서는 안 된다.
③ 계약 심사 담당 공무원은 자신의 친족이 위원회와 수의계약을 맺도록 심사를 진행해서는 안 된다.
④ 공무원이 직무관련자에게 경조사를 알릴 경우 내부 직원만 볼 수 있는 통신망으로 통지해서는 안 된다.
⑤ 공무 활동을 목적으로 수령한 출장여비를 공직자 개인 물품 구매 등 사적인 용도로 사용해서는 안 된다.

31. 다음은 총무팀 E 사원이 모니터 구매를 위해 확인하고 있는 모니터의 가격 정보이다. E 사원은 교체용 모니터를 필요 수량만큼 구입하고, 기존 모니터는 교체용 모니터의 수량만큼 구입한 가격에서 중고가 보장 비율로 판매할 예정이라고 할 때, 교체용 모니터를 구매한 금액과 기존 모니터를 판매한 금액의 차는?

[기존 모니터 현황]

구분	구입 가격	보유 수량	중고가 보장 비율
22인치	169,000원	3	50%
24인치	218,000원	16	70%
27인치	259,000원	12	60%

[교체용 모니터 수량 및 가격 정보]

구분	가격	필요 수량
22인치	351,000원	1
24인치	394,000원	10
27인치	462,000원	8

① 2,853,700원 ② 3,427,100원 ③ 5,133,300원 ④ 6,005,300원 ⑤ 7,987,000원

[32 – 33] 다음은 L 문화회관의 대관 서비스 이용료에 대한 자료이다. 각 물음에 답하시오.

[기본시설 대관료]

구분	대관목적	수용인원	대관 기준 시간		평일	휴일
대강당	공연·행사	800명	오전	8:00~12:00	100,000원	120,000원
			오후	13:00~17:00	110,000원	130,000원
			야간	18:00~22:00	130,000원	150,000원
소강당	행사	200명	오전	8:00~12:00	50,000원	60,000원
			오후	13:00~17:00	60,000원	70,000원
			야간	18:00~22:00	70,000원	80,000원
제1전시실	행사·전시	120명	종일		110,000원	135,000원
제2전시실	행사·전시	70명	종일		70,000원	95,000원
제3전시실	전시	120명	종일		105,000원	125,000원

※ 1) 리허설 및 행사 준비 철거 작업을 위해 추가로 기본시설을 대관할 때에는 전기 및 냉/난방 사용료를 제외한 기본시설 대관료의 50%를 감면함
2) 기본시설 대관 기준 시간을 2시간 미만 초과하여 이용 시 기본시설 대관료의 20%를 가산하고, 2시간 이상 초과하여 이용 시 기본시설 대관료의 100%를 가산함

[전기 및 냉/난방 사용료]

구분	전기		냉/난방	
	단위	사용료	단위	사용료
대강당	1회	80,000원	1회	100,000원
소강당	1회	40,000원	1회	50,000원
제1전시실	1일	85,000원	1일	100,000원
제2전시실	1일	65,000원	1일	80,000원
제3전시실	1일	80,000원	1일	95,000원

※ 강당의 전기 및 냉/난방 사용료는 대관 기준 시간인 오전, 오후, 야간 중 1회 사용료 기준이며, 전시실의 전기 및 냉/난방 사용료는 1일 기준임

[부속설비 사용료]

구분		사용료	비고
음향	음향재생기	5,000원	
	유선마이크	5,000원	1채널
	무선마이크	10,000원	1채널
조명	대강당 조명	50,000원	대강당 대관 시 사용 가능
무대	빔프로젝트	20,000원	빔프로젝트 사용 시 스크린 사용료는 빔프로젝트 사용료에 포함됨
	스크린	5,000원	
	특수조명	10,000원	
피아노	대형(외산)	60,000원	
	대형(국산)	30,000원	

※ 1) 부속설비 사용료는 강당과 전시실에 관계없이 대관 기준 시간인 오전, 오후, 야간 중 1회 사용료 기준이며, 1일 전체 이용 시 3회 사용료가 부과됨
2) 2시간 미만 초과하여 사용 시 부속설비 사용료의 20%를 가산하고, 2시간 이상 초과하여 사용 시 부속설비 사용료의 100%를 가산함

32. 귀하는 회사의 창립 기념일 행사 진행을 위해 L 문화회관의 대관 서비스를 이용하고자 한다. 다음의 조건을 모두 충족하면서 기본시설 대관료와 전기 및 냉/난방 사용료의 총액이 가장 저렴한 시설을 대관하였다고 할 때, 귀하가 지불해야 할 기본시설 대관료와 전기 및 냉/난방 사용료의 총액은?

- 대관목적: 창립 기념일 행사
- 참석인원: 100명
- 행사일시: 3월 24일(금) 13:00~18:00
  ※ 행사 당일 8:00~12:00 리허설 및 행사 준비

① 97,000원   ② 110,000원   ③ 277,000원   ④ 280,000원   ⑤ 295,000원

33. 귀하는 회사의 창립 기념일 행사 진행을 위해 기본시설의 대관을 마친 뒤, 부속설비 사용에 대해서도 점검하였다. 행사에 필요한 부속설비가 다음과 같을 때, 귀하가 지불해야 하는 부속설비 사용료의 총액은? (단, 행사 진행 시간과 리허설 및 행사 준비 시간 모두 필요 부속설비를 사용한다.)

- 대관목적: 창립 기념일 행사
- 참석인원: 100명
- 행사일시: 3월 24일(금) 13:00~18:00
  ※ 행사 당일 8:00~12:00 리허설 및 행사 준비
- 필요 부속설비: 음향재생기, 1채널 무선마이크, 빔프로젝트, 스크린

① 35,000원   ② 42,000원   ③ 77,000원   ④ 88,000원   ⑤ 105,000원

34. 다음은 ○○공사 최종 면접 평가 기준에 따른 지원자별 최종 면접 평가 점수이다. 면접별 평가 점수와 가점의 합이 가장 높은 1명만 최종 합격할 때, 최종 합격되는 사람은?

[○○공사 최종 면접 평가 기준]

1. 직업기초능력면접(40점)
   - 내용: 자기소개서 기반 직업기초능력 평가를 위한 질의응답 진행
   - 평가등급 구분: A(40점), B(32점), C(24점), D(16점), E(탈락)
   - 평가항목

구분	내용	가중치
혁신성	위험을 회피하지 않고, 실패를 두려워하지 않으며, 기존의 사고방식과 습관적인 행동을 깨뜨리는 능력	30%
전문성	끊임없는 자기 계발을 위해서 동기를 갖고 학습하는 능력	25%
윤리의식	인간존중을 바탕으로 봉사하며, 책임지고 규칙을 준수하며 예의 바른 태도로 업무에 임하는 능력	25%
리더십	업무를 수행함에 있어 다른 사람을 이끄는 능력	20%

   ※ 평가항목별 평가등급 점수에 가중치를 곱한 점수의 총합을 직업기초능력면접의 평가 점수로 결정함

2. 직무수행능력면접(30점)
   - 내용: 회사 직무 상황 관련 주제에 대해서 문제해결 방안 토의, 개인별 질의응답 및 결과지 작성을 통해 직무수행능력 평가
   - 평가등급 구분: A(30점), B(24점), C(18점), D(12점), E(탈락)

3. 관찰 면접(30점)
   - 내용: 조별 과제 수행 관찰평가를 통해 지원자의 인재상 부합 여부 검증
   - 평가등급 구분: A(30점), B(24점), C(18점), D(12점), E(탈락)

4. 가점

구분	항목
10점	- 장애인, 취업지원대상자(관련법에 의거 10% 대상자) - 발전소 주변 지역 주민 중 10% 가점 해당자 - 고급자격 및 면허 보유자: 변호사, 변리사, 공인회계사
5점	- 기초생활수급자, 취업지원대상자(관련법에 의거 5% 대상자) - 발전소 주변 지역 주민 중 5% 가점 해당자 - 방폐장 유치지역 가점 해당자 - 고급자격 및 면허 보유자: 세무사, 노무사, 감정평가사
2점	- 19년 1월 이전 체험형 인턴 수료자 　※ 수료 시점 이후 3년간 1회에 한하여 가점 적용

[지원자별 최종 면접 평가 점수]

구분	직업기초능력면접 등급				직무수행능력 면접 등급	관찰 면접 등급	가점 항목
	혁신성	전문성	윤리의식	리더십			
갑	A	B	A	A	B	B	해당 사항 없음
을	B	D	C	B	C	A	기초생활수급자
병	C	C	A	C	A	E	20년 1월 체험형 인턴 수료자
정	B	B	C	C	A	A	해당 사항 없음
무	D	B	A	B	D	C	장애인

① 갑 　　　　② 을 　　　　③ 병 　　　　④ 정 　　　　⑤ 무

35. 다음은 ◇◇공사의 특별 휴가 규정이다. 특별 휴가 규정을 근거로 각 사례를 판단한 내용으로 적절하지 않은 것은?

[특별 휴가 규정]

구분		내용		휴가 일수
경조사 휴가	결혼	본인		7일
		자녀		1일
	출산	배우자 출산		10일
	입양	본인이 입양한 경우		20일
	사망	배우자, 본인의 부모		7일
		자녀와 그 자녀의 배우자		
		배우자의 부모		4일
		본인 및 배우자의 조부모 · 외조부모		3일
		3촌		
		본인 및 배우자의 형제자매		
보호휴가	출산	본인(다태아 출산일 경우)		90일(120일)
	유산 · 사산	임신 후 유산 또는 사산으로 요양이 필요하여 청구하는 경우 ※ 의사진단서 첨부 필수	임신기간이 11주 이내	유산 또는 사산한 날부터 5일
			임신기간이 12주 이상 15주 이내	유산 또는 사산한 날부터 10일
			임신기간이 16주 이상 21주 이내	유산 또는 사산한 날부터 30일
			임신기간이 22주 이상 27주 이내	유산 또는 사산한 날부터 60일
			임신기간이 28주 이상	유산 또는 사산한 날부터 90일
	불임치료	인공수정 또는 체외수정 등 불임치료시술		1일
	모성보호	임신 후 12주 이내, 임신 후 36주 이상		2시간/일
	육아시간	생후 1년 미만의 유아를 가진 여성		1시간/일
보건휴가		임신한 경우 태아 검진		월 1일
		생리휴가		월 1일(무급)
자녀돌봄휴가		어린이집, 유치원, 초 · 중 · 고등학교에서 공식적으로 주최하는 행사 또는 교사와의 상담에 참여하는 경우		연 2일
재해휴가		수재, 화재, 붕괴, 폭발 등의 재해 또는 재난 발생 시		5일 이내의 최소한의 복구기간

※ 1) 출산 보호휴가는 산전과 산후로 휴가일을 분할하여 사용할 수 있으며, 산후휴가일이 45일 이상(다태아의 경우 60일 이상)이 되도록 배치해야 함
　 2) 보건휴가 외에 임산부가 정기건강진단 시간을 청구하는 경우, 임신 28주까지 4주마다 1일, 임신 29주에서 36주까지 2주마다 1일, 임신 37주 이후 1주마다 1일을 추가로 허용함

① 임신 18주 차인 8월 28일에 유산 판정을 받은 A 씨는 의사진단서를 첨부하고 9월 26일까지 보호휴가를 청구하였다.

② 자택에 불이 나 화재 피해를 입은 B 씨는 피해 복구에 최소 3일이 소요된다는 판단하에 3일간의 재해휴가를 받았다.

③ 임신기간이 31주인 C 씨는 정기건강진단 시간을 청구하여 2월 한 달간 태아 검진을 위한 보건휴가 1일 외에 2일의 휴가를 추가로 사용하였다.

④ 본인의 부모가 사망한 D 씨는 경조사휴가로 7일을 받고, 배우자의 부모가 사망한 E 씨는 경조사휴가로 4일을 받는다.

⑤ 다태아를 임신하여 출산한 F 씨는 출산 보호휴가를 분할하여 산전에 70일을 미리 사용하였다.

[36 – 37] 다음은 귀하가 근무 중인 회사에서 정리한 사내 강사 임금 규정과 연도별 시급 및 강의 평가 점수이다. 각 물음에 답하시오.

[사내 강사 임금 규정]

- 사내 강사의 임금은 시급을 기준으로 월별 강의 시간을 기산하여 지급한다.
- 다음 해 사내 강사 시급의 인상률 또는 인하율은 당해 강의 평가 점수를 기준으로 다음과 같이 결정한다.
  • 4.5점 이상: 5% 인상
  • 4.0점 이상 4.5점 미만: 3% 인상
  • 3.0점 이상 4.0점 미만: 동결
  • 2.0점 이상 3.0점 미만: 3% 인하
  • 2.0점 미만: 5% 인하
- 강의 평가 점수가 2년 연속 4.5점 이상인 경우, 다음 해 시급의 인상률에서 1%p를 추가로 가산해 결정한다.
- 강의 평가 점수가 2년 연속 4.0점 미만인 경우, 다음 해 시급의 인하율에서 2%p를 추가로 가산해 결정한다.
- 예) 2020년과 2021년 강의 평가 점수가 모두 4.5점인 사내 강사의 2022년 시급 인상률은 5%에 1%p를 추가로 가산한 6%이다.

[사내 강사의 연도별 시급 및 강의 평가 점수]

구분	2020년		2021년	
	시급	강의 평가 점수	시급	강의 평가 점수
A	38,000원	( )	39,900원	4.1점
B	35,550원	3.5점	35,550원	( )
C	50,000원	( )	51,500원	4.8점
D	39,000원	4.9점	( )	4.4점
E	44,500원	3.2점	44,500원	( )

36. 다음 중 사내 강사 임금 규정을 근거로 판단한 내용으로 옳지 않은 것은?

① 2022년 E 강사의 시급이 43,610원으로 결정되었다면, 2021년 E 강사의 강의 평가 점수는 3.0점 이상이다.

② 2020년 A 강사의 강의 평가 점수는 2019년 A 강사의 강의 평가 점수보다 높다.

③ 2021년 B 강사의 강의 평가 점수가 3.9점이라면, 2022년 B 강사의 시급은 34,839원이다.

④ 2022년 A 강사의 시급은 41,097원이고, C 강사의 시급은 54,590원이다.

⑤ 2021년 시급이 40,000원 이상인 사내 강사는 총 3명이다.

37. 다음은 타사에서 근무 후 귀하의 회사로 이직한 F 강사가 타사에서 받은 시급 및 강의 평가 점수이다. 타사의 강의 평가 점수 규정이 귀하의 회사와 상이하여, F 강사에 대한 강의 평가 점수를 조정한 강의 평가 조정 점수로 사내 강사 임금 규정을 적용한 뒤 2022년 시급을 결정한다고 할 때, F 강사의 2022년 시급은?

2020년		2021년	
시급	타사 강의 평가 점수	시급	타사 강의 평가 점수
43,000원	4.0점	48,000원	4.1점

※ 1) 자사의 강의 평가 점수는 5점 만점으로 평가하나, 타사의 강의 평가 점수는 4.5점 만점으로 평가하므로 타사의 강의 평가 점수에 10을 곱한 뒤 9를 나눈 값을 강의 평가 조정 점수로 함
　 2) 강의 평가 조정 점수는 소수점 셋째 자리에서 반올림하여 계산함

① 46,560원　　　② 48,000원　　　③ 49,440원　　　④ 50,400원　　　⑤ 50,880원

[38 – 39] 다음은 국가별 그리니치 표준시 기준 시차와 국가 간 비행 소요 시간이다. 각 물음에 답하시오.
(단, 제시된 비행 노선 외 다른 비행 노선은 운영되지 않으며, 비행 소요 시간을 제외한 이동 시간은 고려하지 않는다.)

[국가별 그리니치 표준시 기준 시차]

구분	워싱턴 D.C.	그리니치	모스크바	베이징	서울
그리니치 시차	−5	0	+3	+8	+9

※ '−'는 그리니치 표준시보다 시간이 느린 것을 의미하고, '+'는 그리니치 표준시보다 시간이 빠른 것을 의미함

[국가 간 비행 노선 및 소요 시간]

출발지 → 도착지	비행 소요 시간
서울 → 베이징	2시간 10분
서울 → 모스크바	9시간 15분
베이징 → 서울	2시간 55분
베이징 → 워싱턴 D.C.	11시간 20분
워싱턴 D.C. → 모스크바	17시간 10분
워싱턴 D.C. → 베이징	11시간 30분
워싱턴 D.C. → 서울	12시간 25분
모스크바 → 워싱턴 D.C.	16시간 10분
모스크바 → 서울	9시간 25분

※ 비행 노선 간 환승에 소요되는 시간은 4시간으로 일정함

38. 무지개 주식회사의 워싱턴 D.C. 지사에서 근무 중인 U 대리는 베이징 공장에서 생산되고 있는 제품의 샘플을 확인하여 주간 보고서를 작성하고자 한다. 샘플 확인 후 주간 보고서를 기한 내에 올리기 위해서는 샘플을 워싱턴 D.C. 현지 시각으로 4월 27일 오전 10시에 수령해야 한다고 할 때, 베이징 공장에서 샘플을 발송해야 하는 현지 시각은?

① 26일 오전 9시 30분　　　② 26일 오전 9시 40분　　　③ 26일 오후 10시 40분
④ 27일 오전 11시 30분　　　⑤ 27일 오전 11시 40분

39. 무지개 주식회사의 서울 지사에서 근무 중인 B 과장은 현지 시각으로 5월 2일 오후 2시에 서울에서 출발하여 워싱턴 D.C.에서 열리는 자사 신제품 박람회에 참관하고 하루를 숙박한 뒤, 현지 시각으로 다음 날 오전 9시 비행기에 탑승하여 모스크바 공장을 5시간 동안 확인하고 곧바로 서울로 귀국하였다. 비행에 최소 시간을 소요하였다고 할 때, B 과장이 서울에 귀국한 현지 시각은?

① 4일 오후 4시 35분　　　② 5일 오전 12시 35분　　　③ 5일 오전 6시 35분
④ 6일 오전 6시 15분　　　⑤ 6일 오전 6시 35분

40. S 공사는 신입사원 A~G 7명의 신입사원 연수과정 평가성적과 본인의 희망 부서를 고려하여 부서 배치를 진행하였다. 부서 배치 방식을 고려하였을 때, 신입사원의 부서배치를 한 결과로 옳지 않은 것은?

[부서 배치 방식]
- 신입사원은 희망 부서를 2지망까지 작성하여 제출한다.
- 신입사원이 1지망으로 작성한 부서에 우선 배치하되, 부서별 필요인원이 지원인원보다 많은 경우에는 연수과정 평가성적이 높은 신입사원이 우선 배치된다.
- 1지망 부서에 배치되지 못한 신입직원은 2지망으로 작성한 부서에 배치되며, 1지망에 따른 배치 후 남은 부서별 필요인원보다 지원인원이 많은 경우에는 연수과정 평가성적이 높은 신입사원이 우선 배치된다.
- 1, 2지망 부서에 배치되지 못한 신입사원은 필요인원을 채우지 못한 부서에 배치된다.
- 부서별 필요 인원은 다음과 같다.

구분	기획부	회계부	인사부
필요인원	2명	4명	1명

[신입사원 연수과정 평가성적 및 희망 부서]

구분	A	B	C	D	E	F	G
평가성적	83점	81점	84점	78점	96점	80점	93점
1지망	인사	인사	회계	인사	회계	기획	인사
2지망	기획	회계	기획	기획	인사	회계	기획

① 회계부를 1지망으로 작성한 신입사원은 모두 회계부에 배치되었다.
② 인사부에 배치되는 신입사원은 G 사원이다.
③ 1지망과 2지망으로 작성한 부서에 배치되지 못한 신입사원은 1명이다.
④ 신입사원 D와 F는 모두 기획부에 배치된다.
⑤ 1지망 부서 배치 후 부서별 필요인원이 모두 배치되는 부서는 1개이다.

-------------------------- 전기 분야 응시자는 여기까지 풀어야 합니다. --------------------------

약점 보완 해설집 p.20

41. 다음 지문의 고정밀 지도에 대한 설명으로 가장 적절하지 않은 것은?

> 고정밀 지도는 자율 주행차량에 세밀한 지도 데이터를 제공하여 차량 스스로 현 위치를 파악하고 적절한 경로로 주행할 수 있도록 돕는 조력자이다. 도로 단위의 정보를 제공하는 내비게이션의 전자 지도와는 달리 고정밀 지도는 도로의 중심선이나 경계선과 같은 차선 단위의 정보를 포함하여 신호등 표지판, 연석, 노면 마크, 각종 구조물 등 실제 도로 정보를 거의 그대로 디지털 세계에 옮겨 놓았다. 고정밀 지도는 인간이 직접 경험함으로써 얻을 수 있는 정보까지 디지털화하고 오차 범위를 10cm 이하로 낮추기 위해 실제 거리와 지도상 거리의 비율이 1:1에 가깝도록 제작된다.
>
> 고정밀 지도 제작을 위해서는 하드웨어와 소프트웨어의 기술력이 융합되어야 하는데, 이때 센서가 중요한 역할을 한다. 다양한 센서 장착으로 3차원 공간 정보를 조사할 수 있는 모바일 매핑 시스템(Mobile Mapping System)을 적용하여 차량의 현재 위치 측정 및 지형지물 측량에 더해 GPS 센서를 장착하여 서로 유연하게 작동하게 함으로써 다양하고 정교한 위치 정보를 획득할 수 있다. 이 중에서도 실시간으로 현실 세계의 3차원 지도 정보를 수집하는 라이다는 3D 공간을 매핑하는 데 혁혁한 공을 세우고 있다.
>
> 그러나 기상 조건이나 도로 환경에 따라 하드웨어 센서를 사용하지 못하는 경우도 있기 때문에 하드웨어 센서만으로는 자율 주행에 어려움이 따를 수밖에 없다. 이에 고정밀 지도는 현실 상황과 지도를 끊임없이 오가며 시스템에 정적 정보뿐만 아니라 동적 정보까지 전달한다. 이를 통해 자율 주행차량은 횡단보도를 건너가는 사람이 포착되거나 신호등 색의 변화, 도로 공사 현장 등의 움직임을 인지하고 실제 도로 상황에 맞는 자율 주행 시스템을 작동시킨다.
>
> 이와 같은 고정밀 지도를 제작하기 위해서는 데이터 취득과 데이터 후처리 과정이 필요하다. 도로 상황 및 주행하는 거리의 주변 지형 등에 대한 정보는 앞서 설명한 하드웨어 센서들로 후처리된 후 흑백의 레이저 영상으로 제공된다. 데이터 후처리 과정에서는 생성된 영상 이미지에서 필요한 정보에 적합한 표지판, 차선 정보, 건물 외곽선, 도로 노면 정보 등의 특징을 추출하는 작업이 시행된다. 이러한 속성값을 계산해 가공하여 자동차 데이터베이스 포맷으로 변환함으로써 고정밀 지도가 완성된다.
>
> 이뿐만 아니라 고정밀 지도 제작을 위해서는 동일한 도로를 여러 번 주행한 수많은 차량의 데이터가 합산되어야 한다. 동일한 도로 정보의 수집 횟수를 늘려 더 많은 데이터베이스를 축적해야 지도의 정확도를 비롯한 품질을 높일 수 있기 때문이다. 하지만 데이터 수집에 따르는 비용이 크기 때문에 비용 문제는 고정밀 지도 제작에 있어서 해결해야 할 가장 큰 과제이다. 전문가들은 비용 문제 해결을 위해 상황에 따라 시시각각 변화하는 동적 정보와 변함없이 항상 동일한 정적 정보로 구분하여 현재 주행하는 데 영향을 미치는 동적 정보만 셀룰러 네트워크를 통해 전달하는 방법을 제안하고 있다.

① 정확도를 기하기 위해 실제 거리와 1:1의 축척으로 제작되는 편이다.
② 품질을 높이기 위해 동일한 정보를 수집하는 횟수를 늘린다.
③ 정보 수집 후 소프트웨어로 후처리하는 작업이 필요하다.
④ 셀룰러 네트워크를 통해 동적 정보만 공유하는 것이 경제적이다.
⑤ 하드웨어 센서만으로는 자율 주행에 영향을 미치는 도로 정보를 모두 얻기 힘들다.

42. 다음 지문의 알파넷에 대한 설명으로 가장 적절하지 않은 것은?

알파넷은 1960년대 미국 국방부의 연구 기관과 국방 사업체 등 관련 기관끼리 정보를 주고받기 위해 컴퓨터를 연결하여 개발한 대규모 패킷 교환 방식 네트워크로, 인터넷의 시초라고 할 수 있다. 대용량의 데이터들은 주로 일정한 크기의 조각으로 나뉘어 전송되는데, 이때 일정한 크기로 나누어진 조각들 중 하나의 조각을 가리켜 패킷이라고 한다. 1972년부터 본격적으로 사용되기 시작하여 1990년대까지 가동된 것으로 전해지는 알파넷은 당시 연구 기관이나 교육 기관에서 사용되는 등 사용 범위가 넓어지면서 원격 로그인, 이메일, 파일 전송, 정보 교환 등의 기능을 갖추게 되었다.

1960년대 미국 국방부는 전쟁 발발로 인해 여러 대 중 일부 컴퓨터가 공격을 받아 정보가 소실되더라도 전체 통신 시스템에서는 데이터 송수신이 안정적으로 진행되는 통신 체제 마련을 급선무로 생각하였다. 이 때문에 그들은 컴퓨터들을 서로 연결해야 할 필요성을 느꼈고, 효과적인 방법을 찾기 위해 컴퓨터 네트워크 개발을 시작하였다. 1968년부터 핵전쟁 대비 목적으로 UCLA, 스탠퍼드, 유타, UC 산타바바라 등 4개의 대학을 연결하는 알파넷 프로젝트를 추진하였으며, 1969년에는 네트워크 사이에서의 패킷 교환이 최초로 이루어졌다.

1969년 9월 미국 캘리포니아 대학 렌 클라인록 교수와 그의 연구팀은 길이 약 4.6m의 케이블로 2대의 컴퓨터를 연결하여 정보를 송신하는 데 성공하였다. 그들이 시도한 정보 교환은 최초의 컴퓨터 통신이었으며, 기존 회로 연결 교환 방식을 패킷 교환 방식으로 전환하였다는 점에서 의의가 있다. 이로부터 한 달 뒤에 그들은 알파넷을 통해 미국 캘리포니아 주립대에서 600km 떨어진 스탠퍼드 대학 연구소에 'logon'이라는 메시지를 전송하기도 하였다. 이렇게 원격지 컴퓨터 통신이 성공적으로 이루어지면서 컴퓨터 네트워크의 시대가 시작되었다.

이 시기부터는 한 대의 컴퓨터에 접속할 때도 알파넷을 이용하면 최소 두 가지 이상의 경로를 제공받아 접속 경로를 선택할 수 있었으며, 패킷 스위칭 설계로 하나의 메시지를 여러 패킷으로 분할할 수도 있었다. 종전의 회선 교환 데이터 전송 방식은 송신 측과 수신 측의 데이터 속도가 동일해야 정보 교환이 가능하였으나 알파넷 기술은 패킷 교환 방식을 활용하여 서로 전송 속도가 다른 데이터끼리도 송수신이 가능하였다. 패킷 교환 네트워크와 인터페이스는 높은 속도에서 낮은 속도로 바뀔 수 있는 버퍼도 갖고 있었다. 그러나 알파넷이 개발되었던 초기에는 개방형 표준 통신규약이 규정되지 않아 제조업체가 다른 컴퓨터끼리는 상호 연결이 어려웠다는 단점도 있었다.

한편 1972년에 이메일이 탄생하고 이듬해 미국 알파넷과 영국, 노르웨이 등 대서양을 횡단하는 컴퓨터 네트워크를 연결하는 데 성공하면서 알파넷은 본격적인 국제 컴퓨터 네트워크 전선망으로 성장하였다. 세계 최초로 패킷 교환 방식의 데이터 통신을 실현시킨 알파넷은 인터넷 기술을 발전시키는 토대가 되었다. 1980년대 초 여러 대의 컴퓨터를 연결하는 패킷 프로토콜인 TCP/IP 프로토콜도 알파넷에서 사용하기 위해 개발되었으며, 이후 현재 인터넷 주소에 사용되고 있는 닷컴 등 인터넷 도메인 시스템이 개발되었다. 알파넷은 여기서 멈추지 않고 계속해서 발전하였으며, 1982년 미국 국방부의 공용 네트워크인 국방 데이터 네트워크로 선정되기도 하였다.

① 알파넷 개발 초기에는 서로 같은 제조업체에서 생산된 컴퓨터끼리만 정보를 교환할 수 있었다.
② 캘리포니아 대학 연구팀의 정보 송신 실험은 기존 회로 연결 교환 방식에서 탈피하는 데 영향을 미쳤다.
③ 인터넷 도메인 시스템이 개발되기 전에도 여러 대의 컴퓨터를 연결할 수 있는 네트워크 기술이 있었다.
④ 알파넷은 원격 로그인, 이메일, 파일 전송 등의 기능을 갖추기 시작하면서 사용 계층이 확대되었다.
⑤ 패킷 교환이 가능하기 전에는 송신 측과 수신 측의 데이터 속도가 같아야 서로 정보를 교환할 수 있었다.

[43 – 44] 다음은 ☆☆기업에서 규정한 비품 관리 번호 부여 방식이다. 각 물음에 답하시오.

[비품 관리 번호 부여 방식]

[구입 연월]–[구입 부서]–[비품 종류]–[일련번호]

㉐ 2023년 5월에 인사부에서 구입한 10개의 옷걸이대 중 5번째로 구입한 옷걸이대

2305 – 02 – B01 – 005

구입 연월	구입 부서		비품 종류				일련번호
			대분류 코드		소분류 코드		
• 2020년 4월 → 2004 • 2020년 8월 → 2008 • 2022년 1월 → 2201 • 2023년 6월 → 2306	01	총무부	A	사무용 기기 액세서리 및 용품	01	타이머	• 001부터 시작하여 동일 구입 부서 내에서 비품 종류별 구입 순서대로 3자리의 번호가 매겨짐 • 구입 연월에 따라 번호가 갱신됨
					02	인터폰	
	02	인사부			03	스테이플러	
					04	계산기	
					05	문구용품	
	03	기획부			06	기타	
			B	가구 및 관련 비품	01	의자	
					02	책상	
	04	회계부			03	옷장	
					04	벽난로	
	05	영업부			05	옷걸이대	
					06	기타	

43. 다음은 ☆☆기업 박 인턴과 김 대리의 대화이다. 위 자료를 근거로 판단할 때, 박 인턴이 폐기 신청한 비품을 추론한 내용으로 가장 적절하지 않은 것은?

> **박 인턴:** 안녕하세요. 김 대리님. 회계부의 박주하 인턴입니다. 예전에 저희 부서에서 구입했던 비품을 폐기하려고 합니다.
> **김 대리:** 네, 폐기할 비품에 부착된 비품 관리 번호 전달 부탁드립니다.
> **박 인턴:** 가장 앞에 '2008'과 가장 마지막에 '015'가 적혀있고, 중간 부분은 지워져서 확인할 수가 없네요.
> **김 대리:** 중간 부분이 지워졌군요. 비품 종류 전달 부탁드립니다.
> **박 인턴:** 네, 폐기하고자 하는 비품은 의자입니다.
> **김 대리:** 네, 전달 감사합니다. 해당 비품 폐기 진행하겠습니다.

① 폐기 신청한 비품을 구입한 연도는 2008년이다.

② 폐기 신청한 비품의 구입 부서 코드는 04이다.

③ 폐기 신청한 비품을 구입한 달에 회계부에서 구입한 비품은 15개 이상이다.

④ 폐기 신청한 비품의 소분류 코드는 01이다.

⑤ 폐기 신청한 비품의 대분류 코드는 B이다.

44. 다음은 ☆☆기업의 구입일에 따른 비품 관리 번호를 나타낸 표이다. 위 자료를 근거로 판단할 때, 부여된 비품 관리 번호가 적절하지 않은 것의 개수는?

[2023년 6월 구입 비품 내역]

구분	구입일	구입 부서	비품 종류	비품 관리 번호
1	06. 01.	총무부	스테이플러	2306-01-A03-001
2	06. 03.	회계부	문구용품	2306-04-A05-001
3	06. 07.	영업부	타이머	2306-05-A01-001
4	06. 08.	회계부	스테이플러	2306-04-A03-002
5	06. 09.	영업부	옷걸이대	2306-05-B05-001
6	06. 14.	기획부	문구용품	2306-03-A05-001
7	06. 15.	총무부	책상	2306-01-B02-001
8	06. 18.	영업부	계산기	2306-05-A04-001
9	06. 21.	총무부	인터폰	2306-01-A02-001
10	06. 22.	기획부	문구용품	2306-03-A05-002
11	06. 24.	인사부	의자	2306-02-B01-001
12	06. 25.	기획부	의자	2306-02-B01-001
13	06. 25.	인사부	문구용품	2306-02-A05-001
14	06. 29.	기획부	계산기	2306-03-A04-001

① 0개   ② 2개   ③ 4개   ④ 5개   ⑤ 7개

45. 다음 글을 근거로 판단할 때, 유효한 ISBN 바코드로 가장 적절한 것은?

ISBN(International Standard Book Number, 국제 표준 도서 번호)은 전 세계 모든 도서에 부여되는 고유 번호를 말한다. 출판업계의 유통 개선과 정보·관리의 일원화를 추구하는 ISBN의 도입으로 도서 관리와 같은 실무적인 측면과 국제 교류를 위한 학술적인 측면에서 편리성이 높아졌다는 평가를 받고 있다. ISBN은 본래 10자리의 숫자로 구성되었으나 출판량이 증가함에 따라 2007년부터 13자리 숫자로 변경되었다. 13자리 숫자는 왼쪽부터 순서대로 접두부, 국별번호, 발행자번호, 서명식별번호, 체크기호에 해당하는 5개의 군으로 분류되며, 각각의 군은 공백을 두거나 하이픈(-)을 표기하여 구분한다. 접두부는 현재 978 또는 979만 사용할 수 있으며 항상 3자리로 고정된다. 국별번호는 국제 ISBN 관리 기구가 국가 ISBN 관리 기구에 배정하는 1~5자리 사이의 숫자로, 우리나라는 국제 ISBN 관리 기구로부터 89와 11을 배정받았으며 접두부가 978인 경우 89를, 979인 경우 11을 사용한다. 그리고 발행자번호는 2~6자리 숫자로, 국가 ISBN 관리 기구가 발행자에게 배정하며 우리나라는 한국문헌번호센터에서 배정을 담당한다. 서명식별번호는 인쇄물의 판, 형식 등을 식별하는 번호이며 최대 6자리 숫자로 이루어진다. 하나의 ISBN에서 발행자번호와 서명식별번호는 총 7자리로 구성된다. 예를 들어 발행자번호가 6자리인 경우 서명식별번호는 1자리가 된다. 마지막으로 체크기호는 ISBN의 정확성을 수학적으로 검증하는 1자리 숫자이다. 이때, 체크기호의 값은 앞쪽 12자리 숫자를 통해 구해지며, 계산 방법은 다음과 같다.

[ISBN 체크기호 계산 방법]

1단계	12자리 숫자 중 짝수 번째 숫자의 합에 3을 곱한다.
2단계	12자리 숫자 중 홀수 번째 숫자를 모두 더한다.
3단계	1단계에서 구한 값과 2단계에서 구한 값을 더한다.
4단계	3단계의 결괏값이 10의 배수가 되기 위해 더해야 하는 최솟값을 체크기호 숫자로 결정한다.

이렇게 체크기호까지 결정된 ISBN 뒤에는 부가기호 5자리가 추가되는데, 부가기호는 독자대상기호 1자리, 발행형태기호 1자리, 내용분류기호 3자리로 조합된다. ISBN 바코드는 확정된 ISBN과 부가기호를 결합하여 생성하며, 일반적으로 판권지 하단 및 뒤표지 오른쪽 하단에 표시한다.

①
ISBN 978-11-6965-145-6 54320

②
ISBN 979-11-2617-172-9 717030

③
ISBN 978-89-59962-67-6 00720

④
ISBN 979-11-34521-72-1 10730

⑤
ISBN 978-89-42498-358-8 98280

46. 다음 지문의 데이터 마이닝과 텍스트 마이닝에 대한 설명으로 가장 적절한 것은?

마이닝(Mining)이란 데이터로부터 수량적 정보를 뽑아내거나 특성을 추출하고 이들 간의 경향이나 추세 정보를 파악하는 과정을 의미한다. 이때 데이터는 형태에 따라 고정된 구조로 구성된 정형 데이터, 정해진 구조가 없는 비정형 데이터로 구분된다. 여기서 정형 데이터를 활용하는 마이닝을 데이터 마이닝(Data mining), 비정형 데이터를 활용하는 마이닝을 텍스트 마이닝(Text mining)이라고 한다. 먼저 데이터 마이닝이란 대용량의 데이터베이스로부터 데이터 내에 존재하는 관계, 패턴, 규칙 등을 탐색하고 분석함으로써 유용한 지식을 추출하는 일련의 과정을 말한다. 오늘날 형태가 다양해지고 규모가 방대해진 빅데이터의 등장으로 데이터 마이닝의 중요성은 더욱 부각되고 있으며, 빅데이터가 지닌 무한한 잠재 능력과 경제적인 컴퓨팅 기술 성장 속도에 맞춰 진화를 거듭하고 있다.

데이터 마이닝은 데이터베이스 마케팅의 핵심 기술이라고도 불린다. 데이터 마이닝은 고객 신상과 관련된 데이터나 매출 데이터, 재고 데이터, 회계 데이터 등의 정형화된 데이터로, 제품에 대한 고객들의 선호도나 제품 판매량 등을 파악하여 판매 전략 수립 등 마케팅에 활용되기 때문이다. 데이터 마이닝을 활용하여 무질서하고 불필요한 데이터의 홍수 속에서 관련 있는 정보만을 추출한 후 그 정보를 탐색하여 새로운 경우의 수를 예측함으로써 신속한 의사결정을 내릴 수 있다. 다만 과도하게 많은 정보는 오히려 신속한 의사결정에 방해가 될 수 있으므로 데이터 마이닝을 위해서는 신뢰도 높은 자료가 충분히 갖춰져야 한다. 즉, 너무 많은 자료보다는 최적의 결과를 산출할 수 있는 의미 있는 자료가 확보되어야 예견 능력을 높일 수 있다.

다음으로 텍스트 마이닝이란 자연어로 구성된 비정형 텍스트 데이터에서 패턴 또는 관계를 추출하여 가치와 의미 있는 정보를 찾아내는 기법으로, 사람이 말하는 언어를 이해할 수 있는 자연어 처리 기술에 기반한다. 일반적으로 텍스트 범주화, 텍스트 클러스터링, 클러스터의 특징과 이들 간의 관계를 통해 개념 또는 특성을 뽑아내고, 개념과 특성 간의 관계를 예측하는 등의 과정을 거친다. 대표적으로 인터넷에 공개되어 있는 게시물이나 비정형적인 문서, 메시지 또는 SNS 동영상 등이 있다. 이들은 모두 정형화된 형태가 없어 데이터 추출의 난도가 높으며, 추출 시 원하는 형태를 정의하고 이를 토대로 데이터 파싱(Parsing)을 해야 하므로 처리하기 어렵다는 특징이 있다.

텍스트 마이닝의 자연어 처리 기술은 컴퓨터가 인간이 실생활에서 사용하는 언어를 정확히 이해할 수 있도록 문장을 형태소, 단어, 어절 단위로 구조화하는 기술이다. 자연어로 입력된 문장을 구조화하여 분석하고 문장 단위로 이해한 바를 바탕으로 사람이 이해할 수 있는 자연어로 다시 변환하는 것이다. 데이터 마이닝이 정형적인 데이터베이스에서 관심을 두고 있는 경향을 탐색하는 기술이라면 텍스트 마이닝은 이와 달리 텍스트를 분석하고 구조화하여 특정 주제를 찾는 기술이다. 비정형화된 방대한 텍스트 집단에서 동일 주제로 묶을 수 있는 정보를 찾기 위해 유사한 의미를 가진 단어들을 한곳에 모으는 방식을 사용하여 주제를 예측하는 토픽 모델링 방법을 활용하며, 이때 알고리즘 방식을 적용하기도 한다.

① 데이터 마이닝을 활용하기 위해서는 최대한 많은 양의 데이터를 확보하는 것이 우선시되어야 한다.
② 텍스트 마이닝은 사람의 언어에서 의미 있는 데이터만을 추출하는 자연어 처리 방식을 활용한다.
③ 데이터 마이닝은 한곳에 모인 단어들로 주제를 예측하는 토픽 모델링 방법을 활용하기도 한다.
④ 오늘날 빅데이터의 활용도가 높아지면서 데이터 마이닝의 활용도는 점차 낮아지고 있다.
⑤ 데이터 마이닝과 달리 텍스트 마이닝은 대량의 정보에서 개념이나 특성 등 비수량적 정보만을 추출한다.

47. 다음 개편된 주민등록번호 부여 체계를 근거로 판단할 때, 다음 중 송 씨의 셋째에게 부여되는 주민등록번호로 가장 적절한 것은?

[개편된 주민등록번호 부여 체계]

• 개편되는 주민등록번호는 총 13자리 수로 각 자릿수는 이를 의미한다.

1	2	3	4	5	6	-	7	8	9	10	11	12	13
생년		월		일			성별			임의번호			

※ 단, 7번째 자리(성별)에는 다음과 같은 기준으로 숫자(1~4)가 들어감

숫자	기준	숫자	기준
1	2000년대 전 출생 남성	2	2000년대 전 출생 여성
3	2000년대 이후 출생 남성	4	2000년대 이후 출생 여성

예 2022년 12월 25일생 남성 김대한
221225-3127095

[송 씨의 셋째 출생정보]

• 송 씨 슬하에는 1남 2녀가 있으며 송 씨의 셋째는 2023년 4월 27일생으로 여자 형제 1명과 남자 형제 1명이 있다.

① 220427-3729135
② 220427-4751384
③ 230427-1658342
④ 230427-3287699
⑤ 230427-4300554

48. 다음 핸드폰의 코드 생성 방식에 대한 자료를 바탕으로 코드를 생성한다고 할 때, 5월 10일에 238번째로 완성된 gA 익스트림 싱글 망원 슈퍼 256GB 핸드폰의 코드로 가장 적절한 것은?

[핸드폰 코드 생성 방식]

[완성 월일 코드(4자리)] [CPU 코드(3자리)] [카메라 코드(5자리)] [용량 코드(3자리)] [생산 넘버 코드(3자리)]

예 8월 9일에 79번째로 완성된 pW 트리플 듀얼 와이드 슈퍼 128GB 핸드폰의 코드

0809 – 14D – 03252 – 128 – 079

CPU 코드			카메라 코드				용량 코드	
CPU 코드		상세 코드	카메라 코드		상세 코드			
13	iE	A 트리플	011	싱글 와이드	31	일반	016	16GB
		B 익스트림			32	슈퍼		
		C 하이엔드			33	울트라	032	32GB
14	pW	D 트리플	021	싱글 망원	41	일반		
		E 익스트림			42	슈퍼	064	64GB
15	gA	F 트리플	032	듀얼 와이드	51	일반		
		G 익스트림			52	슈퍼	128	128GB
		H 하이엔드			53	울트라		
16	mV	I 트리플	042	듀얼 망원	61	일반	256	256GB
		J 익스트림			62	슈퍼	512	512GB
		K 하이엔드						

① 051015G02142256238
② 051016G03251238256
③ 051014H01132238256
④ 052015H04261256238
⑤ 052016I02141256238

49. 다음 지문의 스니핑 공격에 대한 설명으로 가장 적절하지 않은 것은?

스니핑(Sniffing) 공격은 스니퍼(Sniffer) 설치를 통해 네트워크에 접근하여 송신자와 수신자 사이를 오고 가는 데이터를 훔쳐보는 행위이다. 여기서 스니퍼는 컴퓨터 네트워크 내 정해진 전송로를 일정 시간 동안 흐르는 정보의 이동량인 트래픽을 감시하고 분석하는 프로그램으로, 도청장치라고 볼 수 있다. 스니핑 공격은 조용히 숨어 다른 사람들의 대화를 엿듣는 것처럼 아무 행동도 취하지 않고 단지 가만히 있는 것만으로도 충분히 공격이 가능하기 때문에 수동적 공격이라고도 한다.

일반적으로 이더넷 로컬 네트워크에 접근하고자 하는 개별 시스템들은 모두 같은 선을 공유하고 있으며, 기본으로 설정된 IP 주소와 자신만의 고유한 MAC 주소를 갖고 있다. 데이터를 전송하고자 하는 개별 시스템은 데이터에 자신의 MAC 주소, 수신 시스템의 MAC 주소를 포함하여 전송한다. 로컬 네트워크 내 모든 개별 시스템은 수신 MAC 주소를 확인하여 자신의 MAC 주소와 다를 경우 해당 데이터를 검토하지 않고 폐기한다. 이때 수신 MAC 주소가 자신의 것과 다름에도 불구하고 해당 통신 데이터에 접근하여 엿보는 것이 스니핑 공격인데, 데이터를 무시하지 않도록 하는 하드웨어 장치인 랜 카드의 모드를 간단한 설정이나 스니핑을 위한 드라이버 설치를 통해 프러미스큐어스 모드로 변경하면 가능하다.

이와 같은 스니핑 공격에는 스위치 재밍 공격, SPAN 포트 태핑 공격 등이 있다. 먼저 스위치 재밍 공격은 모뎀과 컴퓨터가 데이터를 주고받는 통로인 포트와 MAC 주소가 저장되어 있는 스위치를 이용한다. 스위치가 MAC 주소 테이블을 통해 데이터 조각인 패킷을 포트에 스위칭할 때 스위칭이 정상적으로 작동하지 못하도록 마비시키는 공격이 바로 스위치 재밍 공격이다. 스니핑 공격자는 수신자의 MAC 주소를 위조하여 스위치로 보내고, 스위치는 전달받은 MAC 주소를 테이블에 채운다. MAC 주소 테이블이 가득 차 넘치게 되면 모든 로컬 네트워크 개별 시스템들에게 데이터가 전송되는데, 이로 인해 모든 데이터 패킷을 스니핑 공격자가 받아 볼 수 있게 된다. 다만 네트워크의 속도가 현저히 떨어져 수신자는 물론 공격자에게도 영향을 준다.

다음으로 SPAN 포트 태핑 공격은 스위치의 포트 미러링 기능을 이용하는 공격이다. 여기서 포트 미러링은 각 포트로 전달되는 데이터가 미러링하는 포트에도 같은 데이터를 전달하는 것으로, 주로 침입 탐지 시스템, 로그 시스템, 네트워크 모니터링 등에 사용된다. 해당 포트를 이용할 경우 송신자와 수신자가 주고받는 데이터를 모두 볼 수 있어 스니핑 공격 시 악용되고 있다. 이 밖에도 주변 기기들이 자신을 서로 다른 네트워크를 연결해 주는 라우터로 인식하도록 만들기 위해 주변 기기들에 위조된 ARP 리플라이(Reply)를 주기적으로 전송하는 ARP 리다이렉트(Redirect) 공격이 있다. 이 방법으로 자신이 공격자라는 것을 숨겨 외부로 전송되는 모든 패킷을 전달받을 수 있기 때문에 스니핑 공격이 가능하다.

스니퍼 설치로 네트워크에 접근하여 공격을 이어나가는 스니핑 공격은 네트워크에 눈에 띄는 이상 현상을 발생시키기 않기 때문에 공격 인지를 어렵게 한다. 따라서 스니핑 공격에 대응하기 위해서는 능동적인 탐지 활동이 필요하다. 여기에는 스니핑 공격이 의심되는 시스템에 특정 인터넷 사이트를 이용할 수 있는지 검사하는 프로그램인 핑(Ping)을 위조한 MAC 주소를 포함하여 보내는 방법이 있다. 스니핑 공격 의도가 없는 시스템이라면 네트워크 상에 존재하지 않는 MAC 주소를 확인할 수 없어야 하므로 이를 받아볼 수 있는지 확인하는 것이다. 또한 유인을 이용한 스니퍼 탐지 방법이 있다. 일부러 잘못된 ID와 비밀번호를 네트워크상에 계속해서 전송한 후 이를 이용하여 접속을 시도하는 공격자가 있다면 스니퍼가 있음을 예측하는 것이다.

---

① ARP 리다이렉트 공격은 공격자가 자신을 라우터로 인식시키기 위해 일정한 시간 간격을 두고 ARP 리플라이를 주변 기기에 꾸준히 전달한다.

② 랜 카드가 프러미스큐어스 모드라면 전송 데이터의 수신 MAC 주소가 자신의 것과 다르더라도 수신 가능하다.

③ 네트워크에 접근하여 눈에 띄지 않고 보안 데이터를 훔쳐보기 위해서는 스니퍼 설치가 도움이 될 수 있다.

④ 스니핑 공격은 적극적인 행위 없이 다른 사람들의 데이터 교환을 훔쳐보는 것만으로도 가능하다.

⑤ 위조한 수신자의 MAC 주소를 스위치로 보내는 스니핑 공격 방법은 빠른 네트워크 속도로 스위칭 기능을 마비시킨다.

50. 다음 중 ISO 27001 인증의 장점으로 가장 적절하지 않은 것은?

① 경제적 손실 예방

② 법적 준거성 확보

③ 고객 신뢰도 향상

④ 정보 유출 가능성 제고

⑤ 비즈니스 안정성 증대

약점 보완 해설집 p.20

해커스잡

기출동형모의고사 2회(전기 전공 + NCS)

성명

수험번호

전공																NCS																									

전공

1	① ② ③ ④ ⑤
2	① ② ③ ④ ⑤
3	① ② ③ ④ ⑤
4	① ② ③ ④ ⑤
5	① ② ③ ④ ⑤
6	① ② ③ ④ ⑤
7	① ② ③ ④ ⑤
8	① ② ③ ④ ⑤
9	① ② ③ ④ ⑤
10	① ② ③ ④ ⑤
11	① ② ③ ④ ⑤
12	① ② ③ ④ ⑤
13	① ② ③ ④ ⑤
14	① ② ③ ④ ⑤
15	① ② ③ ④ ⑤

NCS

1	① ② ③ ④ ⑤
2	① ② ③ ④ ⑤
3	① ② ③ ④ ⑤
4	① ② ③ ④ ⑤
5	① ② ③ ④ ⑤
6	① ② ③ ④ ⑤
7	① ② ③ ④ ⑤
8	① ② ③ ④ ⑤
9	① ② ③ ④ ⑤
10	① ② ③ ④ ⑤
11	① ② ③ ④ ⑤
12	① ② ③ ④ ⑤
13	① ② ③ ④ ⑤
14	① ② ③ ④ ⑤
15	① ② ③ ④ ⑤
16	① ② ③ ④ ⑤
17	① ② ③ ④ ⑤
18	① ② ③ ④ ⑤
19	① ② ③ ④ ⑤
20	① ② ③ ④ ⑤
21	① ② ③ ④ ⑤
22	① ② ③ ④ ⑤
23	① ② ③ ④ ⑤
24	① ② ③ ④ ⑤
25	① ② ③ ④ ⑤
26	① ② ③ ④ ⑤
27	① ② ③ ④ ⑤
28	① ② ③ ④ ⑤
29	① ② ③ ④ ⑤
30	① ② ③ ④ ⑤
31	① ② ③ ④ ⑤
32	① ② ③ ④ ⑤
33	① ② ③ ④ ⑤
34	① ② ③ ④ ⑤
35	① ② ③ ④ ⑤
36	① ② ③ ④ ⑤
37	① ② ③ ④ ⑤
38	① ② ③ ④ ⑤
39	① ② ③ ④ ⑤
40	① ② ③ ④ ⑤
41	① ② ③ ④ ⑤
42	① ② ③ ④ ⑤
43	① ② ③ ④ ⑤
44	① ② ③ ④ ⑤
45	① ② ③ ④ ⑤
46	① ② ③ ④ ⑤
47	① ② ③ ④ ⑤
48	① ② ③ ④ ⑤
49	① ② ③ ④ ⑤
50	① ② ③ ④ ⑤

수험번호: ⓪ ① ② ③ ④ ⑤ ⑥ ⑦ ⑧ ⑨

응시분야

감독관 확인

해커스
한국전력공사
NCS + 전공
봉투모의고사

기출동형모의고사
3회
(전기 전공 + NCS)

해커스

수험번호	
성명	

기출동형모의고사
3회
(전기 전공 + NCS)

문제 풀이 시작과 종료 시각을 정한 후, 실전처럼 모의고사를 풀어보세요.

- 사무/기술(전기 제외) 분야   시   분 ~   시   분 (총 50문항/70분)

- 전기 분야   시   분 ~   시   분 (총 55문항/70분)

□ **시험 유의사항**

[1] 한국전력공사 필기시험은 영역별 제한 시간 없이 전체 문항을 70분 이내에 풀어야 하며, 분야별 시험 구성은 다음과 같습니다.
  - 사무: NCS(의사소통 · 수리 · 문제해결 · 자원관리 · 정보능력) 50문항
  - 기술(전기): 전공 15문항 + NCS(의사소통 · 수리 · 문제해결 · 자원관리능력) 40문항
  - 기술(전기 제외): 전공 15문항 + NCS(의사소통 · 수리 · 문제해결 · 정보능력) 40문항

[2] 본 기출동형모의고사는 전기 전공 15문항과 NCS 50문항으로 구성되어 있으므로 지원 분야에 따라 다음과 같이 풀이하시면 됩니다.
  - 사무/기술(전기 제외) 분야 응시자: NCS 1~50번 풀이
  - 기술(전기) 분야 응시자: 전기 전공 풀이 후, NCS 1~40번(정보능력 제외) 풀이

[3] 본 기출동형모의고사 마지막 페이지에 있는 OMR 답안지와 해커스ONE 애플리케이션의 학습 타이머를 이용하여 실전처럼 모의고사를 풀어보시기 바랍니다.

전공

전기

01. 다음 중 지중 전력 케이블의 고장점 탐지에 사용되는 방법으로 적절하지 않은 것은?

① 희생양극법   ② 정전용량법   ③ 수색코일법
④ 머레이 루프법   ⑤ 음향법

02. N회 감긴 환상코일의 단면적이 $S[m^2]$이고, 평균길이가 $l[m]$일 때, 이 코일의 권수를 절반으로 줄이면서 인덕턴스를 일정하게 유지할 수 있는 방법으로 적절한 것은?

① 길이를 $\frac{1}{4}$배로 줄인다.

② 자속을 4배로 늘린다.

③ 단면적을 2배로 늘린다.

④ 투자율을 2배로 늘린다.

⑤ 전류를 $\frac{1}{4}$배로 줄인다.

03. 다음 그림과 같은 변압기에서의 1차 전류$[A]$는?

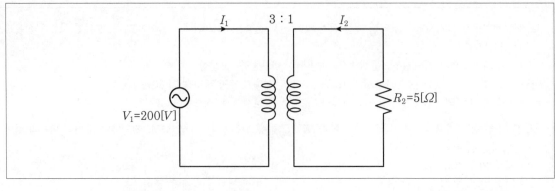

① $\frac{4}{3}$ ② $\frac{20}{9}$ ③ $\frac{8}{3}$ ④ $\frac{31}{9}$ ⑤ $\frac{40}{9}$

04. 다음 중 저항 $R = 20[\Omega]$이고, 코일의 권수(N)는 1,000인 회로가 있다. 이 회로에 전류(I)가 10$[A]$ 흐르고, 자속(Φ)은 $3 \times 10^{-2}[Wb]$일 때, 이 회로의 시정수$[s]$는?

① 0.15   ② 0.2   ③ 0.4   ④ 0.5   ⑤ 1

05. 부하전류가 90$[A]$이고, 1,000$[rpm]$의 회전 속도로 45$[kgf \cdot m]$의 토크가 발생하는 직류 직권전동기가 있다. 이 직권전동기의 부하전류가 30$[A]$로 감소했을 때, 토크$[kgf \cdot m]$는?

① 5   ② 6   ③ 7   ④ 8   ⑤ 9

06. 사용전압이 154$[kV]$인 가공 송전선로를 제1종 특고압 보안공사로 할 때, 사용되는 경동연선의 단면적 굵기 기준은?

① 100$[mm^2]$ 이상   ② 150$[mm^2]$ 이상   ③ 200$[mm^2]$ 이상
④ 250$[mm^2]$ 이상   ⑤ 300$[mm^2]$ 이상

07. 총 부하설비 용량이 750$[kW]$, 수용률이 60%인 건물의 최소 변전시설 용량$[kVA]$은? (단, 부하의 역률은 0.9이다.)

① 100   ② 150   ③ 200   ④ 250   ⑤ 500

08. 다음 중 톰슨효과에 대한 설명으로 적절한 것은?

① 서로 다른 금속을 접촉시켰다가 떼면 각각 정(+)과 부(−)로 대전하는 현상

② 전류가 흐르는 도체에 자계를 가하면 도체 측면에 정(+), 부(−) 전하가 분리되어 전위차가 일어나는 현상

③ 두 종류의 도체로 접합된 폐회로에 전류를 흘리면 접합점에서 열의 흡수 또는 방출이 일어나는 현상

④ 같은 금속도선에 온도 차가 있을 때 전류를 흘리면 열의 흡수 또는 방출이 일어나는 현상

⑤ 두 종류의 도체로 접합된 폐회로에 온도 차를 주면 접합점에서 기전력 차가 생겨 회로에 전류가 흐르는 현상

09. $100[kV]$ 송전선로에서 송전 거리가 $100[km]$라 할 때, 송전 용량 계수법에 의한 송전 용량$[kW]$은? (단, 송전 용량 계수는 800이다.)

① 20,000   ② 40,000   ③ 60,000   ④ 80,000   ⑤ 100,000

10. 다음 중 가공 전선로에 사용하는 전선의 구비 조건으로 적절하지 않은 것은?

① 비중이 작아야 한다.

② 내구성이 커야 한다.

③ 가선작업이 용이해야 한다.

④ 신장률이 작아야 한다.

⑤ 도전율이 커야 한다.

11. 삼각파의 최댓값 I_m이 $1[A]$일 때 실횻값은?

① 1   ② $\frac{2}{3}$ ③ $\frac{1}{2}$ ④ $\frac{1}{\sqrt{2}}$ ⑤ $\frac{1}{\sqrt{3}}$

12. 다음 중 동기 발전기의 단락비를 산출하는 데 필요한 시험을 모두 고르면?

⊙ 무부하 포화 시험	ⓒ 3상 단락 시험	ⓒ 단상 단락 시험
② 저항 측정 시험	⑩ 외부 특성 시험	⑭ PSS 스텝 시험

① ⊙, ⓒ   ② ⊙, ⓒ   ③ ⓒ, ②   ④ ⓒ, ⑩   ⑤ ②, ⑭

13. 자기인덕턴스가 $30[mH]$인 코일에 흐르는 전류가 $5[A]$에서 $0.002[s]$ 동안 $3[A]$로 감소하였을 때, 코일에 유기된 기전력의 크기와 방향을 바르게 나열한 것은?

① $15[V]$, 전류와 반대 방향

② $30[V]$, 전류와 같은 방향

③ $30[V]$, 전류와 반대 방향

④ $60[V]$, 전류와 같은 방향

⑤ $60[V]$, 전류와 반대 방향

14. 다음 그림과 같은 회로에서 $I_L = 4 - j2[A]$, $I_C = 4 + j8[A]$일 때, 전원에서의 역률은?

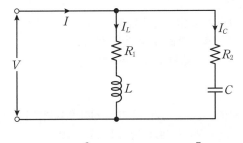

① $\dfrac{2}{5}$ ② $\dfrac{1}{2}$ ③ $\dfrac{3}{5}$ ④ $\dfrac{7}{10}$ ⑤ $\dfrac{4}{5}$

15. 전압이 $V = \dfrac{100}{\sqrt{2}}sin(wt + \theta - 30)[V]$, 전류가 $I = \dfrac{100}{\sqrt{2}}sin(wt + \theta - 30)[A]$인 회로의 무효전력$[VAR]$은?

① 0   ② 10   ③ 20   ④ 50   ⑤ 500

약점 보완 해설집 p.32

의사소통능력

01. 다음 보도자료의 중심 내용으로 가장 적절한 것은?

> 교육부와 재단법인 국제한국어교육재단은 1~3일 '제3회 해외 청소년 한국어교육 연수'를 비대면으로 실시했다고 밝혔다. '해외 청소년 한국어교육 연수'는 지난 2019년 11월 부산에서 열린 한·아세안 특별정상회 부대행사 '아세안 중등학생 및 대학생 한국어교육 연수'를 정례화함에 따라 개최되고 있다. 이를 통해 매년 증가하는 해외의 한국어 학습 수요에 대응해 한국어에 대한 해외 중등학생과 대학생들의 관심을 높이고, 한국어 교육을 활성화하고 있다. 이번 연수에서는 높은 한국어교육 수요와 우리나라 대외정책을 고려, 신남방·신북방 지역, 아시아, 오세아니아 등 22개국 청소년 300여 명을 초청해 온라인을 통한 소통과 교류의 장이 마련됐다.
>
> 지난 1일, 연수 첫째 날에는 중등학생과 대학생 참가자들이 지난달 20일부터 25일 열린 사전연수 기간 학습한 시·소설·수필 등 한국 대표문학 중 하나를 선택하고, 이에 대한 감상문을 발표해 각자의 한국어 실력을 뽐내는 '한국문학작품 감상발표회' 본선이 진행됐다. 2일, 연수 둘째 날에는 현재 개발 중인 수준별 해외 초·중등 한국어 교재 견본을 활용, 해외 청소년들에게 맞춤형 한국어 강의를 제공해 한국어 교재와 수업 내용에 대한 의견을 수렴했다.
>
> 연수 마지막 날인 3일에는 윷놀이와 줄다리기 등 전통 민속놀이를 소개하여 한국문화를 간접적으로 체험하는 시간이 마련됐으며, 이어 진행된 연수 폐회식에서는 '한국문학작품 감상발표회'의 우수작 시상식이 열렸다. 이금희의 '촌스러운 아나운서'에 대한 우수 감상문을 발표한 태국의 라위펀 학생과 현진건의 '운수 좋은 날'에 대한 우수 감상문을 발표한 우즈베키스탄의 압두코디로바 세빈치 학생이 부총리 겸 교육부장관상을 수상하는 등 총 16명의 학생이 수상자로 선정됐다.
>
> 유○○ 사회부총리 겸 교육부 장관은 "이번 연수에 참석한 해외 청소년들이 한국어 실력을 더욱 갈고닦는다면 한국과 모국을 잇는 든든한 가교 역할을 할 수 있을 것"이라며 "해외 청소년들이 양질의 한국어 교육을 받을 수 있도록 앞으로도 한국어 교육 기회를 확대하고, 필요한 지원을 아끼지 않겠다"고 말했다.

※ 출처: 교육부 보도자료

① 교육부와 국제한국어교육재단에서는 고려, 신남방·신북방 지역, 아시아, 오세아니아 등 22개국 청소년 300여 명이 한국 대표문학에 대한 감상문을 발표하는 시간을 가졌다.

② '제3회 해외 청소년 한국어교육 연수'에 참석한 해외 청소년들은 한국어를 전파하는 홍보대사로 임명되어 한국과 모국을 잇는 가교 역할을 하게 될 것이다.

③ 교육부와 국제한국어교육재단에서는 유럽과 미국의 청소년들을 초청하여 한국 문화 및 한국어를 알리는 기회를 가질 예정이다.

④ 한국어에 대한 관심을 확산 및 한국어 교육의 활성화를 위해 신남방·신북방, 아시아, 오세아니아 지역 청소년 300여 명이 초청된 '제3회 해외 청소년 한국어교육 연수'가 비대면으로 시행되었다.

⑤ '제3회 해외 청소년 한국어교육 연수'에서는 윷놀이와 줄다리기와 같은 전통 민속놀이를 체험해보며 한국문화를 직접적으로 경험해보는 시간을 가졌다.

02. 다음 글의 내용과 일치하지 않는 것은?

주식회사가 사업을 시행하고자 할 때는 자본이 필수적이다. 이로 인해 자본금의 확보는 주식회사에 있어서 중요한 일일 수밖에 없다. 자본금을 확보하기 위해 회사 명의로 채권을 발행할 수도 있고, 은행에서 돈을 빌릴 수도 있지만, 기업에서는 주식을 추가로 발행하는 증자를 가장 선호한다. 증자는 무상증자와 유상증자로 구분된다. 무상증자는 증자된 자본금에 해당하는 만큼의 신주(新株)를 발행하여 구주 소유자들에게 무상으로 배당하는 것으로, 적립금의 자본 전입이나 주식 배당 따위의 출자와 같이 자본의 법률상 증가만을 가져오는 명목상의 증자이기 때문에 보통 자본금의 증대를 위한 방안으로는 유상증자가 활용된다.

유상증자란 신주를 발행함으로써 자금을 새로 조달하여 자본금을 늘리는 일로, 신주를 발행하면서 해당 주식에 대한 인수가액을 현금 또는 현물로 납입하도록 함으로써 기업의 자본이 확대될 수 있도록 돕는다. 유상증자 방법에는 주주배정, 일반공모, 제3자 배정, 주주우선공모가 있다. 먼저 주주배정은 기존에 기업 주식을 갖고 있던 사람들에게 신주 인수권을 배정하는 방식이고, 일반공모는 기존 주주에게 신주 인수권을 배정하는 대신 불특정 다수에게 유상증자를 공표하여 신주 인수권자를 공개 모집하는 방법을 말한다. 제3자 배정은 우리 사주 조합에 대한 우선 배정과 같이 기존 주주에게 신주를 제공하지 않고 제3자에게 신주를 배정하는 방법이며, 주주우선공모는 우리사주조합 및 기존 주주에게 신주를 먼저 배정하고, 실권주가 발생할 경우 일반인을 대상으로 일반공모를 시행하는 방법을 의미한다.

종류가 다양해 어떻게 보면 다소 복잡해 보이기도 하지만, 기업이 유상증자를 선호하는 이유는 그만큼 장점이 많기 때문이다. 돈이 추가적으로 생김에도 불구하고 별도로 원금을 상환하거나 이자를 부담하지 않아도 된다. 물론 투자자들에게 배당금을 지급해야 하지만, 배당금은 회계연도마다 자율적으로 결정할 수 있으므로 원금 상환이나 이자로 인한 부담보다는 가볍다. 특히 회사의 경영진 입장에서는 주가가 하락할 경우 투자자들로부터 비난을 받을 수는 있지만 투자자들의 손실을 보전해줄 필요가 없으므로 중장기적인 사업 진행 시 유상증자를 이용하면 효과적으로 자본을 확보할 수 있다.

시가 총액에 변동이 없는데, 기업의 주식 수가 증가한다면 주가 가치가 하락할 것이라고 판단하는 사람들이 많다. 실제로 주식 숫자만 증가했다면 주당 단가는 하락할 수밖에 없지만, 유상증자가 이루어졌다고 해서 꼭 주가가 하락하는 것은 아니다. 유상증자의 이유가 전도유망한 신사업에 투자하기 위함이며, 증자에 나서는 유일한 기업이라 독점적 시장 경쟁력을 갖게 된다면 사업의 성공 가능성이 높아져 오히려 주가 상승의 요인이 될 수도 있다. 물론 수익성이 부족한 기업이 유상증자로 실적을 보충하여 기업 건전성을 지속하는 것처럼 활용해 투자자들에게 손실을 가져다주는 경우도 있지만, 단순히 유상증자를 했다는 것만으로 투자자들이 해를 입게 될 것이라고 섣불리 판단해서는 안 된다.

① 배당금에 대한 결정은 회계연도마다 기업에서 자율적으로 이루어진다.
② 주주우선공모하에서는 기존 주주들보다 일반인 및 제3자가 먼저 신주를 배정받게 된다.
③ 기업이 성공 가능성이 높은 신사업에 투자하고자 유상증자를 한다면 해당 기업의 주가는 상승할 수 있다.
④ 주주배정, 일반공모, 제3자, 배정, 주주우선공모는 유상증자의 방법에 해당한다.
⑤ 주식회사의 자본이 법률상에서만 증가하도록 하려면 무상증자를 시행해야 한다.

(가) 마지막으로 관례적 엠바고는 외교적 관례를 존중하고자 재외공관장의 인사이동을 미리 취재했음에도 불구하고 주재국 정부가 아그레망을 부여하기 전까지 보도를 보류하거나 양국이 함께 동시에 발표하기로 결정된 협정이나 회담 개최 관련 기사를 공식 발표가 있을 때까지 일시적으로 보도 중지하는 것을 말한다.

(나) 이처럼 엠바고의 종류는 다양하지만, 종류에 관계없이 엠바고 시행 시에는 정확한 정보를 전달할 수 있다는 이점이 있다. 보도자료란 공식적으로 발표되기 전까지 언제든지 변경될 수 있으므로 만약 엠바고를 지키지 않고 우선 발표해버린다면 정확하지 않은 정보를 제공하여 독자들에게 혼란을 줄 수 있다. 또한 일시적으로 보도를 미룬다는 것은 그만큼 보도 전 취재 기간을 더 확보할 수 있다는 의미가 되므로 보다 완성도 있는 기사를 작성할 수 있다는 장점도 있다.

(다) 엠바고는 크게 보충 취재용 엠바고, 조건부 엠바고, 공공이익을 위한 엠바고, 관례적 엠바고 총 네 가지로 구분된다. 보충 취재용 엠바고는 정부기관에서 뉴스로서의 가치가 높은 정보를 제공했으나 정보의 내용이 복잡하고 전문적인 관계로 취재원이 내용 보충을 위해 취재를 진행하고자 할 때 취재원과 취재기자가 합의하여 보도 시기를 미루는 것을 의미한다.

(라) 조건부 엠바고는 뉴스 가치가 높은 사건의 발생을 확실히 예측할 수 있지만, 정확한 발생 시각을 예측하기 어려울 때 해당 사건이 발생한 후에 기사를 공개한다는 조건으로 정보 제공자로부터 보도자료를 미리 전달받는 것이다. 공공이익을 위한 엠바고는 국가의 안전이나 이익과 관련 있는 사건이 진행 중인 경우, 인명에 해를 입힐 수 있는 사건이 진행되는 경우 해당 사건이 종결되기 전까지 정보 보도를 금지하는 시한부적 보도 중지이다.

(마) 엠바고란 특정 시간까지 어떤 기사에 대해 일시적으로 보도를 금지하는 것을 말한다. 엠바고의 사전상 의미는 선박에서의 억류 또는 통상 금지를 의미하지만, 주로 언론에서 기사를 유보할 때 쓰이고 있다. 대개 정부기관과 같은 정보를 제공하는 곳에서 언론기관 및 기자에게 보도자료를 제보하면서 보도 시기를 원하는 때까지 미뤄 달라는 요청을 포함해 미루는 것 자체를 엠바고라 한다.

(바) 엠바고가 법적 강제성을 띠는 것은 아니다. 하지만 일종의 합의라는 점에서 만약 엠바고를 어길 경우 약속을 지키지 않는 행위이면서 엠바고를 지키는 다른 언론사와의 형평성을 저해하는 행위로 여겨진다. 이로 인해 엠바고를 지키지 않는 언론사는 기자 사회에서 배척당하거나 취재 시 불이익을 받는 일도 있다. 물론 엠바고에 대해 취재 편의주의와 취재 대상 봐주기라며 비난하는 이들도 존재하고, 폐해도 당연히 존재한다. 그러나 엠바고의 본질적 역할과 장점을 고려할 때 국가 안보 혹은 국익 관련 사항이라면 철저히 지켜질 필요가 있다.

03. 윗글을 논리적 순서대로 알맞게 배열한 것은?

① (다) – (라) – (가) – (나) – (마) – (바)
② (다) – (마) – (라) – (가) – (바) – (나)
③ (마) – (다) – (라) – (가) – (나) – (바)
④ (마) – (다) – (라) – (나) – (가) – (바)
⑤ (바) – (마) – (나) – (다) – (가) – (라)

04. 윗글을 통해 추론한 내용으로 적절하지 않은 것은?

① 엠바고를 어긴 언론사가 있다면 해당 언론사는 취재 시 정보 제공 기관으로부터 불이익을 받을 가능성이 있다.
② 엠바고를 시행할 경우 언론사에서는 취재 기간이 더 확보됨에 따라 주관적 사견을 더 추가할 수 있으므로 보도의 정확성을 해칠 수 있다.
③ 기사가 일찍 보도될 경우 인명에 큰 해를 끼칠 수 있는 사건이 발생했다면 공공이익을 위한 엠바고를 시행할 필요가 있다.
④ 엠바고는 언론사가 보도 시기를 미루는 것뿐만 아니라 정보 제공 기관에서 언론사가 보도 시기를 미뤄줄 것을 요청하는 것까지도 포함한다.
⑤ 우리나라에서 특정 국가와의 협정을 진행하면서 공식화하기 전까지 언론사에 보도 중지를 요청한 것은 관례적 엠바고라 볼 수 있다.

일반 대중은 물론이거니와 언론에서도 전기를 사용하고 내는 비용을 '전기세'라고 표현하는 경우가 많다. 그러나 전기를 사용하고 내는 비용은 국가에 내는 세금이 아니므로 '전기요금'이 맞는 표현이다. 이렇게 용어 사용에 혼돈이 발생하는 이유는 전기요금이 그간 정부에 의해 결정되었을 뿐만 아니라, 모든 사용자가 한국전력공사에서 제공하는 전기를 사용하고 있다는 점에서 요금이 아니라 세금이라고 인식하는 경향이 강하게 나타나기 때문으로 분석된다. 오히려 전기요금에서 세금이 차지하는 비중은 그렇게 높지 않다.

석탄, 천연가스 등의 연료에는 개별소비세가 부과되지만 발전용으로 사용되는 LNG, 유연탄, 우라늄 등의 연료에는 약간의 관세만 부과되거나 별도의 세금이 부과되지 않는다. 다시 말해 우리나라의 전기요금에는 10%의 부가가치세와 3.7%의 전력산업기반기금을 제외하고는 세금이 부과되지 않는데, 이는 외국에 비해 터무니없이 낮은 비중에 해당한다. 현재 우리나라의 전기요금은 앞서 언급한 부가가치세, 전력산업기반기금 그리고 기본요금, 전력량요금, 기후환경요금, 연료비조정요금으로 구성된다.

여기서 기본요금은 전기 사용량과 무관하게 모든 사용자에게 기본적으로 부과되는 요금을, 전력량요금은 전기 사용량에 대해 부과되는 요금을 일컫는다. 기후환경요금과 연료비조정요금은 2021년 1월 1일부로 시행된 원가연계형 전기요금 체계 이전에는 전력량요금에 포함되어 있던 요금으로, 체계 개편 이후 별도 항목으로 분리되었다. 기후환경요금은 신재생 에너지 의무 이행 비용, 온실가스 배출권의 거래 비용, 석탄 발전 감축 비용 등 발전회사가 환경 오염을 줄이기 위해 지출한 비용에 부과되는 요금이며, 연료비조정요금은 분기마다 연료비 변동분을 반영한 요금에 해당한다.

한전경영연구원이 우리나라와 미국, 독일, 프랑스 등 주요 7개국의 전기요금 구조를 발전·판매, 송배전, 세금·부담금으로 분석한 결과에 따르면 우리나라 전기요금의 세금·부담금 액수 및 비중은 조사 국가 중 가장 낮게 나타났다. 전력 1kWh당 부과되는 세금·부담금을 원 단위로 환산하여 나타낸 결과, 우리나라가 15.1원으로 가장 낮았으며, 독일이 210.2원으로 가장 높았다. 우리나라를 제외하고 세금·부담금 비중이 가장 낮은 미국에서조차 세금·부담금 액수는 27.4원으로, 우리나라보다 12.3원 높게 부과되었다.

[국가별 전기요금의 세금·부담금 액수 및 비중]

구분	한국	미국	일본	영국	프랑스	이탈리아	스페인	독일	평균
요금	15.1원	27.4원	57.1원	60.6원	79원	102.3원	108.6원	210.2원	82.5원
비중	12.1%	12.7%	28.8%	23%	36%	38%	38%	54%	30%

전력 생산과 소비 과정에서 발생하는 환경 비용과 더불어 재생 에너지 활용이 확대되고 전력망 교체에 소요되는 비용이 증가함에 따라 앞으로 점차 더 많은 재원이 요구될 것으로 보인다. 주요 선진국에서는 여기서 필요한 비용을 실제로 전기를 소비하는 국민과 기업이 부담하도록 사회적 합의가 되어있다. 하지만 우리나라에서는 여전히 정부가 상황에 따라 조율할 수 있는 세금에 가깝다는 인식이 팽배해 있기에 전기요금에 부과되는 세금과 부담금을 높임으로써 전체 전기요금을 높이는 방안에 대한 거부감이 매우 강하다.

그러나 미래에도 안전하고 깨끗한 전기를 사용하기 위해 필요한 비용을 충당할 재원은 전기요금에 부과되는 세금이나 부담금으로 채우는 것이 가장 이상적이다. 2021년부터 도입된 기후환경요금은 친환경 에너지 제도 및 비용에 대한 소비자의 인식을 높이는 효과를 가져왔으나, 기존 전력량요금에 포함되어 있던 요금이 분리되어 표시된 것일 뿐이라는 점에서 실질적으로 부담금의 액수 및 비중이 증가한 것은 아니다. 이에 정부가 매년 전기요금의 총괄원가를 결정할 때 비용 변동분까지 포함하여 기후환경요금의 조정 방안을 검토할 예정이라고 밝혔다는 점에서 귀추가 주목된다.

05. 윗글의 내용과 일치하지 않는 것은?

① 기후환경요금의 도입이 전기요금에서 차지하는 부담금의 실질적 액수와 비중의 증가를 뜻하지는 않는다.

② 한국과 독일의 전력 1kWh당 부과되는 세금·부담금을 원 단위로 환산한 요금은 195.1원 차이가 난다.

③ 원가연계형 전기요금 체계가 시행되면서 기후환경요금과 연료비조정요금이 전력량요금에서 분리되었다.

④ 우리나라의 전기요금은 세금이라는 인식이 강하지만 실제 전기요금에서 세금의 비중은 그다지 높지 않다.

⑤ 발전용 LNG, 유연탄, 우라늄 등의 연료에는 개별소비세를 제외하고 별도의 세금이 부과되지 않는다.

06. 윗글의 중심 내용으로 가장 적절한 것은?

① 우리나라 전기요금에서 세금과 부담금의 비중을 높여 사회적 비용 해결을 위한 재원을 확보해야 한다.

② 선진국의 전기요금 구조와 체계를 적극적으로 벤치마킹하여 우리나라 전기요금 체계를 개편해야 한다.

③ 전기요금 인상을 논의하기에 앞서 전기요금 체계에 대한 사회적 합의가 우선적으로 도출되어야 한다.

④ 원가연계형 전기요금 체계를 도입하여 전력의 생산과 소비 과정에서 발생하는 환경 비용을 줄여야 한다.

⑤ 모든 전기 사용자에게 기본적으로 부과되는 기본요금을 높게 책정하여 전체 전기요금을 높여야 한다.

07. 다음 글의 내용과 일치하는 것은?

> ### '제12차 한-인니 에너지포럼' 개최
> – 석유·가스·광물 등 전통적인 자원분야에서 수소, 신재생, 지능형전력망, 수력발전 등
> 에너지 신산업·탄소중립 분야까지 양국 간 협력방안을 폭넓게 논의 –
>
> 산업통상자원부는 10월 27일(수) 인도네시아 에너지광물자원부와 '제12차 한-인니 에너지포럼'을 화상으로 개최하였다. 금번 포럼에서 한-인니 양측은 석유, 가스, 광물 등 전통적인 자원분야에서 수소, 신재생, 지능형 전력망, 수력발전 등 에너지 신산업·탄소중립 분야까지 폭넓게 양국의 정책현황 교류 및 협력방안을 논의하였다.
>
> 한-인니 에너지포럼은 양국 정부 간 에너지·자원 협력 채널로, 1979년 설치된 한-인니 자원협력위원회를 민간까지 참여하는 한-인니 에너지포럼으로 확대·개편한 것이며, 양국 정부, 에너지 공기업, 민간기업 등 민관이 참여하여 양국 간 에너지·자원 정책교류 및 협력사업 발굴·지원을 위해 2007년부터 매년 개최하여 왔다.
>
> 이번 제12차 에너지포럼은 '전력·신재생 관련 세션1', '석유·가스 관련 세션2', '상호협력 관련 세션3' 등 3개 세션으로 구성되었다. 세션1에서는 '한국의 수소경제정책(산업부)', '인니신재생에너지정책(신재생청)', '인니 스마트그리드(전력청)' 등 양국 정책현황을 교류하고 협력방안을 논의하였으며, '스마트 전력인프라(AMI) 기반의 전기차 충전플랫폼(㈜타이드)', '민자 수력발전사업 협력(중부발전)' 등 에너지 신산업 분야에서 우리나라의 기업이 새롭게 인니에 진출할 기회 모색의 계기가 되었다.
>
> 세션2에서는 '셰일가스전 가스회수율증진(EGR) 원천 기술 개발(지자연)', '육상 천부가스전 탐사·활용 기술개발(지자연)' 등 양국 연구기관의 공동연구 활성화 방안을 논의하였으며, '인니 탐사유망지역 공동연구 및 신규탐사사업 발굴(석유공사)', '석유·가스 탐사·생산 협력기회(Pertamina)' 의제발표를 통해 양국의 자원 공기업 간 협력 사업을 발굴하는 기회가 되었다.
>
> 세션3에서 이루어진 우리 측 '한-인니 핵심광물 협력' 제안에 인니 측은 '광물분야 협력기회(석탄광물청)', '희토류 사업 현황(인니 주석공사)' 등을 발표하여 양국은 핵심 광물 분야의 구체적인 협력 방안을 도출해 나가기로 합의하였으며, '한-인니 에너지안전관리 포괄적 협력(전기안전공사)', '국제협력 교육과정을 통한 협력 강화(서울대)' 등 기존 에너지안전, 인적교류 분야의 협력 또한 지속·발전시켜 나가기로 하였다.
>
> 금일 포럼에서 한국 측 수석대표인 강○○ 에너지산업실장은 "인도네시아는 우리나라가 추진 중인 신남방정책의 핵심 국가로, 석유·가스·광물 등 전통적인 자원뿐만 아니라 수소, 신재생에너지, 스마트그리드, 전기차, 배터리 등 에너지 신산업·탄소중립 분야에 이르기까지 한국의 중요한 협력파트너"라고 언급하며, "한국 정부는 금일 논의된 다양한 의제들이 실질적인 협력성과로 이어질 수 있도록 적극 지원해 나갈 것"이라고 밝혔다.
>
> ※ 출처: 산업통상자원부 보도자료

① 제12차 한-인니 에너지포럼은 인도네시아 에너지광물자원부가 우리나라에 방문하여 이루어졌다.
② 세션3에서 우리나라와 인도네시아는 핵심 광물 분야의 구체적 협력 방안을 만들어 나가기로 합의하였다.
③ 스마트 전력인프라 기반의 전기차 충전플랫폼 관련 분야로의 인니 진출 논의는 세션2에서 진행되었다.
④ 우리나라에서는 신남방정책을 진행하고 있으나 인도네시아는 해당 정책과 무관하다.
⑤ 한-인니 에너지포럼은 2007년부터 격년으로 시행된 바 있다.

08. 다음 글을 논리적 순서대로 알맞게 배열한 것은?

(가) 완전히 러시아에 복속될 것으로 보였던 크림반도는 1854년부터 2년간 러시아와 오스만제국·영국·프랑스 연합국 사이에 크림전쟁이 발발하게 됨에 따라 다시금 전쟁의 중심이 되고 마는데, 제2차 세계대전 말기에는 소련군과 독일 나치군이 이 지역에서 격렬하게 전투를 벌이기도 하였다. 종전 이후에는 주민 일부가 독일군에게 협력하였음을 이유로 타타르인을 포함한 여러 비슬라브계 주민이 중앙아시아 및 시베리아로 강제 이주되며 크림주로 위상이 낮아지기도 했던 크림반도는 1854년 흐루쇼프 정권에 이르러서 우크라이나에 편입되었다.

(나) 면적이 약 2만 7000km²에 달하는 크림반도는 흑해와 아조프해를 갈라놓는 반도로서 우크라이나 남부에 위치하고 있다. 부동항과 비옥한 토지가 특징인데, 기온 측면에서 북부 지방은 평균 기온이 1℃이지만 남부 지방은 평균 4℃ 아래로 내려가지 않아 매우 따듯하고, 온화한 편이다. 이로 인해 부동항을 갖고자 했던 러시아를 비롯해 주변국이 큰 관심을 갖는 대상이자 탐을 내던 지역이었다.

(다) 그렇지만 1991년 소련이 해체되며 우크라이나가 독립국이 되자 크림반도의 종주국과 관련해 다시 논란이 인 적이 있었다. 여러 논의 끝에 투표를 거쳐 크림반도는 우크라이나에 속하는 자치공화국이 되었지만, 2014년 러시아가 무력으로 크림반도를 병합하며 다시 러시아에 복속되었다. 그러나 우크라이나 정부에서는 러시아의 무력 병합에 대해 크게 반발하며 국제 사회 문제로 떠오르게 되었고, 현재 UN 등의 국제사회에서는 러시아의 크림반도 병합을 불법으로 규정하며 인정하지 않고 있는 상황이다.

(라) 고대의 크림반도는 킴메리인과 스키아이인에 의해 지배되었으며, 기원전 5세기에는 그리스인의 도시 국가가 성립되기도 하였다. 이후 기원전 2세기에 이르러서는 로마의 세력이 해안지방까지 영향을 미치게 되었고, 3세기를 넘어서까지 고트, 혼, 아바르와 같은 유목 민족이 각축을 벌이던 지역이 되었다. 그 후 13~15세기에는 킵차크 한국이 크림반도를 지배하였으나 15세기 말에는 오스만 제국이 크림반도로 진출함에 따라 해당 지역의 종주권을 갖게 되었다.

(마) 그 후 18세기까지 오스만제국의 영향권 아래에 있던 크림반도는 2차에 걸쳐 발발한 러시아-투르크 전쟁으로 인해 1783년에 이르러 예카테리나 2세에 의해 처음으로 러시아와 병합되게 되었다. 이는 크림반도를 러시아에 귀속함으로써 러시아 제국을 콘스탄티노플까지 남쪽으로 확장하고자 하는 의지를 드러낸 것으로, 제국 영토 확장의 계획을 실현하고자 예카테리나는 크림반도 토착민이었던 타타르족을 대상으로 인종 청소 정책을 실현하며 스위스와 독일 기독교인들을 크림반도로 이주시키기도 하였다. 실제로 크림반도의 타타르족은 러시아의 만행으로 인해 인구수가 5,000만 명에서 30만 명으로 크게 감소하였다.

① (나) - (라) - (가) - (다) - (마)
② (나) - (라) - (마) - (가) - (다)
③ (나) - (마) - (가) - (라) - (다)
④ (라) - (다) - (나) - (마) - (가)
⑤ (라) - (마) - (가) - (다) - (나)

09. 다음 보도자료의 내용과 일치하지 않는 것은?

상습미납은 더욱 엄중하게, 통행료 납부는 더욱 편리하게

국토교통부는 11월 9일부터 한국교통연구원 민자도로 관리지원센터(이하 '민자도로센터')와 함께 민자고속도로 미납통행료 강제 징수를 정례화한다고 밝혔다. 국토교통부와 민자도로센터는 공공요금의 하나인 고속도로 통행료에 대한 도덕적 해이 방지와 성실 납부 문화 정착을 위해 미납통행료 강제 징수 권한이 없는 민자도로사업자를 대신하여 「유료도로법」 제21조에 따라 국세 체납처분의 예 등에 준하여 2차례에 걸쳐 시범사업을 실시하였다.

1차 시범사업(2019. 10.~2020. 6.)은 최근 5년간 100회 이상 미납한 차량에 대해 총 360건 약 1억 5천만 원, 2차 시범사업(2020. 12.~2021. 6.)은 최근 5년간 50회 이상 미납한 차량에 대해 총 2,128건 약 5억 2천만 원의 미납통행료를 각각 징수하였다. 2차례 시범사업을 거쳐 앞으로는 최근 5년간 누적 미납 건수가 50회 이상인 차량에 대해 반기별 정례화하여 운영할 예정이며, 대상 차량은 약 3,726대, 미납금액은 누적 약 19억 원에 달하는 것으로 파악되었다.

강제 징수 절차가 개시되면 대상자는 모바일 메신저·문자·우편 등을 통해 미납사실과 납부 방법에 대해 고지를 받게 되고 고지 기한 내 납부하지 않을 경우 전자예금압류 및 강제 추심 대상이 될 수 있으며, 민자고속도로의 미납통행료 납부 방법, 강제 징수 절차 등 궁금한 사항은 민자도로센터 누리집 또는 민자도로센터 콜센터를 통해 안내받을 수 있다.

한편, 국토부와 민자도로센터는 강제 징수 대상자에 대한 미납사실 안내를 기존의 불편한 종이고지서 대신 모바일(알림톡 또는 문자)로 전자고지 받도록 시스템을 개선·구축하였다. 이번 11월부터는 강제 징수 대상자뿐만 아니라 용인-서울, 수도권 제1순환(일산-퇴계원), 인천국제공항 및 인천대교 고속도로의 모든 단순미납고지에도 모바일 전자고지 서비스가 정식으로 도입되어 이용자 편의가 제고될 예정이다. 다만, 이 서비스에는 법인 및 렌트 차량은 제외된다. 이후에는 관련 서비스를 전 민자고속도로 노선으로 확대하는 방안도 적극 모색할 예정이다.

국토교통부 오○○ 도로투자지원과장은 "민자고속도로의 통행료를 납부하는 방법을 더욱 편리하게 개선해 나감과 동시에, 회수된 통행료가 민자고속도로 편의성과 안전성을 제고하는 데 쓰이도록 관리·감독을 더욱 강화하겠다"라고 밝혔다.

※ 출처: 국토교통부 보도자료

---

① 인천국제공항 및 인천대교 고속도로의 모든 단순미납에 대한 모바일 전자고지 대상에는 법인과 렌트 차량이 포함되지 않는다.

② 최근 5년간 민자고속도로 통행료의 누적 미납 건수가 50회를 넘는 차량의 미납액은 총 5억 2천만 원이다.

③ 민자고속도로에 납부되는 통행료는 해당 도로의 편의성 및 안전성을 높이는 데 사용되도록 감시할 예정이다.

④ 민자고속도로 미납통행료에 대한 강제 징수 정례화는 11월 9일부터 이루어질 예정이다.

⑤ 민자고속도로 미납통행료에 대해 고지를 받았음에도 기한 내 납부를 하지 않는다면 전자예금압류 등 강제 추심 대상이 될 수 있다.

10. 다음 글의 내용과 일치하지 않는 것은?

> 고용보험이란 실업자에게 보험금을 주어 직업 능력의 개발과 향상, 실업자의 생활 안정과 재취업을 지원하는 사회보험을 말한다. 본래 전통적인 실업보험은 소극적 노동시장정책으로써 직업을 잃은 사람의 생활 안정을 위해 실업급여를 제공하는 것이었으나, 현재의 고용보험은 적극적 노동시장정책으로 변경되어 생활 안정을 위한 실업 급여는 물론 고용의 활성화와 실업을 방지하는 데에 목적을 두고 시행되고 있다.
>
> 이러한 목적의 고용보험은 현재 우리나라에서 건강보험, 국민연금, 산재보험과 더불어 4대 보험에 속한다. 1991년 처음 도입이 결정된 이래로 1993년 「고용보험법」이 제정되었고, 시행은 1995년 7월부터 이루어졌다. 이후 여러 번 개정을 거치며 고용보험의 적용범위가 확대되었는데, 2004년에 일용근로자를 포함하여 주 15시간 이상 시간제 근로자와 같은 비정규직 근로자에게도 고용보험이 적용되었고, 2012년에는 자영업자에게까지 고용보험 적용이 확대된 데 이어 2020년에는 예술인도 고용보험의 적용 대상이 되었다.
>
> 물론 고용보험의 적용 대상이라고 해서 고용보험에 따른 보험금인 실업급여를 받을 수 있는 것은 아니다. 일단 본인 스스로 직장을 관뒀거나 직장에 중대한 해를 입혀 해고된 경우라면 실업급여 적용 대상이 되지 않는다. 그리고 고용보험 적용사업장에서 퇴직하기 전까지 18개월간 피보험단위기간이 180일 이상 근무하여야 하며, 본인의 의사와 관계없이 퇴직을 하게 된 경우이면서 취업하지 못한 상태에서 재취업을 위해 적극적으로 노력하는 경우여야만 한다. 다만, 퇴직을 한 다음 날로부터 12개월이 지나면 퇴직급여를 지급받을 수 없으므로 실업급여를 신청하고자 한다면 기간에 유의할 필요가 있다.
>
> 고용보험은 4대 보험이기 때문에 보험료의 납부가 의무적으로 이루어진다는 점에서 실업급여를 받는 기준에 대해 불만을 갖는 사람들이 있다. 하지만 실업급여는 단순히 실업을 했다는 이유로 주는 위로금 혹은 고용보험료 납부 대가로 주는 금액이 아니며, 실업자가 적극적으로 재취업을 할 수 있도록 주는 일종의 활동 지원금으로 보아야 한다.
>
> 한편, 고용보험의 존재 의의에 대해 의문을 갖기 쉽다. 하지만 외환·금융 위기와 같이 우리 사회가 경제적으로 큰 위기에 처했을 때 고용보험은 실업자들이 붕괴하지 않도록 도움을 주었으며, 실제로 경제적 위기 극복에도 크게 기여한 것으로 알려져 있다. 또한, 코로나19가 발생한 2020년에는 신규 구직급여 신청자가 12만 9000명이나 되는 등 실업자들이 급증하였는데, 이러한 때에도 고용보험은 사회보험으로써 자국민의 위기를 극복에 도움을 주었다는 데에 충분한 존재 의의가 있다.

① 실업급여 대상자라고 하더라도 퇴직 후 12개월이 지나도록 신청하지 않았다면 실업급여를 받을 수 없다.

② 과거 우리나라에서 있었던 외환·금융 위기 때 고용보험은 위기 극복에 도움을 준 것으로 판단된다.

③ 우리나라에서 자영업자는 2004년 이후부터 비정규직 근로자와 함께 고용보험 가입 대상자가 되었다.

④ 고용보험 적용사업장에서 근무했어도 스스로의 의지에 의해 직장을 관뒀다면 실업급여를 받을 수 없다.

⑤ 전통적 실업보험은 실업자에게 생활 안정자금으로써 실업급여를 제공하는 데에서 그쳤다.

11. U 공사의 직원들은 대중교통 또는 자동차 중 한 가지 수단을 이용하여 회사에 출근한다. 다음 조건을 모두 고려하여 U 공사의 전체 직원 중 임의로 1명을 선택하였더니 출근길에 커피를 구매한 직원이었을 때, 이 직원이 자동차를 이용해 출근하였을 확률은?

- U 공사의 전체 직원 중 60%는 대중교통으로 출근하고, 40%는 자동차로 출근한다.
- 대중교통으로 출근하는 직원 중 $\frac{1}{15}$이 출근길에 커피를 구매한다.
- 자동차로 출근하는 직원 중 $\frac{19}{20}$가 출근길에 커피를 구매하지 않는다.

---

① $\frac{1}{10}$　　　② $\frac{1}{8}$　　　③ $\frac{1}{6}$　　　④ $\frac{1}{5}$　　　⑤ $\frac{1}{3}$

12. 면적이 500m²인 공장을 운영하는 D씨는 매월 70만 원씩 납부하는 전기요금을 절약하고자 공장 전체 면적만큼 태양광 발전기를 설치하였다. D씨의 공장에서 태양광 발전기는 1일부터 가동되었을 때, 설치 후 절약된 전기요금이 설치 비용보다 많아지려면 최소 몇 개월이 지나야 하는가? (단, 전기요금은 매월 1일부터 말일까지의 사용량을 기준으로 산정한다.)

[설치 면적별 설치 비용 및 전기요금]

설치 면적	설치 비용	설치 후 전기요금
150m² 이하	400만 원	설치 전 전기요금의 30%
150m² 초과 600m² 이하	800만 원	설치 전 전기요금의 30%
600m² 초과 1,000m² 이하	1,200만 원	설치 전 전기요금의 20%

① 15개월　　　② 16개월　　　③ 17개월　　　④ 18개월　　　⑤ 19개월

13. 다음은 ○○남도 항만별 선박 및 화물 물동량에 대한 자료이다. 자료에 대한 설명 중 옳은 것을 모두 고르면?

[항만별 선박 물동량]

(단위: 척)

구분	2016년	2017년	2018년	2019년	2020년	2021년	2022년	2023년
A 항만	8,721	8,824	8,038	7,548	8,528	6,704	5,221	3,754
B 항만	4,482	2,813	2,462	2,569	2,749	2,305	2,149	2,186
C 항만	2,724	2,544	2,889	2,788	3,020	2,868	2,457	1,872
D 항만	6,173	7,136	7,203	6,281	5,960	7,929	4,282	2,212
E 항만	6,315	5,808	6,271	6,527	5,832	4,986	4,631	3,840
F 항만	84	62	36	72	47	66	43	43
G 항만	767	614	708	739	818	626	600	563

[항만별 화물 물동량]

(단위: 천 톤)

구분	2016년	2017년	2018년	2019년	2020년	2021년	2022년	2023년
A 항만	1,165	2,268	2,624	2,331	2,768	3,033	1,817	1,504
B 항만	501	330	152	266	346	194	143	107
C 항만	12,187	12,181	12,297	11,753	11,723	11,245	11,208	10,202
D 항만	5,208	10,114	9,372	6,883	7,424	10,091	6,425	5,472
E 항만	8,550	7,077	7,864	9,203	10,003	8,666	7,830	5,746
F 항만	13	5	4	3	4	8	2	3
G 항만	13,911	13,551	13,559	12,670	13,255	12,096	12,727	11,778

※ ○○남도의 항만은 A~G 항만뿐임

ⓐ 2017년 이후 E 항만의 선박 물동량이 처음으로 전년 대비 증가한 해에 E 항만의 화물 물동량은 전년 대비 787천 톤 증가하였다.
ⓑ 제시된 기간 동안 D 항만의 선박 물동량은 매년 C 항만의 선박 물동량의 2배 이상이다.
ⓒ 제시된 기간 중 G 항만의 화물 물동량이 다른 해에 비해 가장 많은 해에 ○○남도 전체 화물 물동량에서 G 항만의 화물 물동량이 차지하는 비중은 35% 이상이다.
ⓓ 2017년 이후 F 항만의 선박 물동량의 전년 대비 증가율이 가장 큰 해는 2021년이다.

① ⓐ   ② ⓐ, ⓑ   ③ ⓐ, ⓓ   ④ ⓑ, ⓒ   ⑤ ⓒ, ⓓ

[14 - 15] 다음은 A 국가의 대사증후군 위험요인 현황에 대한 자료이다. 각 물음에 답하시오.

[연령별 대사증후군 위험요인 현황]

구분	수검자 수 (명)	복부비만		고혈압		고혈당		고중성지방혈증	
		인원(명)	비율(%)	인원(명)	비율(%)	인원(명)	비율(%)	인원(명)	비율(%)
전체	16,098,412	3,999,656	24.8	7,016,053	43.6	6,403,278	39.8	2,555,789	15.9
19세 이하	16,162	2,557	15.8	2,973	18.4	2,528	15.6	7	0.0
20~24세	544,396	71,286	13.1	87,910	16.1	74,985	13.8	17,281	3.2
25~29세	1,144,773	186,282	16.3	227,963	19.9	197,939	17.3	43,810	3.8
30~34세	1,340,699	303,327	22.6	329,632	24.6	310,815	23.2	65,543	4.9
35~39세	1,385,978	352,585	25.4	419,295	30.3	417,183	30.1	99,585	7.2
40~44세	1,919,130	448,509	23.4	636,132	33.1	650,896	33.9	338,559	17.6
45~49세	1,767,840	393,724	22.3	686,157	38.8	696,843	39.4	239,260	13.5
50~54세	2,055,587	467,163	22.7	919,777	44.7	914,732	44.5	285,152	13.9
55~59세	1,648,391	400,514	24.3	842,637	51.1	813,076	49.3	299,923	18.2
60~64세	1,780,520	499,212	28.0	1,040,754	58.5	920,890	51.7	509,560	28.6
65~69세	860,338	276,562	32.1	574,011	66.7	473,915	55.1	214,268	24.9
70~74세	850,860	306,169	36.0	627,616	73.8	483,081	56.8	227,973	26.8
75~79세	414,458	157,995	38.1	324,299	78.2	237,921	57.4	115,706	27.9
80~84세	292,101	109,780	37.6	235,637	80.7	166,523	57.0	86,145	29.5
85세 이상	77,179	23,991	31.1	61,260	79.4	41,951	54.4	13,017	16.9

[성별 대사증후군 위험요인 현황]

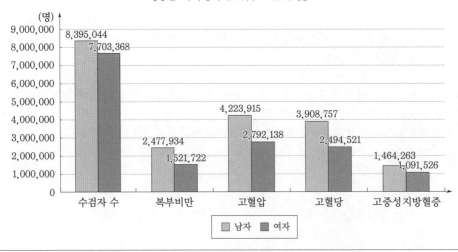

14. 다음 중 자료에 대한 설명으로 옳지 않은 것은?

① 전체 수검자 수는 여자가 남자보다 691,000명 이상 더 적다.

② 고혈압 비율이 가장 높은 연령이 고중성지방혈증 비율도 가장 높다.

③ 수검자 수가 가장 많은 연령이 복부비만 인원수도 가장 많다.

④ 전체 복부비만 인원수 중 남자의 비중은 60% 이상이다.

⑤ 고혈당 비율이 전체 고혈당 비율보다 낮은 연령대는 총 7개이다.

15. 제시된 연령 중 고혈압 인원수가 두 번째로 많은 연령과 고중성지방혈증 인원수가 두 번째로 많은 연령의 복부비만 인원수의 평균은?

① 421,116명 　　 ② 424,512명 　　 ③ 430,444명 　　 ④ 457,836명 　　 ⑤ 474,210명

[16 – 17] 다음은 2023년 지역별 커피 생산 및 매출 현황에 대한 자료이다. 각 물음에 답하시오.

[지역별 커피 생산 및 매출 현황]

구분	생산			매출	
	생산능력 (톤)	생산량 (톤)	생산액 (백만 원)	국내 판매량 (톤)	국내 판매액 (백만 원)
전국	17,166,507	660,310	1,828,806	615,243	2,423,250
서울특별시	56,159	2,530	29,723	2,456	47,170
부산광역시	13,416	2,023	18,078	1,948	24,075
대구광역시	69,462	9,241	9,692	2,220	14,596
인천광역시	210,045	100,189	460,680	97,213	756,615
광주광역시	194,470	1,301	5,529	1,304	9,960
대전광역시	177,951	34,953	59,987	33,614	120,721
울산광역시	98,924	444	1,815	390	2,146
세종특별자치시	48,977	6,079	32,074	6,281	40,797
경기도	11,094,251	167,313	407,808	165,295	558,947
강원도	770,574	15,857	42,464	14,416	53,062
충청북도	1,096,019	109,431	309,068	91,990	336,850
충청남도	839,273	51,576	109,437	50,534	169,584
전라북도	187,294	24,305	35,123	24,290	38,683
전라남도	185,115	9,639	84,269	5,348	33,681
경상북도	639,593	39,076	32,868	40,972	41,455
경상남도	1,479,602	86,288	189,525	76,910	173,619
제주특별자치도	5,382	65	666	62	1,289

[주요 지역의 커피 수출량]

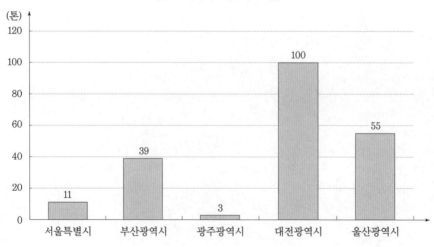

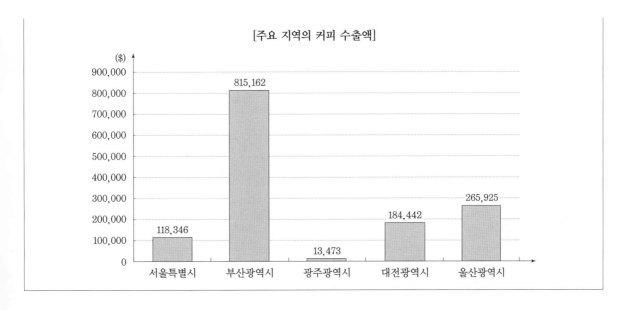

[주요 지역의 커피 수출액]

16. 다음 중 자료에 대한 설명으로 옳은 것을 모두 고르면?

> ⊙ 전국 커피 생산량에서 충청남도 커피 생산량이 차지하는 비중은 전국 커피 국내 판매량에서 충청남도 커피 국내 판매량이 차지하는 비중보다 더 크다.
> ⊙ 부산광역시의 커피 1톤당 평균 수출액은 광주광역시의 커피 1톤당 평균 수출액보다 16,000$ 이상 더 많다.
> ⊙ 커피 생산액이 가장 큰 지역의 커피 생산능력은 커피 생산량의 2배 이상이다.
> ⊙ 제시된 주요 지역 중 커피 수출량이 가장 많은 지역은 커피 1톤당 평균 국내 판매액도 다른 주요 지역에 비해 가장 크다.

① ㉠   ② ㉢   ③ ㉠, ㉣   ④ ㉡, ㉢   ⑤ ㉡, ㉣

17. 2023년 울산광역시 커피 수출량의 전년 대비 증가율이 25%일 때, 2022년 울산광역시의 커피 수출량은?

① 14톤   ② 32톤   ③ 40톤   ④ 44톤   ⑤ 48톤

18. 다음은 S 지역의 청소년의 지상파 TV 방송 시청 여부 및 시청 기기에 대한 설문 응답 자료이다. 자료에 대한 설명으로 옳지 않은 것은?

[청소년 지상파 TV 방송 시청 여부]

구분			전체 응답 수(명)	전혀 시청 안 함(%)	시청함(%)
성	남자		10,794	15.7	84.3
	여자		6,954	8.0	92.0
학급	초등학교	저학년	4,835	11.1	88.9
		고학년	3,286	10.9	89.1
	중학교		4,622	10.9	89.1
	고등학교		5,005	13.9	86.1
학년	초등학교	4학년	1,549	11.6	88.4
		5학년	1,678	11.0	89.0
		6학년	1,608	10.8	89.2
	중학교	1학년	1,540	9.4	90.6
		2학년	1,595	10.2	89.8
		3학년	1,487	13.1	86.9
	고등학교	1학년	1,487	13.7	86.3
		2학년	1,673	11.4	88.6
		3학년	1,845	16.2	83.8

[청소년 지상파 TV 방송 시청 기기]

(단위: %)

구분		PC · 노트북	스마트폰	태블릿PC · 스마트 패드	TV
성	남자	7.2	16.4	1.7	74.7
	여자	3.9	20.7	2.5	72.9
학급	초등학교 저학년	4.4	14.5	2.5	78.6
	초등학교 고학년	4.6	14.3	2.2	78.9
	중학교	5.2	17.6	1.2	76.0
	고등학교	6.9	23.5	2.6	67.0
학년	초등학교 4학년	4.1	15.1	2.9	77.9
	초등학교 5학년	4.9	15.1	2.2	77.8
	초등학교 6학년	4.2	13.4	2.3	80.1
	중학교 1학년	5.2	15.7	0.9	78.2
	중학교 2학년	5.1	15.5	1.9	77.5
	중학교 3학년	5.3	21.9	0.9	71.9
	고등학교 1학년	7.9	22.2	1.4	68.5
	고등학교 2학년	5.5	23.9	2.8	67.8
	고등학교 3학년	7.1	24.4	3.6	64.9

※ 1) [청소년 지상파 TV 방송 시청 기기] 설문 응답자는 지상파 TV 방송을 시청한 적이 있다고 답한 응답자에 한함

2) 초등학교 저학년은 1~4학년, 초등학교 고학년은 5~6학년을 의미함

① 설문에 응답한 청소년 중 지상파 TV 방송을 전혀 시청 안 한다고 응답한 청소년 수는 초등학교 5학년이 초등학교 4학년보다 많다.

② 설문에 응답한 청소년 중 TV 기기를 이용하여 지상파 TV 방송을 시청하는 여자 청소년 수는 4,400명 이상이다.

③ 제시된 4가지 학급 중 태블릿PC · 스마트 패드 기기를 이용하여 지상파 TV 방송을 시청하는 청소년 수가 가장 적은 학급은 초등학교 고학년이다.

④ 제시된 9가지 학년 중 스마트폰 기기를 이용하여 지상파 TV 방송을 시청하는 비율이 가장 높은 학년의 전체 응답 수는 1,845명이다.

⑤ 설문에 응답한 청소년 중 남자 청소년과 여자 청소년이 지상파 TV 방송을 시청한다고 응답한 비율의 차이는 7.7%p이다.

19. 다음은 지역별 흡연율에 대한 자료이다. 자료에 대한 설명으로 옳은 것은?

[지역별 흡연율]

(단위: 명, %)

구분	2015년		2016년		2017년		2018년		2019년	
	응답자 수	흡연율	응답자 수	흡연율	응답자 수	흡연율	응답자 수	흡연율	응답자 수	흡연율
서울특별시	23,000	20.4	22,950	20.5	22,955	20.0	22,904	19.8	22,928	17.8
부산광역시	14,604	21.7	14,530	21.7	14,521	21.7	14,516	21.1	14,510	19.0
대구광역시	7,329	21.2	7,302	20.7	7,313	20.8	7,303	21.7	7,291	19.8
인천광역시	9,014	24.0	8,983	24.7	8,983	22.7	8,978	22.9	8,971	20.7
광주광역시	4,599	19.5	4,596	19.7	4,581	21.6	4,564	21.1	4,568	19.6
대전광역시	4,590	21.1	4,570	21.0	4,577	20.9	4,574	22.7	4,576	18.9
울산광역시	4,567	21.2	4,553	22.2	4,549	20.9	4,552	20.2	4,551	19.0
세종특별자치시	924	17.9	922	18.1	919	17.8	917	17.5	916	15.9
경기도	41,178	22.0	41,028	22.1	40,996	21.0	40,959	20.9	41,867	19.9
강원도	15,885	24.4	15,826	22.8	15,832	23.0	15,824	24.8	15,817	21.0
충청북도	11,611	22.2	12,464	22.5	12,469	23.2	12,479	23.2	12,485	22.2
충청남도	13,586	23.4	13,530	22.8	13,495	22.3	13,488	23.9	13,483	21.5
전라북도	12,526	21.1	12,427	21.7	12,422	20.6	12,479	21.1	12,421	18.9
전라남도	19,736	21.1	19,613	22.5	19,621	21.0	19,616	21.2	19,527	21.1
경상북도	22,271	23.5	22,178	23.7	22,164	22.4	22,176	23.2	22,182	21.2
경상남도	18,037	21.4	17,933	21.7	17,935	21.4	17,946	20.9	17,942	18.9
제주특별자치도	5,089	21.3	5,041	26.7	5,042	23.1	5,053	21.8	5,051	20.6

※ 출처: KOSIS(질병관리청, 지역사회건강조사)

① 2016년 이후 전라남도의 응답자 수는 매년 전년 대비 감소하였다.
② 흡연율이 20% 미만인 지역은 2015년과 2017년이 모두 동일하다.
③ 2018년 흡연율이 다른 지역에 비해 가장 높은 지역은 2019년에도 흡연율이 가장 높다.
④ 2016년 흡연율이 다른 지역에 비해 세 번째로 낮은 지역의 2016년과 2019년 흡연율 차는 3.7%p이다.
⑤ 2017년 경기도의 흡연자 수는 8,600명 이상이다.

20. 다음은 P 지역의 고등학생이 진학을 희망하는 전공 계열 상위 10순위에 대한 자료이다. 자료에 대한 설명으로 옳은 것은?

[고등학생이 진학을 희망하는 전공 계열 상위 10순위]

(단위: %)

구분	2022년				2023년			
	남학생		여학생		남학생		여학생	
	전공 계열	비율	전공 계열	비율	전공 계열	비율	전공 계열	비율
1순위	기계 · 금속	11.3	간호	12.3	컴퓨터 · 통신	12.0	언어 · 문학	10.6
2순위	경영 · 경제	9.6	언어 · 문학	10.4	경영 · 경제	9.3	사회과학	9.9
3순위	무용 · 체육	9.1	사회과학	10.2	기계 · 금속	8.9	경영 · 경제	9.5
4순위	컴퓨터 · 통신	8.6	경영 · 경제	9.7	전기 · 전자	8.2	간호	8.8
5순위	사회과학	7.8	디자인	8.4	무용 · 체육	7.8	디자인	8.6
6순위	전기 · 전자	7.2	유아교육	7.4	중등교육	6.6	인문과학	6.1
7순위	언어 · 문학	6.7	의료	6.1	언어 · 문학	6.0	유아교육	5.6
8순위	중등교육	6.1	인문과학	6.0	생물 · 화학 · 환경	5.5	응용예술	5.5
9순위	인문과학	5.9	치료 · 보건	5.7	사회과학	5.5	치료 · 보건	5.0
10순위	건축	5.9	생물 · 화학 · 환경	5.5	인문과학	5.3	생물 · 화학 · 환경	4.9

① 2023년 남학생과 여학생 모두가 진학을 희망하는 전공 계열 수는 총 4개이다.

② 2022년 남학생이 진학을 희망하는 전공 계열 중 1~3순위 비율의 합은 같은 해 여학생이 진학을 희망하는 전공 계열 중 1~3순위 비율의 합보다 2.9%p 더 작다.

③ 제시된 기간 동안 고등학생이 진학을 희망하는 전공 계열 상위 10순위 중 비율이 6.0% 미만인 전공 계열 수는 남학생과 여학생 모두 매년 2개씩이다.

④ 언어 · 문학 전공 계열을 희망하는 남학생과 여학생 비율의 평균은 2023년이 2022년보다 크다.

⑤ 2023년 간호 전공 계열을 희망하는 여학생 비율의 전년 대비 감소율은 30% 이상이다.

21. A, B, C, D, E, F, G 7명은 같은 팀이며, 출근 시각은 오전 9시이다. 다음 조건을 모두 고려하였을 때, 7명 중 다섯 번째로 출근한 사람은?

- 7명 모두 서로 다른 시각에 출근했다.
- F보다 늦게 출근한 사람은 4명이다.
- 지각한 사람은 3명이고, 이 중 1명은 B이다.
- A와 E 사이에 출근한 사람은 1명이다.
- A와 F 사이에 출근한 사람 수는 C와 G 사이에 출근한 사람 수보다 1명 적다.
- G는 첫 번째로 출근하고, D는 G 바로 다음으로 출근했다.
- B는 마지막으로 출근한 사람이 아니다.

① A   ② B   ③ C   ④ D   ⑤ E

22. A, B, C, D, E, F 6명 중 2명은 가 팀, 1명은 나 팀, 3명은 다 팀이다. 세 팀이 함께 준비한 프로젝트에서 가 팀의 실수로 문제가 발생하였다. 가 팀 팀원은 모두 거짓을 말하고, 나 팀 팀원은 진실 또는 거짓을 말하며, 다 팀 팀원은 모두 진실을 말한다. 다음 조건을 모두 고려하였을 때, 항상 옳지 않은 것은?

- A: 나와 C는 같은 팀이 아닙니다.
- B: F는 나 팀입니다.
- C: E는 거짓을 말하고 있습니다.
- D: 나와 E는 같은 팀입니다.
- E: 나와 B는 같은 팀입니다.
- F: A가 소속된 팀이 실수를 하였습니다.

① A는 거짓을 말한다.
② B는 다 팀의 팀원이다.
③ F는 진실을 말한다.
④ C는 가 팀의 팀원이 아니다.
⑤ D는 나 팀의 팀원이 아니다.

23. A, B, C, D 네 로봇에는 한국어, 영어, 중국어, 일본어 중 각각 서로 다른 한 가지 언어 기능이 탑재되어 있고, 네 로봇 중 한 로봇만이 거짓을 말하고 있다. 다음 조건을 모두 고려하였을 때, 항상 옳지 않은 것은?

> - A: 나는 한국어 기능이 있어.
> - B: 나는 영어나 중국어 기능이 있어.
> - C: 나에게 탑재되어 있는 언어 기능은 일본어나 영어가 아니야.
> - D: 나는 한국어나 일본어 기능이 있어.

① C는 일본어 기능이 없다.
② A는 한국어 기능이 없다.
③ B가 중국어 기능이 있을 경우, C는 한국어 기능이 있다.
④ D가 한국어 기능이 있을 경우, A는 영어 기능이 있다.
⑤ A는 영어 기능이 있을 수도 있고, 중국어 기능이 있을 수도 있다.

24. 다음 안내문을 근거로 판단한 내용으로 옳지 않은 것은?

[양도소득세법 개정 안내문]

1. 양도소득세란?
- 토지·건축 등을 유상으로 양도하여 얻은 양도 차익에 대하여 부과하는 조세

2. 양도소득세법 주요 개정 내용
- 1세대 1주택자, 조정대상지역 내 다주택자 등 양도소득세금 제도상 주택 수를 계산할 때 분양권을 포함하여 주택 수 계산
- 1세대 1주택(고가주택)에 대한 장기보유특별공제율 적용 요건에 거주기간 추가(2021. 1. 1. 이후 양도분부터)

기간		3년	4년	5년	6년	7년	8년	9년	10년 이상
현행(%)	보유	24	32	40	48	56	64	72	80
개정(%)	보유	12	16	20	24	28	32	36	40
	거주	12(8)	16	20	24	28	32	36	40
	합계	24(20)	32	40	48	56	64	72	80

※ 1) 보유기간 연 8% 공제율을 보유기간 4% + 거주기간 4%로 조정
　 2) 보유기간이 3년 이상(12%)이고, 거주기간이 2~3년(8%)인 경우 20% 적용

- 2년 미만 보유 주택(조합원입주권·분양권 포함)에 대한 양도소득세율 인상(2021. 6. 1. 이후 양도분부터)

구분		현행			개정	
		주택 입주권	분양권		주택 입주권	분양권
			조정	비조정		
보유기간	1년 미만	40%		50%	70%	70%
	2년 미만	기본세율	50%	40%	60%	60%
	3년 미만	기본세율		기본세율	기본세율	

- 조정대상지역 내 다주택자에 대한 세율 인상(2021. 6. 1. 이후 양도분부터)

현행	개정
기본세율 + 10%p(2주택) 또는 20%p(3주택 이상)	기본세율 + 20%p(2주택) 또는 30%p(3주택 이상)

3. 양도소득세 관련 보완 조치
1) 거주주택에 대한 1세대 1주택 비과세 특례 적용
   - 자진·자동등록말소로 인해 의무임대기간을 충족하지 않더라도 임대주택 등록말소 후 5년 내 거주주택을 양도하는 경우 1세대 1주택 비과세 적용
   - 이미 1세대 1주택 비과세를 적용받고 거주주택을 양도한 후 임대주택이 자진·자동등록말소되는 경우에도 추징하지 않음
   ※ 1) 자진등록말소의 경우 의무임대기간의 1/2 이상 임대한 경우만 위의 보완조치 적용
   　 2) 임대사업자의 임대주택 외 1거주주택 양도 시 1세대 1주택 양도소득세 비과세 적용(의무임대기간: 단기 5년, 장기 8년 이상)

2) 양도소득세 중과 배제

– 자진·자동등록말소로 인해 임대기간 요건을 충족하지 않고 임대주택을 양도하는 경우에도 다주택자 양도소득세 중과 배제 및 법인세 추가 과세에서 배제됨. 단, 자진말소의 경우 임대주택 등록말소 후 1년 내 양도하는 경우에 한하여 중과 배제

※ 임대주택에 대해 조정대상지역 내 다주택자 중과세율(2주택자 + 10%p, 3주택 이상자 + 20%p) 및 법인세 추가세율 (+ 10%p) 적용 제외(의무임대기간: 단기 5년, 장기 8년 이상)

① 임대주택 등록이 말소된 후 5년 안에 거주주택을 양도할 경우에는 자진·자동등록말소로 인해 의무임대기간 이 충족되지 않았더라도 1세대 1주택 비과세가 적용된다.

② 비조정대상지역 내에서 2년 이상 3년 미만의 기간 동안 보유한 분양권을 2021년 7월 이후 양도할 경우 양도 소득세율은 조정대상지역 여부에 관계없이 기본세율이 적용된다.

③ 2년 미만 보유 주택 및 조정대상지역 내 다주택자에 대한 양도소득세율 인상은 2021년 6월 1일 이후 양도분 부터 적용된다.

④ 자진말소로 인해 임대기간 요건을 충족하지 못하고 임대주택을 양도할 경우 임대주택 등록말소 후 1년 안에 양도해야 중과에서 배제된다.

⑤ 임대사업자가 해당 임대주택 외에 1거주주택을 양도할 때는 1세대 1주택 양도소득세 비과세가 적용된다.

25. 다음은 ◇◇기업에서 근무 중인 사원들의 인사 고과를 위해 사용하는 업무역량 점수 산출 방식이다. A 대리 의 부문별 업무역량 평가를 고려하였을 때, A 대리가 받는 최종 업무역량 점수는?

[업무역량 점수 산출 방식]

– 업무역량은 기획력, 창의력, 추진력, 지도력 4가지 부문으로 구분한다.
– 부문별 업무역량 점수는 부문별 업무 수행 능력 점수와 부문별 업무 성실도 점수를 고려하여 결정한다.
– 부문별 업무 수행 능력 점수와 부문별 업무 성실도 점수는 각각 0점 이상 100점 이하의 점수로 평가된다.
– 부문별 업무역량 점수와 최종 업무역량 점수의 산출 방식은 다음과 같다.
  부문별 업무역량 점수 = (부문별 업무 수행 능력 점수 × 0.5) + (부문별 업무 성실도 점수 × 0.4)
  최종 업무역량 점수 = (부문별 업무역량 점수의 최댓값 × 2) + (부문별 업무역량 점수의 최솟값 × 2)

[A 대리의 부문별 업무역량 평가]

구분	기획력	창의력	추진력	지도력
업무 수행 능력	80점	92점	100점	56점
업무 성실도	85점	68점	92점	91점

① 257.6점 ② 298.4점 ③ 302.4점 ④ 307.8점 ⑤ 347.2점

26. 다음 지능형전력망의 구축 및 이용촉진에 관한 법률을 근거로 판단할 때 옳지 않은 것은?

제10조(연구개발의 지원)

정부는 지능형전력망에 관한 연구개발을 활성화하기 위하여 다음 각 호의 어느 하나의 사항을 수행하는 자에게 필요한 행정적·재정적 지원을 할 수 있다.

    1. 지능형전력망 기술의 개발

    2. 지능형전력망 관련 교육과정의 개발 및 인력 양성

    3. 그 밖에 지능형전력망에 관한 연구개발을 활성화하기 위하여 대통령령으로 정하는 사항

제12조(지능형전력망 사업자의 등록 등)

① 다음 각 호의 어느 하나에 해당하는 지능형전력망 사업을 하려는 자는 대통령령으로 정하는 바에 따라 전문인력, 자본금 등의 등록기준을 갖추어 산업통상자원부장관에게 등록하여야 한다.

    1. 지능형전력망 기반 구축사업

    2. 지능형전력망 서비스 제공사업

② 제1항에 따라 등록한 사항 중 대통령령으로 정하는 중요 사항을 변경하려면 변경등록을 하여야 한다.

③ 제1항 및 제2항에 따른 등록 및 변경등록의 절차, 방법, 그 밖에 등록에 필요한 사항은 대통령령으로 정한다.

제14조(투자비용의 지원 등)

① 정부는 제12조 제1항에 따라 등록한 지능형전력망 사업자가 대통령령으로 정하는 바에 따라 지능형전력망의 공공성, 안전성 등 공익의 실현에 필요한 투자를 하는 경우에는 그 비용의 전부 또는 일부를 지원할 수 있다.

② 제1항에 따른 지원에 필요한 비용은 다음 각 호의 어느 하나의 기금 또는 예산으로 지원할 수 있다.

    1. 「전기사업법」 제48조에 따른 전력산업기반기금

    2. 「정보통신산업 진흥법」 제41조에 따른 정보통신진흥기금

    3. 「에너지 및 자원사업 특별회계법」에 따른 에너지 및 자원사업 특별회계

제17조(표준화의 추진)

① 산업통상자원부장관은 지능형전력망의 안정성 및 상호 운용성을 보장하기 위하여 지능형전력망 기술, 제품 및 서비스 등에 관한 표준을 정하여 고시할 수 있다.

② 산업통상자원부장관은 지능형전력망 사업자에게 제1항에 따른 표준의 준수를 권고할 수 있다.

제20조(지능형전력망 협회)

① 지능형전력망 사업자는 지능형전력망 산업의 건전한 발전과 지능형전력망 사업자의 공동 이익을 위하여 산업통상자원부장관의 인가를 받아 지능형전력망 협회(이하 "협회"라 한다)를 설립할 수 있다.

② 협회는 법인으로 한다.

③ 협회는 주된 사무소 소재지에서 설립등기를 함으로써 성립한다.

④ 협회에 관하여 이 법에서 정한 것을 제외하고는 「민법」 중 사단법인에 관한 규정을 준용한다.

---

① 지능형전력망 사업자는 지능형전력망 제품 등에 관한 표준의 준수를 권고받을 수 있다.

② 지능형전력망 서비스 제공사업을 영위하려는 자는 산업통상자원부장관에게 등록해야 한다.

③ 지능형전력망 협회는 주사무소의 소재지에서 설립등기를 하여야 유효한 협회로 성립한다.

④ 지능형전력망 기술의 개발을 하는 자는 정부로부터 행정적 지원만 받을 수 있다.

⑤ 지능형전력망 사업자는 공익 실현에 필요한 투자 비용 전부를 전력산업기반기금을 통해 지원받을 수 있다.

27. 다음은 △△대학교의 교과목 성적 평가 기준과 △△대학교에서 물리학개론 교과목을 수강한 학생들의 최종 점수 산출 내역이다. 교과목 성적 평가 기준을 고려하였을 때, 엄지호 학생이 물리학개론 교과목에서 받을 수 있는 성적 평가 중 가장 높은 학점은?

[교과목 성적 평가 기준]

- 교과목 성적 평가는 최종 점수를 기준으로 점수가 높은 순서대로 A^+, A^0, B^+, B^0, C^+, C^0, D^+, D^0, F 학점 순으로 평가한다.
- 각 등급별 비율은 [성적 평가 기준표]를 기준으로 하며, 각 등급의 비율을 최소 비율과 최대 비율 사이로 배정하여 최종적으로 모든 등급의 비율 합이 100%가 되도록 배정한다.
- 각 등급 내에서 +와 0의 비율은 교수 재량으로 배정할 수 있다.

[성적 평가 기준표]

등급	A		B		C		D		F
학점	A^+	A^0	B^+	B^0	C^+	C^0	D^+	D^0	F
최소 비율	10%		25%		20%		0%		0%
최대 비율	20%		40%		40%		40%		30%

[물리학개론 교과목 최종 점수 산출 내역]

성명	최종 점수	성명	최종 점수
이서아	99	권이준	91
김하윤	57	양도윤	88
박이서	97	정은우	67
이지안	57	엄지호	73
안하은	59	남호정	79
서아린	89	이수진	85
김지우	93	박유준	84
김수아	66	김서운	69
고나은	75	이예준	77
임현주	83	명혜영	68

① B^+　　　② B^0　　　③ C^+　　　④ C^0　　　⑤ D^+

28. 다음 공익 신고 보상금 지급 기준을 근거로 판단한 내용으로 옳지 않은 것은?

[공익 신고 보상금 지급 기준]

1. 공익 신고 보상금이란?
   - 공익 신고를 함으로써 직접적으로 국가나 지방자치단체의 수입 회복이나 증대 또는 비용의 절감 등을 가져온 신고자가 국민권익위원회에 신청하여 받을 수 있는 공익 신고 보상금

2. 보상금 지급 안내
   - 공익 신고로 인하여 다음의 항목 중 어느 하나에 해당하는 부과 또는 환수 등을 통하여 국가 또는 지방자치단체의 직접적인 수입의 회복 또는 증대를 가져오거나 그에 관한 법률관계가 확정된 때 보상금을 지급함
     • 벌칙 또는 통고처분
     • 몰수 또는 추징금의 부과
     • 과태료 또는 이행강제금의 부과
     • 과징금의 부과
     • 국세 또는 지방세의 부과
     • 부담금 또는 가산금 부과 등의 처분
     • 손해배상 또는 부당이익 반환 등의 판결

3. 보상금 지급 기준

보상대상가액	보상금 산정 기준
1억 원 이하	20%
1억 원 초과 5억 원 이하	2천만 원 + 1억 원 초과 금액의 14%
5억 원 초과 20억 원 이하	7천 6백만 원 + 5억 원 초과 금액의 10%
20억 원 초과 40억 원 이하	2억 2천 6백만 원 + 20억 원 초과 금액의 6%
40억 원 초과	3억 4천 6백만 원 + 40억 원 초과 금액의 4%

※ 1) 보상대상가액: 부과 또는 환수 등을 통하여 국가 또는 지방자치단체의 직접적인 수입의 회복 또는 증대를 가져오거나 그에 관한 법률관계가 확정된 금액
   2) 산정된 보상금이 10만 원 미만인 경우에는 지급하지 아니하고, 보상금의 지급 한도액은 10억 원임

4. 보상금 지급 절차

구분	주체	내용
1단계	신청인	보상금 지급 신청
2단계	공익보호지원과	접수
3단계		조사 및 확인
4단계	보상심의위원회	심의 및 의결
5단계		보상금 지급 결정
6단계		보상금 지급

5. 보상금 신청 기한
   - 국가 또는 지방자치단체의 수입의 회복이나 증대에 관한 법률관계가 확정되었음을 안 날부터 2년 이내, 그 법률관계가 확정된 날부터 5년 이내

① 공익 신고자의 신고로 발생한 보상대상가액이 25억 원일 경우 2억 2천 6백만 원에 5억 원의 6%에 해당하는 금액을 가산한 액수가 보상금으로 지급된다.

② 보상금 지급 신청은 국가나 지방자치단체의 수입 회복이나 증대에 관한 사실이 확정되었음을 안 날로부터 5년 안에 해야 한다.

③ 공익 신고자가 보상금 지급 신청을 한 이후 진행되는 조사 및 확인 과정과 보상금 지급 결정 과정은 각각 다른 주체에 의해 진행된다.

④ 공익 신고 시 보상받을 수 있는 금액의 최고 한도는 10억 원이며 10만 원 미만의 금액이 보상금으로 책정될 경우에는 보상받을 수 없다.

⑤ 공익 신고자의 신고가 과징금 부과의 방법으로 지방자치단체의 직접적인 수입 증대에 영향을 미쳤을 경우 공익 신고자에게 보상금이 지급될 수 있다.

29. 다음 공모전을 근거로 판단한 내용으로 옳지 않은 것은?

[원가연계형 요금제 콘텐츠 공모전]

1. 공모 주제
- 원가연계형 요금제에 대한 필요성, 효과, 제도 소개
- 원가연계형 요금제에 대한 오해와 진실
- 생활 속 원가연계형 요금제 경험 사례
- ※ 원가연계형 요금제 내 연료비 연동제, 기후환경요금 중 특정 1개의 제도에 대한 콘텐츠 제작도 가능

2. 참가 자격
- 대한민국에서 전기를 사용하는 국민 누구나
- 팀 단위 응모도 가능하나 1개 팀은 5인 이하로 제한

3. 공모 일정
- 2021. 8. 9.(월)~2021. 9. 10.(금) 24:00까지

4. 공모 부문

구분	내용
영상	• 5분 이내 분량 • 50MB 미만 • 1280×720(가로×세로) 픽셀의 mp4, mov 파일
카드뉴스	• 10분 컷 이내 • 50MB 이내 • 900×900(가로×세로) 픽셀의 jpg, jpeg 파일(zip 파일로 압축 후 1개 파일로 제출)

5. 시상내역

구분	수상 작품 수	상금
대상	영상, 카드뉴스 부문 중 1작품	상금 500만 원
금상	각 부문별 1작품	상금 200만 원
은상	각 부문별 1작품	상금 100만 원
동상	각 부문별 2작품	상금 50만 원
입선	각 부분별 5작품	상금 20만 원

※ 참가 및 심사결과에 따라 시상을 가감하거나 시상하지 않을 수 있음

6. 유의사항
- 공모전에 출품된 작품에 대한 저작권(저작재산권, 저작인격권)은 응모자에게 있으며, 수상 후에도 입상자에게 귀속됨을 원칙으로 함
- 주최자는 비영리, 공익적 목적으로 입상작을 2년간 복제·전송·배포할 수 있고, 입상자와 별도 합의를 통한 이용허락을 얻어 2차적 저작물을 작성할 수 있음
- 응모자는 응모와 동시에 추후 입상 시 공모전 소개에 기재되어 있는 이용방법 및 조건의 범위 안에서 저작물(입상작) 이용을 허락한 것으로 보고, 입상작의 저작재산권에 대한 이용료는 입상에 따른 상금으로 대체될 수 있음
- 응모자는 응모작이 제3자의 저작권, 초상권 등을 침해하지 않도록 주의의무를 다하여야 하며, 이에 대한 이의신청 및 분쟁 발생 시 모든 책임은 응모자에게 있음

> - 표절, 도용, 모방 작품으로 판명될 경우 심사에서 제외되며, 수상 이후라도 표절 등 판명 시 수상 취소와 상금 등을 회수할 수 있음
> - 향후 공모전 출품작 저작권과 관련한 분쟁이 발생할 경우 한국저작권위원회에 조정을 신청하여 해결할 수 있으며, 양 당사자는 원활한 분쟁해결을 위해 상호 노력해야 함
> - 주최자는 응모작 유출 방지 등 주의의무를 다하며, 입상하지 않은 응모작은 공모전 종료일로부터 3개월 이내에 모두 폐기함

① 전기를 사용하는 대한민국 국민이라면 누구나 공모전에 참가할 수 있으며 팀 단위로 참가하고자 할 경우에는 5인 이하로 팀을 구성해야 한다.

② 공모전에 출품된 작품의 수상 여부에 관계없이 저작인격권은 응모자에게 있으나 수상작에 한하여 저작재산권은 주최자에 귀속된다.

③ 카드뉴스 부문에 공모 시 가로, 세로를 900px로 맞춘 후 jpg 파일과 jpeg 파일을 하나의 파일로 압축하여 제출해야 한다.

④ 은상을 수상하는 응모자에게 제공되는 상금의 총금액과 입선한 수상 응모자에게 제공되는 상금의 총금액은 같다.

⑤ 주최자는 응모작이 유출되지 않도록 주의할 의무가 있으며 응모작 중 입상하지 못한 작품은 공모전이 종료되는 시점으로부터 3개월 안에 모두 폐기해야 한다.

30. 다음 보도자료를 근거로 판단한 내용으로 옳지 않은 것은?

국토교통부는 2050 탄소중립 실현 및 국민 에너지비용 저감을 위하여 신축 공동주택의 에너지 성능기준을 강화하는 내용을 담은 「에너지절약형 친환경 주택의 건설기준」 개정안을 6월 3일 고시한다고 밝혔다. 이번에 개정된 고시는 7월 이후 사업계획 승인을 신청하는 30세대 이상 신축 공동주택에 적용되는 것으로, 주요 내용 중 첫 번째는 신축 공동주택의 에너지 성능 향상이다. 이는 사업계획 승인 대상인 30세대 이상 신축 공동주택의 에너지 성능기준을 현행 건축물 에너지 효율등급 1등급 수준 이상에서 1+등급 수준 이상으로 상향하는 것으로, 2008년 기준 주택 대비 에너지 절감률을 60% 이상에서 63% 이상으로 3%p 강화하는 것이다. 국토교통부는 국가 온실가스 감축 목표 실현 및 주거비 부담 완화를 위해 2009년부터 공동주택의 에너지 성능기준을 지속적으로 강화해왔으며, 2025년까지 공동주택의 에너지 성능을 에너지 절감 건축물 인증이 요구하는 에너지 효율등급 1++등급 수준으로 강화하는 것을 목표로 하고 있다.

두 번째는 신재생에너지 의무 적용 확대이다. 정부는 에너지 절감 건축물 인증 의무화 로드맵에 따라 2025년 신축 공동주택의 에너지 절감 건축물 인증에 대비하기 위해 공동주택 에너지 자립률의 단계적 향상을 추진 중이다. 에너지 자립률은 해당 건축물이 소비하는 총에너지 대비 태양광 등 신재생에너지 설비를 통해 건축물 자체에서 생산하는 에너지의 비율이다. 이를 위해 신축 공동주택에 적용하는 태양광 등 신재생에너지 설비 항목의 최소 요구 점수를 현행 10점에서 25점으로 상향함으로써 공동주택의 에너지 자립률이 향상될 전망이다.

이번 개정으로 '국토교통 2050 탄소중립 로드맵'과 '에너지 절감 건축물 인증 의무화 로드맵' 달성에 한걸음 가까워지게 되었다. 공동주택은 한번 지어지면 최소 30년 이상 사용되는 것으로, 우리나라의 주된 주거공간이다. 공동주택의 에너지 성능을 높이면 그 효과가 오랜 기간 누적되어 탄소중립 실현 및 온실가스 감축에 효과가 크다. 또한, 신재생에너지 설비 확충에 따라 신축 공동주택 입주자는 전용면적 84m² 기준 연간 약 35.1천 원 절감된 에너지 비용으로 보다 쾌적한 환경에서 생활할 수 있다. 이뿐만 아니라 일반 국민과 국가 입장에서도 화석연료 사용이 감소하면서 온실가스 중 이산화탄소는 84m² 기준 약 0.109톤 줄어들어 전국적으로 연간 약 4.64만 톤의 온실가스 감축을 기대하고 있으며, 미세먼지도 감소할 것으로 예상하고 있다.

국토교통부 관계자는 "우리나라의 대표 주거공간인 공동주택의 에너지 성능기준을 강화함으로써 국민의 주거비 부담도 줄이고 쾌적한 주거환경을 만드는 데 기여할 수 있을 것"이라고 밝히면서, "앞으로도 2050 탄소중립 실현을 위해 공동주택의 에너지 성능을 지속적으로 향상시켜 나갈 계획"이라고 하였다.

※ 출처: 국토교통부 보도자료

---

① 에너지 자립률은 건축물이 소비하는 총에너지 대비 신재생에너지 설비를 이용해 건축물 자체에서 생산하는 에너지 비율을 나타낸 값이다.

② 2050 에너지절약형 친환경 주택의 건설기준 개정안을 시행한다면 신축 공동주택의 에너지 성능이 1+등급으로 상향할 수 있다.

③ 신재생에너지 설비가 확충되면 온실가스 감축 등에 효과가 있으나 신축 공동주택 입주자가 부담해야 하는 에너지 비용은 증가한다.

④ 에너지 절감 건축물의 인증을 받기 위해서는 공동주택의 에너지 효율등급이 1++등급 수준에 달해야 한다.

⑤ 신재생에너지 설비를 확대 적용할 경우 84m²당 전국적으로 연간 약 4만 톤 이상의 온실가스가 줄어들 것이다.

자원관리능력

[31 – 32] 다음은 ◇◇사의 창고에 대한 자료이다. 각 물음에 답하시오.

[창고별 재고 보유 현황]

구분	A 창고	B 창고	C 창고	D 창고	E 창고
가 물품	128개	193개	79개	83개	251개
나 물품	232개	144개	95개	136개	318개

[창고 간 가 물품 재고 이동 계획]

이동할 창고 기존 위치	A 창고	B 창고	C 창고	D 창고	E 창고
A 창고	–	10개	38개	36개	15개
B 창고	33개	–	34개	25개	28개
C 창고	19개	18개	–	27개	8개
D 창고	7개	21개	28개	–	10개
E 창고	41개	22개	17개	48개	–

[창고 간 나 물품 재고 이동 계획]

이동할 창고 기존 위치	A 창고	B 창고	C 창고	D 창고	E 창고
A 창고	–	21개	13개	32개	10개
B 창고	16개	–	8개	27개	14개
C 창고	9개	5개	–	12개	21개
D 창고	20개	16개	7개	–	33개
E 창고	34개	29개	31개	27개	–

31. 창고별 재고 보유 현황과 제품의 유통기한 등을 고려한 창고 간 재고 이동 계획에 따라 재고를 이동시켰을 때, 가 물품과 나 물품을 합친 재고 보유량이 가장 많이 증가한 창고의 재고 보유량 증가 개수는?

① 74개 　　② 83개 　　③ 92개 　　④ 110개 　　⑤ 132개

32. 창고 간 재고 이동 계획에 따라 모든 물품 재고의 이동이 끝난 새로운 창고별 재고 현황을 확인한 박 팀장은 귀하에게 모든 창고의 나 물품 재고를 동일하게 맞출 것을 지시하였다. 재고의 이동을 최소화하고자 할 때, 박 팀장의 지시를 이행하기 위해 이동해야 할 재고의 총 개수는?

① 91개 　　② 109개 　　③ 117개 　　④ 123개 　　⑤ 140개

[33 – 34] 다음은 Q 공사의 신입사원 선발 필기시험 평가 기준 및 필기시험 결과에 대한 자료이다. 각 물음에 답하시오.

[신입사원 선발 필기시험 평가 기준]

- 필기시험의 평가 점수는 의사소통능력, 수리능력, 문제해결능력, 자원관리능력, 기술능력 5가지 평가 영역 점수의 평균으로 계산한다.
- 각 평가 영역별 점수의 하위 30%는 해당 평가 영역 점수 미달로 평가하며, 점수 미달 영역이 2개 이상인 경우 과락 처리된다.
- 가점 항목이 있는 지원자는 평가 점수에 가점 항목별 추가 점수를 합산하여 최종 점수를 결정하고, 가점 항목이 없는 지원자는 평가 점수가 최종 점수가 된다.
- 가점 항목별 추가 점수

구분	고급 자격증 보유	취업지원대상자	장애인
추가 점수	평가 점수의 3%	평가 점수의 5%	평가 점수의 10%

- 과락 처리된 지원자를 제외하고 최종 점수가 높은 순으로 필기시험의 순위를 1순위로 결정하며, 동점자가 발생할 경우 취업지원대상자, 장애인 순으로 순위가 더 높다.
- 최종 점수가 높은 순으로 필기시험의 순위를 1순위로 결정하며, 필기시험 순위 1순위부터 5순위까지 합격한다.

[필기시험 결과]

구분	의사소통능력	수리능력	문제해결능력	자원관리능력	기술능력	가점 항목
가	68점	78점	85점	90점	82점	장애인
나	86점	88점	94점	85점	83점	
다	75점	88점	94점	65점	73점	취업지원대상자
라	93점	67점	86점	88점	76점	
마	87점	85점	92점	60점	78점	
바	70점	82점	95점	67점	79점	취업지원대상자
사	92점	87점	85점	66점	75점	
아	83점	65점	92점	83점	79점	
자	76점	85점	92점	83점	69점	고급 자격증 보유
차	93점	87점	69점	88점	78점	
카	82점	87점	76점	88점	77점	장애인

33. 다음 중 필기시험 순위가 3순위인 사람은?

① 라   ② 사   ③ 자   ④ 차   ⑤ 카

34. 필기시험 합격자를 대상으로 면접 전형이 이루어졌다. 면접 전형에서 받은 점수의 50%와 필기시험 평가 점수의 50%를 합산하여 최종 점수를 결정하며, 최종 점수가 높은 순서로 2명이 최종 합격한다. 지원자의 면접 점수가 모두 동일하다고 할 때, 최종 합격한 지원자들을 바르게 짝지은 것은?

① 가, 카   ② 나, 차   ③ 나, 카   ④ 자, 카   ⑤ 차, 카

35. 다음은 △△여행사의 여행 상품 판매 현황이다. 단체 여행객에게는 1인당 상품 금액에 할인율 15%를 적용하였을 때, △△여행사의 여행 상품인 A~D 중 매출액이 2번째로 많은 여행 상품의 매출액은?

[여행 상품 판매 현황]

구분	일정	1인당 상품 금액	일반 여행객	단체 여행객
A	6박 7일	1,135,000원	21명	25명
B	8박 9일	1,557,000원	5명	10명
C	4박 5일	892,000원	15명	28명
D	2박 3일	398,000원	30명	45명

① 21,019,500원   ② 27,163,500원   ③ 34,609,600원   ④ 38,356,000원   ⑤ 47,953,750원

[당직근무 규정]

1. 목적
이 규정은 당직근무에 관한 사항을 규정함을 목적으로 한다.

2. 당직근무의 구분
① 당직은 일직과 숙직으로 구분한다.
② 일직은 토요일·공휴일에 근무하며, 그 근무시간은 정상근무일의 근무시간에 준한다.
③ 숙직은 정상근무시간 또는 일직근무시간이 종료되는 때로부터 다음 날의 정상근무시간 또는 일직근무가 개시될 때까지 근무한다.

3. 당직근무 편성
① 당직근무자는 직원 2인으로 편성하되, 당직책임자는 4급 이상 직원, 당직자는 5급 이하 직원으로 편성하는 것을 원칙으로 한다.
② 필요한 경우에는 당직책임자를 상향조정하여 명할 수 있다.
③ 직급별 당직근무 편성기준은 [별표 1]과 같다.

4. 당직명령 및 변경
① 당직근무는 월 중 순번에 따라 명령하되, 근무일 3일 전까지 본인에게 통보하여야 한다.
② 당직명령을 받은 자가 출장, 휴가 등 기타 부득이한 사유로 당직근무를 할 수 없을 경우에는 근무예정 2일 전까지 당직명령권자에게 당직근무 변경을 신청하여 승인을 얻어야 한다.

5. 당직신고 및 인계·인수
① 당직근무자는 당직근무 개시시간 30분 전에 당직책임자 인솔하에 총무과장에게 당직신고를 하여야 한다. 다만, 토요일·공휴일의 당직근무자는 그 전일 근무시간 종료 30분 전까지 당직신고를 하여야 한다.
② 당직책임자는 당직신고 전에 총무과에서 당직근무일지와 기타 필요한 당직실 비품을 인수·확인하여야 하고, 당직근무를 마칠 때에는 이를 총무과에 인계하여야 한다. 다만, 공휴일인 경우에는 일직근무자와 숙직근무자 간에 인계·인수한다.
③ 당직근무 중에 접수한 통상문서, 전보 및 기타 물품 등을 접수하였을 때에는 내역을 당직일지에 기재한 후 당직근무 종료 시 주무부서 또는 다음 당직근무자에게 인계하여야 한다.

6. 당직근무자의 준수사항
① 당직근무자는 전원 취침하여서는 아니 되며, 공적인 업무가 아닌 용무로 근무구역을 이탈하여서는 아니 된다.
② 당직자로서의 품위를 손상하거나 당직근무에 지장이 있는 행위를 하여서는 아니 된다.
③ 당직근무자는 복장을 단정히 하여야 하며, [별표 2]에 의한 당직근무 표찰을 패용한다.
④ 당직근무자는 당직근무 시작시간으로부터 종료시간까지 30분에서 2시간 간격으로 부정기적인 순찰을 실시하고 각 부서의 보안상태를 점검한다. 다만, 천재지변 등의 피해가 예상되거나 의심스러운 자의 배회 등의 사태가 있을 때에는 위 시간에 관계없이 수시로 순찰을 실시하여 재해예방 및 피해 방지에 노력하여야 한다.

7. 당직근무 유예
① 다음 각 호에 해당하는 자는 그 기간 동안 당직근무를 유예할 수 있다.
  1. 신규 채용 및 전입자는 발령일로부터 14일간
  2. 4주 이상의 병가, 공가, 출장 시 그 기간
  3. 기타 유예가 필요하다고 인정되는 자

8. 당직근무자의 일반임무
　① 당직근무자는 다음 각 호의 사항을 성실히 이행함으로써 사고의 발생을 미연에 방지하여야 한다.
　　1. 방범, 방호, 방화 기타 보안상태의 순찰, 점검
　　2. 퇴근 후 각 부실의 문단속 및 보안관리상태 확인
　　3. 일과 근무시간 이외의 직원 및 일반인 출입 통제
　　4. 현장에서 발생되는 긴급사항에 대한 신속한 처리 및 상황보고
　② 각 부서의 장은 보안점검을 효율적으로 행하기 위하여 사무실별로 보안점검표를 작성·비치하여야 하며, 당직근무자는 최종퇴청자가 기록한 점검사항을 확인하여야 한다. 다만, 당직근무자는 무인전자경비장치 등 보안장비가 작동 중인 보호구역 안의 보안점검표 점검사항은 이를 확인하지 아니할 수 있다.
　③ 당직근무자는 당직근무 중에 접수된 문서나 발생한 업무가 긴급한 처리를 요하는 사항일 때에는 이를 지체 없이 주무부서에 연락하거나 총장에게 보고하고 필요한 조치를 취하여야 한다.

9. 당직근무자의 비상시 임무
　① 당직근무자는 당직근무 중에 사고가 발생하였을 때에는 최선의 응급조치를 취하고 이를 즉시 보고하여 그 지시에 따라 필요한 조치를 하여야 한다.
　② 제1항의 사고 중 화재가 발생하였을 때에는 즉시 다음 각 호의 조치를 취하여야 한다.
　　1. 관할 소방서에 연락
　　2. 청사 내의 화재 경보
　　3. 자체 소화시설에 의한 진화 작업
　　4. 자체보고체제에 의한 보고
　　5. 안전지출 및 파기계획에 의한 비밀 및 중요문서의 조치
　③ 당직근무자는 외부 침입자 등이 있을 때에는 지체 없이 다음 각 호의 조치를 취하여야 한다.
　　1. 관할 경찰서에 연락
　　2. 중요 시설물의 경비 강화
　　3. 자체보고체제에 의한 보고
　　4. 안전지출 및 파기계획에 의한 비밀 및 중요문서의 조치

[별표 1]
당직근무 편성기준

구분	대상	인원
숙직	4급 직원	1명
	5급 이하 직원	1명
일직	1~3급, 팀장급 직원 ※ 단, 부서장은 제외	1명
	5급 이하 직원	1명

[별표 2]
당직근무 표찰 규정
－ 규격: 세로 4cm, 가로 8cm, 두께 0.2cm의 백색 아크릴을 사용한 직사각형

– 기재 내용:

기재사항	글자의 크기	글자의 종류	글자의 색채
당직기관명	20포인트	고딕체	검은색
당직의 종류	26포인트	고딕체	검은색

– 구성: 뒷면에 옷핀을 달아 패용이 가능하도록 함

36. 다음 중 당직근무 규정을 확인한 I 사원의 반응으로 가장 적절하지 않은 것은?

① 내가 이번에 당직책임자로 당직근무 편성되었으니 당직신고 전에 총무과에서 당직근무일지와 기타 필요한 당직실 비품을 인수하여 확인하여야겠구나.

② 일직 근무는 1~3급인 팀장급 직원 1명과 5급 이하의 직원 1명이 근무하고, 숙직 근무는 4급 직원과 5급 이하 직원 1명이 근무하는 것이 원칙이야.

③ 당직근무 중 일반인의 출입을 통제하고, 일과 근무시간 이외의 직원 출입이 있으면 별도로 기록해두어야 해.

④ 당직근무자는 특별한 일이 없어도 당직근무 시작시간으로부터 종료시간까지 30분에서 2시간 간격으로 부정기적인 순찰을 실시하고 각 부서의 보안상태를 점검하여야겠구나.

⑤ 신규 채용된 지 13일 된 U 사원은 아직 당직근무를 유예할 수 있겠다.

37. △△공사에 근무 중인 귀하는 당직근무자가 패용하여야 하는 표찰을 주문제작 하려고 한다. 아크릴 업체의 아크릴 단가표가 다음과 같을 때, 당직근무 표찰을 50개 주문하기 위해 필요한 비용은?

두께	색상	1cm²당 가격
1mm	투명	25원
	백색	30원
	흑색	35원
2mm	투명	30원
	백색	40원
	흑색	45원
3mm	투명	55원
	백색	65원
	흑색	70원
5mm	투명	80원
	백색	90원
	흑색	95원

※ 글자 기재 시 검은색 글씨는 표찰 1개당 1,500원이 추가되며, 검은색 이외의 글씨는 표찰 1개당 2,500원이 추가됨

① 123,000원   ② 139,000원   ③ 153,000원   ④ 179,000원   ⑤ 189,000원

38. J 공사에 재직 중인 박하나 대리는 2022년에 주임에서 대리로 승진하였다. 2022년 박하나 대리의 월 통상 임금은 전년 대비 13% 인상되어 3,559,500원이며, 2021년과 2022년에 모두 성과급을 지급받았다고 할 때, 2021년과 2022년에 지급받은 성과급의 합은?

[성과급 지급 기준]

- 개인 실적 점수와 팀 실적 점수를 고려하여 평가 점수를 산정한다.

  평가 점수 = (개인 실적 점수 × 0.65) + (팀 실적 점수 × 0.35)
- 평가 점수의 구간별로 평가 등급을 결정한다.

구분	S 등급	A 등급	B 등급	C 등급	D 등급
평가 점수	95점 이상	83점 이상 95점 미만	75점 이상 83점 미만	68점 이상 75점 미만	68점 미만

- 평가 등급별로 기본 성과급 지급 비율을 산정한다.

구분	S 등급	A 등급	B 등급	C 등급	D 등급
기본 성과급 지급 비율	150%	135%	110%	80%	50%

- 직급별 추가 성과급 지급 비율을 기본 성과급 지급 비율에 더해 최종 성과급 지급 비율을 결정한다.

구분	부장 이상	차장	과장	대리	주임	사원
추가 성과급 지급 비율	90%	70%	50%	35%	20%	0%

　※ 단, 평가 등급이 C 등급 이하일 경우 추가 성과급 지급 비율을 합산하지 않음
- 성과급 = 해당 연도 월 통상 임금 × 최종 성과급 지급 비율

[박 대리의 평가 점수]

구분	개인 실적 점수	팀 실적 점수
2021년	73점	93점
2022년	79점	67점

① 6,942,600원　　② 7,474,950원　　③ 8,188,425원　　④ 8,720,775원　　⑤ 9,254,700원

39. 총무팀에서 근무하는 박수호 사원은 물품 관리 업무를 담당하고 있다. 물품 구매 매뉴얼에 따라 신청서에 기재된 물품을 구매하려고 할 때, 박수호 사원이 취할 행동으로 가장 적절한 것은?

[물품 구매 신청서]

구분	부서/성명	신청 물품	수량	신청 일자	신청 목적
1	인사팀/ 이영희 사원	PC	2대	9월 7일	신입사원이 사용할 PC를 설치하기 위함
2	전산팀/ 김민아 과장	프린터	1대	9월 24일	스캔 가능한 부서용 프린터가 필요함
3	마케팅팀/ 유성민 대리	모니터	1대	9월 15일	외부 화상 회의용 36인치 모니터가 필요함
4	인사팀/ 이정원 과장	이동형 의자	1개	9월 11일	본인 의자 바퀴가 빠져 사용 불가함
5	마케팅팀/ 최희성 사원	정수기	2대	9월 11일	4층 탕비실 및 복도 비치용 정수기 고장으로 해당 층 근무자 모두 사용 불가함
6	인사팀/ 홍준상 대리	빔 프로젝터	1대	9월 24일	외부 대관 및 내부 회의용 대회의실에 설치하기 위함
7	전산팀/ 신정식 사원	전화기	1대	9월 9일	본인 전화기 고장으로 교체하기 위함

[물품별 재고 현황]

구분	물품	재고 수량	비고
1	PC	2대	–
2	카메라	2대	–
3	모니터	3대	32인치(3대)
4	의자	5개	고정형(2개), 이동형(3개)
5	정수기	1대	
6	전화기	4대	–
7	테이블	3개	–
8	노트북	2대	15인치(1대), 17인치(1대)
9	선풍기	4대	이동형(3대), 벽걸이형(1대)
10	프린터	1대	스캔 기능 없음

※ 재고 현황 외의 물품은 현재 재고 없음

① 17인치 노트북을 1대 구매한다.

② 전화기와 모니터는 교체할 수 있는 재고가 모두 있으므로 구매하지 않는다.

③ 정수기는 직원이 함께 사용하는 물품이므로 2대를 모두 구매한다.

④ 프린터보다 빔 프로젝터를 먼저 구매한다.

⑤ PC의 신청 일자가 가장 이르므로 첫 번째로 구매한다.

40. J 공사에서는 안전보건경영시스템의 도입을 지원하기 위해 전국의 가~마 5개 지사 중 안전보건경영 우수 지사를 선정하여 포상하고자 한다. 분기별 안전보건경영 평가를 기준으로 5개 지사의 안전보건경영 평가 점수를 결정하여 안전보건경영 평가 점수가 가장 높은 지사를 안전보건경영 우수 지사로 선정하고자 할 때, 안전보건경영 우수 지사로 선정되는 지사는?

[분기별 안전보건경영 평가]

구분	1분기	2분기	3분기	4분기
가 지사	상	상	중	하
나 지사	상	중	중	상
다 지사	중	하	상	중
라 지사	중	상	중	중
마 지사	상	중	상	중

※ 1) 분기별 안전보건경영 평가 점수는 평가가 '상'인 경우 5점, '중'인 경우 3점, '하'인 경우 1점으로 환산하며, 2분기부터 직전 분기 대비 평가 점수가 상승한 경우 1점을 가산하고, 직전 분기 대비 평가 점수가 하락한 경우 1점을 감산함
2) 안전보건경영 평가 점수는 분기별 안전보건경영 평가 점수의 합계에 가산 및 감산된 점수를 합산하여 결정함

① 가 지사　　　② 나 지사　　　③ 다 지사　　　④ 라 지사　　　⑤ 마 지사

-------------------- 전기 분야 응시자는 여기까지 풀어야 합니다. --------------------

약점 보완 해설집 p.34

41. 다음 지문의 자바에 대한 설명으로 가장 적절하지 않은 것은?

자바란 객체 지향 프로그래밍 언어를 말하는 것으로, 인터렉티브 TV용 프로그램 작성을 위해 1991년 제임스 고슬링과 미국의 한 IT 회사 연구원이 처음으로 개발하였다. 처음 고슬링은 자신의 사무실 밖에 있던 참나무에서 착안하여 개발한 언어의 이름을 오크라고 지었으나, 이는 이미 다른 기업의 상표로 등록되어 있어 사용할 수 없었다. 이후 논의된 이름의 여러 후보들 중 커피를 선호하는 연구팀원들의 의견에 따라 현재의 자바로 명명되었다.

자바는 보안성이 뛰어나며, 컴파일한 코드는 또 다른 운영 체제에서도 사용할 수 있도록 클래스로 제공된다. 객체 지향 언어인 C++ 언어의 객체 지향적인 장점을 가짐과 동시에 분산 환경을 지원하기 때문에 더욱 효율적인 사용이 가능한 자바는 간단하다는 특징을 지닌다. 하나의 소프트웨어를 만들어낼 때는 소프트웨어 제작에 드는 비용뿐만 아니라 유지 및 보수하는 비용도 만만치 않다. 자바는 이 점을 고려하여 디자인된 것으로, C++ 언어를 기반으로 개발되었음에도 불구하고, C++ 언어에서 야기되는 혼란을 제거하여 신경 쓸 부분이 보다 적어졌다.

자바는 원래 네트워크 분산 처리 환경에서 이용하기 위해 개발된 언어인데, 네트워크 환경은 다른 환경보다도 보안이 중요시되는 환경이기 때문에 자바 개발 시 보안에 중점을 둔 것이다. 자바는 바이러스 침투가 불가능한 구조를 가지고 있으며, 메모리에서 데이터 접근을 제한할 수 있다. 이때 접근이 허용되지 않으면 애플리케이션의 데이터 구조 또는 데이터로의 접근이 불가능하므로 자바는 보안에 강하다고 말할 수 있다.

이 외에도 자바는 이식성이 높다는 특징을 지닌다. 수치 연산 문제 등으로 인해 플랫폼별로 조금씩 상이한 코드를 사용하던 기존의 언어와는 달리 자바는 이식성이 높다는 장점을 이용하여 다른 운영 체제나 CPU에서도 동일한 코드를 사용할 수 있다. 본래 이식성이 높을 경우 각각의 시스템 특성은 고려하지 않는다는 단점이 있어 최적의 성능을 낼 수 없으나, 자바는 이러한 단점을 뛰어넘는 언어이다. 이러한 장점들로 인해 자바는 프로그래밍 언어로 널리 사용되고 있으며, 특히 웹 애플리케이션 개발 언어로 가장 많이 활용되고 있다.

① 자바 언어는 C++ 언어를 기반으로 개발되었으나 C++ 언어에서 야기되는 혼란이 제거되었다.
② 자바의 구조는 바이러스가 침투하지 못하도록 개발되었으며, 메모리에서 데이터 접근을 막을 수 있다.
③ 자바의 이름은 커피를 좋아하는 미국의 한 IT 기업 연구팀들의 주장에 따라 자바로 명명되었다.
④ 자바는 다른 운영 체제나 CPU에서 동일한 코드를 사용할 수 없다는 단점이 있다.
⑤ 네트워크 분산 처리 환경에서 사용하기 위해 개발된 자바는 보안에 중점을 두고 개발되었다.

42. 다음 지문의 음성인식 기술에 대한 설명으로 가장 적절하지 않은 것은?

음성인식 기술은 컴퓨터가 소리 센서를 통해 얻은 사람의 음성 등 음향학적 신호를 이에 해당하는 문자열로 바꾸는 기술을 의미한다. 음성인식 기술은 일반적으로 음향 신호를 추출한 다음 잡음 제거 작업을 거쳐 음성 신호의 특징을 추출한다. 이때 추출한 음성 신호의 특징을 음성 모델의 데이터베이스와 비교하는 방법으로 음성을 인식하는 것이다. 소리의 감지와 데이터를 분석하는 기술이 결합되어 있기는 하나, 측정 후 분석해야 하는 대상이 음성 데이터의 한 가지라는 면에서 음성인식 기술은 비교적 쉽고 정확하게 인간의 의도를 파악할 수 있는 기술로 알려져 있다.

음성인식 기술에서 가장 중요한 작업이 미리 학습된 기준 패턴을 포함한 음향 모델을 제작하는 과정이다. 여기서 음향 모델은 기준 패턴을 음소나 단어 단위로 만드는데, 크게 템플릿 기반 방식과 통계학적 방식으로 나뉜다. 먼저 음소의 특징에서 대푯값을 찾아내는 템플릿 기반 방식은 음성을 인식하기 위한 기본적인 접근법으로 패턴을 이용하고 있다. 같은 사람이 동일한 단어를 말하더라도 발음할 때마다 발음하는 데 소요되는 시간이 일정할 수는 없기 때문에 입력과 기준 패턴의 비교만으로는 오류가 발생할 수도 있다. 이런 문제로 인해 발음 시간을 동일하게 설정해 비교하는 선형 정합 방식을 쓰기도 하고, 음성이 정점에 도달하는 시간을 같게 하여 비교하는 동적 정합 방식을 적용하기도 한다.

확률 분포에 기초한 통계학적 접근법으로는 은닉 마르코프 모델이 주로 사용되고 있다. 은닉 마르코프 모델을 통한 음성인식 기술은 템플릿 기반 접근법과 비교하여 대규모의 학습 데이터에서도 다양한 화자의 상이한 음성을 학습하기 용이하고, 음성의 시간적 통계의 특성이 잘 반영되기 때문에 대화체 음성인식 등에 유용하게 활용할 수 있다. 또한, 대어휘를 인식하는 과정에서도 템플릿 기반 접근법을 사용할 때보다 적은 계산량으로 처리할 수 있다. 이 중에서도 은닉 마르코프 모델의 가장 큰 장점은 통계를 바탕으로 모델링한다는 점으로, 음성 신호와 같이 단어를 발음하는 데 소요되는 시간이 다양한 데이터 분석에 적합하다.

이로 인해 대부분의 사람들이 은닉 마르코프 모델이 등장하면서부터 음성인식 기술이 대중화의 길로 접어들었다고 생각한다. 그러나 소규모의 학습 데이터를 분석해야 하는 경우에 은닉 마르코프 모델을 적용한다면 모델 간의 변별력이 떨어질 뿐 아니라 음성 신호 간의 연관성을 무시하는 현상이 나타날 수 있다. 이 때문에 이를 해결할 수 있는 변별 학습 방법에 대해 아직까지 다방면에 걸쳐 연구가 진행되고 있다.

① 은닉 마르코프 모델을 적용한 음성인식 기술은 음성의 시간 통계와 관련된 특성이 잘 반영되어 있어 대화체 음성인식에 유용하다.

② 소규모의 학습 데이터 분석 시 은닉 마르코프 모델을 활용한다면 오히려 음성 신호 간의 관련성을 무시한 결과가 추출될 수 있다.

③ 특정 단어의 발음 시간이 다양한 음성 신호 데이터를 분석하는 데에는 템플릿을 기반으로 하는 방식보다 은닉 마르코프 모델이 유용하다.

④ 음성인식 기술은 소리를 감지한 후 이를 추출하여 잡음을 제거하는 과정을 거쳐 음성적 신호의 특징을 뽑아낸다.

⑤ 선형 정합 방식은 인간의 음성이 정점에 도달하는 시간을 동일하게 설정함으로써 음성인식 시 발생할 수 있는 오류의 가능성을 줄인다.

[43 – 44] **다음은 ○○공사 직원들의 회사 계정 비밀번호 보안을 위해 사용되는 비밀번호 변환 시스템 자료이다. 각 물음에 답하시오.** (단, 모든 직원들은 비밀번호 설정 시 7개의 문자를 사용하며, 아래 제시된 문자 이외의 문자는 사용하지 않는다.)

[비밀번호 변환 시스템]

항목	세부사항
Input value	최초 비밀번호 입력값
Conversion value	비밀번호 변환 시스템을 적용한 값으로, 확인된 직원 비밀번호에 비밀번호 변환 시스템을 적용한 후 여기에 추가 공식 시스템을 적용하여 최종 Conversion Code를 산출함

Conversion System	확인된 직원 비밀번호에 적용되는 변환 시스템							

문자	변환 값	문자	변환 값	문자	변환 값	문자	변환 값
A	F	K	!	U	9	5	#
B	C	L	T	V	M	6	J
C	H	M	I	W	O	7	W
D	N	N	B	X	R	8	Y
E	K	O	6	Y	Z	9	V
F	S	P	0	Z	1	0	L
G	D	Q	3	1	G	!	2
H	A	R	P	2	8	@	U
I	Q	S	E	3	*	#	7
J	@	T	4	4	X	*	5

[추가 공식 시스템]

추가 공식	적용 방식	적용 예시
○	비밀번호 변환 시스템을 적용한 변환 값의 가장 첫 번째 순서에 위치한 문자와 가장 마지막 순서에 위치한 문자의 자리를 서로 바꾼다.	TKNJ8L2 → 2KNJ8LT
△	비밀번호 변환 시스템을 적용한 변환 값의 맨 앞에서 네 번째와 다섯 번째 순서에 위치한 문자를 변환 값의 첫 번째와 두 번째 순서의 위치로 각각 이동시킨다.	TKNJ8L2 → J8TKNL2
□	비밀번호 변환 시스템을 적용한 변환 값의 맨 앞에서부터 차례대로 3개의 문자와 변환 값의 맨 앞에서 네 번째 순서에 위치한 문자부터 차례대로 3개의 문자를 서로 바꾼 뒤 맨 앞에서 첫 번째 순서에 위치한 문자와 세 번째 순서에 위치한 문자의 자리를 서로 바꾼다.	TKNJ8L2 → 8L2JTKN → 2L8JTKN

43. 다음 상태에서 입력될 Calculate Code로 가장 적절한 것은?

Checking the input value⋯
Input value is HBR44!*

Applying Conversion System⋯
Checking Conversion value⋯

Applying additional formula system⋯
Formula △ is applied
Formula ○ is applied

Calculate Code: (   )

① 52XXACP   ② 5CPXXA2   ③ XXACP25   ④ 5XACP2X   ⑤ ACPXX25

44. 다음 상태로 알 수 있는 최초 비밀번호 입력값으로 가장 적절한 것은?

Checking the input value⋯
Input value is (   )

Applying Conversion System⋯
Checking Conversion value⋯

Applying additional formula system⋯
Formula ○ is applied
Formula □ is applied

Calculate Code: DJY@7HQ

① GCIJ86#   ② WCIU86G   ③ G68U#CI   ④ OCIG86#   ⑤ WCIG86U

[45 – 46] 다음은 ○○전자에서 규정한 노트북 제품 번호 부여 방식이다. 각 물음에 답하시오.

[노트북 제품 번호 부여 방식]

[생산 연월]–[제품 용도]–[화면 구성]–[생산 수량]

예 2022년 10월에 생산된 게임용 울트라북 중 QHD 15인치의 화면을 가진 620번째로 생산된 울트라북

2210 – 03C – 0288C – 00620

생산 연월	제품 용도				화면 구성				생산 수량
	제품 코드		용도 코드		해상도 코드		크기 코드		
• 2022년 6월 → 2206 • 2022년 8월 → 2208	01	넷북	A	가정용	01	FHD	88A	11인치	• 00001부터 시작하여 제품 용도별 생산 순서대로 5자리의 번호가 매겨짐 • 생산 연월에 따라 번호가 갱신됨
			B	사무용			88B	13인치	
	02	탭북	A	가정용	02	QHD	88C	15인치	
			B	사무용			88A	11인치	
			C	게임용			88B	13인치	
	03	울트라북	B	사무용			88C	15인치	
			C	게임용			88D	17인치	
			D	그래픽 작업용	03	UHD	88A	11인치	
	04	워크스테이션	B	사무용			88B	13인치	
			C	게임용			88C	15인치	
			D	그래픽 작업용			88D	17인치	

45. 위 자료를 근거로 판단할 때, ○○전자에서 2022년 9월에 생산한 사무용 탭북 중 UHD 13인치의 화면을 가진 1208번째로 생산한 탭북의 제품 번호로 가장 적절한 것은?

① 2209-0388B-02B-01208
② 2209-02B-0388B-1208
③ 2022-0388B-02B-01208
④ 2209-02B-0388B-01208
⑤ 2022-02B-0388B-1208

46. 위 자료를 근거로 판단할 때, 제품 번호 2212-04C-0388D-01108에 대한 설명으로 적절하지 않은 것은?

① 같은 연월에 동일한 제품 용도 코드가 부여된 제품 중 1108번째로 생산되었다.
② 게임용으로 생산된 제품이다.
③ UHD 17인치의 화면을 가진 제품이다.
④ 2022년 12월에 생산된 제품이다.
⑤ 동일한 제품 코드가 부여된 제품 중 가정용으로 생산된 제품이 있다.

47. 다음 중 컴퓨터에서 문자를 표현하는 코드 체계에 대한 설명으로 가장 적절하지 않은 것은?

① 유니코드: 각 나라의 언어에 고유 코드 값을 부여하고 32비트로 표현함으로써 세계 각국의 언어를 모두 표현할 수 있다.

② 아스키코드: 7비트의 이진수를 조합하여 32개의 제어 문자와 96개의 영문자, 숫자, 특수문자를 포함하여 총 128개의 부호를 표현할 수 있다.

③ BCD코드: 영문자와 숫자, 특수문자를 표현할 수 있는 6비트와 오류 검사에 사용되는 1비트를 포함하여 총 7비트로 구성된다.

④ EBCDIC코드: 8비트의 이진수를 조합하여 영문자와 숫자, 특수문자 등 총 256개의 부호를 표현할 수 있으며, 숫자의 경우 4비트를 사용하여 16진법으로 표현한다.

⑤ KSC-5601코드: 16비트의 이진수를 조합하여 한글, 한자, 특수문자 등을 표현할 수 있으며, 완성된 글자마다 코드값을 부여하여 기억 용량을 많이 차지한다.

48. 다음 지문의 O2O 시대에 대한 설명으로 가장 적절하지 않은 것은?

제4차 산업혁명 시대라 불리는 오늘날 오프라인의 현실 세계와 온라인의 가상 세계 간의 경계가 모호해짐에 따라 O2O(Online to Offline) 시대가 확장되고 있다. 이는 오프라인의 현실 세계에서는 활용할 수 있는 자원이 유한하여 한계효용이 점점 감소하나, 온라인의 가상 세계에서는 한계효용이 증가하기 때문이다. 또한, 현실 세계에서는 한정적인 자원을 소유하는 것으로 경쟁력을 키우지만, 가상 세계에서는 연결을 확장하고 이를 공유함으로써 경쟁력을 키우고 있다.

이 때문에 제4차 산업혁명 시대를 살아가는 인간은 현실 세계에서의 한정적인 자원의 소유와 가상 세계에서의 자원 공유라는 가치관이 충돌하는 경험을 하게 된다. 현실 세계에서는 소유를 중요시하기 때문에 소득 분포상 상위 20%를 차지하는 인간이 전체 부의 80%를 소유하고 있다거나 상위 20%의 고객이 80%의 매출을 창출한다는 파레토 법칙이 적용된다. 다시 말해 현실 세계에서는 자원을 소유하는 데 한계가 뒤따른다고 해석할 수 있다. 그러나, 가상 세계에서는 공유를 중요시하기 때문에 80%의 인간이 시장을 지배하는 20%의 사람보다 우월한 가치를 창출한다는 롱테일 법칙이 적용된다.

이에 따라 오프라인의 현실 세계와 온라인의 가상 세계가 결합하는 O2O 시대에서는 개인화 서비스를 기반으로 우리가 경험할 수 있는 모든 것들을 최적화할 수 있다. 기존의 전자 상거래는 제품을 직접 체험해볼 수 없다는 문제가 있었으나, 이러한 문제는 온라인상에서 가상 체험을 해봄으로써 해결이 가능하다. 예를 들어 세계적인 한 가구 회사에서는 가상 기술을 적용하여 소비자가 자신이 구입하고자 하는 가구를 실제 공간에 배치해보고 선택할 수 있는 서비스를 제공하고 있다.

이처럼 제4차 산업혁명 시대는 O2O를 핵심 가치로 두고 있다. O2O 시대가 되면서 생산자와 소비자 사이의 시공간적 제약이 줄어들어 비용 절약이 가능하게 되었고, 생산과 소비를 자유롭게 할 수 있는 사회로 변화하게 된다. O2O 시대가 도래하면서 소비자들은 온라인, 오프라인의 구분 없이 자신들이 원하는 제품을 가장 저렴한 가격에 구매할 수 있게 되었으며, 기업과 개인을 포괄하는 생산자들은 다양한 방식으로 소비자의 취향에 맞는 제품과 서비스를 판매할 수 있게 되었다. 즉, 소비자가 제품 개발에 참여할 수 있는 프로슈머 경제로 전환되고 있다.

프로슈머 경제로의 전환으로 인해 권력은 생산자에서 소비자로 이동하게 되었고, 기업의 경쟁력은 최소 비용으로 고품질의 제품과 서비스를 생산하는 것에서 소비자가 원하는 제품과 서비스를 신속하고 정확하게 제공하는 것으로 바뀌게 되었으며, 이러한 경쟁력을 갖춘 기업들이 전 세계의 생산자와 소비자를 연결하면서 성장할 수 있게 되었다. 기업 운영에 변화하는 패러다임을 반영하여 성공한 대표적인 기업으로 차량 공유 서비스 업체 A와 숙박 공유 서비스 업체 B가 있는데, 이들은 온라인 플랫폼을 통해 개개인이 보유하고 있는 유휴 자본을 다른 소비자에게 공유하면서 새로운 가치를 만들어 내는 공유경제로 수익을 창출하며 전 세계적인 거대한 기업으로 거듭나게 되었다.

① O2O 시대는 전자 상거래 시 소비자가 제품을 체험해보지 못하고 선택해야 하는 문제를 해결하였다.
② 프로슈머 경제로 전환되면서 생산자의 권력은 소비자에게로 이동하게 되었다.
③ 현실 세계에서는 한계효용이 감소하지만 가상 세계에서는 한계효용이 증가한다.
④ 가상 세계에서는 소유보다 공유가 더 중요시되기 때문에 파레토 법칙이 적용된다.
⑤ O2O 시대에서는 생산자와 소비자 간의 공간적 제약이 감소하여 비용을 줄일 수 있게 되었다.

49. 다음 지문의 초연결사회에 대한 설명으로 가장 적절하지 않은 것은?

> 초연결사회란 인간과 인간, 인간과 기계, 기계와 기계가 네트워크를 기반으로 연결돼 정보를 교환하는 사회를 말한다. 초연결이라는 말은 제4차 산업혁명의 시대를 나타내는 특징 중 하나를 설명하는 용어로, 모든 기계가 거미줄과 같이 인간과 촘촘하게 연결되어 있는 사회를 의미한다. 오늘날 스마트폰의 보급과 네트워크 기술의 발전으로 인터넷을 기반으로 하는 다양한 플랫폼 기업이 등장하고 있다. 새로운 차원의 서비스와 문화로 이루어진 환경이 조성되었으며, 인간의 생활과 삶에 대한 욕구 또한 인간 중심적이고 고차원적인 수준으로 변화하면서 인간과 기계가 네트워크로 연결되는 사회가 도래한 것이다.
>
> 초연결사회는 시공간을 초월한 공간에서 인간 행동의 제약을 야기하는 추상적인 개념을 연결함으로써 이를 구체화시키는 방법으로 새로운 기회 또는 가치를 창출한다. 이는 기술적인 발전을 통해 인간과 관련된 광범위한 영역으로의 연결 확장 또는 경제 주체, 국가가 보유하고 있는 유무형의 자원을 효율적으로 연결할 수 있음을 의미한다.
>
> 초연결사회 구현을 위해서는 수많은 객체들을 서로 연결해 주는 사물 인터넷과 더불어 연결된 사이 공간에 흐르는 대용량의 데이터 속 가치를 찾아내는 빅데이터가 중요하다. 이를 통해 연결 객체의 확대를 비롯하여 상호작용, 대용량의 데이터 정보 보관 등이 가능해졌으며, 인간과 기계 및 사이버 공간이 네트워크를 기반으로 밀접하게 연결된 생활환경이 만들어지면서 초연결사회는 사물 인터넷을 구성하는 핵심 요소가 되는 것이다.
>
> 초연결사회는 인간을 둘러싼 환경 요소들이 서로 긴밀하게 연결되어 시공간을 초월한 새로운 성장의 기회와 가치를 창출할 수 있는 시대를 열고 있다. 모든 객체들이 네트워크로 연결되는 초연결사회에서는 많은 양의 정보, 지식 등이 생산되고 교환됨으로써 수많은 사업의 기회가 창출되고, 빈부격차 해소와 더불어 효율적인 자원 사용이 가능해지는 등 전 세계 공통의 문제를 적극적이고 능동적으로 해결할 수 있는 대안책으로 떠오를 것이다.

① 초연결사회를 구현하려면 수많은 객체를 연결하는 사물인터넷과 연결된 사이를 흐르는 빅데이터가 중요하다.

② 초연결사회가 도래함으로써 시공간을 넘어서는 새로운 성장의 기회와 가치 창출의 시대가 시작되었다.

③ 초연결사회에서는 대용량의 정보나 지식이 생산되고 교환됨으로써 빈부격차 해소를 어렵게 만든다.

④ 초연결사회는 인간의 삶에 대한 욕구가 인간 중심적이고 고차원적인 수준으로 변하면서 도래하였다.

⑤ 시공간을 초월한 공간에 존재하는 추상적인 개념은 인간의 행동을 제약하는 요소로 작용한다.

50. 다음 지문의 DRM에 대한 설명으로 가장 적절하지 않은 것은?

DRM(Digital Rights Management)이란 불법복제 문제를 강력하고 체계적으로 방지하기 위한 기술로, 텍스트나 그래픽, 디지털 음악, 디지털 비디오 등의 다양한 디지털 콘텐츠를 암호화하여 이를 정상적으로 구매한 사용자만이 디지털 콘텐츠에 접근할 수 있도록 만드는 제한 기술을 의미한다. DRM 기술을 사용하면 콘텐츠의 무분별한 복제가 불가능하도록 하는 보안 기술이 적용되어 크게 보면 디지털 콘텐츠 저작권자의 권리와 이익을 보호할 수 있다. 이뿐만 아니라 DRM 기술은 콘텐츠 사용료 부과, 결제 대행 등 콘텐츠의 생성부터 유통 및 관리까지 지원하는 서비스를 제공하며, 기업 내 문서보안과 저작권 관리 기술까지 포함하기 때문에 방대한 과정에 영향을 미치는 기술이라 할 수 있다.

이러한 DRM 기술은 디지털 콘텐츠의 정상 사용자에게 비밀키를 부여하는 암호화 기술과 디지털 콘텐츠에 저작권 관련 정보를 삽입하여 불법적인 접근을 추적하는 워터마킹 기술로 나누어진다. 워터마크는 보안이 필요한 정보에 덧대어 씌워진 정품 보증 수단을 나타내는 말인데, 이미지 형태의 워터마킹 기술은 중세 유럽의 종이 공장에서부터 시작되었다. 현재는 보안의 대상이 종이에서 디지털로 변경되면서 워터마킹 기술도 변화하였다. 현재의 워터마킹 기술은 특정 소프트웨어나 코딩 기술을 이용하며, 눈으로는 식별이 불가능할 정도로 디지털 콘텐츠의 정보를 미세하게 변경하여 저작권자만의 로고나 상표 등의 디지털 마크를 삽입하는 방식을 사용한다. 이를 적용하면 디지털 콘텐츠가 복사되거나 수정된 이후에도 데이터가 일정 수준 이상의 품질을 유지하고 있다면 저작권자의 정보가 그대로 보존된다는 장점이 있다.

워터마크는 종류에 따라 음성, 유사 잡음, 부호 등의 신호와 로고, 도장 등의 이미지 방식으로 구분되며, 원본 콘텐츠가 워터마크 변형을 견디는 정도에 따라 강성 워터마킹, 연성 워터마킹으로 구분되기도 한다. 또한, 식별 가능 여부에 따라 가시적 워터마킹, 비가시적 워터마킹으로 나누어지기도 한다. 디지털 워터마킹 기술은 생성, 삽입, 검출 과정으로 이루어지는데, 워터마크를 콘텐츠에 어떤 형태로 삽입할지를 결정함과 동시에 원본 콘텐츠의 삽입 강도, 워터마크의 강도 등도 함께 고려한다.

DRM 기술은 웹상에서의 적용뿐 아니라 전자우편을 통해 다양한 콘텐츠의 배포를 가능하게 하며, 콘텐츠를 무료로 사용할 수 있는 일정 횟수 지정 또한 가능하다. DRM 기술은 저장 및 인쇄 등의 콘텐츠 활용 방식과 사용 기간 및 정량, 정액, 후불 등의 사용 규칙을 규정하여 차등 요금을 부과할 수 있어 콘텐츠를 제공하는 업체들로부터 각광받는 요소를 갖추고 있다. 게다가 DRM 기술을 적용한 솔루션을 개발하는 기업들이 콘텐츠 제공 업체들을 대상으로 DRM 서비스를 공급하면서 DRM 서비스 시장의 성장 가능성이 날로 높아지고 있다.

① 디지털 워터마킹 기술은 원본 콘텐츠의 삽입 강도와 워터마크의 강도를 고려하여 콘텐츠에 워터마크를 어떤 형태로 삽입할지 정한다.

② DRM 기술 중 워터마킹 기술은 복사된 데이터가 일정 수준 이상의 품질을 유지해 준다면 저작권자의 정보 보존을 가능하게 한다.

③ DRM 기술 적용 시 디지털 콘텐츠의 이용 가격을 정상적으로 지불한 사용자만이 해당 콘텐츠에 접근할 수 있다.

④ DRM 기술을 적용하여 콘텐츠를 무료로 사용할 수 있는 횟수 지정 등의 상세 설정은 아직까지 불가능하다.

⑤ 현재 워터마킹 기술은 인간의 눈으로는 식별이 어려울 정도로 디지털 콘텐츠의 정보를 미세하게 변경할 수 있다.

약점 보완 해설집 p.34

해커스잡

기출동형모의고사 3회(전기 전공 + NCS)

성명

수험번호

| | 0 | 1 | 2 | 3 | 4 | 5 | 6 | 7 | 8 | 9 |

응시자명

감독관 확인

전공

1	① ② ③ ④ ⑤
2	① ② ③ ④ ⑤
3	① ② ③ ④ ⑤
4	① ② ③ ④ ⑤
5	① ② ③ ④ ⑤
6	① ② ③ ④ ⑤
7	① ② ③ ④ ⑤
8	① ② ③ ④ ⑤
9	① ② ③ ④ ⑤
10	① ② ③ ④ ⑤
11	① ② ③ ④ ⑤
12	① ② ③ ④ ⑤
13	① ② ③ ④ ⑤
14	① ② ③ ④ ⑤
15	① ② ③ ④ ⑤

NCS

1	① ② ③ ④ ⑤	21	① ② ③ ④ ⑤	41	① ② ③ ④ ⑤
2	① ② ③ ④ ⑤	22	① ② ③ ④ ⑤	42	① ② ③ ④ ⑤
3	① ② ③ ④ ⑤	23	① ② ③ ④ ⑤	43	① ② ③ ④ ⑤
4	① ② ③ ④ ⑤	24	① ② ③ ④ ⑤	44	① ② ③ ④ ⑤
5	① ② ③ ④ ⑤	25	① ② ③ ④ ⑤	45	① ② ③ ④ ⑤
6	① ② ③ ④ ⑤	26	① ② ③ ④ ⑤	46	① ② ③ ④ ⑤
7	① ② ③ ④ ⑤	27	① ② ③ ④ ⑤	47	① ② ③ ④ ⑤
8	① ② ③ ④ ⑤	28	① ② ③ ④ ⑤	48	① ② ③ ④ ⑤
9	① ② ③ ④ ⑤	29	① ② ③ ④ ⑤	49	① ② ③ ④ ⑤
10	① ② ③ ④ ⑤	30	① ② ③ ④ ⑤	50	① ② ③ ④ ⑤
11	① ② ③ ④ ⑤	31	① ② ③ ④ ⑤		
12	① ② ③ ④ ⑤	32	① ② ③ ④ ⑤		
13	① ② ③ ④ ⑤	33	① ② ③ ④ ⑤		
14	① ② ③ ④ ⑤	34	① ② ③ ④ ⑤		
15	① ② ③ ④ ⑤	35	① ② ③ ④ ⑤		
16	① ② ③ ④ ⑤	36	① ② ③ ④ ⑤		
17	① ② ③ ④ ⑤	37	① ② ③ ④ ⑤		
18	① ② ③ ④ ⑤	38	① ② ③ ④ ⑤		
19	① ② ③ ④ ⑤	39	① ② ③ ④ ⑤		
20	① ② ③ ④ ⑤	40	① ② ③ ④ ⑤		

해커스
한국전력공사
NCS + 전공
봉투모의고사

기출동형모의고사
4회

(전기 전공 + NCS)

고난도

해커스

수험번호	
성명	

기출동형모의고사
4회
(전기 전공 + NCS)

고난도

문제 풀이 시작과 종료 시각을 정한 후, 실전처럼 모의고사를 풀어보세요.

- 사무/기술(전기 제외) 분야   시   분 ~   시   분 (총 50문항/70분)

- 전기 분야   시   분 ~   시   분 (총 55문항/70분)

□ **시험 유의사항**

[1] 한국전력공사 필기시험은 영역별 제한 시간 없이 전체 문항을 70분 이내에 풀어야 하며, 분야별 시험 구성은 다음과 같습니다.
- 사무: NCS(의사소통 · 수리 · 문제해결 · 자원관리 · 정보능력) 50문항
- 기술(전기): 전공 15문항 + NCS(의사소통 · 수리 · 문제해결 · 자원관리능력) 40문항
- 기술(전기 제외): 전공 15문항 + NCS(의사소통 · 수리 · 문제해결 · 정보능력) 40문항

[2] 본 기출동형모의고사는 전기 전공 15문항과 NCS 50문항으로 구성되어 있으므로 지원 분야에 따라 다음과 같이 풀이하시면 됩니다.
- 사무/기술(전기 제외) 분야 응시자: NCS 1~50번 풀이
- 기술(전기) 분야 응시자: 전기 전공 풀이 후, NCS 1~40번(정보능력 제외) 풀이

[3] 본 기출동형모의고사 마지막 페이지에 있는 OMR 답안지와 해커스ONE 애플리케이션의 학습 타이머를 이용하여 실전처럼 모의고사를 풀어보시기 바랍니다.

전공

전기

01. 다음 중 중성점 접지를 할 때 지락전류가 가장 크게 발생하는 방식은?

　① 비접지 방식
　② 직접 접지 방식
　③ 저항 접지 방식
　④ 소호리액터 접지 방식
　⑤ 한류리액터 접지 방식

02. 양극판 면적이 A이고, 간격이 d인 평행판 콘덴서가 있다. 이 콘덴서의 정전용량은 면적이 $3A$이고, 간격이 $\frac{1}{3}d$인 평행판 콘덴서의 정전용량의 몇 배인가?

　① 3배　　　　② 1배　　　　③ $\frac{1}{3}$배　　　　④ $\frac{1}{6}$배　　　　⑤ $\frac{1}{9}$배

03. 변압기의 부하와 전압이 일정하고 주파수가 높아질 때 나타나는 현상으로 적절한 것은?

　① 동손이 감소한다.
　② 철손이 감소한다.
　③ 동손이 증가한다.
　④ 철손이 증가한다.
　⑤ 철손과 동손 모두 변화하지 않는다.

04. $G(s)H(s) = \dfrac{K}{s^2 + 5s + 6}$인 계의 이득 여유가 $40[dB]$이면 K의 값은?

　① 20　　　　② 10　　　　③ 5　　　　④ $\frac{1}{10}$　　　　⑤ $\frac{1}{20}$

05. 크기가 같은 저항 3개를 같은 전원에 결선할 때, △결선 선전류는 Y 결선 선전류의 몇 배인가?

① $\frac{1}{3}$ 배 ② $\frac{1}{\sqrt{3}}$ 배 ③ 1배 ④ $\sqrt{3}$ 배 ⑤ 3배

06. 다음 설명에 해당하는 효과로 적절한 것은?

> 두 개의 금속이나 반도체의 양 끝을 접합하여 폐회로를 만들고 두 접합점에 온도 차를 주면 회로에 열기전력이 발생하는 것으로, 현재 공업적으로도 널리 이용되고 있는 열전대식 온도계가 이 효과의 대표적인 예이다.

① 제백 효과 ② 펠티에 효과 ③ 톰슨 효과 ④ 홀 효과 ⑤ 표피 효과

07. 다음 중 전기기계에서 히스테리시스 손을 감소시키기 위한 방법으로 적절한 것은?

① 보상권선을 설치한다.
② 보극을 설치한다.
③ 규소 강판을 사용한다.
④ 교류전원을 사용한다.
⑤ 성층 철심을 사용한다.

08. 부하가 있는 Y 결선에 선간전압 425[V]의 3상 교류를 가했을 때, 역률이 0.8이고, 선전류가 50[A]이었다면 리액턴스[Ω]는? (단, $\sqrt{3}$ = 1.7로 계산한다.)

① $2\sqrt{2}$ ② 3 ③ $\sqrt{11}$ ④ $\sqrt{15}$ ⑤ 4

09. 다음 중 상태 변위 행렬식 $\Phi(t) = e^{At}$에서 $t = 0$일 때, 상태 변위 행렬식의 값으로 적절한 것은?

① $-e$ ② e^{-at} ③ I ④ -1 ⑤ 0

10. $6,000[kVA]$, $5,000[V]$인 3상 교류 발전기의 %동기 임피던스가 $60[\%]$일 때, 이 발전기의 동기 임피던스$[\Omega]$는?

① 0.8 ② 1.4 ③ 2.0 ④ 2.5 ⑤ 3.0

11. 다음의 신호흐름선도에서 $\dfrac{C(s)}{R(s)}$의 값은?

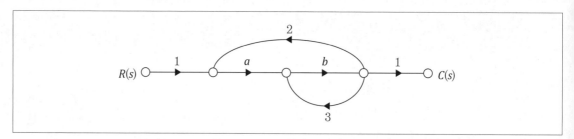

① $\dfrac{ab}{1 - 3b - 2ab}$ ② $\dfrac{ab}{1 + 3b - 2ab}$ ③ $\dfrac{ab}{1 - 3b + 2ab}$

④ $\dfrac{ab}{1 + 3b + 2ab}$ ⑤ $\dfrac{ab}{1 - 3b + 2b}$

12. 다음 중 방향성을 가진 계전기를 모두 고르면?

> ㉠ 선택 지락 계전기(SGR)
> ㉡ 거리 계전기(Z)
> ㉢ 비율 차동 계전기(RDFR)
> ㉣ 부족 전압 계전기(UVR)
> ㉤ 과전류 계전기(OCR)

① ㉠, ㉢   ② ㉡, ㉣   ③ ㉢, ㉤   ④ ㉠, ㉡, ㉢   ⑤ ㉡, ㉣, ㉤

13. 정격출력이 8,000[kV]이고, 정격전류가 400[A]이며, 정격역률이 0.8인 동기발전기의 단락비가 1.25일 때, 발전기의 최대출력은 몇 [kVA]인가? (단, $\sqrt{2.6} = 1.6$으로 계산한다.)

① 12,800 ② 13,600 ③ 14,400 ④ 15,200 ⑤ 16,000

14. 다음은 과전류차단기로 저압전로에 사용하는 범용의 퓨즈에 대한 구분이다. 각 빈칸에 들어갈 숫자로 적절한 것은?

정격전류의 구분	시간	정격전류의 배수	
		불용단전류	용단전류
4[A] 이하	60분	1.5배	2.1배
4[A] 초과 16[A] 이하	60분	1.5배	(㉡)배
16[A] 초과 63[A] 이하	60분	1.25배	1.6배
63[A] 초과 160[A] 이하	(㉠)분	1.25배	1.6배
160[A] 초과 400[A] 이하	180분	1.25배	1.6배
400[A] 초과	240분	(㉢)배	1.6배

	㉠	㉡	㉢
①	60	1.9	1.25
②	60	1.6	1.0
③	120	2.1	1.5
④	120	1.9	1.25
⑤	180	1.6	1.0

15. 전력계통의 전압을 조정하는 방법으로 적절하지 않은 것은?

① 발전기의 전압 조정
② 선로 임피던스 조정
③ 발전기의 역률 조정
④ 계통의 유효전력 조정
⑤ 변압기의 변압비 조정

약점 보완 해설집 p.46

NCS

의사소통능력

01. 다음 보도자료의 중심 내용으로 가장 적절한 것은?

> 산업통상자원부는 25일 '겨울철 전력수급 및 석탄발전 감축 대책'을 국정현안점검조정회의에서 심의 · 확정했다고 밝혔다. 이에 따라 한파 발생에 대비해 최대 9.7~13.5GW 추가 예비자원을 확보해 적기에 투입하고, 미세먼지 감축을 위해 석탄발전 8~16기의 가동을 멈추기로 했다.
>
> 산업통상자원부는 올겨울 최대 전력수요는 최근 기상전망과 기온변화 흐름 등을 종합적으로 고려해 기준전망 90.3GW, 상한전망 93.5GW 내외로 예상된다고 설명했다. 겨울철 기간 발전기 정비 최소화 등으로 전력 공급능력은 110.2GW로 예상되는데, 석탄발전 감축방안 시행 이후에도 10.1GW 이상의 예비력을 확보해 유지해 나갈 계획이다.
>
> 또한 미세먼지 감축을 위해 안정적 전력수급과 계통 유지, 국제 LNG 가격 및 수급 등을 고려해 공공석탄발전 53기 중 8~16기를 가동 정지한다. 상한제약을 최대 46기까지 시행하며 안정적인 전력수급 및 LNG 수급상황 등도 고려해 추진한다. 이에 따라 계절관리제 시행 전 대비 미세먼지는 2838톤의 저감 효과가 기대된다. 특히 오는 12월 1일부터 내년 2월 28일까지를 '겨울철 전력수급 대책기간'으로 정하고 전력 유관기관과 공동으로 수급대책 상황실을 설치해 지속 점검 · 관리한다. 예비 전력 수준에 따라 필요한 상황에는 9.7~13.5GW 추가 예비자원도 적기에 투입해 전력수급에 차질이 없도록 관리해 나갈 계획이다.
>
> 이와 함께 공공부문의 에너지 수요관리 점검을 강화하고 민간에는 소비행태 변화를 유도한다. 공공부문은 공공기관에 대한 에너지이용합리화 실태점검 강화로 선도적 에너지 수요관리를 추진한다. 민간부문은 상업 · 가정 · 시민단체 협업으로 참여형 프로그램을 강화하고 동영상 플랫폼 · SNS 등 소통형 매체를 활용해 자발적 에너지절약 동참을 유도해 나간다. 이외에도 주요 송배전 설비와 발전기에 대한 특별점검을 실시하고 추가적인 안전점검 · 관리도 지속 추진, 폭설 및 한파로 인해 발전설비 동파와 태양광패널 동결 등의 현상에 대비해 설비 모니터링도 강화한다. 산업통상자원부는 "이번 겨울철 전력수급 및 석탄발전 감축대책을 차질 없이 추진해 안심하고 전기를 사용할 수 있도록 안정적인 전력수급 관리에 만전을 다하겠다"고 밝힌 만큼 겨울철 전력수급이 안정적으로 이루어질 것으로 기대된다.

※ 출처: 산업통상자원부 보도자료

① 한국전력공사에서는 9.7~13.5GW 추가 예비자원을 확보하여 사계절 내내 전력 수급이 원활하도록 노력하겠음을 공표하였다.

② 산업통상자원부에서는 겨울철 전력수급 대책기간을 설정하여 한파에 대비할 예정이다.

③ 미세먼지의 발생량을 줄이고 한파 발생 시에도 전력이 안정적으로 수급될 수 있도록 석탄발전 8~16기의 가동이 활성화될 계획이다.

④ 겨울철 안정적인 전력수급 및 미세먼지 감축을 위해 '겨울철 전력수급 및 석탄발전 감축 대책'이 심의 및 확정되었다.

⑤ 한파에도 안정적으로 전력이 수급될 수 있도록 소통형 매체를 적극 활용해 국민들에게 자발적 에너지 절약 동참을 유도할 예정이다.

02. 다음 글을 논리적 순서대로 알맞게 배열한 것은?

(가) 이 중 기계적인 전처리 기술은 입자의 크기와 결정화를 줄이는 과정으로, 물리적 파쇄를 통해 표면적을 증가시키고, 다당류를 분해하여 단당류를 생성하는 데 이용되는 섬유소와 헤미섬유소를 생산한다. 또한, 열적 전처리 기술은 높은 온도의 증기나 물을 사용하여 효소의 작용으로 인한 섬유소의 가수 분해를 수월하게 하고, 가수 분해 저항성 물질이 형성되는 것을 억제하거나 제거한다. 마지막으로 산이나 알칼리 화학물질을 활용한 전처리 방법인 화학적인 전처리 기술은 헤미섬유소의 가용화 등을 통한 가용 섬유소를 양적 확보함과 동시에 단당류 생성을 위한 효소의 접근성을 높인다.

(나) 화석연료를 대체할 수 있는 신재생 에너지로, 바이오디젤과 더불어 바이오 연료로 가장 많이 사용되고 있는 바이오 에탄올은 주로 녹말 작물을 발효시켜 차량 등의 연료 첨가제로 사용하는 에너지 및 연료용 알코올이다. 발효하는 데 사용하는 녹말 작물에는 대표적으로 사탕수수나 밀, 옥수수, 감자 등이 있으며, 이들로부터 추출한 포도당을 미생물로 발효시켜 연료로 만드는 것이다. 발효하고 나면 물에 에탄올이 포함된 수용액 형태가 되며, 그 농도는 25% 내외에 이르는 것으로 알려져 있다.

(다) 이와 같은 생산 공정 과정을 거쳐 생산되는 바이오 에탄올은 화석 연료와 비교했을 때 온실가스 및 배기가스 감축 효과가 증명되어 화석 연료를 대체할 수 있는 신재생 에너지로 이름을 올렸지만, 생산 공정 과정이 어렵고, 연료 제품으로 사용하기 위해 높은 순도가 요구되기 때문에 고비용의 연료라는 점 등의 단점이 공존하므로 이를 위한 대책이 강구되는 실정이다.

(라) 바이오 에탄올 제조는 원료로 사용되는 녹말 작물의 바이오매스 종류에 따라 생산 공정이 다르게 진행될 수 있으나, 통상적으로 전처리 공정, 당화 공정, 발효 공정 순으로 진행된다. 여기서 전처리 공정은 섬유소로의 접근 가능성을 높이기 위해 당화 저해 물질을 제거하는 과정으로, 일반적으로 기계적인 전처리나 열적 전처리, 화학적 전처리 기술이 이용된다.

(마) 다음으로 당화 공정은 섬유소의 분해 과정을 통해 발효할 수 있는 당류로 변환하는 단계로, 식물의 바이오매스가 가진 다당류 고분자 물질을 분해하여 알코올을 쉽게 생산할 수 있는 단당류로의 전환 과정에 사용되는 기술인데, 섬유소나 헤미섬유소를 분해하는 다양한 효소들이 주로 사용되고 있다. 당화 과정을 통해 만들어진 단당류를 이용하는 발효 공정은 미생물의 알코올 발효 대사 과정을 통해 에탄올을 포함한 다양한 알코올을 생산한다. 생성된 포도당을 효모나 박테리아를 이용하여 에탄올로 전환시키는 단계인 발효 공정을 거쳐 생산된 에탄올도 아직 상당량의 물을 함유하고 있기 때문에 정제 과정을 필요로 하는데, 일반적으로 물과 알코올이 가지는 비등점의 차이에 의한 분별 증류 방법을 통해 분리한다.

① (나) − (다) − (가) − (마) − (라)
② (나) − (라) − (가) − (다) − (마)
③ (나) − (라) − (가) − (마) − (다)
④ (다) − (가) − (나) − (마) − (라)
⑤ (다) − (라) − (가) − (나) − (마)

03. 다음 글의 내용과 일치하지 않는 것은?

정부 출범 이후 국민권익위원회가 추진한 제도개선 중 '주택 중개수수료 및 중개서비스 개선'이 국민의 일상을 바꾼 최우수 사례로 뽑혔다. 국민권익위원회(이하 국민권익위)는 국민의 일상을 바꾼 제도개선 우수사례 10선을 뽑기 위해 지난달 12일부터 11일간 국민생각함에서 국민투표를 실시하고 그 결과를 공개했다.

국민권익위가 국민생각함에서 실시한 제도개선 우수사례 10선 투표에는 일반국민 총 1,795명이 참여했다. 그 결과, 국민이 가장 공감하는 제도개선은 부동산 중개수수료를 절반가량 인하해 국민의 경제적 부담을 줄인 '주택 중개수수료 및 중개서비스 개선'으로 나타났다.

이어 전국 약 31만 명에 이르는 급식아동이 지역 간 차별 없이 급식을 제공받을 수 있도록 한 '아동급식 사각지대 개선' 성범죄 경력 조회 신청 절차를 간소화해 국민불편을 해소한 '성범죄 경력 관련 행정정보 공동이용 확대' 가족주소 노출에 의한 2차 가정폭력 피해를 예방한 '가정폭력가해자에 대한 주민등록 열람 제한 제도개선' 등 국민의 건강·안전·주거 등 사회안전망을 강화하는 제도개선이 국민의 공감을 많이 받았다.

또한, 모바일 상품권의 유효기간을 1년 이상으로 설정해 소비자 권리를 강화한 '모바일 상품권 사용과정의 공정성 제고' 지방자치단체마다 들쑥날쑥한 친환경차 보조금 지급요건을 통일하도록 한 '전기·수소차 구매·운행 지원제도 개선' 직무수행에 필요한 신체검사 비용을 구직자가 아닌 공공기관이 부담하고 기존 건강검진 결과를 활용하도록 한 '불합리한 채용 신체검사 개선방안' 등 일상생활 속에서 직접 경험하는 불공정 사례를 개선하는 내용도 많았다.

이와 함께 퇴직예정 공직자에 대한 일률적이고 과도한 해외여행이나 기념금품 제공을 중단하도록 해 예산을 절감한 '지방자치단체 장기근속·퇴직공직자 국외여행 등 일률지원관행 개선', 연간 약 44억 원의 공공재정 절감을 이끌어낸 '공공기관 임직원의 불합리한 회의참석 수당지급 관행 개선', 등록금 예산 절감이 예상되는 '국공립대학 학생지도비용 운영 투명성 제고' 등 부패유발요인 개선으로 예산절감을 이룬 사례가 국민의 선택을 받았다.

국민권익위는 '국민신문고', '국민콜110', '국민생각함' 등 다양한 정책소통 창구를 운영하고 이를 통해 접수된 국민 불편 사항과 부패유발요인을 해소하기 위해 관계기관에 제도개선을 권고하고 있다. 국민권익위는 이번 정부 출범 이후 올해 10월까지 총 261건의 제도개선을 권고했으며 이에 대한 기관 수용률은 98%에 이른다. 국민권익위 위원장은 "이번 결과에서 사회안전망 사각지대와 일상에서 겪는 불공정 부패를 개선하고자 하는 국민의 열망을 알 수 있었다"라며, "앞으로도 국민의 불편사항에 귀 기울여 국민이 체감할 수 있는 제도 개선을 지속적으로 해 나가겠다"라고 말했다.

※ 출처: 국민권익위원회 보도자료

① 주택 중개수수료 및 중개서비스 개선으로 부동산 중개수수료를 절반가량 인하되어 국민의 경제적 부담이 완화되었다.

② 국민권익위원회는 접수된 국민 불편 사항과 부패유발요인 해소를 위해 관계기관에 제도개선을 권고한다.

③ 지방자치단체 장기근속·퇴직공직자 국외여행 등 일률지원관행 개선으로 예산 절감의 효과를 이끌어냈다.

④ 아동급식 사각지대 개선으로 전국의 약 31만 명에 이르는 급식아동이 거주 지역에 상관없이 급식을 제공받을 수 있게 되었다.

⑤ 모바일 상품권 사용과정의 공정성 제고는 모바일 상품권의 유효기간을 10개월 이하로 설정하여 소비자의 권리가 오히려 약화되었다.

04. 다음 중 각 문단의 내용을 요약한 것으로 적절하지 않은 것은?

(가) 우리나라에서 만든 유일한 구기 종목인 족구는 두 개의 팀끼리 가운데에 네트를 두고 공을 머리와 발을 활용해 상대 팀 진영으로 넘기는 방법으로 승부를 겨루는 경기를 의미한다. 언제부터 시작되었는지 정확히 알 수는 없지만, 삼국 시대부터 바닥 중앙에 벽을 쌓은 뒤 마른 풀 혹은 짚으로 만든 공을 차는 놀이를 했다는 기록을 찾을 수 있어 최초의 족구는 아주 오래전부터 시작되었을 것으로 추측된다. 다만, 당시에는 족구라는 이름으로 불리지는 않았으며, 오늘날과 같이 스포츠 형태로 자리 잡게 된 것은 1966년부터로 여겨진다.

(나) 당시 공군 조종사들은 배구장에 모여 배구 네트를 땅에 닿을 정도로 낮게 내린 뒤 축구공 또는 배구공을 손을 제외한 몸의 모든 부위를 사용해 네트 건너편의 상대 팀 진영에 넘기는 게임을 하였다. 그들은 배구와 마찬가지로 공이 본인 팀의 진영으로 넘어온 이후 3번 안에 상대 팀 진영으로 공을 넘기는 현대적인 규칙을 만들었고, 이때부터 '족구'라는 명칭을 사용하게 되었다. 그 후 군인들에게 전파된 족구는 점차 군에서 전역한 이들도 족구를 즐기게 됨에 따라 전국적으로 확산되며 대중 스포츠로 자리매김하게 되었다.

(다) 족구의 경기장 규격은 배구와 유사해 보이지만, 다소 차이가 있다. 경기장의 가로는 엔드라인, 세로는 사이드라인이라 지칭하며, 엔드라인은 6.5m, 사이드라인은 각 팀당 7.5m를 갖게 되어 총 15m가 된다. 특히 엔드라인 뒤에 서브 제한구역이 설치된 점이 특이한데, 배구와 달리 엔드라인을 넘어서는 서브를 넣을 수 없다. 각 팀의 선수는 일반적으로 주전 선수 4명과 후보 선수 3명으로 구성되어 4명씩 8명이 함께 경기를 치르게 되지만, 대회 성격 및 재량에 따라 선수는 증원하거나 감원할 수 있다.

(라) 일단 경기가 시작되면 서브는 심판의 신호가 있은 뒤 5초 내로 공을 바운드하지 않고 바로 시행해야 하며, 서브 로테이션에 의거해 시계 방향으로 1회 진행하게 된다. 일단 공이 자신의 팀 바닥에 떨어졌다면 바닥에 떨어지는 횟수와 같은 팀 선수 간 접촉 횟수는 3회를 넘어서는 안 되므로 그 전에 상대 팀에 공을 넘겨야 한다. 수비ㆍ공격 시 제한되는 구역은 없지만, 서브 제한 구역을 벗어나거나 침범했을 경우, 서브한 공이 네트를 넘어가지 않고 같은 팀 선수를 맞힌 경우, 넘어간 공이 상대 팀 진영 밖으로 나간 경우에는 실점하게 된다.

(마) 네트를 활용하지만 손과 팔을 이용하지 않는다는 점에서 세팍타크로와 유사하다고 생각하는 사람들도 있다. 태국ㆍ말레이시아에서 만들어진 세팍타크로는 경기장 형태나 선수들의 동작 등에서 족구와 유사해 같은 스포츠라고 착각하기 쉽다. 하지만 족구가 수비 또는 공격할 때 바운드를 이용할 수 있는 반면, 세팍타크로는 공이 바닥에 닿는 순간 실점한다는 점에서 큰 차이가 있다. 특히 올림픽 정식 종목인 세팍타크로와 달리 족구는 올림픽 정식 종목에 해당하지 않는데, 족구가 좀 더 활성화되고 족구의 매력을 널리 알릴 수 있다면 족구 역시 세계인이 함께 즐기는 종목으로 위상이 높아지게 될 것이다.

① (가): 우리 민족이 만든 유일한 구기 종목인 족구의 유래
② (나): 현대적인 규칙의 정립과 '족구'라는 명칭이 도입된 시기
③ (다): 족구가 진행되는 경기장의 규격
④ (라): 족구 경기 시 지켜야 하는 규칙
⑤ (마): 족구의 경기 규칙을 차용한 세팍타크로의 세계적 위상

[05 - 06] 다음 보고서를 읽고 각 물음에 답하시오.

작성자	영업팀 권○○ 주임	작성일자	20XX. 7. 31.(금)
제목		노인 빈곤에 대한 분석 보고	

내용

1. 빈곤의 개념
   1) 절대적 빈곤: 인간의 생존에 필요한 최저한의 물자조차 부족한 극도의 빈곤 상태
   2) 상대적 빈곤: 사회 구성원의 소득 분포를 비교하여 상대적으로 소득이 낮은 수준에 있는 빈곤 상태
   ⇒ 우리나라의 경우 측정 방법과 관계없이 OECD 국가 중 노인 빈곤율이 가장 높은 것으로 파악됨

2. 우리나라의 노인 빈곤율이 높은 원인
   1) 고령화 사회로의 급속한 진입
      – 우리나라는 다른 나라에 비해 고령화가 매우 빠른 속도로 진행되면서 연금 제도, 사회 복지 제도와 같이 노후를 대비할 수 있는 사회 보장 체계를 갖추는 속도가 고령화 진행 속도를 쫓아가지 못함
      – 2025년에는 우리나라 전체 인구에서 65세 이상 인구가 차지하는 비중이 20% 이상인 초고령화 사회로 진입하게 될 것으로 예상됨
   2) 부족한 노후 준비
      – 고령층에서 노후 준비를 하고 있다는 비중이 전년 대비 지속적으로 증가하고 있기는 하지만 여전히 노후 준비를 하지 않고 있다고 응답한 비중도 60대 이상 가구에서 40% 이상인 것으로 나타남
      – 부채 상환의 부담, 자녀 교육비와 양육비 등이 개인의 노후 준비를 방해하는 요소로 분석됨
      – 산업화, 도시화, 핵가족화 등의 사유로 자녀 세대가 부모 세대를 부양해야 한다는 의식이 약화되면서 고령층의 사적 소득원에 대한 의존도가 급격하게 감소함
      – 자녀가 부모를 부양하고자 하여도 경기 침체로 취업이 어려워지면서 자녀의 경제적 자립 시기가 늦어져 오히려 노인 빈곤이 양성됨

3. 높은 노인 빈곤율이 사회 · 경제에 미치는 영향
   1) 사회적 영향
      – 노인 빈곤율과 삶의 만족도가 반비례 관계에 있다는 사실을 기반으로 유추하였을 때, 높은 노인 빈곤율이 삶의 만족도를 저하시켜 사회적으로 불안정한 상황을 조성할 수 있음
      – 노인 빈곤율과 자살률에 밀접한 연관이 있다는 사실을 기반으로 유추하였을 때, 고령층의 은퇴 이후 악화되는 경제 상황이 높은 자살률의 주된 원인 중 하나로 분석됨
   2) 경제적 영향
      – 노인 빈곤율이 증가할수록 노동 생산성이 감소하고 인구 구조적으로 소비의 둔화를 초래하여 내수 경제가 침체할 가능성이 농후함
      – 고령층이 은퇴한 이후 소득 기반이 취약해질 것을 우려하여 근로 소득을 유지하고자 은퇴 시기를 미루는 경향이 나타남

05. 위 보고서를 통해 추론한 내용으로 적절한 것은?

① 노인 빈곤율이 증가할수록 내수 경제 역시 활성화될 것이다.

② 우리나라는 고령화가 진행되는 속도에 맞춰 사회 보장 체계가 갖춰진 상황이다.

③ 부모로부터 경제적 독립을 늦게 하는 자녀가 늘수록 빈곤한 노인이 증가할 가능성이 높다.

④ 생존하기 위해 꼭 필요한 물품조차 없는 상황이라면 상대적 빈곤 상태에 해당된다고 본다.

⑤ 삶의 만족도가 높은 사람이 증가할수록 노인 빈곤율 역시 증가하게 될 것이다.

06. 위 보고서를 이해한 내용으로 적절하지 않은 것은?

① 은퇴한 고령층의 경제 상황이 나빠져서 노인 빈곤율이 늘면 자살률 또한 증가할 가능성이 커진다.

② 전체 인구에서 65세 이상 인구가 차지하는 비중이 25%인 사회는 초고령화 사회라고 지칭할 수 있다.

③ OECD 국가 중 절대적 노인 빈곤율과 상대적 노인 빈곤율 모두 우리나라가 가장 높은 수치를 보인다.

④ 우리나라의 60대 이상 가구에서 노후 준비를 하지 않고 있는 가구의 수가 약 30%를 차지하고 있다.

⑤ 노인 빈곤율이 높은 사회에서는 상대적으로 고령층의 은퇴 시기가 늦어지는 경향을 보인다.

07. 다음 글을 논리적 순서대로 알맞게 배열한 것은?

(가) 'ㄱ'자 구조는 두 개의 'ㅡ'자 모양을 수직으로 결합해 'ㄱ' 모양이 되도록 만든 한옥 구조이다. 간결하고 깔끔할뿐더러 마당이 넓어 활용하기에 좋다. 다만 평수 자체가 'ㅁ'자 구조의 절반가량이기 때문에 내부 공간의 효율성이 다소 떨어진다는 단점이 있다. 대개 'ㄱ'자 구조의 각 끝에 방을 배치하고 두 개의 'ㅡ'자 구조가 만나는 연결부에 거실과 부엌을 둠으로써 이동 동선을 최소화하는 형태로 짓게 된다. 'ㅡ'자 구조의 경우 'ㅡ'자 모양의 한 채에 거실, 부엌, 방이 모두 배치해야 하므로 이용 공간이 상당히 한정적이다. 그렇지만 벽면과 창문에 문을 많이 두어 햇빛이 많이 들어오도록 설계하는 경우가 많아 모든 방향에서 햇빛을 받을 수 있다.

(나) 보통 한옥이라고 하면, 조선 시대의 양반 가옥에 한정된다고 생각하기 쉽지만, 한옥은 한국 전통의 양식으로 지어진 건축물을 의미하는 것으로, 서양식 건물인 '양옥'에 대비해 사용되는 건축물을 말한다. 이에 따라 한옥의 시초 역시 조선 시대보다 더 오래되었음은 물론 그 범위 역시 넓게 보아야 한다. 그러나 현대적 의미에서 한옥은 나무를 다듬어 세운 뒤 그 위에 보를 걸고, 다시 보 위에 소로 및 첨차, 도리와 서까래를 짜 맞추어 만든 가옥을 말하게 된다. 기본적인 골격의 경우 큰 차이는 없지만 한옥은 위치하는 지역, 거주하는 이들의 신분, 사용되는 기능에 따라 구조가 달라진다는 특징이 있다.

(다) 이 모든 구조에서 공통적으로 나타나는 한옥의 특징은 난방을 가능케 하는 온돌과 냉방을 가능케 하는 마루가 결합해 존재한다는 점이다. 이유는 명확하지 않지만, 봄, 여름, 가을, 겨울의 4계절이 뚜렷한 우리나라의 특성상 대륙성 기후와 해양성 기후가 공존하기 때문에 더위와 추위를 모두 해결하고자 온돌과 마루가 공존하는 형태로 발전한 것으로 본다. 특히 한옥의 바닥, 벽, 지붕에는 흙을 발랐는데, 이로 인해 여름에는 시원하고 겨울에는 따뜻한 효과를 얻고자 한 우리 선조들의 지혜를 엿볼 수 있다.

(라) 'ㄷ'자, 'ㅁ'자, 'ㄱ'자, 'ㅡ'자가 한옥의 대표적인 구조로 손꼽힌다. 한옥의 형태에 따라 이름이 붙여진 것이 독특한데, 'ㄷ'자 구조에서는 양옆에 방을 두고 두 개의 방을 연결하는 일자 구조에 마루와 부엌을 두는 것이 특징이다. 'ㅁ'자 구조는 겨울이 길고 추운 북부 지방에서 흔히 사용되는 구조로, 가운데에 마당을 두고 이를 한옥이 둘러싸고 있는 형태를 취한다. 이러한 'ㅁ'자 구조는 외부의 추위를 막고 내부의 열이 유출되지 않도록 막아주며, 단절된 공간이 없이 연결되어 있어 여타 구조 대비 평수가 넓다는 장점이 있다.

① (나) – (다) – (가) – (라)
② (나) – (라) – (가) – (다)
③ (나) – (라) – (다) – (가)
④ (라) – (가) – (다) – (나)
⑤ (라) – (나) – (다) – (가)

08. 다음 글의 빈칸에 들어갈 문장으로 가장 적절한 것은?

음주운전의 위험성에 대해서는 잘 알려져 있지만, 졸음운전의 위험성에 대해서는 잘 모르는 사람들이 많다. 하지만 한국교통안전공단과 한국도로공사의 발표에 따르면 2017~2019년 3년 동안 고속도로 교통사고로 사망한 사람의 10명 중 7명은 졸음·주시 태만으로 인해 발생했다고 한다. 물론, 스스로의 의지로 잠을 이겨내면 좋겠지만 간혹 낮만 되면 별다른 이유가 없이도 참을 수 없이 졸리고 무기력함을 느끼는 사람이 있다. 단순히 피곤해서 그런 것이라 착각하기 쉽지만, 밤에 충분히 수면을 취했음에도 주간에 참기 힘들 정도로 졸린 경우에는 기면증을 의심해 볼 수 있다.

일반적으로 인간의 수면 상태는 비렘수면과 렘수면으로 분류한다. 특별한 이상이 없는 사람이 밤에 잠을 자게 되면 비렘수면과 렘수면이 번갈아 발현되는 주기가 4회에서 6회가량 반복된다. 즉, 수면을 취한 뒤 80~100분 정도에 첫 번째 렘수면이 발현되고, 이후에는 비렘수면과 렘수면이 약 90분을 주기로 돌아가며 나타난다. 하지만 기면증이 있는 사람의 경우 렘수면이 비정상적으로 발현되어 잠이 들거나 깰 때도 렘수면 상태에 빠지게 되기 때문에 환각, 수면 마비, 수면 발작 등의 증상이 나타나게 된다.

수면 장애의 일종인 기면증은 희귀·난치성 질환으로 분류되어 있지만 전체 성인의 0.02~0.16%가 앓고 있을 만큼 흔하다. 간질 또는 심리적 요인으로 인해 발생하는 증후군으로 착각하기 쉬운데, 기면증은 뇌의 각성을 유도하는 하이포크레틴이라는 신경 전달 물질의 부족으로 발생하는 질환에 해당한다. 그리고 학계에서는 기면증을 면역 세포가 자기 몸의 정상 세포를 공격하는 자가 면역 질환의 일환으로 판단하고 있다. 다시 말해 (   ) 기면증이 나타날 수 있다.

기면증에 대한 진단은 1박 2일 동안 다원수면검사와 입면잠복기검사를 각각 야간과 주간에 시행하여 이루어지며, 뇌척수액 안의 히포크레틴 샘플을 수집한 뒤 수치를 측정해 히포크레틴의 감소 여부를 확인하기도 한다. 다만, 현재까지 기면증에 대한 완치는 불가능하며, 면역계를 개인의 의지로 조절할 수 있는 것도 아니므로 예방 역시 어렵다. 하지만, 발병 초기부터 약물 치료를 한다면 증상에 대한 조절이 가능하다. 기면증 치료제로는 모다피닐이 주로 사용되며, SSRI 등의 항우울제도 비정상적으로 렘수면이 나타나는 증상을 조절해주기도 한다. 물론 약물 치료와 더불어 규칙적으로 낮잠을 자거나 심리 상담 등의 통합적인 치료도 이루어져야 증상 호전에 도움이 될 수 있다.

① 간질과 같이 뇌에 이상이 생겨 발작 증상이 반복될 경우
② 우리 몸속의 하이포크레틴이 폭발적으로 증가하게 될 경우
③ 뇌세포가 파괴되어 하이포크레틴 분비를 억제할 수 없는 경우
④ 우리 몸속의 하이포크레틴이 면역 세포에 의해 파괴될 경우
⑤ 뇌가 외부로부터 자극을 받아 심리적 불안 증세가 증폭될 경우

쓰나미는 해저에서 발생하는 지진이나 화산 폭발 등 급격한 지각 변동이 원인이 되어 해수면에 대규모의 파동이 생기는 현상으로, 지진 해일이라고도 한다. 큰 부피의 해수가 갑자기 교란될 정도로 해수면 변동이 생길 때, 이 교란 지점으로부터 사방으로 퍼져나가는 파동에 의해 발생한다. 수심이 깊은 바다의 파동은 얕지만, 파동이 해안으로 전파되는 동안 일어나는 천수, 굴절, 공진 현상 등에 의해 파고가 높아져 육지에 강한 영향을 미친다. 또한, 해안에 가까워질수록 속도가 느려지는 대신, 파도의 강도는 상대적으로 커져 이를 인지한 뒤에는 사실상 대응이 불가능하다. 이 때문에 쓰나미의 습격을 받기 쉬운 지역은 쓰나미로 인한 인명상, 재산상의 피해가 상당하다.

바다 아래에서 발생한 지각 변동은 해수면에 굴곡을 만들어 내는 원인이 되는데, 이때의 굴곡은 여러 방향으로 불규칙하게 진행하며 해수면의 높낮이를 달라지게 한다. 달라진 해수면의 높낮이는 다시 같아지려는 성질이 있어 파동이 일게 되고 이 파동은 수평으로 계속 전달된다. 그리고 수평으로 전달되던 파동은 최종에 해안가를 격타하게 된다. 쓰나미의 피해 규모는 진원지의 위치, 해저와 해안의 형상, 기상 조건 등 다양한 요인에 의해 결정되며, 일반적으로 쓰나미의 주기가 길수록 피해 규모가 큰 것으로 알려져 있다.

여기서 주기는 파동의 가장 고점인 마루와 최저점인 골이 각각 일정한 간격을 두고 반복될 때 마루에서 다음 마루까지, 골에서 다음 골까지 걸리는 시간을 의미하는 것으로, 쓰나미는 대체로 5분에서 60분 사이의 주기를 갖는 많은 파동들이 중첩되어 구성된다. 태풍 해일의 주기가 8~12초 정도인 것을 고려하면 매우 길다고 볼 수 있다. 파동의 주기가 길수록 피해가 커지는 것은 주기가 길수록 파장이 길어지고 그만큼 처오름이 높이 형성되기 때문이다. 이때 처오름이란 파도가 해안 경사면을 밀고 올라오는 현상으로, 파고를 파장으로 나눈 값을 의미하는 파형 경사 및 유속과 밀접한 연관이 있다. 파형 경사가 작을수록, 해안 경사면으로 향하는 유속이 빠르게 유지될수록 높은 처오름이 형성되어 해안 지역의 침수 피해를 확대한다.

쓰나미는 주로 불의 고리라고 불리는 환태평양 화산대를 끼고 있는 태평양 연안에 피해를 입히지만, 인도양, 카리브해, 지중해 등에서도 발생한다. 현대에 발생한 쓰나미 중 가장 큰 피해를 가져온 쓰나미는 2004년 인도네시아 근해에서 발생한 것이다. 당시 발생한 인도양 쓰나미는 환태평양 지진대 중 1,000km에 걸친 단층선에 생긴 균열로 인해 유라시아판과 인도판이 충돌하면서 일어났다. 이 초대형 해저 지진으로 인해 바닷물 전체가 통째로 일렁이면서 초대형 쓰나미로 연결된 것이다. 높은 파고를 동반한 쓰나미는 아무도 눈치채지 못한 사이 진앙지로부터 가장 가까운 곳에 위치한 인도네시아 수마트라섬 북부의 한 해안을 먼저 강타하였으며, 가장 극심한 피해를 주었다.

최대 시속 900km에 이르던 쓰나미는 수마트라섬 북부에 피해를 입힌 것에서 그치지 않고, 진앙지로부터 160km 떨어져 있는 타이 남부 푸껫섬과 말레이시아로 이어졌으며, 1,000km 떨어진 싱가포르와 2,000km 떨어진 타이 방콕과 미얀마, 방글라데시를 거쳐 수천 km 떨어진 인도 동부 및 스리랑카 해안은 물론 몰디브까지 재산과 인명에 큰 피해를 입혔다. 당시 발생한 쓰나미로 인한 인명 피해가 특히 심각했던 이유는 남아시아 지역에 쓰나미가 발생한 적이 없어 해당 국가들에는 쓰나미에 대한 조기경보 체제가 구축되어 있지 않았기 때문이었다. 일명 지구촌 쓰나미의 대참사로 불리는 이 지진은 푸껫과 방콕이 각각 32cm, 9cm씩 남서쪽으로 이동하고, 지구의 자전축이 흔들려 자전주기가 $2.68\mu s$ 짧아지는 결과를 낳았다.

그렇다면 이러한 무서운 파괴력을 지닌 쓰나미가 발생했을 때는 어떻게 대처해야 할까. 다행히도 쓰나미는 지진이 발생한 이후에 나타나는 현상이기 때문에 경보 시스템이 잘 갖추어지고, 평소 시민들이 쓰나미의 전조 증상을 파악해 둔다면 피해를 최소화할 수 있다. 쓰나미 전조 증상은 해안 경사면에 먼저 닿는 부분이 마루인지 골인지에 따라 다르다. 파도가 일 때 마루가 해안 경사면에 먼저 이를 경우 파고가 갑자기 높아지는 모습을 보이고, 물결의 골 부분이 먼저 해안 경사면에 닿을 경우 갑작스러운 해수면 하강으로 인해 바닷물이 급속도로 빠지는 모습을 볼 수 있다. 또한 쓰나미는 수심이 깊은 곳에서 파고가 낮고 수심이 얕아지는 해안가에 가까워질수록 파고가 높아지는 경향을 보이기도 한다. 이러한 현상들이 포착된다면 바다에서 멀고 파고보다 높은 곳으로 신속하게 이동하는 것이 안전하다.

09. 윗글의 내용과 일치하지 않는 것은?

① 해저의 지각변동은 해수면에 불규칙한 파동을 일게 한다.

② 수심이 깊은 바다에서는 파고가 낮게 형성된다.

③ 파장의 길이와 파형 경사의 값은 반비례 관계이다.

④ 해안에 가까워질수록 파동이 전달되는 속도는 점점 느려진다.

⑤ 쓰나미의 전조 증상이 파악되는 즉시 책상 밑으로 이동해야 한다.

10. 2004년 인도네시아 근해에서 발생한 쓰나미에 대한 내용과 일치하지 않는 것을 모두 고르면?

> ㉠ 2004년 당시에는 타이와 말레이시아를 포함한 남아시아 지역에 조기경보 체제가 마련되지 않았었다.
> ㉡ 당시 쓰나미가 발생하는 데 일조한 지진은 근처 일부 섬의 위치 변화에도 영향을 미쳤다.
> ㉢ 2004년 인도양 쓰나미는 남아시아 지역에서 발생한 최초의 쓰나미이다.
> ㉣ 인도양 쓰나미는 환태평양 지진대를 벗어난 지각판의 충돌로 발생하였다.

① ㉠   ② ㉣   ③ ㉠, ㉢   ④ ㉡, ㉣   ⑤ ㉢, ㉣

11. 영빈이는 회사의 탕비실에서 아메리카노와 홍차 중 한 가지를 선택하여 마신다. 다음 조건을 모두 고려하였을 때, 오늘 오후에 영빈이가 마실 수 있는 아메리카노와 홍차 잔 수의 조합은 총 몇 가지인가?

> • 영빈이는 카페인의 하루 권장량을 고려하여 하루에 섭취하는 카페인의 양을 450mg 이하로 제한한다.
> • 홍차 한 잔에 들어있는 카페인의 양은 50mg이며 아메리카노 한 잔에 들어있는 카페인의 양은 150mg이다.
> • 오늘 오전에 영빈이가 섭취한 카페인의 양은 200mg이다.
> • 영빈이는 아메리카노와 홍차 이외에 카페인을 섭취하지 않으며, 아메리카노나 홍차를 마시지 않을 수도 있다.

① 2가지   ② 4가지   ③ 5가지   ④ 7가지   ⑤ 9가지

12. S 사에서 다음 조건을 고려하여 신입사원을 선발했다고 할 때, 선발한 신입사원 중 여자 사원의 비율은?

> • 회사에 근무 중인 기존 사원에서 남자 사원이 차지하는 비중은 45%이다.
> • 선발한 신입사원은 회사에 근무 중인 기존 사원의 13%이다.
> • 회사에 근무 중인 기존 사원과 선발한 신입사원을 합산한 전체 사원 중 남자 사원이 차지하는 비중은 40%이다.

① $\frac{10}{13}$ ② $\frac{4}{5}$ ③ $\frac{57}{65}$ ④ $\frac{12}{13}$ ⑤ $\frac{64}{65}$

13. 다음은 A 국가의 업종별 창업기업 수에 대한 자료이다. 자료에 대한 설명으로 옳은 것은?

[업종별 법인 창업기업 수]

(단위: 개)

구분	2019년	2020년	2021년	2022년	2023년
음식료품 및 음료	1,287	1,320	1,433	1,296	1,188
섬유 및 가죽	1,232	1,192	1,141	1,188	2,481
목재·가구 및 종이제품	835	815	866	840	841
인쇄 및 기록매체 복제업	247	231	250	241	190
고무 및 화학제품	2,146	2,130	2,255	2,062	2,095
기계·금속	4,155	4,279	4,019	4,030	3,939
전기·전자 및 정밀기기	3,047	3,363	3,417	3,130	2,953
자동차 및 운송장비	1,236	1,089	1,239	1,257	1,174
기타제조업	590	635	666	763	555

[업종별 개인 창업기업 수]

(단위: 개)

구분	2019년	2020년	2021년	2022년	2023년
음식료품 및 음료	5,705	6,074	5,800	5,476	5,599
섬유 및 가죽	6,740	6,303	6,307	5,527	5,992
목재·가구 및 종이제품	2,830	2,760	2,743	2,503	2,333
인쇄 및 기록매체 복제업	1,226	992	1,113	988	829
고무 및 화학제품	4,100	3,914	3,722	3,225	2,820
기계·금속	11,389	10,977	9,939	9,358	8,981
전기·전자 및 정밀기기	5,070	5,274	4,820	4,120	3,951
자동차 및 운송장비	2,071	1,882	1,912	1,711	1,521
기타제조업	4,836	4,785	5,683	4,602	2,486

① 제시된 기간 중 섬유 및 가죽 업종의 법인 창업기업 수가 가장 적은 해에 섬유 및 가죽 업종의 법인과 개인 창업기업 수의 합은 7,348개이다.
② 기타제조업을 제외하고 2019년과 2023년의 법인 창업기업 수가 많은 순서에 따른 업종 순위는 동일하다.
③ 2023년 음식료품 및 음료 업종에서 개인 창업기업 수는 법인 창업기업 수의 5배 이상이다.
④ 2022년 기계·금속의 개인 창업기업 수는 전년 대비 5% 이상 감소하였다.
⑤ 기타제조업을 제외하고 2021년에 법인 창업기업 수와 개인 창업기업 수의 전년 대비 증감 추이가 동일한 업종은 총 4개이다.

[14 – 15] 다음은 시도별 평일과 주말의 봉사 활동 횟수에 대한 자료이다. 각 물음에 답하시오.

[시도별 봉사 활동 횟수]

(단위: 천 회)

구분	2017년		2018년		2019년		2020년	
	평일	주말	평일	주말	평일	주말	평일	주말
서울	1,158	533	1,071	484	1,041	471	308	155
부산	411	162	388	142	411	134	113	30
대구	303	114	290	102	301	101	100	19
인천	327	131	302	123	302	116	73	25
광주	269	140	238	120	226	102	78	25
대전	209	118	181	105	179	99	59	21
울산	226	90	227	82	233	76	65	16
세종	10	8	11	8	11	7	4	1
경기	817	368	766	325	812	323	205	79
강원	165	74	159	67	166	62	56	12
충북	146	56	132	48	130	43	36	9
충남	192	149	184	145	202	136	72	30
전북	173	76	152	68	152	63	46	14
전남	268	155	245	136	244	122	85	27
경북	257	135	249	126	268	118	84	23
경남	346	189	344	174	358	170	111	34
제주	73	83	68	75	68	73	27	14

※ 출처: KOSIS(보건복지부, 사회복지자원봉사현황)

14. 다음 중 자료에 대한 설명으로 옳은 것은?

① 제시된 모든 지역에서 2019년 평일 봉사 활동 횟수는 주말 봉사 활동 횟수보다 많다.

② 2017년 대비 2019년 서울의 전체 봉사 활동 횟수의 감소율은 10% 이상이다.

③ 2019년 세종의 평일 봉사 활동 횟수는 주말 봉사 활동 횟수의 1.5배 미만이다.

④ 제시된 모든 지역의 2020년 주말 봉사 활동 횟수 총합은 2017년 주말 봉사 활동 횟수가 가장 많은 지역의 주말 봉사 활동 횟수보다 적다.

⑤ 제시된 기간 동안 대전의 주말 봉사 활동 횟수가 처음으로 100천 회 미만인 해에 주말 봉사 활동 횟수가 100천 회 미만인 지역은 총 6곳이다.

15. 2018년에 주말은 총 119일이었다. 제시된 지역 중 두 지역의 2018년 평일 1일당 봉사 활동 횟수와 주말 1일당 봉사 활동 횟수를 각각 나타낸 자료가 다음과 같을 때, A와 B를 바르게 연결한 것은?

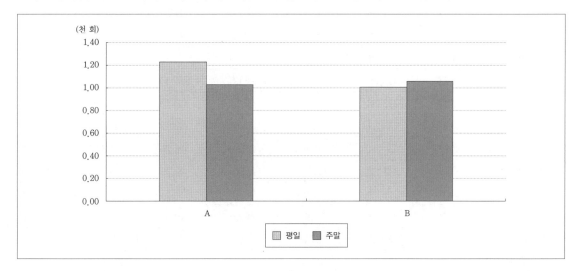

	A	B
①	인천	경남
②	인천	경북
③	부산	경북
④	부산	경남
⑤	경남	대구

[16 − 17] 다음은 2018년과 2019년 전력 판매단가에 대한 자료이다. 각 물음에 답하시오.

[2018년 전력 판매단가]

(단위: 원/kWh)

구분	주택용	일반용	교육용	산업용	농사용	가로등	심야용
1월	113.98	130.84	98.91	115.56	47.62	106.53	75.17
2월	115.09	130.48	99.98	115.26	47.32	111.32	75.17
3월	102.99	123.25	100.09	96.56	48.15	112.60	66.66
4월	104.43	116.49	92.75	92.63	48.72	116.37	54.78
5월	100.28	117.51	93.07	92.43	48.91	120.45	55.92
6월	103.10	132.54	113.83	112.99	47.38	123.39	58.19
7월	111.77	145.59	119.51	117.87	48.37	122.76	62.56
8월	121.37	139.61	121.28	117.57	45.59	118.26	65.32
9월	91.80	126.39	107.49	94.93	47.64	115.50	61.79
10월	98.02	118.63	95.28	92.42	49.93	110.56	56.91
11월	103.43	132.69	105.59	114.45	43.61	107.95	63.93
12월	106.87	136.82	101.35	113.61	47.95	105.62	75.33

[2019년 전력 판매단가]

(단위: 원/kWh)

구분	주택용	일반용	교육용	산업용	농사용	가로등	심야용
1월	113.12	131.88	99.35	114.60	47.73	106.47	75.08
2월	112.00	132.67	104.19	114.94	47.74	111.40	75.13
3월	101.53	124.81	98.97	94.30	48.48	112.73	66.50
4월	104.61	115.25	89.78	93.65	48.44	116.51	54.81
5월	99.97	118.33	93.20	93.14	48.70	119.91	56.12
6월	101.91	134.21	112.74	113.55	47.37	123.25	58.71
7월	97.67	147.64	120.64	119.09	48.25	123.01	62.00
8월	108.48	141.33	122.55	117.15	47.26	118.82	64.23
9월	106.20	125.44	106.14	95.58	47.43	115.83	62.21
10월	100.55	115.78	92.95	92.50	49.68	110.85	58.46
11월	102.86	132.47	107.14	114.80	44.17	107.89	64.67
12월	106.54	136.84	100.96	114.74	48.59	106.20	75.24

※ 출처: KOSIS(한국전력공사, 한국전력통계)

16. 다음 중 자료에 대한 설명으로 옳지 않은 것은?

① 2018년 1~12월 월별 교육용 전력 판매단가의 평균은 105원/kWh 미만이다.
② 2019년 9월 주택용 전력 판매단가는 전년 동월 대비 15% 이상 증가하였다.
③ 2018년 산업용 전력 판매단가가 가장 높은 달과 같은 해 일반용 전력 판매단가가 가장 높은 달은 같다.
④ 2019년 가로등 전력 판매단가가 전년 동월 대비 감소한 달은 총 4개 달이다.
⑤ 2019년 농사용 전력 판매단가의 전년 동월 대비 변화량이 가장 큰 달은 12월이다.

17. 2019년 심야용 전력 판매단가가 다른 달에 비해 가장 낮은 달에 산업용 판매단가 대비 일반용 판매단가의 비율은 약 얼마인가? (단, 소수점 둘째 자리에서 반올림하여 계산한다.)

① 1.1   ② 1.2   ③ 1.3   ④ 2.1   ⑤ 2.4

[18 – 19] 다음은 시도별 아동복지시설 및 보호아동 현황에 대한 자료이다. 각 물음에 답하시오.

[시도별 아동복지시설 및 보호아동 현황]

구분	2017년		2018년		2019년	
	시설(개)	보호아동(명)	시설(개)	보호아동(명)	시설(개)	보호아동(명)
서울	49	2,737	49	2,577	49	2,341
부산	21	1,106	20	992	21	931
대구	23	757	23	729	23	697
인천	10	531	10	516	10	532
광주	12	563	12	529	12	507
대전	14	512	14	493	14	469
울산	1	127	1	115	1	117
세종	1	27	1	27	1	25
경기	28	1,252	28	1,212	28	1,176
강원	10	334	10	312	11	318
충북	13	549	13	528	13	518
충남	14	634	14	619	14	590
전북	16	696	16	684	16	643
전남	23	1,100	23	1,046	23	1,012
경북	15	714	15	707	15	708
경남	25	878	25	843	25	833
제주	5	272	5	264	5	248
전국	280	12,789	279	12,193	281	11,665

※ 제시된 시설 수와 보호아동 수는 매해 마지막 날 기준임
※ 출처: KOSIS(보건복지부, 아동복지시설보호아동및종사자현황보고)

18. 다음 중 자료에 대한 설명으로 옳은 것을 모두 고르면?

> ㉠ 제시된 기간 동안 전국의 시설 1개당 보호아동 수가 가장 많은 해와 서울의 시설 1개당 보호아동 수가 가장 많은 해는 2017년으로 동일하다.
> ㉡ 2019년에 시설 수가 전년 대비 증가한 지역 중 보호아동 수가 전년 대비 감소한 지역의 보호아동 수의 전년 대비 감소 인원은 51명이다.
> ㉢ 제시된 기간 동안 매년 보호아동 수가 두 번째로 많은 지역의 2017~2019년 연도별 보호아동 수의 평균은 1,210명 미만이다.
> ㉣ 2017년 대비 2019년 대전의 보호아동 수 감소율은 2017년 대비 2019년 충남의 보호아동 수 감소율보다 크다.

① ㉠, ㉡   ② ㉠, ㉣   ③ ㉡, ㉢   ④ ㉠, ㉡, ㉢   ⑤ ㉠, ㉡, ㉣

19. 다음은 2017년 한 해 동안 6개 광역시에 입소하거나 6개 광역시에서 퇴소한 보호아동 현황에 대한 자료이다. 위 자료와 2017년 6개 광역시별 보호아동 입소 및 퇴소 현황을 고려하였을 때, 6개 광역시 중 2016년 마지막 날을 기준으로 보호아동 수가 두 번째로 많은 지역과 두 번째로 적은 지역의 보호아동 수의 차는?

[2017년 6개 광역시별 보호아동 입소 및 퇴소 현황]

(단위: 명)

구분	입소자	퇴소자
부산	170	306
대구	270	277
인천	186	223
광주	175	210
대전	363	375
울산	69	56

※ 출처: KOSIS(보건복지부, 아동복지시설보호아동및종사자현황보고)

① 196명   ② 240명   ③ 650명   ④ 718명   ⑤ 1,128명

20. 다음은 X 국가의 2023년 월별 뇌졸중 환자 수에 대한 자료이다. 자료에 대한 설명으로 옳지 않은 것을 모두 고르면?

[월별 뇌졸중 환자 수]

(단위: 명)

구분		1월	2월	3월	4월	5월	6월	7월	8월	9월	10월	11월	12월
남자	계	5,696	5,075	5,493	5,641	5,833	5,487	5,743	5,626	5,423	5,728	5,558	5,804
	1세 미만	1	4	2	2	8	5	3	-	1	6	3	1
	1~9세	9	7	6	12	9	3	14	7	8	9	7	8
	10~19세	18	16	11	17	22	20	19	15	16	18	32	12
	20~29세	44	47	53	37	36	44	50	52	55	56	50	44
	30~39세	155	140	171	176	160	140	125	146	146	152	159	161
	40~49세	500	412	471	480	467	437	466	459	436	491	403	474
	50~59세	1,095	1,025	1,081	1,093	1,151	1,058	1,211	1,104	1,107	1,164	1,062	1,119
	60~69세	1,356	1,249	1,363	1,380	1,465	1,381	1,340	1,341	1,376	1,414	1,342	1,447
	70~79세	1,522	1,291	1,399	1,455	1,536	1,486	1,527	1,479	1,398	1,459	1,478	1,514
	80세 이상	996	884	936	989	979	913	988	1,023	880	959	1,022	1,024
여자	계	4,476	3,966	4,646	4,443	4,762	4,323	4,401	4,282	4,425	4,542	4,500	4,711
	1세 미만	-	5	2	2	6	5	1	5	5	-	2	1
	1~9세	2	4	7	11	3	7	10	2	8	5	1	6
	10~19세	12	11	16	9	16	14	15	15	13	16	20	16
	20~29세	33	33	31	36	57	29	41	28	41	27	23	40
	30~39세	91	90	78	77	94	86	84	91	100	64	83	100
	40~49세	259	228	252	207	261	245	239	288	264	275	256	281
	50~59세	495	466	585	586	562	496	527	492	503	569	522	521
	60~69세	710	641	808	761	832	756	770	728	756	730	700	791
	70~79세	1,357	1,115	1,369	1,349	1,360	1,217	1,240	1,221	1,250	1,258	1,303	1,321
	80세 이상	1,517	1,373	1,498	1,405	1,571	1,468	1,474	1,412	1,485	1,598	1,590	1,634

[월별 뇌졸중 전체 환자 수]

- ㉠ 전체 뇌졸중 환자 수가 가장 많은 달에 전체 뇌졸중 환자 수에서 여자 뇌졸중 환자 수가 차지하는 비중은 45% 미만이다.
- ㉡ 1~9세 남자 뇌졸중 환자 수가 가장 많은 달에 1~9세 여자 뇌졸중 환자 수도 가장 많다.
- ㉢ 남자 뇌졸중 환자 수가 가장 많은 연령대는 매달 70~79세이다.
- ㉣ 40~49세 여자 뇌졸중 환자 수가 가장 적은 달에 40~49세 여자 뇌졸중 환자 수와 40~49세 남자 뇌졸중 환자 수의 차는 184명이다.

① ㉠   ② ㉢   ③ ㉠, ㉡   ④ ㉡, ㉣   ⑤ ㉡, ㉢, ㉣

21. A, B, C, D, E 5명은 자전거를 타고 같은 위치에서 출발하여 공원을 한 바퀴 돈 뒤 다시 출발 위치로 돌아왔다. 다음 조건을 모두 고려하였을 때, 항상 옳지 않은 것은?

> • A~E 5명이 탄 자전거의 속력은 서로 다르며, 출발부터 도착까지 각각 일정한 속력으로 달렸다.
> • B의 속력은 제일 느리지 않았다.
> • A는 출발 위치에 두 번째로 돌아왔다.
> • B와 C는 연달아 출발 위치로 돌아왔다.
> • E의 속력은 B의 속력보다 빨랐다.

① 속력이 제일 느린 사람은 C이다.
② E가 가장 먼저 출발 위치로 돌아왔다.
③ C는 E보다 속력이 느리다.
④ B가 네 번째로 출발 위치에 돌아왔다.
⑤ C와 E는 연달아 출발 위치로 돌아왔다.

22. 인턴사원 갑, 을, 병, 정, 무 5명 중 2명은 상사로부터 복사 업무를 요청받아 복사기를 사용했다. 이들은 각각 두 가지씩 진술하고 있으며, 두 가지의 진술 중 하나의 진술만 진실, 나머지 하나의 진술은 거짓이다. 다음 조건을 모두 고려하였을 때, 복사기를 사용한 인턴사원은?

> • 갑: 정은 복사기를 사용하지 않았어. 병은 복사기를 사용했어.
> • 을: 나는 복사기를 사용했어. 갑은 복사기를 사용하지 않았어.
> • 병: 나는 복사기를 사용하지 않았어. 정은 복사기를 사용했어.
> • 정: 무는 복사기를 사용하지 않았어. 갑도 복사기를 사용하지 않았어.
> • 무: 병은 복사기를 사용하지 않았어. 을과 정 중 복사기를 사용한 사람은 없어.

① 갑, 을   ② 갑, 정   ③ 을, 병   ④ 을, 정   ⑤ 정, 무

23. 미술학원에 다니는 A~E 5명의 학생은 물감, 붓, 스케치북, 연필, 지우개 중 각각 1개의 도구를 문구점에서 구매하였다. 5명이 각각 도구를 구매한 순서와 도구의 종류가 모두 다를 때, 항상 옳은 것은?

> • 가장 먼저 도구를 구매한 학생은 E이다.
> • D는 지우개를 구매하지 않았다.
> • 지우개를 구매한 학생은 가장 마지막 순서로 구매했다.
> • B는 D보다 먼저, A보다 나중에 도구를 구매했다.
> • 연필을 구매한 학생은 스케치북을 구매한 학생보다 먼저, 붓을 구매한 학생보다 나중에 구매했다.

① 붓을 구매한 사람은 물감을 구매한 학생보다 먼저 구매했다.
② 연필을 구매한 학생은 A이다.
③ D는 C보다 먼저 도구를 구매했다.
④ 두 번째 순서로 구매한 도구는 연필이다.
⑤ 네 번째 순서로 도구를 구매한 학생은 B이다.

24. 다음 안내문을 근거로 판단한 내용으로 옳은 것은?

[S 공사 원자력 발전소 견학 안내]

1. 고리 원자력 발전소

1) 기본 정보
   - 주소: 부산광역시 기장군 장안읍 길천리 85
   - 개관 기간: 연중무휴
   - 개관 시간: 평일 9:00~17:00, 주말 및 공휴일 10:00~16:00
   - 관람 시설: 에너지관, 원자력관, 원전해체홍보관 등
   - 문의처: 고리 원자력 홍보부

2) 견학 프로그램 안내

구분	제한 인원	특이사항
A 코스: 홍보관(자유 관람)	제한 없음	• 개인
B 코스: 홍보관(안내)	20~200명	• 단체견학(초등학생 이상)
C 코스: 운영 발전소(신고리2호기)	최대 40명	• 신청 전 유선 협의(고리 원자력 홍보부) 필수
D 코스: 영구정지 발전소(고리1호기)	5~20명	• 신청 전 유선 협의(고리 1발전소) 필수

※ 단, 발전소 현장은 주말 및 공휴일에 견학이 불가함

2. 한빛 원자력 발전소

1) 기본 정보
   - 주소: 전남 영광군 홍농읍 홍농로 846
   - 개관 기간: 연중무휴
   - 개관 시간: 평일 9:00~17:00, 주말 및 공휴일 10:00~16:00
   - 관람 시설: 수력관, 화력관, 원자력관 등
   - 문의처: 한빛원전 홍보부

2) 견학 프로그램 안내

구분	이용 시간	제한 인원	특이사항
홍보관	50분	1~100명	• 개인: 자유 관람 • 단체(30인 이상): 안내
발전소 내 관람 시설	150분	20~40명	• 단체(대학생 이상) • 홈페이지에 견학일 3일 전까지 발전소 출입신청 완료 필수 • 주말, 휴무일에는 이용 불가
특별관람코스	150분	선착순 30명	• 개인 또는 6인 이하 소수 그룹 일반인(부모동반 시 초등학생 이상 자녀 접수 가능) • 견학 가능 일시: 매월 넷째 주 금요일 14:00 (신청 인원 4인 미만 시 견학 불가, 접수 마감 매달 20일) • 유선 신청만 가능

① 한빛 원자력 발전소 내 수력관은 평일과 다르게 주말에는 16시까지만 견학이 가능하다.

② 고리 원자력 발전소에서 200명이 동시에 견학 가능한 코스는 B 코스 하나이다.

③ 한빛 원자력 발전소의 특별관람코스에 따른 발전소 견학은 매주 금요일마다 가능하다.

④ 고리 원자력 발전소의 D 코스 견학을 신청하기 전 고리 원자력 홍보부와 유선 협의해야 한다.

⑤ 30명의 대학생이 단체로 한빛 원자력 발전소에 견학할 수 있는 프로그램은 총 2가지이다.

25. 다음 안내문을 근거로 판단한 내용으로 옳지 않은 것은?

[재도전 사례 공모전 안내]

1. 공모 목적
- 실패에 대한 부정적인 인식을 개선하고 재도전 문화확산을 위해 연 1회씩 행정안전부 합동 대국민 사례 공모전('다시 쓰는 성공기')을 추진

2. 공모 개요
- 공모전명:「다시 쓰는 성공기!」제9회 재도전 사례 공모전
- 모집 기간: 2024. 8. 11.(수)~2024. 10. 6.(수) 13:00까지
- 대상: 전 국민 누구나

3. 공모 내용
- 기업 부문: (수기) 기업경영, 재무, 마케팅, R&D 등 기술 창업과 관련하여 실패 · 재도전한 경험
- 일반 부문: (영상) 일상에서 겪은 실패 · 재도전 경험 또는 창의적인 발상 등이 담긴 실패 · 재도전 관련 콘텐츠

4. 공모 방법
- 기업 부문: K-Startup 누리집 접수
- 일반 부문: 이메일 접수(KStartup@hackers.com)

5. 시상 규모
- 기업 부문

구분	상훈	수량	상금
대상	• 중소벤처기업부 장관상	1	5,000,000원
	• 행정안전부 장관상	1	
최우수상	• 창업진흥원장상	1	1,000,000원
우수상	• 중소벤처기업진흥공단 이사장상	1	500,000원
	• 기술보증기금 이사장상	1	

※ 1) 시상 규모 및 상금 등은 상황에 따라 변경될 수 있음(제세공과금 4.4%는 수상자 부담)
   2) 수상자가 '2025년 재도전 성공패키지 재 창업자 모집 공고' 참여 시 가점 1점 제공함
   3) 수상자의 수기 내용 등은 우수사례집 및 인식개선 영상 제작 등에 활용 가능함

- 일반 부문

구분	상훈	수량	상금
대상	• 중소벤처기업부 장관상	1	3,000,000원
	• 행정안전부 장관상	1	
최우수상	• 신용보증기금 이사장상	1	1,000,000원
우수상	• 중소기업은행장상	1	500,000원
	• 서울보증보험㈜ 대표이사상	1	

※ 1) 시상 규모 및 상금 등은 상황에 따라 변경될 수 있음(제세공과금 4.4%는 수상자 부담)
   2) 수상자의 영상은 실패 박람회 우수사례 등에 활용 가능함

① 기업 부문에서 수상할 수 있는 작품은 총 5개이고, 수상작들이 받게 되는 상금의 총합은 1,200만 원이다.

② 기업이 공모전에 참가하려면 실패하거나 재도전한 경험을 글로 작성하여 누리집으로 접수해야 한다.

③ 일반 부문에서 우수상을 받을 경우 수상자가 실제로 받게 되는 상금은 총 50만 원이다.

④ 지금까지 매년 재도전 사례 공모전이 개최되었다면, 재도전 사례 공모전이 처음 개최된 해는 2016년이다.

⑤ 재도전 사례 공모전의 취지는 많은 국민이 실패를 두려워하지 않고 재도전할 수 있도록 북돋기 위함이다.

26. 다음은 갑 은행의 DIY 카드 할인 혜택과 갑 은행의 DIY 카드를 이용하는 윤정이의 9월 카드 사용 내역이다. 윤정이가 8월에 DIY 카드로 사용한 금액이 170만 원이라고 할 때, 9월 카드 내역에서 윤정이가 최대한 많은 금액의 할인 혜택을 받을 수 있는 사용처와 패턴을 바르게 연결한 것은?

[갑 은행의 DIY 카드 할인 혜택]

1. 상세 혜택
   - 전체 20개 사용처 중 할인을 원하는 사용처와 할인 한도 패턴을 자유롭게 조합하여 서비스를 구성할 수 있음
   - 1개 사용처당 아래 7개 할인 한도 패턴 중 하나를 선택할 수 있음
   - 사용처별로 선택한 패턴의 각 실적 구간별 한도 합계는 통합 할인 한도와 동일해야 함

패턴	전월 이용실적에 따른 월 할인 한도		
	1구간 (50만 원 이상 100만 원 미만)	2구간 (100만 원 이상 150만 원 미만)	3구간 (150만 원 이상)
1	8천 원	1만 6천 원	2만 4천 원
2	4천 원	8천 원	1만 2천 원
3	4천 원	8천 원	8천 원
4	–	4천 원	8천 원
5	4천 원	4천 원	4천 원
6	–	4천 원	4천 원
7	–	–	4천 원

※ 통합 할인 한도는 1구간에서 1만 8천 원, 2구간에서 2만 8천 원, 3구간에서 4만 8천 원임

2. 할인 가능한 그룹별 사용처

구분	사용처	구분	사용처
A 그룹 (3% 할인)	• 레스토랑 (건당 1만 원 이상 사용 시) • 교육 • 병원 및 약국 • 관리비 및 공과금	B 그룹 (5% 할인)	• 마트 • 주유 • 이동통신 (건당 3만 원 이상 자동이체 시) • 온라인쇼핑 • 소셜커머스
C 그룹 (7% 할인)	• 스포츠 • 대중교통 • 인테리어 • 뷰티 • 편의점	D 그룹 (10% 할인)	• 택시 • 커피 전문점 • 제과 및 패스트푸드 • 배달 앱 • 구독/영화

[윤정이의 DIY 카드 결제 내역]

구분	결제 금액	사용처
9월 1일	250,000원	레스토랑
	20,000원	커피 전문점
	300,000원	스포츠
9월 5일	50,000원	병원
	20,000원	약국
	100,000원	주유
9월 10일	110,000원	관리비 및 공과금
	70,000원	이동통신(자동이체 1건)
9월 13일	150,000원	레스토랑
	200,000원	백화점
	20,000원	영화
	60,000원	커피 전문점
9월 16일	15,000원	편의점
	10,000원	커피 전문점
	9,000원	뷰티
	50,000원	주유
9월 21일	100,000원	교육
	50,000원	레스토랑
	20,000원	커피 선문점
9월 25일	80,000원	레스토랑
	130,000원	온라인 쇼핑
	20,000원	택시

① 패턴 1 – 레스토랑, 스포츠
② 패턴 1 – 스포츠 / 패턴 2 – 레스토랑 / 패턴 3 – 백화점 / 패턴 5 – 온라인 쇼핑
③ 패턴 1 – 스포츠 / 패턴 2 – 레스토랑, 커피 전문점 / 패턴 7 – 관리비 및 공과금
④ 패턴 2 – 레스토랑, 스포츠, 커피 전문점, 주유
⑤ 패턴 2 – 레스토랑, 스포츠 / 패턴 3 – 커피 전문점, 주유 / 패턴 7 – 온라인 쇼핑, 관리비 및 공과금

27. △△시에서는 중소기업 광고비 지원사업을 통해 △△시 내 중소기업에 광고비를 지원하고자 한다. 다음에 제시된 안내문과 광고비 지원사업 신청 현황을 근거로 판단할 때, F 기업이 받는 지원금은?

[△△시 중소기업 광고비 지원사업 안내]

1. 사업 개요
- 우수한 기술력을 보유하고 있으나 광고비 부담으로 이를 활용하지 못하는 △△시 내 중소기업에 광고비를 지원하고자 함

2. 지원 자격
- 소재지가 △△시인 중소기업
- 신청일 기준으로 최근 6개월 내 광고 집행 경험이 없는 중소기업
- 작년 매출액이 600억 미만인 기업

3. 지원 내용
- 사업 예산: 총 8억 5,000만 원
- 기업별 지원금 상한액: 1억 5,000만 원
  ※ 1) 모든 기업의 지원금은 광고비의 50%를 초과할 수 없음
  2) 지원 대상 기업의 작년 매출액이 100억 원 이하인 경우, 기업별 지원금 상한액의 2배까지 지원 가능함

4. 지원 대상 선정 및 지원금 산정 방법
- 지원 대상 선정: 지원 자격을 모두 갖춘 기업 중 우선 지원 대상 사업분야에서 작년 매출액이 낮은 기업부터 먼저 선정하며, 이후 지원 자격을 모두 갖춘 기업 중 우선 지원 대상이 아닌 사업분야 내에서 광고비 지출이 적은 기업부터 먼저 선정함
  ※ 우선 지원 대상 사업분야: 인공지능, 친환경, 바이오
- 지원 대상 선정 방법에 따라 사업 예산 내에서 지급 가능한 최대 금액을 지원하며, 예산이 소진될 때까지 지원 대상 기업에 순차적으로 지원함

[△△시 중소기업 광고비 지원사업 신청 현황]

구분	작년 매출액	광고비	사업분야
A	550억 원	4억 8,000만 원	인공지능
B	30억 원	4억 6,000만 원	바이오
C	480억 원	3억 1,000만 원	전자상거래
D	650억 원	1억 5,000만 원	친환경
E	200억 원	5억 3,000만 원	바이오
F	100억 원	6억 2,000만 원	의류
G	500억 원	2억 4,000만 원	화장품

※ △△시 중소기업 광고비 지원사업 신청 기업들은 소재지가 △△시인 중소기업이며, 신청 기준으로 최근 6개월 내 광고 집행 경험이 없는 중소기업임

① 0원
② 5,000만 원
③ 1억 5,000만 원
④ 2억 4,000만 원
⑤ 3억 2,000만 원

28. 다음 보도자료를 토대로 판단한 내용으로 옳지 않은 것은?

> 교육부는 직업계고 졸업자의 졸업 후 상황 분석에 대한 신뢰도를 높이기 위해 지난해 공공데이터베이스인 DB를 활용하는 방식으로 취업통계조사 체계를 개편하여 20X1년 11월 첫 조사 결과를 발표한 뒤, 20X2년 3월에는 '20X1년 직업계 고등학교 졸업자의 유지취업률(취업 6개월 후 취업자 자격 유지 비율)'도 발표한 바 있다. 이번 조사에서는 고졸 취업의 질적 측면을 분석하기 위해 '20X1년 직업계 고등학교 졸업자의 2차 유지취업률(취업 12개월 후 취업자 자격 유지 비율)' 및 교과별·표준교육분류별·산업유형별 현황 등의 결과를 포함하고 있으며, 12월 중으로 교육부와 한국교육개발원 누리집에 탑재하여 누구나 손쉽게 자료를 활용할 수 있도록 할 예정이다.
>
> 20X2년 직업계고 졸업자 취업 통계 조사 개요 및 이에 따른 졸업 후 상황의 주요 내용을 살펴보면, 먼저 전체 취업률을 확인할 수 있다. 20X2년 직업계고 졸업자 78,994명 중 취업자는 22,583명, 진학자 35,529명, 입대자 1,809명, 제외 인정자는 862명이고, 전체 취업률은 55.4%로 전년 대비 4.7%p 증가하였다. 이때, 취업률은 '취업자 / {졸업자 - (진학자 + 입대자 + 제외 인정자)} × 100'으로 계산하였으며, 진학률은 '진학자 / 졸업자 × 100'으로 계산하였다.
>
> 성별 취업 현황을 확인하면 20X2년 직업계고를 졸업한 취업자 중 성별 취업자 비중은 남성이 약 60.5%, 여성이 약 39.5%로 구성되었으며, 성별 취업률은 남성 54.9%, 여성 56.1%로 전년 대비 남성은 4.6%p, 여성은 4.9%p 각각 증가하였다. 학교 유형에 따른 20X2년 고등학교 졸업자의 취업률은 산업수요맞춤형고인 마이스터고의 취업률이 75.0%로 전년 대비 3.8%p 증가하여 가장 높았으며, 특성화고는 53.4%로 전년 대비 4.2%p 증가하였다. 또한, 특성화고등학교에 상응하여 일반고등학교에 특정 분야의 인재 양성을 목적으로 설치한 학과인 일반고 직업반의 경우 35.9%로 전년 대비 4.3%p 증가한 것으로 나타났다.
>
> 20X2년 직업계고 졸업자의 학교 소재 지역별 취업률을 분석한 결과, 경북(65.1%), 대구(61.8%), 대전(58.9%), 충북(58.1%), 경남(57.6%), 인천(57.2%), 충남(56.6%), 전남(55.5%), 서울(55.5%) 9개 시도가 전체 취업률 평균(55.4%)보다 높았고, 나머지 8개 시도는 이보다 낮았다. 서울, 인천, 경기지역의 수도권 소재 학교의 취업률은 53.9%로 전년 대비 3.7%p 증가하였으며, 비수도권 소재 학교 취업률은 56.5%로 전년 대비 5.5%p 증가하여 비수도권 소재 학교의 취업률이 더 높았다. 이때, 광역시와 비광역시의 취업률을 비교하면 광역시는 55.9%, 비광역시는 54.9%로 광역시 취업률이 소폭 높게 나타났다. 근로 지역 기준으로 살펴보면, 수도권 소재 기업 취업자 비중은 55.5%, 비수도권 비중은 44.5%로 수도권으로 취업한 비중이 더 높았고, 학교 소속 시도 내(관내) 기업 취업자 비중은 61.9%, 다른 시도(관외)에 취업한 비중은 38.1%로 관내로 취업한 비중이 더 높았다.
>
> 전반적인 취업·고용 여건이 어려운 상황에서 '직업교육 및 고졸취업자에 대한 국정과제(51-3 / 52-3)' 관리, '20X1 직업계고 지원 및 취업 활성화 방안(20X1. 5.)' 발표, '고졸취업 활성화 지원 사업 예산 증액' 등 적극적인 취업 지원 정책을 추진해 온바, 취업률이 다소 상승한 것으로 나타났다. 이에 교육부장관은 "청년들의 불황 체감도가 높은 상황이므로 직업계고 취업역량 강화, 산업수요 맞춤형 일자리 발굴, 기업 유인책 제공 확대 등 앞으로도 고졸 취업 활성화 정책을 적극 추진할 계획이다"라고 밝혔다.

※ 출처: 교육부 보도자료

① 20X2년 직업계고 졸업자의 진학률은 약 45%이다.

② 20X1년 수도권 소재 직업계고 졸업자의 취업률은 50.2%이다.

③ 20X1년 일반고 직업반 졸업자의 취업률과 특성화고 졸업자의 취업률 차이는 16.6%p이다.

④ 20X2년 3월 교육부는 직업계 고등학교 졸업자의 취업 6개월 후 취업자 자격 유지 비율을 발표하였다.

⑤ 20X2년 직업계고 졸업자 중 남자 취업자의 수는 약 13,663명이다.

29. 다음 안내문을 근거로 판단한 내용으로 옳은 것은?

[열병합 발전시스템 설치 지원 안내]

1. 지원대상

구분	내용
설치장려금	열병합 천연가스 요금을 적용받는 자가열병합 발전설비를 신·증설한 자로서 자가열병합 발전시스템 설치 당시의 열병합 발전설비의 소유주
설계장려금	열병합 천연가스 요금을 적용받는 자가열병합 발전설비의 원동기(가스엔진, 가스터빈, 연료전지 등) 계통을 설계한 기계설비 설계사무소

2. 지원금액

구분	금액
설치장려금	50,000원/kWe(1억 원 한도)
설계장려금	10,000원/kWe(2천만 원 한도)

3. 지원금 지급 기준
- 천연가스 열병합 발전시스템이 설치되어 있는 건축물에 설비를 증설한 경우에도 증설용량에 대하여 설치장려금이 지급됨
- 기계설비와 전기설비 부문의 설계를 서로 다른 설계사무소에서 시행한 경우 열병합 발전시스템의 원동기 계통을 설계한 설계사무소에 설계장려금이 지급됨
- 동일 장소에 하나의 천연가스 사용시설을 설치한 경우 두 종류 이상의 장려금을 신청할 수 없으며 천연가스 공급규정에 의한 주 용도에 해당하는 장려금이 지급됨
- ※ 단, 시험용·연구용 설비, 기존에 여타 장소에 설치 및 사용되었던 설비인 경우, 타 연료에서 천연가스로 연료를 전환했거나, 신청자가 판매를 목적으로 하는 에너지 공급 사업자인 경우는 지급 대상에서 제외됨

4. 신청안내
- 신청방법: 설치·설계장려금 신청자가 설치 완료된 냉방설비가 소재하는 H 공사 관할 지역본부에 직접 신청
- ※ 제출 서류 누락 시 미신청으로 처리함

– 제출 서류

구분	제출 서류
공통	• 장려금 신청공문(법인) • 건물 등기부 등본 • 열병합 발전 설비 설치 사진(전경 및 명판) • 법인 또는 개인 통장 사본(원본대조필) • 인감증명서 • 사업자등록증사본 또는 주민등록등본(원본대조필) • 계좌입금 거래약정서
설치장려금	• 설치장려금 지급신청서 • 열병합 발전 설비 구입확인서(세금계산서 또는 구매계약서) • 설비 완성검사필증 사본 • 부지 및 건물 임차 시 임대차 계약서
설계장려금	• 설계장려금 지급신청서 • 설계수행 실적 증명서류(계약서 또는 용역확인원) • 열병합 발전 설비 장비일람표 · 배관평면도 • 설비 완성검사필증 사본 • 엔지니어링 활동 주체증 또는 기술사개설등록증

① 기계설비와 전기설비를 각각 다른 설계사무소에 맡겨 열병합 발전시스템을 설치한 경우에는 두 설계사무소 모두 설계장려금을 받을 수 있다.

② 1kWe당 설치장려금과 설계장려금의 지원금액은 상이하나 지원금액 한도상 최대로 지원받을 수 있는 발전용량은 서로 같다.

③ 설계장려금 신청 시와 달리 설치장려금 신청 시에는 열병합 발전 설비 설치의 전경 사진과 명판을 반드시 제출해야 한다.

④ 이미 천연가스 열병합 발전시스템이 설치되어 있는 건축물에 자가열병합 발전설비를 증설한 경우에는 열병합 발전시스템 설치장려금을 받을 수 없다.

⑤ 설계장려금 신청 시 신청에 필요한 서류를 제출하지 않았다면 미제출 서류를 제출할 때까지 신청 처리는 대기 중 상태로 유지된다.

30. 다음 안내문을 근거로 판단한 내용으로 옳지 않은 것은?

[5대 불법 주 · 정차 주민신고제 운영 안내]

1. 신고요건
- 위반지역과 차량번호가 식별 가능하고 1분 간격의 배경이 동일한 위치에서 촬영한 사진 2장 이상 첨부해야 함
  ※ 단, 어린이 보호구역 신고는 반드시 사진상 어린이 보호구역이 확인되어야 가능함

2. 신고 방법

구분	방법
1단계	불법 주 · 정차 주민신고 애플리케이션 다운로드
2단계	애플리케이션 내 민원인 정보관리에서 개인 정보 인증
3단계	인증 완료 후 불법 주 · 정차 차량 사진 촬영
4단계	1분 후 차량 사진 추가로 촬영해 업로드
5단계	신고 버튼 클릭

※ 별도의 회원가입 필요 없이 개인 정보 인증만으로 신고 가능

3. 과태료 부과
- 신고요건 구비 시 현장 단속 없이 과태료 부과 처분

4. 신고대상

구분	내용
소화전 반경 5m	주 · 정차 금지 안전표지(금지 표지판/노면표시)가 설치된 소화전 5m 이내에 정지 상태인 차량
교차로 모퉁이 5m	주 · 정차 금지 안전표지(금지 표지판/노면표시)가 설치된 교차로의 가장자리나 도로의 모퉁이 5m 이내에 정지 상태인 차량
버스 정류소 10m	정류소 표지판 또는 노면 표시선 기준 10m 이내에 정지 상태인 차량
횡단보도	횡단보도 위나 정지선을 침범한 위치에 정지 상태인 차량
어린이 보호구역 정문 앞 도로	주 · 정차 금지 안전표지(금지 표지판/노면표시)가 설치된 정문 앞의 도로가 다른 교차로와 만나기 전까지 구간에 정지 상태인 차량

5. 불법 주 · 정차 신고 관련 문의
- 과태료 부과 등 행정처분 및 각종 민원 업무는 각 관할 지방자치단체에 문의

---

① 도로 모퉁이에 주 · 정차 금지 안전표지가 설치되어 있다면 도로 모퉁이를 기준으로 반경 10m 이내에 주차 및 정차된 차량은 불법 주 · 정차 차량으로 신고될 수 있다.

② 불법 주 · 정차 신고와 관련하여 과태료 부과 및 관련 업무를 문의하고자 한다면 신고지 관할 지방자치단체에 문의해야 한다.

③ 주 · 정차 금지 안전표지가 설치된 학교 정문 앞 도로와 다른 교차로가 만나는 지점을 벗어난 공간에 주차된 차량은 어린이 보호구역 정문 앞 도로에 불법 주 · 정차한 차량에 해당하지 않는다.

④ 불법 주 · 정차 신고 시 동일한 장소에서 촬영한 불법 주차 차량의 사진을 2장 첨부했더라도 각 사진이 찍힌 시간의 간격이 하루 이상이라면 신고가 불가능하다.

⑤ 신고요건을 충족한 불법 주 · 정차 신고가 접수된다면 해당 현장에 대한 추가 단속 과정을 거치지 않고 바로 과태료 부과 처분이 내려진다.

31. ○○공사는 매년 사업 협력 업체에 대해 협력 업체 자격 요건 재심사를 실시한다. 협력 업체 자격 요건 재심사 기준과 A~D 4개 업체의 심사 현황을 근거로 판단한 내용으로 옳은 것은?

[협력 업체 자격 요건 재심사 기준]
- 협력 업체 자격 요건 재심사는 기본 심사 점수와 감점 점수로 구분한다.
- 기본 심사 점수에서 감점 점수를 차감한 점수를 최종 심사 점수로 결정한다.
- 최종 심사 점수가 75점 이상이면 '재계약', 60점 이상 75점 미만이면 '재계약 고려', 60점 미만이면 '계약 취소'로 처리한다.
- 기본 심사 점수는 실적평가, 경영능력평가, 품질평가, 환경관리평가 4가지 항목 점수의 합으로 결정하며, 각 항목 점수는 0~25점으로 평가한다.
- 감점 점수는 과태료 부과의 경우 1회당 2.5점, 제재 조치의 경우 경고 1회당 3점, 주의 1회당 1.5점, 권고 1회당 0.5점으로 결정한다. 이때, 제재 조치 횟수의 총합이 7회 이상일 경우 최종 심사 점수와 관계없이 '계약 취소'로 처리한다.

[협력 업체별 기본 심사 점수]

구분	기본 심사 항목별 점수			
	실적평가	경영능력평가	품질평가	환경관리평가
A 업체	20점	23점	( )	18점
B 업체	18점	21점	20점	23점
C 업체	23점	18점	21점	( )
D 업체	19점	24점	17점	21점

[협력 업체별 기본 감점 항목]

구분	과태료 부과 횟수	제재 조치 횟수		
		경고	주의	권고
A 업체	2회	0회	2회	5회
B 업체	( )	0회	3회	1회
C 업체	3회	1회	2회	1회
D 업체	2회	( )	1회	2회

① D 업체의 제재 조치의 경고 횟수가 5회이면 D 업체는 계약 취소 처리된다.
② B 업체가 재계약 처리되기 위해서는 과태료 부과 횟수가 1회 이하여야 한다.
③ A 업체의 품질평가 점수가 기본심사 항목별 점수 중에 가장 높다면 A 업체는 재계약 처리된다.
④ C 업체의 환경관리평가 점수가 25점이면 C 업체는 재계약 처리된다.
⑤ B 업체의 과태료 부과 횟수가 6회이면 B 업체는 계약 취소 처리된다.

32. 다음은 △△구 회의실 이용 안내문이다. 회의실 이용 허가 검토를 담당하게 된 H 사원의 반응으로 적절하지 않은 것은?

[회의실 이용 안내]

1. 시설 안내
- 위치: 서울시 △△구
- 면적: 45m²
- 수용인원: 20명
- 이용 가능 행사: 토론회, 동아리행사, 교육, 주민모임 등 주민공동체 활동

2. 이용자격
- 구에 주민등록이 되어 있는 사람
- 구에 소재하는 직장·단체·학교 등에 재직 또는 재학 중인 자
  ※ 이용 당일 자격서류 확인(주민등록지, 사업장소재지, 재학 여부 등)

3. 이용 가능 시간
- 이용 가능 시간: 평일 16:00~19:30
  ※ 설비 설치 및 준비시간도 이용시간에 포함됨

4. 이용 절차

예약 접수		이용 허가		시설 이용
이용예정일 7일 전	→	신청일로부터 5일 이내	→	이용 당일 서약서 제출 후 이용

※ 이용목적 등 제한사항을 검토하여 신청일로부터 5일 이내 신청 건에 대한 가능 여부를 SMS로 통보함

5. 이용요금
- 기본이용요금: 10,000원
- 기본이용시간: 1시간
  ※ 기본이용시간인 1시간을 초과하여 이용 시 초과 1시간마다 기본이용요금의 50%를 추가요금으로 가산하며, 1시간 이내의 초과이용 시간은 1시간 이용으로 간주함
- 야간(18시 이후) 이용 시 이용시간에 관계없이 기본이용요금에 50%를 추가요금으로 가산함
- 냉·난방기 사용 시 이용시간에 관계없이 기본이용요금의 25%를 추가요금으로 가산함
- 정해진 날까지 이용료를 납부하지 않은 경우, 허가 취소함

6. 주의사항
- 회의실의 시설 또는 설비를 훼손하였을 때에는 즉시 원상복구 또는 변상하여야 함
- 천재지변 등 불가피한 사유가 인정되는 경우, 시설이용 결정을 임의취소 또는 변경하며 이에 대한 이의는 제기하지 아니함
- 이용을 허가받은 자가 부득이한 사정으로 이용을 취소하고자 할 경우에는 이용 취소 신청을 하여야 하며, 사전 연락 없이 취소할 경우 해당 이용일의 다음 날부터 30일간 사용이 제한됨
- 준비, 사용, 철수기간 중 발생하는 쓰레기는 쓰레기봉투를 준비하여 직접 청소하고 반출하여야 함

7. 이용 허가 제외대상
- 자치회관의 시설 및 설비 등을 훼손할 우려가 있는 행사
- 정치적인 행위 또는 종교 활동을 목적으로 하는 경우
- 영리를 목적으로 하는 경우
- 그밖에 공공질서와 선량한 풍속을 해할 우려가 있다고 인정되는 경우

① 회의실 이용 시 설비를 설치하는 시간도 이용시간에 포함시켜야 하는구나.

② 종교 활동을 목적으로 회의실 이용을 신청한 경우 이용 허가를 재고해야겠다.

③ U 씨는 지난 3월 4일에 시설 이용을 허가받은 후 사전 연락 없이 취소하였으니 4월 3일까지 이용을 제한해야지.

④ 오후 6시부터 오후 7시 30분까지 회의실 이용 신청을 한 S 씨는 난방기 이용 신청도 하였으니 27,500원을 납부하라고 고지해야지.

⑤ △△구에 소재하는 학교에 재학 중인 N 씨가 회의실 이용을 신청하였으니 이용 당일 재학 여부에 대한 자격서류를 확인해야겠다.

[33 – 34] 다음은 판매 자동차에 코드번호를 부여하는 기준에 대한 자료이다. 다음 자료를 읽고 각 물음에 답하시오.

[코드번호 부여 기준]

1. 코드번호 정렬
   - 차량 종류, 차량색, 연식, 거주 지역을 조합한 알파벳 7자리를 기본 코드번호로 적용함
   - 부가 옵션을 장착한 경우, 기본 코드번호에 장착한 부가 옵션 코드번호를 모두 추가함
   - 보안상의 이유로 코드번호는 알파벳 순서대로 정렬하여 고객에게 부여함

2. 차량 종류

세단	쿠페	SUV	컨버터블	픽업트럭
SE	CP	TD	BT	UR

3. 차량색

빨간색	파란색	보라색	남색	흰색	검은색	회색
P	B	W	H	S	F	R

4. 연식

2016년	2017년	2018년	2019년	2020년
IS	IE	ES	NS	IN

5. 거주 지역

서울	대전	대구	광주	부산
GJ	SL	JD	SG	DG

6. 부가 옵션

가죽 시트	내비게이션	블랙박스	하이패스	선루프	열선 핸들	차선 이탈 정보 시스템
BL	NL	NG	GS	RS	HE	SC

[자동차 구매 고객 리스트]

고객명	차량 종류	차량색	연식	거주 지역	부가 옵션
갑	세단	보라색	2018년	서울	가죽 시트, 블랙박스
을	픽업트럭	남색	2019년	광주	가죽 시트
병	SUV	검은색	2017년	대구	내비게이션, 차선 이탈 정보 시스템
정	세단	파란색	2019년	대전	선루프
무	쿠페	회색	2020년	부산	하이패스, 열선 핸들

[중고 자동차 구매 가격]

차량 종류	차량색	연식	부가 옵션	차량 가격	부가세
쿠페	검은색	2019년	하이패스, 내비게이션	31,340,000원	차량 가격의 12%
세단	남색	2017년	블랙박스	24,680,000원	차량 가격의 15%
SUV	회색	2020년	가죽 시트, 열선 핸들	41,720,000원	차량 가격의 9%
세단	흰색	2016년	차선 이탈 경보 시스템	22,560,000원	차량 가격의 17%
쿠페	회색	2018년	가죽 시트	29,560,000원	차량 가격의 13%

※ 차량 가격은 부가세를 제외한 가격임

33. 자동차를 구매한 5명의 고객이 부여받은 자동차 코드번호 중 적절한 것은?

① 갑 – BEEGGGJNSSW ② 을 – BDGHLNRSU ③ 병 – CDDEFIJLNST

④ 정 – BEILNNRSS ⑤ 무 – CDEGHINPRRS

34. 부가세가 가장 저렴한 중고 자동차를 구매하려고 할 때, 구매할 중고 자동차의 부가세는?

① 3,460,800원 ② 3,532,200원 ③ 3,642,800원 ④ 3,702,000원 ⑤ 3,835,200원

[외부 회의실 평가 점수]

구분	대관비용	수용인원	편의시설	청결도	거리
A	45점	40점	35점	50점	30점
B	30점	45점	45점	35점	40점
C	25점	50점	30점	45점	45점
D	30점	45점	40점	45점	35점
E	35점	45점	40점	40점	50점

[외부 회의실 3월 예약 현황]

구분	이용 시간	1일	2일	3일	4일	5일	6일	7일	8일	9일	10일
A	1타임	○		○	○		○		○		
	2타임	○		○	○				○	○	
	3타임	○		○	○		○		○		
B	1타임	○			○	○		○		○	○
	2타임	○	○		○	○		○			
	3타임	○				○		○		○	
C	1타임	○		○	○	○			○		
	2타임	○	○		○	○		○	○	○	
	3타임		○		○	○	○	○		○	
D	1타임		○		○	○		○	○	○	
	2타임		○	○	○					○	○
	3타임		○		○	○				○	○
E	1타임	○		○			○	○	○		
	2타임			○		○			○	○	
	3타임	○		○				○	○	○	

※ 회의실 예약은 이용 시간별로 1타임(9:00~12:00), 2타임(12:00~15:00), 3타임(15:00~18:00)으로 구분되며, '○' 표시는 예약이 완료된 타임을 의미함

[외부 회의실 평가 영역별 평가 비중]

구분	대관비용	수용인원	편의시설	청결도	거리
비중	0.3	0.3	0.1	0.2	0.1

35. Z 공사는 외부 회의실에서 신입사원 면접 전형을 진행하기로 결정하였다. 인사팀에 재직 중인 귀하는 신입사원 면접 전형을 진행할 외부 회의실을 선정하기 위해 외부 회의실 평가 점수를 확인하고 있다. [외부 회의실 평가 영역별 평가 비중]을 고려하여 최종 점수를 계산하였을 때, 최종 점수가 가장 높은 회의실은?

① A   ② B   ③ C   ④ D   ⑤ E

36. Z 공사에서는 신입사원 면접 전형에 응시하는 인원을 고려하여 3월 1일부터 10일 중 3일에 걸쳐 면접 전형을 진행하고자 한다. 면접 전형은 3일 연속 매일 같은 시간에 진행하고자 하며, 점심시간인 12시부터 13시는 피해서 진행한다. 예약 가능한 회의실 중 [외부 회의실 평가 영역별 평가 비중]을 고려한 최종 점수가 가장 높은 회의실에서 면접을 진행하고자 할 때, 면접 전형을 진행하게 되는 회의실은? (단, 면접 전형은 매일 3시간에 걸쳐 진행된다.)

① A   ② B   ③ C   ④ D   ⑤ E

37. 산재보험료율은 재해근로자의 복지증진비용과 재해예방비용, 산재보험급여에 드는 금액 등을 기준으로 업종별 보험료율을 세분화하여 적용한다. 보험료율 적용의 기본원칙과 제조업 일부 업종별 산재보험료율을 근거로 A~E 사업장에 대해 판단한 내용으로 옳지 않은 것은? (단, 2019년부터 2024년까지 A~E 사업장의 업종코드와 근로자 수, 보수총액은 모두 같다.)

[보험료율 적용의 기본원칙]
- 하나의 사업장에 대하여는 하나의 보험료율을 적용한다.
- 하나의 사업장 안에서 보험료율이 다른 2종 이상의 사업이 행해지는 경우 다음 순서에 따라 주된 사업을 결정하여 보험료율을 적용한다.
  1) 근로자 수가 많은 사업
  2) 근로자 수가 같거나 그 수를 파악할 수 없는 경우에는 보수총액이 많은 사업
  3) 상기 방법에 의하여 주된 사업을 결정할 수 없는 경우에는 매출액이 많은 제품을 제조하거나 서비스를 제공하는 사업
- 산재보험료는 다음과 같이 계산한다.
  산재보험료 = (보수총액 × 산재보험료율) / 1,000

[제조업 일부 업종별 산재보험료율]

(단위: 천분율)

구분		2019년	2020년	2021년	2022년	2023년	2024년
업종	업종코드						
식료품제조업	200	19	19	20.5	17.5	17.3	17
담배제조업	201	8	8	8	8	8	8
섬유 · 섬유제품 제조업	202	13	13	14.5	12.5	12.3	12
목재 · 종이제품 제조업	204	44	42	43.5	21.5	21.3	21
펄프 · 지류제조업	205	24	24	25.5	25.5	25.5	25.5
출판 · 인쇄 · 제본업	206	12	11	12.5	11.5	11.3	11
화학 · 고무제품 제조업	209	17	16	17.5	14.5	14.3	14
의약품 · 화장품 · 연탄 · 석유제품 제조업	210	9	9	9.5	8.5	8.3	8
코크스 · 연탄 · 석유정제품 제조업	238	12	11	12.5	10.5	10.5	10.5
고무제품 제조업	212	21	21	22.5	22.5	22.5	22.5
유리 · 도자기 · 시멘트 제조업	214	15	15	16.5	14.5	14.5	14.5
기타 제조업	230	28	27	28.5	28.5	28.5	28.5

[사업장별 근로자 수 및 보수총액]

구분	업종코드	근로자 수	보수총액
A 사업장	214	98명	372,470만 원
	212	98명	492,660만 원
B 사업장	230	218명	616,940만 원
C 사업장	204	340명	1,482,400만 원
D 사업장	209	197명	900,290만 원
	210	파악할 수 없음	817,920만 원
E 사업장	238	572명	2,962,960만 원
	204	387명	1,656,360만 원

① D 사업장의 2024년 산재보험료율은 8천분율이다.

② C 사업장의 2023년 산재보험료율은 21.3천분율이다.

③ A 사업장의 2024년 산재보험료는 194,654,250원이다.

④ B 사업장의 2020년 산재보험료는 166,573,800원이다.

⑤ E 사업장의 2022년 산재보험료율과 2024년 산재보험료율은 같다.

38. 다음은 I 사의 회계팀에 입사한 김 사원이 직무교육 중 손익분기점 매출액 계산법에 대해 정리한 내용이다. 김 사원이 정리한 내용과 I 사의 매출액 및 영업비용을 확인하였을 때, I 사의 손익분기점 매출액은?

[손익분기점 매출액 계산]

• 영업비용은 고정비용과 변동비용으로 나뉜다.
• 공헌이익은 매출액에서 변동비용을 차감한 금액이다.
• 공헌이익률은 공헌이익을 매출액으로 나누어 구한다.
• 손익분기점 매출액은 고정비용을 공헌이익률로 나누어 계산한다.

[I 사 매출액 및 영업비용]

구분		금액
매출액		70,000,000원
영업비용	고정비용	11,998,000원
	변동비용	45,500,000원

① 28,611,500원 ② 34,280,000원 ③ 41,315,000원 ④ 48,750,000원 ⑤ 54,911,900원

[39 – 40] 다음은 전기차 충전 전력 요금에 대한 자료이다. 각 물음에 답하시오.

[전기차 충전 서비스 제공 사업자용 전기차 충전 전력 요금]

요금제 구분		기본 요금 (원/월)	전력량 요금(원/kWh)			
			시간대	여름철	봄·가을철	겨울철
선택 I	저압	2,390	경부하	64.2	53.7	78.9
			중간부하	130.5	65.5	111.4
			최대부하	171.8	70.4	140.3
	고압	2,580	경부하	58.1	48.5	67.7
			중간부하	98.2	59.3	86.7
			최대부하	119.5	63.2	100.7
선택 II	저압	2,390	경부하	51.4	53.7	74.1
			중간부하	108.3	65.5	95
			최대부하	239.1	70.4	195.3
	고압	2,580	경부하	46.5	48.5	63.5
			중간부하	81.3	59.3	73.8
			최대부하	166.9	63.2	140.7
선택 III	저압	2,390	경부하	58.4	53.7	83.8
			중간부하	106.9	65.5	93.7
			최대부하	204.3	70.4	166.7
	고압	2,580	경부하	52.8	48.5	71.9
			중간부하	80.2	59.3	72.8
			최대부하	142.3	63.2	119.9
선택 IV	저압	2,390	계절별 단일단가	140.3	65.5	123.2
	고압	2,580		105.7	59.3	96

[자가소비용 전기차 충전 전력 요금]

구분	기본 요금 (원/월)	전력량 요금(원/kWh)			
		시간대	여름철	봄·가을철	겨울철
저압	2,390	경부하	52.6	53.7	75.7
		중간부하	140.3	65.5	123.2
		최대부하	227.5	70.4	185.8
고압	2,580	경부하	47.5	48.5	64.9
		중간부하	105.7	59.3	96.0
		최대부하	158.7	63.2	133.8

※ 1) 전기 요금 = 기본 요금 + 전력량 요금
　2) 여름철은 6월, 7월, 8월, 봄·가을철은 3월, 4월, 5월, 9월, 10월, 겨울철은 11월, 12월, 1월, 2월임
　3) 경부하 시간대는 23:00~9:00, 최대부하 시간대는 10:00~12:00, 13:00~17:00이며, 나머지 시간대는 중간부하에 해당함

39. 전기차 충전 서비스 사업자인 Y 씨가 2월 한 달간 고압 충전 시설을 설치하여 전기차 충전 서비스를 제공한 결과가 다음과 같을 때, 충전 전력 요금이 최소가 되도록 요금제를 선택하여 계산한 전기 요금은? (단, 제시된 시간대 외에는 전기차 충전 서비스를 제공하지 않았다.)

[2월 전기차 충전 서비스 제공 내역]

구분	8:00~9:00	9:00~10:00	10:00~11:00	11:00~12:00	12:00~13:00	13:00~14:00	14:00~15:00	15:00~16:00	16:00~17:00	17:00~18:00	18:00~19:00	19:00~20:00
사용 전력량 (kWh)	3,510	2,983	2,555	3,781	4,329	4,763	3,897	3,633	3,798	4,183	6,520	7,908

① 4,631,055.5원　　② 4,746,130.0원　　③ 4,831,140.7원　　④ 4,981,140.0원　　⑤ 5,294,061.3원

40. 다음은 자가소비용 전기차 저압 충전 시설을 설치한 O 씨가 5월과 6월에 전기차 충전을 한 내역이다. O 씨가 6월에 낸 전기 요금과 5월에 낸 전기 요금의 차이는? (단, 제시된 시간대 외에는 전기차 충전을 하지 않았다.)

[O 씨의 전기차 충전 내역]

구분	5월 사용 전력량(kWh)	6월 사용 전력량(kWh)
0:00~1:00	52	62
1:00~2:00	33	43
2:00~3:00	25	16
3:00~4:00	78	64
4:00~5:00	43	53
5:00~6:00	63	77
6:00~7:00	38	38
7:00~8:00	36	49
19:00~20:00	98	68
20:00~21:00	83	56
21:00~22:00	52	37
22:00~23:00	91	43
23:00~24:00	67	51

① 6,893.4원　　② 7,867.5원　　③ 9,895.7원　　④ 12,223.3원　　⑤ 15,889.2원

--------------------------------- 전기 분야 응시자는 여기까지 풀어야 합니다. ---------------------------------

약점 보완 해설집 p.48

41. Q 공사에서는 H 고등학교 학생들을 대상으로 멘토링 프로그램을 진행하고 있다. 다음 엑셀 시트에서 [멘토링 프로그램 등록 현황]을 이용하여 멘토링 프로그램에 등록한 2학년 1반 학생 수를 구하고자 할 때, [D12]셀에 입력해야 할 함수식으로 가장 적절한 것은?

	A	B	C	D
1	[멘토링 프로그램 등록 현황]			
2	학년	반	이름	
3	2	2	선우진	
4	1	1	서민정	
5	3	1	임승철	
6	1	2	김소민	
7	3	2	유한솔	
8	2	1	최아름	
9	2	1	이성조	
10	2	2	박민철	
11	3	1	김상은	2학년 1반 학생 수
12	1	2	이다진	
13				

① = COUNTIFS(A3:A12, B3:B12, 2, 1)

② = COUNTIFS(A3:A12, 2, B3:B12, 1)

③ = COUNTA(A3:B12, 2, 1)

④ = COUNTIF(A3:A12, B3:B12, 2, 1)

⑤ = COUNTIF(A3:A12, 2, B3:B12, 1)

42. 다음 지문의 CPU와 GPU에 대한 설명으로 가장 적절한 것은?

중앙 처리 장치인 CPU와 그래픽 처리 장치인 GPU는 모두 데이터를 읽어 들여 연산 처리를 통해 답을 도출하는 기능을 수행하는 장치로, 컴퓨터의 두뇌 역할을 담당하고 있다. CPU, GPU와 같은 프로세서 내부는 크게 연산을 담당하는 산술논리연산처리장치(ALU)와 명령어를 해석하고 실행하는 제어장치(CU), 각종 데이터를 담아두는 캐시(Cache)로 나뉜다. 그러나 내부 프로세스의 구조 측면에서 CPU와 GPU의 차이는 크다.

CPU는 명령어가 입력된 순서대로 데이터를 처리하는 직렬 처리 방식에 특화된 구조를 가지고 있어 한 번에 한 가지의 명령어만 처리한다. 따라서 연산을 담당하는 ALU의 개수가 많을 필요가 없다. CPU 내부 면적의 절반 이상은 캐시 메모리로 채워져 있다. 캐시 메모리는 CPU와 램과의 속도 차이로 발생하는 병목현상을 막기 위한 장치이다. CPU가 처리할 데이터를 미리 램에서 불러와 CPU 내부 캐시 메모리에 임시로 저장해 처리 속도를 높일 수 있다. CPU가 단일 명령어를 빠르게 처리할 수 있는 비결도 이 때문이다.

입출력 장치, 기억 장치, 연산 장치를 포함하여 컴퓨터 리소스를 이용하는 최상위 계층에 위치한 CPU는 데이터 처리와 더불어 프로그램에서 분석한 알고리즘에 따라 이후 진행할 행동을 결정한다. 이 과정에서 나누어진 작업들은 원활한 진행을 위해 작업별 우선순위가 지정되고, 분석된 알고리즘은 가상 메모리를 관리하는 등 컴퓨터를 지휘하는 역할을 수행한다. 컴퓨터 프로그램의 대부분은 복잡한 순서를 가진 알고리즘을 가지고 작동하므로 CPU가 적합하다.

GPU는 비디오, 즉 픽셀로 이루어진 영상을 처리하는 용도로 탄생하였다. 이 때문에 반복적이고 비슷하며 대량의 연산을 병렬적으로 수행하기 때문에 CPU에 비해 명령어 처리 속도가 대단히 빠르다. 또한, GPU는 병렬 처리 방식을 통해 여러 명령어를 동시에 처리할 수 있다는 장점을 지닌다. 캐시 메모리의 비중이 크지 않으며, 연산을 처리할 수 있는 ALU 개수가 많다. 1개의 코어에는 수백, 수천 개의 ALU가 장착되어 있다. 영상, 렌더링을 비롯한 그래픽 작업의 경우 픽셀 하나하나에 대해 연산을 하기 때문에 연산 능력이 비교적 떨어지는 CPU가 GPU로 데이터를 보내 재빠르게 처리한다.

이처럼 CPU는 ALU의 개수가 많을 필요는 없지만 다양한 환경 속에서도 신속하게 작업을 수행하기 위해 복잡한 구조의 ALU를 갖고 있으며, 명령어 하나로 처리할 수 있는 기능과 각종 제어 처리를 위한 부분이 많다. 반면 GPU는 특화된 연산을 빠르게 처리하기 위해 단순한 구조의 ALU를 다수 갖고 있다. 이 때문에 GPU가 단독으로 처리할 수 있는 것은 없으며, 주로 CPU의 제어에 의해 작동한다.

① 한 번에 여러 가지 명령어를 실행할 때는 직렬 처리 방식이 병렬 처리 방식보다 유용하다.
② 주로 픽셀로 이루어진 영상에 사용되는 GPU는 CPU보다 대량의 연산을 처리하는 데 더욱 효율적이다.
③ CPU의 산술논리연산처리장치 개수를 늘리면 동시에 여러 명령어를 처리할 수 있어 속도가 올라간다.
④ 복잡한 알고리즘에 따라 작업을 수행하는 컴퓨터 프로그램에는 병렬 처리 방식이 적용된다.
⑤ CPU는 특화된 연산을 빠르게 처리하는 것이 중요하기 때문에 산술논리연산처리장치의 구조가 단순하다.

43. 다음 지문의 임베디드 금융에 대한 설명으로 가장 적절하지 않은 것은?

임베디드 금융이란 금융회사가 소비자에게 제공해 온 입출금 계좌 서비스, 전자지갑 및 결제, 대출 등의 금융 관련 서비스를 비금융회사가 중개하고 재판매하는 것을 넘어 핀테크 기능을 자사 플랫폼에 수용하는 것을 말한다. 지금까지의 핀테크 서비스가 결제나 송금, 자산관리 등의 서비스별로 신규 사업자가 각각의 서비스를 제공하고 고객을 유치하는 형태로 진행되었다면, 임베디드 금융은 이미 고객이 확보되어 있는 비금융 서비스에 금융기능을 추가로 결합하여 제공하는 형태로 진행되는 것이다. 근래에는 소비자의 구매 패턴이 온라인 중심으로 변하고 있으며, 비대면 금융 서비스에 대한 관심이 증가하고 있어 앞으로 임베디드 금융의 성장 가능성은 높을 것으로 보여진다.

이러한 임베디드 금융은 비금융회사와 금융회사뿐 아니라 핀테크 기업, 상품이나 서비스를 제공받는 고객에 이르기까지 모두에게 이익이 되는 서비스이다. 이 중 핀테크 기업은 금융기능을 제공하는 금융회사와 대규모 고객을 보유하고 있는 비금융회사를 연결하는 역할을 함으로써 비금융회사의 고객에게 편리함을 제공한다. 고객들은 거래 과정에서 욕구가 충족되고 불편함이 해소되므로 상품 구매와 금융 서비스에 접근하기 더욱 쉬워지며, 이는 자연스럽게 비금융회사의 수익 창출로 연결된다. 임베디드 금융으로 인한 비금융회사의 확대된 수익 중 일부는 핀테크 기업과 금융기업에 분배되는데, 이로 인해 임베디드 금융의 생태계가 형성되는 것이다.

오늘날 많은 기업들이 임베디드 금융에 진출하고 있는데, 이들이 임베디드 금융에 진출하고자 하는 이유는 임베디드 금융이 고객의 니즈 해결을 위해 사용될 수 있으며, 얻어진 정보를 바탕으로 고객의 니즈 패턴을 분석해 새로운 성장을 꾀할 수 있기 때문이다. 또한, 다양한 고객의 금융 정보에 접근할 수 있어 고객별로 적합한 금융 상품을 추천함으로써 상품을 구매한 고객이 그보다 더 비싼 다른 상품까지 구매하게 되는 업셀링 효과가 커질 수 있으며, 금융 서비스 사용에 대한 기회를 확장한다. 과거 금융 서비스 이용을 위해서는 은행에 직접 방문하거나 방문을 통한 계좌 개설을 해야 했지만, 현재는 온라인이나 모바일 뱅킹을 이용한 서비스 이용이 대중화되었고, 핀테크 회사를 통한 금융 서비스 제공이 늘어나면서 핀테크 회사에도 새로운 성장의 기회로 자리 잡았다.

그러나 일각에서는 임베디드 금융을 제공하는 핀테크 기업에 가해지는 규제가 임베디드 금융이 성장하는 데 영향을 미치고 있음을 고려해야 한다고 목소리를 내고 있다. 임베디드 금융이 확산되는 상황은 핀테크 기업이 성장하고 있다고 해석할 수 있는데, 핀테크 기업의 인허가를 규제할수록 임베디드 금융이 성장하는 것을 억제할 수도 있다는 것이다. 온라인 플랫폼 공정화법 제정을 앞두고 이에 대한 찬반 논란은 아직까지 계속되고 있다. 온라인 플랫폼 공정화법이 도입될 경우 온라인 플랫폼 사업자들에게는 다양한 활동을 저해하는 요소로 작용하여 성장을 억제할 수 있으므로 법안 제정을 신중히 검토해야 할 것이다.

① 임베디드 금융에 진출하는 기업들은 다양한 고객의 금융 정보를 확보할 수 있어 고객에게 적합한 금융 상품을 추천할 수 있다.
② 임베디드 금융하에서는 고객이 상품 구매와 금융 서비스에 접근하기가 쉽기 때문에 금융회사의 수익은 오히려 감소할 수 있다.
③ 핀테크 기업의 인허가를 규제하는 상황이 계속된다면 임베디드 금융이 성장할 수 있는 가능성이 저하될 수도 있다.
④ 임베디드 금융 서비스는 핀테크 기업이 비금융회사와 금융회사의 연결을 지원함으로써 고객의 욕구를 충족시키는 구조로 이루어져 있다.
⑤ 임베디드 금융은 이미 고객을 유치하고 있는 비금융 서비스에 금융 관련 서비스를 추가로 제공하는 구조로 진행된다.

44. 다음 지문의 모델링과 렌더링에 대한 설명으로 가장 적절하지 않은 것은?

> 컴퓨터 그래픽 소프트웨어를 기반으로 입체 이미지를 만드는 작업인 입체 애니메이션은 모델링과 렌더링 작업을 통해 캐릭터가 입체처럼 보이도록 만든다. 먼저 모델링은 3차원의 가상 공간상에서 물체의 모양과 크기, 물체 표면의 특성 등을 살려 컴퓨터로 그려내고, 이를 수정하는 작업을 뜻한다. 모델링 작업 시 소프트웨어로부터 직선, 곡선, 기타 다각형 및 2D 평면, 3D 구 등을 제공받을 수 있으며, 이들의 위치를 이동하거나, 회전, 확대, 축소 등의 변형 기술을 자유롭게 적용하여 작업할 수 있다.
>
> 모델링 작업은 대체로 와이어 프레임 상태로부터 시작하는데, 여기서 와이어 프레임이란 만들고자 하는 3차원 물체의 형상을 단순화시킨 모양을 의미한다. 물체의 형상이 수많은 선으로 표시되므로 입체감을 느낄 수 있으며, 형태가 복잡한 물체도 정밀하게 제작할 수 있다는 특징이 있다. 구조가 간단하기에 물체 표시에 소요되는 시간도 적으나, 이것만으로는 물체의 실제 모습을 느끼기에는 어려움이 있으므로 선들이 만나 생기는 각 면에 적절한 색깔을 넣는 렌더링 작업 등이 이어져야 비로소 실체감을 느낄 수 있는 형상으로 탄생할 수 있다.
>
> 이처럼 렌더링은 입체에 대한 정보를 활용하여 사실감을 불어넣음으로써 실감 나는 3차원 화상을 만들어내는 기법이다. 다시 말해 평면으로 보이는 물체의 그림자, 농도 등에 변화를 주어 입체감을 느낄 수 있게 함으로써 사실감을 부여하는 컴퓨터그래픽상의 과정이다. 렌더링 기법은 2차원이나 3차원의 그래픽스 영상 제작 시 최종 단계에 해당하는데, 2차원 그래픽스에서의 렌더링은 처리 완료된 화상을 생성하는 최종 화상 처리 공정을, 3차원 그래픽스에서의 렌더링은 컴퓨터 내부에 기록되어 있던 모델 데이터를 디스플레이 장치에 묘화될 수 있도록 영상화하는 것을 의미한다.
>
> 3차원의 형상 제작 과정은 이처럼 물체의 기본 골격을 제작하는 과정인 모델링과 그 기본 골격의 표면을 사실감 있게 처리하는 과정인 렌더링으로 나뉜다. 렌더링 과정에서는 변환과 색칠의 과정이 이어지는데, 3차원 모델 좌표계의 정점들을 2차원 모델 화면의 좌표계로 바꾸는 것이 변환 과정이며, 선으로 연결되어 나타난 각 면에 그려지는 색채와 조명, 매핑 등으로 원하는 효과를 나타내는 것이 색칠 과정이다. 렌더링 작업은 모델링 작업을 거친 3차원의 물체를 2차원의 화면에 비추는 투영 과정, 평면상으로 보이지 않는 물체의 부분을 처리하는 클리핑 과정, 물체의 보이는 부분과 보이지 않는 부분을 처리하는 은면처리 과정, 음영이나 조명 빛, 광원의 빛, 반사광 등을 처리하는 셰이딩 과정, 물체의 표면에 텍스처 등을 덧대어 질감과 반사된 풍경 등을 처리하는 매핑 과정을 거쳐 이루어진다. 모델링 과정만 거친 형상보다 렌더링 과정까지 거친 물체의 형상이 훨씬 사실적으로 표현되는 것은 이 과정을 거치기 때문이라 할 수 있다.

① 렌더링은 모델링 작업을 거쳐 만들어진 면들 각각에 적절한 색깔을 넣는 과정을 거쳐 물체에 사실감을 더해주는 작업을 말한다.

② 렌더링 과정에서의 변환 과정은 3차원 모델 좌표계의 정점들을 2차원 모델 화면의 좌표계로 바꾸는 작업이다.

③ 와이어 프레임은 입체감을 느낄 수 있으며, 형태가 복잡한 물체도 정교한 작업이 가능하나 물체 표시에 장시간이 소요된다는 단점이 있다.

④ 모델링 작업 시에는 소프트웨어가 제공한 직선, 곡선, 기타 다각형, 2D, 3D 구를 회전하거나 확대, 축소하는 변형 과정을 거친다.

⑤ 컴퓨터 안에 기록되어 있는 모델 데이터를 디스플레이 장치에 묘화될 수 있도록 영상화하는 것은 3차원 그래픽스에서의 렌더링이다.

[45 ~ 46] 다음은 GTIN-13 코드와 GTIN-8 코드 및 의약품 표준형 관련 코드를 정리한 표이다. 각 물음에 답하시오.

표준 상품식별코드란 상품을 식별하기 위한 고유의 번호체계로 하나의 상품에 하나의 고유한 코드가 부여되며 각 상품의 식별을 위해 필수적으로 사용해야 하는 코드이다. 이 코드는 내부 시스템 간소화 및 효율성을 제고하고, 비용 및 시간 절감을 할 수 있는 장점이 있으며, 대표적인 코드는 아래와 같다.

[GTIN-13 코드]

GTIN은 Global Trade Item Number의 약자로 국제거래단품 식별코드를 의미한다. GTIN-13 코드는 소매상품에 사용되는 상품식별코드로 국가코드 3자리, 업체코드 6자리, 상품코드 3자리, 체크디지트 1자리로 구성되어 있다.

[국가코드(3자리)] [업체코드(6자리)] [상품코드(3자리)] [체크디지트(1자리)]

예 치즈를 생산하는 중국 H 공장

$692 - 120002 - 022 - \underline{0}$

[의약품 표준형 상품식별코드 GTIN-13]

의약품에도 표준형 상품식별코드인 GTIN-13을 부착하는데, 이는 일반적인 GTIN-13과 구성이 다르다. 의약품 표준형 상품식별코드는 국가코드 3자리, 업체코드 4자리, 상품코드 5자리(품목코드 4자리, 포장단위 1자리), 체크디지트 1자리로 구성되어 있다.

[국가코드(3자리)] [업체코드(4자리)] [상품코드(5자리)] [체크디지트(1자리)]

예 감기약 10정을 생산하는 미국 C 공장

$130 - 1002 - 12341 - \underline{4}$

[단축형 상품식별코드 GTIN-8]

GTIN-8은 껌, 담배 등 소형상품에 부여하는 8자리 상품식별코드로 국가코드 3자리, 업체코드 3자리, 상품코드 1자리, 체크디지트 1자리로 구성되어 있다.

[국가코드(3자리)] [업체코드(3자리)] [상품코드(1자리)] [체크디지트(1자리)]

예 레몬껌을 생산하는 미국 A 공장

$130 - 501 - \underline{2} - \underline{2}$

※ 체크디지트는 상품식별코드의 종류와 관계없이 각 상품식별코드의 체크디지트 자리를 포함한 오른쪽 첫 번째 숫자부터 순서를 부여하여 짝수 번째 자리 숫자의 합에 3을 곱한 값과 홀수 번째 자리 중 체크디지트 자리의 숫자를 제외한 숫자의 합을 더한 후, 그 값이 10의 배수가 되기 위해 추가로 더해야 하는 최소의 음이 아닌 정수를 기입함

국가코드		업체코드		상품코드	
130	미국	501	A 공장	0	오렌지주스
		1001	B 공장	1	민트껌
		1002	C 공장	2	레몬껌
495	일본	1101	D 공장	3	사과사탕
		1102	E 공장	4	딸기사탕
		1103	F 공장	011	우유
692	중국	120001	G 공장	022	치즈
		120002	H 공장	055	와인
767	스위스	1501	I 공장	058	맥주
		1502	K 공장	202	전복죽
880	한국	801	ㄱ 공장	12341	감기약 10정
		2101	ㄴ 공장	12352	소화제 20정
		3000001	ㄷ 공장	12363	두통약 30정

45. 위 자료를 통해 추론한 내용으로 가장 적절하지 않은 것은?

① 체크디지트의 최솟값은 0이다.

② A 공장은 소형상품을 생산하는 미국 업체다.

③ 13자리 상품식별코드라도 소매상품과 의약품의 식별코드 기준은 다르다.

④ 상품식별코드 7671501123418는 스위스 K 공장에서 생산된 감기약 10정을 의미한다.

⑤ 의약품 상품식별코드의 경우 포장된 상품의 수량을 알 수 있다.

46. GTIN-13 코드의 앞 12자리가 880105675112일 때, 이 코드의 체크디지트는?

① 2   ② 4   ③ 6   ④ 7   ⑤ 8

47. 다음 지문의 BCI 기술에 대한 설명으로 가장 적절하지 않은 것은?

BCI(Brain-Computer Interface)로 간략히 표기되기도 하는 뇌-컴퓨터 인터페이스는 뇌파를 이용해 컴퓨터를 사용할 수 있는 인터페이스를 말한다. 언어나 신체의 움직임 없이 사람의 생각만으로 기계를 의도대로 조작할 수 있도록 하는 기술이다. 다시 말해 인간 뇌의 신호를 통해 기계를 작동시키는 것인데, BCI 기술을 통해 기계를 작동시키기 위해서는 두피나 뇌에 생체 신호 감지를 위한 기기를 연결해 뇌에서 발생하는 신경생리신호를 컴퓨터로 전달해야 한다. 컴퓨터는 이 신호를 분석해 사람의 의도를 파악하고 파악한 의도를 언어로 풀어내 기계에 명령을 내리며, 내려진 명령을 기계가 수행하는 과정으로 이루어진다. 기존에 컴퓨터에 명령을 내리기 위해 통상적으로 사용했던 키보드나 마우스가 없어도 뇌파를 통해 컴퓨터를 조작할 수 있기 때문에 신체 움직임이 불편하여 기계 작동이 어려웠던 사람도 뇌파만으로 기계를 작동할 수 있을 것으로 기대하고 있다.

BCI 기술은 신경 세포로부터 신호를 획득하는 기술, 기계학습 등의 기술을 이용하여 획득한 신호를 처리하고 해석하는 기술, 그리고 처리된 신호를 이용하여 외부 기계를 제어하는 기술로 구성된다. 획득한 신호를 기계에 전달해 인간의 의도대로 제어하기 위해서는 인간의 생각을 정확히 읽어내는 것이 가장 중요하다. 그러나 인간은 다층적이고 동시다발적으로 사고하기 때문에 이를 정확히 읽어내는 것은 쉬운 일이 아니다. 이 때문에 뇌의 신호 중 기계에 명령을 내리기 위해 필요한 정보와 그렇지 않은 정보를 분리하고 인간의 의도를 파악하기 위해 인공지능 기술, 그중에서도 특히 딥러닝이 필요하다. 딥러닝 기술을 통해 인간의 의도를 파악한다면 훨씬 빠르고 정확하게 인간의 생각을 읽고 해석할 수 있으며, 기계를 자유자재로 작동하는 기술을 구현할 수 있다.

그렇다면 BCI 기술은 어떤 단계를 거쳐 기계를 자유자재로 작동하게 하는 것일까? BCI 기술 실현을 위해서는 먼저 뇌에서 발생하는 신경생리신호인 뇌파를 획득해야 한다. 뇌파 측정은 두뇌를 구성하는 신경 세포의 신호를 측정하기 위한 전극을 두뇌 주변 피부에 부착하는 방법, 두뇌 내부에 작은 전극을 설치하는 방법 또는 두뇌 외부에서 근적외선 분광분석기를 통해 신경세포의 신호를 처리하는 과정에서 발생하는 혈류량의 변화를 관찰하는 방법 등을 통해 이루어진다. 뇌파 측정 방식은 크게 인간의 두개골을 개방하여 신호 측정 장치를 설치해야 하는 침습식 뇌파 측정 방식과 인간의 두피를 통한 뇌전도 기반 방식으로 구분된다. 두 가지 방식 중 침습식 뇌파 측정 방식보다는 뇌전도 기반 방식이 비용도 저렴할뿐더러 안전하다는 이유로 더 선호된다.

뇌로부터 신호를 획득하는 단계에 이은 두 번째 단계는 획득한 뇌의 신호로부터 유효한 정보를 추출하는 것이다. 앞서 설명했듯이 인간은 다층적이고 동시다발적인 사고를 계속하기 때문에 기계 움직임에 필요한 정확한 정보만을 추출하기란 쉬운 일이 아니다. 이때 중요한 것은 사람의 사고 속의 수많은 정보 중 호흡이나 심장박동, 눈의 움직임과 같은 잡음을 제거해 주는 일이다. 뇌파 측정 중 눈 주위에서 측정되는 신호들도 함께 측정하여 눈 주위에서 발생한 정보들은 제거하는 방법으로 잡음을 제거할 수 있다. 이렇게 필요 없는 정보를 소거하고 나면 뇌파를 통한 여러 가지 신호들 각각의 특징들을 추출할 수 있는데, 여기에 딥러닝 기술을 적용하면 정확한 정보를 보다 신속하게 추출할 수 있다. 이렇게 추출한 정보들로 기계를 작동시키는 것이다.

BCI 기술의 응용분야는 무궁무진하며, 인간의 삶이 긍정적인 방향으로 변화하는 데 혁혁한 공을 세울 기술로 기대를 모으고 있다. 현재 BCI 기술은 뉴로디코딩 또는 브레인디코딩이라는 이름으로 연구가 활발히 진행되고 있으며, 인간과 기계의 양방향 신호 처리가 의료적인 방면으로 활용될 수 있다면 우울증이나 뇌졸중과 같은 치료에도 도움이 될 것으로 예상되고 있다. 이뿐만 아니라 메타버스와의 접목으로 마우스나 키보드와 같은 부수적인 움직임 없이 인간의 생각만으로도 메타버스 내 아바타를 마음대로 조정할 수 있게 된다면 보다 실감 나는 메타버스를 경험하게 될 것이다. 이처럼 인간의 생각을 인식하여 기계를 작동시키는 시대로 발전한다면 우리 삶의 다양한 분야에 변화를 가져올 것이다.

① 딥러닝 기술을 통해 인간의 사고를 파악한다면 빠르고 정확한 파악뿐 아니라 기계를 자유자재로 작동할 수 있다.

② 뇌파는 근적외선 분광분석기를 통해 신경세포의 신호 처리 과정에서 발생하는 혈류량의 변화를 두뇌 내부에서 관찰하는 방식으로 측정할 수 있다.

③ 획득한 뇌의 신호에서 기계 움직임에 유용한 정보만을 추출하기 위해서는 뇌파 측정 중 눈 주위에서 측정되는 정보는 소거해야 한다.

④ 몸을 움직이기 불편한 사람도 BCI 기술을 이용한다면 몸의 움직임 없이 뇌파 측정만으로 기계의 작동이 가능해질 것이다.

⑤ 뇌전도 기반 방식은 침습식 뇌파 측정 방식에 비해 안전하고 비용이 저렴하기 때문에 선호도가 더 높다.

48. 다음 글에서 설명하는 용어로 가장 적절한 것은?

> 송신자가 작성한 전자 메일을 수신자의 계정으로 전송할 때 사용하는 표준 통신 프로토콜을 말한다. 이는 기본적으로 클라이언트의 명령과 서버의 응답이 교환되는 과정을 통해 메일을 전달하는데, 절차상 연결 설정 단계, 메일 전송 단계, 연결 해제 단계로 구분할 수 있다. 연결 설정 단계에서는 클라이언트가 TCP로 서버와의 세션을 설정하고, 메일 전송 단계에서는 송신자와 수신자의 메일 주소, 메일 제목 등의 정보를 포함한 메일의 전체 데이터가 순서대로 전송된다. 이후 메일 전송이 완료되면 TCP 연결을 종료하는 연결 해제 단계로 세션이 마무리된다.

① FTP   ② MIME   ③ DHCP   ④ ARP   ⑤ SMTP

[49 – 50] 다음은 M 자전거 판매 업체의 주문 번호 생성 방식과 판매 내역을 정리한 표이다. 각 물음에 답하시오.

[주문 번호 생성 방식]

[판매 지역(3자리)]–[제품 종류(4자리)]–[대륙 내 주문 순서(6자리)]

예 2024년에 멕시코로 배송되는 북아메리카 대륙 내에서 10번째로 주문한 9A 듀얼 제품의 주문 번호

E03 – MX02 – 240010

판매 지역				제품 종류				대륙 내 주문 순서
판매 대륙 코드		국가 코드		모터 방식 코드		배터리 용량 코드		
S	아시아	01	한국	PA	PAS	01	5A	• 앞 2자리: 주문 연도 2024 → 24 • 뒤 4자리: 0001부터 시작하여 제품 종류별 동일 판매 대륙 내 주문 순서대로 4자리의 번호가 매겨지며 주문 연도에 따라 번호가 갱신됨
		02	일본			02	7A	
		03	중국			03	9A	
		04	베트남			04	10A	
R	유럽	01	영국			05	14A	
		02	독일	TH	스로틀	01	9A	
		03	프랑스			02	12A	
		04	이탈리아			03	15A	
F	아프리카	01	모로코			04	19A	
		02	이집트	MX	듀얼	01	7A	
		03	가나			02	9A	
E	북아메리카	01	미국			03	12A	
		02	캐나다			04	15A	
		03	멕시코					
		04	과테말라					
C	남아메리카	01	브라질					
		02	우루과이					
		03	파라과이					

판매 순서	판매 내역	판매 국가
01	15A 듀얼 5대 9A PAS 15대 12A 스로틀 28대	이집트 판매
02	5A PAS 20대 12A 스로틀 8대	우루과이 판매
03	9A 스로틀 19대	파라과이 판매
04	15A 스로틀 24대 7A 듀얼 29대	과테말라 판매
05	7A 듀얼 39대	중국 판매
06	10A PAS 27대 15A 듀얼 14대	이탈리아 판매
07	19A 스로틀 31대	미국 판매
08	12A 듀얼 34대 15A 스로틀 12대	한국 판매
09	12A 스로틀 22대	베트남 판매
10	7A PAS 43대	캐나다 판매

※ 1) 이 외의 판매 내역은 없으며, 주문 번호는 제품의 판매 순서에 따라 부여됨
　 2) 하나의 판매 내역에 1대 이상의 제품이 판매되었을 경우에도 판매한 모든 제품의 순서대로 주문 번호를 부여함

49. 다음 중 첫 번째 판매 순서에서 판매된 제품의 주문 번호로 가장 적절한 것은?

① F02-PA03-240020

② E02-TH02-240021

③ F02-MX04-240005

④ F02-PA03-240016

⑤ E02-TH01-240028

50. 북아메리카의 판매 대륙 코드를 E에서 N으로 변경하고자 할 때, 2024년 판매 내역 중 판매 대륙 코드가 변경되어야 할 제품의 수량은?

① 74대　　　　② 84대　　　　③ 96대　　　　④ 127대　　　　⑤ 134대

약점 보완 해설집 p.48

해커스잡

NCS

전공

성명

수험번호

응시분야

감독관 확인

전공				
1	①	②	③	④	⑤
2	①	②	③	④	⑤
3	①	②	③	④	⑤
4	①	②	③	④	⑤
5	①	②	③	④	⑤
6	①	②	③	④	⑤
7	①	②	③	④	⑤
8	①	②	③	④	⑤
9	①	②	③	④	⑤
10	①	②	③	④	⑤
11	①	②	③	④	⑤
12	①	②	③	④	⑤
13	①	②	③	④	⑤
14	①	②	③	④	⑤
15	①	②	③	④	⑤

NCS						NCS						NCS				
1	①	②	③	④	⑤	21	①	②	③	④	⑤	41	①	②	③	④	⑤
2	①	②	③	④	⑤	22	①	②	③	④	⑤	42	①	②	③	④	⑤
3	①	②	③	④	⑤	23	①	②	③	④	⑤	43	①	②	③	④	⑤
4	①	②	③	④	⑤	24	①	②	③	④	⑤	44	①	②	③	④	⑤
5	①	②	③	④	⑤	25	①	②	③	④	⑤	45	①	②	③	④	⑤
6	①	②	③	④	⑤	26	①	②	③	④	⑤	46	①	②	③	④	⑤
7	①	②	③	④	⑤	27	①	②	③	④	⑤	47	①	②	③	④	⑤
8	①	②	③	④	⑤	28	①	②	③	④	⑤	48	①	②	③	④	⑤
9	①	②	③	④	⑤	29	①	②	③	④	⑤	49	①	②	③	④	⑤
10	①	②	③	④	⑤	30	①	②	③	④	⑤	50	①	②	③	④	⑤
11	①	②	③	④	⑤	31	①	②	③	④	⑤						
12	①	②	③	④	⑤	32	①	②	③	④	⑤						
13	①	②	③	④	⑤	33	①	②	③	④	⑤						
14	①	②	③	④	⑤	34	①	②	③	④	⑤						
15	①	②	③	④	⑤	35	①	②	③	④	⑤						
16	①	②	③	④	⑤	36	①	②	③	④	⑤						
17	①	②	③	④	⑤	37	①	②	③	④	⑤						
18	①	②	③	④	⑤	38	①	②	③	④	⑤						
19	①	②	③	④	⑤	39	①	②	③	④	⑤						
20	①	②	③	④	⑤	40	①	②	③	④	⑤						

수험번호

⓪	①	②	③	④	⑤	⑥	⑦	⑧	⑨
⓪	①	②	③	④	⑤	⑥	⑦	⑧	⑨
⓪	①	②	③	④	⑤	⑥	⑦	⑧	⑨
⓪	①	②	③	④	⑤	⑥	⑦	⑧	⑨
⓪	①	②	③	④	⑤	⑥	⑦	⑧	⑨
⓪	①	②	③	④	⑤	⑥	⑦	⑧	⑨
⓪	①	②	③	④	⑤	⑥	⑦	⑧	⑨
⓪	①	②	③	④	⑤	⑥	⑦	⑧	⑨

해커스
한국전력공사
NCS + 전공
봉투모의고사

기출동형모의고사
5회

(전기 전공 + NCS)

고난도

해커스

기출동형모의고사
5회
(전기 전공 + NCS)

고난도

문제 풀이 시작과 종료 시각을 정한 후, 실전처럼 모의고사를 풀어보세요.

- 사무/기술(전기 제외) 분야   시   분 ~   시   분 (총 50문항/70분)

- 전기 분야   시   분 ~   시   분 (총 55문항/70분)

□ **시험 유의사항**

[1] 한국전력공사 필기시험은 영역별 제한 시간 없이 전체 문항을 70분 이내에 풀어야 하며, 분야별 시험 구성은 다음과 같습니다.
- 사무: NCS(의사소통 · 수리 · 문제해결 · 자원관리 · 정보능력) 50문항
- 기술(전기): 전공 15문항 + NCS(의사소통 · 수리 · 문제해결 · 자원관리능력) 40문항
- 기술(전기 제외): 전공 15문항 + NCS(의사소통 · 수리 · 문제해결 · 정보능력) 40문항

[2] 본 기출동형모의고사는 전기 전공 15문항과 NCS 50문항으로 구성되어 있으므로 지원 분야에 따라 다음과 같이 풀이하시면 됩니다.
- 사무/기술(전기 제외) 분야 응시자: NCS 1~50번 풀이
- 기술(전기) 분야 응시자: 전기 전공 풀이 후, NCS 1~40번(정보능력 제외) 풀이

[3] 본 기출동형모의고사 마지막 페이지에 있는 OMR 답안지와 해커스ONE 애플리케이션의 학습 타이머를 이용하여 실전처럼 모의고사를 풀어보시기 바랍니다.

01. 다음 중 금속 물질의 도전율 및 비중에 대한 설명으로 적절한 것은?

① 구리의 도전율은 알루미늄의 도전율보다 작다.
② 알루미늄의 비중은 구리의 비중보다 크다.
③ 금은 철보다 도전율과 비중 모두 크다.
④ 철의 도전율은 알루미늄의 도전율보다 크다.
⑤ 구리의 비중은 금의 비중보다 크다.

02. $60[Hz]$, 4극, $60[kW]$의 3상 유도전동기가 있다. 전부하 회전수가 $720[rpm]$일 때, 전동기의 2차 효율[%]은?

① 30   ② 40   ③ 50   ④ 60   ⑤ 70

03. 3상 3선식 송전선로에서 각 선의 대지 정전용량이 $0.5861[\mu F]$이고, 선간 정전용량이 $0.1326[\mu F]$일 때, 1선당 작용 정전용량$[\mu F]$은?

① 0.1883   ② 0.7397   ③ 0.9839   ④ 1.2645   ⑤ 1.8745

04. 다음 중 결선 방법에 따른 설명으로 적절하지 않은 것은?

① Y결선의 경우 상전압은 선간전압의 $\sqrt{3}$배이다.
② 델타결선의 경우 상전압과 선간전압은 같다.
③ Y결선과 델타결선의 상전압이 같은 경우, 선간전압은 Y결선이 델타결선보다 크다.
④ Y결선의 경우 선간전압과 상전압의 위상 차이는 30도이다.
⑤ 델타결선의 경우 선전류는 상전류의 $\sqrt{3}$배이다.

05. 다음 중 선로와 송전선로에 대한 설명으로 적절하지 않은 것은?

① 선로의 특성 임피던스는 선로 길이에 관계없이 일정하다.

② 부하시험과 단락시험을 통해 송전선로의 특성 임피던스 및 전파정수를 구할 수 있다.

③ 무손실선로는 전력손실이 없는 회로로서 $R = G = 0$인 선로를 말한다.

④ 전력손실이 없는 송전선로에서 서지파가 진행하는 속도는 $\frac{1}{\sqrt{LC}}[m/sec]$로 표시된다.

⑤ 장거리 송전선로는 분포정수 회로로 다루는 것이 좋다.

06. 다음 중 피뢰기의 선정 조건으로 적절하지 않은 것은?

① 피뢰기는 밀봉형을 사용해야 한다.

② 방전개시전압이 높아야 한다.

③ 제한전압이 낮아야 한다.

④ 유도뢰서지에 대한 2선의 피뢰기 동시동작이 우려되는 변전소 근처의 단락 전류가 큰 장소에는 속류차단능력이 커야 한다.

⑤ 유도뢰서지에 대한 3선의 피뢰기 동시동작이 우려되는 변전소 근처의 단락 전류가 큰 장소에는 차단성능이 회로조건의 영향을 받을 우려가 적어야 한다.

07. 자계의 세기가 $600[Wb/m]$이고, 자속밀도가 $0.03[Wb/m^2]$인 재질의 투자율$[H/m]$은?

① 1×10^{-5} ② 2×10^{-5} ③ 3×10^{-5} ④ 4×10^{-5} ⑤ 5×10^{-5}

08. 변압기 내부의 저항 강하가 3[%], 리액턴스 강하가 4[%], 부하의 역률이 지상 80[%]일 때, 변압기의 전압 변동률[%]은?

① 3.4   ② 4.4   ③ 4.8   ④ 5.0   ⑤ 5.6

09. 다음 중 욕조나 샤워시설이 있는 욕실 또는 화장실 등 인체가 물에 젖어있는 상태에서 전기를 사용하는 장소에 콘센트를 시설할 경우, 인체감전보호용 누전차단기의 최대 정격감도전류[mA]는?

① 5 　　　② 10 　　　③ 15 　　　④ 20 　　　⑤ 30

10. 다음 중 시간 함수 $f(t) = t \cdot e^{-at}$를 Z변환한 것은?

① $\dfrac{z}{z-1}$ 　　② $\dfrac{T_z}{(z-1)^2}$ 　　③ $\dfrac{z}{z-e^{-aT}}$ 　　④ $\dfrac{T \cdot z \cdot e^{-aT}}{(z-e^{-aT})^2}$ 　　⑤ $\dfrac{T \cdot z \cdot e^{aT}}{(z-e^{aT})^2}$

11. 정격 주파수가 60[Hz]이고, 3극, 200[V], 10[kW] 3상 유도 전동기가 2,000[rpm]으로 회전하고 있을 때, 이 유도 전동기의 2차 주파수[Hz]는?

① 2.5 　　　② 5 　　　③ 7.5 　　　④ 10 　　　⑤ 10.5

12. 일정 전하로 충전된 공기 콘덴서의 극판 사이에 비유전율 ε_s의 유전체를 삽입하였을 때, 정전용량과 전계의 세기 변화로 적절한 것은?

① 정전용량, 전계의 세기 모두 변화 없음

② 정전용량 ε_s배, 전계의 세기 ε_s배

③ 정전용량 ε_s배, 전계의 세기 $\dfrac{1}{\varepsilon_s}$배

④ 정전용량 $\dfrac{1}{\varepsilon_s}$배, 전계의 세기 ε_s배

⑤ 정전용량 $\dfrac{1}{\varepsilon_s}$배, 전계의 세기 $\dfrac{1}{\varepsilon_s}$배

13. 자기 인덕턴스가 $L[H]$인 코일에 실효값 $V[V]$, 주파수 $f[Hz]$인 정현파 전압을 인가했을 때, 코일에 축적되는 자기 에너지는 몇 $[J]$인가?

① $\dfrac{V^2}{8\pi fL}$ ② $\dfrac{V^2}{8\pi^2 f^2 L}$ ③ $\dfrac{V^2}{8\pi^2 fL}$ ④ $\dfrac{V^2}{8\pi^2 f^2 L^2}$ ⑤ $\dfrac{V^2}{8\pi f^2 L^2}$

14. 권선수가 $N[회]$, 평균 반지름이 $r[m]$인 환상솔레노이드에 전류 $I[A]$가 흐를 때, 환상솔레노이드 내의 자계 세기$[AT/m]$와 환상솔레노이드 외부 자계 세기$[AT/m]$를 순서대로 바르게 나열한 것은?

① $\dfrac{I}{2\pi r}$, I ② $\dfrac{2\pi r}{NI}$, NI ③ $\dfrac{NI}{2\pi r}$, NI ④ $\dfrac{2\pi r}{NI}$, 0 ⑤ $\dfrac{NI}{2\pi r}$, 0

15. $10[kVA]$, $2,000/100[V]$ 변압기의 1차 환산 등가 임피던스가 $3+j4[\Omega]$일 때, %리액턴스 강하$[\%]$는?

① 1 ② 2 ③ 5 ④ 10 ⑤ 20

약점 보완 해설집 p.60

NCS

의사소통능력

01. 다음 글을 통해 추론한 내용으로 가장 적절하지 않은 것은?

> 베르누이의 정리는 흐르는 유체 내에서의 압력과 유속, 임의의 수평면에 대한 높이 간의 관계를 나타내는 유체 역학의 기본 법칙 중 하나로, 1738년 스위스의 물리학자 베르누이가 그의 저서 《유체역학》에서 유체의 흐름이 빠른 곳의 압력은 유체의 흐름이 느린 곳의 압력보다 작다는 이론을 발표한 것에서 시작되었다. 그는 점성과 압축성이 존재하지 않는 유체가 일정한 흐름 속에서 갖는 압력과 유속, 높이와의 관계를 정리하였는데, 비점성 유체의 위치에너지와 운동에너지의 합은 항상 일정하다고 밝힘으로써 베르누이의 정리를 공식화하였다. 단, 이는 점성이 없는 유체가 규칙적으로 흐르는 경우에만 적용되는 것으로, 실제 유체에 적용하려면 적절한 변형이 필요하다.
>
> 베르누이의 정리를 이해하기 위해서는 유체에서 점성이 갖는 의미가 무엇인지 파악해야 한다. 점성은 유체의 일정한 흐름을 방해하는 저항으로, 마찰력으로 인해 발생한다. 예를 들어 흔히 끈적끈적할수록 점성이 크다고 하는데, 이 끈적끈적한 특징이 유체의 흐름을 방해하기 때문에 점성이 있는 유체는 원활한 흐름을 유지하기 어렵다.
>
> 이와 같은 베르누이의 정리는 비행기 날개의 양력 발생 원리에도 적용할 수 있다. 비행기 날개의 위쪽은 약간 굴곡져 있어 공기의 흐름이 빨라지기 때문에 압력이 작고, 날개 아래쪽은 직선으로 되어 있어 공기의 흐름이 느려지기 때문에 압력이 크다. 따라서 압력이 작은 쪽으로 이끌려 위로 올라가는 힘인 양력이 발생하게 된다.
>
> 마그누스 효과 또한 베르누이의 정리로 설명할 수 있다. 마그누스 효과란 회전하는 물체가 유체 속을 지나갈 때 압력이 높은 쪽에서 낮은 쪽으로 휘어져 나가는 것을 말한다. 예컨대 오른발 안쪽으로 공의 오른쪽 아랫부분을 회전을 주어 차면 공은 반 시계 방향으로 회전을 하면서 앞으로 나아간다. 공의 오른쪽은 진행 방향의 공기 저항으로 압력이 높아져 회전 속도가 더욱 느려지지만, 공의 왼쪽은 진행 방향의 공기 흐름이 더해져 회전 속도가 더욱 빨라지면서 압력이 낮아지게 되고, 이로 인해 공은 왼쪽으로 크게 휘어진다. 따라서 공은 압력이 작은 쪽으로 이끌려 왼쪽으로 휘어져 나아가게 되는 것이다.

① 마그누스 효과에 따르면 회전 중인 물체가 유체 속을 지날 때는 압력이 낮은 쪽으로 휘어진다.

② 베르누이 정리에 따르면 점성이 없는 유체보다 점성이 있는 유체가 원활한 흐름을 유지하기에 좋다.

③ 베르누이는 비점성 유체의 위치에너지와 운동에너지의 합은 항상 동일하다고 주장하였다.

④ 베르누이의 정리에 따르면 액체의 흐름이 빠른 곳보다 액체의 흐름이 느린 곳의 압력이 더 크다.

⑤ 비행기 날개의 양력 발생 원리에 따르면 비행기 날개 위쪽의 공기 흐름은 아래쪽보다 빠르다.

02. 다음 글을 통해 추론한 내용으로 적절한 것은?

전자기 유도 현상은 회로를 통과하는 자기장의 세기가 변할 때 변화 속도에 비례하는 크기의 전류를 흐르게 하는 힘이 유도되는 현상을 말한다. 검류계에 전지가 연결되지 않은 회로를 갖다 대면 검류계의 바늘은 0을 향한다. 이때 회로 근처로 자석을 접근시키면 검류계의 바늘이 한쪽 방향으로 움직이며, 회로로부터 자석을 멀리 떨어뜨리면 그 반대 방향으로 움직인다. 자기장이 변화하며 전류가 흐르게 된 것이다.

1800년대 초까지만 해도 사람들은 전기와 자기의 현상은 별개라고 생각하였다. 이와 같은 인식을 바꾼 것이 바로 덴마크의 물리학자이자 화학자인 한스 크리스티안 외르스테드이다. 그는 나침반의 자침이 전류가 흐르는 도선 근처에서 움직인다는 것을 발견하였고, 이를 통해 전류가 흐르는 도선은 자석의 성질을 발휘할 수도 있음을 예측하였다. 외르스테드가 도선에 흐르는 전류가 자기력을 만든다는 사실을 추측한 시점으로부터 약 1년 후, 영국의 마이클 패러데이는 외르스테드의 실험을 재검토하였다. 전류와 자석 간의 상호작용을 연구하였으며 결국 도선과 자석을 이용한 전동기를 제작할 수 있었다.

전류가 자기력을 만든다는 사실에 주목한 많은 학자들은 외르스테드가 추측한 효과의 정반대 작용도 가능하지 않을까 하는 기대를 품었다. 전류가 자기력을 만들 수 있다면 자석 또한 전류를 만들 수 있지 않을까 하는 추측을 한 것이다. 패러데이는 학자들의 기대를 현실로 실현시키기 위해 1831년 실험을 시작하였다. 먼저 절연 피복으로 감싼 코일 A, B 2개를 철로 이루어진 고리에 여러 번 촘촘하게 감았다. 이후 A 코일에는 전지를, B 코일에는 검류계를 연결하자 검류계의 바늘이 움직였다. 패러데이는 이와 같은 현상을 A 코일의 전류에 의해 생긴 자기력이 B 코일에 전류를 만들어 낸 전자기 유도 현상이라 추측하였다.

만약 패러데이의 해석이 맞는다면 자석만으로도 전류를 생성할 수 있어야 했다. 확인을 위해 패러데이는 실험에 착수하였다. 먼저 속을 채우지 않은 원통 모양의 철심에 코일을 감았다. 패러데이가 감긴 코일 안으로 막대자석을 넣자 전류가 생성되었고, 이로써 자석만으로도 전류를 만들 수 있다는 사실을 확신할 수 있었다.

이처럼 간단해 보이는 전자기 유도 현상은 발견되기까지 상당히 오랜 시간이 걸렸다. 먼저 전자기 유도로 만들어 낸 전기의 양이 너무 적어 그 양을 증폭시켜 많은 양을 확보할 수 없는 한 전자기 유도 효과를 관찰하기 매우 힘들었기 때문에 발견에 어려움을 겪었다. 패러데이가 전자기 유도 현상을 관찰할 수 있었던 이유는 절연 피복과 철심 덕분이었다. 전자석 개량법에서 힌트를 얻은 패러데이가 피복을 입혀 전류의 손실을 차단한 코일을 철심에 감자 전자기 효과가 극적으로 증폭되었기 때문이다.

또 다른 이유는 전자기 유도 현상이 움직이지 않는 자기력은 전류를 만들어내지 못하고 자기력이 변화하는 순간에만 전류를 만들어 낼 수 있다는 특징을 지니기 때문이다. 아무리 강한 자석이라도 도선 옆에 가만히 놓여 있는 것만으로 전류를 만들어내지 못했으며, 오직 자기력이 변하는 순간에만 전류를 만들 수 있었다. 패러데이가 A 코일을 전지에 연결하기 전에 먼저 B 코일을 검류계에 연결해 놓고 전지를 연결하는 순서로 실험을 진행하자 검류계의 바늘이 움직이는 것을 관찰함으로써 전자기 유도 현상을 발견할 수 있었던 것이다.

패러데이가 발견한 전자기 유도 현상은 오늘날 인간의 생활 방식의 변화를 가져왔다. 전자기 유도 현상을 응용하여 전류를 지속적으로 생산하는 발전기를 만드는 일에 뛰어든 사람들이 났으며, 50년 이후에는 에디슨이 뉴욕 중심을 조명으로 밝히는 데 사용하기도 하였다. 가정과 공장의 기기를 작동하는 데 사용되기도 한 전자기 유도 현상은 인간의 생활 방식을 바꾸는 데 일조하였다.

① 전자기 유도 현상은 B 코일을 검류계에 연결한 후 A 코일을 전지에 연결해야 실현된다.
② 외르스테드는 자석을 이용하여 전류를 만드는 실험을 착수한 최초의 인물이다.
③ 패러데이의 전자기 유도 현상을 확인하는 실험은 훗날 전자석 개량법에 영향을 주었다.
④ 검류계에 전지가 연결되지 않은 회로를 갖다 대면 검류계의 바늘은 0에서 멀어진다.
⑤ 패러데이는 계속해서 변화하는 자기력은 전류를 만들어 내지 못한다는 원리를 발견하였다.

[03 ~ 04] 다음 글을 읽고 각 물음에 답하시오.

(가) 그렇다면 이와 같은 내용의 삼각함수는 언제부터 연구되기 시작하였을까? 처음 삼각함수의 기반이 되는 이론을 연구한 이들은 고대 그리스의 천문학자로 알려져 있다. 천문학자들은 별의 관측을 기본적인 연구로 삼았으며, 그들에게 별과 별 사이의 거리를 계산하는 것은 매우 중요하였다. 하지만 당시에는 별과 별 간의 거리를 직접 재는 것은 어려웠으므로 거리를 직접 재보는 대신 각도를 재는 방법을 활용하였다. 즉, 모든 별이 구면에 있음을 전제로 두고 별까지 이르는 거리를 알아내면 두 별 간 거리는 바로 파악할 수 있게 되는 것이다. 이에 따라 당시 사람들은 두 별이 서로 가까운지 먼지를 파악하기 위해서는 거리보다 각도가 중요하고, 별까지의 거리와 두 별 간 거리를 결정짓는 비례상수 또한 중요하다는 것을 알았으며, 이들이 비례상수를 알아내고자 하는 노력에서 삼각함수에 대한 연구 역시 시작되었다고 여겨진다.

(나) 삼각법이 삼각함수로 발전된 것은 15세기부터이다. 수학자였던 뮐러가 쓴 《삼각법의 모든 것》에서 발전하기 시작했으며, 18세기 오일러에 의해 삼각함수론으로 완성된다. 삼각비가 0도에서 90도 사이의 각에 대한 정의가 가능했다면, 삼각함수는 모든 수에 대한 정의가 가능하다. 또한, 2π를 주기로 갖는다는 점도 삼각함수만의 특징이다. 즉, x축과 y축이 있는 좌표평면에서 반지름 길이가 1인 단위원을 그리고 원의 중심에서 원 위의 점으로 선분을 그리면 선분과 x축이 만나게 되는데, 이때 생기는 각도에 대한 함수가 바로 삼각함수인 것이다.

(다) 이후 고대 아랍인들은 그리스 천문학자들이 사용한 삼각법을 기반으로 새로운 삼각법을 도입하여 체계화하게 된다. 특히 9세기에 활동한 이슬람의 천문학자 알 바타니는 그의 저서 《별들의 운행에 관하여》에서 사인, 코사인, 탄젠트 등의 삼각비 용어와 사인함수 공식을 소개하게 되었다. 알 바타니의 책에서는 사인이 'jiba'로 표기되어 있는데, jiba가 라틴어로 표기되는 과정에서 오역되며 'sinus'로 번역되었고, sinus는 다시 영어인 'sine'으로 표기되며 현재의 명칭으로 자리 잡게 되었다. 탄젠트는 거꾸로 된 그림자라는 의미의 'umbra versa'가 라틴어 'tangent'로 번역되었고, 코사인은 'complementary sine'의 준말로 라틴어 'cosinus'에서 유래되었다고 한다.

(라) 삼각함수란 각의 크기를 삼각비로 나타내는 함수로써, 직각삼각형 변의 길이로 나타내기도 하고, 좌표평면 위에 존재하는 원에서 얻어지는 여러 선분의 길이로 나타내기도 한다. 학교에서는 삼각비를 일반화하여 삼각함수를 배우고 있는데, 직각삼각형에서 특정 예각의 크기가 일정할 경우 이들 변의 비는 삼각형 크기와는 무관하게 일정하므로 이들 변의 비를 일컬어 삼각비라 한다. 예컨대 ∠C를 직각으로 하는 ∠A, ∠B, ∠C의 직각삼각형이 있다고 하자. 각 변이 마주 보는 빗면을 a, b, c라고 할 때 ∠A에 대한 사인(Sine), 코사인(Cosine), 탄젠트(Tangent) 값은 각각 $\frac{a}{c}$, $\frac{b}{c}$, $\frac{a}{b}$가 되어 각에 따라 수치는 달라지더라도 그 비는 일정할 수밖에 없다.

03. 윗글을 논리적 순서대로 알맞게 배열한 것은?

① (나) - (가) - (다) - (라)

② (나) - (라) - (다) - (가)

③ (라) - (가) - (나) - (다)

④ (라) - (가) - (다) - (나)

⑤ (라) - (나) - (가) - (다)

04. 윗글의 내용과 일치하는 것은?

① 직각삼각형에서 사인, 코사인, 탄젠트 값은 각의 크기에 따라 달라진다.

② 알 바타니는 자신의 저서에서 탄젠트를 'jiba'로 표기하였다.

③ 삼각비를 통해 삼각함수보다 더 다양한 각도에 대한 정의가 가능해졌다.

④ 삼각법에 대한 연구는 고대 아랍인들이 가장 먼저 시행한 것으로 알려져 있다.

⑤ 고대 그리스의 천문학자들은 모든 별은 구면에 존재하지 않는다고 판단하였다.

05. 다음 글을 통해 추론한 내용으로 적절하지 않은 것은?

스포츠마케팅이란 제품 판매를 확대하기 위해 스포츠를 이용하는 마케팅 활동 혹은 다양한 프로모션을 통해 스포츠 경기, 팀, 선수의 부가 가치를 높이는 활동을 말한다. 본래 1차적으로는 소비자의 태도를 변화시키거나 행동 의도를 형성하는 일종의 설득 커뮤니케이션으로써 관련 효과의 증대를 위해 활용되지만, 대부분의 스포츠마케팅은 제품 판매의 극대화를 최종 목표로 두고 있다. 스포츠마케팅은 크게 스포츠 자체의 마케팅과 스포츠를 활용한 마케팅 두 가지로 구분된다. 전자의 마케팅은 관람스포츠 혹은 참여스포츠에서 많은 관중을 확보하기 위해 활용되며, 후자의 마케팅은 스포츠 제조업 분야에서 관련 용품 또는 교육 프로그램을 판매하기 위해 활용된다.

보통은 스포츠를 활용한 마케팅을 더 많이 확인할 수 있는데, 이는 기업이 현금이나 물품 등을 스포츠 스타나 스포츠 팀, 연맹에 직접 지원하는 스포츠 후원을 통해 실현된다. 예컨대 다국적 기업인 A 사는 국제축구협회(FIFA)와 파트너십 계약을 맺고 1970년부터 월드컵 공인구를 만들었고, 우리나라의 한 자동차 회사에서는 FIFA 로고가 새겨진 버스를 지원하면서 회사 버스가 대중에게 비춰지도록 하는 등의 방법을 활용한 것이 스포츠를 활용한 마케팅에 해당한다.

스포츠마케팅은 고대 올림픽에 참가한 선수가 개인으로부터 물품 후원을 받은 것에서 시작되었다고 본다. 물론 현재의 의미와는 다소 거리가 있긴 하지만, 1880년 이전까지는 미시적인 스포츠마케팅 활동이 이루어졌는데 플렉(Fullerk)은 신문 및 광고 전단지를 만들어 권투를 일반 소비자들에게 홍보하기 위해 노력하였고, 펠란(Phelan)은 당구용품을 판매하기 위해 잡지 등을 만들어 배포했다고 한다. 그 후 1924년 파리 올림픽에서 경기장 광고가 도입되었고, 1928년 암스테르담 올림픽 당시 콜라 업체에서 음료를 제공하는 등의 활동을 하며 스포츠마케팅이 점차 활성화되었다. 이후 프로 스포츠가 출범하고, 1950년대 컬러 TV의 도입으로 스포츠마케팅은 비즈니스 영역에서 공고히 자리 잡을 수 있었다.

우리나라에서의 스포츠마케팅은 TV 수상기의 보급과 더불어 프로 스포츠의 출범으로 성장했다고 본다. 1960년대 초반 프로 권투가 출범하며 '스포츠 프로모터(Sports promoter)' 개념이 도입되었고, 1982년 프로 야구가 출범하고, 뒤이어 프로 씨름과 프로 축구가 생겨나면서 프로 스포츠의 발전과 더불어 국내 스포츠마케팅의 도입과 발전이 이룩될 수 있었다. 특히 1986년 아시안 게임과 1988년 서울 올림픽으로 인해 기업들이 스포츠마케팅에 큰 관심을 갖게 되었고, 오늘날에 이르기까지 성장할 수 있었다. 다만, 현재의 스포츠마케팅은 단순히 국내 마케팅에 그치는 것이 아닌 해외에까지 그 영향력을 끼치는 활동을 하는 것이 주요하다.

① 컬러 TV의 도입은 스포츠마케팅 활성화에 영향을 미쳤다.
② 스포츠마케팅 시행의 1차적 목표는 설득 커뮤니케이션 효과를 증폭시키고자 하는 데에 있다.
③ 프로 선수가 특정 기업으로부터 현금을 지원받는 것은 스포츠를 활용한 마케팅 방법에 해당한다.
④ 우리나라에서 프로 야구는 1986년 아시아 게임이 시행된 이후에 출범되었다.
⑤ 플렉이 권투를 일반 소비자에게 홍보하고자 신문과 전단지를 만든 시기는 1880년 이전이다.

06. 다음 글을 통해 추론한 내용으로 적절한 것은?

청력이 저하 또는 손실되어 잘 들리지 않는 증상인 난청은 선천적 난청과 후천적 난청으로 구분된다. 평소에 듣는 것에 큰 문제가 없었는데 갑자기 귀가 들리지 않는다면 후천적 난청에 해당하며, 그중에서도 돌발성 난청일 가능성이 높다. 돌발성 난청은 감각신경성 난청으로, 순음청력검사 결과 3개 이상의 연속된 주파수에서 30dB 이상의 청력 손실이 3일 내에 나타난 경우를 말한다. 이충만감, 이명, 현기증을 동반하기도 하는 돌발성 난청은 30~50대 사이에 가장 많이 발병되며, 우리나라에서는 연간 10만 명당 10명 이상이 관련 증상을 겪을 만큼 잘 나타나는 증상이다.

현재까지 돌발성 난청의 원인은 명확히 밝혀지지 않았다. 하지만 청각 신경상에 바이러스가 발생했을 경우에 나타나거나 혈류에 문제가 생겼을 경우 발생한다고 여겨진다. 그 외에도 달팽이관 내 막 파열, 내이 면역 질환, 신경학적 질환, 종양, 이독성 약물 등도 돌발성 난청을 유발하는 원인으로 알려져 있어 돌발성 난청은 하나의 문제로 인해 발병했다고 보기보다는 다양한 원인이 복합적으로 얽히면서 생겨난 질환으로 인해 나타난 증상으로 본다.

이처럼 발병 원인은 명확하지 않지만, 치료 시기가 예후에도 큰 영향을 미치는 증상이기 때문에 최대한 빠르게 진단될 필요가 있다. 진단 시에는 청력 검사는 물론 조영증강 MRI 검사, 임상병리 검사, 전전기능 검사 등이 시행된다. 특히 응급치료가 중요한 질환이므로 입원 치료와 더불어 절대 안정을 취할 필요가 있고, 수액 및 약물 치료가 병행해서 이루어진다. 원인 불명의 돌발성 난청이라면 대부분 스테로이드제를 치료제로 활용하고, 이외에도 혈액순환 개선제, 혈관 확장제, 항바이러스제, 이뇨제 등을 이용하기도 하며, 필요한 경우에 한해서는 수술을 시행하기도 한다.

치료가 진행되면 돌발성 난청 환자의 약 30%는 정상 청력을 되찾을 수 있지만, 30%가량은 청력을 부분적으로 회복하여 약 40~60dB로 청력이 감소하고, 30% 정도는 완전히 청력을 잃기도 한다. 처음 발병한 난청의 정도가 심할수록, 어음(語音) 명료도가 낮을수록, 어지럼증이 같이 나타날수록 치료 시기가 늦을수록 회복이 잘 되지 않는 것으로 알려져 있다.

① 돌발성 난청 환자에게는 심리적 안정이 무엇보다 중요하므로 입원 치료는 권장되지 않는다.
② 이독성 약물로 인해 내이(內耳)의 손상이 발생하더라도 돌발성 난청이 나타나지는 않는다.
③ 돌발성 난청은 발병 원인이 명확하지 않기 때문에 치료 시기는 크게 중요하지 않다.
④ 후천적 난청에 해당하는 돌발성 난청은 청력의 소실 외에 다른 증상은 발현되지 않는다.
⑤ 돌발성 난청 환자 중에는 완전히 청력을 잃는 사람도 생길 수 있다.

(가) RTD(Ready To Drink) 음료는 커피, 칵테일, 주스 등을 제조 공정이 완료된 상태로 제품화하여 소비자가 구매 후 바로 마실 수 있도록 만든 음료를 통칭한다. 어디서든 쉽게 구매할 수 있는 RTD 음료는 프랜차이즈에서 직접 제조하여 판매하는 음료보다 가격도 월등히 저렴하고, 일반적으로 병, 캔, 팩 등에 담겨 있어서 휴대성도 뛰어나다. 이러한 장점 덕분에 꾸준한 성장세를 보이는 RTD 음료는 주로 편의점과 마트에서 판매되기는 하지만, 근래에는 프랜차이즈 매장에서도 매출을 높이려는 목적으로 새로운 RTD 음료를 시즌별로 출시하고 있다.

(나) 우리에게 매우 친숙하면서도 대표적인 RTD 음료로는 RTD 커피와 RTD 차(茶)를 꼽을 수 있다. RTD 커피에는 아메리카노, 카페라테 등 전통적인 커피는 물론이거니와 커피 우유, 탄산 커피, 드립 커피, 커피 에너지 드링크 등 커피를 주재료로 한 다양한 제품들이 포함된다. 사실 수년 전에는 RTD 커피가 커피 전문 프랜차이즈의 제조 커피에 비해 경쟁력이 없어서 약세를 면치 못할 것이라는 예측이 팽배했다. 그러나 간편함과 가성비를 무기로 소비자들에게 지속적으로 인기를 얻으면서 기존 RTD 커피 제조사 외의 관련 업체들도 RTD 시장에 적극적으로 뛰어들고 있다.

(다) RTD 커피가 이전보다 높은 인기를 구가하고 있는 데에는 병 커피와 컵 커피가 크게 기여한 것으로 분석된다. 기존의 RTD 커피는 캔 커피 위주였는데, 커피 제품에 관한 소비자들의 욕구가 높아짐에 따라 캔 커피보다 용량을 늘린 병 커피와 컵 커피가 등장하면서 커피 전문 프랜차이즈의 제조 커피 대신 RTD 커피를 선택하는 소비자가 증가한 것이다. 물론 RTD 커피는 상대적으로 저렴한 가격이 장점으로 여겨지기 때문에 가격저항력이 강한 편에 속하여 커피 전문 프랜차이즈 수준의 스페셜티 커피를 제공하는 것은 쉬운 일이 아니다. 즉, 제품의 퀄리티를 높이고 가격을 높이는 데 한계가 있다는 것이다.

(라) 한편, RTD 차는 건강을 중요하게 여기는 현대인에게 신선하고 건강한 이미지와 낮은 칼로리를 어필하며 음료 시장에서의 입지를 넓히고 있다. 최근 RTD 차는 설탕 대신 꿀이나 감미료의 일종인 스테비아 등을 넣어 출시하면서 건강을 중시하는 사람들에게 주목받고 있다. 또한, 이전에 RTD 차는 녹차, 홍차, 보리차 등 식수 대용으로 소비되는 경우가 대부분이었으나, 요즘은 비타민차, 아미노산차, 블렌딩차 등 기능성을 더하거나 맛을 다양화한 제품들이 출시되어 소비자들의 입맛까지 사로잡고 있다.

(마) 닐슨 코리아의 조사 결과에 따르면 RTD 커피의 판매액은 2016년에 1조 2077억 원, 2017년에 1조 2589억 원, 2018년에 1조 3193억 원으로 나타나 매년 시장 규모가 계속해서 커지고 있음을 알 수 있다. RTD 음료 시장이 커지고 계속해서 인기를 끄는 것은 우리나라에만 국한된 현상이 아니다. 미국을 비롯한 홍콩, 중국, 일본 등 세계 각국에서 RTD 음료의 시장 규모는 계속해서 커지고 있는 추세이다. 다양성, 편리성 등 여러 이점으로 인해 최소 향후 몇 년간은 전 세계 RTD 음료의 성장세가 이어질 것으로 분석된다.

07. 윗글의 내용과 일치하지 않는 것은?

① 캔 커피보다 용량이 큰 병 커피와 컵 커피가 출시되면서 제조 커피 대신 RTD 커피를 고르는 소비자가 늘었다.

② 요즘 RTD 차에는 설탕 대신 꿀, 스테비아 등이 사용되어 건강을 중요시하는 사람들에게 각광받고 있다.

③ RTD 음료는 편의점 및 마트뿐만 아니라 프랜차이즈 매장에서도 매출 향상을 목적으로 판매되고 있다.

④ 전 세계의 RTD 음료 시장 규모는 RTD 음료의 다양한 장점을 기반으로 계속해서 커질 것으로 예측된다.

⑤ RTD 커피에는 전통적인 커피만 포함되기 때문에 RTD 차와는 다르게 제품의 다양화를 추구하기 어렵다.

08. 다음 자료를 활용하여 윗글을 보완하고자 할 때, 자료의 활용 전략으로 가장 적절한 것은?

자료	자료 활용 전략
[신문 기사] RTD 커피의 전체 매출 중 약 70% 이상이 편의점에서 발생한다. 다시 말해 국내 편의점 점포 수가 늘어나는 것이 RTD 커피의 시장 규모가 커지는 데 직·간접적으로 영향을 준 것으로 해석된다.	(가)문단에 추가하여 RTD 음료가 대개 편의점과 마트에서 판매되는 이유를 설명하는 데 활용한다. ········· ①
	(라)문단에 추가하여 RTD 차의 매출 상승을 위해서는 RTD 차를 종류별로 편의점에 갖춰야 한다는 내용을 강조하는 데 활용한다. ···································· ②
[RTD 음료 구매 고객 리뷰] "시험 기간에 공부하다가 종종 밤을 새우는 경우가 있는데, 카페는 24시간이 아닌 이상 새벽에는 문을 닫잖아요. 그래서 편의점에서 커피를 사는 경우가 많아요. 편의점 커피가 양도 많고 가격도 싸고, 맛도 카페와 별다른 차이점을 못 느낄 정도로 맛있어요."	(나)문단에 추가하여 RTD 커피가 커피 전문 프랜차이즈에 비해 경쟁력이 없다는 문제의 구체적인 해결 방안을 제시하는 데 활용한다. ···························· ③
[전문가 인터뷰] "RTD 커피 시장이 성장함에 따라 RTD 커피를 구매하는 소비자 중에서도 프리미엄 제품을 선호하는 고객층이 형성되어 있습니다. 이에 관련 업계에서는 RTD 커피의 고급화에는 어느 정도 한계가 있지만, 다양한 소비자의 욕구를 충족시키고자 기존 제품 대비 커피의 맛을 높인 프리미엄 제품을 출시하는 등의 노력을 하고 있습니다."	(다)문단에 추가하여 RTD 커피 제품의 고급화에 한계가 있지만 관련 업계에서 프리미엄 제품을 출시하는 등 소비자의 욕구를 충족하기 위해 노력하고 있다는 내용을 소개하는 데 활용한다. ····························· ④
	(마)문단에 추가하여 전 세계에서 RTD 음료가 소비자들에게 높은 인기를 얻으며 시장 규모가 커지고 있는 이유를 제시하는 데 활용한다. ····························· ⑤

09. 다음 (가)와 (나)의 견해에 대한 설명으로 가장 적절한 것은?

> (가) 우리 몸에서 에너지로 쓰는 필수 영양소인 탄수화물은 건강한 신체 기능을 유지하기 위해 하루에 섭취가 필요한 열량 중 60~70%가량의 열량을 담당하고 있다. 최근 보건복지부와 한국영양학회 발표에 따르면, 우리나라 성인의 탄수화물 일일 섭취량은 전체 평균 약 310g 정도로, 필요섭취량의 2~3배에 가깝다. 우리나라의 주식이 곡류인 만큼 탄수화물 섭취 비중이 높은데, 탄수화물이 체지방으로 전환되는 속도가 빠른 탓에 탄수화물의 과잉 섭취는 비만을 촉진시킨다.
>
> (나) 우리 몸에 탄수화물이 부족하면 에너지로 사용되던 연료가 고갈되는 상태에 이르게 된다. 이에 따라 신체는 자연스레 체내에 미리 축적되어 있던 당원과 지방, 단백질을 대체 에너지로 사용하게 되나, 탄수화물의 부족은 단기적으로뿐만 아니라 장기적으로도 심각한 건강 장애를 일으킨다. 먼저 단기적인 증상으로는 저혈당이 있다. 저혈당은 의기소침, 활력 저하, 정신기능의 지체, 불쾌감, 신경과민, 수면 부족 등이 동반된다. 또한, 장기적인 문제에는 무기질의 부족으로 인한 심장 박동 불규칙, 근 골격 약화로 인한 관절과 결합 조직의 영구 손상이 있다. 다이어트 시 탄수화물의 이상적인 섭취 비율에 따르면 55~60%에 이르는 만큼 전체적인 섭취 칼로리를 줄이더라도 성인 기준으로 일일 최소 100g 이상의 섭취는 필요하다.

① (가)는 탄수화물 섭취는 필수이므로 과도한 섭취량 감소는 신체장애를 촉발시킨다고 주장하며, (나)는 탄수화물은 지방 섭취를 촉진시키므로 과도한 탄수화물 섭취는 비만을 유발한다고 주장한다.

② (가)는 우리나라 성인뿐 아니라 성인이 아닌 사람들의 탄수화물 섭취량 또한 과도하다고 주장하며, (나)는 우리나라 성인의 탄수화물 섭취량이 부족해 신체장애를 유발한다고 주장한다.

③ (가)는 탄수화물이 체지방으로 전환되는 속도가 빠르기 때문에 탄수화물의 과잉 섭취는 비만을 촉진시킨다고 주장하며, (나)는 탄수화물이 부족하게 되면 장단기적으로 심각한 건강 장애를 일으키므로 전체적인 칼로리 섭취량을 줄이더라도 최소 섭취량 이상은 섭취해야 한다고 주장한다.

④ (가)는 신체 내 탄수화물이 충분하더라도 적은 양의 탄수화물로도 비만이 유발될 수도 있다고 주장하며, (나)는 체내 탄수화물이 부족하면 활동 에너지로 사용되던 연료가 고갈되는 문제에 이를 수 있다고 주장한다.

⑤ (가)는 탄수화물 섭취 부족 시 장기적인 건강 장애를 유발한다고 주장하며, (나)는 탄수화물 섭취 과잉 시 단기적인 건강 장애를 유발한다고 주장한다.

10. 다음 글의 논지를 약화하는 내용으로 가장 적절하지 않은 것은?

지구 표면의 평균 온도는 지난 1850년 이래로 계속해서 상승하고 있으며, 많은 과학자들과 정치인들은 지구의 기후 변화로 인해 인류가 지구적 위기에 처해 있음을 경고하고 있다. 지구 온난화를 유발하는 여러 원인이 있을 수 있으나, 아이러니하게도 인류를 위기로 몰아넣은 지구 온난화의 원인이 인간의 활동에 있을 수 있다는 의견이 지배적이다. 그렇다면 인간이 지구 온난화에 책임이 있다는 것을 어떻게 증명할 수 있을까?

인간의 활동과 지구 온난화의 연관성은 온실 효과를 통해 설명할 수 있다. 온실 효과란 대기 중의 수증기, 이산화탄소, 오존 따위가 지표에서 우주 공간으로 향하는 적외선 복사를 대부분 흡수하여 지표의 온도를 비교적 높게 유지하는 작용을 말한다. 태양으로부터 방출된 열에너지는 지구에 도달한 후 다시 우주로 방출되는데, 이때 지구가 우주로 방출하는 에너지의 양이 들어오는 양보다 적거나 같아야 지구가 일정 온도를 유지할 수 있다. 그러나 석유, 석탄과 같은 화석 연료 사용량이 증가할수록 온실 가스층이 점점 더 두꺼워지게 되고, 이로 인해 지구에서 방출되는 에너지가 감소하게 되면 지구 전체의 평균 기온이 오르게 된다.

이러한 온실가스 중 지구 온난화를 발생시키는 주요 원인은 이산화탄소이다. 이산화탄소는 마치 온실의 유리와 유사한 역할을 하면서 지표면의 온도를 높이는데, 이산화탄소가 인간이 사용하는 화석 연료의 연소로 인해 가장 많이 발생한다는 점에서 지구 온난화에 책임이 인간에게 있다는 의견이 나온 것이다. 그도 그럴 것이 화력 발전소나 제철 공장, 시멘트 공장뿐만 아니라 가정용 난방, 자동차 운행 과정에서 사용되는 다량의 석유로 인해 이산화탄소 발생량이 증가하게 된다.

또한, 열대림을 방화하는 과정에서도 이산화탄소가 배출된다. 숲은 이산화탄소를 산소로 바꿔주는 기능이 있기 때문에 숲이 사라지게 되면 대기 중 이산화탄소의 양은 더욱 늘어나게 되므로 인간의 활동이 지구 온난화를 더욱 가속화시킨다고 볼 수 있는 것이다. 이러한 문제를 해결하기 위해서 화석 연료의 사용을 제한하거나 개발 도상국에 환경 오염 방지 자금을 제공하는 등 전 세계적으로 지구 온난화를 가속화시키는 인간의 활동을 줄이기 위해 다각도로 노력하고 있다.

① 화석 연료를 활용하는 인간의 활동이 증가해도 온실 가스층이 두꺼워지지 않는다는 결론이 도출되었다.
② 지구 전체의 온도 변화와 인간 활동의 상관관계를 조사해본 결과 양자 간의 변화 주기가 일치하지 않았다.
③ 화석 연료 사용을 통한 인간의 활동이 많아지는 시기에 지구 전체의 온도는 오히려 내려간 사례가 많았다.
④ 전 세계적으로 여러 나라가 연대하여 활발한 화석 연료 사용을 부추긴 결과 지구 표면의 평균 기온 상승률이 완화되었다.
⑤ 지구 온난화의 다양한 주범들 중 인간의 활동이 좌우하는 기후 변화의 폭이 가장 크다는 사실이 증명되었다.

11. A 사에서는 14명의 직원이 근무 중인 본사 개발부서에서 3명의 직원을 선발하여 지사로 파견하고자 한다. 파견근로자의 대표는 직급이 과장인 직원 중에 1명을 선발하고, 나머지 파견근로자 2명은 직급이 대리나 사원인 직원 중에 선발할 예정이다. 파견근로자에는 반드시 남자 직원과 여자 직원이 1명 이상 포함되도록 선발하려고 할 때, 파견근로자 3명을 선발하는 경우의 수는?

[개발부서 직원 정보]

구분	직급	성별	구분	직급	성별
박정근	부장	남	곽재균	대리	남
한성희	차장	여	이나현	대리	여
이철호	과장	남	이복순	대리	여
유지현	과장	여	황호철	사원	남
원아름	과장	여	김혁수	사원	남
임주혁	과장	남	박호성	사원	남
고철용	대리	남	민가람	사원	여

① 72가지 ② 86가지 ③ 94가지 ④ 112가지 ⑤ 132가지

12. 지영이네는 매달 저압 전기를 400kWh 사용하며, 다자녀 할인 혜택을 받아 전기 요금의 30%를 할인받는다. 지영이네의 정기검침일은 매달 15일이며 7월분 전기 요금으로 33,971원을 지불했을 때, 기준 사용전력량 201~400kWh의 저압 기본 요금은?

[주택용 전기 요금표]

사용전력량		기본 요금(원/호)		전력량 요금(원/kWh)	
기준	하계할인	저압	고압	저압	고압
200kWh 이하	300kWh 이하	910	730	93.3	78.3
201~400kWh	301~500kWh	( )	1,260	187.9	147.3
400kWh 초과	500kWh 초과	7,300	6,060	280.6	215.6

* 전기 요금 = 기본 요금 + 전력량 요금
* 정기검침일이 1~12일 : 8~9월분 전기 요금 하계할인 적용
* 정기검침일이 15~말일 : 7~8월분 전기 요금 하계할인 적용

① 1,280원 ② 1,600원 ③ 1,750원 ④ 2,000원 ⑤ 2,230원

13. 다음은 B 국가의 의료기관 종별 의료용 마약류 처방 현황에 대한 자료이다. 자료에 대한 설명으로 옳지 않은 것은?

[의료기관 종별 의료용 마약류 처방 현황]

구분		2022년				2023년			
		환자수 (명)	처방기관수 (개소)	처방의사수 (명)	처방건수 (건)	환자수 (명)	처방기관수 (개소)	처방의사수 (명)	처방건수 (건)
남성	종합병원	3,023,658	379	37,923	16,369,356	2,804,929	391	38,408	16,698,997
	일반병원	1,246,313	1,588	9,858	6,374,548	1,170,442	1,610	9,804	6,803,815
	요양병원	147,279	1,650	7,184	3,698,759	140,522	1,624	7,215	3,932,647
	치과병원	16,279	131	714	25,489	16,827	137	724	24,112
	한방병원	5,655	193	308	33,841	6,294	234	354	47,923
	일반의원	4,439,828	28,269	36,956	14,917,472	4,293,903	28,832	37,767	14,549,056
	치과의원	52,550	2,376	2,839	64,618	56,470	2,416	2,894	71,328
	공중보건의료업	10,612	626	1,294	37,219	8,143	545	1,186	27,107
여성	종합병원	3,287,144	378	39,388	16,111,563	3,009,516	396	39,889	16,245,475
	일반병원	1,732,374	1,638	11,231	6,523,286	1,611,602	1,666	11,039	6,892,980
	요양병원	199,779	1,668	7,318	4,916,441	187,336	1,645	7,364	5,182,421
	치과병원	20,066	141	724	34,884	20,376	141	750	34,950
	한방병원	7,799	234	371	41,099	8,339	280	433	55,923
	일반의원	7,024,093	30,532	41,351	29,487,417	6,834,791	30,932	41,946	29,002,583
	치과의원	55,150	2,751	3,226	73,962	59,682	2,738	3,260	82,280
	공중보건의료업	14,472	633	1,321	44,247	10,985	531	1,170	32,693

① 2023년 여성에게 의료용 마약류를 처방한 요양병원 처방기관수는 같은 해 남성에게 의료용 마약류를 처방한 요양병원 처방기관수보다 21개소 더 많다.

② 2022년 종합병원에서 의료용 마약류를 처방받은 남성 환자 1명당 처방건수는 5.5건 미만이다.

③ 2022년 남성에게 의료용 마약류를 처방한 한방병원 처방건수는 같은 해 남성에게 의료용 마약류를 처방한 치과병원 처방건수의 1.5배 이상이다.

④ 2023년 치과의원에서 의료용 마약류를 처방받은 환자수는 남성과 여성 모두 전년 대비 증가하였다.

⑤ 2023년 여성에게 의료용 마약류를 처방한 일반병원 처방의사 1명당 처방건수는 620건 이상이다.

14. 다음은 OECD 일부 국가별 돼지고기 생산량에 대한 자료이다. 자료에 대한 설명으로 옳지 않은 것은?

[국가별 돼지고기 생산량]

(단위: M/T)

구분		2017년	2018년
아시아	한국	894,000	935,000
	이스라엘	14,797	13,323
	일본	1,272,301	1,284,225
북아메리카	캐나다	2,141,784	2,142,283
	멕시코	1,441,851	1,502,521
	미국	11,610,981	11,942,965
남아메리카	칠레	490,342	520,858
	콜롬비아	355,000	335,884
유럽	오스트리아	508,494	509,573
	체코	220,267	219,905
	프랑스	2,147,550	2,166,417
	독일	5,505,572	5,369,944
	그리스	77,319	77,641
	포르투갈	377,866	383,217
	스페인	4,298,789	4,530,474
	스웨덴	240,700	248,890
	스위스	238,602	230,983
	영국	903,000	927,000
오세아니아	오스트레일리아	397,139	417,426
	뉴질랜드	46,741	47,443

※ 출처: KOSIS(농림축산식품부, 농림축산식품주요통계)

① 2017년 돼지고기 생산량이 가장 적은 국가는 2018년 돼지고기 생산량도 가장 적다.
② 2017년 대비 2018년 돼지고기 생산량이 감소한 국가는 총 5개국이다.
③ 2017년 유럽 돼지고기 생산량의 합은 2017년 북아메리카 돼지고기 생산량의 합보다 크다.
④ 2018년 뉴질랜드의 돼지고기 생산량은 전년 대비 702M/T 증가하였다.
⑤ 2018년 한국의 돼지고기 생산량은 같은 해 콜롬비아의 돼지고기 생산량의 2.5배 이상이다.

15. 다음은 연도별 발전량에 대한 자료이다. 자료에 대한 설명으로 옳은 것은?

[연도별 발전량]

(단위: GWh)

구분			2017년	2018년	2019년
한전 및 발전 자회사	원자력		148,427	133,505	145,910
	기력	국내탄	4,427	2,677	2,592
		유연탄	222,760	220,141	209,193
		중유	5,225	5,845	1,842
		LNG	220	0	0
	복합화력		33,955	43,134	36,670
	내연력		513	528	579
	집단에너지		3,001	3,646	2,379
	양수		4,186	3,911	3,458
	신재생		3,770	4,940	6,431
	기타		0	0	15
민간	기력(유연탄)		4,700	8,835	7,290
	복합화력		65,664	73,702	73,619
	집단에너지		33,340	44,048	44,826
	신재생		23,185	25,596	26,663
	기타		157	138	1,572

※ 출처: KOSIS(한국전력거래소, 발전설비현황)

① 2017년 민간의 전체 발전량에서 신재생 발전량이 차지하는 비중은 20% 이상이다.

② 2018년 민간의 복합화력 발전량은 같은 해 한전 및 발전 자회사의 복합화력 발전량보다 30,668GWh 더 많다.

③ 2019년 한전 및 발전 자회사의 내연력 발전량은 2년 전 대비 15% 증가하였다.

④ 2018년 이후 집단에너지 발전량의 전년 대비 증감 추이는 한전 및 발전 자회사와 민간이 매년 서로 동일하다.

⑤ 2017~2019년 연도별 한전 및 발전 자회사의 원자력 발전량의 평균은 142,000GWh 이상이다.

16. 다음은 지역별 발전시설의 전기 사용량과 일부 지역별 발전시설의 건물 수에 대한 자료이다. 자료에 대한 설명으로 옳은 것을 모두 고르면?

[지역별 발전시설의 전기 사용량]

(단위: TOE)

구분	2018년	2019년	2020년
전국	51,697	58,346	67,080
서울특별시	9,862	10,321	10,862
부산광역시	1,681	1,762	1,386
대구광역시	5,262	5,519	5,277
인천광역시	1,816	1,679	1,774
광주광역시	64	67	67
대전광역시	2	2	2
울산광역시	1,526	1,497	1,395
세종특별자치시	589	1,380	819
경기도	15,544	13,387	12,947
강원도	1,131	1,135	1,525
충청북도	638	647	920
충청남도	3,957	9,069	11,180
전라북도	1,681	1,749	1,862
전라남도	1,209	1,647	1,460
경상북도	828	1,088	1,171
경상남도	5,516	7,155	14,108
제주특별자치도	391	242	325

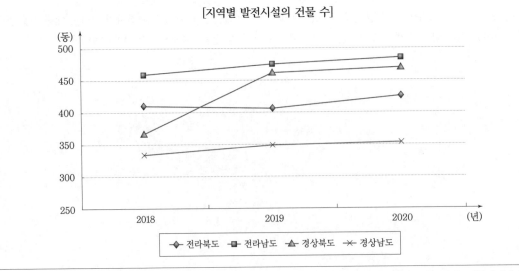

[지역별 발전시설의 건물 수]

※ 출처: KOSIS(한국부동산원, 건물에너지사용량)

㉠ 2019년 이후 발전시설의 전기 사용량이 매년 전년 대비 증가한 지역은 총 8곳이다.

㉡ 2020년 부산광역시 발전시설의 전기 사용량은 2년 전 대비 295TOE 감소하였다.

㉢ 2018년 경상남도와 전라남도 발전시설의 건물 수 차이는 100동 이상이다.

㉣ 2019년 전라북도, 전라남도, 경상북도, 경상남도 4개 지역에서 발전시설의 건물 수가 적은 지역일수록 2019년 발전시설의 전기 사용량은 많다.

① ㉠, ㉡　　　　② ㉠, ㉢　　　　③ ㉡, ㉢　　　　④ ㉡, ㉣　　　　⑤ ㉢, ㉣

17. 다음은 A 국가의 연도별 최저임금 적용대상 및 수혜 근로자 수를 나타낸 자료이다. 제시된 기간 중 영향률이 가장 큰 연도와 영향률이 가장 작은 연도의 영향률 차이는?

[연도별 최저임금 적용대상 및 수혜 근로자 수]

(단위: 천 명)

구분	2015년	2016년	2017년	2018년	2019년	2020년	2021년	2022년	2023년
적용대상 근로자 수	17,500	17,700	18,200	18,700	19,300	19,600	20,100	20,000	20,500
수혜 근로자 수	2,625	2,478	2,912	3,366	3,281	4,508	5,025	4,000	3,895

※ 1) 영향률(%) = (수혜 근로자 수 / 적용대상 근로자 수) × 100
　 2) 영향률로 당해년도 최저임금액으로 전체 근로자의 몇 %가 수혜를 받는 것인지 확인할 수 있음

① 7%p　　　　② 8%p　　　　③ 9%p　　　　④ 10%p　　　　⑤ 11%p

18. 다음은 지역별 민간부문 주택 미분양 호수 및 전국 규모별 민간부문 주택 미분양 비중에 대한 자료이다. 자료에 대한 설명으로 옳은 것은?

[지역별 민간부문 주택 미분양 호수]

(단위: 호)

구분	3월	4월	5월
전국	15,270	15,798	15,660
서울	82	76	71
부산	1,032	1,086	1,076
대구	153	897	1,185
인천	130	123	125
광주	44	75	73
대전	592	578	572
울산	419	419	508
경기	1,308	1,390	1,107
강원	2,063	1,817	1,605
충북	760	680	751
충남	1,758	1,637	1,508
전북	170	125	275
전남	1,017	999	981
경북	2,488	2,259	2,070
경남	2,123	2,603	2,753
제주	1,131	1,034	1,000

[전국 규모별 민간부문 주택 미분양 비중]

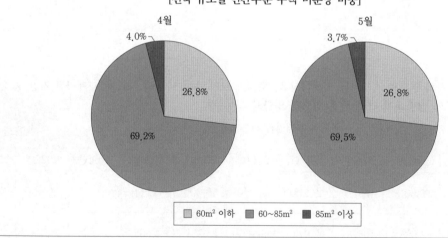

4월
4.0%
26.8%
69.2%

5월
3.7%
26.8%
69.5%

■ 60m² 이하　■ 60~85m²　■ 85m² 이상

※ 출처: KOSIS(국토교통부, 미분양주택현황보고)

① 민간부문 주택 미분양 호수가 많은 지역에 따른 순위는 4월과 5월이 동일하다.

② 4월 전국 민간부문 주택 중 규모가 60~85m²인 미분양 호수는 11,000호 미만이다.

③ 3월 전국 민간부문 주택 미분양 호수에서 경북 민간부문 주택 미분양 호수가 차지하는 비중은 20% 이상이다.

④ 전국 민간부문 주택 중 규모가 60m² 이하인 미분양 호수는 4월과 5월에 모두 4,200호 이상이다.

⑤ 5월 광주 민간부문 주택 미분양 호수는 두 달 전 대비 65% 미만 증가하였다.

19. 다음은 Y 국가의 연도별 출생아 수 및 자연증가 건수에 대한 자료이다. 2019년 이후 출생아 수의 전년 대비 감소 인원이 가장 많은 해에 자연증가 건수의 전년 대비 감소율은?

[연도별 출생아 수 및 자연증가 건수]

(단위: 명)

구분	2018년	2019년	2020년	2021년	2022년	2023년
출생아 수	438,420	406,243	357,771	326,822	302,676	272,400
자연증가 건수	162,000	125,000	72,000	28,000	7,000	−32,700

※ 자연증가 건수는 출생과 사망의 차이에 의한 인구 증가 건수를 의미함

① 22.8%　　　② 42.4%　　　③ 61.1%　　　④ 75.0%　　　⑤ 567.1%

20. 다음은 연도별 현금영수증 발급현황 및 연도별 현금영수증 가맹점 가입 수에 대한 자료이다. 자료에 대한 설명으로 옳지 않은 것은?

[연도별 현금영수증 발급현황]

구분	2015년	2016년	2017년	2018년	2019년
발급건수(만 건)	504,585	502,466	479,295	453,085	450,877
발급금액(억 원)	965,464	1,012,577	1,086,553	1,164,639	1,185,762

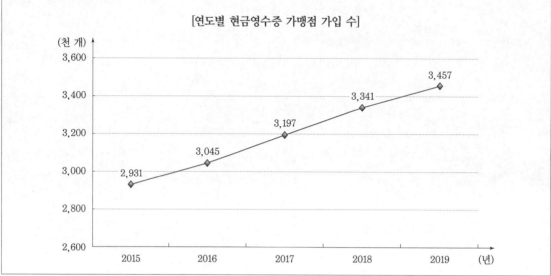

[연도별 현금영수증 가맹점 가입 수]

※ 출처: KOSIS(국세청, 국세통계)

① 제시된 기간 중 현금영수증 가맹점 가입 수가 가장 많은 해에 현금영수증 발급금액도 가장 많다.

② 2015년 현금영수증 가맹점 1천 개당 현금영수증 발급건수는 170만 건 이상이다.

③ 2017년 현금영수증 발급건수 1만 건당 현금영수증 발급금액은 2.5억 원 이상이다.

④ 2016년 이후 현금영수증 발급건수의 전년 대비 증감 추이와 현금영수증 발급금액의 전년 대비 증감 추이는 매년 정반대이다.

⑤ 2019년 현금영수증 가맹점 가입 수의 4년 전 대비 증가율은 18% 미만이다.

21. ○○고등학교 학생인 하윤, 현정, 승민, 준희, 유진 중 1명은 방과 후 컴퓨터실을 사용하였고, 컴퓨터실을 사용한 1명은 컴퓨터실에서 발생한 도난 사고의 범인이다. 5명 중 1명은 거짓을 말하고, 나머지 4명은 진실을 말하고 있을 때, 항상 옳은 것은?

> - 하윤: 준희 또는 현정이가 컴퓨터실을 사용했어.
> - 현정: 하윤이는 범인이 아니야.
> - 승민: 나와 준희는 컴퓨터실을 사용하지 않았어.
> - 준희: 승민이는 진실을 말하고 있어.
> - 유진: 나와 현정이는 범인이 아니야.

① 유진이는 진실을 말하고 있다.
② 하윤이는 도난 사고의 범인이 아니다.
③ 승민이가 도난 사고의 범인이다.
④ 현정이는 컴퓨터실을 사용하지 않았다.
⑤ 준희는 거짓을 말하고 있다.

22. 기상청에서 올 한해 한반도를 통과한 태풍 1~6호의 풍속을 조사하여 풍속이 강한 태풍 순위를 정하였다. 다음 조건을 모두 고려하여 태풍 2호의 순위가 반드시 3위가 될 때, 추가로 필요한 조건은?

> - 태풍의 중심 기압이 낮을수록 태풍의 순위가 높다.
> - 태풍 2호와 태풍 6호의 순위는 이웃하지 않으며, 두 순위 사이에 2개 이하의 태풍이 존재한다.
> - 태풍 3호의 순위는 2위이고, 태풍 1호의 순위는 4위 이내이다.
> - 태풍 4호의 순위는 1위 또는 6위이다.
> - 태풍 5호는 태풍 1호보다 중심 기압이 낮다.

① 태풍 2호의 중심 기압은 태풍 6호보다 높다.
② 태풍 2호의 순위는 태풍 1호보다 높다.
③ 태풍 2호의 순위는 태풍 1호와 태풍 4호의 순위 사이에 있다.
④ 태풍 5호의 순위가 가장 높다.
⑤ 태풍 6호의 순위는 홀수이다.

23. 다음 글을 근거로 판단한 내용으로 옳지 않은 것은?

주거 문화는 거주지의 기후와 거주지에서 구하기 쉬운 건축 재료를 바탕으로 하며, 여기에 민족 고유의 미적 감각이 더해져 형성된다. 한반도는 북반구의 중위도 지역으로, 사계절이 비교적 뚜렷하다는 특징이 있으며, 여름은 덥고 겨울은 춥다. 따라서 이와 같은 날씨에 적합한 마루와 온돌이라는 주거 형식을 갖추게 되었다. 온돌은 우리나라의 날씨와 궁합이 잘 맞는 난방 방식으로, 아궁이에서 불을 때면 열기가 방의 구들장 밑을 지나 방바닥 전체의 온도를 높여 주고 그 열기가 마지막에 굴뚝으로 흘러 나가도록 만들어 놓은 난방 장치이다.

온돌은 아궁이, 구들장, 부넘기, 고래, 개자리, 굴뚝 등으로 구성되어 있으며, 아궁이에서 땐 불의 열기가 부넘기를 지나 구들 개자리, 고래, 고래 개자리, 굴뚝 개자리, 연도를 순서대로 거쳐 굴뚝으로 빠져나가게 된다. 이 중에서 온돌의 가장 핵심적인 구조는 고래로, 아궁이에서 불을 때면 이 뜨거운 공기가 고래 속을 돌아 구들장을 달구게 된다. 이때 고래 전체에 열이 골고루 가도록 해야 하는데, 이는 구들장을 놓는 방식에 따라 실현된다. 보통 아궁이와 가까운 아랫목은 비교적 뜨거운 열기가 지나는 고래와 가까운 곳에 있어 두꺼운 돌을 놓고, 아궁이와의 거리가 상대적으로 먼 윗목은 온도를 더 빨리 높이기 위해 얇은 돌을 놓는다.

아궁이에서 고래로 이어지는 구간에는 부넘기가 있다. 불이 넘어가는 고개 또는 목이라는 의미로 불목이라고도 불리는데, 고래가 시작되는 어귀에 돌 등을 높게 쌓아 올려 만든 부넘기는 그 작은 구멍 덕분에 열기가 바깥으로 새어 나가지 않고 고래로 잘 빨려 들어가게 된다. 부넘기의 기능에서 알 수 있듯 부넘기가 제 역할을 다하기 위해서는 아궁이에서 땐 불의 화력이 구들 쪽으로 제대로 빨려 들어갈 수 있도록 그 넓이와 높이를 알맞게 조절해야 한다. 부넘기 위에 돌을 괴어 높이나 넓이를 조정함으로써 아궁이로부터의 열기 유입량을 조절할 수 있는데, 너무 좁으면 열기가 제대로 빨려 들어가지 못하며, 또 너무 넓으면 화기가 없을 때 바깥의 차가운 공기가 내부로 흘러 들어오기 쉽기 때문에 구들이 빨리 식을 수 있다.

부넘기를 지난 열기가 다음으로 도달하는 곳은 구들 개자리이다. 고래보다 깊게 파여 있는 구들 개자리는 부넘기에서 넘어온 열기의 속도를 늦추며 이 열기가 고래 전체에 퍼지도록 한다. 또한, 고래 개자리는 굴뚝과 구들 사이에 있는 벽 바로 안쪽에 깊게 파인 고랑을 말한다. 이것은 열과 연기가 좀 더 오래 머물도록 하며, 재 등을 걸러내는 역할을 한다. 연도는 연기가 빠져나가는 길을 뜻하는 것으로, 고래를 거쳐 온 연기가 굴뚝을 잘 빠져나가도록 만든 공간이다. 아궁이에서 장작을 땔 때 나온 연기는 고래와 연도를 거쳐 굴뚝으로 나간다. 굴뚝은 보통 방 옆에 세우지만, 연도를 길게 만들어 마당에 세우기도 한다.

온돌의 난방 원리는 뜨거운 곳과 차가운 곳이 서로 에너지를 교환하면서 평형을 이루려 하고, 결국에는 온도가 전체적으로 비슷해지는 물리 법칙으로, 난방의 방법은 크게 전도, 대류, 복사 현상 이 세 가지의 원리로 구분된다. 온돌은 이 세 가지 원리를 동시에 이용하는 난방 방법으로, 아궁이에서 불을 때면 그 열기가 방바닥 아래에 깔린 구들장으로 전달되는 것이 열의 전도 현상이고, 전달된 열기를 구들장에 저장했다가 서서히 방 전체로 열을 방출하여 방바닥이 따뜻해지는 것이 복사 현상, 그 열기가 따뜻한 곳에서 차가운 곳으로 움직이면서 방 안의 공기가 위아래로 순환이 되는 것이 대류 현상이다. 온돌은 이 원리가 모두 적용된 것이다.

한편, 온돌은 방의 온도를 고르게 높이며, 습기가 차지 않고 화재에도 취약하지 않아 안전한 편이다. 이뿐만 아니라 구들장이 한번 달궈지면 온도를 오랫동안 유지하기 때문에 방바닥의 온기가 장시간 보존될 수 있다. 연기와 재 등이 방에 남지 않아 청결함을 유지할 수 있으며, 난방을 위한 기구가 방 아래 설치되어 실내 공간 활용 면에서 큰 장점을 지닌다. 다만, 우리나라의 재래식 온돌로 방의 온도를 높이기 위해서는 오랜 시간이 소요되며, 온도 조절이 어렵고, 열 손실이 큰 탓에 열효율이 30%에 지나지 않아 연료 소비량이 많다는 단점이 있다. 그러나 온돌은 세계적으로 인정받고 있는 우리 문화이다. 공기를 데우는 대류 난방 방식만을 사용해 오던 독일, 덴마크, 스위스 등 유럽 국가들도 온돌과 같은 축열식 바닥 난방을 도입하고 있다고 전해지며, 이웃나라 일본에서도 새로 지은 건물의 절반 이상이 온돌을 선택하고 있다고 알려진 바 있어 온돌의 과학적 우수성은 이미 세계적으로 인정받았다고 해도 과언이 아니다.

① 열의 전도 현상을 거쳐 전달된 열기를 구들장에 저장한 후 방 전체로 열기를 다시 전달하는 것을 복사 현상이라 한다.

② 온돌은 방의 온도를 높이기까지 장시간이 소요되나 구들장의 높은 온도 유지력으로 인해 한번 달궈진 방의 온기가 오랜 시간 보존된다.

③ 아궁이의 열기가 고래를 지나 만나게 되는 부넘기는 열기가 바깥으로 방출되지 않고 고래로 잘 흘러 들어가게 한다.

④ 부넘기에서 넘어온 열기의 속도를 늦추는 역할을 하는 구들 개자리는 그 깊이가 고래의 깊이보다 더 깊다.

⑤ 아궁이에서의 거리가 아랫목에 비해 멀어 비교적 낮은 온도의 열기가 지나는 윗목에는 아랫목에 놓은 돌보다 얇은 돌을 놓는다.

24. 다음 고리본부 광고 공모전을 근거로 판단한 내용으로 옳은 것은?

[고리본부 광고 공모전]

1. 공모 주제
- 종합에너지기업 이미지(원자력 및 태양광 · 풍력 등 신재생 에너지)
- 지역경제 기여, 지역사회 봉사 등 사회적 기업 이미지
- 친환경 · 저탄소 그린경제에 부합하는 기업 이미지 등

2. 참가 자격
- 부산, 울산, 경남 소재 2년제 이상 대학(원) 재학생 또는 휴학생(졸업생 제외)
- 개인 또는 4인 이하 팀 구성

3. 공모 일정
- 접수: 20XX. 7. 26.(월)~20XX. 8. 31.(화)
- 발표: 20XX. 9. 17.(금) 예정(홈페이지 공지 및 개별 연락)
- 시상식: 20XX. 9월 말 예정

4. 시상안내

구분	수상 작품 수	시상내역
대상	1작품	200만 원 + 상장
최우수상	1작품	100만 원 + 상장
우수상	2작품	각 50만 원 + 상장
장려상	3작품	각 30만 원 + 상장

5. 작품 규격
- 가로 360mm × 세로 500mm(신문 인쇄광고 전면)
- 해상도 300dpi 이상, 10Mb 이내(jpg, pdf 파일)
  ※ 수상작은 추후 원본 파일(ai 또는 psd) 제출 필수

6. 유의사항
- 수상작은 홈페이지, 온라인이나 오프라인 홍보물 제작 및 배포, 출판 홍보물, 홍보용 언론광고 등 기타 비영리 · 공익적 목적에 활용될 수 있음
- 표절작품은 수상에서 제외되며, 수상작으로 선정된 이후라도 표절사실이 밝혀질 경우 수상취소 및 상금 환수 조치함
- 제작과정에서 발생하는 저작권 및 초상권 침해에 대한 책임은 참가자에게 있음
- 수상한 팀은 전원 재학증명서를 제출해야 함

---

① 수상작은 공모 접수 마감일로부터 17일 후 홈페이지 공지사항을 통해서만 확인할 수 있다.

② 수상작은 온라인이나 오프라인 홍보물 또는 홍보용 언론광고 등의 공익적 목적으로는 사용되지 않는다.

③ 수상작은 수상작으로 선정된 이후에 ai나 psd의 원본 파일을 반드시 제출해야 한다.

④ 공모전에서 시상하는 상금은 총 440만 원으로 7개의 작품이 수상작으로 선정된다.

⑤ 부산, 울산, 경남에 위치한 2년제 이상 대학의 재학생, 졸업생 모두 공모전에 참가할 수 있는 자격이 주어진다.

25. 미라 아버지는 미라 생일파티를 위해 피자를 주문해달라는 미라 어머니의 부탁을 받았다. 다음 피자 가격표와 통신사 할인 규정을 고려하여 미라 어머니의 요구에 따라 가장 저렴하게 피자를 주문했을 때, 미라 아버지가 주문한 피자의 총금액은?

[피자 가격표]

구분	M(2~3인분)	L(4~5인분)
불고기 피자	29,900원	35,900원
슈림프 피자	28,900원	34,900원
포테이토 피자	23,900원	28,900원
치즈 피자	18,900원	23,900원

※ 포장 시 주문한 총금액에서 40% 할인되고, 배달 시 주문한 피자 1판당 8천 원씩 할인됨(배달료 3천 원 별도)

[통신사 할인 규정]

구분	할인율	특이사항
K 멤버십	전체금액 15% 할인	최대 2만 원 할인 가능
S 멤버십	전체금액 10% 할인	주문금액 20만 원 이상 시 할인 가능
T 멤버십	전체금액 50% 할인	다른 행사와 중복할인 불가

※ 배달료는 할인 금액에서 제외하며, K 멤버십과 S 멤버십은 중복할인 가능함

미라 어머니: 초대한 인원은 30명이고 우리까지 총 33명이니까, L 사이즈 5판과 M 사이즈 3판을 주문해야겠어. 피자 종류는 다양한 편이 좋으니까 종류별로 2판씩 시키고, 미라가 불고기, 슈림프, 포테이토, 치즈 피자 순으로 좋아하니까 L 사이즈의 피자를 선택할 때 미라가 좋아하는 종류의 피자를 우선으로 선택해서 배달 주문해줘. 아 참, K 멤버십이랑 T 멤버십 두 개 다 있는데 뭐가 더 많이 할인되는지 확인해보고 많이 할인되는 멤버십으로 사용해줘.

① 116,100원   ② 119,100원   ③ 122,100원   ④ 151,200원   ⑤ 171,200원

26. 경복궁 근처 회사에서 근무하는 만 25세의 A 사원과 만 23세의 B 사원은 점심시간을 이용하여 한 달에 4번씩 총 1년 동안 경복궁을 관람하려고 한다. 경복궁 입장 요금을 고려하였을 때, A 사원과 B 사원이 경복궁을 관람할 수 있는 가장 저렴한 요금은? (단, 회사 점심시간은 12:00~13:00이며, 두 사원 모두 사원증을 가지고 있다.)

[경복궁 입장 요금]

• 일반권

구분		대상	금액
개인 (내국인)		대인(만 25세~만 64세)	3,000원
		- 만 24세 이하 및 만 65세 이상 - 한복 착용자 - 국가유공자 - 현역 군인 - 다자녀 카드를 소지한 부모	무료
단체 (내국인)		대인(10인 이상) ※ 무료대상자 제외	2,400원
외국인		대인(만 19세~만 64세)	3,000원(10인 이상 2,400원)
		소인(만 7세~만 18세)	1,500원(10인 이상 1,200원)
		- 만 6세 이하 및 만 65세 이상 - 한복 착용자 - 매월 마지막 수요일(문화가 있는 날)	무료

• 특별권

구분		이용 시간	관람요금	비고
상시 관람권		한 달 중 언제나 (관람 시간 내)	30,000원	- 구매일로부터 1개월간 사용 가능 - 사진 1매 제출 - 구입한 고궁만 입장 가능
점심시간 관람권		3개월간 점심시간 중에만 (12:00~14:00)	5,000원	- 구매일로부터 3개월간 사용 가능 (10회 한정) - 구입한 고궁만 입장 가능 - 인근 직장인 대상(사원증 지참)
시간제 관람권	유형 1	1년간 점심시간 중에만 (12:00~13:00)	50,000원	- 구매일로부터 1년간 사용 가능 - 경복궁만 가능
	유형 2		100,000원	- 구매일로부터 1년간 사용 가능 - 경복궁, 덕수궁, 창경궁, 14개 능 입장 가능 - 동반 1인 무료

※ 1) 궁 관람 시간: 9:00~18:00
　　2) 상시 관람권은 월 1회, 점심시간 관람권은 3개월에 1회, 시간제 관람권은 연 1회 구매 가능함

① 0원　　　　② 20,000원　　　　③ 44,000원　　　　④ 64,000원　　　　⑤ 100,000원

27. 물류 배송 업체인 P 사는 업무시간을 주간과 야간으로 나누어 직원을 고용하고 업무구분 및 물류 종류에 따른 배송 단가를 규정하였다. 업무구분 및 물류 종류별 배송 단가에 대한 정보가 다음과 같을 때, 다음 중 옳지 않은 것은?

[업무구분 및 물류 종류별 배송 단가]

업무시간	업무구분	물류 종류	배송 단가
주간	일반 배송	박스	1,100원/건
		비닐	850원/건
	특급 배송	박스	1,450원/건
		비닐	1,050원/건
	반품 업무		2,300원/건
야간	일반 배송	박스	1,250원/건
		비닐	1,000원/건
	특급 배송	박스	1,550원/건
		비닐	1,250원/건

※ 1) 일일 업무 건수에 대한 급여는 일일 총 업무 건수에 따른 배송 단가로 계산함
　 2) 업무구분과 물류 종류에 관계없이 일일 총 업무 건수가 100건 이상이면 일일 업무 건수에 대한 급여의 5%를 추가로 지급함
　 3) 업무구분과 물류 종류에 관계없이 일일 총 업무 건수가 40건 미만이면 일일 업무 건수에 대한 급여의 7%를 차감하여 지급함

① 야간에 근무하는 A 씨가 하루 동안 일반 배송으로 박스 20건과 비닐 35건, 특급 배송으로 박스 18건을 배송하였다면 A 씨의 일일 업무 건수에 대한 급여는 87,900원이다.

② 야간에 근무하는 B 씨가 하루 동안 특급 배송으로 박스 37건과 비닐 12건을 배송하였다면 B 씨의 일일 업무 건수에 대한 급여는 72,350원이다.

③ 주간에 근무하는 C 씨가 하루 동안 일반 배송으로 박스 39건과 비닐 58건을 배송하고 반품 입무 3건을 하였다면 C 씨의 일일 업무 건수에 대한 급여는 99,100원이다.

④ 주간에 근무하는 D 씨가 하루 동안 특급 배송으로 박스 23건과 비닐 19건을 배송하고 반품 업무 5건을 하였다면 D 씨의 일일 업무 건수에 대한 급여는 64,800원이다.

⑤ 야간에 근무하는 E 씨가 하루 동안 일반 배송으로 박스 10건과 비닐 15건, 특급 배송으로 비닐 15건을 배송하였다면 E 씨의 일일 업무 건수에 대한 급여는 46,250원이다.

28. 다음 공고문을 근거로 판단한 내용으로 옳지 <u>않은</u> 것은?

[신재생 에너지 금융지원사업 지원공고]

1. 추진목적
- 신재생 에너지를 설치하여 이용하고자 하는 자와 신재생 에너지 설비를 생산하는 제조업체에 장기적으로 낮은 금리의 융자금 지원을 통해 신재생 에너지 설비 보급과 관련 산업을 육성하기 위함

2. 지원대상

구분	내용
시설자금	신재생 에너지 설비를 설치하는 데 필요한 자금 또는 동 설비의 기술 사업화에 해당되는 시제품 등을 설치하는 데 필요한 자금 예 풍력발전설비, 태양열설비, 지열설비, 바이오설비 등
생산자금	신재생 에너지 설비의 제조 및 생산에 필요한 자금과 동 제조 및 생산 설비의 기술 사업화에 소요되는 자금 예 태양광모듈 생산라인, 풍력발전 터빈 생산라인 등
운전자금	신재생 에너지 설비의 제조 및 생산 사업자의 사업운영에 필요한 자금 ※ 단, 운전자금 지원대상은 중소기업에 한정됨

3. 지원예산

자금 용도	예산
시설자금	5,210억 원
생산자금	
운전자금	30억 원
합계	5,240억 원

4. 지원 자금별 지원 조건

구분	내용
시설자금	해당 시설(중고설비 제외) 및 부대설비의 구입비, 설치 · 개수공사비, 보수비 · 설계 · 감리비(기술도입비 포함) 및 시운전비 등에 한함 ※ 5,000kW 초과 수력설비 제외
생산자금	신재생 에너지 전용 제품을 생산할 수 있는 시설에 한하며, 공용화 품목을 제외한 소모성 부품 및 부속 생산시설, 타제품 생산 설비로 전용하여 사용할 수 있는 시설은 제외함
운전자금	신재생 에너지 관련 제품을 생산하는 중소기업을 대상으로 전년도에 관련 제품의 매출실적이 있는 경우에 한하여 지원하며, 관련 제품의 전년도 연간 매출액의 50% 이내의 금액 범위 내에서 소요자금을 지원함

5. 지원 자금 용도별 지원 내용

지원 자금 용도		동일사업자당 지원한도액	대출기간	이자율	총사업비 대비 지원비율
시설자금	풍력 분야	500억 원 이내	5년 거치 10년 분할 상환	분기별 변동금리 (1.75%)	• 중소기업(개인 및 협동조합): 90% 이내 • 중견기업: 70% 이내
	태양광 분야	300억 원 이내	5년 거치 10년 분할 상환		
	바이오 분야	100억 원 이내	3년 거치 5년 분할 상환		
	기타 에너지원	100억 원 이내	5년 거치 10년 분할 상환		
생산자금		300억 원 이내	5년 거치 10년 분할 상환		
운전자금		10억 원 이내	1년 거치 2년 분할 상환		

① 신재생 에너지 금융지원사업에 따르면 지원예산 5,240억 원 중 시설자금과 운전자금으로 5,210억 원이 활용될 예정이다.

② 신재생 에너지 설비 분야의 생산 사업자가 사업을 운영하는 데 필요한 자금을 지원받기 위해서는 해당 기업이 중소기업임이 입증되어야 한다.

③ 신재생 에너지 전용 제품을 생산할 수 있는 시설의 시설자금 지원은 풍력, 태양광, 바이오 및 기타 에너지 분야가 받을 수 있으며, 바이오 분야를 제외하고 지원 자금에 대한 대출기간이 모두 동일하다.

④ 신재생 에너지와 관련한 제품을 생산하는 중소기업에 운전자금을 지원할 때는 전년도에 신재생 에너지 관련한 제품의 매출 실적이 있는지 먼저 확인해야 한다.

⑤ 신재생 에너지 관련 시설물을 생산하는 중소기업은 총사업비의 90% 이내의 비용을 지원받을 수 있다.

29. 유진이네 가족은 이코노미 클래스를 타고 미국으로 여행가기 위해 인천공항에서 수하물을 부치고 있다. 다음 위탁 수하물 안내를 고려하였을 때, 유진이네 가족이 추가로 지불해야 하는 초과 수하물 요금은? (단, 인천공항에서 출발 시 수하물 요금만 고려한다.)

[미주 구간 위탁 수하물 안내]

1. 무료 수하물 허용 규격
   - 크기(세 면의 길이 합): 가로 + 세로 + 옆 폭 = 158cm 이내(손잡이와 바퀴 포함)
   - 이용하는 클래스에 상관없이 한 개의 최대 사이즈가 158cm임

2. 무료 수하물 허용량

비즈니스 클래스	이코노미 클래스	유아(생후 12개월 미만)
• 무게: 32kg(70lbs) 이내 • 허용 개수: 2개	• 무게: 23kg(50lbs) 이내 • 허용 개수: 2개	• 무게: 23kg(50lbs) 이내 • 허용 개수: 1개

   ※ 유아의 경우, 휴대용 유모차, 보행기, 카시트, 운반용 요람 중 1개 추가 가능

3. 초과 수하물 안내
   - 무료 수하물 허용량을 초과할 경우 초과 수하물 요금이 부과됨
   - 개당 최대 무게는 32kg 이내로 준비해주시기 바라며, 초과할 경우 운송이 거절될 수 있음
   - 한국 출발 시 원화(KRW), 미국 출발 시 달러(USD) 기준으로 요금 적용함

4. 초과 수하물 요금

구분	기준	요금
개수 초과	1개 (23kg, 158cm 이내)	KRW 200,000 USD 200
무게 초과	24~32kg	KRW 100,000 USD 100
	33~45kg ※ 사전 협의 필요	KRW 400,000 USD 400
크기 초과	가방 세 면의 길이 합 159~203cm	KRW 200,000 USD 200
	가방 세 면의 길이 합 204~292cm ※ 사전 협의 필요	KRW 400,000 USD 400

   ※ 개수 초과이면서 동시에 무게/크기 초과 시 각각의 초과 수하물 요금이 합산되어 부가됨

[유진이네 가족 수하물 현황]

구분	개수	무게	크기			특이사항
			가로	세로	옆 폭	
아버지	3개	29kg	47cm	72cm	30cm	
		23kg	44cm	64cm	24cm	
		20kg	36cm	54cm	23cm	
어머니	2개	35kg	51cm	76cm	35cm	• 초과 무게에 대해 사전 협의 완료
		30kg	44cm	64cm	24cm	
오빠	2개	33kg	51cm	75cm	34cm	• 초과 무게에 대해 사전 협의 완료
		21kg	42cm	60cm	28cm	
유진	1개	22kg	44cm	64cm	24cm	
동생	1개	15kg	35cm	50cm	25cm	• 생후 11개월 • 휴대용 유모차 보유

※ 수하물 크기는 손잡이와 바퀴를 포함한 길이임

① KRW 1,600,000   ② USD 1,600   ③ KRW 1,800,000

④ USD 1,800   ⑤ KRW 2,100,000

30. 다음은 H회사에 근무하는 직원들의 산업재해보상 신청 내역과 산업재해보상보험법의 일부이다. 산업재해보상 보험법을 기준으로 판단할 때, H회사에서 처리해야 하는 비용의 총금액은?

[산업재해보상 신청 내역]

이름	세부 내용	비용 신청 내역
A	– 생산팀 근무 – 업무 중 휴게 시간에 공장 내부에 위치한 화장실을 이용하다가 화장실의 노후화로 천장 구조물이 떨어지면서 부상을 입었음 – 3일간 요양을 해야 하였으며 이에 따라 요양급여를 신청함	• 병원비 : 250만 원 • 요양급여 : 80만 원
B	– 전산관리팀 근무 – 출근하는 길에 회사 셔틀버스 사고로 부상을 입었음	• 병원비 : 20만 원 • 요양급여 : 0만 원
C	– 생산팀 근무 – 관리 소홀로 화학 물질이 누출되어 장해를 입음 – 1년 이상 일을 쉬게 되었으며 이에 따라 요양급여를 신청함	• 병원비 : 3,250만 원 • 요양급여 : 2,000만 원
D	– 고객만족팀 근무 – 한 달 이상 반복적으로 심한 욕설과 함께 과한 요구를 하는 고객을 상대한 이후 정신과 진료를 받고 있음	• 병원비 : 30만 원 • 요양급여 : 0만 원
E	– 고객만족팀 근무 – 출근하는 길에 운전 중 버스와의 접촉사고로 장해가 발생하였음 – 사고 조사 결과, 음주운전으로 판정되었음	• 병원비 : 180만 원 • 요양급여 : 0만 원
F	– 경영지원팀 근무 – 주말에 회사 창업 10주년 축하 파티를 위한 플래카드 설치 중 사다리에서 추락하여 부상을 입었음	• 병원비 : 15만 원 • 요양급여 : 0만 원

제5조(정의)

이 법에서 사용하는 용어의 뜻은 다음과 같다.

1. "업무상의 재해"란 업무상의 사유에 따른 근로자의 부상·질병·장해 또는 사망을 말한다.

2. "치유"란 부상 또는 질병이 완치되거나 치료의 효과를 더 이상 기대할 수 없고 그 증상이 고정된 상태에 이르게 된 것을 말한다.

3. "장해"란 부상 또는 질병이 치유되었으나 정신적 또는 육체적 훼손으로 인하여 노동능력이 상실되거나 감소된 상태를 말한다.

4. "출퇴근"이란 취업과 관련하여 주거와 취업장소 사이의 이동 또는 한 취업장소에서 다른 취업장소로의 이동을 말한다.

제37조(업무상의 재해의 인정 기준)

① 근로자가 다음 각 호의 어느 하나에 해당하는 사유로 부상·질병 또는 장해가 발생하거나 사망하면 업무상의 재해로 본다. 다만, 업무와 재해 사이에 상당인과관계(相當因果關係)가 없는 경우에는 그러하지 아니하다.

　1. 업무상 사고

　　가. 근로자가 근로계약에 따른 업무나 그에 따르는 행위를 하던 중 발생한 사고

　　나. 사업주가 제공한 시설물 등을 이용하던 중 그 시설물 등의 결함이나 관리 소홀로 발생한 사고

　　다. 사업주가 주관하거나 사업주의 지시에 따라 참여한 행사나 행사 준비 중에 발생한 사고

　　라. 휴게 시간 중 사업주의 지배관리하에 있다고 볼 수 있는 행위로 발생한 사고

　　마. 그 밖에 업무와 관련하여 발생한 사고

    2. 업무상 질병

       가. 업무 수행 과정에서 물리적 인자(因子), 화학물질, 분진, 병원체, 신체에 부담을 주는 업무 등 근로자의 건강에 장해를 일으킬 수 있는 요인을 취급하거나 그에 노출되어 발생한 질병

       나. 업무상 부상이 원인이 되어 발생한 질병

       다. 「근로기준법」 제76조의2에 따른 직장 내 괴롭힘, 고객의 폭언 등으로 인한 업무상 정신적 스트레스가 원인이 되어 발생한 질병

       라. 그 밖에 업무와 관련하여 발생한 질병

    3. 출퇴근 재해

       가. 사업주가 제공한 교통수단이나 그에 준하는 교통수단을 이용하는 등 사업주의 지배관리하에서 출퇴근하는 중 발생한 사고

       나. 그 밖에 통상적인 경로와 방법으로 출퇴근하는 중 발생한 사고

② 근로자의 고의·자해행위나 범죄행위 또는 그것이 원인이 되어 발생한 부상·질병·장해 또는 사망은 업무상의 재해로 보지 아니한다. 다만, 그 부상·질병·장해 또는 사망이 정상적인 인식능력 등이 뚜렷하게 낮아진 상태에서 한 행위로 발생한 경우로서 대통령령으로 정하는 사유가 있으면 업무상의 재해로 본다.

③ 제1항 제3호 나목의 사고 중에서 출퇴근 경로 일탈 또는 중단이 있는 경우에는 해당 일탈 또는 중단 중의 사고 및 그 후의 이동 중의 사고에 대하여는 출퇴근 재해로 보지 아니한다. 다만, 일탈 또는 중단이 일상생활에 필요한 행위로서 대통령령으로 정하는 사유가 있는 경우에는 출퇴근 재해로 본다.

제40조(요양급여)

① 요양급여는 근로자가 업무상의 사유로 부상을 당하거나 질병에 걸린 경우에 그 근로자에게 지급한다.

② 제1항에 따른 요양급여는 제43조 제1항에 따른 산재보험 의료기관에서 요양을 하게 한다. 다만, 부득이한 경우에는 요양을 갈음하여 요양비를 지급할 수 있다.

③ 제1항의 경우에 부상 또는 질병이 3일 이내의 요양으로 치유될 수 있으면 요양급여를 지급하지 아니한다.

① 575만 원　　② 3,745만 원　　③ 5,565만 원　　④ 5,595만 원　　⑤ 5,675만 원

31. 다음은 □□사의 5월 제품 판매 현황이다. □□사는 단일 제품만을 생산하여 판매하고 있으며, 제품 한 개당 판매 가격은 7,000원이다. □□사의 6월 매출액은 5월에 비해 20% 증가하였고, 제품 한 개당 판매 가격과 제품 한 개당 변동원가는 유지되었다면, □□사의 6월 순이익은?

[5월 제품 판매 현황]

구분	금액
매출액	9,100,000원
변동원가비용	3,250,000원
고정원가비용	2,578,000원
순이익	3,272,000원

※ 1) 변동원가비용 = 제품 한 개당 변동원가 × 제품 판매 개수
   2) 고정원가 비용은 제품 판매 개수와 상관없이 항상 일정함
   3) 순이익은 매출액에서 변동원가비용과 고정원가비용을 차감한 금액임

① 3,012,700원   ② 3,272,000원   ③ 3,926,400원   ④ 4,247,200원   ⑤ 4,442,000원

32. 다음은 I 공사가 연구 실시기관과 작성한 연구용역계약서 중 연구용역 계약사항에 대한 내용이다. 연구용역 계약사항과 연구용역 일정을 근거로 판단할 때, 착수보고와 최종보고가 가능한 날짜를 바르게 연결한 것은?

[연구용역 계약사항]

1. 연구 협조
   - 연구진은 본 연구과제의 시작 시점부터 종료 시점(최종보고서 제출일)까지 연구수행과 관련된 제반 비용 지출 등의 모든 행위를 본사의 제반 규정에 따라 수행해야 한다.
   - 연구진은 연구 종료 시점에 연구 내용 및 연구 결과 관련 자료 일체가 포함된 연구 결과물을 성실히 제출해야 한다.

2. 연구 내용 보고
   - 착수보고: 계약일로부터 3업무일 이내에 착수보고를 해야 한다.
   - 중간보고: 착수보고 이후 다음 업무일부터 종료 시점까지 계약기간 중 2회에 걸쳐 중간보고를 해야 한다.
     ※ 과업 진척상황 및 중간결과 보고 후 향후 연구계획 및 내용 협의 예정
   - 최종보고: 2회의 중간보고 이후 계약만료 4업무일 전까지 최종보고를 해야 한다.
   - 수시보고: 연구수행상황 보고 요청 시, 긴급을 요구하거나 특이사항 발생 시 수시보고를 해야 한다.
   ※ 단, 모든 연구 내용 보고는 일요일에 진행하지 않으며, 일요일은 업무일에 포함되지 않음

3. 연구 결과물
   - 중간보고서, 최종보고서, 연구 데이터 및 관련 자료

[연구용역 일정]

월	화	수	목	금	토	일
	1	2	3	4	5	6
		연구용역 계약일			연구용역 중간보고일	
7	8	9	10	11	12	13
			연구용역 중간보고일			
14	15	16	17	18	19	20
			연구용역 계약만료일			

	착수보고 날짜	최종보고 날짜
①	3일	12일
②	3일	13일
③	4일	14일
④	5일	11일
⑤	5일	12일

33. 다음은 일용근로소득 원천세에 대한 안내 자료이다. ○○사는 Q 씨가 근로를 제공한 날에 따라 급여를 계산하여 Q 씨에게 급여를 한 번에 지급했다고 할 때, 시급 19,800원의 일을 하루 9시간씩 비과세소득 없이 10일간 일한 Q 씨에게 징수해야 하는 근로소득 원천세액은?

[일용근로소득 원천세 안내]

- 일반 근로소득과 일용 근로소득의 구분

구분	일반 근로소득	일용 근로소득
개념	특정 고용주에게 계속하여 고용되어 지급받는 급여	특정 고용주에게 계속하여 고용되어 있지 아니하고 일급 또는 시간급 등으로 받는 급여
특징	근로계약상 근로제공에 대한 시간 또는 일수나 그 성과에 의하지 아니하고 월정액에 의해 급여를 지급받는 경우 고용기간 관계없이 일반 근로소득임	근로를 제공한 날이나 시간에 따라 근로대가를 계산하거나 근로를 제공한 날 또는 시간의 근로성과에 따라 급여를 계산하여 지급받음
근로소득 원천세액 계산	근로소득 간이세액표의 세액 ※ 근로자가 비율 선택 가능함	(일급 − 15만 원) × 6% × (1 − 0.55) ※ 일급 금액에서 비과세 소득은 제외하며, 원 단위 절사하여 산정함
연말정산	연말정산 대상	연말정산 대상에 해당되지 아니함 ※ 지급 시 원천징수로서 납세의무 종료됨
지급명세서 제출시기	다음 해 3월 10일까지	분기별 지급액에 대해 분기 다음 달

- 일용 근로자의 구분
  - 3월 미만의 기간 동안 근로(건설공사에 종사하는 경우 1년 미만)를 제공하면서 근로를 제공한 날 또는 시간의 근로성과에 따라 급여를 계산하여 받는 근로자
    ※ 1) '3월'이라 함은 고용일수(90일)에 의하여 계산한 기간이지만, 간헐적으로 근무를 하였다고 하더라도 3월 이상의 기간에 걸쳐 동일한 고용주에게 고용된 경우에는 일반 근로자로 구분함
    2) 근무 계약 시 3월 이상 근무할 조건으로 취업하였으나 3월 미만에 퇴직한 경우에는 일반 근로자로 구분함
- 소액부징수의 적용
  - 원천징수세액이 1,000원 미만인 경우 소득세를 징수하지 아니하며, 지급금액을 기준으로 소액부징수를 판단함
  예) 5일간 일당을 한 번에 지급 시 5일 일당에 대한 원천징수세액 합계가 1,000원 이상인 경우 소액부징수를 적용하지 아니함

① 0원   ② 760원   ③ 1,690원   ④ 7,600원   ⑤ 9,300원

34. 다음은 Y 시에 위치한 △△사의 출장여비 규정이다. 출장여비 규정과 김현태 대리의 3월 출장내역을 근거로 판단할 때, 김현태 대리가 지급받을 수 있는 3월 출장여비의 총액은?

[출장여비 규정]

- 출장여비는 출장수당과 교통비의 합으로 이루어진다.
- 출장여비는 Y 시 내 출장과 Y 시 외 출장으로 구분하여 다음과 같이 지급한다.
  - Y 시 내 출장: 출장수당 30,000원, 교통비 40,000원
  - Y 시 외 출장: 출장수당 50,000원, 교통비 60,000원
  ※ 단, 13시 이후 출장 시작 또는 15시 이전 출장 종료 시 출장수당을 50% 차감하여 지급함
- 업무추진비 사용 시 출장수당을 15,000원 차감하여 지급한다.
- 관용차량 사용 시 교통비를 20,000원 차감하여 지급한다.

[김현태 대리의 3월 출장내역]

출장일	출장지	출장 시작 시각	출장 종료 시각	비고
3월 5일	Y 시	14시	16시	관용차량 사용
3월 11일	K 시	12시	18시	
3월 20일	U 시	9시	16시	업무 추진비 사용
3월 25일	Y 시	11시	18시	관용차량 사용 업무 추진비 사용
3월 31일	P 시	13시	17시	

① 340,000원　② 360,000원　③ 375,000원　④ 400,000원　⑤ 415,000원

[35 - 36] 다음은 H 사 영업팀의 성과급 산정 방식과 직원별 평가 내역이다. 각 물음에 답하시오.

[영업팀 성과급 산정 방식]

• 성과급 지급액 = 기본급 × {1 + (근무 평가 점수 + 초과 실적 점수 + 직급별 가산점)}

[첨부 1] 직급별 가산점

구분	직급별 가산점
사원~주임	0.35점
대리~과장	0.45점
차장~부장	0.60점
이사 이상 임원	0.70점

[영업팀 사원별 평가 내역]

직원	개인 목표 실적	올해 실적	근무 평가	기본급
A 부장	9,800만 원	12,000만 원	80점	475만 원
B 차장	8,000만 원	7,800만 원	85점	433만 원
C 과장	6,500만 원	7,000만 원	78점	355만 원
D 대리	5,300만 원	5,800만 원	95점	318만 원
E 사원	3,500만 원	3,000만 원	73점	267만 원
F 이사	13,000만 원	16,000만 원	88점	610만 원
G 부장	9,000만 원	8,800만 원	69점	459만 원
H 과장	6,800만 원	8,800만 원	96점	373만 원
I 대리	5,800만 원	6,000만 원	73점	331만 원
J 주임	4,500만 원	5,800만 원	91점	295만 원
K 이사	11,500만 원	13,000만 원	68점	585만 원
L 부장	9,500만 원	10,000만 원	76점	469만 원
M 차장	7,800만 원	8,300만 원	77점	414만 원
N 대리	5,500만 원	6,500만 원	88점	322만 원
O 사원	3,500만 원	4,800만 원	92점	267만 원

※ 1) 초과 실적 점수(점) = (올해 실적 - 개인 목표 실적) / 개인 목표 실적
　2) 근무 평가 점수(점) = 근무 평가 / 100
　3) 초과 실적 점수는 소수점 셋째 자리에서 반올림하여 나타냄

35. 영업팀에서 초과 실적 점수가 가장 높은 직원과 가장 낮은 직원의 초과 실적 점수 차는?

① 0.23점 ② 0.28점 ③ 0.34점 ④ 0.45점 ⑤ 0.51점

36. 위 자료에서 기본급이 높은 순서대로 상위 5명의 직원에게 지급되는 성과급의 총합은?

① 6,493,900원 ② 65,149,700원 ③ 65,991,700원 ④ 66,033,300원 ⑤ 66,094,300원

37. H 공사에서는 직원 복지 향상을 위해 아침마다 간식을 제공하고자 한다. 총무팀에서 근무 중인 귀하가 조사한 A~C 상점의 상품 가격 및 할인 정보와 1일 간식 주문 내역이 다음과 같을 때, 1일 간식 내역을 가장 저렴하게 주문하는 데 필요한 총금액은? (단, 간식은 하나의 상점에서 모두 구매한다.)

[상점별 상품 1개당 가격]

구분	빵	떡	견과류	요플레
A 상점	1,200원	1,500원	1,300원	1,200원
B 상점	1,300원	1,400원	1,200원	1,300원
C 상점	1,500원	1,200원	1,300원	1,100원

[상점별 할인 정보]

구분	할인 정보
A 상점	상품 4종류를 모두 구매 시 전체 구입 금액의 1,500원 할인
B 상점	150,000원 이상 구매 시 전체 구입 금액의 20% 할인
C 상점	50,000원당 800원 할인

[1일 간식 주문 내역]

구분	빵	떡	견과류	요플레
수량	25개	15개	40개	20개

① 127,000원　　② 127,500원　　③ 127,900원　　④ 128,500원　　⑤ 129,500원

38. T 사 영업팀은 사용할 법인 자동차를 구입한 후 법인 자동차의 연간 유지비용에 대해 조사하였다. 법인 자동차의 연간 유지비용은 연간 감가상각비용과 연간 보험료로 구분되며, 영업팀은 모두 만 25세 이상인 팀원으로 구성되어 구입한 모든 자동차에 운전자 최저 연령이 만 25세 이상인 운전자 보험에 가입하였다고 할 때, T 사 영업팀에서 1년간 법인 자동차를 유지하는 데 필요한 총비용은?

[법인 자동차 연간 감가상각비용]

연간 감가상각비용 = (자동차 구매비용 − 잔존 가치) / 내용연수

[법인 자동차 연간 보험료]

구분		차종		
		소형차	중형차	대형차
운전자 최저 연령	만 25세 미만	140만 원/1대	160만 원/1대	220만 원/1대
	만 25세 이상	110만 원/1대	135만 원/1대	180만 원/1대

[T 사 영업팀의 법인 자동차 구입 내역]

구분	구매비용	차종	잔존 가치	내용연수
가 자동차	2,800만 원	소형차	0원	5년
나 자동차	2,900만 원	소형차		
다 자동차	3,800만 원	중형차		
라 자동차	5,600만 원	대형차		

① 3,150만 원　② 3,555만 원　③ 3,680만 원　④ 4,130만 원　⑤ 4,320만 원

[근무 규정]

1. 근무시간
- 직원의 근무시간은 휴식시간을 제외하고 1일 8시간, 1주간 40시간으로 한다. 단, 회사의 업무상 필요하다고 인정할 경우 당사자의 합의하에 1주간 12시간 한도 내에서 근로시간을 연장할 수 있다.
- 근무시간 및 휴식시간은 직무에 따라 조정할 수 있으며, 직원은 규정된 시간 내에 출근하여야 한다.

2. 유연근무
- 직원은 통상의 근무시간 · 근무일 · 근무장소를 변경하는 근무 또는 정보통신망을 이용하는 온라인 원격근무를 사장에게 신청할 수 있다.
- 온라인 원격근무를 할 경우 회사는 정보통신망에 대한 불법적인 접근의 방지, 그 밖의 보안대책을 마련하여야 한다.

3. 출장자 등에 대한 근로시간
- 직원이 출장의 사유로 근로시간의 전부 또는 일부를 회사 밖에서 근로하여 근로시간을 산정하기 어려운 때에는 소정 근로시간을 근로한 것으로 본다. 단, 해당 근로업무를 수행하기 위하여 통상적으로 소정 근로시간을 초과하여 근로할 필요가 있는 경우에는 그 업무의 수행에 필요한 시간을 근로한 것으로 본다.

4. 시간외근무 및 휴일근무
- 업무처리상 필요하다고 인정될 때에는 '1. 근무시간' 규정 내에서 근무시간외의 근무를 명하거나 휴일 근무를 명할 수 있다.
- 규정에 따른 시간외근무 또는 휴일근무를 한 자에 대하여는 [보수 규정]에서 정하는 바에 따라 예산범위에서 연장근로수당을 지급한다.
- [휴무 규정]에 따라 휴일에 근무를 한 경우에는 다른 정상 근무일을 지정하여 휴무하게 할 수 있다.
- 임신 중이거나 산후 1년이 지나지 아니한 여성과 18세 미만 직원은 오후 10시부터 오전 6시까지의 시간 및 휴일에 근로시키지 못한다.

5. 결근 등의 처리
- 신병의 사유로 출근하지 못한 경우에는 그 사유를 사전에 신고하여 전결권자에게 허가를 받아야 한다. 단, 부득이한 경우에는 우선 통신의 방법으로 신속히 소속 부서에 연락하여 그 사유에 합당한 종류의 휴가조치를 받아야 한다.
- 전결권자의 허가(사후허가를 포함)를 받아 결근을 한 경우에는 연차휴가로 처리하고, 허가 없이 결근한 경우에는 무단결근으로 처리한다.

6. 무단이석 및 외출금지
- 직원은 근무시간 중 무단이석 혹은 외출을 해서는 아니 되며, 업무상 외출을 할 경우에는 사전승인을 받아야 한다.
- 질병 및 그 밖의 사유로 조퇴하거나 근무시간 중에 외출할 때에는 시간 · 용무 · 행선지 등을 상급자에게 보고하고 허가를 받아야 한다.

7. 지각 · 조퇴 · 외출
- 직원이 지각했을 경우 회사에 그 사유를 신고하여야 한다.
- 사전승인을 받지 아니한 조퇴, 외출은 무단조퇴, 무단외출로 간주한다.
- 질병이나 부상 외의 사유로 인한 지각 · 조퇴 · 외출은 누계 8시간을 연차휴가 1일로 계산한다.

8. 근무상황 관리

- 각 부서장은 소속직원의 근무상황을 확인 · 점검하여야 한다.
- 인사관리 담당부서장은 근무상황부 또는 전산근무 상황부를 통해 직원의 근무상황을 관리해야 한다.

9. 근무상황 위반자 조치

- 사장은 직원의 근무상황 관리 중 복무 및 보안업무 위반자에 대해 [별표 1] 복무 · 보안 위반행위 처분 기준에 따라 조치하여야 한다.

[별표 1] 복무 · 보안 위반행위 처분 기준

분야	위반사항	처분 기준			
		시정	주의	경고	징계
복무	당직근무지 무단이탈			○	
	당직보고 미이행		○		
	당직근무자의 보안점검 미실시		○		
	출장과 관련 없는 사적인 용무수행			○	
	결재권자의 명령 없이 출장 수행		○		
	출 · 퇴근시간, 점심시간 미준수	○			
	유연근무 변경 승인 없이 변경근무 이행		○		
	휴가 · 지각 · 조퇴 · 외출 · 장시간 이석 등 승인 없이 이행		○		
	부정청탁을 받고 법령을 위반하여 직무처리				○
	법령을 위반한 금품수수				○
일반보안	비밀 · 대외비 문서 방치			○	
	일반문서 등 방치	○			
	캐비닛 열쇠 방치	○			
	캐비닛 및 책상서랍 미시건	○			
	보호구역 출입 제한(대장정리 등) 미흡	○			
	무인시스템 해제상태에서 퇴근	○			
정보보안	업무용 USB(외장하드) 방치	○			
	PC 패스워드 미설정	○			
	PC 패스워드 노출	○			

※ 위반사항 종류에 관계없이 시정 2회 시 주의, 주의 2회 시 경고, 경고 3회 시 징계로 처리함

39. 다음 중 근무 규정을 확인한 P 사원의 반응으로 가장 적절하지 않은 것은?

① 전결권자의 사후허가를 받아 결근을 한 경우도 연차휴가로 처리할 수 있구나.

② 한 달을 4주로 보면, 한 달 동안 48시간 한도 내에서 근무시간외 근무나 휴일근무를 할 수도 있겠어.

③ 질병이나 부상 외의 사유로 시간·용무·행선지 등을 상급자에게 보고하여 허락을 받고 조퇴하더라도 누계 8시간이 되면 연차휴가 1일로 계산되니 유의해야겠어.

④ 회사 밖에서 근로할 때 일반적으로 소정 근로시간을 초과하여 근로할 필요가 있어도 소정 근로시간을 근로한 것으로 처리되는 것이 원칙이야.

⑤ 직원이 통상의 근무시간·근무일·근무장소의 변경 승인 없이 변경 근무를 이행하는 경우 주의 처분을 받게 되겠군.

40. 다음은 △△사에 근무 중인 G 사원이 지난 1년 동안 위반한 위반행위 누적 정보이다. G 사원이 지난 1년 동안 위반한 위반행위 누적 정보를 근거로 판단할 때, G 사원이 받은 징계의 횟수는?

위반사항	위반 횟수
당직근무지 무단이탈	1회
당직근무자의 보안점검 미실시	3회
출장과 관련 없는 사적인 용무수행	1회
출·퇴근시간, 점심시간 미준수	6회
휴가·지각·조퇴·외출·장시간 이석 등 승인 없이 이행	5회
비밀·대외비 문서 방치	1회
일반문서 등 방치	10회
캐비닛 열쇠 방치	3회
캐비닛 및 책상서랍 미시건	3회
무인시스템 해제상태에서 퇴근	1회
업무용 USB(외장하드) 방치	2회

① 1회   ② 2회   ③ 3회   ④ 4회   ⑤ 5회

---------------------------------- 전기 분야 응시자는 여기까지 풀어야 합니다. ----------------------------------

약점 보완 해설집 p.62

41. 다음 지문의 랜섬웨어에 대한 설명으로 가장 적절하지 않은 것은?

> 랜섬웨어(Ransomware)는 몸값을 요구하는 악성 프로그램으로, 인질의 몸값을 의미하는 랜섬(Ransom)과 소프트웨어(Software)를 합성한 말이다. 해커가 해킹 프로그램으로 사용자의 컴퓨터에 잠입해 내부 파일 등의 데이터를 사용할 수 없도록 암호화한 후 해당 데이터를 사용하고 싶다면 돈을 지불할 것을 요구하는 형태로, 컴퓨터 내의 문서를 볼모로 잡아 공격한다.
>
> 랜섬웨어가 불특정 다수의 컴퓨터를 공격하는 자들의 수익원이 되면서 랜섬웨어를 유포하는 방식과 파일의 형태도 날로 다양해지고 있다. 과거 이메일의 첨부파일이나 메신저 등으로 유포되던 랜섬웨어는 응용 프로그램이나 운용체계 등으로 유포 방식이 다양해졌으며, 유표 파일의 형태 또한 초기 문서 파일로 위장하거나 화면보호기 파일을 활용하던 것에 더해 자바스크립트와 매크로를 활용하는 것에 이르렀다. 과거에는 주로 컴퓨터 사용자의 PC 파일을 암호화하여 인질로 삼거나 컴퓨터를 아예 사용하지 못하도록 암호화하는 방식으로 공격하였는데, 당시에는 암호화 수준이 비교적 낮아 복호화 방법을 사용하면 인질이 된 데이터도 복구하기 쉬웠다.
>
> 해커들은 인질로 삼고자 하는 목표 컴퓨터를 정한 후 해당 컴퓨터의 가장 취약한 부분을 탐색한다. 예를 들어 공개된 서버나 탈취한 개정 등에는 무단으로 침입이 가능하므로 해커들의 잠입 수단이 되며, 요즘은 특히 재택근무로 인해 RDP, VPN을 이용한 접속이 증가하면서 관리가 소홀하거나 방치된 원격접속 시스템을 통한 공격이 늘어나고 있다. 이렇게 침투하고 나면 추가 공격 도구를 받아 확장하는 과정이 이어지는데, 이때 해커들은 보안 시스템에 발각되지 않도록 공격 도구를 작은 크기로 나누고 암호화, 난독화하여 내려받으며 침투 범위를 조심스럽게 확장해 나아간다. 주로 평일에 이루어지는 컴퓨터 보안요원의 모니터링에 발각되지 않도록 퇴근 시간 이후나 주말을 이용하는 것도 걸리지 않고 공격 범위를 확장해가는 한 방법이다.
>
> 창궐하고 있는 랜섬웨어 유포 방식 탓에 다양한 랜섬웨어로부터 컴퓨터를 완벽하게 지켜내기란 쉽지 않은 것이 사실이다. 따라서 철저한 예방만이 랜섬웨어로부터 피해를 입지 않을 수 있는 최선의 방법이다. 확인되지 않은 발신처의 이메일이나 스팸 메일은 읽지 않을 것, 파일을 내려받아야 할 때도 도메인이 정확히 확인된 공식 사이트만을 이용할 것, 운영체제의 업데이트를 주기적으로 실시할 것 등은 기본으로 지키는 것이 좋다. 또한, 중요한 파일이나 업무용 자료 등은 별도의 저장소에 정기적으로 백업하거나 클라우드 서버에 보관하는 것이 좋으며, 백신 소프트웨어를 설치하여 항상 최신 버전으로 업데이트하는 습관도 필요하다.

① 과거에는 컴퓨터 내 파일을 암호화하여 인질로 삼더라도 암호화 수준이 비교적 낮아 복호화 방법을 통한 복구가 수월하였다.

② 중요한 파일은 별도의 장소에 백업에 두는 것은 랜섬웨어의 피해를 최소화할 수 있는 방법 중 하나이다.

③ 랜섬웨어를 통해 컴퓨터 공격 시 공격 도구를 작은 크기로 분리하여 암호화할수록 보안 시스템에 발각될 위험이 높아진다.

④ 랜섬웨어를 통한 컴퓨터 공격 시 인질로 삼을 컴퓨터를 정했다면 컴퓨터의 가장 취약한 부분을 탐색하는 과정부터 시작한다.

⑤ 랜섬웨어는 해킹 프로그램을 통해 사용자의 컴퓨터를 인질로 잡아 공격한다.

[42 – 43] 다음은 한 의류 도매 업체의 시리얼 넘버 생성표와 판매 내역을 정리한 표이다. 각 물음에 답하시오.

[시리얼 넘버 생성 방식]

[제조 지역]–[제품 종류]–[생산 순서]

예 2024년에 베트남의 빈에서 12번째로 제조된 원피스의 시리얼 넘버

<u>V109</u> – <u>SK01</u> – <u>240012</u>

제조 지역				제품 종류				생산 순서
제조 국가		도시 코드		대분류		소분류		
C1	중국	01	광저우	TO	상의	01	반팔 티셔츠	• 앞 2자리: 생산 연도 2024 → 24 • 뒤 4자리: 0001부터 시작하여 각 제조 지역의 제품 종류별 생산 순서대로 4자리의 번호가 매겨지며 생산 연도에 따라 번호가 갱신됨
		02	원저우			02	긴팔 티셔츠	
		03	푸저우			03	후드 티셔츠	
M1	미얀마	04	양곤			04	와이셔츠	
		05	바간	PA	바지	01	면바지	
		06	만달레이			02	청바지	
V1	베트남	07	호치민			03	정장 바지	
		08	하노이	SK	치마	01	원피스	
		09	빈			02	미니스커트	
		10	하이퐁			03	미디스커트	
B1	방글라데시	11	다카			04	롱스커트	
		12	치타공	UN	내의류	01	내의	
		13	쿨나			02	속옷	

[2024년 1월 주문 내역]

주문 번호	고객	주문 내역	비고
01	A	후드 티셔츠 600벌	미얀마의 양곤 제조 제품 여유수량 1% 추가 제조 및 증정함
02	B	면바지 150벌 정장 바지 200벌	면바지: 방글라데시 제조 제품 정장 바지: 중국 제조 제품
03	C	긴팔 티셔츠 1,500벌	미얀마 제조 제품 여유수량 3% 추가 제조 및 증정함
04	D	미니스커트 50벌	베트남의 하노이 제조 제품 작년 재고 상품으로 20% 할인 판매함
05	E	내의 1,000벌	중국의 푸저우 제조 제품 여유수량 2% 추가 제조 및 증정함
06	F	롱스커트 350벌	방글라데시 제조 제품
07	G	긴팔 티셔츠 750벌	미얀마의 만달레이 제조 제품 여유수량 2% 추가 제조 및 증정함

08	H	와이셔츠 900벌 정장 바지 500벌	와이셔츠: 중국 제조 제품 작년 재고 상품으로 15% 할인 판매함 정장 바지: 방글라데시의 치타공 제조 제품
09	I	반팔 티셔츠 2,000벌	미얀마 제조 제품 재작년 재고 상품으로 40% 할인 판매함
10	J	미니스커트 500벌	베트남의 하노이 제조 제품

※ 1) 재고 상품을 할인 판매하는 경우 외 모든 제품은 주문 후 제조 판매를 원칙으로 함
　 2) 주문 번호는 제품의 제조 순으로 부여됨

[2024년 1월 이월 재고 관리 현황]

보관 장소	재고 내역
본사	• B112-SK03-236879~B112-SK03-238100 • B112-PA01-238973~B112-PA01-239953 • C101-TO04-235107~C101-TO04-235500 • M106-SK01-236973~M106-SK01-238800
광주센터	• V108-SK02-230783~V108-SK02-231500 • M105-TO01-227400~M105-TO01-229999
대구센터	• C101-TO04-234100~C101-TO04-235107 • M105-TO01-225650~M105-TO01-227399
인천센터	• B111-UN01-232901~B111-UN01-233000 • M101-PA02-229505~M101-PA02-229900

※ 1) 동일한 종류의 제품은 보관 장소와 관계없이 선입선출을 원칙으로 함
　 2) 재고 관리 현황은 매달 1일 업데이트함

42. 다음 중 각 고객이 2024년 1월에 주문한 제품의 시리얼 넘버로 적절하지 않은 것은?

① B: C102-PA03-240200
② D: V108-SK02-230800
③ E: C103-UN01-241008
④ G: M106-TO02-241540
⑤ J: V108-SK02-240010

43. 위 자료를 통해 추론한 내용으로 가장 적절하지 않은 것은?

① 대구센터에 보관하고 있는 의류 재고는 총 2,758벌이다.
② I 고객의 주문 내역은 광주센터에서 출고되지 않는다.
③ 1월 주문 내역 중 미얀마에서 제조된 제품의 양은 중국에서 제조된 제품의 양의 2배 이상이다.
④ 와이셔츠의 정가가 20,000원, 정장 바지의 정가가 55,000원이라면 H 고객은 총 42,800,000원을 지불하였다.
⑤ 2024년 1월 이월 재고 중 상의류 재고는 치마류 재고보다 1,984벌 더 많다.

[44 - 45] 귀하는 공정 과정에서 배출되는 오염 물질에 대한 모니터링 및 관리 업무를 담당하게 되었다. 다음은 귀하가 오염 물질 배출 관리를 위해 사용하게 될 오염 물질 배출 상태 판단 기준에 대한 자료이다. 각 물음에 답하시오.

[오염 물질 배출 관리 세부사항]

항목	세부사항
Contaminant # Check ◇ Notice ○	• 오염 물질 종류 코드, 오염 물질 상태 확인 코드, 배출 조절 알림 코드로 구성됨 – #: 오염 물질 종류 코드 – ◇: 오염 물질 상태 확인 코드 – ○: 배출 조절 알림 코드
Condition evaluation	• 오염 물질 종류 코드와 오염 물질 상태 확인 코드를 확인하여 배출 조절 알림 코드를 산출함 1) 오염 물질 종류 코드의 확인 – 오염 물질 종류 코드의 두 번째 숫자가 5 미만인 경우: 오염 물질 종류 코드의 세 번째 알파벳과 오염 물질 상태 확인 코드의 두 번째 알파벳의 일치 여부 확인 – 오염 물질 종류 코드의 두 번째 숫자가 5 이상인 경우: 오염 물질 종류 코드의 두 번째 알파벳과 오염 물질 상태 확인 코드의 세 번째 알파벳의 일치 여부 확인 2) 오염 물질 종류 코드와 오염 물질 상태 확인 코드의 비교 – 1)의 조건에 따라 확인한 오염 물질 종류 코드와 오염 물질 상태 확인 코드의 알파벳이 일치할 경우: 배출 조절 알림 값 = 오염 물질 상태 확인 코드의 모든 숫자 합 × 2 – 1)의 조건에 따라 확인한 오염 물질 종류 코드와 오염 물질 상태 확인 코드의 알파벳이 일치하지 않을 경우: 배출 조절 알림 값 = 오염 물질 상태 확인 코드의 모든 숫자 합 × 3 3) 배출 조절 알림 코드 산출 – 오염 물질 종류 코드의 마지막 알파벳이 대문자인 경우: 배출 조절 알림 코드 = 배출 조절 알림 값 × 1.5 – 오염 물질 종류 코드의 마지막 알파벳이 소문자인 경우: 배출 조절 알림 코드 = 배출 조절 알림 값 + 23
Evaluation result	• 배출 조절 알림 코드에 해당하는 값을 [오염 물질 배출 가능 판단 기준]을 통하여 확인

[오염 물질 배출 가능 판단 기준]

배출 조절 알림 코드	Evaluation result	배출 가능 여부
25 이하의 값	매우 안전	가능
25 초과 40 이하의 값	배출 허용	
40 초과 65 이하의 값	배출 주의	배출 허용량의 50% 이내에서 가능
65 초과 85 이하의 값	점검 경고	불가능
85 초과의 값	즉시 중단	

44. 다음 시스템 상태에서 확인할 수 있는 내용으로 옳지 않은 것은?

> Contaminant Checking requests…
> ▶ A 라인: Contaminant B389Jq Check 867Qey Notice ○
> Evaluation result _____
> ▶ B 라인: Contaminant c72p9U Check m193Un Notice ○
> Evaluation result _____

① A 라인의 오염 물질 종류 코드의 두 번째 숫자가 5 이상이므로 오염 물질 종류 코드의 두 번째 알파벳과 오염 물질 상태 확인 코드의 세 번째 알파벳의 일치 여부를 확인한다.

② B 라인의 오염 물질 종류 코드의 두 번째 숫자가 5 미만이므로 오염 물질 종류 코드의 세 번째 알파벳과 오염 물질 상태 확인 코드의 두 번째 알파벳의 일치 여부를 확인한다.

③ A 라인의 오염 물질 종류 코드의 두 번째 알파벳과 오염 물질 상태 확인 코드의 세 번째 알파벳이 서로 일치하지 않으므로 배출 조절 알림 값은 63이다.

④ B 라인의 오염 물질 종류 코드의 마지막 알파벳이 대문자이므로 배출 조절 알림 코드는 39이다.

⑤ A 라인의 Evaluation result는 점검 경고이다.

45. 다음 시스템 상태에서 확인할 수 있는 C 라인의 Evaluation result로 가장 적절한 것은?

> Contaminant Checking requests…
> ▶ C 라인: Contaminant z836Sk Check w096gS Notice ○
> Evaluation result _____

① 매우 안전   ② 배출 허용   ③ 배출 주의   ④ 점검 경고   ⑤ 즉시 중단

46. 다음 지문의 IP 주소에 대한 설명으로 가장 적절하지 않은 것은?

> IP 주소는 인터넷에 연결된 기기를 분별하여 인식할 수 있도록 각 기기에 유일하게 할당된 번호이다. 현재 주로 쓰이는 IP 주소는 IPv4(IP version 4) 규약으로, '132.148.76.1'처럼 0~255 사이의 숫자가 점으로 구분된 4마디의 표현 방식을 사용한다. 즉, IPv4 체계하에서 IP 주소는 0.0.0.0~255.255.255.255까지의 주소를 사용할 수 있다. 이처럼 IP 주소는 4개의 10진수 형태로 구성되는데, 각 10진수는 8자리의 2진수로 표현될 수 있어 1마디당 8비트씩 총 32비트로 구성되어 있다.
>
> IP 주소는 IP 주소의 사용 범위에 따라, IP 주소 할당 방식에 따라 구분할 수 있다. 먼저 IP 주소의 사용 범위에 따라 공인 IP 주소와 가상 IP 주소로 구분할 수 있는데, 이때 중요한 점은 공인 IP 주소인지 가상 IP 주소인지에 관계없이 IP 주소 설정을 위해서는 컴퓨터에 IP 주소를 배급하거나 할당해 줄 주소 할당 서버 시스템이 필요하다는 것이다. 공인기관에서 인증한 공개형 주소가 공인 IP 주소이며, 공인되지 않은 즉, IP 주소가 외부에 공개되지 않아 외부에서 검색이나 접근을 할 수 없는 폐쇄형 주소를 가상 IP 주소라고 한다. 여기서 가상 IP 주소는 인터넷 공유기 등을 통해 IP 주소를 부여받는다.
>
> IP 주소를 부여받는 대상은 IP 주소 설정 시 자동으로 할지, 수동으로 할지를 선택할 수 있는데, IP 주소 할당 방식에 따라 고정적으로 부여된 번호의 변경 없이 지속적으로 사용하는 고정 IP 주소와 고정적인 번호를 부여받지 않고 컴퓨터를 사용할 때마다 남아 있는 IP 주소를 부여받는 유동 IP 주소로 구분된다. 먼저 고정 IP 주소는 파일 공유 서버 등 IP 주소가 변경되면 안 되는 컴퓨터 등에 사용되는 것으로, 사용자가 직접 수동으로 IP 주소를 지정해 할당받는 방식이다. 특별한 상황 외에는 이를 사용할 경우가 거의 없으며, 윈도우의 네트워크 연결 속성 페이지에서 다음 IP 주소 사용 옵션을 선택한 후 사용자가 원하는 IP 주소를 4개의 마디에 맞춰 입력하면 된다.
>
> 반면 유동 IP 주소는 IP 주소를 부여하는 특정 서버로부터 할당받는 정보가 그대로 컴퓨터에 자동으로 설정되는 방식이다. 유동 IP 주소 할당 방식을 DHCP(Dynamic Host Configuration Protocol) 서비스라 하는데, IP 주소가 필요한 컴퓨터의 요청을 수신한 DHCP 서버가 해당 컴퓨터에 주소를 할당해 주면 컴퓨터가 자동으로 주소를 등록 및 설정하게 된다. DHCP 서비스는 특히 컴퓨터의 수가 많은 환경에서 유용하며, 이론적으로는 고정적인 번호를 할당받지 않고 컴퓨터가 부팅할 때마다 IP 주소가 변경된다고 설명할 수 있지만, 실제로는 기존에 할당받았던 IP 주소와 같은 번호를 할당받는 경우가 더 많다. 가상의 IP 주소를 부여하는 인터넷 공유기는 가상 IP 주소 생성과 각 컴퓨터에 DHCP 서비스 제공을 동시에 수행하는 것이다.
>
> 한편, IP 주소 체계는 대역에 따라 클래스 A부터 클래스 E까지 다섯 가지 클래스로 나누어진다. 먼저 클래스 A는 대규모 네트워크 환경에 적합한 것으로, IP 주소의 4마디 중 첫 번째 마디에는 0~126까지의 숫자가 사용되며, 첫 번째 비트는 0이 지정된다. 클래스 B는 중규모 네트워크 환경에 적합하며, IP 주소의 4마디 중 첫 번째 마디에는 128~191까지의 숫자가 사용되고, 처음 두 개의 비트에는 각각 1과 0이 지정된다. 클래스 A와 비교하여 네트워크 수는 증가하나, 각 네트워크의 호스트 수는 감소한다. 클래스 C는 소규모 네트워크 환경에 적합한 것으로, IP 주소의 4마디 중 첫 번째 마디에는 192~223까지의 숫자가 사용되며, 처음 세 비트가 110으로 구성된다. 클래스 D와 클래스 E는 223 이후의 숫자로 구성되는데, 이는 연구용이나 개발용 등 특수한 목적으로 쓰이는 IP 주소이므로 일반적인 용도와는 구분 지어 사용된다.

① 고정 IP 주소는 되도록 IP 주소의 변경 없이 사용해야 하는 서버에 적합하며 사용자가 직접 지정한 주소를 할당받을 수 있다.

② IP 주소의 체계 중 클래스 B는 클래스 A와 비교하여 네트워크 수는 더 많은 반면 네트워크의 호스트 수는 더 적다.

③ 공인 IP 주소와 달리 가상 IP 주소는 외부에서 접근할 수 없는 주소가 부여되기 때문에 폐쇄형 주소라고도 불린다.

④ 인터넷에 연결된 기기들을 구분 지어 식별할 수 있도록 기기별로 다르게 부여된 IP 주소는 총 32비트로 이루어져 있다.

⑤ DHCP 서비스는 컴퓨터를 부팅할 때마다 기존 IP 주소와 동일한 번호를 할당받는다고 알려져 있으나, 실제로는 컴퓨터 부팅 시마다 IP 주소가 변경된다.

47. 다음 지문의 광섬유에 대한 설명으로 가장 적절하지 않은 것은?

광섬유란 내부와 외부를 서로 다른 밀도와 굴절률을 지닌 유리나 플라스틱으로 만든 섬유로, 섬유에 한 번 들어간 빛은 밖으로 나오지 못하고 전반사를 반복하며 반사된다. 여기서 전반사 현상은 빛이 굴절률이 높은 곳에서 낮은 곳으로 이동하려고 할 때 입사각이 특정 값을 넘기면 전부 반사되어 돌아오는 경우를 말한다. 내부 중심 부분에 빛을 넣어 가둔 후 섬유를 조금씩 구부리더라도 빛이 새어 나가지 못하게 함으로써 빛이 줄어들지 않고 먼 거리까지 전파될 수 있도록 되어 있다.

광섬유의 중심에는 빛을 전달하는 매개체로 플라스틱이나 유리로 된 투명한 코어가 있고, 그 주변을 빛이 새어 나오지 못하도록 막는 클래딩이 둘러싸고 있다. 코어와 클래딩은 합성수지 피복으로 덮여 있어 외부 충격에도 파손되지 않는다. 광섬유가 금속 대신 플라스틱이나 유리섬유로 만들어진 이유는 플라스틱이나 유리섬유를 이용하면 전송하는 데이터의 손실률이 낮으며, 전자기적인 간섭이 적고 고온에서도 잘 견딜 수 있는 광섬유를 제작할 수 있기 때문이다. 이러한 광섬유는 구리 선이 전달할 수 있는 데이터의 양보다도 훨씬 많은 양의 데이터를 더 먼 거리까지 전달할 수 있다는 장점을 지닌다.

광섬유는 주로 통신과 관련 있는 전기 신호를 빛으로 변환하여 도착지까지 광속의 2/3 속도로 데이터를 송신하는 데 사용된다. 전기 신호를 중간 변환 없이 그대로 보내는 구리 선과 달리 광섬유는 중간 변환 과정이 필요하지만, 중간 과정에서 외부 간섭에 의한 데이터 손실이 제로에 가까울 정도로 효율적이다. 또한 구리 선 1만 가닥이 할 수 있는 일을 광섬유 한 가닥만으로 할 수 있어 많은 양의 신호를 동시에 처리할 수 있다는 장점 때문에 기존에 사용하던 구리 선의 대체품으로 사용되고 있다. 정보 통신 이외에도 이미징, 채광, 광섬유 현미경, 광섬유 센서, 광섬유 레이저 또는 빛을 이용한 장식에도 이용되는데, 빛 혹은 데이터를 빛의 형태로 변화하여 모으거나 먼 거리까지 전송한다는 원리적인 측면은 모두 같다.

이러한 광섬유는 코어 규격에 따라 단일모드 광섬유와 다중모드 광섬유로 구분된다. 코어의 직경이 $10\mu m$ 미만으로 매우 작아 빛을 전파하는 형태가 단순한 단일모드 광섬유는 한 가지 형태로 빛을 전파하기 때문에 정보 손실률이 매우 낮으며, 신호가 변형되는 경우가 적어 신호의 장거리 전송이 가능하다. 반면 다수의 모드를 전파하는 다중모드 광섬유의 코어 직경은 $50\mu m$ 이상으로 비교적 커 여러 형태로 빛을 전파하기 때문에 손실률이 상대적으로 높고 신호가 왜곡되기 쉬워 신호 전송 가능 거리가 짧다. 또한 다중모드 광섬유는 코어의 지름이나 비굴절률차가 큰 광원과의 접속이 용이하여 단거리 통신에서 주로 사용된다.

① 정보 손실률을 고려하였을 때 장거리 통신에는 다중모드보다는 단일모드 광섬유가 적합하다.
② 전기 신호 전송 시 중간에 변환 과정을 거치면 외부 간섭의 영향력이 높아져 비효율적이다.
③ 구리 선 1만 가닥이 처리할 수 있는 데이터의 양과 광섬유 1가닥이 처리할 수 있는 데이터의 양은 같다.
④ 광섬유의 내부 굴절률은 외부 굴절률보다 더 높아 나타나는 광학현상을 이용하였다.
⑤ 유리섬유 코어는 광섬유에 미치는 전자기적 간섭을 최대한 낮추는 데 일조한다.

48. B 공사의 인사팀에 근무하는 귀하는 신입사원 공개 채용 결과를 발표하기 위해 신입사원들의 필기시험과 면접 점수를 확인하고 평가 결과를 정리하고 있다. 다음 엑셀 시트에서 [신입사원 채용 평가 기준]을 이용하여 [신입사원 공개 채용 결과]를 작성할 때, [D3]셀에 입력할 함수식으로 가장 적절한 것은?

	A	B	C	D	E	F	G	H
1	[신입사원 공개 채용 결과]							
2	성명	필기시험	면접	결과				
3	A	61	77					
4	B	87	54					
5	C	72	83					
6	D	85	61					
7	E	66	59					
8	F	78	81					
9	G	91	84					
10	H	86	79					
11								
12						[신입사원 채용 평가 기준]		
13					필기시험 및 면접 점수 평균	0	75	85
14					결과	불합격	예비	합격

① = VLOOKUP(MAX(B3:C3), $E$13:$H$14, 2, 1)

② = VLOOKUP(SUM(B3:C3), $E$13:$H$14, 2, 1)

③ = HLOOKUP(SUM(B3:C3), $E$13:$H$14, 2, 1)

④ = VLOOKUP(AVERAGE(B3:C3), $E$13:$H$14, 2, 1)

⑤ = HLOOKUP(AVERAGE(B3:C3), $E$13:$H$14, 2, 1)

49. 다음은 ♣♣기업에서 규정한 가로등 제품 번호 부여 방식이다. 가로등 제품 번호 부여 방식에 따라 가로등의 제품 번호를 부여할 때, ♣♣기업의 가 브랜드에서 2024년에 생산한 갈색 D 모델의 길이가 9m인 가로등 제품 번호로 가장 적절한 것은?

[가로등 제품 번호 부여 방식]

우리 기업에서 부여하는 가로등 제품 번호는 브랜드 코드 2자리, 생산연도 코드 2자리, 모델 코드 2자리, 색상 코드 2자리, 길이 코드 3자리로 총 13자리의 문자와 숫자로 이루어져 있다.

예 다 브랜드에서 2016년에 생산한 노란색 B 모델의 길이가 12m인 가로등

DE − A6 − QH − Y6 − 120

1. 브랜드 코드

가 브랜드	나 브랜드	다 브랜드	라 브랜드
KS	NA	DE	LQ

2. 생산연도 코드

2015년	2016년	2017년	2018년	2019년
A2	A3	A4	A5	A6
2020년	2021년	2022년	2023년	2024년
A7	A8	A9	B0	B1

3. 모델 코드

A 모델	B 모델	C 모델	D 모델
EO	QH	VZ	BG

4. 색상 코드

흰색	빨간색	주황색	노란색	초록색
W0	R2	O4	Y6	G8
파란색	남색	보라색	갈색	검은색
B1	N3	P5	B7	B9

5. 길이 코드
   - 10cm를 기준으로 3자리 숫자로 부여함
     예 길이가 5.5m인 가로등의 길이 코드 = 055

① DEB1QHY6900　　② NAA1VZY6090　　③ KSB1BGB7900
④ LQA1BGB7090　　⑤ KSB1BGB7090

50. 다음 지문의 변조 방식에 대한 설명으로 가장 적절한 것은?

신호 주파수에 변화를 주거나 일정한 비율을 적용하여 신호 형태를 바꾸는 것을 변조라고 한다. 전기통신에서 데이터를 전기 신호로 변조하면 송신 시 받는 방해를 최소화할 수 있어 신호를 용이하게 전송할 수 있다. 동일한 신호 전송로에 최대한 많은 신호를 실을 수 있고, 전기통신의 속도 향상에 효과적인 변조는 크게 아날로그 변조와 디지털 변조로 나뉜다. 먼저 아날로그 변조는 오디오 신호 혹은 TV 신호와 같은 아날로그 기저대 신호를 제한된 무선 주파수 대역이나 케이블 TV 네트워크 채널 등 다른 주파수로 전송할 때 사용하는 방법으로, 진폭 변조와 주파수 변조, 위상 변조 방식이 있다.

진폭 변조는 무선통신에서 정보를 실어 보내는 반송파의 진폭을 신호파의 진폭에 맞추는 방식으로, 반송파의 진폭은 송신되는 메시지 신호의 진폭에 비례하여 변한다. 과거 라디오를 통한 음성 전송에 사용된 기술들 중 전송 속도가 가장 빠른 변조 방법이었으며, 오늘날에는 VHF 항공기 라디오, 휴대용 라디오 등에 활용되고 있다. 주파수 변조는 신호파의 진폭에 맞춰 반송파의 주파수에 변화를 주는 방식으로, 반송파 내부의 정보를 표준 형태로 부호화하는 것이 특징이다. 주로 FM 라디오 방송에 사용되는데, 이는 무선 전송 시 진폭 변조 신호보다 고주파 간섭이 적어 잡음을 제거하기 용이하고 음질이 좋기 때문이다. 위상 변조는 전송을 위해 통신 신호를 조절하는 것으로, 신호파의 크기에 따라 송신 주파수 신호의 위상이 달라지는 방식이다.

다음으로 디지털 변조는 음성과 같은 아날로그 신호의 데이터를 디지털 신호로 바꾸는 방식이다. 아날로그 신호로 통신망에 데이터를 전송하는 대신 디지털 신호로 전송하는 것으로, 혹시 모를 오류가 발생하더라도 복원이 가능하므로 비교적 먼 거리까지 데이터를 전송할 수 있다. 또한 아날로그 전송보다 덜 복잡하고 비용도 저렴할 뿐만 아니라 대용량의 정보 수용력과 높은 데이터 보안, 우수한 시스템 가용성 및 우수한 품질의 통신이 가능하다. 디지털 변조 기술은 아날로그 변조 기술보다 더 많은 양의 데이터를 전달할 수 있다는 강점 때문에 사회적 수요가 높은 편이다.

디지털 변조를 대표하는 방식은 펄스 부호 변조 방식이다. 보통 통신 시 계속해서 변화하는 성질을 지닌 음성 신호의 경우 통신 과정에서의 잡음이 그대로 반영될 가능성이 높아 원거리 통신이나 잡음 발생 확률이 높은 통신로에서는 정확한 정보 전달을 기대하기 어렵다. 반면 펄스 부호 변조 방식은 펄스의 존재 여부를 확인한 후에 통신 내용을 전송할 수 있기 때문에 먼 거리까지 통신 내용을 비교적 정확하게 전송할 수 있는 통신 방식 중 하나에 해당한다. 펄스 부호 변조 방식은 신호를 통신하는 과정에서의 환경 변화 등에 영향을 받지 않으며, 잡음 발생 확률이 낮아 정확한 정보 전달 부분에서 상당히 우수한 통신 방식으로 알려져 있다.

① 디지털 신호로 전송하는 것보다 아날로그 신호로 전송하는 것이 장거리 통신에 유리하다.
② 진폭 변조 방식으로 데이터 전송 시 신호파의 진폭은 반송파의 진폭에 비례하여 변화한다.
③ 펄스 부호 변조 방식은 통신 과정에서 잡음 발생 확률이 높아 원거리 통신에 적합하지 않다.
④ 무선통신에서 진폭에 변화를 주는 것보다 주파수에 변화를 주는 것이 잡음을 제거하기에 용이하다.
⑤ 데이터를 전기 신호로 변조하면 통신 속도는 향상시킬 수 있으나 송신 시 받는 방해가 커진다.

약점 보완 해설집 p.62

취업강의 1위, 해커스잡

ejob.Hackers.com

기출동형모의고사 5회(전기 전공 + NCS)

성명

수험번호

⓪	⓪	⓪	⓪	⓪	⓪	⓪	⓪	⓪
①	①	①	①	①	①	①	①	①
②	②	②	②	②	②	②	②	②
③	③	③	③	③	③	③	③	③
④	④	④	④	④	④	④	④	④
⑤	⑤	⑤	⑤	⑤	⑤	⑤	⑤	⑤
⑥	⑥	⑥	⑥	⑥	⑥	⑥	⑥	⑥
⑦	⑦	⑦	⑦	⑦	⑦	⑦	⑦	⑦
⑧	⑧	⑧	⑧	⑧	⑧	⑧	⑧	⑧
⑨	⑨	⑨	⑨	⑨	⑨	⑨	⑨	⑨

응시분야

감독관 확인

전공

1	① ② ③ ④ ⑤
2	① ② ③ ④ ⑤
3	① ② ③ ④ ⑤
4	① ② ③ ④ ⑤
5	① ② ③ ④ ⑤
6	① ② ③ ④ ⑤
7	① ② ③ ④ ⑤
8	① ② ③ ④ ⑤
9	① ② ③ ④ ⑤
10	① ② ③ ④ ⑤
11	① ② ③ ④ ⑤
12	① ② ③ ④ ⑤
13	① ② ③ ④ ⑤
14	① ② ③ ④ ⑤
15	① ② ③ ④ ⑤

NCS

1	① ② ③ ④ ⑤
2	① ② ③ ④ ⑤
3	① ② ③ ④ ⑤
4	① ② ③ ④ ⑤
5	① ② ③ ④ ⑤
6	① ② ③ ④ ⑤
7	① ② ③ ④ ⑤
8	① ② ③ ④ ⑤
9	① ② ③ ④ ⑤
10	① ② ③ ④ ⑤
11	① ② ③ ④ ⑤
12	① ② ③ ④ ⑤
13	① ② ③ ④ ⑤
14	① ② ③ ④ ⑤
15	① ② ③ ④ ⑤
16	① ② ③ ④ ⑤
17	① ② ③ ④ ⑤
18	① ② ③ ④ ⑤
19	① ② ③ ④ ⑤
20	① ② ③ ④ ⑤

21	① ② ③ ④ ⑤
22	① ② ③ ④ ⑤
23	① ② ③ ④ ⑤
24	① ② ③ ④ ⑤
25	① ② ③ ④ ⑤
26	① ② ③ ④ ⑤
27	① ② ③ ④ ⑤
28	① ② ③ ④ ⑤
29	① ② ③ ④ ⑤
30	① ② ③ ④ ⑤
31	① ② ③ ④ ⑤
32	① ② ③ ④ ⑤
33	① ② ③ ④ ⑤
34	① ② ③ ④ ⑤
35	① ② ③ ④ ⑤
36	① ② ③ ④ ⑤
37	① ② ③ ④ ⑤
38	① ② ③ ④ ⑤
39	① ② ③ ④ ⑤
40	① ② ③ ④ ⑤

41	① ② ③ ④ ⑤
42	① ② ③ ④ ⑤
43	① ② ③ ④ ⑤
44	① ② ③ ④ ⑤
45	① ② ③ ④ ⑤
46	① ② ③ ④ ⑤
47	① ② ③ ④ ⑤
48	① ② ③ ④ ⑤
49	① ② ③ ④ ⑤
50	① ② ③ ④ ⑤

해커스
한국전력공사
NCS + 전공
봉투모의고사

약점 보완 해설집

해커스

한국전력공사 직무능력검사 알아보기

1 직무능력검사 특징

1. 한국전력공사 직무능력검사는 영역 간 세부 시간 구분 없이 70분 동안 진행된다.
2. 사무 분야의 경우 NCS 50문항을 100점 만점으로 평가하며, 기술 분야의 경우 기술능력 평가를 전공 문항으로 대체하므로 NCS 40문항은 70점, 전공 15문항은 30점으로 총 55문항을 100점 만점으로 평가한다.
3. 오답에 대한 감점제가 운영되지만 세부 기준은 공개되지 않으며, 과락제가 도입됨에 따라 5개 영역 중 하위 30% 이하인 영역 이 1개 이상일 경우 총 득점과 관계없이 탈락된다.

[참고] 직무능력검사 시험 출제 영역

분야 구분	사무	기술(전기)	기술(전기 제외)
공통	의사소통능력, 수리능력, 문제해결능력		
분야별	자원관리능력, 정보능력	자원관리능력, 기술능력(전공문항)	정보능력, 기술능력(전공문항)

2 직무능력검사 영역별 최신 시험 출제 경향

의사소통능력	1. 어휘/어법 문제는 출제되지 않았고, 중심 내용 파악, 세부 내용 파악, 글의 구조 파악 등의 독해력 문제가 10문항 출제되었다. 2. 한국전력공사 관련 지문뿐만 아니라 예술, 과학 등 다양한 소재의 지문이 출제되었다. 장문의 제시문을 읽고 지문의 내용을 토대로 추론해야 하는 문제가 높은 비중으로 출제되었다.
수리능력	1. 기초연산 문제와 도표분석 문제가 10문항 출제되었으며, 도표분석 문제가 비중 높게 출제되었다. 2. 기초연산 문제는 경우의 수 문제가 출제되었으며, 여러 경우를 나누어 풀이해야 해서 난도는 높은 편이었다. 3. 도표분석 문제는 무역수지, 주식, 환율, 경제활동인구, 수출액 등 다양한 소재의 자료가 제시되고 자료의 내용과 일치/불일치하는 설명을 고르는 문제, 자료를 바탕으로 특정한 값을 추론하는 문제가 출제되었다. 대부분 자료의 수치는 깔끔한 편이었으나 여러 번의 계산을 요구하는 문제가 많아 난도가 높은 편이었다.
문제해결능력	1. 10문항이 출제되었으며, 문제처리 문제가 사고력 문제보다 높은 비중으로 출제되었다. 2. 사고력 문제는 제시된 조건을 토대로 결론의 옳고 그름을 판단하는 문제와 여러 명의 진술 중 거짓을 말하는 사람을 파악하여 특정 항목을 찾는 문제 등이 출제되었다. 3. 문제처리 문제는 대부분 제시된 자료와 조건에 따라 문제 상황을 판단하거나 해결하는 PSAT형 문제로 출제되었으며, 의사소통능력과 유사하게 지문을 추론하는 문제도 출제되었다.
자원관리능력	1. 10문항이 출제되었으며, 계산이 필요한 문제가 높은 비중으로 출제되었다. 2. 대부분 제시된 자료와 조건에 따라 문제 상황을 판단하거나 해결하는 PSAT형 문제로 출제되었다.
정보능력	1. 10문항이 출제되었으며, IT 상식을 기반으로 한 지문 제시형 문제가 높은 비중으로 출제되었으며, 엑셀, 코딩 등 컴퓨터 활용법 관련 문제는 출제되지 않았다. 2. 지문 제시형 문제라고 하더라도 지문 내용을 파악할 필요 없이 선택지의 내용만으로 정답을 유추할 수 있는 문제가 출제되기도 하였다.
기술능력	1. 15문항이 출제되었으며, 지엽적인 문제가 일부 출제되었다. 2. 전반적으로 기사 필기 및 실기시험 수준으로 출제되었으나, 체감 난도는 높은 편이었다.

학습 플랜 & 취약 영역 분석표

· 하루에 1회씩 기출동형모의고사를 풀고 난 후, QR코드를 통해 경쟁자와 나의 위치를 비교해 보세요.

· 영역별로 맞힌 개수, 틀리거나 풀지 못한 문제 번호를 적고 나서 취약한 영역이 무엇인지 파악해 보세요. 취약한 영역은 해커스 잡 사이트(ejob.Hackers.com)에서 제공하는 <한전 고득점을 위한 NCS 마무리 모의고사>와 <전기 전공 이론 핵심 압축 정리>를 학습하고, 틀리거나 풀지 못한 문제를 다시 풀어보면서 확실히 극복하세요.

1일	기출동형모의고사 1회			
학습 날짜	영역	맞힌 개수	틀린 문제 번호	풀지 못한 문제 번호
___월 ___일	전기	/15		
	의사소통능력	/10		
	수리능력	/10		
	문제해결능력	/10		
	자원관리능력	/10		
	정보능력	/10		

▼

2일	기출동형모의고사 2회			
학습 날짜	영역	맞힌 개수	틀린 문제 번호	풀지 못한 문제 번호
___월 ___일	전기	/15		
	의사소통능력	/10		
	수리능력	/10		
	문제해결능력	/10		
	자원관리능력	/10		
	정보능력	/10		

▼

3일	기출동형모의고사 3회			
학습 날짜	영역	맞힌 개수	틀린 문제 번호	풀지 못한 문제 번호
___월 ___일	전기	/15		
	의사소통능력	/10		
	수리능력	/10		
	문제해결능력	/10		
	자원관리능력	/10		
	정보능력	/10		

▼

4일	기출동형모의고사 4회			
학습 날짜	영역	맞힌 개수	틀린 문제 번호	풀지 못한 문제 번호
___월 ___일	전기	/15		
	의사소통능력	/10		
	수리능력	/10		
	문제해결능력	/10		
	자원관리능력	/10		
	정보능력	/10		

▼

5일	기출동형모의고사 5회			
학습 날짜	영역	맞힌 개수	틀린 문제 번호	풀지 못한 문제 번호
___월 ___일	전기	/15		
	의사소통능력	/10		
	수리능력	/10		
	문제해결능력	/10		
	자원관리능력	/10		
	정보능력	/10		

기출동형모의고사 1회

바로 채점 및 성적 분석 서비스

전기 전공　정답·해설

01 전기	02 전기	03 전기	04 전기	05 전기	06 전기	07 전기	08 전기	09 전기	10 전기
③	④	①	①	②	②	④	③	④	⑤

11 전기	12 전기	13 전기	14 전기	15 전기					
③	③	④	③	①					

01 전기　　　　　　　　　　정답 ③

구의 겉면적은 $4\pi r^2$임을 적용하여 구한다.
$1[sr] = r^2$이므로 구의 입체각은 $4\pi[sr]$이다.

따라서 반원구의 입체각은 $\frac{4\pi}{2}[sr] = 2\pi[sr]$이다.

02 전기　　　　　　　　　　정답 ④

방향을 가진 쌍극자가 그 중심을 한 면 위에 두고 연속적으로 분포하는 것을 가리켜 전계에서는 전기 이중층, 자계에서는 자기 이중층, 즉 판자석이라 하므로 가장 적절하다.

> 🔍 **더 알아보기**
>
> **전기 이중층과 자기 이중층**
> · 전기 이중층: 물체의 얇은 층을 기준으로 한 면에는 양전하가, 다른 한 면에는 음전하가 연속적으로 있거나 면밀도가 동일한 상태로 분포되어 있는 것으로, 전기 쌍극자로 이루어진 이중층을 의미함
> · 자기 이중층: 일정한 작은 간격을 둔 N극과 S극이 평면적으로 분포하는 일을 의미함

03 전기　　　　　　　　　　정답 ①

전력을 발생시키는 것은 발전소의 역할이므로 적절하지 않다.

04 전기　　　　　　　　　　정답 ①

제시된 내용은 위어에 대한 설명이다.

[오답 체크]
② 피토관: 기체, 액체의 흐르는 속도를 구하는 장치로 외관과 내관을 끼워 맞춘 이중관을 유체 속에 넣고 내관과 외관과의 압력 차를 직접 유자관으로 측정하여 유속을 구하는 장치

③ 열선 풍속계: 기체의 유속을 재는 장치의 하나로 공기류 가운데 전기를 통한 가열선을 노출하면 공기류의 속도에 따라서 가열선의 온도가 내려가 전기 저항이 감소하는데, 그 변화의 정도에 따라 공기의 흐름의 속도를 재는 장치

④ 초음파 유량계: 초음파의 전달 시간으로 유속을 측정하여, 어떤 단위 시간에 흐르는 유체의 양을 재는 기구로 유체의 흐름에 따라 초음파를 보낼 때, 주어진 지점까지의 초음파의 전달 시간이 유속에 반비례하여 짧아지는 원리를 이용한 기구

⑤ 레이저 도플러 유속계: 레이저 광선이 유체 속의 작은 입자들과 충돌하여 산란할 때 생기는 주파수의 변화로 유체의 속도를 측정하는 계기

05 전기　　　　　　　　　　정답 ②

소호리액터 용량 Q_L이고, 정격전압이 V, 1상의 대지정전용량이 C, 주파수가 f일 때, $Q_L = \omega C V^2 \times 10^{-3} = 2\pi f C V^2 \times 10^{-3}$이다.

06 전기　　　　　　　　　　정답 ②

주파수를 f, 극수를 P, 회전 속도를 N, 슬립을 s, 동기 속도를 N_s, 2차 저항을 r_2라 할 때, 동기 속도$(N_s) = \frac{120f}{P}$, 슬립$(s) = \frac{N_s - N}{N_s}$, 회전수$(N') = (1 - s')N_s$임을 적용하여 구한다.

$f = 60[Hz]$, $P = 4$, $N = 1,720[rpm]$, $r_2 = 0.02$이고, 권선형 유도 전동기의 2차 외부삽입 저항$(R) = 2r_2$이므로 $N_s = \frac{120f}{P} = \frac{120 \times 60}{4} = 1,800[rpm]$, $s = \frac{N_s - N}{N_s} = \frac{1,800 - 1,720}{1,800} = \frac{2}{45}$이다.

이때, $R = \left(\frac{s'}{s} - 1\right)r_2 = 2r_2 \rightarrow \left(\frac{s'}{s} - 1\right) = 2 \rightarrow s' = 3s = \frac{6}{45}$가 된다.

따라서 2차 회로의 저항을 3배로 할 때 회전 수 $(N') = (1 - s')N_s = \left(1 - \frac{6}{45}\right) \times 1,800 = 1,560[rpm]$이다.

07 전기　　　　　　　　　　정답 ④

알칼리 축전지는 납 축전지에 비해 기전력이 작으므로 적절하지 않다.

08 전기

소모 전력을 P라 할 때, 전력용콘덴서 용량 $Q_c = P(\frac{\sqrt{1-cos^2\theta_1}}{cos\theta_1} - \frac{\sqrt{1-cos^2\theta_2}}{cos\theta_2})$임을 적용하여 구한다.

선로손실이 최소인 경우에 역률이 최대이므로 $cos\theta_2 = 1$이고, $P = 160[kW]$, $cos\theta_1 = 0.8$이다.

따라서 콘덴서 용량 $Q_c = 160 \times (\frac{\sqrt{1-1.8^2\theta_1}}{0.8} - \frac{\sqrt{1-1}}{1}) = 160 \times \frac{\sqrt{1-0.8^2}}{0.8} = 160 \times \frac{0.6}{0.8} = 120[kVA]$이다.

09 전기

단권변압기는 %임피던스와 전압변동률이 모두 작으므로 적절하지 않다.

10 전기

직류 전동기의 속도 제어 방식인 워드 레오나드 시스템의 속도 제어 방법은 전압제어이다.

11 전기

저항을 R, 유도 리액턴스를 X_L, 전류를 I라 할 때, 전압$(V) = I \times \sqrt{R^2 + X_L^2}$임을 적용하여 구한다.
$R = 8[\Omega]$, $X_L = 6[\Omega]$, $I = 10[A]$이므로 $V = 10 \times \sqrt{8^2 + 6^2} = 100[V]$이다.
따라서 전압은 $100[V]$이다.

12 전기

고압 가공전선로의 지지물로 사용하는 목주의 풍압하중에 대한 안전율은 1.3 이상, 지름은 12[cm] 이상, 즉 0.12[m] 이상이어야 한다.
따라서 고압 가공전선로의 지지물로서 사용하는 목주의 풍압하중에 대한 안전율과 지름을 순서대로 바르게 나열한 것은 ③이다.

🔍 더 알아보기
전선로의 각종 안전율
· 일반용 지지물: 2 이상(단, 이상 시 상정하중의 철탑은 1.33 이상)
· 전선: 2.5 이상(단, 경동선, 내열동합금선은 2.2 이상)
· 지선: 2.5 이상
· 케이블 트레이 또는 통신용 지지물: 1.5 이상
· 목주
　- 저압: 1.2 이상(보안공사로 한 경우: 1.5 이상)
　- 고압: 1.3 이상(보안공사로 한 경우: 1.5 이상)
　- 특별고압: 1.5 이상(보안공사로 한 경우: 2 이상)

13 전기

$F(s) = L[f(t)] = L[2\delta(t) + 4u(t) + e^{-t}] = 2 + \frac{4}{s} + \frac{1}{s+1} = \frac{2s(s+1) + 4(s+1) + s}{s(s+1)} = \frac{2s^2 + 2s + 4s + 4 + s}{s(s+1)} = \frac{2s^2 + 7s + 4}{s(s+1)}$이다.

따라서 시간함수 $f(t) = 2\delta(t) + 4u(t) + e^{-t}$를 라플라스 변환한 함수는 $\frac{2s^2 + 7s + 4}{s(s+1)}$이다.

🔍 더 알아보기
시간함수의 라플라스 변환

$f(t)$	$F(s)$
$\delta(t)$	1
$u(t)$	$\frac{1}{s}$
t^n	$\frac{n!}{s^{n+1}}$

14 전기

광속을 F, 조명률을 U, 형광등의 개수를 N, 조도를 E, 면적을 A, 감광보상률을 D라 할 때, FUN = EAD → $N = \frac{EAD}{FU}$임을 적용하여 구한다.
$F = 450[lm]$, $U = 0.8$, $E = 90[lx]$, $A = 14 \times 20 = 280[m^2]$, $D = 0.8$이므로 $N = \frac{EAD}{FU}$ → $N = \frac{90 \times 280 \times 0.8}{450 \times 0.8} = \frac{20,160}{360} = 56$이다.
따라서 이 사무실에 필요한 형광등은 56개이다.

15 전기

다음의 경우를 제외하고, 옥내에 시설하는 저압전선에는 나전선을 사용할 수 없다.
· 애자공사에 의해 전개된 곳에 다음 전선을 시설하는 경우
　- 전기로용 전선
　- 전선의 피복 절연물이 부식하는 장소에 시설하는 전선
　- 취급자 이외의 자가 출입할 수 없도록 설비한 장소에 시설하는 전선
· 버스 덕트 공사에 의해 시설하는 경우
· 라이팅 덕트 공사에 의해 시설하는 경우
· 접촉전선을 시설하는 경우
　- 이동용 가중기 전선
　- 유희용 자동차
　- 전차선
따라서 합성수지관 공사에는 나전선을 사용할 수 없다.

NCS 정답·해설

01 의사소통	02 의사소통	03 의사소통	04 의사소통	05 의사소통	06 의사소통	07 의사소통	08 의사소통	09 의사소통	10 의사소통
⑤	④	②	⑤	③	④	③	⑤	⑤	②

11 수리	12 수리	13 수리	14 수리	15 수리	16 수리	17 수리	18 수리	19 수리	20 수리
④	②	④	③	⑤	③	①	②	③	①

21 문제해결	22 문제해결	23 문제해결	24 문제해결	25 문제해결	26 문제해결	27 문제해결	28 문제해결	29 문제해결	30 문제해결
⑤	④	③	②	④	②	⑤	⑤	③	④

31 자원관리	32 자원관리	33 자원관리	34 자원관리	35 자원관리	36 자원관리	37 자원관리	38 자원관리	39 자원관리	40 자원관리
⑤	②	③	③	④	④	①	③	②	④

41 정보	42 정보	43 정보	44 정보	45 정보	46 정보	47 정보	48 정보	49 정보	50 정보
⑤	②	③	②	③	③	⑤	②	②	⑤

01 의사소통능력　　　　　　정답 ⑤

이 글은 스타트업 포함 여러 기업이 신기술과 신제품을 선보일 수 있는 규제 샌드박스가 시행됨에 따라 다양한 과제들이 출시·시행될 수 있었으며, 해당 제도가 발전되면 우리 삶에 도움이 되는 다양한 기술 및 제품이 만들어질 것이라는 내용이므로 이 글의 주제로 가장 적절한 것은 ⑤이다.

오답 체크

① 1~2문단에서 규제 샌드박스의 의미에 대해서는 서술하고 있지만 글 전체를 포괄할 수 없으므로 적절하지 않은 내용이다.
② 4문단에서 규제 샌드박스는 2019년 1월에 처음 시행되었다고 하였으므로 적절하지 않은 내용이다.
③ 글 전체에서 규제 샌드박스로 발생한 부작용과 해결 방안에 대해서는 다루고 있지 않으므로 적절하지 않은 내용이다.
④ 5~6문단에서 규제 샌드박스와 관련해 전기차 무선 충전, 공유주방, 택시 동승 서비스 등 다양한 사례가 존재한다는 내용은 서술하고 있지만 글 전체를 포괄할 수 없으므로 적절하지 않은 내용이다.

02 의사소통능력　　　　　　정답 ④

제시된 글에서 소비자들은 선택하지 않은 대안에 대한 아쉬움으로 심리적 불편을 느끼는 인지 부조화를 해소하기 위해 광고에서 자신의 구매 행동을 지지하는 부가 정보를 찾는 과정을 통해 자신이 선택한 제품의 장점을 재확인할 뿐 아니라 제품을 선택했던 추가적인 이유를 찾음으로써 자신의 선택이 현명한 것이었음을 확신하며 구매 후의 인지 부조화를 해소하려 한다고 하였으므로 이미 구입한 자동차의 연비로 인해 갈등을 겪고 있는 고객에게 구입한 자동차의 장점을 확인할 수 있는 광고가 아닌 새로운 자동차의 출시 임박 광고를 노출하는 것은 소비자가 겪는 인지 부조화 해소에 도움이 되지 않아 논지를 강화하는 내용으로 가장 적절하지 않다.

03 의사소통능력　　　　　　정답 ②

3문단에서 에너지 빈곤층에게 연료와 연료비를 지원하는 것은 공급형 에너지 복지라고 하였으므로 효율형 에너지 복지를 통해 에너지 빈곤층이 연료와 연료비를 지원받게 된 것은 아님을 알 수 있다.

오답 체크

① 5문단에서 신재생에너지를 보급하는 전환형 에너지 복지는 지속 가능성이 높고 복지·환경·고용 효과가 가장 탁월하다고 하였으므로 적절한 내용이다.
③ 6문단에서 에너지 복지가 있어도 정보 접근성이 낮아 지원받지 못하는 경우가 많기 때문에 복지 사각지대를 최소화하기 위해 정보 접근성을 확대하고 네트워크를 보완해야 한다고 하였으므로 적절한 내용이다.
④ 4문단에서 대표적인 효율형 에너지 복지인 에너지 효율 개선 사업은 낙후된 주택 수리를 지원하여 단열 기능을 강화하고 에너지 기능성을 높인다고 하였으므로 적절한 내용이다.
⑤ 1문단에서 에너지 빈곤층은 경제적 여건이 좋지 않아 에너지 소비를 감당하기 힘든 가구를 의미하며, 일반적으로 소득의 10% 이상을 전기료, 연료, 난방비에 소비하는 가구가 해당한다고 하였으므로 적절한 내용이다.

04 의사소통능력　　　　　　정답 ⑤

이 글은 소득의 크기가 클수록 행복의 크기가 커진다는 전통적인 경제학자의 주장에 반하는 이스털린의 역설 및 해당 사례를 제시하며 이제 국민의 행복 지수를 높일 수 있도록 고민이 필요한 시점이라는 내용을 설명하는 글이다.

따라서 '(나) 소득의 크기가 클수록 행복의 크기가 커진다는 경제학의 전통적 전제 → (라) 전통적 전제의 오류를 발견하며 새롭게 등장한 이스털린의 역설 → (가) 미국의 사례로 보는 이스털린의 역설 → (다) 한국에서도 나타나는 이스털린의 역설과 행복 지수를 높이기 위한 고민의 필요성' 순으로 연결되어야 한다.

[05-06]

05 의사소통능력
정답 ③

빈칸 앞에서 금융시장에서 거래되는 파생상품과 국가 간의 통화 교환이라는 두 가지의 의미를 지닌 통화스와프가 글로벌 금융위기 발생 시 한국과 미국 간 체결한 통화스와프 계약이 국내 금융시장 안정화와 더불어 원활한 달러 공급을 가능케 했기 때문에 본래 여러 파생상품 중 한 가지를 일컫는 것에서 국가 간의 통화 교환의 의미까지 지니게 되었음을 말하고 있다.

따라서 통화스와프는 금융 전문가 또는 일반인들에게 국가 간의 통화를 맞교환하는 계약 중 하나로 인식하게 되었다는 내용이 들어가야 한다.

06 의사소통능력
정답 ④

이 글은 국가 간 통화 계약을 뜻하는 통화스와프의 효용 가치에 대해 전달하고 있으나, 미국과의 통화스와프 계약은 교환국의 통화 가치 저평가를 유발할 수 있어 해당 문제를 해결하기 위해 통화스와프의 다자화가 추진되고 있다는 내용이다.

따라서 '(나) 통화스와프의 의미 및 장점 → (가) 개별 국가 간 통화스와프 계약의 효용 가치 → (마) 금융위기 발생 시 미국과 다수 국가 간의 통화스와프 계약 → (다) 미국과의 통화스와프 계약 시 발생할 수 있는 문제점 → (라) 미국과의 통화스와프 계약에 따르는 문제 해결을 위한 통화스와프 다자화 추진'순으로 연결되어야 한다.

07 의사소통능력
정답 ③

㉠ 3문단에서 근로자의 성과에는 근로자의 노력뿐 아니라 작업 상황이나 여건 등 우연적인 요인들도 영향을 미치기 때문에 성과에 따른 보상이 불확실해질 수 있으며, 이와 같은 상황에서 근로자로 하여금 불확실한 소득을 납득하도록 하기 위해서 기업은 근로자에게 위험 프리미엄 성격의 추가적인 보상을 지불해야 해 인센티브 강도를 나타내는 α가 커질수록 추가로 지급해야 하는 보상이 증가하여 기업의 이윤이 감소하기도 한다고 하였으므로 적절한 내용이다.

㉡ 4문단에서 암묵적인 인센티브 계약은 법의 보호 밖의 계약을 말하는 것으로, 기업과 근로자 간의 보상 체계가 암묵적인 인센티브 계약에 의존한다면 근로자가 기업의 평가와 보상이 공정하다고 신뢰해야 한다고 하였으므로 적절한 내용이다.

따라서 제시된 글의 내용과 일치하는 것의 개수는 2개이다.

<오답 체크>

㉢ 3문단에서 기업과 근로자 간 명시적인 인센티브 계약은 근로자들이 오로지 보상을 위한 노력에만 집중하는 인센티브 왜곡 문제를 초래함으로써 기업의 이윤은 오히려 줄어들기도 한다고 하였으므로 적절하지 않은 내용이다.

㉣ 2문단에서 명시적 인센티브 계약은 법원과 같은 제3자가 강제할 수 있는 약속으로, 근로자의 노력을 객관적으로 확인하는 것은 불가능하기 때문에 근로자에게 노력 대신 성과를 기반으로 한 보상을 약속하는 인센티브 계약이라고 하였으므로 적절하지 않은 내용이다.

08 의사소통능력
정답 ⑤

3문단에서 수중 동물은 암모니아가 생기는 즉시 소변으로 배출하기 때문에 다른 물질로 바꾸지 않는다고 하였으므로 수중 동물이 몸속의 암모니아를 독성이 없는 물질로 전환하여 짧은 시간 저장해 둔 후에 소변으로 내보내는 것은 아님을 알 수 있다.

<오답 체크>

① 2문단에서 식물체가 정상적으로 자라나기 위해서는 단백질 합성이 필수적이며, 단백질 합성을 위해 필요한 것이 바로 질소라고 하였으므로 적절한 내용이다.

② 4문단에서 물이 포함되어 있지 않은 무수 암모니아는 자체적으로 발화하지는 않지만, 공기 중에 16~25% 정도 섞여 있을 경우 점화로 인한 폭발적인 발화에 직접적인 원인으로 작용할 수 있다고 하였으므로 적절한 내용이다.

③ 1문단에서 암모니아를 자연적으로 얻기에는 한계가 있기 때문에 비료용 또는 공업용으로 활용하기 위해서는 질소와 수소를 직접 합성하는 공업 과정이 필요하다고 하였으므로 적절한 내용이다.

④ 5문단에서 암모니아 기체는 다른 기체와 동일하게 압력이 높고, 온도가 낮을수록 용해되는 속도가 빨라진다고 하였으므로 적절한 내용이다.

09 의사소통능력
정답 ⑤

이 보도자료는 급증하는 오존 농도로 인한 영향으로부터 국민의 건강을 보호하기 위해 오존 대응 국민행동요령 홍보와 더불어 오존 관리대책의 실행력을 더욱 강화할 예정이라는 환경부의 오존 농도 관리 방침을 설명하는 내용이므로 이 보도자료의 중심 내용으로 가장 적절한 것은 ⑤이다.

<오답 체크>

① 4문단에서 오존관리대책의 실행력을 높이기 위해 유역환경청장은 오존 생성의 원인 중 하나인 대기오염물질을 다량 배출하는 사업장을 특별 점검하고, 배출 현장을 방문할 계획이라고 하였으므로 적절하지 않은 내용이다.

② 글 전체에서 오존 농도 증가로 발생하는 국민의 재산상의 피해를 최소화하기 위한 국민 참여를 독려하고 있는지에 대해서는 언급하고 있지 않으므로 적절하지 않은 내용이다.

③ 3문단에서 환경부는 고농도의 오존으로부터 국민의 건강을 보호하기 위해 대중교통을 중심으로 오존 대응 국민행동요령을 적극적으로 알릴 예정이며, 옥외 광고판, 카드뉴스, 사회관계망서비스를 통해 홍보를 강화할 계획이라는 내용은 서술하고 있지만, 글 전체를 아우를 수 없으므로 적절하지 않은 내용이다.
④ 2문단에서 오존 농도는 일사량, 기온과 비례 관계이고, 강수량, 상대습도와는 반비례 관계라고 하였으므로 적절하지 않은 내용이다.

10 의사소통능력 정답 ②

3문단에서 로컬푸드는 복잡한 유통과정을 없앤 직거래 구조로 유통된다고 하였으며, 오프라인 구매가 어렵거나 불가능한 소비자를 위해 온라인 직거래 매장도 활성화되었다고 하였으므로 로컬푸드가 직거래 구조이기 때문에 온라인 유통이 불가능하다는 한계가 있는 것은 아님을 알 수 있다.

오답 체크

① 2문단에서 로컬푸드 포장지 겉면에 누가, 언제, 어디서, 어떻게 농수산물을 생산했는지에 관련한 출처가 정확하게 적혀있다고 하였으므로 적절한 내용이다.
③ 4문단에서 현재 우리나라는 국가적인 차원에서 정부의 주도 아래 로컬푸드 정책의 하나인 푸드플랜 수립을 지원하고 있다고 하였으며, 푸드플랜은 국내 소비자에게 양질의 식자재를 꾸준히 공급하기 위한 정책이라고 하였으므로 적절한 내용이다.
④ 1문단에서 지역 내에서 생산된 로컬푸드를 지역 내에서 소비하자는 목적 하에 시행된 로컬푸드 운동이 전 세계로 퍼져나갔다고 하였으므로 적절한 내용이다.
⑤ 2문단에서 세계적으로 로컬푸드가 유행하는 가장 큰 원인이 먹거리에 대한 불신이라고 하였으며, 식자재와 관련한 사건·사고가 연속해서 일어나 소비자들이 먹거리와 생산자를 믿지 못하게 되었다고 하였으므로 적절한 내용이다.

11 수리능력 정답 ④

A의 성과급을 x라고 하면
C의 성과급은 A의 성과급보다 30% 더 많으므로 $1.3x$이고, E의 성과급은 C의 성과급보다 40만 원 더 적으므로 $1.3x-40$이 된다. 이때 A의 성과급은 E의 성과급보다 80만 원 더 적으므로 E의 성과급은 $1.3x-40=x+80$이고, E의 성과급으로 계산한 A의 성과급은 $1.3x-40=x+80 \rightarrow 0.3x=120 \rightarrow x=400$이 된다.
이에 따라 C의 성과급은 $400 \times 1.3=520$만 원, E의 성과급은 $520-40=480$만 원, B의 성과급은 $480 \times (1-0.2)=384$만 원, D의 성과급은 $400+50=450$만 원이 된다.
따라서 B와 D에게 산정된 성과급의 차이는 $450-384=66$만 원이다.

12 수리능력 정답 ②

어떤 사건 A가 일어났을 때, 사건 B가 일어날 조건부확률은 $P(B|A)=\frac{P(A \cap B)}{P(A)}$임을 적용하여 구한다.

직원이 기념품으로 보조배터리를 받은 사건을 A, 직원이 서울 지사에서 근무하는 사건을 B라고 하면 기념품으로 보조배터리를 받은 직원이 서울 지사에서 근무하는 사건은 A∩B이다.

전체 직원 중 서울 지사에서 근무하는 직원이 보조배터리를 받을 확률은 $\frac{30 \times 0.2}{30+50}=\frac{6}{80}=\frac{3}{40}$

전체 직원 중 부산 지사에서 근무하는 직원이 보조배터리를 받을 확률은 $\frac{50 \times (1-0.6)}{30+50}=\frac{20}{80}=\frac{1}{4}$

$P(A)=\frac{3}{40}+\frac{1}{4}=\frac{13}{40}$

$P(A \cap B)=\frac{3}{40}$

$P(B|A)=\frac{3}{40} / \frac{13}{40}=\frac{3}{13}$

따라서 기념품으로 보조배터리를 받은 직원이 서울 지사에서 근무할 확률은 $\frac{3}{13}$이다.

⏱ 빠른 문제 풀이 Tip

표를 이용하여 구한다.
서울 지사와 부산 지사에서 근무하는 직원은 각각 30명, 50명이고, 서울 지사에서 근무하는 직원 중 20%는 기념품으로 보조배터리를, 부산 지사에서 근무하는 직원 중 60%는 기념품으로 공기청정기를 받았으므로 이를 표로 나타내면 다음과 같다.

구분	보조배터리	공기청정기	합계
서울 지사	30 × 0.2 = 6명		30명
부산 지사		50 × 0.6 = 30명	50명
합계			80명

지사별 보조배터리를 받은 직원의 수와 공기청정기를 받은 직원의 수를 합한 값은 전체 직원의 수와 같으므로 빈칸을 기입하면 다음과 같다.

구분	보조배터리	공기청정기	합계
서울 지사	6명	30 - 6 = 24명	30명
부산 지사	50 - 30 = 20명	30명	50명
합계	26명	54명	80명

이때 보조배터리를 받은 26명 중 서울 지사에서 근무하는 직원은 6명이므로 조건부확률은 $\frac{6}{26}=\frac{3}{13}$임을 알 수 있다.

[13-14]

13 수리능력

전기요금 = 기본 요금 + 전력량 요금이고, 7월은 하계 기간이므로 하계 기간 전기요금을 적용하여 구한다.

A 가구의 사용전력량은 1,100kWh이므로 기본 요금은 7,300원이고, 전력량 요금은 300kWh 이하가 120.0원/kWh, 301~450kWh가 214.6원/kWh, 450~1,000kWh가 307.3원/kWh, 1,000kWh 초과가 736.2원/kWh가 적용되므로 A 가구의 전력량 요금은 $(300 \times 120.0) + (150 \times 214.6) + (550 \times 307.3) + (100 \times 736.2) = 310,825$원이 된다.

따라서 A 가구가 납입해야 하는 7월 전기요금은 $7,300 + 310,825 = 318,125$원이다.

14 수리능력

정답 ③

전기요금 = 기본 요금 + 전력량 요금이고, 4월은 기타 기간이므로 기타 기간 전기요금을 적용하여 구한다.

2015년 4월 350kWh의 전기요금은 $3,850 + \{(100 \times 60.7) + (100 \times 125.9) + (100 \times 187.9) + (50 \times 280.6)\} = 55,330$원이고, 2024년 4월 350kWh의 전기요금은 $1,600 + \{(200 \times 120.0) + (150 \times 214.6)\} = 57,790$원이다.

따라서 B 가구가 납입한 2015년 4월 전기요금과 2024년 4월 전기요금의 차이는 $57,790 - 55,330 = 2,460$원이다.

15 수리능력

정답 ③

㉠ 2030년 대비 2055년 한국의 남자 기대수명 증가량은 $84.5 - 81.2 = 3.3$세이고, G7 국가의 남자 기대수명 증가량은 일본이 $85.5 - 82.5 = 3.0$세, 캐나다가 $85.2 - 82.1 = 3.1$세, 미국이 $82.2 - 77.5 = 4.7$세, 프랑스가 $84.1 - 81.0 = 3.1$세, 독일이 $84.2 - 80.6 = 3.6$세, 이탈리아가 $85.7 - 82.6 = 3.1$세, 영국이 $84.7 - 81.1 = 3.6$세임에 따라 G7 국가 중 남자 기대수명 증가량이 한국보다 큰 국가는 미국, 독일, 영국 3개국이므로 옳은 설명이다.

㉡ 한국의 남자와 여자 기대수명 차이는 2030년이 $87.1 - 81.2 = 5.9$세, 2035년이 $87.8 - 81.9 = 5.9$세, 2040년이 $88.4 - 82.6 = 5.8$세, 2045년이 $89.1 - 83.3 = 5.8$세, 2050년이 $89.7 - 83.9 = 5.8$세, 2055년이 $90.3 - 84.5 = 5.8$세임에 따라 남자와 여자 기대수명 차이가 5.8세인 해는 2040년, 2045년, 2050년, 2055년으로 총 4개 연도이므로 옳은 설명이다.

㉢ 제시된 연도에서 G7 국가 중 여자 기대 수명이 한국보다 긴 국가는 매년 일본뿐이므로 옳은 설명이다.

오답 체크

㉣ 2040년 대비 2050년 미국 기대수명의 증가율은 여자가 $\{(84.8 - 83.7) / 83.7\} \times 100 ≒ 1.3\%$, 남자가 $\{(81.4 - 79.7) / 79.7\} \times 100 ≒ 2.1\%$임에 따라 여자가 남자보다 작으므로 옳지 않은 설명이다.

[16-17]

16 수리능력

정답 ③

제시된 자료에 따르면 [H 사 화장품 이용 경험]에 대한 조사는 [H 사 화장품 인식도 조사]에서 '알고 있음'이라고 응답한 사람에 한하여 진행하였으므로 [H 사 화장품 이용 경험]에 응답한 전체 사람의 수는 $(75 + 75 + 50) + (400 + 400 + 400) + (100 + 150 + 50) + (100 + 100 + 100) + (300 + 100 + 200) = 2,600$명이다. 이에 따라 [H 사 화장품 이용 경험]에 '경험 없음'이라고 응답한 사람의 수는 $2,600 \times 0.25 = 650$명이다. 또한, [H 사 화장품 구매 개수별 응답자 수]에 대한 조사는 [H 사 화장품 이용 경험]에서 '경험 있음'이라고 응답한 사람에 한하여 진행함에 따라 [H 사 화장품 이용 경험]에서 '경험 없음'이라고 응답한 군필자 수는 [H 사 화장품 이용 경험]에 응답한 전체 사람의 수에서 군 미필자와 '경험 있음'이라고 응답한 군필자 수를 제외한 값과 같으므로 $2,600 - (75 + 75 + 50) - (660 + 600 + 560) = 580$명이다.

따라서 [H 사 화장품 이용 경험] 조사 시 '경험 없음'이라고 응답한 사람 중 임의로 한 명을 선출했을 때, 그 사람이 군필자일 확률은 $(580 / 650) \times 100 ≒ 89\%$이다.

17 수리능력

정답 ①

[H 사 화장품 인식도 조사]에 응답한 전체 군필자 수에서 군복무 유형별 군필자 수가 차지하는 비중과 화장품 구매 개수별로 응답한 전체 군필자 수에서 군복무유형별 군필자 수가 차지하는 비중이 동일하다. 이에 따라 [H 사 화장품 인식도 조사]에 응답한 전체 군필자 수를 구하면 $(600 + 400 + 400 + 400) + (300 + 100 + 150 + 50) + (300 + 100 + 100 + 100) + (400 + 300 + 100 + 200) = 1,800 + 600 + 600 + 1,000 = 4,000$명이므로 전체 군필자에서 군복무유형별 군필자 수가 차지하는 비중은 육군 / 해병이 $(1,800 / 4,000) \times 100 = 45\%$, 해군이 $(600 / 4,000) \times 100 = 15\%$, 공군이 $(600 / 4,000) \times 100 = 15\%$, 기타가 $(1,000 / 4,000) \times 100 = 25\%$이다. 이에 따라 화장품 구매 개수별 군필자 응답자 수는 다음과 같다.

구분	1개	2개	3개 이상
육군/해병	660×0.45 $= 297$명	600×0.45 $= 270$명	560×0.45 $= 252$명
해군	660×0.15 $= 99$명	600×0.15 $= 90$명	560×0.15 $= 84$명
공군	660×0.15 $= 99$명	600×0.15 $= 90$명	560×0.15 $= 84$명
기타	660×0.25 $= 165$명	600×0.25 $= 150$명	560×0.25 $= 140$명

A는 화장품 구매 개수가 1개인 육군/해병 응답자 수이므로 297명, B는 화장품 구매 개수가 2개인 해군 응답자 수이므로 90명, C는 화장품 구매 개수가 3개 이상인 기타 응답자 수이므로 140명이다.

따라서 A~C를 바르게 연결한 것은 ①이다.

18 수리능력　　　　　　정답 ②

제시된 자료에 따르면 응답자 중 전동 킥보드와 전동 휠을 모두 보유한 사람은 복수 응답을 하였으므로 A~D 구에 거주하는 사람 중 전동 킥보드와 전동 휠을 모두 보유한 사람이 최대가 되려면 구별 전동 킥보드와 전동 휠을 보유했다고 응답한 비율 중 더 적은 비율의 사람 전체가 전동 킥보드와 전동 휠을 모두 보유해야 한다. 전동 킥보드와 전동 휠을 모두 보유한 사람은 최대 A 구가 $500 \times 0.54 = 270$명, B 구가 $500 \times 0.24 = 120$명, C 구가 $500 \times 0.34 = 170$명, D 구가 $500 \times 0.17 = 85$명이다.

따라서 A~D 구에서 전동 킥보드와 전동 휠을 모두 보유한 사람은 최대 $270 + 120 + 170 + 85 = 645$명이다.

> ⏱ **빠른 문제 풀이 Tip**
>
> 분배법칙을 이용하여 계산한다.
> A~D 구에서 전동 킥보드와 전동 휠을 모두 보유한 사람은 최대 $(500 \times 0.54) + (500 \times 0.24) + (500 \times 0.34) + (500 \times 0.17)$명 이므로 공통인수인 500명을 앞으로 빼서 계산하면 $500 \times (0.54 + 0.24 + 0.34 + 0.17) = 500 \times 1.29 = 645$명임을 알 수 있다.

19 수리능력　　　　　　정답 ③

신규 채용 일자리 수 = 대체 일자리 수 + 신규 일자리 수, 일자리 총수 = 지속 일자리 수 + 신규 채용 일자리 수임을 적용하여 구한다.

연도별 신규 채용 일자리 수는 2019년에 $309 + 298 = 607$만 개, 2020년에 $296 + 302 = 598$만 개, 2021년에 $306 + 297 = 603$만 개, 2022년에 $286 + 322 = 608$만 개, 2023년에 $274 + 333 = 607$만 개임에 따라 2022년에 가장 많고, 2020년에 가장 적음을 알 수 있다. 이에 따라 일자리 총수는 2020년에 $1,719 + 598 = 2,317$만 개, 2022년에 $1,794 + 608 = 2,402$만 개이다.

따라서 일자리 총수는 2022년이 2020년의 $2,402 / 2,317 ≒ 1.04$배이다.

20 수리능력　　　　　　정답 ①

ⓒ 설문조사에 참여한 여성 중 '잘 모르겠음'이라고 응답한 비중은 남성 중 '잘 모르겠음'이라고 응답한 비중보다 높으므로 A는 $100 - (33.3 + 15.7) = 51.0\%$ 미만이다.

ⓒ 설문조사에 참여한 사람 중 학력이 대학교 졸업 이상인 사람 중 '구매하지 않겠음'이라고 응답한 비중은 학력이 초등학교 졸업 이하인 사람 중 '구매하지 않겠음'이라고 응답한 비중의 절반 이하이므로 B는 $54.2 / 2 = 27.1\%$ 이하이다.

따라서 A는 46.5, B는 27.1이다.

21 문제해결능력　　　　　　정답 ⑤

제시된 조건에 따르면 기획팀, 인사팀, 연구팀 중 신입사원이 배치되지 않은 부서는 없고, C의 배치 부서는 연구팀이며, A의 배치 부서는 기획팀이 아니므로 A의 배치 부서는 인사팀, B의 배치 부서는 기획팀이다. 또한, A의 희망 부서에 B가 배치되었으므로 A의 희망 부서는 기획팀이고, A와 B의 희망 부서는 같으므로 B의 희망 부서도 기획팀이다. 이때 B와 C의 희망 부서는 서로 다르고, A, B, C 중 희망 부서와 배치 부서가 같은 신입사원은 1명이므로 C의 희망 부서는 인사팀이다.

구분	A	B	C
희망 부서	기획팀	기획팀	인사팀
배치 부서	인사팀	기획팀	연구팀

따라서 신입사원별 희망 부서와 배치 부서를 바르게 연결한 것은 ⑤이다.

22 문제해결능력　　　　　　정답 ④

제시된 조건에 따르면 자신이 속한 조의 조별 과제 점수가 가장 높다는 C의 말과 C가 속한 조의 조별 과제 점수가 가장 낮다는 B의 말이 서로 모순되므로 둘 중 적어도 한 명이 거짓을 말하고 있음을 알 수 있다. 먼저 B가 거짓을 말하는 경우 C의 말의 진위와 관계없이 B의 말에 따라 A와 B는 같은 조이므로 A도 거짓을 말해야 하지만, A의 말이 거짓인 경우 A와 C는 같은 조가 되어 두 명, 두 명, 한 명씩 세 개의 조를 만들었다는 조건에 모순된다. 이에 따라 B의 말은 진실이고, C의 말은 거짓이므로 C가 속한 조의 조별 과제 점수가 가장 낮다. 이때 조별 과제 점수가 가장 낮은 조에 속한 사람만 거짓을 말한다는 조건에 따라 B가 속한 조의 조별 과제 점수는 C가 속한 조의 조별 과제 점수보다 높으므로 B가 속한 조의 조별 과제 점수가 가장 낮다는 A의 말도 거짓이 되어 A와 C 같은 조임을 알 수 있다. 거짓을 말하는 두 명이 A와 C임에 따라 D와 E의 말은 진실이므로 D의 말에 따라 B와 D는 같은 조이고, 이들의 조별 과제 점수가 가장 높으며, E와 같은 조인 사람은 없다. 조별 과제 점수가 높은 순서에 따른 조원은 다음과 같다.

1등	2등	3등
B, D	E	A, C

따라서 조별 과제 점수가 두 번째로 높은 조는 E가 속한 조이므로 항상 옳은 설명이다.

오답 체크
① B와 D가 같은 조이므로 항상 옳지 않은 설명이다.
② E가 속한 조의 조별 과제 점수는 2등, C가 속한 조의 조별 과제 점수는 3등이므로 항상 옳지 않은 설명이다.
③ A와 E는 다른 조이므로 항상 옳지 않은 설명이다.
⑤ B와 D는 같은 조이므로 항상 옳지 않은 설명이다.

23 문제해결능력
정답 ③

제시된 조건에 따르면 A, B, C가 가지고 있는 물감의 색은 서로 다르고, 각각 1g 또는 3g을 가지고 있으며, B가 가지고 있는 물감과 C가 가지고 있는 물감을 1:1 비율로 섞으면 주황색 물감이 나오므로 B와 C는 빨간색 또는 노란색 물감을 가지고 있다. 또한, A가 가지고 있는 물감 전부와 C가 가지고 있는 물감 전부를 섞으면 자주색 물감이 나오고, 자주색 물감이 나오기 위해서는 빨간색 물감 1g과 파란색 물감 1g을 섞어 나온 보라색 물감 2g에 빨간색 물감 2g을 추가로 섞어야 하므로 C가 빨간색 3g, A가 파란색 1g, B가 노란색 1g 또는 3g의 물감을 가지고 있음을 알 수 있다. 이에 따라 A가 가지고 있는 파란색 물감 0.25g과 B가 가지고 있는 노란색 물감 0.25g을 섞어서 나온 0.5g의 초록색 물감에 B가 가진 0.5g의 노란색 물감을 추가로 섞으면 1g의 연두색 물감을 만들 수 있다.
따라서 A와 B가 가지고 있는 물감으로 1g의 연두색 물감을 만들 수 있으므로 항상 옳은 설명이다.

오답 체크
① A가 가지고 있는 파란색 물감 1g과 B가 가지고 있는 노란색 물감 1g 또는 3g을 섞으면 초록색 또는 연두색 물감이 나오므로 항상 옳은 설명은 아니다.
② 주황색 물감을 만들기 위해서 노란색 물감이 필요함에 따라 A가 가지고 있는 파란색 물감과 C가 가지고 있는 빨간색 물감으로는 주황색 물감을 만들 수 없으므로 항상 옳지 않은 설명이다.
④ A가 가지고 있는 파란색 물감과 C가 가지고 있는 빨간색 물감을 1:1 비율로 섞으면 보라색이 나오므로 항상 옳지 않은 설명이다.
⑤ 남색 물감을 만들기 위해서 보라색 물감이 필요하고, 보라색 물감을 만들기 위해서 파란색 물감이 필요함에 따라 B가 가지고 있는 노란색 물감과 C가 가지고 있는 빨간색 물감으로는 남색 물감을 만들 수 없으므로 항상 옳지 않은 설명이다.

24 문제해결능력
정답 ②

개인정보 보호법 제17조 제1항 제1호와 제2호에 따르면 정보주체의 동의를 받은 경우와 개인정보를 수집한 목적 범위에서 개인정보를 제공하는 경우에는 합법적으로 개인정보를 제3자에게 제공 및 공유할 수 있다고 하였다.
따라서 D가 보험 가입 시 서류에 개인정보를 기입한 것은 당시에 개인정보 수집 및 제공에 동의한 것으로 볼 수 있으며, 보험관리사 C는 보험 변경 사항 안내를 위하여 D가 보험 가입 시 작성했던 서류에서 개인정보를 취득한 것이므로 개인정보 보호법 위반 사례로 적절하지 않다.

오답 체크
① 카드사는 A의 허위 신고에 대해 B의 동의를 받지 않고 전화번호와 같은 개인정보를 제3자에게 제공하였으므로 개인정보 보호법 제17조 제1항 제1호의 위반 사례로 적절하다.
③ 공공기관이 아닌 아파트 관리 센터의 직원은 아파트 소방도로에 불법 주차한 F의 개인정보를 E에게 제공하였으므로 개인정보 보호법 제18조 제2항 제7호의 위반 사례로 적절하다.
④ H는 중고거래를 위해 게시된 개인정보를 정보주체의 동의 없이 중고 거래가 아닌 마케팅 용도로 이용하였으므로 개인정보 보호법 제18조 제2항의 위반 사례로 적절하다.
⑤ I와 J는 학부모의 동의를 받지 않고 명단과 연락처와 같은 개인정보를 공유하였으므로 개인정보 보호법 제17조 제1항과 제18조 제2항의 위반 사례로 적절하다.

[25 - 26]
25 문제해결능력
정답 ④

대출한도 조건에 따르면 월세 계약서상 임차보증금의 80% 이내까지 대출이 가능하지만 수도권은 최대 2억 원까지, 그 외 지역은 최대 1억 6천만 원까지 가능하다.
따라서 대출받고자 하는 주거용 오피스텔의 지역이 수도권이므로 최대 1억 6천만 원까지 대출받을 수 있다는 답변이 가장 적절하지 않다.

오답 체크
① 연 소득이 2천만 원 이하에 보증금이 7천만 원인 경우 연 1.3%의 금리가 적용되며 자녀 우대금리 조건에 따라 0.2%p의 우대금리가 추가로 적용되므로 연 1.1%의 금리가 적용된다는 답변은 적절하다.
② 대출 대상 주택 조건에서 주거용 오피스텔은 임차 전용면적이 85m^2 이하만 대출 대상이므로 90m^{2}의 오피스텔은 대출 대상이 아니라는 답변은 적절하다.
③ 대출한도에서 1년 미만 재직자의 경우 대출한도가 2천만 원 이하로 제한될 수 있으나 두 사람이 대출받고자 하는 금액은 (5천만 - 5백만) × 0.4 = 1천 8백만 원이므로 대출이 가능하다는 답변은 적절하다.
⑤ 연 소득이 4천 5백만 원이고 보증금이 1.5억 원을 초과하는 주택의 경우 대출금리는 연 2.1%이고, 쌍둥이 자녀가 있으므로 2자녀 우대금리인 0.3%p와 부동산 전자계약 시스템으로 주택 임대차계약 체결 시 0.1%p 금리 우대가 중복 적용된다는 답변은 적절하다.

26 문제해결능력
정답 ②

현호와 은아는 모두 무주택자로 수도권에 임차보증금이 3억 원 이하이고, 전용면적이 85m^2 이하인 오피스텔을 전세로 계약했으며, 두 사람의 연 소득 합은 3천 5백 + 2천 5백 = 6천만 원으로 대출 대상 조건을 만족한다. 이때, 두 사람이 계약한 오피스텔은 수도권 지역이므로 임차보증금의 80% 이내로 최대 2억 원까지 대출한도가 적용되며 두 사람 모두 신용도가 높고 부채 또한 없으므로 대출은 최대 1억 5천 × 0.8 = 1억 2천만 원을 받을 수 있다. 또한, 추가 금리 우대는 적용되지 않아 대출금리는 연 2.0%가 적용되며 기한 연장 없이 대출금을 일시상환할 예정이므로 2년간 상환할 이자는 총 1억 2천 × 0.02 ÷ 12 × 24 = 480만 원이고, 만기에 대출원금 1억 2천만 원을 전부 상환한다.
따라서 두 사람이 상환하게 될 총금액은 120,000,000 + 4,800,000 = 124,800,000원이다.

27 문제해결능력　　　　　　　　　　정답 ⑤

'4. 지원기업 선정방법 및 평가기준-1)'에 따르면 '4. 지원기업 선정방법 및 평가기준-2)'에 따른 평가 항목별 점수의 총점에 가점 및 감점을 적용한 최종 점수가 가장 높은 순으로 2개 기업이 지원기업으로 선정된다. 이에 따라 평가 항목별 점수에 가점 및 감점을 적용한 기업별 최종 점수는 다음과 같다.

구분	최종 점수
A 기업	(29 + 18 + 24 + 17) − 2 + 2 = 88점
B 기업	(28 + 16 + 25 + 14) − 6 + 5 = 82점
C 기업	(23 + 19 + 27 + 17) − 6 = 80점
D 기업	(26 + 20 + 28 + 18) − 8 + 2 = 86점
E 기업	(27 + 17 + 26 + 13) + 2 = 85점

이때, '4. 지원기업 선정방법 및 평가기준-1)'에서 미선정 기업 중 최종 점수가 가장 높은 1개 기업을 예비기업으로 산정한다고 하였으므로 예비기업으로 선정되는 기업은 최종 점수가 세 번째로 높은 기업임을 알 수 있다.
따라서 예비기업으로 선정되는 기업은 E 기업이다.

[28-29]
28 문제해결능력　　　　　　　　　　정답 ⑤

제시된 자료에 따르면 가점 항목은 하나만 인정되므로 가점이 가장 높은 항목의 점수가 반영되고, 자격증 가점의 경우 자격증 1개당 2점이며 최대 6점까지 인정된다. 이에 따라 A와 C는 보훈 가점 10점, B는 자격증 가점 6점, D는 자격증 가점 4점, E는 장애인 가점 5점이 인정된다. 이때, 1차 합격자는 필기시험 점수와 가점을 합산한 점수가 높은 2명만 합격 처리되므로 A, B, C, D, E의 가점과 필기시험 점수를 합산한 총점은 다음과 같다.

구분	A	B	C	D	E
가점	10점	6점	10점	4점	5점
필기	87점	92점	88점	84점	94점
총점	97점	98점	98점	88점	99점

따라서 E의 총점은 99점으로 가장 높아 1등으로 합격했으므로 적절하다.

오답 체크

① 지원자가 보유한 가점 항목이 모두 인정될 경우 A, B, E는 각각 2점, 5점, 4점의 가점이 추가되지만, 필기시험 점수와 가점을 합산한 총점은 A가 99점, B가 103점, C가 98점, D가 88점, E가 103점으로 1차 합격자는 B와 E이므로 적절하지 않다.
② 자격증 가점은 최대 6점까지 인정되어 B가 자격증을 1개 더 가지고 있더라도 추가 가점을 받을 수 없으므로 적절하지 않다.
③ 필기시험 점수와 가점을 합산한 총점은 C가 98점, D가 88점이므로 적절하지 않다.

④ D가 필기시험에서 2점짜리 문제를 맞히더라도 필기시험 점수와 가점을 합산한 총점은 90점이 되어 1차 합격할 수 없으므로 적절하지 않다.

29 문제해결능력　　　　　　　　　　정답 ③

제시된 자료에 따르면 가점 항목은 하나만 인정되므로 가점이 가장 높은 항목이 점수에 반영되고, 자격증 가점의 경우 자격증 1개당 2점이며 최대 6점까지 인정된다. 이에 따라 갑, 병, 무는 보훈 가점 10점, 을은 장애인 가점 5점, 정은 자격증 가점 6점이 인정된다. 이때, 1차 합격자는 필기시험 점수와 가점을 합산한 점수가 높은 2명만 합격 처리되므로 갑, 을, 병, 정, 무의 각자 해당되는 가점과 필기시험 점수를 합산한 총점은 다음과 같다.

구분	갑	을	병	정	무
가점	10점	5점	10점	6점	10점
필기	85점	94점	78점	95점	88점
총점	95점	99점	88점	101점	98점

A~E 중 총점이 99점으로 가장 높은 E가 1차 합격하고, 그다음 98점으로 동점인 B와 C 중에서 동점자 처리 기준에 따라 보훈 가점 항목에 해당하는 C가 1차 합격을 한다. 1차 시험에 합격한 C와 E의 총점은 각각 98점, 99점이므로 갑~무 중에서 99점보다 총점이 높은 101점을 받은 정이 1차 합격자가 된다. 그다음 높은 99점을 받은 E와 을은 총점이 같으므로 동점자 처리 기준에 따라 가점을 비교하면 E와 을 모두 해당되는 장애인 가점 항목을 제외하고 자격증 가점은 E가 4점으로 을보다 2점 높으므로 1차 합격자가 된다.
따라서 합격 결과를 바꿀 수 있는 지원자는 정이다.

30 문제해결능력　　　　　　　　　　정답 ④

제시된 회의록 내용에 따르면 김진복 사원이 작성한 기획안 초안에서 여행의 컨셉이 성인 자녀와 부모가 함께 떠나는 효도 여행으로 타깃층이 정해져 있으므로 김진복 사원이 커뮤니티에서 기차여행 상품을 선호하는 연령층을 조사한다는 내용은 적절하지 않은 내용이다.

31 자원관리능력　　　　　　　　　　정답 ②

제시된 자료에 따르면 동현이는 450kg을 한 번에 옮길 수 있는 차종 중 가장 저렴한 라보를 이용하였고, 이동 거리가 42km이므로 기본 요금은 30,000원, 추가 요금은 (42 − 10) × 4,000 = 128,000원이다. 이때 동현이는 오후 9시인 21시에 용달을 이용하였고, 용달 이용 시간에 비가 내렸으므로 우천 시 할증과 야간 할증을 모두 적용받아 기본 및 추가 요금에 각각 40%가 가산된 (30,000 × 1.4) + (128,000 × 1.4) = 221,200원을 지불하였다. 또한, 운송 옵션으로 기사님 도움 + 인부 1명 추가를 선택하여 운송 옵션 요금으로 10만 원이 추가되었다.
따라서 동현이가 지불한 전체 운임은 221,200 + 100,000 = 321,200원이다.

32 자원관리능력 　　　　　　정답 ②

[사내 벤처 사업팀 성과 보상금 지급 기준]에 따르면 영업성과 보상금은 최대 5천만 원까지 지급하며 단계별로 누진 적용되므로 영업성과에 따른 사내 벤처 사업팀별 영업성과 보상금은 다음과 같다.

구분	영업성과	영업성과 보상금
A 팀	80천만 원	$(10 \times 0.1) + (40 \times 0.05) + (30 \times 0.02)$ $= 3.6$천만 원
B 팀	120천만 원	$(10 \times 0.1) + (40 \times 0.05) + (50 \times 0.02) +$ $(20 \times 0.01) = 4.2$천만 원
C 팀	90천만 원	$(10 \times 0.1) + (40 \times 0.05) + (40 \times 0.02)$ $= 3.8$천만 원
D 팀	40천만 원	$(10 \times 0.1) + (30 \times 0.05) = 2.5$천만 원
E 팀	160천만 원	$(10 \times 0.1) + (40 \times 0.05) + (50 \times 0.02) +$ $(50 \times 0.01) + (10 \times 0.008) = 4.58$천만 원

또한, 운영성과 평가표에 따른 최종 점수는 A 팀이 $20 + 20 + 15 + 10 = 65$점, B 팀이 $30 + 20 + 20 + 10 = 80$점, C 팀이 $30 + 20 + 20 + 5 = 75$점, D 팀이 $30 + 30 + 30 + 5 = 95$점, E 팀이 $20 + 30 + 30 + 10 = 90$점이며, [사내 벤처 사업팀 성과 보상금 지급 기준]에서 운영성과 평가표에 따른 최종 점수가 95점 이상인 사내 벤처 사업팀에게는 2천만 원, 85점 이상 95점 미만인 사내 벤처 사업팀에게는 1천만 원, 75점 이상 85점 미만인 사내 벤처 사업팀에게는 5백만 원의 운영성과 보상금을 지급한다고 하였고, 성과 보상금은 영업성과 보상금과 운영성과 보상금을 합한 금액이라고 하였으므로 사내벤처 사업팀별 성과 보상금은 다음과 같다.

구분	성과 보상금
A 팀	$3.6 + 0 = 3.6$천만 원
B 팀	$4.2 + 0.5 = 4.7$천만 원
C 팀	$3.8 + 0.5 = 4.3$천만 원
D 팀	$2.5 + 2 = 4.5$천만 원
E 팀	$4.58 + 1 = 5.58$천만 원

따라서 △△공사가 두 번째로 많은 성과 보상금을 지급하는 사내 벤처 사업팀은 B 팀이다.

33 자원관리능력 　　　　　　정답 ③

제시된 자료에 따르면 예산 집행률(%) = (총 지출액 / 총 예산) × 100이고, 총 예산 = 예산 총액 + 전년 이월액 + 예비비이므로 2022년 예산 집행률은 {292,208 / (296,378 + 5,103 + 22)} × 100 ≒ 96.9%, 2023년 예산 집행률은 {308,856 / (313,238 + 4,922)} × 100 ≒ 97.1%, 2024년 예산 집행률은 {321,502 / (326,146 + 4,559)} × 100 ≒ 97.2%이다. 이에 따라 제시된 기간 중 예산 집행률이 가장 낮은 2022년의 산학협력 연구비 항목별 예산액과 지출액의 차이를 구하면 다음과 같다.

구분	예산액과 지출액의 차이(천 원)
인건비	$\lvert 101{,}518 - 100{,}627 \rvert = 891$
연구 활동비	$\lvert 35{,}126 - 28{,}015 \rvert = 7{,}111$
시설비	$\lvert 8{,}122 - 9{,}048 \rvert = 926$
연구 장비비	$\lvert 29{,}054 - 30{,}011 \rvert = 957$
연구 재료비	$\lvert 43{,}678 - 44{,}187 \rvert = 509$
연구과제 추진비	$\lvert 33{,}338 - 31{,}120 \rvert = 2{,}218$
연구 수당	$\lvert 28{,}150 - 26{,}088 \rvert = 2{,}062$
연구 개발비	$\lvert 17{,}392 - 23{,}112 \rvert = 5{,}720$

따라서 예산액과 지출액의 차이가 가장 큰 항목인 연구 활동비의 2022년 지출액이 같은 해 총 지출액에서 차지하는 비중은 (28,015 / 292,208) × 100 ≒ 9.6%이다.

[34 - 35]
34 자원관리능력 　　　　　　정답 ③

[○○공사 전기요금 복지할인]에 따르면 장애인, 상이유공자, 독립유공자의 할인 한도는 모두 동일하다. 장애인, 상이유공자, 독립유공자의 전체 호수는 687 + 8 + 6 = 701천 호이고, 연간 받은 전기요금 복지할인 금액이 최대가 되려면 701천 호 모두 1월부터 12월까지 복지 혜택을 받아야 한다. 또한, 여름철은 7~8월이므로 1~6월, 9~12월 총 10개월은 월 16,000원 한도, 7~8월 총 2개월은 20,000원 한도로 전기요금 복지할인을 받을 수 있다. 이에 따라 각 가구가 받을 수 있는 연간 최대 전기요금 복지할인 금액은 (16,000 × 10) + (20,000 × 2) = 200,000원이다.

따라서 20X1년 주택용 전기를 사용한 모든 장애인, 상이유공자, 독립유공자가 받은 연간 총 전기요금 복지할인 금액의 최댓값은 701,000 × 200,000 = 140,200,000,000원 = 1,402억 원이다.

35 자원관리능력 　　　　　　정답 ④

[○○공사 전기요금 복지할인]에 따르면 생명유지장치의 심야전력은 할인 대상 전력에 해당하지 않으므로 E 가구는 전기요금 복지할인을 받지 못하고, 기초생활수급자·차상위계층에 한하여 3자녀 이상, 대가족, 출산 가구 중 하나 이상에 해당할 경우 이 중 한 개의 할인에 대해 중복 적용이 가능하므로 C 가구는 차상위계층, 대가족 할인을 모두 받는다. 이때 기초생활수급자·차상위계층을 제외한 나머지 복지할인 대상은 할인을 중복 적용 받을 수 없으며, 해당하는 복지할인 중 할인액이 가장 높은 할인이 적용되므로 A 가구는 장애인, 출산 가구 할인 중 할인 혜택이 더 큰 장애인 할인을 받는다. 또한, 여름철은 7~8월만 해당하고 정액 할인은 할인 한도액 이하의 전기요금 부과 시 부과된 전기요금만큼 할인되고, 할인 한도액을 초과한 전기요금 부과 시 할인 한도액만큼 할인되며, 정률 할인은 전기요금에 할인율을 곱하여 산출된 할인액을 할인 한도 이하의 금액까지 할인된다. 이때 정액 할인과 정률 할인을 모두 받는 경우 정액 할인이 우

선 적용되고, 할인된 전기요금에서 정률 할인이 추가 적용되므로 E 가구를 제외한 가구별 연간 전기요금 복지할인 금액은 다음과 같다.

구분	전기요금 복지할인 금액
A 가구	11,000 × 12 = 132,000원
B 가구	30,000 × 0.314 × 12 = 113,040원
C 가구	{8,000 + (18,000 − 8,000) × 0.3} × 10 + {10,000 + (18,000 − 10,000) × 0.3} × 2 = 134,800원
D 가구	35,000 × 0.3 × 12 = 126,000원

따라서 복지할인을 가장 많이 받은 C 가구가 1년간 받은 전기요금 복지할인 금액은 134,800원이다.

[36 - 37]
36 자원관리능력
정답 ④

E 형 회의실을 수용 가능한 최대 인원이 이용할 경우 6명이 이용할 수 있으며, 이때 다과 이용 가격은 총 6 × 7,000 = 42,000원이 므로 적절하다.

오답 체크

① 화상회의 카메라를 대여해주는 회의실은 A 형, C 형, E 형 3개의 회의실이 있으므로 적절하지 않다.
② 사전 공지 없이 이용 시간 초과 이용 시 초과 시간당 평일 시간 금액의 1.5배의 비용이 청구됨에 따라 D 형 회의실을 사전 공지 없이 1시간 추가로 이용 시 이용료는 56,000 × 1.5 = 84,000원이 추가로 청구되므로 적절하지 않다.
③ 강의식으로 배치된 회의실은 B 형 회의실이며, 최대 30명까지 이용할 수 있으므로 적절하지 않다.
⑤ 각 회의실은 외부 식음료 반입 시 쓰레기 수거 비용이 청구됨에 따라 외부 식음료 반입은 가능하므로 적절하지 않다.

37 자원관리능력
정답 ①

제시된 자료에 따르면 바이어는 4명임에 따라 김 팀장을 포함한 회의실 이용 인원은 5명이므로 C 형 회의실은 제외되고, 120인치 스크린이 포함되지 않은 D 형 회의실 또한 제외된다. 이때 09시부터 14시까지 이용함에 따라 A, B, E 형 회의실 모두 평일 반일 금액에 평일 시간 금액 1시간을 추가하여 이용할 때 이용 요금이 가장 저렴하므로 전문 케이터링으로 다과와 음료를 포함한 회의실별 총이용료는 다음과 같다.

구분	총이용료
A 형	400,000 + 140,000 + {(7,000 + 5,000) × 5} = 600,000원
B 형	620,000 + 190,000 + {(7,000 + 5,000) × 5} = 870,000원
E 형	130,000 + 45,000 + {(7,000 + 5,000) × 5} = 235,000원

따라서 갑이 예약할 회의실은 A 형 회의실이다.

38 자원관리능력
정답 ③

제시된 조건에 따르면 라윤이는 선택 상품이 없는 여행 상품은 이용하지 않으며, 나은이는 유람선을 타지 않으므로 간절곶 십리대숲과 여수밤바다 여행 상품은 이용할 수 없다. 또한, 가민이는 평일 오전 12시부터 오전 9시까지 근무를 하고 여행 상품을 이용하는 곳까지 20분이 소요되므로 여행이 가능한 시간은 금요일 오전 9시 20분 이후부터 일요일 오후 11시 40분 이전이다. 다형이는 평일 오후 6시까지 근무를 하고, 일요일 오후 1시까지 회사로 돌아와서 회의 준비를 해야 하므로 여행이 가능한 시간은 금요일 오후 6시 20분 이후부터 일요일 오후 12시 40분 이전이다. 이에 따라 로맨틱 부산 여행 상품도 이용할 수 없으며, 4명이 함께 이용할 수 있는 여행 상품은 토요일에 이용 가능한 어서와 내장산 여행 상품과 금요일과 토요일에 이용 가능한 로맨틱 부산 야경 여행 상품이다. 이때, 최소 비용으로 여행 상품을 이용하기 위해 로맨틱 부산 야경여행 상품을 금요일에 이용하면 1인당 여행 경비는 151,800 + 30,000 = 181,800원이고, 어서와 내장산 여행 상품을 토요일에 이용하면 1인당 여행 경비는 49,800 + 8,000 = 57,800원이다.

따라서 4명이 최소 비용으로 함께 이용할 수 있는 여행 상품은 어서와 내장산 여행 상품이고, 1인당 여행 경비는 57,800원이다.

39 자원관리능력
정답 ②

'자격증'에 따르면 공사 업무와 관련된 국가기술자격법에 의한 기술자격 또는 국가공인 자격증을 소지한 부가 급여 지급 대상은 일반직 직원이므로 적절하지 않다.

오답 체크

① '육아휴직 대행 업무비'에 따르면 30일 이상 육아휴직 중인 직원의 업무를 대행하는 일반직 직원에게 육아휴직 대행 업무비로 월 20만 원의 부가 급여를 지급하므로 적절하다.
③ '대우 수당'에 따르면 한 직급으로 5년 이상 근무한 일반직 직원 중 대우 직원으로 선발된 경우 월 임금의 4%를 대우 수당으로 지급하여 C 씨는 350 × 0.04 = 14만 원의 대우 수당을 지급받으므로 적절하다.
④ '특정 업무 수행비'에 따르면 경영평가 실무담당 직원인 일반직 직원에게 특정 업무 수행비로 월 8만 원의 부가 급여가 지급하며, '가족 수당'에서 부양가족이 있는 임직원에게 배우자에 대한 가족 수당을 지급한다고 하였으나, 감봉 기간에는 각 부가 급여액의 1/10을 감액하여 지급한다고 함에 따라 감봉 기간 중인 D 씨는 월 8만 원의 특정 업무 수행비와 월 4 + 2 + 6 = 12만 원의 가족 수당에서 각 10%가 감액된 월 {8 × (1 − 0.1)} + {12 × (1 − 0.1)} = 18만 원의 부가 급여를 지급받으므로 적절하다.
⑤ '이사회 참석 수당'에 따르면 비상임 이사와 감사에게 이사회 참석 수당으로 1회 10만 원의 부가 급여를 지급하며, 이사회가 2시간 이상 진행된 경우 5만 원을 추가로 지급하여 1시간 30분, 2시간 10분씩 진행된 이사회에 각각 참석한 E 씨는 10 + (10 + 5) = 25만 원의 부가 급여를 지급받으므로 적절하다.

40 자원관리능력

제시된 자료에 따르면 타일 1개당 가격이 15,000원 이하인 선에서 타일의 각 특징 중 가장 많은 팀원이 선호하는 특징들을 종합하여 가장 적합한 타일을 주문하므로 가격이 16,000원인 D 타일은 제외되고, 모두 동일한 의견을 제시한 600×600 규격의 타일을 주문하므로 규격이 300×300인 A 타일과 B 타일도 제외된다. 이때 팀원별 선호하는 패턴, 재질, 마감은 다음과 같다.

구분	패턴	재질	마감
이 과장	테라조, 데코, 헥사곤	석재	혼드
한 대리	테라조, 데코	자기질	폴리싱
김 사원	테라조, 헥사곤	석재, 자기질	혼드
종합	테라조(3), 데코(2), 헥사곤(2)	석재(2), 자기질(2)	혼드(2), 폴리싱(1)

이에 따라 김 사원이 주문할 타일의 패턴은 테라조, 재질은 석재 또는 자기질, 마감은 혼드이며, 이를 만족하는 타일은 F 타일뿐이다. 따라서 김 사원이 주문할 타일은 F 타일이다.

41 정보능력

3문단에서 에너지 저장 시스템을 활용할 경우 신재생 에너지에서 얻은 소량의 전기를 저장해 두었다가 적시에 사용할 수 있어 신재생 에너지를 통해 전력을 생산할 때 발생하는 송전 상의 제약을 최소화할 수 있다고 하였으므로 가장 적절하지 않다.

오답 체크

① 2문단에서 에너지 관리 시스템은 정보통신기술을 이용하여 소비되는 에너지 사용량을 확인 및 관리함으로써 낭비되는 에너지를 줄여 나가는 능동적 에너지 관리 시스템으로, 여기에는 FEMS, BEMS, HEMS 등이 있다고 하였으므로 적절하다.
② 4문단에서 스마트 그리드가 자리 잡을 경우 기존의 고정 전력 요금제는 실시간 요금제로 변경될 수 있으며, 이에 따라 추가 잉여 전력 생산 방식이 아닌 한정된 에너지 자원의 효율적 활용이 가능해질 수 있다고 하였으므로 적절하다.
③ 3문단에서 스마트 계량기는 규격화된 프로토콜을 통해 시스템 간의 상호 운용성을 갖춘 후 미터기를 활용하여 양방향 통신을 지원한다고 하였으므로 적절하다.
④ 1문단에서 스마트 그리드는 전기 공급자와 수요자가 소통을 통해 전기 사용에 따른 정보를 실시간으로 공유하여 전기 공급 관리를 효율적으로 할 수 있는 서비스의 일종이라고 하였고, 3문단에서 스마트 그리드의 구성 요소 중 하나인 스마트 계량기는 양방향 통신을 지원한다고 하였으므로 적절하다.

42 정보능력

1문단에서 생체인식은 복잡한 조합으로 일정기간마다 변경해야 하는 비밀번호에 비해 간편하게 본인인증을 할 수 있으며 보안에도 강하다고 하였으므로 가장 적절하지 않다.

오답 체크

① 2문단에서 지문은 상처에 의해 훼손되더라도 상처가 회복될 때 다시 이전과 동일한 형태로 만들어진다고 하였으므로 적절하다.
③ 5문단에서 얼굴인식은 형제·자매의 얼굴뿐 아니라 본인을 촬영한 사진이나 동영상으로도 인식이 가능하다고 하였으므로 적절하다.
④ 3문단에서 홍채인식은 살아있는 사람의 미세하게 떨리는 홍채만 인식할 수 있어 떨림이 감지되지 않는 죽은 사람의 홍채는 인식할 수 없다고 하였으므로 적절하다.
⑤ 4문단에서 정맥인식은 손등이나 손목의 혈관 형태를 이용하여 개인을 식별하며, 복잡한 패턴으로 손의 위치에 따라 오인식의 문제가 발생할 수 있다고 하였으므로 적절하다.

43 정보능력

5문단에서 IDC의 에너지 효율성은 PUE가 1에 가까울수록, DCiE가 100에 가까울수록 더 높으며, 현재 국내 IDC의 평균 PUE는 1.91, 해외 IDC의 평균 PUE는 1.75 정도로 해외 IDC의 에너지 효율성이 더 높음에 따라 국내 IDC의 평균 DCiE는 해외 IDC의 평균 DCiE보다 낮으므로 가장 적절하지 않다.

오답 체크

① 4문단에서 그린 IDC는 교류 전원 방식의 전원 공급 방식을 직류 전원 방식으로 바꿔 IDC에서 사용하는 에너지의 양을 절감하였다고 하였으므로 적절하다.
② 2문단에서 온라인 게임 중에서도 다중 사용자 온라인 롤 플레잉 게임은 네트워크의 속도와 관리 면에서 IDC를 이용할 수밖에 없다고 하였으므로 적절하다.
④ 3문단에서 인터넷 데이터 센터는 정보통신 분야의 단일 시설 중에서 최대 규모의 전기를 소비한다고 하였으므로 적절하다.
⑤ 1문단에서 인터넷 데이터 센터는 서버장비와 통신장비를 개별적으로 운영하기에 어려움이 있는 기업고객으로부터 인터넷 서비스를 전달받아 서버와 네트워크를 제공하며, 콘텐츠를 대신 관리해 준다고 하였으므로 적절하다.

44 정보능력
정답 ②

[부서별 전자문서 암호화 키 생성 방식]에 따르면 부서별 전자문서 암호화 키는 [소속] – [직원] – [작성 날짜] 순으로 배열되고, 같은 팀 내 직급이 동일한 직원이 있을 경우 등급 코드는 001부터 시작하여 승진 순서가 빠른 순서대로 3자리의 번호가 부여되며, 같은 팀 내 직급이 동일한 직원이 없을 경우 001의 등급 코드가 부여된다. 팀 내 작성된 문서에 대해 본인이 작성했거나 본인보다 낮은 직급의 직원이 작성한 문서에 한하여 열람할 수 있으므로 경영지원부 기획팀 소속 김 과장이 열람할 수 있는 전자문서의 암호화 키는 소속 코드가 BSP이면서 직급 코드가 AM, ASM, S 중 하나이거나, 본인의 직원 코드인 M002여야 한다. 따라서 김 과장이 열람할 수 있는 전자문서의 암호화 키는 BSP – AM004 – 241224가 가장 적절하다.

오답 체크

①, ③, ⑤ 다른 팀에서 작성된 문서에 대해서는 열람할 수 없으므로 적절하지 않다.

④ 같은 팀 내 작성된 문서에 대해서는 본인이 작성했거나 본인보다 낮은 직급의 직원이 작성한 문서만 열람할 수 있음에 따라 본인과 같은 직급의 직원이 작성한 문서는 열람할 수 없으므로 적절하지 않다.

45 정보능력
정답 ③

소속 팀에서 작성된 문서 중 자신보다 직급이 낮은 직원이 작성한 문서를 열람할 수 있으며, 직급 코드가 DGM인 문서를 작성한 직원의 직급은 차장이고, 과장은 차장보다 직급이 낮으므로 적절하지 않다.

46 정보능력
정답 ③

3문단에서 검증 코드는 표준형 바코드 13자리 중 마지막 한 자리 숫자로, 총 4단계의 계산 과정을 통해 구할 수 있다고 하였으므로 검증 코드를 제외한 나머지 12자리 숫자인 8806400 07156을 통한 검증 코드 계산 단계는 다음과 같다.

1단계	$(8+6+0+0+1+6) \times 3 = 63$
2단계	$8+0+4+0+7+5 = 24$
3단계	$63+24 = 87$
4단계	87이 10의 배수가 되기 위해 더해야 하는 최솟값 = 3

따라서 국가 코드가 880, 제조업체 코드가 6400, 상품 코드가 07156인 표준형 바코드의 검증 코드는 3이다.

47 정보능력
정답 ⑤

5문단에서 QR 코드의 사각형 귀퉁이 세 곳에 있는 큰 네모 상자들은 스마트폰을 이용해 QR 코드를 읽을 때 위치를 찾기 위한 표시이며, 오른쪽 하단에 위치한 작은 네모 상자는 스마트폰 카메라의 초점을 QR 코드에 맞추는 기능을 한다고 하였으므로 가장 적절하지 않다.

오답 체크

① 4문단에서 QR 코드는 가로 방향으로만 정보 표시가 가능한 1차원 바코드와 달리 가로와 세로 방향 모두 정보를 표현할 수 있어 1차원 바코드에 비해 월등히 많은 정보를 저장할 수 있기 때문에 인터넷 주소와 같이 문자로 된 정보도 표현할 수 있다고 하였으므로 적절하다.

② 2문단에서 바코드는 버나드 실버에 의해 최초로 만들어졌는데, 이는 검은 바탕에 4개의 흰 줄이 그어져 있었으며 1번 줄은 기준선, 나머지는 순서대로 2, 3, 4번 줄이 되며, 정해진 곳에 흰 줄이 있는 경우는 1을, 흰 줄이 없는 경우는 0을 나타낸다고 하였고, 이를 이진수로 나타낼 때 4번 줄은 이진수 1의 자리(2^0), 3번 줄은 이진수 2의 자리(2^1), 2번 줄은 이진수 4의 자리(2^2)를 나타낸다고 함에 따라 기준선과 2, 3번 줄이 있고 4번 줄이 없는 경우를 이진수로 나타내면 $110_{(2)}$이 되어 이를 십진수로 나타내면 $1 \times 2^2 + 1 \times 2^1 + 0 \times 2^0 = 6$이 되므로 적절하다.

③ 1문단에서 바코드에 빛을 쏘면 바코드의 검은 부분과 흰 부분이 반사하는 빛을 전기적 신호로 번역한 후 이를 다시 0과 1로 바꾼다고 하였으므로 적절하다.

④ 4문단에서 QR 코드는 바둑판무늬가 흰색인지, 검은색인지에 따라 각각 0과 1로 구분한다고 하였으므로 적절하다.

48 정보능력
정답 ②

3문단에서 동일한 해시 함수에서 상이한 데이터 x, y에 대해 $H(x)$와 $H(y)$가 각각 도출한 값이 같을 경우를 충돌이라 하였으므로 가장 적절하지 않다.

오답 체크

① 2문단에서 해시 함수를 통해 데이터의 내용 변경 여부를 확인할 수 있다고 하였으므로 적절하다.

③ 3문단에서 해시 함수가 일방향성과 충돌 회피성을 만족시키면 암호 기술로 활용이 가능한데, 여기서 일방향성은 주어진 해시값에 대응하는 입력 데이터를 복원할 수 없음을 의미한다고 하였으므로 적절하다.

④ 4문단에서 해시 함수는 온라인 경매 진행 시 발생할 수 있는 보안상 문제를 해결할 수 있어 온라인 경매에도 이용되는데, 이때 입찰 참가자는 자신의 입찰가를 숨길 수 있다고 하였으므로 적절하다.

⑤ 1문단에서 해시 함수는 입력 데이터에 대응하는 하나의 결괏값을 표시한다고 하였으므로 적절하다.

49 정보능력 　　　　　　　　정답 ②

2문단에서 마이데이터의 당사자 중 정보 보유자는 정보주체가 개인 정보 열람을 요청하면, 해당 정보를 마이데이터 사업자에게 제공한 뒤 개인은 마이데이터 사업자를 통해 요청한 개인정보를 조회할 수 있다고 하였으므로 가장 적절하다.

오답 체크

① 3문단에서 개인정보 이동권이란 이미 활용되고 있는 자신의 개인정보를 다른 곳으로 이동하거나 복사할 수 있는 권리라고 하였으므로 적절하지 않다.
③ 1문단에서 개별 기업이 개인정보를 관리할 경우 이용자 수가 많은 기업이 정보를 독점하게 되는 정보의 불균형 문제가 발생할 수 있어 이를 해결하기 위해 개인정보의 관리 주체를 기업에서 개인으로 바꾸었다고 하였으므로 적절하지 않다.
④ 5문단에서 API 방식은 고객이 요청한 정보만을 열람 및 전송할 수 있는 기술이라 하였고, 4문단에서 고객에게 요청받은 정보 외의 정보까지 전부 확인할 수 있는 방식은 스크래핑 방식이라 하였으므로 적절하지 않다.
⑤ 5문단에서 개인정보의 관리 주체가 기업이었을 때에는 책임소재를 명확히 할 수 없었으나, 관리 주체가 개인으로 전환된 마이데이터에서는 정보 유출에 대해 마이데이터 사업자의 책임을 강화함으로써 책임소재를 명확히 할 수 있게 되었다고 하였으므로 적절하지 않다.

50 정보능력 　　　　　　　　정답 ⑤

MODE 함수는 숫자들의 집합에서 가장 높은 빈도로 나타나는 최빈값을 구하기 위하여 사용하는 함수이며, 숫자를 크기대로 정렬하였을 때, 중간에 위치하는 값을 구하기 위하여 사용하는 함수는 MEDIAN 함수이므로 가장 적절하지 않다.

기출동형모의고사 2회

바로 채점 및 성적 분석 서비스

전기 전공 정답·해설

01 전기	02 전기	03 전기	04 전기	05 전기	06 전기	07 전기	08 전기	09 전기	10 전기
②	④	②	③	②	④	②	①	④	④
11 전기	12 전기	13 전기	14 전기	15 전기					
③	④	②	②	④					

01 전기 　　　　　　　　　　　정답 ②

㉠ 차단기의 정격 차단시간은 트립코일 여자로부터 소호까지의 시간이므로 적절하지 않다.
㉢ 기중 차단기는 배전계통에서 사용하는 저압용 차단기의 한 종류이므로 적절하지 않다.

02 전기 　　　　　　　　　　　정답 ④

단락용량(P_s) = $100 \times P_n$ / %Z임을 적용하여 구한다.
3상 변압기의 정격용량(P_n)이 20,000[kVA]이고, %임피던스가 8[%]이므로 단락용량(P_s)은 $100 \times 20,000 / 8 = 250,000[kVA]$이다.
따라서 단락용량(P_s)은 250[MVA]이다.

03 전기 　　　　　　　　　　　정답 ②

가공 전선로와 지중 전선로의 접속점에는 피뢰기를 설치해야 하지만, 피보호기가 보호 범위 내 위치하는 경우에는 피뢰기를 설치하지 않아도 되므로 가장 적절하지 않다.

04 전기 　　　　　　　　　　　정답 ③

병렬 회로가 공진할 경우, 임피던스는 최대, 전류는 최소가 된다.

05 전기 　　　　　　　　　　　정답 ②

정전용량이 같은 콘덴서 2개를 병렬로 연결했을 때 합성 정전용량은 $C + C = 2C$이고, 정전용량이 같은 콘덴서 2개를 직렬로 연결했을 때 합성 정전용량은 $\frac{C \times C}{C + C} = \frac{C^2}{2C} = \frac{C}{2}$이다.
따라서 합성 정전용량은 병렬로 연결했을 때가 직렬로 연결했을 때의 $2C \div \frac{C}{2} = 4$배이다.

06 전기 　　　　　　　　　　　정답 ④

메이어 결선은 3상 전원을 2상 전원으로 변환하기 위한 변압기 결선 방식에 해당한다.

🔍 더 알아보기

상수 변환
· 3상-2상 간의 상수 변환: 스코트 결선(T결선), 메이어 결선, 우드브리지 결선
· 3상-6상 간의 상수 변환: 환상 결선, 2중 3각 결선, 2중 성형 결선, 대각 결선, 포크 결선

07 전기 　　　　　　　　　　　정답 ②

지중 전선로에 사용하는 지중함의 뚜껑은 시설자 이외의 자가 쉽게 열 수 없도록 시설해야 하므로 적절하지 않다.

08 전기 　　　　　　　　　　　정답 ①

직렬회로에서 임피던스는 $Z(s) = Z_1 + Z_2[\Omega]$, 병렬회로에서 임피던스는 $Z(s) = \frac{Z_1 Z_2}{Z_1 + Z_2}[\Omega]$임을 적용하여 구한다.

제시된 회로에서 $L = 5$, $C = \frac{1}{5}$이므로 각각의 임피던스는 저항이 $Z(s) = 1$, 인덕턴스가 $Z(s) = sL = 5s$, 커패시터가 $Z(s) = \frac{1}{sC} = \frac{1}{\frac{1}{5}s} = \frac{5}{s}$이다. 이때, 저항과 인덕턴스는 직렬로 연결되어 있고 커패시터와는 병렬로 연결되어 있다.

따라서 구동점 임피던스는 $Z(s) = \frac{(5s+1)\frac{5}{s}}{5s+1+\frac{5}{s}} = \frac{5(5s+1)}{5s^2+s+5}[\Omega]$이다.

09 전기

특고압 보안공사 시 지지물간 거리는 다음 이하이어야 한다.

지지물의 종류	지지물 간 거리
목주·A종 철주 또는 A종 철근 콘크리트주	100m
B종 철주 또는 B종 철근 콘크리트주	200m
철탑	400m (단주인 경우 300m)

다만, 전선에 인장강도 38.05[kN] 이상인 연선 또는 단면적이 95[mm²] 이상인 경동연선을 사용하고 지지물에 B종 철주·B종 철근 콘크리트주 또는 철탑을 사용하는 경우에는 그러하지 아니하다.
따라서 ㉠은 38.05, ㉡은 95이다.

10 전기

정답 ④

부하전력을 P, 개선 전 역률을 $cos\theta_1$, 개선 후 역률을 $cos\theta_2$라 할 때, 역률 개선을 위한 전력용 콘덴서 용량$(Q_c) = P\left(\frac{\sqrt{1-cos^2\theta_1}}{cos\theta_1} - \frac{\sqrt{1-cos^2\theta_2}}{cos\theta_2}\right)$임을 적용하여 구한다.
$P = 150[kW]$이고, $cos\theta_1 = 0.6$이며, $cos\theta_2 = 1.0$이므로 $\sqrt{1-cos^2\theta_1} = 0.8$이고, $\sqrt{1-cos^2\theta_2} = 0$이다.
따라서 필요한 전력용 콘덴서의 용량은 $150\left(\frac{0.8}{0.6} - \frac{0}{1.0}\right) = 200[kVA]$이다.

11 전기

정답 ③

정상 편차 $e_{ss} = \frac{1}{\lim\limits_{s\to 0} sG(s)}$임을 적용하여 구한다.

따라서 정상 편차 $e_{ss} = \frac{1}{\lim\limits_{s\to 0} sG(s)} = \frac{1}{\lim\limits_{s\to 0} s\frac{20}{s(s+1)(s+2)}} = \frac{1}{\frac{20}{2}} = \frac{1}{10}$이다.

12 전기

정답 ④

고압용 기계기구는 다음의 경우 이외에는 시설하여서는 안 된다.
· 발전소·변전소·개폐소 또는 이에 준하는 곳에 시설하는 경우
· 기계기구의 주위에 울타리·담 등을 시설하는 경우
· 기계기구를 지표상 4.5 m(시가지 외에는 4 m) 이상의 높이에 시설하고 사람이 쉽게 접촉할 우려가 없도록 시설하는 경우
· 옥내에 설치한 기계기구를 취급자 이외의 사람이 출입할 수 없도록 설치한 곳에 시설하는 경우
· 기계기구를 콘크리트제의 함에 넣고 또한 충전부분이 노출하지 아니하도록 시설하는 경우
· 충전부분이 노출하지 아니하는 기계기구를 사람이 쉽게 접촉할 우려가 없도록 시설하는 경우

· 충전부분이 노출하지 아니하는 기계기구를 온도상승 또는 전위차에 의하여 사람, 가축 또는 다른 시설물에 위험의 우려가 없도록 시설하는 경우
따라서 고압용 기계 기구를 시설하면 안 되는 경우를 고르면 ④이다.

13 전기

정답 ②

유도 전동기의 회전 속도는 $N = (1-s) \times N_s = (1-s) \times \frac{120f}{P}[rpm]$임을 적용하여 구한다.
주파수는 $f = 50[Hz]$이고, 극수는 $P = 8$극이며, 슬립은 20[%]로 $s = 0.2$이므로 3상 유도 전동기의 회전 속도는
$N = (1-0.2) \times \frac{120 \times 50}{8} = 0.8 \times 750 = 600[rpm]$이다.
따라서 3상 유도 전동기의 회전 속도는 600[rpm]이다.

14 전기

정답 ②

전선 1[m]당 중량을 $W[kg/m]$, 지지물의 경간을 $S[m]$, 전선의 수평하중을 $T[kg]$라 할 때, 이도$(D) = \frac{WS^2}{8T}[m]$임을 적용하여 구한다.
이때, 전선의 수평하중$(T) = \frac{인장하중}{안전율}[kg]$이고, 전선의 인장하중은 3,000$[kg]$, 안전율은 1.5이므로 $T = \frac{3,000}{1.5} = 2,000[kg]$이다.
따라서 이도는 $\frac{2 \times 200^2}{8 \times 2,000} = 5[m]$이다.

15 전기

정답 ④

효율$(\eta) = \frac{mPcos\theta}{mPcos\theta + P_i + m^2 P_c} \times 100$임을 적용하여 구한다.
전부하 효율을 구하는 것이므로 $m = 1$이고, 변압기 용량은 $P = 80[kVA]$, 철손은 $P_i = 2[kW]$, 동손은 $P_c = 4[kW]$이며, 부하의 역률은 1이라고 하였으므로 $cos\theta = 1$이다.
따라서 변압기의 전부하 효율 $\eta = \frac{mPcos\theta}{mPcos\theta + P_i + m^2 P_c} \times 100 = \frac{1 \times 80 \times 1}{(1 \times 80 \times 1) + 2 + (1^2 \times 4)} \times 100 = \frac{80}{86} \times 100 \fallingdotseq 93[\%]$이다.

01 의사소통	02 의사소통	03 의사소통	04 의사소통	05 의사소통	06 의사소통	07 의사소통	08 의사소통	09 의사소통	10 의사소통
⑤	④	⑤	⑤	⑤	③	④	①	②	⑤
11 수리	12 수리	13 수리	14 수리	15 수리	16 수리	17 수리	18 수리	19 수리	20 수리
③	④	①	⑤	⑤	⑤	②	②	①	⑤
21 문제해결	22 문제해결	23 문제해결	24 문제해결	25 문제해결	26 문제해결	27 문제해결	28 문제해결	29 문제해결	30 문제해결
②	④	③	⑤	①	④	④	④	①	④
31 자원관리	32 자원관리	33 자원관리	34 자원관리	35 자원관리	36 자원관리	37 자원관리	38 자원관리	39 자원관리	40 자원관리
③	③	③	③	⑤	④	④	④	③	④
41 정보	42 정보	43 정보	44 정보	45 정보	46 정보	47 정보	48 정보	49 정보	50 정보
③	④	①	②	④	②	⑤	①	⑤	④

01 의사소통능력　　　　　　　　정답 ⑤

1문단에서 낙뢰 등으로 인해 전기 울타리에 비정상적인 전압의 영향이 있을 경우 접지봉이 해당 전압을 방출한다고 하였으므로 전기 울타리에 미치는 비정상적인 전압의 영향을 방출하는 역할은 접지봉이 하고 있음을 알 수 있다.

오답 체크

① 3문단에서 태양 전지식 전기 울타리는 상용 전기식 전기 울타리보다 설치 비용이 많이 든다고 하였으므로 적절하지 않은 내용이다.
② 1문단에서 전기 울타리는 야생 동물로부터 농작물 피해를 예방하기 위해 활용되는 시설 중 하나로, 고압의 전류가 간헐적으로 흐른다고 하였으므로 적절하지 않은 내용이다.
③ 5문단에서 고압선이 지나가거나 금속 파이프 배관이 매설된 지역은 피해 전기 울타리를 설치해야 한다고 하였으므로 적절하지 않은 내용이다.
④ 2문단에서 상용 전기식 전기 울타리는 가장 보편적으로 사용되기는 하나, 사용을 위해서는 전기를 필수적으로 연결해야 한다고 하였으므로 적절하지 않은 내용이다.

02 의사소통능력　　　　　　　　정답 ④

이 글은 전기사업법 시행령 개정안이 이날 국무회의에서 의결됨에 따라 재생에너지 전기공급사업 제도가 실행되며, 해당 제도의 시행을 통해 국내 기업의 재생에너지 전기 사용이 활성화될 것임을 설명하는 글이다.
따라서 '(다) 산업통상자원부의 재생에너지 전기공급사업 제도 시행 공표 → (나) 제도 시행의 기반이 되는 전기사업법 시행령 개정안의 세부 내용(1): 재생에너지 전기공급자의 사용 유형 및 전기사용자의 부족 전력 공급 방법 → (라) 제도 시행의 기반이 되는 전기사업법 시행령 개정안의 세부 내용(2): 소규모 전력자원 설비 용량 기준의 변경 → (가) 재생에너지 전기공급사업 제도 시행에 따른 기대 효과' 순으로 연결되어야 한다.

03 의사소통능력　　　　　　　　정답 ⑤

(마)문단에서 현대의 버스킹은 관객들에게 무료로 공연을 제공하고, 지역상권 활성화에도 영향을 미칠 수 있지만 능력이 부족한 버스커의 공연은 소음으로 작용하여 심사를 거친 버스커에게만 공연을 허락하자는 목소리가 높아지고 있다고 하였으므로 (마)문단의 내용을 요약하면 '버스킹의 긍정적인 효과와 부정적인 효과'가 된다.

[04 - 05]
04 의사소통능력　　　　　　　　정답 ⑤

이 글은 토리의 개념과 지역별로 구분되는 토리의 특징에 대해 소개하고, 토리가 우리나라 민요에서 갖는 의의에 대해 설명하는 글이다.
따라서 '(라) 토리의 개념 설명 → (나) 지역별 토리의 특징(1): 메나리토리의 특징 → (마) 지역별 토리의 특징(2): 경토리의 특징 → (다) 지역별 토리의 특징(3): 육자배기토리와 제주토리의 특징 → (가) 토리의 존재 이유와 중요성' 순으로 연결되어야 한다.

05 의사소통능력　　　　　　　　정답 ⑤

(다)문단에서 제주도 민요는 사투리와 수수한 가락으로 이루어져 있지만 여러 지역 토리의 특징이 섞여 있어 제주도만의 독자적인 토리로 구분하기 어렵다고 하였으므로 제주도의 지리적 특성으로 인해 다른 지역의 토리와 뚜렷이 구분되는 토리가 발달한 것은 아님을 알 수 있다.

[06-07]
06 의사소통능력   정답 ③

이 글은 지구온난화로 인한 기후위기에 공동 대응하기 위해서는 '지구온난화 1.5℃ 특별보고서'에 따라 2050년까지 탄소중립을 실현하여야 한다고 주장하는 내용이므로 이 글의 중심 내용으로 가장 적절한 것은 ③이다.

07 의사소통능력   정답 ④

2문단에서 스웨덴, 영국, 프랑스, 덴마크, 뉴질랜드, 헝가리 등의 6개국에서는 탄소중립을 법제화하였고, 유럽, 중국, 일본 등의 주요국들에서는 탄소중립 목표를 선언했다고 하였으므로 유럽, 중국, 일본과 같은 주요 국가에서 탄소중립에 대한 법제화를 이미 완료한 것은 아님을 알 수 있다.

08 의사소통능력   정답 ①

3문단에서 아쿠아포닉스 농법은 흙은 사용하지 않기 때문에 질병이나 병충해, 잡초 등으로 인한 피해가 없으며, 기존 농업을 통해 자라는 농작물보다 성장 속도도 빠르며 더 크게 자랄 수 있다고 하였으므로 아쿠아포닉스 농법을 이용하면 식물 성장의 속도가 느려지는 것은 아님을 알 수 있다.

09 의사소통능력   정답 ②

3문단에서 시조는 3장 6구로 이루어져 있으며, 각 장은 두 개의 구절로 이루어진다고 하였으므로 시조의 각 장은 여섯 개의 구절로 구성되어 있는 것은 아님을 알 수 있다.

10 의사소통능력 정답 ⑤

3문단에서 물이 얼음으로 변화하면 입자 사이에 생기는 빈 공간으로 인해 부피는 커지나 밀도는 작아진다고 하였으므로 얼음이 물로 변화하면 부피가 커지고 밀도가 작아지는 특성을 보이는 것은 아님을 알 수 있다.

오답 체크
① 3문단에서 물의 강한 수소결합으로 인해 얼음은 육각형 구조를 갖게 된다고 하였으므로 적절한 내용이다.
② 4문단에서 수소결합으로 인해 수분을 함유한 쇠고기나 채소 등이 냉동 과정에서 세포막이 파괴되어 맛이 변하기도 한다고 하였으므로 적절한 내용이다.
③ 2문단에서 물 분자들 간에 존재하는 수소결합의 결합력은 비슷한 분자량을 가진 다른 화합물의 결합력과 비교했을 때 상대적으로 강한 탓에 물 분자들 간의 인력을 끊기 위해 그만큼의 많은 에너지가 필요하다고 하였으므로 적절한 내용이다.
④ 1문단에서 전기음성도가 큰 원자는 작은 원자로부터 전자를 끌어들여 부분적 음전하를 띠고, 전기음성도가 작은 원자는 부분적 양전하를 띤다고 하였으므로 적절한 내용이다.

11 수리능력 정답 ③

서로 다른 n개를 중복을 허락하여 r명이 선택하는 경우의 수는 n^r임을 적용하여 구한다.
A, B, C, D, E, F 6명이 서로 다른 3종류의 음식 중 각자 하나씩 선택하여 주문하는 경우의 수는 서로 다른 3개를 6명이 선택하는 경우의 수와 같다.
따라서 음식을 주문할 수 있는 경우의 수는 3^6 = 729가지이다.

[12-13]
12 수리능력 정답 ④

ⓒ 2021~2023년 연도별 휘발유 수출량의 평균은 (82,217 + 87,895 + 87,872) / 3 ≒ 85,994.7천 배럴임에 따라 86,000천 배럴 미만이므로 옳지 않은 설명이다.
ⓔ 2023년 벙커C유 수입량은 2년 전 대비 {(40,091 – 31,585) / 40,091} × 100 ≒ 21.2% 감소함에 따라 25% 미만으로 감소하였으므로 옳지 않은 설명이다.

오답 체크
ⓐ 매년 수출량의 전년 대비 증감 추이와 수입량의 전년 대비 증감 추이가 서로 같은 석유 제품은 수출량과 수입량이 매년 증가한 나프타, LPG로 총 2개이므로 옳은 설명이다.
ⓒ 2022년 경유 수출량은 2022년 경유 수입량의 190,712 / 237 ≒ 804.7배임에 따라 800배 이상이므로 옳은 설명이다.

13 수리능력 정답 ①

2023년 전체 수출량은 522,098천 배럴이고, 항공유 수출량은 114,850천 배럴이다.
따라서 2023년 전체 수출량에서 항공유 수출량이 차지하는 비중은 (114,850 / 522,098) × 100 ≒ 22%이다.

14 수리능력 정답 ⑤

전 연령대에서 발생한 정서학대 건수의 총합은 전 연령대에서 발생한 성학대 건수 총합의 21,750 / 1,542 ≒ 14.1배임에 따라 15배 미만이므로 옳지 않은 설명이다.

오답 체크
① 13~15세의 신체학대 건수와 정서학대 건수의 합인 4,783 + 5,411 = 10,194건은 7~9세의 신체학대 건수와 정서학대 건수의 합인 3,252 + 3,990 = 7,242건보다 10,194 – 7,242 = 2,952건 더 많으므로 옳은 설명이다.
② 제시된 연령대 중 방임 건수가 신체학대 건수보다 높은 연령대는 1세 미만과 1~3세임에 따라 총 2개이므로 옳은 설명이다.
③ 전체 아동학대 건수인 17,448 + 21,750 + 1,542 + 5,318 = 46,058건에서 친인척이 가해자인 아동학대 건수는 46,058 × 0.472 ≒ 21,739건임에 따라 21,700건 이상이므로 옳은 설명이다.
④ 제시된 연령대 중 1세 미만을 제외하고 연령대가 높아질수록 방임 건수는 감소하므로 옳은 설명이다.

15 수리능력 정답 ⑤

ⓑ 2023년 해상 조난사고 척수가 전년 대비 감소한 선종은 화물선뿐이므로 옳은 설명이다.
ⓒ 2023년 전체 선종의 해상 조난사고 인원에서 어선의 해상 조난사고 인원이 차지하는 비중은 (7,186 / 20,422) × 100 ≒ 35.2%임에 따라 35% 이상이므로 옳은 설명이다.
ⓔ 2022년 여객선의 해상 조난사고 척수 1척당 해상 조난사고 인원은 4,060 / 34 ≒ 119명임에 따라 115명 이상이므로 옳은 설명이다.

오답 체크
ⓐ 2022년 해상 조난사고 척수가 네 번째로 많은 선종은 예부선이고, 같은 해 해상 조난사고 인원이 네 번째로 많은 선종은 레저선박임에 따라 서로 다르므로 옳지 않은 설명이다.

[16-17]
16 수리능력 정답 ⑤

2014년 중앙행정기관의 상용직 인원수는 같은 해 시·도 교육청 상용직 인원수의 3,171 / 24 ≒ 132배이므로 옳지 않은 설명이다.

① 제시된 기간 중 중앙행정기관의 임시직 인원수가 가장 적은 2018년에 중앙행정기관의 상용직 인원수는 2년 전 대비 3,478 - 3,122 = 356명 증가하였으므로 옳은 설명이다.
② 2012년 지방자치단체의 상용직과 임시직 전체 인원수에서 시·군·구의 상용직 인원수가 차지하는 비중은 {287 / (395 + 15)} × 100 = 70%이므로 옳은 설명이다.
③ 2016년 전체 임시직 인원수는 정부기관 869명, 지정기관 56명임에 따라 총 869 + 56 = 925명이므로 옳은 설명이다.
④ 제시된 기간 동안 중앙행정기관과 지방자치단체의 임시직 인원수는 모두 2년 주기로 감소, 증가, 감소, 증가하여 서로 같은 증감 추이를 보이므로 옳은 설명이다.

17 수리능력   정답 ②

지정기관의 상용직 인원수는 2018년에 500명이고, 2020년에 548명이다.
따라서 2020년 지정기관의 상용직 인원수의 2년 전 대비 증가율은 {(548 - 500) / 500} × 100 = 9.6%이다.

[18 - 19]
18 수리능력   정답 ②

제시된 기간 동안 경기도의 나노사업 매출액이 1,034천억 원으로 가장 많은 2018년에 전국의 나노사업 매출액에서 경기도의 나노사업 매출액이 차지하는 비중은 (1,034 / 1,462) × 100 = 70.7%임에 따라 70% 이상이므로 옳지 않은 설명이다.

① 2019년 전국의 나노사업 기업 수는 2015년 대비 {(809 - 609) / 609} × 100 = 32.8% 증가하였으므로 옳은 설명이다.
③ 경기도의 나노사업 기업 수가 처음으로 300개 이상이 된 2018년에 서울특별시의 나노사업 기업 수는 전년 대비 102 - 98 = 4개 증가하였으므로 옳은 설명이다.
④ 2019년 나노사업 기업 수 1개당 매출액은 경기도가 928 / 328 = 2.8천억 원이고, 전국이 1,425 / 809 = 1.8천억 원으로 경기도가 전국보다 크므로 옳은 설명이다.
⑤ 2017년 대구광역시의 나노사업 기업 수의 전년 대비 감소율은 {(27 - 24) / 27} × 100 = 11.1%이므로 옳은 설명이다.

19 수리능력   정답 ①

2015년 대비 2019년 나노사업 기업 수의 증가율이 두 번째로 큰 지역은 {(11 - 7) / 7} × 100 = 57% 증가한 전라남도이다.
따라서 전라남도의 2015~2019년 연도별 나노사업 기업 수의 평균은 (7 + 10 + 9 + 9 + 11) / 5 = 9.2개이다.

20 수리능력   정답 ⑤

2020년 공군의 입영률인 (18,308 / 18,000) × 100 = 101.7%는 2021년 공군의 입영률인 (17,939 / 18,000) × 100 = 99.7%보다 101.7 - 99.7 = 2.0%p 높음에 따라 1.5%p 이상 더 높으므로 옳은 설명이다.

① 모든 군의 입영 입원이 모집 계획 인원보다 모두 많은 해는 2019년뿐이므로 옳지 않은 설명이다.
② 2023년 육군 모집 계획 인원의 3년 전 대비 감소율은 {(104,435 - 88,874) / 104,435} × 100 = 14.9%이므로 옳지 않은 설명이다.
③ 제시된 기간 중 해군의 입영 인원이 7,991명으로 가장 적은 2021년에 해군의 입영률은 (7,991 / 9,120) × 100 = 87.6%이므로 옳지 않은 설명이다.
④ 제시된 기간 중 해병대 모집 계획 인원이 12,900명으로 가장 많은 2019년과 해병대 모집 계획 인원이 11,484명으로 가장 적은 2022년의 해병대 모집 계획 인원 차이는 12,900 - 11,484 = 1,416명이므로 옳지 않은 설명이다.

> ⏱ **빠른 문제 풀이 Tip**
> ⑤ 공군의 모집 계획 인원은 2020년과 2021년에 각각 18,000명으로 동일하므로 2020년과 2021년 공군의 입영 인원 차이를 먼저 계산하여 입영률의 차이를 확인한다.
> 2020년 공군의 입영 인원인 18,308명은 2021년 공군의 입영 인원인 17,939명보다 18,308 - 17,939 = 369명 더 많음에 따라 입영률은 (369 / 18,000) × 100 = 2.05%p 더 높으므로 1.5%p 이상 더 높음을 알 수 있다.

21 문제해결능력   정답 ②

제시된 조건에 따르면 A가 거짓을 말했다는 D의 진술이 진실이면 A의 진술은 거짓이고, D의 진술이 거짓이면 A의 진술은 진실이다. 이에 따라 A와 D 둘 중 1명만 거짓을 말하고 있다. 또한, B가 진실을 말했다는 E의 진술이 진실이면 B의 진술도 진실이고, E의 진술이 거짓이면 B의 진술도 거짓이다. 이에 따라 B와 E는 둘 다 진실을 말했거나 둘 다 거짓을 말했다. 이때 5명 중 거짓을 말하고 있는 사람은 2명이며, A와 D 둘 중 1명이 거짓을 말하고 있으므로 B와 E는 둘 다 진실을 말했음을 알 수 있다. 이에 따라 C의 진술은 거짓이며, B와 C의 진술에 따라 D는 캐러멜을 가지고 있고, C와 E는 캐러멜을 가지고 있지 않아 A와 B 둘 다 캐러멜을 가지고 있어야 하므로 A의 진술이 거짓, D의 진술이 진실이 된다.
따라서 거짓을 말하고 있는 사람은 A, C이고, 캐러멜을 가지고 있는 사람은 A, B, D이다.

제시된 조건에 따르면 엄마와 아빠는 마주 보고 앉으며, 모든 아이의 오른쪽 바로 옆에는 항상 어른이 앉으므로 할아버지와 할머니도 마주 보고 앉는다. 이때, 넷째 아이는 할아버지 바로 왼쪽 옆에 앉고, 둘째 아이는 엄마와 이웃하여 앉으므로 엄마의 오른쪽 바로 옆 또는 왼쪽 바로 옆에 앉을 수 있다. 먼저, 둘째 아이가 엄마의 오른쪽 바로 옆에 앉는 경우 둘째 아이의 오른쪽 바로 옆은 할머니가 앉고, 할머니와 할아버지가 마주 보고 앉아야 하지만, 이는 첫째 아이와 셋째 아이는 한 명을 사이에 두고 앉는다는 조건에 모순되므로 가능하지 않다.

이에 따라 둘째 아이는 엄마의 왼쪽 바로 옆에 앉고, 엄마의 오른쪽 바로 옆에 앉는 아이에 따라 가능한 경우는 다음과 같다.

[경우 1] 첫째 아이 또는 셋째 아이가 엄마의 오른쪽 바로 옆에 앉는 경우

[경우 2] 넷째 아이가 엄마의 오른쪽 바로 옆에 앉는 경우

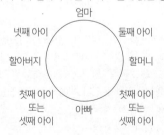

따라서 경우 1, 2에서 모두 첫째 아이와 셋째 아이 사이에 할아버지가 앉지 않으므로 항상 옳지 않은 설명이다.

오답 체크

① 경우 2에 따르면 첫째 아이는 엄마 바로 옆에 앉지 않을 수도 있으므로 항상 옳지 않은 설명은 아니다.

② 경우 1, 2에 따르면 셋째 아이는 할머니의 왼쪽 바로 옆에 앉을 수도 있으므로 항상 옳지 않은 설명은 아니다.

③ 경우 1, 2에 따르면 엄마의 왼쪽 바로 옆에는 둘째 아이가 앉아 있으므로 항상 옳은 설명이다.

⑤ 경우 1에 따르면 할아버지의 오른쪽 바로 옆에 둘째 아이가 앉을 수도 있으므로 항상 옳지 않은 설명은 아니다.

23 문제해결능력 정답 ③

제시된 조건에 따르면 모든 약국이 근무하는 요일은 목요일, 일요일이므로 각 약국은 월요일, 화요일, 수요일, 금요일, 토요일 중에 적어도 1개의 주별 휴무일이 존재한다. 또한, A 약국과 D 약국의 주별 휴무일은 금요일 이후로 금요일 또는 토요일이고 주별 근무일 수가 가장 적은 약국은 C 약국이므로 월요일부터 수요일까지 주별 휴무일은 B 약국이 1개, C 약국이 2개 존재한다. B 약국의 주별 휴무일에 따라 가능한 경우는 다음과 같다.

[경우 1] B 약국의 주별 휴무일이 월요일인 경우

구분	월요일	화요일	수요일	금요일	토요일
약국	B	C	C	A 또는 D	A 또는 D

[경우 2] B 약국의 주별 휴무일이 화요일인 경우

구분	월요일	화요일	수요일	금요일	토요일
약국	C	B	C	A 또는 D	A 또는 D

[경우 3] B 약국의 주별 휴무일이 수요일인 경우

구분	월요일	화요일	수요일	금요일	토요일
약국	C	C	B	A 또는 D	A 또는 D

따라서 C 약국은 화요일 이전에 주별 휴무일이 있으므로 항상 옳은 설명이다.

오답 체크

① A 약국은 토요일에 주별 휴무일이 있을 수 있으므로 항상 옳은 설명은 아니다.

② B 약국은 월요일 또는 화요일 또는 수요일에 주별 휴무일이 있으므로 항상 옳지 않은 설명이다.

④ D 약국은 토요일에 주별 휴무일이 있을 수 있으므로 항상 옳은 설명은 아니다.

⑤ 주별 휴무일 수가 2개인 약국은 C 약국 1곳이므로 항상 옳지 않은 설명이다.

24 문제해결능력 정답 ⑤

제시된 자료에 따르면 Y 씨는 명세서와 도면, 요약서를 국어로 총 35면 작성하여 1건의 실용신안을 출원하고자 하며, 서면으로 실용신안을 출원한다고 하였으므로 [출원 수수료]에 따라 30,000원의 기본료에 20면을 초과하는 15면에 대한 1,000 × 15 = 15,000원의 가산료를 더해 30,000 + 15,000 = 45,000원의 출원 수수료를 납부해야 한다. 또한, Y 씨는 청구범위가 5개 항으로 구성된 명세서로 실용신안에 대한 심사까지 함께 청구하였으므로 [심사청구 수수료]에 따라 기본료 71,000원에 청구범위 5항에 대한 19,000 × 5 = 95,000원의 가산료를 더해 71,000 + 95,000 = 166,000원의 심사청구 수수료를 납부해야 한다.

따라서 Y 씨가 납부해야 할 수수료의 총액은 45,000 + 166,000 = 211,000원이다.

25 문제해결능력 정답 ⑤

'4. 지원 기준'에 따르면 교체 변압기 자재 가격인 25,600원/kVA, 저압 차단기 자재 가격인 1,440원/AF를 지원해 F 아파트의 노후변압기 교체 비용으로 (25,600 × 3,000 × 5) + (1,440 × 30 × 10) = 384,000,000 + 432,000 = 384,432,000원이 필요하며, 그중 ○○공사는 교체 변압기·저압 차단기 자재 가격의 최대 50%까지 지원하여 F 아파트가 지원받을 수 있는 최대 금액은 384,432,000 × 0.5 = 192,216,000원으로 2억 원을 넘지 않으므로 옳은 설명이다.

오답 체크

① '2. 지원 대상'에 따르면 노후변압기 교체 지원 사업에 선정되기 위해서는 변압기 설치 후 15년 이상 경과해야 하고, 세대당 계약전력이 5kW 이하이면서 서울 및 6대 광역시에 위치하는 아파트의 매매 가격이 5.7억 원 이하에 해당되어야 한다. 따라서 노후변압기 교체 대상에 해당하지 않는 아파트는 변압기 설치 후 경과 기간이 13년인 D 아파트와 세대당 계약전력이 6kW인 C 아파트 총 2개이므로 옳지 않은 설명이다.

② '4. 지원 기준'에 따르면 교체 변압기 자재 가격인 25,600원/kVA, 저압 차단기 자재 가격인 1,440원/AF를 지원해 A 아파트의 교체 변압기 교체 비용으로 25,600 × 4,500 × 2 = 230,400,000원이 필요하며, 그중 최대 80%까지 지원받아 A 아파트가 납부할 최소 금액은 교체 변압기 총 자재 가격의 20%인 230,400,000 × 0.2 = 46,080,000원으로 5천만 원 이하이므로 옳지 않은 설명이다.

③ '4. 지원 기준'에 따르면 교체 변압기 자재 가격인 25,600원/kVA, 저압 차단기 자재 가격인 1,440원/AF를 지원해 B 아파트의 노후변압기 교체 비용으로 (25,600 × 1,200 × 5) + (1,440 × 50 × 6) = 153,600,000 + 432,000 = 154,032,000원이 필요하며, 그중 최대 80%까지 지원받아 B 아파트가 지원받을 수 있는 최대 금액은 154,032,000 × 0.8 = 123,225,600원으로 1억 5천만 원 이하이므로 옳지 않은 설명이다.

④ '2. 지원 대상 - 1)'에 따르면 변압기 설치 후 15년 이상 경과한 아파트가 지원 대상에 해당되지만, D 아파트의 변압기 설치 후 경과 기간은 20X1년 기준으로 13년이므로 옳지 않은 설명이다.

26 문제해결능력 정답 ①

4문단에 따르면 궐련 기준 성인 남자 현재 흡연율은 꾸준히 감소해 2020년 34.0%로 최저치를 나타냈다고 하였음에 따라 2019년 성인 남자의 궐련 흡연율은 34.0%보다 많으므로 옳지 않은 내용이다.

오답 체크

② 2문단에 따르면 2020년 남자의 비만유병률 48.0%는 2019년 대비 6.2%p 증가한 수치임에 따라 2019년 남자의 비만유병률은 48 - 6.2 = 41.8%이고, 2020년 여자의 비만유병률 27.7%는 2019년 대비 2.7%p 증가한 수치임에 따라 2019년 여자의 비만유병률은 27.7 - 2.7 = 25.0%이므로 옳은 내용이다.

③ 5문단에 따르면 과일류 섭취량은 2020년 121g, 2019년 135g임에 따라 전년 대비 2020년 과일류 섭취량의 감소율은 {(135 - 121) / 135} × 100 ≒ 10.4%이므로 옳은 내용이다.

④ 1문단에 따르면 국민건강영양조사는 건강증진법 제16조에 근거하여 흡연, 음주, 영양, 만성질환 등 250여 개 보건지표를 산출하는 대표적인 건강통계조사로 1998년에 도입하여 매년 만 1세 이상 약 1만 명을 대상으로 실시하고 있으므로 옳은 내용이다.

⑤ 3문단에 따르면 2020년 고콜레스테롤혈증 유병률의 경우 40대 남자는 2019년 20.4%에서 7.8%p 증가하였음에 따라 2020년 40대 남자의 고콜레스테롤혈증 유병률은 20.4 + 7.8 = 28.2%이므로 옳은 내용이다.

27 문제해결능력 정답 ④

제시된 자료에 따르면 갑은 본인의 7월 지출 내역과 카드 정보를 토대로 할인 금액이 가장 높은 카드를 조사한다. 이때, 최종 할인 금액은 할인 금액에서 연회비를 12로 나눈 금액을 차감하여 계산하므로 각 카드별 할인 금액에서 차감해야 하는 연회비는 A 카드가 2,000원, B 카드가 3,000원, C 카드가 1,000원, D 카드가 1,500원, E 카드가 2,500원이다. 또한, [갑의 7월 지출 내역]에 따라 각 지출 내역별 할인받을 수 있는 카드는 다음과 같다.

사용 일자	내역	결제 장소	비고	할인 카드
7월 1일	아메리카노	커피 전문점		A, B
7월 7일	커트	헤어샵		D
7월 10일	입장료	놀이공원		E
7월 13일	영화관람권	영화관	간편 결제	A, C, E
7월 16일	햄버거 세트	패스트푸드 전문점		A
7월 18일	홈트 용품	온라인 쇼핑몰		B
7월 21일	영화관람권	영화관	간편 결제	A, C, E
7월 25일	휘발유 주유	주유소	34L	D
7월 29일	카페라테	커피 전문점		A, B
7월 30일	휴대폰 요금	◇◇통신사		B, C, D

이때, 7월 30일에 사용한 휴대폰 요금 59,000원을 C 카드의 월간 할인 혜택으로 할인받는 경우 월간 최대 할인 금액인 5,000원을 초과하므로 휴대폰 요금 59,000원에 대해 C 카드로 할인받는 금액은 5,000원이다. 이에 따라 카드별 최종 할인 금액은 다음과 같다.

구분	할인 내역
A 카드	$\{(4,000 \times 0.5) + (10,000 \times 0.1) + (8,000 \times 0.3)$ $+ (10,000 \times 0.1) + (6,000 \times 0.5)\} - 2,000 = 7,400$원
B 카드	$\{(4,000 \times 0.5) + (50,000 \times 0.07) + (6,000 \times 0.5)$ $+ (59,000 \times 0.1)\} - 3,000 = 11,400$원
C 카드	$(2,500 + 2,500 + 5,000) - 1,000 = 9,000$원
D 카드	$\{(20,000 \times 0.2) + (34 \times 100) + (59,000 \times 0.1)\} - 1,500$ $= 11,800$원
E 카드	$\{(40,000 \times 0.3) + 1,000 + 1,000\} - 2,500 = 11,500$원

따라서 갑이 발급받은 카드는 D 카드이다.

28 문제해결능력   정답 ④

'3. 업무처리 절차안내'에 따르면 요금 상계거래 신청에 따른 업무처리는 저압 에너지 발전설비의 경우 신청일로부터 13일, 고압 에너지 발전설비의 경우 신청일로부터 28일 소요된다고 하였으며, 소요일에는 접속설비공사 발생 시 공사시간, 전기안전공사에서 수행하는 사용 전 점검 수행일이 포함되지 않으므로 옳지 않은 내용이다.

오답 체크

① '5. 매출부가가치세 신고방법'에 따르면 과세사업자는 부가가치세법 제16조에 따라 부가가치세 신고 시 한전이 매입한 잉여 전력량에 대한 매출세금계산서를 한전에 교부하고 국세청에 신고해야 하므로 옳은 내용이다.

② '2. 요금 상계거래 신청안내'에 따르면 요금 상계거래 신청을 위해서는 요금 상계거래 신청서 및 기타 구비서류를 우편, 팩스, 내방의 방법으로 제출하거나 인터넷을 통한 사이버지점에 제출할 수 있으며, 이때 기타 구비서류에는 발전설비 위치도, 발전설비 시험성적서, 내선설계 도면이 있으므로 옳은 내용이다.

③ '4. 전기요금계산 기준'에 따르면 부가가치세법상 전기요금은 고객이 실제로 한전에서 수전한 전력량이 기준이 되는 상계 전의 공급가액과 부가가치세가 산정되어 청구서상의 청구금액과 매입세금계산서의 공급가액은 서로 다르다고 하였으므로 옳은 내용이다.

⑤ '1. 상계거래란?'에 따르면 전기 사용장소와 같은 장소에서 1,000kW 이하의 태양에너지 발전설비를 설치한 고객의 경우 자가소비하고 난 이후 잉여 전력을 한전에 공급하고 그 잉여 전력량을 고객이 한전으로부터 공급받은 전력량에서 상계한다고 하였으므로 옳은 내용이다.

29 문제해결능력   정답 ①

'3. 정보공개의 청구권자'에 따르면 외국인 중에서도 국내에 일정한 주소를 갖고 거주 중인 자, 국내에 사무소를 두고 있는 법인이나 단체뿐 아니라 학술이나 연구를 위해 일시적으로 체류 중인 자도 정보공개를 청구할 권리를 가지므로 옳지 않은 내용이다.

오답 체크

② '1. 정보공개제도란?'에 따르면 정보공개는 공공기관이 직무상 작성 및 취득하여 관리하고 있는 정보를 국민의 청구에 의하여 열람, 사본, 복제 형태로 공개되는 것을 말하므로 옳은 내용이다.

③ '5. 공공기관의 의무'에 따르면 공공기관은 청구인의 편의를 위해 정보공개 주관 부서를 지정해야 할 뿐 아니라 이를 표시해야 할 의무가 있으므로 옳은 내용이다.

④ '4. 정보공개대상'에 따르면 공공기관이 직무상 작성 또는 취득하여 관리하고 있는 문서나 도면, 사진, 필름 또는 컴퓨터에 의하여 처리되는 매체 등에 기록된 사항이 포함되므로 옳은 내용이다.

⑤ '5. 공공기관의 의무'에 따르면 행정자치부장관은 적극적으로 정보를 제공하기 위해 하는 노력의 일환으로 공공기관이 제공한 정보의 이용 편의를 위해 종합목록의 발간 및 기타 필요한 조치를 취해야 하므로 옳은 내용이다.

30 문제해결능력   정답 ④

제28조 제1항 제3호에서 공무원은 직무관련자에게 경조사를 알려서는 안 되지만 신문, 방송 또는 현재 근무하고 있거나 과거에 근무했던 기관의 임직원만 열람 가능한 내부 통신망을 통해서는 알려도 된다고 하였으므로 공무원이 직무관련자에게 경조사를 알리기 위해 내부 직원만 열람할 수 있는 통신망으로 경조사를 통지해서는 안 되는 것은 아님을 알 수 있다.

오답 체크

① 제14조 제1항 제1호에서 직무와 관련된 사람에게 대가를 받고 개인적으로 노무 또는 조언·자문을 제공하는 행위를 해서는 안 된다고 하였으므로 적절하다.

② 제4조 제1항에서 공무원은 법령을 지키고 공정하고 성실하게 직무를 수행해야 하며, 부패행위나 품위를 손상하는 행위는 일절 해서는 안 된다고 하였으므로 적절하다.

③ 제11조 제2항에서 계약 업무를 담당하는 공무원은 본인과 본인의 가족이 위원회와 수의계약을 체결하도록 해서는 안 된다고 하였으므로 적절하다.

⑤ 제15조에서 공무원은 공무 활동 예산을 지급 목적에 맞게 사용해야 한다고 하였으므로 적절하다.

31 자원관리능력   정답 ③

교체용 모니터의 필요 수량만큼 기존 모니터 22인치 1개, 24인치 10개, 27인치 8개를 중고가 보장 비율로 판매한 총금액은 다음과 같다.

구분	가격
22인치	$169,000 \times 0.5 \times 1 = 84,500$원
24인치	$218,000 \times 0.7 \times 10 = 1,526,000$원
27인치	$259,000 \times 0.6 \times 8 = 1,243,200$원
총 판매 금액	$84,500 + 1,526,000 + 1,243,200 = 2,853,700$원

교체용 모니터를 구매하는 데 필요한 총금액은 다음과 같다.

구분	가격
22인치	351,000 × 1 = 351,000원
24인치	394,000 × 10 = 3,940,000원
27인치	462,000 × 8 = 3,696,000원
총 구매 금액	351,000 + 3,940,000 + 3,696,000 = 7,987,000원

따라서 교체용 모니터를 구매한 금액과 기존 모니터를 판매한 금액의 차는 7,987,000 − 2,853,700 = 5,133,300이다.

[32~33]
32 자원관리능력 　　　　　　　　　　　정답 ③

대관목적은 창립 기념일 행사이고, 참석인원은 100명임에 따라 [기본시설 대관료]에서 사용목적이 전시인 제3전시실과 수용인원이 70명인 제2전시실은 조건을 충족하지 못한다. 행사일시는 평일 13:00~18:00이므로 대강당과 소강당에서 행사 진행 시 오후 시간에 1시간을 초과해 사용해야 하고, 행사 당일 8:00~12:00에 리허설 및 행사 준비가 있어 대강당과 소강당에서 행사 진행 시 오전 시간도 이용해야 한다. 이때, 공연·행사·전시를 위한 리허설 및 행사 준비·철거 작업 시에는 전기 및 냉/난방 사용료를 제외한 대관료의 50%를 감면하며, 기본시설 대관 기준 시간을 2시간 미만 초과하여 이용 시 기본시설 대관료의 20%를 가산하고, 2시간 이상 초과하여 이용 시 기본시설 대관료의 100%를 가산한다. 제1전시실에서 행사 진행 시 대관 기준 시간이 종일임에 따라 별도의 추가 대관료 없이 기본시설 대관료로 이용할 수 있다. 또한, 전기 및 냉/난방 사용료도 강당의 전기 및 냉/난방 사용료는 대관 기준 시간인 오전, 오후, 야간 중 1회 사용료 기준이며, 전시실의 전기 및 냉/난방 사용료는 1일 기준이므로 대강당과 소강당에서 행사 진행 시 2회 사용료를 지불하여야 한다. 이에 따라 대강당, 소강당, 제1전시실의 기본시설 대관료와 전기 및 냉/난방 사용료는 다음과 같다.

구분	기본시설 대관료	전기 및 냉/난방 사용료	기본시설 대관료와 전기 및 냉/난방 사용료의 총액
대강당	(100,000 × 0.5) + (110,000 × 1.2) = 182,000원	(80,000 + 100,000) × 2 = 360,000원	182,000 + 360,000 = 542,000원
소강당	(50,000 × 0.5) + (60,000 × 1.2) = 97,000원	(40,000 + 50,000) × 2 = 180,000원	97,000 + 180,000 = 277,000원
제1전시실	110,000원	85,000 + 100,000 = 185,000원	110,000 + 185,000 = 295,000원

기본시설 대관료와 전기 및 냉/난방 사용료의 총액이 가장 저렴한 시설은 소강당이다.
따라서 귀하가 지불해야 할 기본시설 대관료와 전기 및 냉/난방 사용료의 총액은 277,000원이다.

33 자원관리능력 　　　　　　　　　　　정답 ③

부속설비 사용료는 강당과 전시실에 관계없이 대관 기준 시간인 오전, 오후, 야간 중 1회 사용료 기준이다. 이에 따라 1일 전체 이용 시 3회 사용료가 부과되고, 2시간 미만 초과하여 사용 시 부속설비 사용료의 20%를 가산하고, 2시간 이상 초과하여 사용 시 부속설비 사용료의 100%를 가산한다. 이때, 기본시설 대관은 소강당으로 대관이 진행되므로 부속설비 또한 오후 1회 사용료에 1시간 초과 사용료를 가산해야 하고, 행사 당일 8:00~12:00에 리허설 및 행사 준비가 있으므로 오전 1회 사용료도 추가해야 한다. 또한, 빔프로젝트 사용 시 스크린 사용료는 빔프로젝트 사용료에 포함되므로 사용료를 지불해야 할 부속설비 목록은 음향재생기, 1채널 무선마이크, 빔프로젝트이고, 총 2.2회분의 사용료를 지불해야 한다.
따라서 귀하가 지불해야 하는 부속설비 사용료의 총액은 (5,000 + 10,000 + 20,000) × 2.2 = 77,000원이다.

34 자원관리능력 　　　　　　　　　　　정답 ④

[○○공사 최종 면접 평가표]에 따르면 직업기초능력면접의 평가 점수는 각 평가항목별 평가등급 점수에 가중치를 곱한 점수의 총합으로 구한다. 이에 따라 지원자별 직업기초능력면접 점수는 다음과 같다.

구분	직업기초능력면접 점수
갑	(40 × 0.30) + (32 × 0.25) + (40 × 0.25) + (40 × 0.20) = 38점
을	(32 × 0.30) + (16 × 0.25) + (24 × 0.25) + (32 × 0.20) = 26점
병	(24 × 0.30) + (24 × 0.25) + (40 × 0.25) + (24 × 0.20) = 28점
정	(32 × 0.30) + (32 × 0.25) + (24 × 0.25) + (24 × 0.20) = 28.4점
무	(16 × 0.30) + (32 × 0.25) + (40 × 0.25) + (32 × 0.20) = 29.2점

또한 가점 항목에서 을은 기초생활수급자이므로 5점을 받고 병은 19년 1월 이전 체험형 인턴 수료자에 해당하지 않으므로 0점을 받으며, 무는 장애인이므로 10점을 받으므로 지원자별 최종 면접 평가 점수는 다음과 같다.

구분	직업기초능력 면접 점수	직무수행능력 면접 점수	관찰면접 점수	가점 점수	최종 점수
갑	38	24	24	0	86점
을	26	18	30	5	79점
병	28	30	탈락	0	탈락
정	28.4	30	30	0	88.4점
무	29.2	12	18	10	69.2점

따라서 면접별 평가 점수와 가점의 합인 최종 점수가 가장 높은 정이 최종 합격한다.

35 자원관리능력　　　　　　　　　정답 ⑤

다태아를 출산한 경우 총 120일의 보호휴가를 받을 수 있으며, 출산 보호휴가는 산전과 산후로 휴가일을 분할하여 사용할 수 있고, 산후휴가일이 60일 이상이 되도록 배치해야 하므로 적절하지 않다.

[오답 체크]
① 임신기간이 16주 이상 21주 이내였던 임산부가 임신 후 유산 또는 사산으로 요양이 필요하여 특별 휴가를 청구하는 경우 보호휴가로 유산 또는 사산한 날부터 30일의 휴가 일수를 받으므로 적절하다.
② 수재, 화재, 붕괴, 폭발 등의 재해 또는 재난 발생 시 재해휴가로 5일 이내의 휴가 일수를 받으므로 적절하다.
③ 보건휴가 외에 임산부가 정기건강진단 시간을 청구하는 경우, 임신 28주까지 4주마다 1일, 임신 29주에서 36주까지 2주마다 1일, 임신 37주 이후 1주마다 1일을 추가로 허용하므로 적절하다.
④ 본인의 부모가 사망하였을 경우 경조사휴가로 7일을 받고, 배우자의 부모가 사망한 경우 경조사휴가로 4일을 받으므로 적절하다.

[36 – 37]
36 자원관리능력　　　　　　　　　정답 ④

[사내 강사 임금 규정]에 따르면 다음 해 사내 강사 시급의 인상률 또는 인하율은 당해 강의 평가 점수를 기준으로 결정하며, 강의 평가 점수가 2년 연속 4.5점 이상인 경우, 다음 해 시급의 인상률에서 1%p를 추가로 가산하고, 강의 평가 점수가 2년 연속 4.0점 미만인 경우, 다음 해 시급의 인하율에서 2%p를 추가로 가산해 결정한다. 2022년 A 강사의 시급 인상률은 2021년 대비 {(39,900 − 38,000) / 38,000} × 100 = 5%로 2021년 강의 평가 점수는 4.5점 이상이고, 2021년 강의 평가 점수는 4.1점이므로 2022년 시급은 2021년 대비 3% 인상되어 39,900 × 1.03 = 41,097원이다. 이때, 2021년 C 강사의 시급 인상률은 2020년 대비 {(51,500 − 50,000) / 50,000} × 100 = 3%로 2021년 강의 평가 점수는 4.0점 이상 4.5점 미만이며, 2021년 강의 평가 점수는 4.8점이므로 2022년 시급은 2021년 대비 5% 인상되어 51,500 × 1.05 = 54,075원이므로 옳지 않은 내용이다.

[오답 체크]
① 2022년 E 강사의 시급이 43,610원으로 결정되었다면 2022년 E 강사의 시급은 전년 대비 {(44,500 − 43,610) / 44,500} × 100 = 2% 인하되었고, 2020년과 2021년 시급은 동결임에 따라 E 강사의 강의 평가 점수가 2년 연속 4.0점 미만인 경우에 해당하며, 인하율이 3%가 아님에 따라 E 강사의 2021년 강의 평가 점수는 3.0점 이상이므로 옳은 내용이다.
② 2021년 A 강사의 시급 인상률은 2020년 대비 {(39,900 − 38,000) / 38,000} × 100 = 5%로 2020년 A 강사의 강의 평가 점수는 4.5점 이상임에 따라 2019년 A 강사의 강의 평가 점수가 4.5점 이상이라면 2021년 A 강사의 시급 인상률은 1%p가 추가로 가산되어야 하지만, 2021년 A 강사의 시급 인상률은 2020년 대비 5%임에 따라 2019년 A 강사의 강의 평가 점수는 4.5점 미만이므로 옳은 내용이다.

③ 2021년 B 강사의 강의 평가 점수가 3.9점이라면, B 강사의 2020년과 2021년 강의 평가 점수는 2년 연속 4.0점 미만이 되어 다음 해 시급의 인하율에서 2%p가 추가로 가산되고, 2021년 강의 평가 점수 기준 B 강사의 시급은 동결임에 따라 2022년 B 강사의 시급은 전년 대비 2% 인하된 35,550 × 0.98 = 34,839원이므로 옳은 내용이다.
⑤ 2021년 D 강사의 시급은 2020년 D 강사의 강의 평가 점수가 4.5점 이상임에 따라 시급이 전년 대비 5% 인상된 39,000 × 1.05 = 40,950원으로 2021년 시급이 40,000원 이상인 사내 강사는 C 강사, D 강사, E 강사 총 3명이므로 옳은 내용이다.

37 자원관리능력　　　　　　　　　정답 ④

자사의 강의 평가 점수는 5점 만점으로 평가하나, 타사의 강의 평가 점수는 4.5점 만점으로 평가함에 따라 자사의 강의 평가 점수에 10 / 9를 곱한 값을 강의 평가 조정 점수로 하므로 F 강사의 강의 평가 조정 점수는 2020년에 4.0 × 10 / 9 ≒ 4.44점, 2021년에 4.1 × 10 / 9 ≒ 4.56점이다. 강의 평가 조정 점수로 사내 강사 임금 규정을 적용함에 따라 F 강사는 2021년 강의 평가 점수가 4.5점 이상이므로 시급이 5% 인상되고, 2년 연속 4.5점 이상이 아니므로 추가로 가산되는 인상률은 없다.
따라서 F 강사의 2022년 시급은 48,000 × 1.05 = 50,400원이다.

[38 – 39]
38 자원관리능력　　　　　　　　　정답 ⑤

[국가별 그리니치 표준시 기준 시차]에 따르면 베이징의 현지 시각은 워싱턴 D.C. 현지 시각보다 13시간 빠르므로 워싱턴 D.C. 현지 시각으로 27일 오전 10시에 샘플을 수령하면 베이징 현지 시각으로 27일 오후 11시에 수령한 것과 같으며, [국가 간 비행 노선 및 소요 시각]에서 베이징을 출발하여 워싱턴 D.C.에 도착하는 데 필요한 비행 소요 시간이 11시간 20분이므로 현지 시각으로 27일 오전 11시 40분에 발송하여야 한다.
따라서 베이징 공장에서 샘플을 발송해야 하는 현지 시각은 27일 오전 11시 40분이다.

39 자원관리능력　　　　　　　　　정답 ③

B 과장은 서울에서 출발하여 워싱턴 D.C.에서 열리는 자사 신제품 박람회에 참관하였으나, [국가 간 비행 노선 및 소요 시각]에 따르면 서울을 출발하여 워싱턴 D.C.에 도착하는 비행 노선은 존재하지 않는다. 이에 따라 베이징 또는 모스크바에서 환승을 하여야 하며, 비행에 최소 시간을 소요하였으므로 비행 소요 시간이 더 짧은 서울 – 베이징 – 워싱턴 D.C. 노선을 탑승한다. 이때, 베이징 현지 시각은 서울의 현지 시각보다 1시간 느리고, 워싱턴 D.C.의 현지 시각은 베이징 현지 시각보다 13시간 느리며, 워싱턴 D.C.의 현지 시각은 모스크바의 현지 시각보다 8시간 느리다. 이에 따라 서울에서 현지 시각으로 5월 2일 오후 2시에 출발한 B 과장은 베이징 현지 시각으로 5월 2일 오후 1시에 출발한 것과 같으며, 서울에서 베이징까

지 비행 소요 시간이 2시간 10분이므로 베이징에 5월 2일 오후 3시 10분에 도착한다. 이때, 비행 노선의 환승에 소요되는 시간은 출발지와 도착지에 관계없이 4시간으로 일정하므로 베이징에서 현지 시각으로 5월 2일 오후 7시 10분에 워싱턴 D.C.로 출발하며, 이는 워싱턴 D.C. 현지 시각으로 5월 2일 오전 6시 10분에 출발한 것과 같다. 베이징에서 워싱턴 D.C.까지 비행 소요 시간이 11시간 20분이므로 B 과장이 워싱턴 D.C.에 도착한 시각은 현지 시각으로 5월 2일 오후 5시 30분이다. B 과장은 워싱턴 D.C.에서 열리는 자사 신제품 박람회를 참관하고 하루 숙박한 뒤, 현지 시각으로 다음 날 오전 9시에 비행기에 탑승하여 모스크바에 방문하였으므로 워싱턴 D.C.에서 현지 시각으로 5월 3일 오전 9시에 출발하며, 이는 모스크바 현지 시각으로 5월 3일 오후 5시에 출발하는 것과 같다. 워싱턴 D.C.에서 모스크바까지 비행 소요 시간이 17시간 10분이므로 B 과장이 모스크바에 도착하는 시각은 현지 시각으로 5월 4일 오전 10시 10분이었으며, 모스크바 공장을 5시간 동안 확인하고 곧바로 서울로 귀국하였으므로 모스크바 공장에서 5월 4일 오후 3시 10분에 출발한다. 이는 서울 현지 시각으로 5월 4일 오후 9시 10분에 출발하는 것과 같으며, 모스크바에서 서울까지 비행 소요 시각은 9시간 25분이다.

따라서 B 과장이 서울에 귀국한 현지 시각은 5일 오전 6시 35분이다.

40 자원관리능력   정답 ④

기획부의 필요인원은 2명이고, 기획부를 1지망으로 작성한 신입사원은 F 1명이므로 F는 기획부에 배치된다. 이때, 기획부를 2지망으로 작성한 신입사원은 A와 D 2명이지만 기획부의 남은 필요인원은 1명이므로 기획부를 2지망으로 작성한 신입사원 중 연수과정 평가 성적이 83점으로 가장 높은 A가 배치된다.

따라서 기획부에 배치되는 신입사원은 A와 F이므로 옳지 않은 내용이다.

오답 체크

① 회계부를 1지망으로 작성한 신입사원은 C와 E 2명으로 회계부의 필요인원인 4명보다 적어 모두 회계부에 배치되었으므로 옳은 내용이다.
② 인사부의 필요인원은 1명이고, 인사부를 1지망으로 작성한 신입사원은 A, B, D, G 4명이므로 인사부를 1지망으로 작성한 신입사원 중 연수과정 평가성적이 93점으로 가장 높은 G가 배치되므로 옳은 내용이다.
③ 1지망과 2지망으로 작성한 부서에 배치되지 못한 신입사원은 1지망에 인사부, 2지망에 기획부를 작성하였으나 회계부에 배치되는 D 1명이므로 옳은 내용이다.
⑤ 1지망 부서 배치 후 부서별 필요인원이 모두 배치되는 부서는 인사부 1개이므로 옳은 내용이다.

41 정보능력   정답 ③

4문단에서 고정밀 지도를 제작하기 위해서는 데이터 취득과 데이터 후처리 과정이 필요한데, 도로의 실시간 상황이나 주행하는 도로의 주변 지형과 관련된 데이터를 취득한 후 하드웨어 센서들로 후처리된다고 하였으므로 가장 적절하지 않다.

오답 체크

① 1문단에서 고정밀 지도는 오차 범위를 10cm 이하로 유지할 수 있도록 실제 거리와 지도상의 거리가 1:1에 근접한 비율로 제작된다고 하였으므로 적절하다.
② 5문단에서 고정밀 지도는 같은 도로를 여러 번 주행한 수많은 차량의 데이터를 합산하여 지도의 정확성을 비롯한 품질을 향상시킨다고 하였으므로 적절하다.
④ 5문단에서 제공 데이터를 동적 정보와 정적 정보로 구분한 후 주행을 위해 실시간 공유가 필요한 동적 정보만 셀룰러 네트워크를 통해 전달하여 비용 문제를 해결할 수 있다고 하였으므로 적절하다.
⑤ 3문단에서 하드웨어 센서만으로는 기상 조건이나 도로 현황과 같은 정보를 얻기 힘들 때가 있어 자율 주행에 활용하기 어렵다고 하였으므로 적절하다.

42 정보능력   정답 ④

1문단에서 알파넷은 연구 기관이나 교육 기관에서 사용되는 등 사용 계층이 점차 확대되면서 원격 로그인이나 이메일, 파일 전송, 정보 교환 등의 기능을 갖추기 시작했다고 하였으므로 가장 적절하지 않다.

오답 체크

① 4문단에서 알파넷이 개발된 초기에는 개방형 표준 통신규약이 마련되어 있지 않아 제조업체가 서로 다른 컴퓨터들은 상호 연결이 어려웠다고 하였으므로 적절하다.
② 3문단에서 1969년 미국 캘리포니아 대학 연구팀이 2대의 컴퓨터를 케이블로 연결하여 정보를 송수신한 것은 최초의 컴퓨터 통신이었으며, 이는 기존 회로 연결 방식을 패킷 교환 방식으로 전환하는 데 미친 영향이 크다고 하였으므로 적절하다.
③ 5문단에서 1980년대 초 여러 대의 컴퓨터를 연결하는 데 사용하기 위해 패킷 프로토콜인 TCP/IP 프로토콜이 개발되었으며, 이후에 현재 인터넷 주소에 사용되는 인터넷 도메인 시스템이 개발되었다고 하였으므로 적절하다.
⑤ 3문단에서 최초의 패킷 교환이 이루어진 1969년에 회로 연결 교환 방식에서 벗어날 수 있었다고 하였고, 4문단에서 기존에 회로를 연결하여 데이터를 교환할 때는 송신 측과 수신 측의 데이터 속도가 서로 동일해야 송수신이 가능했다고 하였으므로 적절하다.

43 정보능력   정답 ①

[비품 관리 번호 부여 방식]에 따르면 구입 연월 코드가 2008이므로 구입 연월은 2020년 8월이고, 구입 부서가 회계부이므로 구입 부서 코드는 04이며, 구입한 비품은 가구 및 관련 비품의 의자이므로 [비품 종류]는 B01이다. 또한, 일련번호는 015이므로 2020년 8월에 회계팀에서 15번째로 구입한 의자임을 알 수 있다.
따라서 폐기 신청한 비품을 구입한 연도는 2020년이므로 가장 적절하지 않다.

44 정보능력   정답 ②

[비품 관리 번호 부여 방식]에 따르면 비품 관리 번호는 [구입 연월]-[구입 부서]-[비품 종류]-[일련번호] 순으로 배열되고, 일련번호는 001부터 시작하여 각 구입 부서의 비품 종류별 구입 순서대로 3자리의 번호가 매겨지며, 구입 연월에 따라 번호가 갱신된다. 이에 따라 '구분 4'의 6월 8일에 회계부에서 구입한 스테이플러는 회계부에서 6월에 처음으로 구입한 스테이플러이므로 비품 관리 번호는 '2306-04-A03-001'이고, '구분 12'의 6월 25일에 기획부에서 구입한 의자는 기획부에서 6월에 처음으로 구입한 의자이므로 비품 관리 번호는 '2306-03-B01-001'이다.
따라서 부여된 비품 관리 번호가 적절하지 않은 것의 개수는 2개이다.

45 정보능력   정답 ④

'1) 접두부 3자리(979) → 2) 국별번호 2자리(11) → 3) 발행자번호 5자리(34521) → 4) 서명식별번호 2자리(72) → 5) 체크기호 1자리(1)'로 구성된 총 13자리의 ISBN과 '1) 독자대상기호 1자리(1) → 발행형태기호 1자리(0) → 내용분류기호 3자리(730)'로 구성된 총 5자리의 부가기호가 결합하여 생성된 유효한 ISBN 바코드이므로 가장 적절하다.

오답 체크

① ISBN의 국별번호는 접두부가 978인 경우 89를, 979인 경우 11을 사용한다고 하였으므로 적절하지 않다.
② ISBN 뒤에 추가되는 부가기호는 5자리라고 하였으므로 적절하지 않다.
③ ISBN의 체크기호는 12자리 숫자 중 짝수 번째 숫자의 합에 3을 곱한 값에 홀수 번째 숫자를 모두 더한 값을 추가로 더하여 10의 배수로 만드는 최소 숫자이기 때문에 체크기호 자리에 들어갈 숫자는 6이 아닌 9이므로 적절하지 않다.
⑤ 하나의 ISBN에서 발행자번호와 서명식별번호는 총 7자리로 구성된다고 하였으므로 적절하지 않다.

46 정보능력   정답 ②

3문단에서 텍스트 마이닝은 사람이 말하는 언어와 같은 비정형 텍스트 데이터에서 패턴이나 관계 등을 추출하여 가치와 의미를 지닌 정보를 찾아내는 자연어 처리 기술을 기반으로 한다고 하였으므로 가장 적절하다.

오답 체크

① 2문단에서 데이터 마이닝의 활용을 위해서는 신뢰도 높은 데이터가 충분히 있어야 하며, 방대한 양의 자료보다는 최적의 결과를 추출할 수 있는 의미 있는 자료가 확보되어야 한다고 하였으므로 적절하지 않다.
③ 4문단에서 비정형화된 텍스트에서 유사한 의미를 지닌 단어들을 한데 모아 주제를 예측하는 토픽 모델링 방법은 데이터 마이닝이 아닌 텍스트 마이닝에서 활용하는 기술이라고 하였으므로 적절하지 않다.
④ 1문단에서 오늘날 데이터의 형태가 다양해지고 규모가 방대해지는 빅데이터가 등장하면서 데이터 마이닝의 가치는 더욱 증가하고 있으며 빅데이터의 잠재 능력과 경제적인 컴퓨팅 기술 성장 속도와 비례하여 진화하고 있다고 하였으므로 적절하지 않다.
⑤ 1문단에서 마이닝에는 정형 데이터를 활용하는 데이터 마이닝, 비정형 데이터를 활용하는 텍스트 마이닝이 있으며, 이들은 모두 수량적 정보를 추출할 수 있는 개념이나 특성을 뽑아내 이들 간의 경향 또는 추세 등의 정보를 끄집어낸다고 하였으므로 적절하지 않다.

47 정보능력   정답 ⑤

[송 씨의 셋째 출생정보]에 따르면 송 씨의 셋째는 2023년 4월 27일생이므로 주민등록번호 앞 6자리는 230427이다. 이때 송 씨의 슬하에는 1남 2녀가 있으며 송 씨의 셋째에게는 여자 형제 1명과 남자 형제 1명이 있으므로 송 씨의 셋째는 여자임에 따라 주민등록번호 7번째 자리는 2000년대 이후 출생 여성에 해당하는 숫자 4가 들어간다.
따라서 송 씨의 셋째에게 부여되는 주민등록번호는 '230427-4300554'가 가장 적절하다.

48 정보능력   정답 ①

[핸드폰 코드 생성 방식]에 따라 1) 완성 월일 코드: 5월 10일(0510) → 2) CPU 코드: gA 익스트림(15G) → 3) 카메라 코드: 싱글 망원 슈퍼(02142) → 4) 용량 코드: 256GB(256) → 5) 생산 넘버 코드: 238번째(238) 순으로 배열되므로 5월 10일에 238번째로 완성된 gA 익스트림 싱글 망원 슈퍼 256GB 핸드폰의 코드는 '051015G02142256238'이 가장 적절하다.

49 정보능력 정답 ⑤

3문단에서 스위치가 MAC 주소 테이블을 이용해 포트에 패킷을 스위칭하는 과정에서 스위칭이 정상적으로 작동하지 못하도록 하는 공격이 스위치 재밍 공격이며, 스위치 재밍 공격은 네트워크 속도를 느려지게 함으로써 수신자와 공격자 모두에게 영향을 준다고 하였으므로 가장 적절하지 않다.

오답 체크

① 4문단에서 ARP 리다이렉트(Redirect) 공격은 주변 기기들에게 자신을 라우터로 인식시키기 위해 위조한 ARP 리플라이(Reply)를 주기적으로 전달하는 공격을 말한다고 하였으므로 적절하다.
② 2문단에서 수신 MAC 주소가 자신의 주소와 다르더라도 송수신자끼리 주고받는 데이터를 엿볼 수 있는 것이 스니핑 공격이며, 랜 카드를 프러미스큐어스 모드로 변경하면 쉽게 스니핑 공격이 가능하다고 하였으므로 적절하다.
③ 5문단에서 스니퍼 설치를 통해 네트워크에 접근하여 공격하는 스니핑 공격은 네트워크상에 눈에 띄는 특이 현상을 발생시키지 않아 공격 인지를 어렵게 한다고 하였으므로 적절하다.
④ 1문단에서 스니핑 공격은 아무 행동도 취하지 않고 다른 사람들의 대화를 엿들음으로써 비밀 정보를 캐낼 수 있는 것과 같이 가만히 있는 것만으로도 공격을 충분히 할 수 있어 수동적 공격으로도 여겨진다고 하였으므로 적절하다.

50 정보능력 정답 ④

ISO 27001은 조직 내에서 정보 유출 위험을 방지하기 위한 것이므로 가장 적절하지 않다.

> 🔍 **더 알아보기**
>
> ISO 27001
> 국제 표준화 기구(ISO)에서 만든 정보보안 표준으로, 정보보안 분야에서 가장 권위 있는 인증이며 정보보안 관리 시스템을 수립 및 구현하고 관리하기 위한 지침을 제공하는 것

전기 전공 정답·해설

01 전기	02 전기	03 전기	04 전기	05 전기	06 전기	07 전기	08 전기	09 전기	10 전기
①	①	⑤	①	①	②	⑤	④	④	④

11 전기	12 전기	13 전기	14 전기	15 전기					
⑤	①	②	⑤	①					

01 전기 　　　　　　　　　　　　정답 ①

희생양극법은 부식방지 구조물에 저전위 금속을 연결하면 두 금속
의 전위 차이로 인해 구조물 대신 저전위 금속이 소모되는 점을 이용
하여 구조물의 부식을 방지하는 데 사용하는 방법이므로 고장점 탐
색법으로는 적절하지 않다.

> **🔍 더 알아보기**
>
> 지중 전력 케이블의 고장점 탐지법에는 머레이 루프법, 정전용량법,
> 수색코일법, 펄스 레이더법, 음향법, 임피던스법 등이 있다.

02 전기 　　　　　　　　　　　　정답 ①

투자율을 μ, 권수를 N, 단면적을 s, 자속을 φ, 전류를 I, 길이를 l이라
할 때, 자기인덕턴스(L) = $\frac{N\varphi}{I} = \frac{\mu s N^2}{l}[H]$임을 적용하여 구한다.
따라서 코일의 권수를 절반으로 줄이면서 인덕턴스를 일정하게 유
지할 수 있는 방법으로 길이를 $\frac{1}{4}$배로 줄이는 것이 적절하다.

03 전기 　　　　　　　　　　　　정답 ⑤

전압을 V_1, 저항을 R_2, 변압기 권수비를 a라 할 때,
$I_1 = \frac{V_1}{a^2 R_2}$임을 적용하여 구한다.
$V_1 = 200[V]$, $R_2 = 5[\Omega]$, $a = 3$이므로
변압기 1차 전류 $I_1 = \frac{200}{3^2 \times 5} = \frac{40}{9}$이다.

04 전기 　　　　　　　　　　　　정답 ①

코일의 인덕턴스(L) = $\frac{N\phi}{I}$, 시정수(τ) = $\frac{L}{R}$임을 적용하여 구한다.
전류(I)는 10[A]이고, 코일의 권수(N)는 1,000이며, 자속(ϕ)은 3 ×
$10^{-2}[Wb]$이므로 코일의 인덕턴스(L)는 $\frac{1,000 \times 3 \times 10^{-2}}{10}$ = 3이다.

따라서 이 회로의 시정수(τ) = $\frac{L}{R} = \frac{3}{20} = 0.15[s]$이다.

05 전기 　　　　　　　　　　　　정답 ①

직류 직권전동기의 토크는 전류의 제곱에 비례하고, 회전속도의 제
곱에 반비례한다. 이에 따라 직류 직권전동기의 부하전류가 90[A]
에서 30[A]로 $\frac{1}{3}$배가 되었으므로 토크는 $\left(\frac{1}{3}\right)^2 = \frac{1}{9}$배가 된다.
따라서 부하전류가 30[A]로 감소했을 때, 토크는 $45 \times \frac{1}{9} = 5$
[$kgf \cdot m$]이다.

06 전기 　　　　　　　　　　　　정답 ②

사용전압이 100[kV] 이상 300[kV] 미만인 제1종 특고압 보안공
사의 경우 경동연선의 단면적 굵기는 150[mm²] 이상이어야 한다.

> **🔍 더 알아보기**
> 제1종 특고압 보안공사 시 전선의 단면적
>
> | 사용전압 | 전선 기준 |
> |---|---|
> | 100[kV] 미만 | 인장강도 21.67[kN] 이상의 연선 또는 단면적 55[mm²] 이상의 경동연선 또는 동등이상의 인장강도를 갖는 알루미늄 전선이나 절연전선 |
> | 100[kV] 이상 300[kV] 미만 | 인장강도 58.84[kN] 이상의 연선 또는 단면적 150[mm²] 이상의 경동연선 또는 동등이상의 인장강도를 갖는 알루미늄 전선이나 절연전선 |
> | 300[kV] 이상 | 인장강도 77.47[kN] 이상의 연선 또는 단면적 200[mm²] 이상의 경동연선 또는 동등이상의 인장강도를 갖는 알루미늄 전선이나 절연전선 |

07 전기

최대 수용 전력 = $\dfrac{총\ 부하설비\ 용량 \times 수용률}{역률}[kW]$임을 적용하여 구한다.

총 부하설비 용량이 750, 수용률이 0.6, 역률이 0.9인 건물의 최대 수용 전력 = $\dfrac{750 \times 0.6}{0.9} = 500$이다. 이때, 변전시설은 최대 수용 전력 이상의 용량을 갖추고 있어야 한다.

따라서 최대 수용 전력이 500$[kW]$인 건물의 최소 변전시설 용량은 500$[kVA]$이다.

08 전기
정답 ④

톰슨효과는 같은 금속도선에 있어 온도 차가 있을 때 전류를 흘리면 부분적으로 전자의 운동 에너지가 달라 온도가 변화하는 곳에서 열이 흡수되거나 방출되는 현상이다.

오답 체크

①은 볼타효과, ②는 홀효과, ③은 펠티에효과, ⑤는 제벡효과에 대한 설명이다.

09 전기
정답 ④

송전 용량 계수법에 의한 송전 용량은 $P = k\dfrac{V^2}{l}[kW]$임을 적용하여 구한다.

송전 용량 계수는 $k = 800$이고, 전압은 $V = 100[kV]$이며, 송전 거리는 $l = 100[km]$이다.

따라서 송전 용량 $P = 800 \times \dfrac{100^2}{100} = 80{,}000[kW]$이다.

10 전기
정답 ④

가공 전선로에 사용하는 전선은 신장률이 커야 하므로 적절하지 않다.

11 전기
정답 ⑤

삼각파의 실횻값 $I = \dfrac{I_m}{\sqrt{3}}$임을 적용하여 구한다.

$I_m = 1$인 삼각파의 실횻값은 $\dfrac{1}{\sqrt{3}}$이다.

🔍 더 알아보기

파형별 실횻값 및 평균값

구분	정현파	반파 정류파	구형파	반파 구형파	톱니파	삼각파
실횻값 (I)	$\dfrac{I_m}{\sqrt{2}}$	$\dfrac{I_m}{2}$	I_m	$\dfrac{I_m}{\sqrt{2}}$	$\dfrac{I_m}{\sqrt{3}}$	$\dfrac{I_m}{\sqrt{3}}$
평균값 (I_{av})	$\dfrac{2I_m}{\pi}$	$\dfrac{I_m}{\pi}$	I_m	$\dfrac{I_m}{2}$	$\dfrac{I_m}{2}$	$\dfrac{I_m}{2}$

12 전기
정답 ①

동기 발전기의 단락비를 산출하는 데 필요한 시험은 ㉠, ㉡이다.

13 전기
정답 ②

자기인덕턴스를 $L[H]$, 전류 변화를 $di[A]$, 시간 변화를 $dt[s]$라 할 때, 자기유도기전력$(e) = -L\dfrac{di}{dt}[V]$임을 적용하여 구한다.

전류가 5$[A]$에서 3$[A]$로 감소하여 $di = -2[A]$이므로 $e = -L\dfrac{di}{dt} = L\dfrac{-di}{dt}$ = $30 \times 10^{-3} \times \dfrac{2}{0.002} = 30[V]$이다.

이때, 기전력의 부호가 (+)이면 전류와 같은 방향, (−)이면 전류와 반대 방향으로 기전력이 발생하므로 코일에 유기된 기전력의 크기는 30$[V]$, 방향은 전류와 같은 방향이다.

14 전기
정답 ⑤

병렬회로의 전류를 $I_T = I_L + I_C$, 유효전력을 I_R, 무효전력을 I_X라고 할 때, 부하전류 $I = \sqrt{I_R^2 + I_X^2}$, 역률 $cos\theta = \dfrac{I_R}{I}$임을 적용하여 구한다.

$I_L = 4 - j2[A]$, $I_C = 4 + j8[A]$이고, 전체 전류 $I_T = I_L + I_C = 4 - j2 + 4 + j8 = 8 + j6[A]$이므로 유효전력 $I_R = 8[A]$, 무효전력 $I_X = 6[A]$, 부하전류 $I = \sqrt{I_R^2 + I_X^2} = \sqrt{8^2 + 6^2} = \sqrt{100} = 10[A]$이다.

따라서 전원에서의 역률 $cos\theta = \dfrac{I_R}{I} = \dfrac{8}{10} = \dfrac{4}{5}$이다.

15 전기
정답 ①

무효전력 $P_r = V \times I \times sin\theta[VAR]$임을 적용하여 구한다.

전압과 전류의 위상이 동일하면 역률각은 $0°$로 $sin0° = 0$이므로 $P_r = \dfrac{100}{\sqrt{2}}sin(wt + \theta - 30) \times \dfrac{100}{\sqrt{2}}sin(wt + \theta - 30) \times 0 = 0$이다.

따라서 전압과 전류가 동일한 회로의 무효전력은 존재하지 않으므로 0$[VAR]$이다.

NCS 정답·해설

01 의사소통	02 의사소통	03 의사소통	04 의사소통	05 의사소통	06 의사소통	07 의사소통	08 의사소통	09 의사소통	10 의사소통
④	②	③	②	⑤	①	②	②	②	③

11 수리	12 수리	13 수리	14 수리	15 수리	16 수리	17 수리	18 수리	19 수리	20 수리
⑤	③	①	③	④	④	④	④	⑤	②

21 문제해결	22 문제해결	23 문제해결	24 문제해결	25 문제해결	26 문제해결	27 문제해결	28 문제해결	29 문제해결	30 문제해결
①	④	④	②	③	④	③	②	②	③

31 자원관리	32 자원관리	33 자원관리	34 자원관리	35 자원관리	36 자원관리	37 자원관리	38 자원관리	39 자원관리	40 자원관리
③	③	③	③	③	③	②	①	④	②

41 정보	42 정보	43 정보	44 정보	45 정보	46 정보	47 정보	48 정보	49 정보	50 정보
④	⑤	④	①	④	⑤	①	④	③	④

01 의사소통능력   정답 ④

이 보도자료는 교육부와 국제한국어교육재단에서 한국어에 대한 해외 중등학생과 대학생들의 관심을 높이고, 한국어 교육을 활성화하기 위해 '제3회 해외 청소년 한국어교육 연수'를 비대면으로 시행하였으며, 이번 연수에는 고려, 신남방·신북방 지역, 아시아, 오세아니아 등 22개국 청소년 300여 명을 초청해 온라인으로 소통의 기회를 가졌음을 설명하는 내용이므로 이 보도자료의 중심 내용으로 가장 적절한 것은 ④이다.

오답 체크

① 2문단에서 해외 청소년 한국어교육 연수 첫째 날에 중등학생 및 대학생 참가자들이 한국 대표문학 중 하나를 선택해 작성한 감상문을 발표하는 시간을 가졌다고 하였으나, 글 전체를 아우를 수 없으므로 적절하지 않은 내용이다.

② 4문단에서 유○○ 사회부총리 겸 교육부 장관이 "이번 연수에 참석한 해외 청소년들이 한국어 실력을 더욱 갈고닦는다면 한국과 모국을 잇는 든든한 가교역할을 할 수 있을 것"이라고 하였으나 해외 청소년들이 한국어를 전파하는 홍보대사로 임명되는지에 대해서는 제시되어 있지 않으므로 적절하지 않은 내용이다.

③ 글 전체에서 교육부와 국제한국어교육재단이 유럽과 미국의 청소년들을 초청하여 한국 문화 및 한국어를 알리는 기회를 가질 계획인지에 대해서는 서술하고 있지 않으므로 적절하지 않다.

⑤ 3문단에서 연수 마지막 날에는 윷놀이와 줄다리기 등 전통 민속놀이를 소개하여 한국문화를 간접적으로 체험하는 시간이 마련되었다고 하였으므로 적절하지 않은 내용이다.

02 의사소통능력   정답 ②

2문단에서 주주우선공모는 우리사주조합과 기존 주주에게 신주를 먼저 배정한 뒤 실권주가 발생할 경우에 한해 일반인에게 일반공모를 시행하는 방법이라고 하였으므로 주주우선공모하에서 기존 주주들보다 일반인과 제3자가 신주를 먼저 배정받게 되는 것은 아님을 알 수 있다.

오답 체크

① 3문단에서 배당금은 회계연도마다 자율적으로 결정할 수 있다고 하였으므로 적절한 내용이다.

③ 4문단에서 유상증자가 시행되었다고 꼭 주가가 하락하는 것은 아니며, 유상증자의 이유가 신사업에 투자하기 위함이라면 성공 가능성에 대한 기대로 주가가 상승하게 될 수 있다고 하였으므로 적절한 내용이다.

④ 2문단에서 유상증자 방법으로는 주주배정, 일반공모, 제3자 배정, 주주우선공모가 있다고 하였으므로 적절한 내용이다.

⑤ 1문단에서 무상증자는 적립금의 자본 전입이나 주식 배당 따위의 출자와 같이 자본의 법률상 증가만을 가져오는 명목상의 증자라고 하였으므로 적절한 내용이다.

[03-04]
03 의사소통능력   정답 ③

이 글은 언론에서 활용되는 엠바고의 의미와 종류, 장점에 대해 설명하고, 엠바고가 법적 강제성을 갖는 것은 아니지만 본질적 역할 및 장점을 고려해 국가 안보나 국익 관련 사항에서는 철저히 지켜져야 함을 설명하는 글이다.

따라서 '(마) 언론에서 사용되는 엠바고의 의미 → (다) 엠바고의 4가지 종류와 취재용 엠바고의 의미 → (라) 조건부 엠바고와 공공이익을 위한 엠바고의 의미 → (가) 관례적 엠바고의 의미 → (나) 엠바고의 장점 → (바) 엠바고가 시행되어야 하는 이유' 순으로 연결되어야 한다.

04 의사소통능력   정답 ②

(나)문단에서 엠바고 시행의 장점은 정보의 정확성이며, 보도 전 취재 기간을 더 확보하여 완성도 있는 기사를 작성할 수 있다고 하였으므로 엠바고를 시행할 경우 언론사에서 취재 기간을 추가적으로 확보하여 주관적 사견을 더하고, 이로 인해 보도의 정확성을 해친다는 것은 아님을 알 수 있다.

오답 체크
① (바)문단에서 엠바고를 지키지 않는 언론사는 기자 사회에서 배척당하거나 취재 시 불이익을 받을 수도 있다고 하였으므로 적절한 내용이다.
③ (라)문단에서 공공이익을 위한 엠바고는 인명에 해를 입힐 수 있는 사건이 진행되는 경우 해당 사건이 종결되기 전까지 정보 보도를 금지하는 시한부적 보도 중지라고 하였으므로 적절한 내용이다.
④ (마)문단에서 정부기관 등의 정보 제공 기관이 언론기관 및 기자에게 보도자료를 제보하면서 보도 시기를 원하는 때까지 미룰 수 있도록 요청하는 것을 포함해 미루는 것 자체를 모두 엠바고라 한다고 하였으므로 적절한 내용이다.
⑤ (가)문단에서 관례적 엠바고는 외교적 관례 존중을 위해 이루어지며, 양국이 함께 동시에 발표하기로 결정한 협정 또는 회담 개최 관련 기사를 공식 발표가 있을 때까지 일시적으로 보도 중지하는 것을 의미한다고 하였으므로 적절한 내용이다.

[05~06]
05 의사소통능력   정답 ⑤

2문단에서 발전용으로 사용되는 LNG, 유연탄, 우라늄 등의 연료에는 약간의 관세만 부과되거나 별도의 세금이 부과되지 않는다고 하였으므로 발전용 LNG, 유연탄, 우라늄 등의 연료에 개별소비세 외에 별도의 세금이 부과되지 않는 것은 아님을 알 수 있다.

오답 체크
① 6문단에서 기후환경요금은 친환경 에너지 제도와 비용에 대한 소비자의 인식을 높이는 효과를 가져왔지만, 전력량요금에 포함되어 있던 요금이 분리되어 표시된 것일 뿐 실질적으로 부담금의 액수 및 비중이 증가한 것은 아니라고 하였으므로 적절한 내용이다.
② 4문단에서 전력 1kWh당 부과되는 세금·부담금을 원 단위로 환산하여 나타낸 요금은 우리나라가 15.1원, 독일이 210.2원이라고 하였으므로 적절한 내용이다.
③ 3문단에서 기후환경요금과 연료비조정요금은 2021년 1월 1일부로 시행된 원가연계형 전기요금 체계 이전에는 전력량요금에 포함되어 있던 요금이며 체계가 개편되고 별도 항목으로 분리되었다고 하였으므로 적절한 내용이다.

④ 1문단에서 전기요금을 요금이 아니라 세금이라고 인식하는 경향이 강하게 나타나지만, 전기요금에서 세금이 차지하는 비중은 그렇게 높지 않다고 하였으므로 적절한 내용이다.

06 의사소통능력   정답 ①

이 글은 우리나라 전기요금에서 세금과 부담금이 차지하는 비중이 외국에 비해 훨씬 낮다는 사실을 설명하며 전기요금에 부과되는 세금과 부담금을 높이는 방향으로 전기요금 체계를 개편해야 한다고 주장하는 내용이므로 이 글의 중심 내용으로 가장 적절한 것은 ① 이다.

오답 체크
② 4문단에서 국가별 전기요금의 세금·부담금 액수 및 비중을 제시하고 있지만, 선진국의 전기요금 구조와 체계에 대해서는 다루고 있지 않으므로 적절하지 않은 내용이다.
③ 전기요금 체계에 대한 국민의 사회적 합의에 대해서는 다루고 있지 않으므로 적절하지 않은 내용이다.
④ 3문단에서 2021년 1월 1일부로 원가연계형 전기요금 체계가 시행되었다고 하였으므로 적절하지 않은 내용이다.
⑤ 기본요금을 높게 책정하여 전체 전기요금을 높이는 방안에 대해서는 다루고 있지 않으므로 적절하지 않은 내용이다.

07 의사소통능력   정답 ②

5문단에서 세션3에서 진행된 우리나라 측 '한-인니 핵심광물 협력' 제안에 인도네시아 측에서는 '광물분야 협력기회(석탄광물청)', '희토류 사업 현황(인니 주석공사)' 등을 발표함으로써 양국이 핵심 광물 분야의 구체적인 협력 방안을 도출해 나가기로 합의했다고 하였으므로 세션3에서 우리나라와 인도네시아가 핵심 광물 분야의 구체적 협력 방안을 만들어 나가기로 합의하였음을 알 수 있다.

오답 체크
① 1문단에서 산업통상자원부는 인도네시아 에너지광물자원부와 '제12차 한-인니 에너지포럼'을 화상으로 개최했다고 하였으므로 적절하지 않은 내용이다.
③ 3문단에서 세션1에서 '스마트 전력인프라(AMI) 기반의 전기차 충전 플랫폼((주)타이드)' 등의 에너지 신산업 분야에서 우리나라의 기업이 새로이 인니에 진출할 수 있는 기회를 모색하는 계기가 되었다고 하였으므로 적절하지 않은 내용이다.
④ 6문단에서 인도네시아는 우리나라가 추진 중인 신남방정책의 핵심 국가라고 하였으므로 적절하지 않은 내용이다.
⑤ 2문단에서 한-인니 에너지포럼은 2007년부터 매년 개최되었다고 하였으므로 적절하지 않은 내용이다.

08 의사소통능력   정답 ②

이 글은 열강이 각축을 벌이던 크림반도의 시대별 종주국과 국제적 사회 문제로 떠오르게 된 크림반도의 현황을 설명하는 글이다. 따라서 '(나) 크림반도의 위치 및 기후에 따른 특징 → (라) 고대부터 15세기까지 크림반도의 종주국 변화 과정 → (마) 18세기 러시아-투르크 전쟁에 따라 러시아에 복속된 크림반도 → (가) 크림전쟁의 종전 이후 우크라이나에 편입된 크림반도 → (다) 무력으로 크림반도를 복속한 러시아로 인해 국제 사회 문제로 떠오르게 된 크림반도' 순으로 연결되어야 한다.

09 의사소통능력   정답 ②

2문단에서 최근 5년간 누적 미납 건수가 50회 이상인 차량은 약 3,726대이고, 미납금액은 누적 약 19억 원에 달한다고 하였으므로 최근 5년 동안 민자고속도로 통행료의 누적 미납 건수가 50회를 넘는 차량의 미납액이 총 5억 2천만 원인 것은 아님을 알 수 있다.

오답 체크
① 4문단에서 인천국제공항 및 인천대교 고속도로의 모든 단순미납고지에도 모바일 전자고지 서비스가 정식으로 도입되며, 법인 및 렌트 차량은 제외된다고 하였으므로 적절한 내용이다.
③ 5문단에서 국토교통부 오○○ 도로투자지원과장은 민자고속도로의 미납통행료를 회수하여 해당 도로의 편의성과 안정성 제고에 사용될 수 있도록 관리·감독을 더욱 강화하겠다고 하였으므로 적절한 내용이다.
④ 1문단에서 국토교통부에서는 민자도로센터와 민자고속도로 미납통행료 강제 징수를 11월 9일부터 정례화할 예정이라고 하였으므로 적절한 내용이다.
⑤ 3문단에서 강제 징수 절차 개시 이후 대상자는 미납사실과 납부 방법에 대해 고지받게 되고, 기한 내에 미납통행료를 납부하지 않을 경우 전자예금압류 및 강제 추심 대상이 될 수 있다고 하였으므로 적절한 내용이다.

10 의사소통능력   정답 ③

2문단에서 고용보험의 적용범위는 2012년에 자영업자에게까지 확대되었다고 하였으므로 우리나라에서 자영업자가 2004년 이후부터 비정규직 근로자와 함께 고용보험 가입 대상자가 된 것은 아님을 알 수 있다.

오답 체크
① 3문단에서 실업급여는 퇴직을 한 다음 날로부터 12개월이 지나면 지급받을 수 없다고 하였으므로 적절한 내용이다.
② 5문단에서 외환·금융 위기와 같이 우리 사회가 경제적으로 큰 위기에 봉착했을 때 고용보험은 실업자들이 붕괴하지 않도록 도움을 준 바 있다고 하였으므로 적절한 내용이다.
④ 3문단에서 본인 스스로 직장을 관뒀거나 직장에 중대한 해를 끼쳐 해고되었다면 실업급여 적용 대상이 되지 않는다고 하였으므로 적절한 내용이다.

⑤ 1문단에서 전통적인 실업보험은 소극적 노동시장정책으로, 실업자의 생활 안정을 위해 실업 급여를 제공하는 것이라고 하였으므로 적절한 내용이다.

11 수리능력   정답 ⑤

두 사건 A, B에 대하여 사건 A가 일어났을 때, 사건 B가 일어날 확률 $P(B|A) = \frac{P(A \cap B)}{P(A)}$ 임을 적용하여 구한다.

제시된 조건에 따르면 U 공사의 전체 직원 중 60%는 대중교통으로 출근하고, 40%는 자동차로 출근하며, 대중교통으로 출근하는 직원 중 $\frac{1}{15}$이 출근길에 커피를 구매하고, 자동차로 출근하는 직원 중 $\frac{19}{20}$이 출근길에 커피를 구매하지 않으므로 전체 직원 중 대중교통으로 출근하면서 출근길에 커피를 구매하는 직원은 $\frac{60}{100} \times \frac{1}{15} = \frac{1}{25}$이고, 전체 직원 중 자동차로 출근하면서 출근길에 커피를 구매하지 않는 직원은 $\frac{40}{100} \times \frac{19}{20} = \frac{38}{100} = \frac{19}{50}$이다. 이때, 출근하는 수단과 출근길에 커피를 구매하는 여부에 따른 확률을 정리하면 다음과 같다.

구분	대중교통으로 출근	자동차로 출근	총계
출근길에 커피를 구매	$\frac{1}{25}$	$\frac{40}{100} - \frac{19}{50}$ $= \frac{2}{100} = \frac{1}{50}$	$\frac{3}{50}$
출근길에 커피를 구매하지 않음	$\frac{60}{100} - \frac{1}{25}$ $= \frac{56}{100} = \frac{14}{25}$	$\frac{19}{50}$	$\frac{47}{50}$
총계	$\frac{60}{100}$	$\frac{40}{100}$	1

따라서 U 공사의 전체 직원 중 임의로 1명을 선택하였더니 출근길에 커피를 구매한 직원이었을 때, 이 직원이 자동차를 이용해 출근하였을 확률은 $\frac{\frac{1}{50}}{\frac{3}{50}} = \frac{1}{3}$이다.

12 수리능력   정답 ③

공장 전체 면적인 500m²에 태양광 발전기를 설치하였으므로 설치 비용은 800만 원이다.

태양광 발전기를 사용하는 개월 수를 x라고 하면 설치 후 전기요금은 설치 전 전기요금의 30%로, 설치 후 절약된 전기요금은 설치 전 전기요금 70만 원의 $100-30 = 70\%$이므로

$70 \times 0.7 \times x > 800 \rightarrow 49x > 800 \rightarrow x > \frac{800}{49} \fallingdotseq 16.3$

따라서 설치 후 절약된 전기요금이 설치 비용보다 많아지려면 최소 17개월이 지나야 한다.

13 수리능력 정답 ①

⊙ 2017년 이후 E 항만의 선박 물동량이 처음으로 전년 대비 증가한 2018년에 E 항만의 화물 물동량은 전년 대비 7,864 − 7,077 = 787천 톤 증가하였으므로 옳은 설명이다.

오답 체크

ⓒ 2020년 D 항만의 선박 물동량은 C 항만의 선박 물동량의 5,960 / 3,020 ≒ 1.97배이고, 2022년에 4,282 / 2,457 ≒ 1.74배, 2023년에 2,212 / 1,872 ≒ 1.18배임에 따라 매년 2배 이상은 아니므로 옳지 않은 설명이다.

ⓒ 제시된 기간 중 G 항만의 화물 물동량이 가장 많은 2016년에 ○○남도 전체 화물 물동량에서 G 항만의 화물 물동량이 차지하는 비중은 {13,911 / (1,165 + 501 + 12,187 + 5,208 + 8,550 + 13 + 13,911)} × 100 ≒ 33.5%임에 따라 35% 미만이므로 옳지 않은 설명이다.

ⓒ 2017년 이후 F 항만의 선박 물동량의 전년 대비 증가율이 가장 큰 해는 유일하게 100% 이상인 2019년이므로 옳지 않은 설명이다.

[14−15]
14 수리능력 정답 ③

수검자 수가 2,055,587명으로 가장 많은 연령은 50~54세이고, 복부비만 인원수가 499,212명으로 가장 많은 연령은 60~64세이므로 옳지 않은 설명이다.

오답 체크

① 전체 수검자 수는 여자가 남자보다 8,395,044 − 7,703,368 = 691,676명 더 적으므로 옳은 설명이다.

② 고혈압 비율이 80.7%로 가장 높은 80~84세가 고중성지방혈증 비율도 29.5%로 가장 높으므로 옳은 설명이다.

④ 전체 복부비만 인원수 중 남자의 비중은 (2,477,934 / 3,999,656) × 100 ≒ 62%로 60% 이상이므로 옳은 설명이다.

⑤ 전체 고혈당 비율은 39.8%로 고혈당 비율이 전체 고혈당 비율보다 낮은 연령대는 19세 이하, 20~24세, 25~29세, 30~34세, 35~39세, 40~44세, 45~49세임에 따라 총 7개이므로 옳은 설명이다.

15 수리능력 정답 ④

제시된 연령 중 고혈압 인원수가 두 번째로 많은 50~54세의 복부비만 인원수는 467,163명이고, 고중성지방혈증 인원수가 두 번째로 많은 40~44세의 복부비만 인원수는 448,509명이다.
따라서 50~54세와 40~44세 복부비만 인원수의 평균은 (467,163 + 448,509) / 2 = 457,836명이다.

[16−17]
16 수리능력 정답 ④

ⓒ 커피 1톤당 평균 수출액 = 커피 수출액 / 커피 수출량을 적용하여 구하면, 부산광역시의 커피 1톤당 평균 수출액은 815,162 / 39 ≒ 20,902$이고 광주광역시의 커피 1톤당 평균 수출액은 13,473 / 3 = 4,491$이므로 부산광역시의 커피 1톤당 평균 수출액은 광주광역시의 커피 1톤당 평균 수출액보다 20,902 − 4,491 ≒ 16,411$ 더 많으므로 옳은 설명이다.

ⓒ 커피 생산액이 460,680백만 원으로 가장 큰 지역은 인천광역시이고, 인천광역시의 커피 생산능력은 커피 생산량의 210,045 / 100,189 ≒ 2.1배로 2배 이상이므로 옳은 설명이다.

오답 체크

⊙ 전국 커피 생산량에서 충청남도 커피 생산량이 차지하는 비중인 (51,576 / 660,310) × 100 ≒ 7.8%보다 전국 커피 국내 판매량에서 충청남도 커피 국내 판매량이 차지하는 비중인 (50,534 / 615,243) × 100 ≒ 8.2%가 더 크므로 옳지 않은 설명이다.

ⓒ 커피 수출량이 가장 많은 지역은 100톤인 대전광역시이고, 커피 1톤당 평균 국내 판매액 = 커피 국내 판매량 / 커피 국내 판매액임을 적용하여 구하면, 대전광역시의 커피 1톤당 평균 국내 판매액은 120,721 / 33,614 ≒ 3.6백만 원이지만, 서울특별시의 커피 1톤당 평균 국내 판매액이 47,170 / 2,456 ≒ 19.2백만 원으로 더 크므로 옳지 않은 설명이다.

17 수리능력 정답 ④

2023년 울산광역시의 커피 수출량은 55톤이고, 2023년 울산광역시 커피 수출량의 전년 대비 증가율이 25%이므로 2022년 울산광역시의 커피 수출량은 55 / (1 + 0.25) = 44톤이다.

18 수리능력 정답 ③

제시된 4가지 학급 중 태블릿PC·스마트 패드 기기를 이용하여 지상파 TV 방송을 시청하는 청소년 수를 학급별로 구하면 초등학교 저학년은 (4,835 × 0.889) × 0.025 ≒ 107명, 초등학교 고학년은 (3,286 × 0.891) × 0.022 ≒ 64명, 중학교는 (4,622 × 0.891) × 0.012 ≒ 49명, 고등학교는 (5,005 × 0.861) × 0.026 ≒ 112명으로 태블릿PC·스마트 패드 기기를 이용하여 지상파 TV 방송을 시청하는 청소년 수가 가장 적은 학급은 중학교이므로 옳지 않은 설명이다.

오답 체크

① 설문에 응답한 청소년 중 지상파 TV 방송을 전혀 시청 안 한다고 응답한 청소년 수는 초등학교 4학년이 1,549 × 0.116 ≒ 180명이고, 초등학교 5학년이 1,678 × 0.110 ≒ 185명으로 초등학교 5학년이 초등학교 4학년보다 많으므로 옳은 설명이다.

② 설문에 응답한 청소년 중 [청소년 지상파 TV 방송 시청 기기] 설문 응답자는 지상파 TV 방송을 시청한 적이 있다고 답한 응답자에 한함에 따라 지상파 TV 방송을 시청한 적이 있다고 답한 여자 청소년 수는 6,954 × 0.920 ≒ 6,398명이고, 그중 TV 기기를 이용하여 지상파 TV 방송을 시청하는 여자 청소년 수는 6,398 × 0.729 ≒ 4,664명으로 4,400명 이상이므로 옳은 설명이다.

④ 제시된 9가지 학년 중 스마트폰 기기를 이용하여 지상파 TV 방송을 시청하는 비율이 가장 높은 학년은 24.4%인 고등학교 3학년으로 고등학교 3학년의 전체 응답 수는 1,845명이므로 옳은 설명이다.

⑤ 설문에 응답한 청소년 중 지상파 TV 방송을 시청한다고 응답한 비율은 남자가 84.3%, 여자가 92.0%임에 따라 차이는 92.0 - 84.3 = 7.7%p이므로 옳은 설명이다.

19 수리능력   정답 ⑤

2017년 경기도의 응답자 수는 40,996명이고, 흡연율은 21.0%로 흡연자 수는 40,996 × 0.21 ≒ 8,609명임에 따라 8,600명 이상이므로 옳은 설명이다.

오답 체크

① 2017년 전라남도의 응답자 수는 전년 대비 증가하였으므로 옳지 않은 설명이다.

② 2015년에 흡연율이 20% 미만인 지역은 광주광역시와 세종특별자치시이지만, 2017년에 흡연율이 20% 미만인 지역은 세종특별자치시뿐이므로 옳지 않은 설명이다.

③ 2018년 흡연율이 가장 높은 지역은 흡연율이 24.8%인 강원도이고, 2019년에 흡연율이 가장 높은 지역은 흡연율이 22.2%인 충청북도이므로 옳지 않은 설명이다.

④ 2016년 흡연율이 세 번째로 낮은 서울특별시의 2016년과 2019년의 흡연율 차는 20.5 - 17.8 = 2.7%p이므로 옳지 않은 설명이다.

20 수리능력   정답 ②

2022년 남학생이 진학을 희망하는 전공 계열 중 1~3순위 비율의 합은 11.3 + 9.6 + 9.1 = 30%이고, 같은 해 여학생이 진학을 희망하는 전공 계열 중 1~3순위 비율의 합은 12.3 + 10.4 + 10.2 = 32.9%임에 따라 32.9 - 30 = 2.9%p 더 작으므로 옳은 설명이다.

오답 체크

① 2023년 남학생과 여학생 모두가 진학을 희망하는 전공 계열은 경영·경제, 언어·문학, 생물·화학·환경, 사회과학, 인문과학임에 따라 총 5개이므로 옳지 않은 설명이다.

③ 제시된 기간 동안 고등학생이 진학을 희망하는 전공 계열 상위 10순위 중 비율이 6.0% 미만인 전공 계열 수는 2022년에 남학생, 여학생 모두 2개씩이고, 2023년 남학생은 3개, 여학생은 4개이므로 옳지 않은 설명이다.

④ 언어·문학 전공 계열을 희망하는 남학생과 여학생 비율의 평균은 2022년에 (6.7 + 10.4) / 2 = 8.55%, 2023년에 (6.0 + 10.6) / 2 = 8.3%임에 따라 2022년이 2023년보다 더 크므로 옳지 않은 설명이다.

⑤ 2022년 대비 2023년 간호 전공 계열을 희망하는 여학생 비율의 감소율은 {(12.3 - 8.8) / 12.3} × 100 ≒ 28.5%임에 따라 30% 미만이므로 옳지 않은 설명이다.

21 문제해결능력   정답 ①

제시된 조건에 따르면 7명 모두 서로 다른 시각에 출근했고, F보다 늦게 출근한 사람은 4명이므로 F는 세 번째로 출근했다. 또한, G는 첫 번째로 출근했고, D는 G 바로 다음으로 출근했으므로 두 번째로 출근했으며, A와 F 사이에 출근한 사람 수는 C와 G 사이에 출근한 사람 수보다 1명 적으므로 C가 A 바로 직전에 출근했음을 알 수 있다. 이때 지각한 3명 중 1명인 B는 마지막으로 출근하지 않아 다섯 번째 또는 여섯 번째로 출근했으며, A와 E 사이에 출근한 사람은 1명이므로 C는 다섯 번째와 여섯 번째로 출근하지 않았다. 이에 따라 C는 네 번째, A는 다섯 번째, E는 일곱 번째, B는 여섯 번째로 출근했음을 알 수 있다.

출근 순서	1	2	3	4	5	6	7
사람	G	D	F	C	A	B	E

따라서 7명 중 다섯 번째로 출근한 사람은 A이다.

22 문제해결능력   정답 ④

제시된 조건에 따르면 가 팀의 팀원인 2명은 모두 거짓을 말하고 나 팀 팀원인 1명은 진실 또는 거짓을 말하며, 다 팀의 팀원인 3명은 모두 진실을 말하므로 거짓을 말하는 사람이 2명 또는 3명이다. 이때, 상반되는 진술을 하는 A와 F, C와 E 중 각각 한 명씩은 거짓을 말하고 있다. 이에 따라 크게 A의 진술이 진실 또는 거짓일 경우와 C의 진술이 진실 또는 거짓일 경우로 나누어 생각할 수 있다.

먼저, A가 거짓을 말한다고 가정하면 A와 상반되는 진술을 하는 F의 진술은 진실이 되고, 거짓을 말하는 A의 진술에 따라 A와 C는 같은 팀이 된다. 거짓을 말하면서 팀원이 2명 이상이면 가 팀의 팀원이어야 하므로 A와 C는 가 팀의 팀원이 되어 C의 진술도 거짓이 된다. 이에 따라 C와 상반된 진술을 하는 E의 진술은 진실이 되어 E와 B는 같은 팀이다. 진실을 말하면서 팀원이 2명 이상이면 다 팀의 팀원이어야 하므로 E와 B는 다 팀의 팀원이 된다. 이때 B의 진술이 진실이므로 F가 나 팀의 팀원이 되고, 남은 D도 E와 같은 팀인 다 팀의 팀원이 되어 진실인 진술을 하게 된다.

[경우 1] A의 진술이 거짓인 경우

구분	A	B	C	D	E	F
진술	거짓	진실	거짓	진실	진실	진실
소속 팀	가	다	가	다	다	나

다음으로 A의 진술이 진실이고, C의 진술도 진실이라고 가정하면 A와 상반되는 진술을 하는 F의 진술은 거짓이 된다.

진실을 말하는 A의 진술에 따라 A와 C는 같은 팀이 아니지만, 둘 다 진실을 말하고 있으므로 둘 중 한 명은 나 팀의 팀원이고, 다른 한 명은 다 팀의 팀원이다. 이때, 상반되는 진술을 하는 C와 E 중 C의 진술이 진실이라고 가정하면, E의 진술은 거짓이 되어 E와 B는 다른 팀이 된다. A와 C 중 나 팀의 팀원이 있으므로, 거짓을 말하는 E는 가 팀의 팀원이고, B는 E와 다른 팀이면서 나 팀이 아니어야 하므로 다 팀의 팀원이고, B의 진술은 진실이다. 하지만 F가 나 팀이라는 B의 진술은 A와 C 중에 나 팀의 팀원이 있어야 한다는 조건에 모순되므로 가능하지 않다. 이에 따라 A의 진술이 진실이고, C의 진술이 거짓이라고 가정하면 A와 상반되는 진술을 하는 F의 진술은 거짓이 된다. C의 진술은 거짓이고 E의 진술이 진실이라고 가정하면, E와 B는 같은 팀이다. 진실을 말하면서 팀원이 2명 이상이면 다 팀의 팀원이어야 하므로 E와 B는 다 팀의 팀원이 된다. 이때 B의 진술이 진실이므로 F가 나 팀의 팀원이 되고, 이에 따라 진실을 말하는 A는 다 팀의 팀원이, 거짓을 말하는 C와 D는 가 팀의 팀원이다.

[경우 2] A의 진술이 진실인 경우

구분	A	B	C	D	E	F
진술	진실	진실	거짓	거짓	진실	거짓
소속 팀	다	다	가	가	다	나

따라서 C는 가 팀의 팀원이므로 항상 옳지 않은 설명이다.

오답 체크
① 경우 1에 따르면 A는 거짓을 말하므로 항상 옳지 않은 설명은 아니다.
② 경우 1, 2에 따르면 B는 다 팀의 팀원이므로 항상 옳은 설명이다.
③ 경우 1에 따르면 F는 진실을 말하므로 항상 옳지 않은 설명은 아니다.
⑤ 경우 1, 2에 따르면 D는 나 팀의 팀원이 아니므로 항상 옳은 설명이다.

23 문제해결능력   정답 ④

제시된 조건에 따르면 네 로봇에는 한국어, 영어, 중국어, 일본어 중 각각 서로 다른 한 가지 언어 기능이 탑재되어 있고, 네 로봇 중 한 로봇만이 거짓을 말하고 있다고 하였으므로 각각의 로봇이 거짓을 말한다고 가정한다. A가 거짓을 말한다고 가정하면 A는 영어, 중국어, 일본어 중 한 가지 언어 기능이 있고, B는 영어 또는 중국어 기능, C는 한국어 또는 중국어 기능, D는 한국어나 일본어 기능이 있다. B가 거짓을 말한다고 가정하면 A는 한국어 기능이 있고, D는 일본어 기능이 있지만 B 또한 한국어 또는 일본어 기능이 있어야 하므로 각각 서로 다른 한 가지 언어 기능이 탑재되었다는 조건에 모순되어 B의 진술은 진실이다. 다음으로 C가 거짓을 말한다고 가정하면 A는 한국어 기능이 있고, D는 일본어 기능이 있으며, B는 중국어 기능이 C는 영어 기능이 있다. D가 거짓을 말한다고 가정하면 A는 한국어 기능이 있고, B는 영어 기능이, C는 중국어 기능이 있지만 D 또한 영어 또는 중국어 기능이 있어야 하므로 각각 서로 다른 한 가지 언어 기능이 탑재되었다는 조건에 모순되어 D의 진술은 진실이다. A와 C의 진술의 진실 여부에 따라 가능한 경우는 다음과 같다.

[경우 1] A의 진술이 거짓인 경우

A	B	C	D
중국어	영어	한국어	일본어
일본어	영어	중국어	한국어
영어	중국어	한국어	일본어

[경우 2] C의 진술이 거짓인 경우

A	B	C	D
한국어	중국어	영어	일본어

따라서 D가 한국어 기능이 있을 경우, A는 일본어 기능이 있으므로 항상 옳지 않은 설명이다.

오답 체크
① 경우 1, 2에 따르면 C는 일본어 기능이 없으므로 항상 옳은 설명이다.
② 경우 1에 따르면 A는 한국어 기능이 없을 수 있으므로 항상 옳지 않은 설명은 아니다.
③ 경우 1에 따르면 B가 중국어 기능이 있을 경우, C는 한국어 기능이 있을 수 있으므로 항상 옳지 않은 설명은 아니다.
⑤ 경우 1에 따르면 A는 영어 기능이 있을 수도 있고, 중국어 기능이 있을 수도 있으므로 항상 옳은 설명이다.

24 문제해결능력   정답 ②

'2. 양도소득세법 주요 개정 내용'에 따르면 2021년 6월 1일 이후 분양권 양도부터는 인상된 양도소득세율이 적용되며, 조정대상지역 또는 비조정대상지역 여부에 관계없이 2년 이상 3년 미만 분양권을 보유할 경우 60%의 세율이 적용되므로 옳지 않은 내용이다.

오답 체크
① '3. 양도소득세 관련 보완 조치'에 따르면 자진·자동등록말소를 이유로 의무임대기간을 충족하지 않더라도 임대주택 등록말소 후 5년 안에 거주주택을 양도하는 경우에는 1세대 1주택 비과세를 적용하므로 옳은 내용이다.
③ '2. 양도소득세법 주요 개정 내용'에 따르면 2년 미만 보유 주택과 조정대상지역 내 다주택자에 대한 양도소득세율 인상은 2021년 6월 1일 이후 양도분부터 적용되므로 옳은 내용이다.
④ '3. 양도소득세 관련 보완 조치'에 따르면 양도소득세 중과 배제 시 자진말소로 인해 임대기간 요건을 충족하지 않고 임대주택을 양도해야 하는 경우 임대주택 등록말소 후 1년 안에 양도하는 경우에만 중과에서 배제되므로 옳은 내용이다.
⑤ '3. 양도소득세 관련 보완 조치'에 따르면 임대사업자의 임대주택 외 1거주주택을 양도할 때는 1세대 1주택 양도소득세 비과세가 적용되므로 옳은 내용이다.

25 문제해결능력

[업무역량 점수 산출 방식]에 따르면 부문별 업무역량 점수 = (부문별 업무 수행 능력 점수 × 0.5) + (부문별 업무 성실도 × 0.4)이므로 A 대리의 부문별 업무역량 점수를 계산하면 다음과 같다.

구분	기획력	창의력	추진력	지도력
업무 수행 능력	80점	92점	100점	56점
업무 성실도	85점	68점	92점	91점
부문별 업무역량 점수	(80×0.5) $+ (85 \times 0.4)$ $= 74$점	(92×0.5) $+ (68 \times 0.4)$ $= 73.2$점	(100×0.5) $+ (92 \times 0.4)$ $= 86.8$점	(56×0.5) $+ (91 \times 0.4)$ $= 64.4$점

최종 업무역량 점수 = (부문별 업무역량 점수의 최댓값 × 2) + (부문별 업무역량 점수의 최솟값 × 2)이고, 부문별 업무역량 점수의 최댓값이 86.8점이며, 최솟값이 64.4점임에 따라 최종 업무역량 점수 = $(86.8 \times 2) + (64.4 \times 2) = 302.4$점이다.

따라서 A 대리가 받는 최종 업무역량 점수는 302.4점이다.

26 문제해결능력

제10조 제1호에 따르면 지능형전력망에 관한 연구개발을 활성화하기 위해 지능형전력망 기술을 개발하는 자는 정부로부터 필요한 행정적·재정적 지원을 받을 수 있으므로 옳지 않은 내용이다.

오답 체크

① 제17조 제2항에 따르면 산업통상자원부장관은 지능형전력망 사업자에게 지능형전력망 기술, 제품 및 서비스 등에 관한 표준의 준수를 권고할 수 있으므로 옳은 내용이다.
② 제12조 제1항에 따르면 지능형전력망 기반 구축사업과 지능형전력망 서비스 제공사업을 하려는 자는 전문 인력이나 자본금 등의 등록기준을 갖추어 산업통상자원부장관에게 등록해야 하므로 옳은 내용이다.
③ 제20조 제3항에 따르면 지능형전력망 협회는 주된 사무소 소재지에서 설립등기를 하여야 성립하므로 옳은 내용이다.
⑤ 제14조 제2항에 따르면 지능형전력망 사업자가 대통령령으로 정하는 바에 따라 지능형전력망의 공공성, 안전성 등 공익의 실현에 필요한 투자를 하는 경우에는 그 비용의 전부 또는 일부를 전력산업기반기금으로 지원받을 수 있으므로 옳은 내용이다.

27 문제해결능력

[교과목 성적 평가 기준]에 따르면 교과목 성적 평가는 최종 점수를 기준으로 점수가 높은 순서대로 A⁺, A⁰, B⁺, B⁰, C⁺, C⁰, D⁺, D⁰, F 학점 순으로 평가하며, 각 등급별 비율은 각 등급의 비율을 최소 비율과 최대 비율 사이로 배정하므로 엄지호 학생이 물리학개론 교과목에서 받을 수 있는 성적 평가 중 가장 높은 학점을 받기 위해서는 높은 등급의 비율을 최대 비율로 배정해야 한다.

이에 따라 A 등급의 비율은 20%, B 등급의 비율은 40%, C 등급의 비율은 40%, D 등급과 F 등급의 비율은 0%로 배정한다. 이때, [물리학개론 교과목 최종 점수 산출 내역]에 따라 물리학개론 교과목을 수강한 학생들의 물리학개론 교과목 최종 점수 산출 내역을 점수가 높은 순서대로 정리하면 다음과 같다.

성명	최종 점수	순위	성명	최종 점수	순위
이서아	99	1	이예준	77	11
박이서	97	2	고나은	75	12
김지우	93	3	엄지호	73	13
권이준	91	4	김서운	69	14
서아린	89	5	명혜영	68	15
양도윤	88	6	정은우	67	16
이수진	85	7	김수아	66	17
박유준	84	8	안하은	59	18
임현주	83	9	김하윤	57	19
남호정	79	10	이지안	57	20

이에 따라 엄지호의 순위는 13위로 전체 20명 중 상위 (13 / 20) × 100 = 65%에 해당하므로 C 등급에 해당하고, 각 등급 내에서 +와 0의 비율은 교수 재량으로 배정할 수 있으므로 +를 받았을 때 물리학개론 교과목에서 받을 수 있는 성적 평가 중 가장 높은 학점이 된다.

따라서 엄지호 학생이 물리학개론 교과목에서 받을 수 있는 성적 평가 중 가장 높은 학점은 C⁺이다.

28 문제해결능력

'5. 보상금 신청 기한'에 따르면 국가나 지방자치단체의 수입 회복이나 증대에 관한 법률관계가 확정되었음을 안 날로부터 2년, 그 법률관계가 확정된 날로부터 5년 안에 공익 신고로 인한 보상금 지급을 신청해야 하므로 옳지 않은 내용이다.

오답 체크

① '3. 보상금 지급 기준'에 따르면 보상대상가액이 20억 원 초과 40억 원 이하일 경우 보상금은 2억 2천 6백만 원에 20억 원을 초과한 금액의 6%를 가산하여 지급되므로 옳은 내용이다.
③ '4. 보상금 지급 절차'에 따르면 공익 신고자가 보상금 지급 신청을 한 이후 진행되는 조사 및 확인 과정은 공익보호지원과에서, 보상금 지급 결정은 보상심의위원회에서 각각 진행하므로 옳은 내용이다.
④ '3. 보상금 지급 기준'에 따르면 산정된 보상금이 10만 원 미만인 경우에는 보상금을 지급하지 않으며, 보상금의 지급 한도액은 10억 원이므로 옳은 내용이다.
⑤ '2. 보상금 지급 안내'에 따르면 공익 신고로 인해 몰수나 추징금, 과태료나 이행강제금, 과징금 부과 등을 통하여 국가 또는 지방자치단체의 수입 회복 또는 증대를 가져왔거나 그에 관한 법률관계가 확정된 경우에는 보상금을 지급하므로 옳은 내용이다.

29 문제해결능력　　　　정답 ②

'6. 유의사항'에 따르면 공모전에 출품된 작품에 대한 저작재산권과 저작인격권은 모두 응모자에게 있으며, 해당 작품으로 수상한 후에도 입상자에게 저작권이 귀속됨을 원칙으로 하므로 옳지 않은 내용이다.

오답 체크

① '2. 참가 자격'에 따르면 대한민국에서 전기를 이용하는 국민이라면 누구나 공모전에 참가할 자격이 주어지며, 팀 단위로도 응모가 가능하나 1개 팀은 5인 이하로 구성되어야 하므로 옳은 내용이다.
③ '4. 공모 부문'에 따르면 카드뉴스 부문에 공모 시 가로, 세로 각각 900픽셀의 jpg 파일, jpeg 파일을 zip 파일로 압축 후 1개의 파일로 제출해야 하므로 옳은 내용이다.
④ '5. 시상내역'에 따르면 은상은 영상과 카드뉴스 부문 각각 1작품에 대하여 100만 원씩 총 200만 원이 제공되며, 입선은 영상과 카드뉴스 부문 각각 5작품에 대하여 20만 원씩 총 200만 원이 제공되므로 옳은 내용이다.
⑤ '6. 유의사항'에 따르면 주최자는 응모작 유출을 방지하기 위해 주의 의무를 다해야 하며, 입상하지 않은 응모작에 대해서는 공모전이 종료되는 시점으로부터 3개월 이내에 모두 폐기해야 하므로 옳은 내용이다.

30 문제해결능력　　　　정답 ③

3문단에 따르면 신재생에너지 설비를 확충할 경우 신축 공동주택 입주자는 전용면적 84m² 기준 연간 약 35.1천 원 절감된 에너지 비용으로 이전보다 쾌적한 환경에서 삶을 영위할 수 있으므로 옳지 않은 내용이다.

오답 체크

① 2문단에 따르면 에너지 자립률은 해당 건축물이 소비하는 총에너지 대비 태양광 등 신재생에너지 설비를 통해 건축물 자체에서 생산되는 에너지의 비율을 의미하므로 옳은 내용이다.
② 1문단에 따르면 에너지절약형 친환경 주택의 건설기준 개정안 시행 시 현행 건축물의 에너지 효율등급이 1등급 이상의 수준을 유지하고 있는 것에서 1+등급 수준 이상으로 상향할 것이므로 옳은 내용이다.
④ 1문단에 따르면 에너지 절감 건축물 인증이 요구하는 에너지 효율등급은 1++등급 수준이므로 옳은 내용이다.
⑤ 3문단에 따르면 신재생에너지 설비를 확대할 경우 온실가스 중 이산화탄소 감축량은 전용면적 84m²를 기준으로 약 0.109톤으로, 전국적으로 온실가스는 연간 약 4.64만 톤이 감축될 것으로 기대되므로 옳은 내용이다.

[31 - 32]
31 자원관리능력　　　　정답 ③

[창고별 재고 보유 현황]에 따르면 기존에 창고별로 보유하고 있던 재고 보유량은 다음과 같다.

구분	A 창고	B 창고	C 창고	D 창고	E 창고
가 물품	128개	193개	79개	83개	251개
나 물품	232개	144개	95개	136개	318개
재고 보유량	360개	337개	174개	219개	569개

창고 간 재고 이동 계획에 따라 재고를 이동시켰을 때, 각 창고별 재고 보유량은 다음과 같다.

구분	A 창고	B 창고	C 창고	D 창고	E 창고
가 물품	129개	144개	124개	153개	184개
나 물품	235개	150개	107개	158개	275개
재고 보유량	364개	294개	231개	311개	459개

이에 따라 각 창고별 재고 보유량의 변화는 다음과 같다.

구분	A 창고	B 창고	C 창고	D 창고	E 창고
재고 보유량 변화	364 - 360 =4개	294 - 337 =-43개	231 - 174 =57개	311 - 219 =92개	459 - 569 =-110개

따라서 재고 보유량이 가장 많이 증가한 D 창고의 재고 보유량 증가 개수는 92개이다.

32 자원관리능력　　　　정답 ⑤

[창고별 재고 보유 현황]에 따르면 나 물품 재고의 총 개수는 232 + 144 + 95 + 136 + 318 = 925개이고, 창고 간 재고 이동 계획에 따라 재고가 이동하여도 물품의 총 개수는 변화지 않으므로 물품의 이동이 끝난 뒤 나 물품 재고의 총 개수도 925개이다. 창고의 개수는 총 5개이므로 모든 창고의 나 물품 재고를 동일하게 맞추기 위해서는 창고별로 925 / 5 = 185개의 재고가 필요하다. 이에 따라 재고의 이동을 최소화하기 위해서는 재고가 185개보다 많은 창고에서 재고가 185개보다 적은 창고로 재고를 이동시켜야 하므로 창고별로 이동해야 할 재고의 개수는 다음과 같다.

구분	A 창고	B 창고	C 창고	D 창고	E 창고
나 물품	235개	150개	107개	158개	275개
이동해야 할 재고의 개수	50개	0개	0개	0개	90개

A 창고와 E 창고에서 50 + 90 = 140개의 재고를 B 창고와 C 창고, D 창고에 각각 35개, 78개, 27개 이동시키면 모든 창고의 나 물품 재고 개수가 동일해진다.
따라서 박 팀장의 지시를 이행하기 위해 이동해야 할 재고의 총 개수는 140개이다.

33 자원관리능력

[신입사원 필기시험 평가 기준]에 따르면 필기시험의 평가 점수는 의사소통능력, 수리능력, 문제해결능력, 자원관리능력, 기술능력 5가지 평가 영역 점수의 평균으로 계산하며, 가점 항목이 있는 지원자는 평가 점수에 가점 항목별 추가 점수를 합산하여 최종 점수를 결정하고, 가점 항목이 없는 지원자는 평가 점수가 최종 점수가 된다. 이때, 각 평가 영역별 점수의 하위 30%는 해당 평가 영역 점수 미달로 평가하며, 점수 미달 영역이 2개 이상인 경우 과락 처리되므로 각 영역별 하위 11 × 0.3 = 3.3명은 해당 영역 점수 미달로 평가하며, 점수 미달 영역이 2개 이상인 지원자는 '가, 다, 사'이다. 과락 처리된 지원자를 제외하고 최종 점수가 높은 순으로 필기시험의 순위를 1순위로 결정하므로 필기시험 결과에 따른 각 지원자별 평가 점수 및 최종 점수는 다음과 같다.

구분	평가 점수	최종 점수
가	과락 처리	
나	87.2점	87.2점
다	과락 처리	
라	82점	82점
마	80.4점	80.4점
바	78.6점	82.53점
사	과락 처리	
아	80.4점	80.4점
자	81점	83.43점
차	83점	83점
카	82점	90.2점

이에 따라 필기시험 순위는 카가 1순위, 나가 2순위, 자가 3순위이다.
따라서 필기시험 순위가 3순위인 사람은 '자'이다.

34 자원관리능력

필기시험 합격자인 '나, 바, 자, 차, 카' 5명을 대상으로 면접 전형이 이루어지며, 면접 전형에서 받은 면접 점수의 50%와 필기시험 평가 점수의 50%를 합산하여 최종 점수를 결정하고, 최종 점수가 높은 순서로 2명이 최종 합격한다. 지원자의 면접 점수가 모두 동일하다고 하면, 필기시험 평가 점수가 높은 순서대로 최종 합격하므로 나, 바, 자, 차, 카 중 필기시험 평가 점수가 높은 2명이 최종 합격한다.
따라서 최종 합격한 지원자는 '나, 차'이다.

35 자원관리능력

단체 여행객에게는 1인당 상품 금액에 할인율 15%를 적용하였으므로 단체 여행객의 각 여행 상품별 1인당 상품 금액은 A 여행 상품이 1,135,000 × 0.85 = 964,750원, B 여행 상품이 1,557,000 × 0.85 = 1,323,450원, C 여행 상품이 892,000 × 0.85 = 758,200원, D 여행 상품이 398,000 × 0.85 = 338,300원이다. 이에 따라 △△여행사의 각 여행 상품별 매출액은 다음과 같다.

구분	매출액
A	(1,135,000 × 21) + (964,750 × 25) = 47,953,750원
B	(1,557,000 × 5) + (1,323,450 × 10) = 21,019,500원
C	(892,000 × 15) + (758,200 × 28) = 34,609,600원
D	(398,000 × 30) + (338,300 × 45) = 27,163,500원

△△여행사의 여행 상품 중 매출액이 2번째로 많은 여행 상품은 C 여행 상품이다.
따라서 △△여행사의 여행 상품 중 매출액이 2번째로 많은 C 여행 상품의 매출액은 34,609,600원이다.

36 자원관리능력

'8. 당직근무자의 일반임무'에 따르면 당직근무자는 일과 근무시간 이외의 직원 및 일반인의 출입을 통제하여야 하므로 일과 근무시간 이외의 직원 출입이 있으면 별도로 기록해두어야 한다는 것은 가장 적절하지 않다.

오답 체크

① '5. 당직신고 및 인계·인수'에 따르면 당직책임자는 당직신고 전에 총무과에서 당직근무일지와 기타 필요한 당직실 비품을 인수·확인하여야 하고, 당직근무를 마칠 때에는 이를 총무과에 인계하여야 하므로 적절하다.
② '3. 당직근무 편성'에 따르면 당직근무자는 직원 2인으로 편성하되, 당직책임자는 4급 이상 직원, 당직자는 5급 이하 직원으로 편성하는 것을 원칙으로 하며, 직급별 당직근무 편성기준은 [별표 1]과 같으므로 적절하다.
④ '6. 당직근무자의 준수사항'에 따르면 당직근무자는 당직근무 시작시간으로부터 종료시간까지 30분에서 2시간 간격으로 부정기적인 순찰을 실시하고 각 부서의 보안상태를 점검하므로 적절하다.
⑤ '7. 당직근무 유예'에 따르면 신규 채용 및 전입자는 발령일로부터 14일간 당직근무를 유예할 수 있으므로 적절하다.

37 자원관리능력   정답 ②

'[별표 2] 당직근무 표찰 규정'에 따르면 당직근무 표찰의 규격은 세로 4cm, 가로 8cm, 두께 0.2cm의 백색 아크릴을 사용한 직사각형이며, 당직기관명과 당직의 종류가 검은색으로 기재되어야 한다. 이에 따라 아크릴 업체의 아크릴 단가표 중 두께가 0.2cm = 2mm이고, 백색인 아크릴을 주문하여야 하며, 당직근무 표찰 1개당 필요한 면적은 4 × 8 = 32cm^{2}이다. 이때, 글자 기재 시 검은색 글씨는 표찰 1개당 1,500원이 추가되므로 당직근무 표찰 1개를 주문하기 위해 필요한 비용은 (40 × 32) + 1,500 = 2,780원이다.

따라서 당직근무 표찰을 50개 주문하기 위해 필요한 비용은 2,780 × 50 = 139,000원이다.

38 자원관리능력   정답 ①

박하나 대리의 2022년 월 통상 임금은 전년 대비 13% 인상되어 3,559,500원이 되었으므로 2021년 월 통상 임금은 3,559,500 / 1.13 = 3,150,000원이다. 2021년 평가 점수는 (73 × 0.65) + (93 × 0.35) = 80.0점으로 B 등급임에 따라 기본 성과급 지급 비율은 110%이고, 2021년에 직위는 주임이었으므로 추가 성과급 지급 비율 20%가 적용되어 최종 성과급 지급 비율은 110 + 20 = 130%이다. 이에 따라 2021년에 지급받은 성과급은 3,150,000 × 1.3 = 4,095,000원이다. 또한, 2022년 성과 평가 점수는 (79 × 0.65) + (67 × 0.35) = 74.8점으로 C 등급임에 따라 기본 성과급 지급 비율은 80%이고, 평가 등급이 C 등급 이하일 경우 추가 성과급 지급 비율을 합산하지 않으므로 최종 성과급 지급 비율은 80%이다. 2022년에 지급받은 성과급은 3,559,500 × 0.80 = 2,847,600원이다.

따라서 2021년과 2022년에 지급받은 성과급의 합은 4,095,000 + 2,847,600 = 6,942,600원이다.

39 자원관리능력   정답 ④

제시된 자료에 따르면 빔 프로젝터는 재고가 없으므로 1대를 구매해야 하고, 프린터는 스캔 기능이 없는 재고만 1대 있어 스캔 기능이 있는 1대를 추가로 구매해야 한다. 또한, 두 물품의 신청 일자는 동일하지만 빔 프로젝터는 외부 대관 및 내부 회의용 대회의실에 설치하기 위해 필요하다는 점에서 외부인이 함께 사용하는 물품이고, 프린터는 스캔 가능한 부서용 프린터가 필요하다는 점에서 직원이 함께 사용하는 물품이기 때문에 빔 프로젝터를 먼저 구매해야 하므로 가장 적절하다.

[오답 체크]
① 17인치 노트북은 재고가 1대 있고 신청한 직원도 없어 구매할 필요가 없으므로 적절하지 않다.
② 전화기는 재고가 4대 있고 직원이 신청한 전화기는 1대로 구매할 필요가 없지만, 직원이 신청한 36인치 모니터는 재고가 없어서 구매해야 하므로 적절하지 않다.

③ 직원이 신청한 정수기는 2대이지만, 정수기는 재고가 1대 있어 추가로 1대만 구매하면 되므로 적절하지 않다.
⑤ PC의 신청 일자가 9월 7일로 가장 이르지만, 직원이 신청한 PC는 2대이고 PC의 재고가 2대 있어서 구매할 필요가 없으므로 적절하지 않다.

40 자원관리능력   정답 ②

제시된 자료에 따르면 분기별 안전보건경영 평가 점수는 평가가 '상'인 경우 5점, '중'인 경우 3점, '하'인 경우 1점으로 환산하므로 [분기별 안전보건경영 평가]에 따른 각 지사의 분기별 안전보건경영 평가 점수의 합계는 다음과 같다.

구분	1분기	2분기	3분기	4분기	합계
가 지사	상	상	중	하	5+5+3+1 = 14점
나 지사	상	중	중	상	5+3+3+5 = 16점
다 지사	중	하	상	중	3+1+5+3 = 12점
라 지사	중	상	중	중	3+5+3+3 = 14점
마 지사	상	중	상	중	5+3+5+3 = 16점

이때, 2분기부터 직전 분기 대비 평가 점수가 상승한 경우 1점을 가산하고, 직전 분기 대비 평가 점수가 하락한 경우 1점을 감산하므로 가 지사는 3분기와 4분기에 직전 분기 대비 평가 점수가 하락하여 2점을 감산하고, 나 지사는 2분기에 직전 분기 대비 평가 점수가 하락, 4분기에 상승하였으므로 0점을 감산한다. 다 지사는 2분기에 직전 분기 대비 평가 점수가 하락, 3분기에 상승, 4분기에 하락하였으므로 1점을 감산하고, 라 지사는 2분기에 직전 분기 대비 평가 점수가 상승, 3분기에 하락하였으므로 0점을 감산한다. 마 지사는 2분기에 직전 분기 대비 평가 점수가 하락, 3분기에 상승, 4분기에 하락하였으므로 1점을 감산한다. 이에 따라 분기별 안전보건경영 평가 점수의 합계에 가산 및 감산된 점수를 합산하여 결정한 안전보건경영 평가 점수는 다음과 같다.

구분	가 지사	나 지사	다 지사	라 지사	마 지사
안전보건경영 평가 점수	14 − 2 = 12점	16 − 0 = 16점	12 − 1 = 11점	14 − 0 = 14점	16 − 1 = 15점

따라서 안전보건경영 우수 지사로 선정되는 지사는 안전보건경영 평가 점수가 16점으로 가장 높은 나 지사이다.

41 정보능력   정답 ④

4문단에서 자바는 이식성이 높다는 장점이 있어 다른 운영 체제나 CPU에서도 동일한 코드를 사용할 수 있다고 하였으므로 가장 적절하지 않다.

[오답 체크]
① 2문단에서 자바 언어는 C++ 언어를 기반으로 개발되었으나, C++ 언어에서 혼란이 야기되는 부분을 제거하여 신경 써야 하는 부분을 줄였다고 하였으므로 적절하다.

② 3문단에서 자바는 바이러스 침투가 불가능한 구조를 가지고 있으며, 메모리에서 데이터 접근을 막을 수 있다고 하였으므로 적절하다.

③ 1문단에서 자바는 논의된 이름의 여러 후보들 중 커피를 좋아하는 연구팀원들의 의견에 따라 현재의 자바로 이름 지어졌다고 하였으므로 적절하다.

⑤ 3문단에서 자바는 네트워크 분산 처리 환경에서 이용하기 위해 개발된 언어이며, 네트워크 환경은 다른 환경보다도 보안이 중요시되는 환경이라 자바 개발 시 보안에 중점을 두었다고 하였으므로 적절하다.

42 정보능력 정답 ⑤

2문단에서 음성이 정점에 도달하는 시간을 동일하게 설정하여 비교하는 방식은 동적 정합 방식이라고 하였으므로 가장 적절하지 않다.

오답 체크

① 3문단에서 은닉 마르코프 모델을 통한 음성인식 기술은 음성의 시간적 통계 특성이 잘 반영되기 때문에 대화체의 음성인식에 유용하게 활용할 수 있다고 하였으므로 적절하다.

② 4문단에서 은닉 마르코프 모델은 소규모 학습 데이터 분석 시 음성 신호 사이의 연관성을 무시하는 경향이 나타날 수 있다고 하였으므로 적절하다.

③ 3문단에서 은닉 마르코프 모델을 통한 음성인식 기술은 음성 신호처럼 동일한 단어를 발음하는 데 걸리는 시간이 다양한 데이터를 분석하는 데 적합한 기술이라고 하였으므로 적절하다.

④ 1문단에서 음성인식 기술은 음향 신호를 추출한 후 잡음 제거 작업을 통해 음성 신호의 특징을 추출한다고 하였으므로 적절하다.

[43-44]
43 정보능력 정답 ④

[비밀번호 변환 시스템]에서 확인된 직원 비밀번호에 비밀번호 변환 시스템을 적용한 후 여기에 추가 공식 시스템을 적용하여 최종 Conversion value를 산출한다고 하였으므로 확인된 직원 비밀번호인 HBR44!*에 비밀번호 변환 시스템을 적용하면 ACPXX25의 Conversion value가 산출되고, [추가 공식 시스템]에서 추가 공식 △는 비밀번호 변환 시스템을 적용한 변환 값의 맨 앞에서 네 번째와 다섯 번째 순서에 위치한 문자를 변환 값의 첫 번째와 두 번째 순서의 위치로 각각 이동시키며, 추가 공식 ○는 비밀번호 변환 시스템을 적용한 변환 값의 가장 첫 번째 순서에 위치한 문자와 가장 마지막 순서에 위치한 문자의 자리를 서로 바꾸므로 이를 ACPXX25의 값에 차례로 적용하면 ACPXX25이 XXACP25로, XXACP25가 5XACP2X로 변환된다.

따라서 입력될 Calculate Code는 5XACP2X가 가장 적절하다.

44 정보능력 정답 ①

[비밀번호 변환 시스템]에서 확인된 직원 비밀번호에 비밀번호 변환 시스템을 적용한 후 여기에 추가 공식 시스템을 적용하여 최종 Conversion value를 산출한다고 하였으므로 최종 Conversion value DJY@7HQ에 적용된 추가 공식 시스템을 역으로 적용하여 최초 비밀번호 입력값을 구한다. 최종 Conversion value DJY@7HQ에 두 번째로 적용된 추가 공식 □는 비밀번호 변환 시스템을 적용한 변환 값의 맨 앞에서부터 차례대로 3개의 문자와 변환 값의 맨 앞에서 네 번째 순서에 위치한 문자부터 차례대로 3개의 문자를 서로 바꾼 뒤 맨 앞에서 첫 번째 순서에 위치한 문자와 맨 앞에서 세 번째 순서에 위치한 문자의 자리를 서로 바꾸므로 DJY@7HQ에 추가 공식 □를 역으로 적용하면 7HQ@YJD이고, 첫 번째로 적용된 추가 공식 ○는 비밀번호 변환 시스템을 적용한 변환 값의 가장 첫 번째 순서에 위치한 문자와 가장 마지막 순서에 위치한 문자의 자리를 서로 바꾸므로 7HQ@YJD에 추가 공식 ○를 역으로 적용하면 DHQ@YJ7임을 알 수 있다. DHQ@YJ7에 적용된 비밀번호 변환 시스템을 통해 최초 비밀번호 입력값을 구하면 GCIJ86#이다.
따라서 최초 비밀번호 입력값은 GCIJ86#이 가장 적절하다.

[45-46]
45 정보능력 정답 ④

[노트북 제품 번호 부여 방식]에 따르면 제품 번호는 [생산 연월]-[제품 용도]-[화면 구성]-[생산 수량] 순으로 배열되고, 생산 수량 코드는 00001부터 시작하여 제품 용도별 생산 순서대로 5자리의 번호가 매겨지며, 생산 연월에 따라 번호가 갱신된다. 이에 따라 2022년 9월에 생산된 제품의 생산 연월 코드는 2209, 사무용 탭북의 제품 용도 코드는 02B, UHD 13인치 화면 구성 코드는 0388B, 1208번째로 생산된 제품의 생산 수량 코드는 01208이다.
따라서 제품 번호는 2209-02B-0388B-01208이 가장 적절하다.

46 정보능력 정답 ⑤

[노트북 제품 번호 부여 방식]에 따르면 제품 번호는 [생산 연월]-[제품 용도]-[화면 구성]-[생산 수량] 순으로 배열되고, 생산 수량 코드는 00001부터 시작하여 제품 용도별 생산 순서대로 5자리의 번호가 매겨지며, 생산 연월에 따라 번호가 갱신된다. 이에 따라 제품 번호 2212-04C-0388D-01108은 2022년 12월에 생산된 게임용 워크스테이션 제품 중 UHD 17인치의 화면을 가진 1108번째로 생산된 제품으로, 워크스테이션의 제품 코드인 04가 부여된 제품 중 가정용으로 생산된 제품은 없으므로 적절하지 않다.

47 정보능력

유니코드는 언어와 관계없이 문자마다 고유한 코드 값을 부여하고 16비트로 표현함으로써 세계 각국의 언어를 모두 표현할 수 있는 코드 체계이므로 가장 적절하지 않다.

48 정보능력

정답 ④

2문단에서 가상 세계에서는 소유보다 공유를 더 중요시하기 때문에 80%의 인간이 시장을 지배하는 20%의 사람보다 우월한 가치를 창출한다는 롱테일 법칙이 적용된다고 하였으므로 가장 적절하지 않다.

오답 체크

① 3문단에서 기존의 전자 상거래는 소비자가 제품을 직접 체험해볼 수 없다는 문제가 있었으나, O2O 시대가 도래하면서 이러한 문제는 온라인상에서 가상 체험을 해봄으로써 해결되었다고 하였으므로 적절하다.
② 5문단에서 프로슈머 경제로 전환되면서 권력은 생산자에서 소비자로 이동하게 되었다고 하였으므로 적절하다.
③ 1문단에서 현실 세계에서는 활용 가능 자원이 유한함에 따라 한계효용이 감소하는 추세를 보이나, 가상 세계에서는 한계효용이 증가하는 추세를 보인다고 하였으므로 적절하다.
⑤ 4문단에서 O2O 시대가 되면서 생산자와 소비자 간의 시공간적 제약이 감소하게 되어 비용을 절약할 수 있게 되었다고 하였으므로 적절하다.

49 정보능력

정답 ③

4문단에서 초연결사회에서는 많은 양의 정보나 지식 등이 생산되고 교환되는데, 이로 인해 빈부격차 해소가 가능해진다고 하였으므로 가장 적절하지 않다.

오답 체크

① 3문단에서 초연결사회 구현을 위해서는 수많은 객체들을 연결해 주는 사물인터넷과 연결된 사이를 흐르는 대용량의 데이터 속 가치를 창출하는 빅데이터가 중요하다고 하였으므로 적절하다.
② 4문단에서 초연결사회는 시공간을 초월한 새로운 성장의 기회와 가치를 창출할 수 있는 새로운 시대를 열고 있다고 하였으므로 적절하다.
④ 1문단에서 인간의 생활과 삶에 대한 욕구가 인간 중심적이고 고차원적인 수준으로 변하면서 초연결사회가 도래했다고 하였으므로 적절하다.
⑤ 2문단에서 초연결사회는 시공간을 초월한 공간에서 인간의 행동 제약을 야기하는 추상적인 개념을 연결한다고 하였으므로 적절하다.

50 정보능력

정답 ④

4문단에서 DRM 기술로 콘텐츠를 무료로 사용할 수 있는 일정 횟수 지정을 할 수 있다고 하였으므로 가장 적절하지 않다.

오답 체크

① 3문단에서 디지털 워터마킹 기술은 워터마크를 콘텐츠에 어떤 형태로 삽입할지 결정하는데, 이때 원본 콘텐츠의 삽입 강도 및 워터마크의 강도 등을 함께 고려한다고 하였으므로 적절하다.
② 2문단에서 DRM 기술에 워터마킹 기술 탑재 시 디지털 콘텐츠가 복사되거나 수정된 이후에도 데이터가 일정 수준 이상의 품질을 유지해 준다면 저작권자의 정보가 그대로 보존된다는 장점이 있다고 하였으므로 적절하다.
③ 1문단에서 DRM 기술은 디지털 콘텐츠를 암호화하여 이를 정상적으로 구매한 사용자만이 해당 콘텐츠에 접근할 수 있도록 한다고 하였으므로 적절하다.
⑤ 2문단에서 현재의 워터마킹 기술은 특정 소프트웨어 또는 코딩 기술을 적용함으로써 눈으로 식별하기 어려울 정도로 디지털 콘텐츠의 정보를 미세하게 변경한다고 하였으므로 적절하다.

기출동형모의고사 4회

전기 전공 정답·해설

01 전기	02 전기	03 전기	04 전기	05 전기	06 전기	07 전기	08 전기	09 전기	10 전기
②	⑤	②	⑤	⑤	①	③	②	③	④

11 전기	12 전기	13 전기	14 전기	15 전기					
①	①	⑤	④	④					

01 전기   정답 ②

중성점 접지 방법 중 지락전류가 가장 크게 발생하는 방식은 직접 접지 방식이다.

02 전기   정답 ⑤

정전용량$(C) = \frac{면적(A) \times 유전율(\varepsilon)}{간격(d)}$임을 적용하여 구한다.

면적이 A, 간격이 d인 평행판 콘덴서의 정전용량은 $\frac{A\varepsilon}{d}$이고 면적이 $3A$, 간격이 $\frac{1}{3}d$인 평행판 콘덴서의 정전용량은 $\frac{3A\varepsilon}{\frac{1}{3}d} = \frac{9A\varepsilon}{d}$이다.

따라서 면적이 A이고 간격이 d인 콘덴서의 정전용량은 면적이 $3A$이고 간격이 $\frac{1}{3}d$인 콘덴서의 정전용량의 $\frac{1}{9}$배이다.

03 전기   정답 ②

철손은 히스테리시스손과 와류손으로 구성되며, 히스테리시스손 $(Ph) = k\frac{E^2}{f}$은 주파수에 반비례하지만 전압의 자승에 비례하고, 와류손$(Pe) = kE^2$은 주파수와 무관하고 전압의 자승에 비례한다.
따라서 변압기의 부하와 전압이 일정하고 주파수가 높아지면 철손은 감소한다.

04 전기   정답 ⑤

이득 여유는 $GM = 20log\left|\frac{1}{GH}\right|[dB]$임을 적용하여 구한다.

주어진 식에서 허수부를 0으로 놓으면 $s=0$, $\omega = 0$이 되므로 $GH = \frac{K}{5}$이다.

이에 따라 $GM = 20log\left|\frac{1}{GH}\right| = 20log\left|\frac{1}{\frac{K}{5}}\right| = 40$이므로

$\frac{1}{\frac{K}{5}} = 10^2 \rightarrow \frac{5}{K} = 100$

따라서 $K = \frac{1}{20}$이다.

05 전기   정답 ⑤

V는 전압, R은 저항일 때, △결선의 선전류는 $\frac{\sqrt{3}V}{R}$배이고, Y 결선의 선전류는 $\frac{V}{\sqrt{3}R}$이다.

따라서 △결선 선전류는 Y 결선 선전류의 $\frac{\sqrt{3}V}{R} \div \frac{V}{\sqrt{3}R} = 3$배이다.

06 전기   정답 ①

제시된 내용은 제백 효과(Seebeck effect)에 대한 설명이다.

오답 체크

② 펠티에 효과(Peltier effect): 다른 종류의 금속 두 개를 접합시켜 전류를 통할 때 전류의 방향에 따라 그 접합부가 뜨거워지거나 냉각되는 현상
③ 톰슨 효과(Thomson effect): 같은 종류이면서 부분적으로 온도가 다른 금속에 전류를 흐르게 할 때 온도가 바뀌는 부분에서 발열과 흡열이 일어나는 현상
④ 홀 효과(Hall effect): 전류가 흐르고 있는 가느다란 금속판에 수직으로 자기장을 가하면 전류와 자기장의 수직 방향으로 전위차가 생기는 현상
⑤ 표피 효과(Skin effect): 고주파 전류가 도체에 흐를 때 전류가 도체 표면 가까이에 집중하여 흐르는 현상

07 전기   정답 ③

전기기계의 철심에 가해지는 자화력의 방향을 주기적으로 바꾸면 철심에서 열이 발생하는데, 이 과정에서 발생하는 에너지 손실을 히스테리시스 손이라고 하며, 철심에 규소 강판을 활용하면 히스테리시스 손을 감소시킬 수 있다.

08 전기　　　　　　　　　　　　정답 ②

Y 결선에서의 임피던스를 Z, 선간전압을 V, 선전류를 I, 저항을 R, 리액턴스를 X라 할 때, $Z = \frac{V}{\sqrt{3}I}$, $R = Z\cos\theta$, $X = \sqrt{Z^2 - R^2}$임을 적용하여 구한다.

$V = 425[V]$, $I = 50[A]$이고, 역률이 0.8임에 따라 $\cos\theta = 0.8$이므로 $Z = \frac{425}{\sqrt{3} \times 50} = 5$, $R = 5 \times 0.8 = 4$이다.

따라서 리액턴스 $X = \sqrt{5^2 - 4^2} = 3[\Omega]$이다.

09 전기　　　　　　　　　　　　정답 ③

$\Phi(0) = e^{A \times 0} = I$($I$는 단위행렬)이므로 $t = 0$일 때 상태 변위 행렬식의 값은 I이다.

10 전기　　　　　　　　　　　　정답 ④

3상 교류 발전기의 정격전압을 V, 정격용량을 P, %동기 임피던스를 %Z_s라 할 때, 동기 임피던스(Z_s) $= \frac{\%Z_s 10 V^2}{P}$임을 적용하여 구한다.

$V = 5,000[V] = 5[kV]$이고, $P = 6,000[kVA]$이며, %$Z_s = 60[\%]$이다.

따라서 이 발전기의 동기 임피던스는 $\frac{10 \times 60 \times 5^2}{6,000} = 2.5[\Omega]$이다.

11 전기　　　　　　　　　　　　정답 ①

메이슨 공식 $G(s) = \frac{C(s)}{R(s)} = \frac{\sum_k T_k \Delta_k}{\Delta}$임을 적용하여 구한다.

$k = 1$이고, $T_k = ab$, $\Delta_k = 1$이므로 $\sum_k T_k \Delta_k = T_1 \Delta_1 = ab$, $\Delta = 1 - 3b - 2ab$이다.

따라서 $\frac{C(s)}{R(s)} = \frac{ab}{1 - 3b - 2ab}$이다.

12 전기　　　　　　　　　　　　정답 ①

방향성을 가진 계전기는 ㉠, ㉢이다.

🔍 더 알아보기	
과전류 계전기 (OCR)	정해진 값 이상의 전류가 흐르면 동작하는 계전기
부족 전압 계전기 (UVR)	정해진 값 이하로 전압이 떨어지면 동작하는 계전기
거리 계전기 (Z)	계전기 설치 위치부터 고장점까지의 거리에 비례하여 한시에 동작하는 계전기
선택 지락 계전기 (SGR)	다회선 사용 시 지락 사고가 발생할 경우 고장 회선을 선택적으로 차단하는 계전기
비율 차동 계전기 (RDFR)	보호할 구간 양단의 전류 또는 전압의 벡터 차에 의해 동작하는 계전기

13 전기　　　　　　　　　　　　정답 ⑤

정격출력을 P, 정격전류를 I_n, 단락비를 K_s라 할 때, 동기 리액턴스 ($\%x_s[p.u]$) $= \frac{1}{K_s}$, 유기기전력(E) $= \sqrt{\cos^2\theta + (\sin\theta + \%x_s[p.u])^2}$, 최대출력 ($P_m$) $= \frac{E}{\%x_s[p.u]}P$임을 적용하여 구한다.

$P = 8,000[kV]$이고, $I_n = 400[A]$이다. 또한, 정격역률이 0.8임에 따라 $\cos\theta = 0.8$이고, $\sin\theta = \sqrt{1 - \cos^2\theta} = \sqrt{1 - 0.8^2} = 0.6$이며, $K_s = 1.25$이므로 $\%x_s[p.u] = \frac{1}{1.25} = 0.8[p.u]$이고, $E = \sqrt{0.8^2 + (0.6 + 0.8)^2} = \sqrt{2.6} = 1.6[V]$이다.

따라서 발전기의 최대출력은 $\frac{1.6}{0.8} \times 8,000 = 16,000[kVA]$이다.

14 전기　　　　　　　　　　　　정답 ④

㉠에는 120, ㉡에는 1.9, ㉢에는 1.25가 들어간다.

15 전기　　　　　　　　　　　　정답 ④

전력계통의 무효전력 조정이 전력계통의 전압을 조정하는 방법이고, 유효전력 조정은 전력계통의 주파수를 조정하는 방법이므로 적절하지 않다.

NCS 정답·해설

01 의사소통	02 의사소통	03 의사소통	04 의사소통	05 의사소통	06 의사소통	07 의사소통	08 의사소통	09 의사소통	10 의사소통
④	③	⑤	⑤	③	④	②	④	⑤	②
11 수리	**12** 수리	**13** 수리	**14** 수리	**15** 수리	**16** 수리	**17** 수리	**18** 수리	**19** 수리	**20** 수리
⑤	⑤	④	②	②	⑤	②	②	②	④
21 문제해결	**22** 문제해결	**23** 문제해결	**24** 문제해결	**25** 문제해결	**26** 문제해결	**27** 문제해결	**28** 문제해결	**29** 문제해결	**30** 문제해결
⑤	①	④	④	②	③	④	④	②	②
31 자원관리	**32** 자원관리	**33** 자원관리	**34** 자원관리	**35** 자원관리	**36** 자원관리	**37** 자원관리	**38** 자원관리	**39** 자원관리	**40** 자원관리
①	④	③	④	①	④	①	②	②	②
41 정보	**42** 정보	**43** 정보	**44** 정보	**45** 정보	**46** 정보	**47** 정보	**48** 정보	**49** 정보	**50** 정보
②	②	②	③	④	⑤	②	⑤	③	④

01 의사소통능력
정답 ④

이 보도자료는 국정현안점검조정회의에서 '겨울철 전력수급 및 석탄발전 감축 대책'을 심의 및 확정하였으며, 이에 따라 한파 발생에 대비할 수 있도록 최대 9.7~13.5GW 추가 예비자원을 확보해 적기에 투입하고, 미세먼지 감축을 위해 석탄발전 8~16기의 가동을 멈추기로 했음을 설명하는 내용이므로 보도자료의 중심 내용으로 가장 적절한 것은 ④이다.

오답 체크
① 글 전체에서 한국전력공사에서 사계절 내내 전력 수급이 원활하도록 노력하겠음을 공표하였는지에 대해서는 언급하고 있지 않으므로 적절하지 않은 내용이다.
② 3문단에서 12월 1일부터 내년 2월 28일까지를 '겨울철 전력수급 대책기간'으로 정하고 전력 유관기관과 공동으로 수급대책 상황실을 설치해 지속적으로 점검 및 관리한다는 내용은 서술하고 있지만, 글 전체를 아우를 수 없으므로 적절하지 않은 내용이다.
③ 1문단에서 미세먼지 감축을 위해 석탄발전 8~16기의 가동을 멈추기로 했다고 하였으므로 적절하지 않은 내용이다.
⑤ 4문단에서 민간부문에 상업·가정·시민단체 협업으로 참여형 프로그램을 강화함과 동시에 동영상 플랫폼·SNS와 같은 소통형 매체를 통해 자발적 에너지절약 동참을 유도해 나갈 것임은 언급하고 있으나 글 전체를 아우를 수 없으므로 적절하지 않은 내용이다.

02 의사소통능력
정답 ③

이 글은 바이오 에탄올에 대해 설명하고, 바이오 에탄올의 생산 공정 순서 및 바이오 에탄올의 장·단점에 대해 설명하는 글이다.
따라서 '(나) 바이오 에탄올의 의미 및 제조 원리 → (라) 바이오 에탄올의 생산 공정 순서 소개 → (가) 바이오 에탄올의 생산 공정(1): 전처리 공정 → (마) 바이오 에탄올의 생산 공정(2): 당화 공정과 발효 공정 → (다) 바이오 에탄올 사용의 장단점' 순으로 연결되어야 한다.

03 의사소통능력
정답 ⑤

4문단에서 모바일 상품권 사용과정의 공정성 제고는 모바일 상품권의 유효기간을 1년 이상으로 설정하여 소비자 권리를 강화했다고 하였으므로 모바일 상품권 사용과정의 공정성 제고는 모바일 상품권의 유효기간을 10개월 이하로 설정하여 소비자의 권리가 약화된 것은 아님을 알 수 있다.

오답 체크
① 2문단에서 주택 중개수수료 및 중개서비스 개선으로 부동산 중개수수료를 절반가량 인하해 국민의 경제적 부담을 줄일 수 있었다고 하였으므로 적절한 내용이다.
② 6문단에서 국민권익위원회는 접수된 국민 불편 사항과 부패유발요인을 해소하기 위해 관계기관에 제도개선을 권고하고 있다고 하였으므로 적절한 내용이다.
③ 5문단에서 지방자치단체 장기근속·퇴직공직자 국외여행 등 일률지원 관행 개선으로 퇴직예정 공직자에 대한 일률적이고 과도한 해외여행이나 기념금품 제공을 중단하도록 해 예산을 절감했다고 하였으므로 적절한 내용이다.
④ 3문단에서 아동급식 사각지대 개선 약 31만 명에 이르는 급식아동이 지역 간 차별 없이 급식을 제공받을 수 있도록 했다고 하였으므로 적절한 내용이다.

04 의사소통능력
정답 ⑤

(마)문단에서 세팍타크로는 경기장 형태나 선수들의 동작 등에서 족구와 유사하지만, 태국·말레이시아에서 만들어진 구기 종목으로 경기 규칙 및 사용 가능한 신체 부위 등이 다르고, 족구와 달리 올림픽 정식 종목에 해당한다고 하였으므로 (마)문단의 내용을 요약하면 '족구와 세팍타크로의 공통점 및 차이점'이 된다.

[05-06]

05 의사소통능력 　　　　　　　　정답 ③

'2. 우리나라의 노인 빈곤율이 높은 원인 – 2)'에서 자녀가 부모를 부양하고자 하여도 경기 침체로 취업이 어려워지면서 자녀의 경제적 자립 시기가 늦어져 오히려 노인 빈곤이 양성된다고 하였으므로 부모로부터 경제적 독립을 늦게 하는 자녀가 많아질수록 빈곤한 노인이 증대될 가능성이 농후함을 알 수 있다.

오답 체크

① '3. 높은 노인 빈곤율이 사회·경제에 미치는 영향 – 2)'에서 노인 빈곤율이 증가할수록 내수 경제는 침체될 가능성이 높다고 하였으므로 적절하지 않은 내용이다.
② '2. 우리나라의 노인 빈곤율이 높은 원인 – 1)'에서 우리나라는 타국 대비 고령화 속도가 빠르지만, 사회 보장 체계를 갖추는 속도가 이를 따라가지 못하고 있다고 하였으므로 적절하지 않은 내용이다.
④ '1. 빈곤의 개념 – 1)'에서 절대적 빈곤은 인간의 생존에 필요한 최저한의 물자조차 부족한 극도의 빈곤 상태라고 하였으므로 적절하지 않은 내용이다.
⑤ '3. 높은 노인 빈곤율이 사회·경제에 미치는 영향 – 1)'에서 노인 빈곤율과 삶의 만족도는 반비례 관계에 있다고 하였으므로 적절하지 않은 내용이다.

06 의사소통능력 　　　　　　　　정답 ④

'2. 우리나라의 노인 빈곤율이 높은 원인 – 2)'에서 노후 준비를 하지 않고 있다고 응답한 비중이 60대 이상 가구에서 40% 이상인 것으로 나타났다고 하였으므로 60대 이상 가구 중 노후 준비를 하지 않는 가구가 약 30%를 차지하는 것은 아님을 알 수 있다.

오답 체크

① '3. 높은 노인 빈곤율이 사회·경제에 미치는 영향 – 1)'에서 노인 빈곤율과 자살률이 밀접한 연관이 있다는 점을 바탕으로 추론하면 고령층의 은퇴 후 악화되는 경제 상황이 높은 자살률의 주된 원인 중 하나라고 하였으므로 적절한 내용이다.
② '2. 우리나라의 노인 빈곤율이 높은 원인 – 1)'에서 우리나라는 2025년에 전체 인구에서 65세 이상 인구의 비중이 20% 이상인 초고령화 사회에 들어서게 될 것으로 예측된다고 하였으므로 적절한 내용이다.
③ '1. 빈곤의 개념'에서 우리나라가 측정 방법과 관계없이 OECD 국가 중에서 노인 빈곤율이 가장 높은 것으로 파악된다고 하였으므로 적절한 내용이다.
⑤ '3. 높은 노인 빈곤율이 사회·경제에 미치는 영향 – 2)'에서 고령층이 은퇴한 이후 소득 기반이 약해질 것을 걱정하여 근로 소득을 유지하기 위해 은퇴 시기를 미루는 경향이 나타난다고 하였으므로 적절한 내용이다.

07 의사소통능력 　　　　　　　　정답 ②

이 글은 서양식 건물인 '양옥'에 대비되는 한옥의 의미에 대해 설명하고, 한옥의 대표적인 구조와 이를 통해 알 수 있는 선조들의 지혜를 설명하는 글이다.

따라서 '(나) 한옥의 의미 → (라) 한옥의 대표적 구조(1): 'ㄷ'자, 'ㅁ'자 구조의 특징 → (가) 한옥의 대표적 구조(2): 'ㄱ'자, 'ㅡ'자 구조의 특징 → (다) 한옥의 특징과 한옥에서 엿볼 수 있는 선조들의 지혜' 순으로 연결되어야 한다.

08 의사소통능력 　　　　　　　　정답 ④

빈칸 앞에서 기면증은 하이포크레틴이라는 이름의 신경 전달 물질이 부족하게 되면 발생하며, 학계에서는 기면증이 면역 세포에 의해 자기 몸의 정상 세포가 공격받음에 따라 발현되는 자가 면역 질환의 일부라고 보고 있음을 말하고 있다.
따라서 우리 몸속에 존재하는 하이포크레틴이 면역 세포에 의해 파괴될 경우에 기면증이 나타난다는 내용이 들어가야 한다.

[09-10]

09 의사소통능력 　　　　　　　　정답 ⑤

6문단에서 쓰나미는 수심이 깊은 바다에서는 파고가 낮지만 해안가에 가까워질수록 높은 파고를 형성하기 때문에 바다에서 멀고 파고보다 높은 장소로 빠르게 움직여야 한다고 하였으므로 책상 아래와 같은 낮은 곳으로 이동해야 하는 것은 아님을 알 수 있다.

오답 체크

① 2문단에서 해저에서 발생한 지각 변동은 해수면에 여러 방향으로 불규칙하게 진행되는 굴곡을 만들어내며, 달라진 해수면의 높낮이는 다시 같아지려는 성질을 지니고 있어 상하로 출렁거리는 파동을 만들어 낸다고 하였으므로 적절한 내용이다.
② 1문단에서 수심이 깊은 바다에서는 낮았던 파고가 파동이 해안으로 전파되면서 천수, 굴절, 공진 현상 등의 영향을 받아 높아진다고 하였으므로 적절한 내용이다.
③ 3문단에서 파형 경사는 파고를 파장으로 나눈 값이라고 하였으므로 적절한 내용이다.
④ 1문단에서 해안에 가까워질수록 파동이 전달되는 속도는 느려지는 대신 파도의 강도는 세진다고 하였으므로 적절한 내용이다.

10 의사소통능력 　　　　　　　　정답 ②

ⓔ 4문단에서 2004년 발생한 인도양 쓰나미는 환태평양 지진대 중 1,000km에 걸친 단층선에 생긴 균열이 원인이 되어 유라시아판과 인도판의 충돌로 발생했다고 하였으므로 적절하지 않은 내용이다.

오답 체크

㉠ 5문단에서 2004년 당시 수마트라섬을 포함하여 타이 남부 푸껫섬과 말레이시아, 싱가포르 등에 쓰나미로 인한 인명 피해가 크게 발생했던 이유는 남아시아 지역에 쓰나미에 대한 조기경보 체제가 구축되어 있지 않았기 때문이라고 하였으므로 적절한 내용이다.
㉡ 5문단에서 2004년 인도양 쓰나미가 일어나는 데 영향을 미친 지진은 푸껫과 방콕의 위치가 각각 32cm, 9cm씩 이동하는 데 영향을 미쳤다고 하였으므로 적절한 내용이다.

ⓒ 5문단에서 인도양 쓰나미가 일어나기 전에는 남아시아 지역에 쓰나미가 발생한 적이 없다고 하였으므로 적절한 내용이다.

11 수리능력
정답 ⑤

제시된 조건에 따르면 영빈이는 카페인의 하루 권장량을 고려하여 하루에 섭취하는 카페인의 양을 450mg 이하로 제한하며, 오늘 오전에 200mg의 카페인을 섭취했으므로 오늘 오후에 섭취할 수 있는 카페인의 양은 250mg 이하이다. 이때, 홍차 한 잔에 들어있는 카페인의 양은 50mg이며 아메리카노 한 잔에 들어있는 카페인의 양은 150mg이고, 영빈이는 아메리카노와 홍차 이외에 카페인을 섭취하지 않으며, 아메리카노나 홍차를 마시지 않을 수도 있으므로 영빈이가 마시는 아메리카노의 잔 수를 x, 홍차의 잔 수를 y, 아메리카노와 홍차 잔 수의 조합을 (x, y)라고 하면, 영빈이가 오늘 오후에 섭취하는 카페인의 양에 따라 가능한 아메리카노와 홍차의 조합은 다음과 같다.

· 오늘 오후에 섭취하는 카페인의 양이 0mg인 경우
 $(0, 0) \rightarrow$ 1가지
· 오늘 오후에 섭취하는 카페인의 양이 50mg인 경우
 $(0, 1) \rightarrow$ 1가지
· 오늘 오후에 섭취하는 카페인의 양이 100mg인 경우
 $(0, 2) \rightarrow$ 1가지
· 오늘 오후에 섭취하는 카페인의 양이 150mg인 경우
 $(0, 3), (1, 0) \rightarrow$ 2가지
· 오늘 오후에 섭취하는 카페인의 양이 200mg인 경우
 $(0, 4), (1, 1) \rightarrow$ 2가지
· 오늘 오후에 섭취하는 카페인의 양이 250mg인 경우
 $(0, 5), (1, 2) \rightarrow$ 2가지

따라서 오늘 오후에 영빈이가 마실 수 있는 아메리카노와 홍차 잔 수의 조합은 총 $1 + 1 + 1 + 2 + 2 + 2 = 9$가지이다.

12 수리능력
정답 ⑤

제시된 조건에 따르면 회사에 근무 중인 기존 사원에서 남자 사원이 차지하는 비중은 45%이므로 기존 사원 수를 x라고 하면, 기존 남자 사원 수는 $0.45x$, 기존 여자 사원 수는 $(1 - 0.45)x = 0.55x$이다. 또한, 선발한 신입사원은 회사에 근무 중인 기존 사원의 13%이므로 $0.13x$이다.

이때, 회사에 근무 중인 기존 사원과 선발한 신입사원을 합산한 전체 사원 중 남자 사원이 차지하는 비중은 40%이므로 신입사원 중 남자 사원의 수를 y라고 하면

$\frac{0.45x + y}{x + 0.13x} = 0.4 \rightarrow 0.45x + y = 0.4x + 0.052x \rightarrow y = 0.002x$

선발한 신입사원 수는 $0.13x$이므로 선발한 신입사원 중 여자 사원의 수는 $0.13x - 0.002x = 0.128x$이다.

따라서 선발한 신입사원 중 여자 사원의 비율은 $\frac{0.128x}{0.13x} = \frac{64}{65}$이다.

13 수리능력
정답 ④

2022년 기계·금속의 개인 창업기업 수는 전년 대비 $\{(9{,}939 - 9{,}358) / 9{,}939\} \times 100 \fallingdotseq 5.8\%$ 감소하였으므로 옳은 설명이다.

오답 체크

① 제시된 기간 중 섬유 및 가죽 업종의 법인 창업기업 수가 가장 적은 2021년에 섬유 및 가죽 업종의 법인과 개인 창업기업 수의 합은 $1{,}141 + 6{,}307 = 7{,}448$개이므로 옳지 않은 설명이다.
② 기타제조업을 제외하고 법인 창업기업 수가 많은 순서에 따른 업종 순위는 2019년에 기계·금속, 전기·전자 및 정밀기기, 고무 및 화학제품, 음식료품 및 음료, 자동차 및 운송장비, 섬유 및 가죽, 목재·가구 및 종이제품, 인쇄 및 기록매체 복제업 순이고, 2023년에 기계·금속, 전기·전자 및 정밀기기, 섬유 및 가죽, 고무 및 화학제품, 음식료품 및 음료, 자동차 및 운송장비, 목재·가구 및 종이제품, 인쇄 및 기록매체 복제업 순임에 따라 서로 다르므로 옳지 않은 설명이다.
③ 2023년 음식료품 및 음료 업종에서 개인 창업기업 수는 법인 창업기업 수의 $5{,}599 / 1{,}188 \fallingdotseq 4.7$배이므로 옳지 않은 설명이다.
⑤ 기타제조업을 제외하고 2021년에 법인 창업기업 수와 개인 창업기업 수의 전년 대비 증감 추이가 동일한 업종은 인쇄 및 기록매체 복제업, 기계·금속, 자동차 및 운송장비임에 따라 총 3개이므로 옳지 않은 설명이다.

⏱ 빠른 문제 풀이 Tip
② 순위를 비교하는 문제의 경우 각 구분의 1순위부터 순차적으로 확인한다.
2019년과 2023년의 1순위는 기계·금속, 2순위는 전기·전자 및 정밀기기이지만, 3순위는 2019년에 음식료품 및 음료, 2023년에 섬유 및 가죽으로 서로 다름에 따라 이후 순위는 확인하지 않고 오답임을 알 수 있다.

[14-15]
14 수리능력
정답 ②

2017년 대비 2019년 서울의 전체 봉사 활동 횟수의 감소율은 $[\{(1{,}158 + 533) - (1{,}041 + 471)\} / (1{,}158 + 533)] \times 100 = \{(1{,}691 - 1{,}512) / 1{,}691\} \times 100 \fallingdotseq 10.6\%$로 10% 이상이므로 옳은 설명이다.

오답 체크

① 2019년 제주의 평일 봉사 활동 횟수는 주말 봉사 활동 횟수보다 적으므로 옳지 않은 설명이다.
③ 2019년 세종의 평일 봉사 활동 횟수는 주말 봉사 활동 횟수의 $11 / 7 \fallingdotseq 1.6$배로 1.5배 이상이므로 옳지 않은 설명이다.
④ 제시된 모든 지역의 2020년 주말 봉사 활동 횟수 총합은 $155 + 30 + 19 + 25 + 25 + 21 + 16 + 1 + 79 + 12 + 9 + 30 + 14 + 27 + 23 + 34 + 14 = 534$천 회로 2017년 주말 봉사 활동 횟수가 가장 많은 서울의 주말 봉사 활동 횟수인 533천 회보다 많으므로 옳지 않은 설명이다.

⑤ 제시된 기간 동안 대전의 주말 봉사 활동 횟수가 처음으로 100천 회 미만인 2019년에 주말 봉사 활동 횟수가 100천 회 미만인 지역은 대전, 울산, 세종, 강원, 충북, 전북, 제주로 총 7곳이므로 옳지 않은 설명이다.

15 수리능력   정답 ②

2018년에 주말은 총 119일이었으므로 2018년의 평일은 총 365 − 119 = 246일이다. 제시된 그래프에서 A 지역과 B 지역 모두 2018년에 평일 1일당 봉사 활동 횟수와 주말 1일당 봉사 활동 횟수가 1.00천 회 이상이므로 A와 B는 제시된 지역 중 2018년의 평일 봉사 활동 횟수가 246천 회 이상이면서 주말 봉사 활동 횟수가 119천 회 이상인 지역인 서울, 부산, 인천, 경기, 경북, 경남 중 하나임을 알 수 있다.

또한 A 지역과 B 지역 모두 2018년에 평일 1일당 봉사 활동 횟수와 주말 1일당 봉사 활동 횟수가 2.00천 회 미만이므로 A와 B는 서울, 부산, 인천, 경기, 경북, 경남 중 2018년 평일의 봉사 활동 횟수가 246 × 2 = 492천 회 이상이면서 주말의 봉사 활동 횟수가 119 × 2 = 238천 회 이상인 서울과 경기가 아니다. 이에 따라 부산, 인천, 경북, 경남의 2018년 평일 1일당 봉사 활동 횟수와 주말 1일당 봉사 활동 횟수를 구하면 다음과 같다.

구분	평일 1일당 봉사 활동 횟수	주말 1일당 봉사 활동 횟수
부산	388/246 ≒ 1.58천 회	142/119 ≒ 1.19천 회
인천	302/246 ≒ 1.23천 회	123/119 ≒ 1.03천 회
경북	249/246 ≒ 1.01천 회	126/119 ≒ 1.06천 회
경남	344/246 ≒ 1.40천 회	174/119 ≒ 1.46천 회

A는 2018년 평일 1일당 봉사 활동 횟수가 1.20천 회 이상, 주말 1일당 봉사 활동 횟수가 1.00천 회 이상 1.20천 회 미만이고, B는 2018년 평일 1일당 봉사 활동 횟수와 주말 1일당 봉사 활동 횟수가 모두 1.00천 회 이상 1.20천 회 미만이므로 A에 들어갈 지역은 인천이고, B에 들어갈 지역은 경북이다.

따라서 A와 B를 바르게 연결한 것은 ②이다.

[16-17]
16 수리능력   정답 ⑤

2019년 농사용 전력 판매단가의 전년 동월 대비 변화량이 가장 큰 달은 변화량이 47.26 − 45.59 = 1.67원/kWh인 8월이므로 옳지 않은 설명이다.

오답 체크

① 2018년 1~12월 월별 교육용 전력 판매단가의 평균은 (98.91 + 99.98 + 100.09 + 92.75 + 93.07 + 113.83 + 119.51 + 121.28 + 107.49 + 95.28 + 105.59 + 101.35) / 12 = 1,249.13 / 12 ≒ 104.1원/kWh이므로 옳은 설명이다.

② 2019년 9월 주택용 전력 판매단가는 전년 동월 대비 {(106.20 − 91.80) / 91.80} × 100 = (14.40 / 91.80) × 100 ≒ 15.7% 증가함에 따라 15% 이상 증가하였으므로 옳은 설명이다.

③ 2018년 산업용 전력 판매단가가 가장 높은 달은 117.87원/kWh인 7월이고, 같은 해 일반용 전력 판매단가가 가장 높은 달은 145.59원/kWh인 7월로 2018년 산업용과 일반용 전력 판매단가가 가장 높은 달은 7월로 같으므로 옳은 설명이다.

④ 2019년 가로등 전력 판매단가가 전년 동월 대비 감소한 달은 1월, 5월, 6월, 11월이므로 옳은 설명이다.

17 수리능력   정답 ②

2019년 심야용 전력 판매단가가 다른 달에 비해 가장 낮은 달은 4월이고, 2019년 4월 판매단가는 산업용이 93.65원/kWh, 일반용이 115.25원/kWh이다.

따라서 2019년 4월 산업용 판매단가 대비 일반용 판매단가의 비율은 115.25/93.65 ≒ 1.2이다.

[18-19]
18 수리능력   정답 ②

㉠ 제시된 기간 동안 전국의 시설 1개당 보호아동 수는 2017년에 12,789 / 280 ≒ 46명, 2018년에 12,193 / 279 ≒ 44명, 2019년에 11,665 / 281 ≒ 42명이고, 서울의 시설 1개당 보호아동 수는 2017년에 2,737 / 49 ≒ 56명, 2018년에 2,577 / 49 ≒ 53명, 2019년에 2,341 / 49 ≒ 48명으로 전국의 시설 1개당 보호아동 수가 가장 많은 해와 서울의 시설 1개당 보호아동 수가 가장 많은 해는 2017년으로 동일하므로 옳은 설명이다.

㉣ 2017년 대비 2019년 대전의 보호아동 수 감소율은 {(512 − 469) / 512} ≒ 8.4%로 2017년 대비 2019년 충남의 보호아동 수 감소율인 {(634 − 590) / 634} ≒ 6.9%보다 크므로 옳은 설명이다.

오답 체크

㉡ 2019년에 시설 수가 전년 대비 증가한 부산과 강원 중 보호아동 수가 전년 대비 감소한 부산의 보호아동 수의 전년 대비 감소 인원은 992 − 931 = 61명이므로 옳지 않은 설명이다.

㉢ 제시된 기간 동안 매년 보호아동 수가 두 번째로 많은 경기의 2017~2019년 연도별 보호아동 수의 평균은 (1,252 + 1,212 + 1,176) / 3 ≒ 1,213명으로 1,210명 이상이므로 옳지 않은 설명이다.

19 수리능력
정답 ②

[시도별 아동복지시설 및 보호아동 현황]에 따르면 제시된 시설 수와 보호아동 수는 매해 마지막 날 기준임에 따라 2017년 연말 보호아동 수는 2016년의 마지막 날을 기준으로 한 보호아동 수에 2017년의 입소자 수를 더한 값에서 2017년의 퇴소자 수를 뺀 것과 같고, 2016년 마지막 날 기준 보호아동 수는 2017년 마지막 날의 보호아동 수에서 2017년 입소자 수를 빼고 퇴소자 수를 더한 것과 같으므로 2016년 마지막 날 기준 보호아동 수 = 2017년 마지막 날 기준 보호아동 수 - 2017년 입소자 수 + 2017년 퇴소자 수이다. 이에 따라 2016년 마지막 날을 기준으로 6개 광역시별 보호아동 수를 구하면 다음과 같다.

구분	2017년 보호아동 수	입소자	퇴소자	2016년 보호아동 수
부산	1,106명	170명	306명	1,106 - 170 + 306 = 1,242명
대구	757명	270명	277명	757 - 270 + 277 = 764명
인천	531명	186명	223명	531 - 186 + 223 = 568명
광주	563명	175명	210명	563 - 175 + 210 = 598명
대전	512명	363명	375명	512 - 363 + 375 = 524명
울산	127명	69명	56명	127 - 69 + 56 = 114명

2016년 마지막 날을 기준으로 6개 광역시 중 보호아동 수가 두 번째로 많은 지역은 대구이고, 두 번째로 적은 지역은 대전이다.
따라서 2016년 마지막 날을 기준으로 6개 광역시 중 보호아동 수가 두 번째로 많은 지역과 두 번째로 적은 지역의 보호아동 수의 차는 764 - 524 = 240명이다.

20 수리능력
정답 ④

ⓒ 1~9세 남자 뇌졸중 환자 수가 가장 많은 달은 7월이고, 1~9세 여자 뇌졸중 환자 수가 가장 많은 달은 4월이므로 옳지 않은 설명이다.
ⓔ 40~49세 여자 뇌졸중 환자 수가 207명으로 가장 적은 4월에 40~49세 여자 뇌졸중 환자 수와 40~49세 남자 뇌졸중 환자 수의 차는 480 - 207 = 273명이므로 옳지 않은 설명이다.

오답 체크

ⓐ 전체 뇌졸중 환자 수가 10,595명으로 가장 많은 5월에 전체 뇌졸중 환자 수에서 여자 뇌졸중 환자 수가 차지하는 비중은 (4,762 / 10,595) × 100 ≒ 44.9%임에 따라 45% 미만이므로 옳은 설명이다.
ⓒ 남자 뇌졸중 환자 수가 가장 많은 연령대는 매달 70~79세이므로 옳은 설명이다.

21 문제해결능력
정답 ⑤

제시된 조건에 따르면 A~E 5명이 탄 자전거의 속력은 서로 다르며, 출발부터 도착까지 각각 일정한 속력으로 달렸으며 A는 출발 위치에 두 번째로 돌아왔고, B와 C는 연달아 출발 위치로 돌아왔으므로 B와 C는 각각 세 번째와 네 번째 또는 네 번째와 다섯 번째로 돌아왔다. 이때, E의 속력은 B의 속력보다 빨랐으므로 B보다 출발 위치로 빨리 돌아왔다. 또한, B의 속력이 제일 느리지 않았으므로 B는 다섯 번째가 아니다. B와 C의 순위에 따라 가능한 경우는 다음과 같다.
[경우 1] B와 C가 각각 세 번째 또는 네 번째로 돌아온 경우

첫 번째	두 번째	세 번째	네 번째	다섯 번째
E	A	B 또는 C	B 또는 C	D

[경우 2] B가 네 번째, C가 다섯 번째로 돌아온 경우

첫 번째	두 번째	세 번째	네 번째	다섯 번째
E 또는 D	A	E 또는 D	B	C

따라서 C와 E는 연달아 출발 위치로 돌아오지 않으므로 항상 옳지 않은 설명이다.

오답 체크

① 경우 2에 따르면 속력이 제일 느린 사람은 C일 수도 있으므로 항상 옳지 않은 설명은 아니다.
② 경우 1, 2에 따르면 E가 가장 먼저 출발 위치로 돌아올 수도 있으므로 항상 옳지 않은 설명은 아니다.
③ 경우 1, 2에 따르면 C는 E보다 속력이 느리므로 항상 옳은 설명이다.
④ 경우 1, 2에 따르면 B가 네 번째로 출발 위치에 돌아올 수도 있으므로 항상 옳지 않은 설명은 아니다.

22 문제해결능력
정답 ①

제시된 조건에 따르면 정은 복사기를 사용하지 않았다는 갑의 첫 번째 진술과 정은 복사기를 사용했다는 병의 두 번째 진술이 서로 모순되고, 병은 복사기를 사용했다는 갑의 두 번째 진술과 자신은 복사기를 사용하지 않았다는 병의 첫 번째 진술이 서로 모순되어 갑과 병의 진술은 모두 서로 모순된다. 먼저 갑의 첫 번째 진술이 거짓인 경우 갑의 두 번째 진술과 병의 두 번째 진술은 진실, 병의 첫 번째 진술은 거짓이 되므로 병과 정은 복사기를 사용했다. 이때, 병은 복사기를 사용하지 않았다는 무의 첫 번째 진술과 을과 정 중 복사기를 사용한 사람은 없다는 무의 두 번째 진술이 모두 거짓이 되어 두 가지의 진술 중 하나의 진술만 진실, 나머지 하나의 진술은 거짓이라는 조건에 모순된다. 이에 따라 갑의 두 번째 진술이 거짓이므로 병과 정은 복사기를 사용하지 않았고, 무의 첫 번째 진술은 진실, 무의 두 번째 진술은 거짓이 되어 을과 정 중 복사기를 사용한 사람이 있으므로 을이 복사기를 사용한 것을 알 수 있다. 또한, 자신은 복사기를 사용했다는 을의 첫 번째 진술은 진실, 갑은 복사기를 사용하지 않았다는 을의 두 번째 진술은 거짓이므로 갑은 복사기를 사용했다. 갑은 복사기를 사용하지 않았다는 정의 두 번째 진술도 거짓, 무는 복사기를 사용하지 않았다는 정의 첫 번째 진술은 진실이 되어 무는

복사기를 사용하지 않았으므로 2명이 상사로부터 복사 업무를 요청받아 복사기를 사용했다는 조건에 성립한다.
따라서 복사기를 사용한 인턴사원은 갑, 을이다.

23 문제해결능력 정답 ③

제시된 조건에 따르면 가장 먼저 도구를 구매한 학생은 E이고, B는 D보다 먼저, A보다 나중에 도구를 구매했다. 또한, D는 지우개를 구매하지 않았고, 지우개를 구매한 학생이 가장 마지막 순서로 구매했으므로 도구를 구매한 순서는 E, A, B, D, C임을 알 수 있다. 또한, 연필을 구매한 학생은 스케치북을 구매한 학생보다 먼저, 붓을 구매한 학생보다 나중에 구매했으므로 연필을 구매한 순서에 따라 가능한 경우는 다음과 같다.

[경우 1] 연필을 두 번째로 구매한 경우

구분	첫 번째	두 번째	세 번째	네 번째	다섯 번째
도구	붓	연필	물감 또는 스케치북	물감 또는 스케치북	지우개
학생	E	A	B	D	C

[경우 2] 연필을 세 번째로 구매한 경우

구분	첫 번째	두 번째	세 번째	네 번째	다섯 번째
도구	물감 또는 붓	물감 또는 붓	연필	스케치북	지우개
학생	E	A	B	D	C

따라서 D는 C보다 먼저 도구를 구매했으므로 항상 옳은 설명이다.

오답 체크
① 물감을 구매한 학생이 붓을 구매한 학생보다 먼저 구매했을 수도 있으므로 항상 옳은 설명은 아니다.
② 연필을 구매한 학생은 B일 수도 있으므로 항상 옳은 설명은 아니다.
④ 두 번째 순서로 구매한 도구는 물감 또는 붓일 수도 있으므로 항상 옳은 설명은 아니다.
⑤ 네 번째 순서로 구매한 학생은 D이므로 항상 옳지 않은 설명이다.

24 문제해결능력 정답 ⑤

'2. 한빛 원자력 발전소 – 2)'에 따르면 홍보관 단체견학은 30명 이상부터, 발전소 현장 단체견학은 20~40명으로 구성된 대학생 이상부터 견학이 가능하지만, 특별관람코스에 따른 단체견학은 6인 이하일 경우에만 가능하므로 옳은 내용이다.

오답 체크
① '2. 한빛 원자력 발전소 – 2)'에 따르면 발전소 현장은 주말, 휴무일에는 견학이 불가하므로 옳지 않은 내용이다.
② '1. 고리 원자력 발전소 – 2)'에 따르면 A 코스의 제한 인원은 없으며, B 코스의 제한 인원은 20~200명으로 200명이 동시에 견학 가능한 코스는 A, B 코스이므로 옳지 않은 내용이다.

③ '2. 한빛 원자력 발전소 – 2)'에 따르면 특별관람코스는 매월 넷째 주 금요일 14시에만 견학할 수 있으므로 옳지 않은 내용이다.
④ '1. 고리 원자력 발전소 – 2)'에 따르면 D 코스 견학 신청 전에 고리 1발전소와 유선 협의해야 하므로 옳지 않은 내용이다.

25 문제해결능력 정답 ③

'5. 시상 규모'에 따르면 우수상을 받은 수상자에게 지급되는 금액은 500,000원이나, 상금의 4.4%에 달하는 제세공과금은 수상자가 부담하여 우수상 수상자가 실제로 받게 되는 상금은 500,000 × (1 − 0.044) = 478,000원이므로 옳지 않은 내용이다.

오답 체크
① '5. 시상 규모'에 따르면 기업 부문에서 수상할 수 있는 작품 수는 대상에서 2개, 최우수상에서 1개, 우수상에서 2개로 총 5개이고, 모든 수상작이 받는 상금의 총합은 5,000,000 + 5,000,000 + 1,000,000 + 500,000 + 500,000 = 12,000,000원이므로 옳은 내용이다.
② '3. 공모 내용'에 따르면 기업 부문은 수기로 실패 또는 재도전한 경험을 작성해야 하고, '4. 공모 방법'에 따르면 기업 부문은 K-Startup 누리집에 접수해야 하므로 옳은 내용이다.
④ '2. 공모 개요'에 따르면 제9회 재도전 사례 공모전이 2024년에 개최되고 지금까지 매년 재도전 사례 공모전이 개최되었다면, 재도전 사례 공모전이 처음 개최된 해는 8년 전인 2016년이므로 옳은 내용이다.
⑤ '1. 공모 목적'에 따르면 재도전 사례 공모전은 실패에 대한 부정적인 인식을 개선하고 재도전 문화확산을 위해 추진해야 하므로 옳은 내용이다.

26 문제해결능력 정답 ③

윤정이의 전월 DIY 카드 이용 실적은 170만 원으로 9월 할인 한도는 3구간에 해당하여 통합 할인 한도는 4만 8천 원이고, 사용 내역의 상위 7개 사용처의 할인 가능 금액을 나열하면 다음과 같다.

구분	사용처	그룹	결제 금액	최대 할인 가능 금액
1	레스토랑	A 그룹	53만 원	1만 5.9천 원
2	스포츠	C 그룹	30만 원	2만 1천 원
3	백화점	해당 없음	20만 원	0원
4	수유	B 그룹	15만 원	7.5천 원
5	온라인 쇼핑	B 그룹	13만 원	6.5천 원
6	커피 전문점	D 그룹	11만 원	1만 1천 원
7	관리비 및 공과금	A 그룹	11만 원	3.3천 원

이때, 패턴 1은 한 사용처당 최대 2만 4천 원, 패턴 2는 한 사용처당 최대 1만 2천 원, 패턴 3은 한 사용처당 8천 원까지 할인되므로 스포츠에서 2만 1천 원, 레스토랑에서 1만 2천 원, 커피 전문점에서 1만 1천 원, 관리비 및 공과금에서 3.3천 원이 할인되어 총 4만 7.3천 원으로 가장 많은 할인을 받는다.
따라서 윤정이가 최대한 많은 금액의 할인 혜택을 받을 수 있는 사용처와 패턴을 바르게 연결한 것은 ③이다.

① 패턴 1은 한 사용처당 최대 2만 4천 원까지 할인되므로 레스토랑에서 1만 5.9천 원, 스포츠에서 2만 1천 원이 할인되어 총 3만 6.9천 원을 할인받으므로 적절하지 않다.
② 패턴 1은 한 사용처당 최대 2만 4천 원, 패턴 2는 한 사용처당 최대 1만 2천 원, 패턴 5는 한 사용처당 4천 원까지 할인되므로 스포츠에서 2만 1천 원, 레스토랑에서 1만 2천 원, 백화점은 해당하는 그룹이 없으므로 0원, 온라인 쇼핑에서 4천 원이 할인되어 총 3만 7천 원을 할인받으므로 적절하지 않다.
④ 패턴 2는 한 사용처당 최대 1만 2천 원까지 할인되므로 레스토랑과 스포츠에서 각 1만 2천 원, 커피 전문점에서 1만 1천 원, 주유에서 7.5천 원이 할인되어 총 4만 2.5천 원 할인받으므로 적절하지 않다.
⑤ 패턴 2는 한 사용처당 최대 1만 2천 원, 패턴 3은 한 사용처당 8천 원, 패턴 7은 한 사용처당 4천 원까지 할인되므로 레스토랑과 스포츠에서 각 1만 2천 원, 커피 전문점에서 8천 원, 주유에서 7.5천 원, 온라인 쇼핑에서 4천 원, 관리비 및 공과금에서 3.3천 원이 할인되어 총 4만 6.8천 원 할인받으므로 적절하지 않다.

27 문제해결능력 정답 ②

[△△시 중소기업 광고비 지원사업 안내]에 따르면 지원 자격은 작년 매출액이 600억 미만인 기업으로 지원 대상 선정은 지원 자격을 모두 갖춘 기업 중 우선 지원 대상 사업분야인 인공지능, 친환경, 바이오에서 작년 매출액이 낮은 기업부터 먼저 선정하며, 이후 지원 자격을 모두 갖춘 기업 중 우선 지원 대상이 아닌 사업분야 내에서 광고비 지출이 적은 기업부터 먼저 선정한다고 하였으므로 작년 매출액이 600억 미만인 기업 중 지원 대상 기업의 선정 순서는 B 기업, E 기업, A 기업, G 기업, C 기업, F 기업 순이다. 이때, 사업 예산은 총 8억 5,000만 원이며, 기업별 지원금 상한액은 1억 5,000만 원이고, 지원 대상 기업의 작년 매출액이 100억 원 이하인 경우 기업별 지원금 상한액의 2배까지 지원할 수 있으나, 지원금은 광고비의 50%를 초과할 수 없다고 하였으므로 작년 매출액이 30억 원으로 100억 원 이하이고 광고비가 4억 6,000만 원인 B 기업은 광고비의 50%인 4억 6,000만 × 0.5 = 2억 3,000만 원을 지원받는다.
또한 E 기업과 A 기업은 모두 광고비의 50%가 기업별 지원금 상한액인 1억 5,000만 원 이상이므로 각각 1억 5,000만 원을 지원받는다. 다음으로 G 기업이 광고비의 50%인 2억 4,000만 × 0.5 = 1억 2,000만 원을 지원받고, 다음 순서인 C 기업은 광고비의 50%가 기업별 지원금 상한액인 1억 5,000만 원 이상이므로 1억 5,000만 원을 지원받는다. 이에 따라 각 기업에 지원한 지원 금액은 총 2억 3,000만 + (1억 5,000만 × 2) + 1억 2,000만 + 1억 5,000만 = 8억 원이므로 가장 마지막에 지원 대상으로 선정된 F 기업은 사업 예산 총 8억 5,000만 원 중 남은 금액인 5,000만 원만 지원받을 수 있다. 따라서 F 기업이 받는 지원금은 5,000만 원이다.

28 문제해결능력 정답 ③

3문단에 따르면 20X2년 특성화고 졸업자의 취업률은 53.4%이고, 이는 전년 대비 4.2%p 증가한 수치이므로 20X1년 특성화고 졸업자의 취업률은 53.4 - 4.2 = 49.2%이다. 또한, 일반고 직업반 졸업자의 20X2년 취업률은 35.9%로 이는 전년 대비 4.3%p 증가한 수치이므로 20X1년 일반고 직업반 졸업자의 취업률은 35.9 - 4.3 = 31.6%이다.
따라서 20X1년 일반고 직업반 졸업자의 취업률과 특성화고 졸업자의 취업률의 차이는 49.2 - 31.6 = 17.6%p이므로 옳지 않은 내용이다.

① 2문단에 따르면 진학률 = 진학자 / 졸업자 × 100이고, 20X2년 직업계고 졸업자 취업 통계에 의해 졸업자가 78,994명, 진학자가 35,529명임에 따라 20X2년 직업계고 졸업자의 진학률은 (35,529 / 78,994) × 100 ≒ 45%이므로 옳은 내용이다.
② 4문단에 따르면 20X2년 수도권 소재 직업계고 졸업자의 취업률은 53.9%이고, 이는 전년 대비 3.7%p 증가한 수치임에 따라 20X1년 수도권 소재 직업계고 졸업자의 취업률은 53.9 - 3.7 = 50.2%이므로 옳은 내용이다.
④ 1문단에 따르면 교육부는 20X2년 3월에 20X1년 직업계 고등학교 졸업자의 취업 6개월 후 취업자 자격 유지 비율인 유지취업률을 발표하였으므로 옳은 내용이다.
⑤ 3문단에 따르면 20X2년 직업계고를 졸업한 취업자 중 성별 취업자 비중은 남성이 약 60.5%이고, 2문단에서 20X2년 직업계 졸업자 중 취업자는 22,583명임에 따라 20X2년 직업계고 졸업자 중 남자 취업자의 수는 22,583 × 0.605 ≒ 13,663명이므로 옳은 내용이다.

29 문제해결능력 정답 ②

'2. 지원금액'에 따르면 설치장려금은 1kWe당 50,000원 지원으로 한도는 1억 원이며, 설계장려금은 1kWe당 10,000원 지원으로 한도는 2천만 원임을 고려하면 설치장려금 한도상 최대로 지원받을 수 있는 발전용량은 100,000,000 / 50,000 = 2,000kWe이고, 설계장려금 한도상 최대로 지원받을 수 있는 발전용량은 20,000,000 / 10,000 = 2,000kWe로 서로 같으므로 옳은 내용이다.

① '3. 지원금 지급 기준'에 따르면 기계설비와 전기설비 부문의 설계를 각각 다른 설계사무소에서 진행한 경우 설계장려금은 열병합 발전시스템의 원동기 계통을 설계한 설계사무소에만 지급되므로 옳지 않은 내용이다.
③ '4. 신청안내'에 따르면 열병합 발전 설비 설치의 전경 사진 및 명판은 설치장려금뿐 아니라 설계장려금 신청 시에도 공통으로 제출해야 하므로 옳지 않은 내용이다.
④ '3. 지원금 지급 기준'에 따르면 천연가스 열병합 발전시스템이 이미 설치되어 있는 건축물에 자가열병합 발전설비를 증설한 경우에는 증설용량에 대하여 설치장려금을 받을 수 있으므로 옳지 않은 내용이다.
⑤ '4. 신청안내'에 따르면 설치 및 설계장려금 신청자가 제출해야 할 서류를 누락하면 미신청으로 처리되므로 옳지 않은 내용이다.

30 문제해결능력 정답 ①

'4. 신고대상'에 따르면 주·정차 금지 안전표지가 설치된 도로의 모퉁이에 주차 및 정차 상태인 차량이 불법 주·정차 신고대상이 되려면 해당 도로의 모퉁이를 기준으로 5m 이내에 주차 및 정차 상태이어야 하므로 옳지 않은 내용이다.

오답 체크

② '5. 불법 주·정차 신고 관련 문의'에 따르면 과태료 부과 관련 문의 등 행정처분 및 각종 민원 업무는 각 관할 지방자치단체에 문의하므로 옳은 내용이다.
③ '4. 신고대상'에 따르면 주·정차 금지 안전표지가 설치된 학교의 정문 앞 도로가 다른 교차로와 만나기 전까지의 구간에 정지된 차량의 경우만 어린이 보호구역 정문 앞 도로 불법 주·정차 신고대상에 포함되므로 옳은 내용이다.
④ '1. 신고요건'에 따르면 불법 주·정차 신고요건을 만족하기 위해서는 불법 주·정차 차량이 찍힌 장소가 동일한 사진을 2장 이상 첨부해야 하며, 이때 첨부된 2장 이상의 사진이 1분 간격으로 찍힌 사진이어야 하므로 옳은 내용이다.
⑤ '3. 과태료 부과'에 따르면 신고요건을 충족한 불법 주·정차 신고는 현장 단속 없이 바로 과태료 부과 처분이 내려지므로 옳은 내용이다.

31 자원관리능력 정답 ①

[협력 업체 자격 요건 재심사 기준]에 따르면 제재 조치 횟수의 총합이 7회 이상일 경우 최종 심사 점수와 관계없이 '계약 취소'로 처리되고, D 업체의 제재 조치의 경고 횟수가 5회이면 D 업체의 제재 조치 횟수 총합은 5+1+2=8회로 7회 이상임에 따라 계약 취소 처리되므로 옳은 내용이다.

오답 체크

② B 업체의 기본 심사 점수는 18+21+20+23=82점이고, 감점 점수 중 제재 조치에 대한 점수는 (1.5×3)+0.5=5점임에 따라 과태료 부과 횟수에 대한 감점 점수를 적용하기 전 최종 심사 점수는 82-5=77점이며, 과태료 부과의 경우 1회당 2.5점의 감점 점수가 적용되므로 최종 심사 점수가 75점 이상으로 재계약 처리되기 위해서는 과태료 부과 횟수가 0회여야 하므로 옳지 않은 내용이다.
③ 제재 조치 횟수의 총합이 7회 이상일 경우 최종 심사 점수와 관계없이 '계약 취소'로 처리되고, A 업체의 제재 조치 횟수의 총합은 2+5=7회로 7회 이상임에 따라 A 업체는 품질평가 점수에 관계없이 계약 취소 처리되므로 옳지 않은 내용이다.
④ C 업체의 환경관리평가 점수가 25점이면 C 업체의 기본 심사 점수는 23+18+21+25=87점이고, 감점점수는 (2.5×3)+3+(1.5×2)+0.5=14점에 따라 최종 심사 점수가 87-14=73점이 되어 재계약 고려 처리되므로 옳지 않은 내용이다.
⑤ B 업체의 과태료 부과 횟수가 6회이면 B 업체의 기본 심사 점수는 18+21+20+23=82점이고, 감점 점수는 (2.5×6)+(1.5×3)+0.5=20점임에 따라 최종 심사 점수가 62점이 되어 재계약 고려 처리되므로 옳지 않은 내용이다.

32 자원관리능력 정답 ④

'5. 이용요금'에 따르면 기본이용요금은 10,000원이고 기본이용시간은 1시간이며, 기본이용시간인 1시간을 초과하여 이용 시 초과 1시간마다 기본이용요금의 50%를 추가요금으로 가산하고, 1시간 이내의 초과이용 시간은 1시간 이용으로 간주된다. 또한, 18시 이후 이용 시 이용시간에 관계없이 기본이용요금에 50%를 추가요금으로 가산하며, 냉·난방기 사용 시 이용시간에 관계없이 기본이용요금에 25%를 추가요금으로 가산함에 따라 오후 6시부터 오후 7시 30분까지 회의실을 이용하며, 난방기 이용 신청을 한 S 씨는 초과 시간 1시간에 대한 10,000×0.5=5,000원의 요금이 추가요금으로 가산되고, 야간 이용에 대한 10,000×0.5=5,000원의 요금이 추가요금으로 가산되며, 난방기 사용에 대한 10,000×0.25=2,500원의 요금이 추가요금으로 가산된다. 이에 따라 S 씨에게 고지해야 할 요금은 총 10,000+5,000+5,000+2,500=22,500원이므로 적절하지 않다.

오답 체크

① '3. 이용 가능 시간'에 따르면 회의실 이용 시 설비를 설치하는 시간도 이용시간에 포함되므로 적절하다.
② '7. 이용 허가 제외대상'에 따르면 종교 활동을 목적으로 하는 경우 이용 허가 제외대상에 포함되므로 적절하다.
③ '6. 주의사항'에 따르면 이용을 허가받은 자가 부득이한 사정으로 이용을 취소하고자 할 경우에는 이용 취소 신청을 하여야 하며, 사전 연락 없이 취소할 경우 해당 이용일의 다음 날부터 30일간 이용을 제한할 수 있으므로 적절하다.
⑤ '2. 이용자격'에 따르면 △△구에 소재하는 학교에 재학 중인 자는 이용자격을 갖추었으며, 이용 당일 자격서류 확인을 해야 하므로 적절하다.

[33-34]
33 자원관리능력 정답 ③

갑 고객의 차량 종류는 SE, 차량색은 W, 연식은 ES, 거주 지역은 GJ, 부가 옵션은 BL, NG이므로 코드번호를 알파벳 순서대로 정렬하면 BEEGGJLNSSW이고, 을 고객의 차량 종류는 UR, 차량색은 H, 연식은 NS, 거주 지역은 SG, 부가 옵션은 BL이므로 코드번호를 알파벳 순서대로 정렬하면 BGHLNRSSU이며, 병 고객의 차량 종류는 TD, 차량색은 F, 연식은 IE, 거주 지역은 JD, 부가 옵션은 NL, SC이므로 코드번호를 알파벳 순서대로 정렬하면 CDDEFIJLNST 이다. 또한, 정 고객의 차량 종류는 SE, 차량색은 B, 연식은 NS, 거주 지역은 SL, 부가 옵션은 RS이므로 코드번호를 알파벳 순서대로 정렬하면 BELNRSSSS이고, 무 고객의 차량 종류는 CP, 차량색은 R, 연식은 IN, 거주 지역은 DG, 부가 옵션은 GS, HE이므로 코드번호를 알파벳 순서대로 정렬하면 CDEGGHINPRS이다.

따라서 자동차를 구매한 5명의 고객이 부여받은 자동차 코드번호 중 적절한 코드번호는 병 고객에게 부여한 CDDEFIJLNST이다.

34 자원관리능력 정답 ④

제시된 자료에 따르면 중고 자동차 구매 가격은 다음과 같다.

차량 종류	차량색	연식	부가 옵션	차량 가격	부가세
쿠페	검은색	2019년	하이패스, 내비게이션	31,340,000원	3,760,800원
세단	남색	2017년	블랙박스	24,680,000원	3,702,000원
SUV	회색	2020년	가죽 시트, 열선 핸들	41,720,000원	3,754,800원
세단	흰색	2016년	차선이탈 경보시스템	22,560,000원	3,835,200원
쿠페	회색	2018년	가죽 시트	29,560,000원	3,842,800원

따라서 구매할 중고 자동차의 부가세는 3,702,000원이다.

[35 - 36]
35 자원관리능력 정답 ①

[외부 회의실 평가 영역별 평가 비중]에 따르면 각 평가 영역별 평가 비중은 대관비용이 0.3, 수용인원이 0.3, 편의시설이 0.1, 청결도가 0.2, 거리가 0.1이다. 이에 따라 평가 영역별 평가 비중을 고려한 외부 회의실별 최종 점수는 다음과 같다.

구분	대관비용	수용인원	편의시설	청결도	거리	최종 점수
A	45점	40점	35점	50점	30점	$(45 \times 0.3) + (40 \times 0.3)$ $+ (35 \times 0.1) + (50 \times 0.2)$ $+ (30 \times 0.1) = 42$점
B	30점	45점	45점	35점	40점	$(30 \times 0.3) + (45 \times 0.3)$ $+ (45 \times 0.1) + (35 \times 0.2)$ $+ (40 \times 0.1) = 38$점
C	25점	50점	30점	45점	45점	$(25 \times 0.3) + (50 \times 0.3)$ $+ (30 \times 0.1) + (45 \times 0.2)$ $+ (45 \times 0.1) = 39$점
D	30점	45점	40점	45점	35점	$(30 \times 0.3) + (45 \times 0.3)$ $+ (40 \times 0.1) + (45 \times 0.2)$ $+ (35 \times 0.1) = 39$점
E	35점	45점	40점	40점	50점	$(35 \times 0.3) + (45 \times 0.3)$ $+ (40 \times 0.1) + (40 \times 0.2)$ $+ (50 \times 0.1) = 41$점

따라서 최종 점수가 가장 높은 회의실은 A 회의실이다.

36 자원관리능력 정답 ④

면접 전형은 3월 1일부터 10일 중 3일에 걸쳐 같은 시간대에 연속적으로 진행하고자 하며, 점심시간인 12시부터 13시는 피해서 진행하고, 매일 3시간에 걸쳐 진행되므로 12시부터 13시가 포함된 2타임에는 면접 전형을 진행하지 않는다. 이에 따라 면접 전형 진행이 가능한 1타임과 3타임 중 연속적으로 3일이 예약 가능한 회의실은 2일, 3일, 4일에 3타임이 가능한 B 회의실, 6일, 7일, 8일에 3타임이 가능한 D 회의실이며, B 회의실의 최종 점수는 38점, D 회의실의 최종 점수는 39점이다.

따라서 예약 가능한 회의실 중 [외부 회의실 평가 영역별 평가 비중]을 고려한 최종 점수가 가장 높은 회의실에서 면접을 진행하고자 할 때, 면접 전형을 진행하게 되는 회의실은 D 회의실이다.

37 자원관리능력 정답 ①

[보험료율 적용의 기본원칙]에 따르면 하나의 적용사업장에 대하여는 하나의 보험료율을 적용하며, 하나의 사업장 안에서 보험료율이 다른 2종 이상의 사업이 행해지는 경우 근로자 수가 많은 사업, 근로자 수가 같거나 그 수를 파악할 수 없는 경우에는 보수총액이 많은 사업, 상기 방법에 의하여 주된 사업을 결정할 수 없는 경우에는 매출액이 많은 제품을 제조하거나 서비스를 제공하는 사업 순서에 따라 주된 사업을 결정하여 보험료율을 적용하므로 근로자 수를 파악할 수 없는 D 사업장의 경우 보수총액이 많은 사업으로 주된 사업을 결정하여 보험료율을 적용한다. D 사업장에서 보수총액이 많은 사업은 업종코드가 209이므로 업종코드가 209인 화학·고무제품 제조업이 주된 사업이다.

따라서 D 사업장의 2024년 산재보험료율은 14천분율이므로 옳지 않은 내용이다.

오답 체크

② C 사업장의 업종코드는 204로 업종코드가 204인 목재·종이제품 제조업의 2023년 산재보험료율은 21.3천분율이므로 옳은 내용이다.

③ A 사업장의 주된 사업은 보수총액이 많은 업종코드 212로 업종코드가 212인 고무제품 제조업의 2024년 산재보험료율은 22.5천분율이고, 산재보험료 = (보수총액 × 산재보험료율) / 1,000임에 따라 A 사업장의 2024년 산재보험료는 {(3,724,700,000 + 4,926,600,000) × 22.5} / 1,000 = 194,654,250원이므로 옳은 내용이다.

④ B 사업장의 업종코드는 230으로 업종코드가 230인 기타 제조업의 2020년 산재보험료율은 27천분율이고, 산재보험료 = (보수총액 × 산재보험료율) / 1,000임에 따라 B 사업장의 2020년 산재보험료는 (6,169,400,000 × 27) / 1,000 = 166,573,800원이므로 옳은 내용이다.

⑤ E 사업장의 주된 사업은 근로자 수가 많은 업종코드 238로 업종코드가 238인 코크스·연탄·석유정제품 제조업의 2022년 산재보험료율과 2024년 산재보험료율은 10.5천분율로 같으므로 옳은 내용이다.

38 자원관리능력 정답 ②

[손익분기점 매출액 계산]에 따르면 영업비용은 고정비용과 변동비용으로 나뉘며, 공헌이익은 매출액에서 변동비용을 차감한 금액이므로 매출액이 70,000,000원이고, 변동비용이 45,500,000원인 I 사의 공헌이익은 70,000,000 − 45,500,000 = 24,500,000원이다. 이때, 공헌이익률은 공헌이익을 매출액으로 나누어 구하므로 24,500,000 / 70,000,000 = 0.35이고, 손익분기점 매출액은 고정비용을 공헌이익률로 나누어 계산하므로 11,998,000 / 0.35 = 34,280,000원이다.

따라서 I 사의 손익분기점 매출액은 34,280,000원이다.

[39~40]

39 자원관리능력   정답 ②

여름철은 6월, 7월, 8월, 봄·가을철은 3월, 4월, 5월, 9월, 10월, 겨울철은 11월, 12월, 1월, 2월이므로 2월은 겨울철에 해당하므로 2월은 겨울철이다. 또한, 경부하 시간대는 23:00~9:00, 최대부하 시간대는 10:00~12:00, 13:00~17:00이며, 나머지 시간대는 중간부하 시간대에 해당하므로 한 달간 경부하 시간대의 사용 전력량은 3,510kWh이고, 중간부하 시간대의 사용 전력량은 2,983 + 4,329 + 4,183 + 6,520 + 7,908 = 25,923kWh이며, 최대부하 시간대의 사용 전력량은 2,555 + 3,781 + 4,763 + 3,897 + 3,633 + 3,798 = 22,427kWh이다. 이때, 고압 충전 시설을 설치하여 전기차 충전 서비스를 제공하였음에 따라 요금제별로 계산한 전력량 요금은 다음과 같다.

구분	2월 전력량 요금
선택 I	(3,510 × 67.7) + (25,923 × 86.7) + (22,427 × 100.7) = 4,743,550.0원
선택 II	(3,510 × 63.5) + (25,923 × 73.8) + (22,427 × 140.7) = 5,291,481.3원
선택 III	(3,510 × 71.9) + (25,923 × 72.8) + (22,427 × 119.9) = 4,828,560.7원
선택 IV	(3,510 + 25,923 + 22,427) × 96 = 4,978,560.0원

요금제별로 기본 요금은 모두 같으므로 전력량 요금이 가장 적은 요금제를 선택하는 것이 충전 전력 요금이 최소가 됨에 따라 선택 I 요금제를 선택하여 계산한다.
따라서 충전 전력 요금이 최소가 되도록 요금제를 선택하여 계산한 전기 요금은 2,580.0 + 4,743,550.0 = 4,746,130.0원이다.

40 자원관리능력   정답 ②

여름철은 6월, 7월, 8월, 봄·가을철은 3월, 4월, 5월, 9월, 10월이므로 5월은 봄·가을철이고, 6월은 여름철이다. 또한, 경부하 시간대는 23:00~9:00, 최대부하 시간대는 10:00~12:00, 13:00~17:00이며, 나머지 시간대는 중간부하 시간대에 해당하므로 5월 한 달간 경부하 시간대에 사용한 사용 전력량은 52 + 33 + 25 + 78 + 43 + 63 + 38 + 36 + 67 = 435kWh이고, 중간부하 시간대에 사용한 사용 전력량은 98 + 83 + 52 + 91 = 324kWh이며, 최대부하 시간대에 사용한 사용 전력량은 없다. 6월 한 달간 경부하 시간대에 사용한 사용 전력량은 62 + 43 + 16 + 64 + 53 + 77 + 38 + 49 + 51 = 453kWh이고, 중간부하 시간대에 사용한 사용 전력량은 68 + 56 + 37 + 43 = 204kWh이며, 최대부하 시간대에 사용한 사용 전력량은 없다. 이때, 자가소비용 저압 전기차 충전 전력 요금의 월별 기본요금은 2,390원이다. 자가소비용 저압 충전 시설을 설치하여 전기차를 충전하였으므로 월별로 계산한 충전 전력 요금은 다음과 같다.

구분	충전 전력 요금
5월	2,390 + (435 × 53.7) + (324 × 65.5) = 46,971.5원
6월	2,390 + (453 × 52.6) + (204 × 140.3) = 54,839.0원

따라서 6월에 낸 전기 요금과 5월에 낸 전기 요금의 차이는 54,839.0 - 46,971.5 = 7,867.5원이다.

41 정보능력   정답 ②

[멘토링 프로그램 등록 현황]에서 2학년 1반 학생 수를 구하기 위해서는 [멘토링 프로그램 등록 현황]의 '학년'열에는 2가 있고, '반'열에는 1이 있는 셀의 수를 세어야 한다. 이에 따라 조건이 여러 범위에 여러 개 있는 경우 모든 조건을 동시에 만족하는 셀의 개수를 셀 때 사용하는 함수인 COUNTIFS를 사용하는 것이 적절하다. 이에 따라 COUNTIFS 함수식인 '=COUNTIFS(범위1, 조건1, 범위2, 조건2, 범위3, 조건3, ⋯)'을 적용한다.
따라서 멘토링 프로그램에 등록한 2학년 1반 학생 수를 구하기 위해 [D12]셀에 입력해야 할 함수식은 '=COUNTIFS(A3:A12, 2, B3:B12, 1)'이 된다.

42 정보능력   정답 ②

4문단에서 픽셀로 이루어진 영상을 처리하는 GPU는 대량의 연산을 병렬적으로 수행하기 때문에 CPU에 비해 명령어 처리 속도가 빠르다고 하였으므로 가장 적절하다.

오답 체크
① 4문단에서 병렬 처리 방식을 이용하여 동시에 여러 명령어를 처리할 수 있는 것은 GPU라고 하였고, 2문단에서 CPU는 직렬 처리 방식에 특화된 구조를 가지고 있어 한 번에 한 가지의 명령어만 처리한다고 하였으므로 적절하지 않다.
③ 2문단에서 CPU는 한 번에 한 가지의 명령어만 처리할 수 있기 때문에 연산을 담당하는 ALU의 개수가 많을 필요가 없다고 하였으므로 적절하지 않다.
④ 2문단에서 CPU는 직렬 처리 방식에 특화된 구조를 가지고 있다고 하였고, 3문단에서 복잡한 순서를 가진 알고리즘을 가지고 작동하는 컴퓨터 프로그램의 특성상 CPU가 적합하다고 하였으므로 적절하지 않다.
⑤ 5문단에서 특화된 연산을 신속하게 처리하기 위해 단순한 구조의 산술논리연산처리장치의 다수 갖고 있는 것은 GPU라고 하였으므로 적절하지 않다.

43 정보능력   정답 ②

2문단에서 임베디드 금융에서의 거래 과정에서 고객의 불편함이 감소하기 때문에 상품 구매와 금융 서비스에 대한 접근이 쉬워져 비금융회사의 수익이 증가한다고 하였으며, 이로 인해 확대된 수익은 핀테크 기업과 금융기업에 분배된다고 하였으므로 가장 적절하지 않다.

① 3문단에서 많은 기업들이 임베디드 금융에 진출함으로써 다양한 고객의 금융 정보에 접근할 수 있으며, 이를 통해 고객별로 적합한 금융 상품을 추천할 수 있다고 하였으므로 적절하다.
③ 4문단에서 핀테크 기업의 인허가 규제는 임베디드 금융이 성장하는 것을 방해할 수도 있다고 하였으므로 적절하다.
④ 2문단에서 임베디드 금융은 핀테크 기업들이 비금융회사와 금융회사를 연결함으로써 고객의 욕구를 충족시키는 서비스 구조를 이루고 있다고 하였으므로 적절하다.
⑤ 1문단에서 임베디드 금융은 이미 고객을 확보하고 있는 비금융 서비스에 금융기능을 추가로 결합한 형태로 진행된다고 하였으므로 적절하다.

44 정보능력　　　　　　　　　　정답 ③

2문단에서 와이어 프레임은 물체의 형상이 수많은 선으로 표시되기 때문에 입체감을 느끼기 쉬우며, 형태가 복잡한 물체도 정밀한 제작이 가능하고, 구조가 간단하기 때문에 물체 표시에 소요되는 시간도 적다고 하였으므로 가장 적절하지 않다.

① 2문단에서 모델링 작업으로 생긴 선들이 만나 만들어진 각 면에 적절한 색깔을 넣는 작업인 렌더링 작업이 이어져야 실체감을 느낄 수 있는 물체의 형상이 탄생한다고 하였으므로 적절하다.
② 4문단에서 렌더링 과정에서의 변환 과정은 3차원 모델 좌표계의 정점들을 2차원 모델 화면의 좌표계로 변환하는 과정이라고 하였으므로 적절하다.
④ 1문단에서 모델링 작업 시에는 소프트웨어로부터 제공받은 직선, 곡선, 기타 다각형 또는 2D 평면, 3D 구 등을 위치 이동, 회전, 확대, 축소 등의 변형 기술을 자유롭게 적용한다고 하였으므로 적절하다.
⑤ 3문단에서 3차원 그래픽스에서의 렌더링은 컴퓨터 내에 기록되어 있던 모델 데이터를 디스플레이 장치에 묘화될 수 있도록 영상화하는 것을 말한다고 하였으므로 적절하다.

[45 - 46]
45 정보능력　　　　　　　　　　정답 ④

[의약품 표준형 상품식별코드 GTIN-13]에 따르면 상품식별코드 7671501123418에서 국가코드 767은 스위스이고 업체코드 1501은 I 공장, 상품코드 12341은 감기약 10정을 의미함에 따라 K 공장에서 생산되지 않았으므로 가장 적절하지 않다.

① 체크디지트는 10의 배수가 되기 위해 추가로 더해야 하는 최소의 음이 아닌 정수임에 따라 체크디지트의 최솟값은 0이므로 적절하다.
② [단축형 상품식별코드 GTIN-8]에 따르면 A 공장의 업체코드는 501로 3자리임에 따라 소형상품을 생산하는 미국 업체이므로 적절하다.

③ [GTIN-13 코드]에 따르면 소매상품에 사용되는 상품식별코드는 국가코드 3자리, 업체코드 6자리, 상품코드 3자리, 체크디지트 1자리로 구성되고, [의약품 표준형 상품식별코드 GTIN-13]에 따라 의약품에 사용되는 상품식별코드는 국가코드 3자리, 업체코드 4자리, 상품코드 5자리(품목코드 4자리, 포장단위 1자리), 체크디지트 1자리로 구성되어 기준이 다르므로 적절하다.
⑤ [의약품 표준형 상품식별코드 GTIN-13]에 따르면 의약품 상품식별코드에서 상품코드 5자리는 품목코드 4자리와 포장단위 1자리로 구성되어 있음에 따라 포장된 상품의 수량을 알 수 있으므로 적절하다.

46 정보능력　　　　　　　　　　정답 ⑤

제시된 자료에 따르면 체크디지트는 상품식별코드의 종류와 관계없이 각 상품식별코드의 체크디지트 자리를 포함한 오른쪽 첫 번째 숫자부터 순서를 부여하여 짝수 번째 자리 숫자의 합에 3을 곱한 값과 홀수 번째 자리 중 체크디지트 자리의 숫자를 제외한 숫자의 합을 더한 후, 그 값이 10의 배수가 되기 위해 추가로 더해야 하는 최소의 음이 아닌 정수를 기입한다고 하였다. 이에 따라 GTIN-13 코드의 앞 12자리 880105675112에서 짝수 번째 자리 숫자의 합인 8+1+5+7+1+2=24에 3을 곱한 24 × 3 = 72와 홀수 번째 자리 숫자의 합인 8+0+0+6+5+1=20의 합은 92이므로 10의 배수가 되기 위해 추가로 더해야 하는 최소의 음이 아닌 정수는 8이다. 따라서 이 코드의 체크디지트는 8이다.

47 정보능력　　　　　　　　　　정답 ②

3문단에서 뇌파는 신경세포의 신호 처리 과정에서 발생하는 혈류량의 변화를 근적외선 분광분석기를 이용하여 두뇌 외부에서 관찰하는 방식을 통해 측정할 수 있다고 하였으므로 가장 적절하지 않다.

① 2문단에서 딥러닝 기술을 통해 인간의 의도를 파악한다면 훨씬 빠르고 정확한 의도 파악이 가능하며, 기계를 자유자재로 작동할 수 있다고 하였으므로 적절하다.
③ 4문단에서 획득한 뇌의 신호로부터 유용한 정보 추출을 위해서는 뇌파 측정 중 눈 주위에서 측정되는 신호들을 함께 측정 후 눈 주위에서 발생한 정보는 제거해야 한다고 하였으므로 적절하다.
④ 1문단에서 BCI는 키보드나 마우스의 움직임 없이 뇌파를 통해 컴퓨터를 조작할 수 있기 때문에 신체의 움직임이 어려운 사람도 유용하게 사용할 수 있다고 하였으므로 적절하다.
⑤ 3문단에서 BCI 기술은 침습식 뇌파 측정 방식과 뇌전도 기반 방식으로 나뉘며, 뇌전도 기반 방식은 안전하고 비용이 저렴하여 사람들이 선호하는 방식이라고 하였으므로 적절하다.

48 정보능력 정답 ⑤

송신자가 작성한 전자 메일을 수신자에게 전송할 때 사용하는 표준 통신 프로토콜은 'SMTP'이다.

오답 체크

① FTP: 두 컴퓨터 사이에 특정 파일이나 파일의 일부를 송수신할 수 있도록 지원하는 통신 프로토콜
② MIME: 전자 메일에서 아스키코드 텍스트 외에도 다양한 형식의 데이터를 사용할 수 있도록 지원하는 프로토콜
③ DHCP: 인터넷을 사용할 수 있도록 하기 위해 TCP/IP 통신의 수행에 요구되는 설정 정보를 자동으로 할당하고 관리하는 프로토콜
④ ARP: IP 주소 같은 네트워크 계층 주소와 이더넷 주소 같은 링크 계층 주소 사이의 변환을 위해 사용하는 프로토콜

[49~50]
49 정보능력 정답 ③

[2024년 판매 내역]에 따르면 첫 번째 판매 순서에서 판매된 제품은 15A 듀얼 5대, 9A PAS 15대, 12A 스로틀 28대이며 이집트로 판매된 제품이다. 이 외의 판매 내역은 없으며, 주문 번호는 제품의 판매 순서에 따라 부여되므로 첫 번째 판매 순서에서 판매된 제품의 주문번호는 각각 F02-MX04-240001~240005, F02-PA03-240001~240015, F02-TH02-240001~240028이다.
따라서 첫 번째 판매 순서에서 판매된 제품의 주문 번호로 가장 적절한 것은 'F02-MX04-240005'이다.

50 정보능력 정답 ④

판매 대륙 코드가 북아메리카에 해당하는 판매 국가는 미국, 캐나다, 멕시코, 과테말라이고, [2024년 판매 내역]에서 판매 국가가 미국, 캐나다, 멕시코, 과테말라인 판매 내역은 다음과 같다.

판매 순서	판매 내역	판매 국가
04	15A 스로틀 24대 7A 듀얼 29대	과테말라 판매
07	19A 스로틀 31대	미국 판매
10	7A PAS 43대	캐나다 판매

따라서 2024년 판매 내역 중 판매 대륙 코드가 변경되어야 할 제품의 수량은 24 + 29 + 31 + 43 = 127대이다.

기출동형모의고사 5회

바로 채점 및
성적 분석 서비스

전기 전공 정답·해설

01 전기	02 전기	03 전기	04 전기	05 전기	06 전기	07 전기	08 전기	09 전기	10 전기
③	②	③	①	②	②	⑤	③	③	④

11 전기	12 전기	13 전기	14 전기	15 전기					
④	③	②	⑤	①					

01 전기 정답 ③

금의 도전율은 71.80[%]이고 철의 도전율은 17.60[%]로 금의 도전율이 철의 도전율보다 크며, 금의 비중은 19.32이고 철의 비중은 7.90으로 금의 비중이 철의 비중보다 크므로 적절하다.

02 전기 정답 ②

전동기의 2차 효율은 $\eta_2 = \frac{출력(P)}{2차\ 입력(P_2)}$임을 적용하여 구한다.

고정자 속도는 $N_s = \frac{120 \times 주파수(f)}{극수(P)} = \frac{120 \times 60}{4} = 1,800[rpm]$이므로

슬립은 $s = \frac{고정자\ 속도(N_s) - 회전수(N)}{고정자\ 속도(N_s)} = \frac{1,800 - 720}{1,800} = 0.6$이다.

이때, 출력은 $P = P_2 - Pc_2$이고, 2차 동손은 $Pc_2 = sP_2$이므로 2차 효율은 $\eta_2 = \frac{P_2(1-s)}{P_2} \times 100 = (1-s) \times 100$이다.

따라서 전동기의 2차 효율은 $(1-0.6) \times 100 = 40[\%]$이다.

03 전기 정답 ③

대지 정전용량이 C_s이고, 선간 정전용량이 C_m일 때, 3상 3선식의 1선당 작용 정전용량(C) $= C_s + 3C_m$임을 적용하여 구한다.

$C = 0.5861 + 3 \times 0.1326 = 0.9839$

따라서 1선당 작용 정전용량은 $0.9839[\mu F]$이다.

04 전기 정답 ①

Y결선의 경우 상전압은 선간전압의 $\frac{1}{\sqrt{3}}$배이므로 적절하지 않은 설명이다.

05 전기 정답 ②

송전선로의 특성 임피던스와 전파정수는 무부하시험과 단락시험을 통해 구하므로 적절하지 않다.

06 전기 정답 ②

피뢰기는 밀봉형을 사용하고, 제한전압이 낮으며, 유도리서지에 대하여 2선 또는 3선의 피뢰기 동시동작이 우려되는 변전소 근처의 단락전류가 큰 장소에는 속류차단능력이 크고 또한 차단성능이 회로조건의 영향을 받을 우려가 적어야 한다. 피뢰기는 방전개시전압이 낮아야 하므로 적절하지 않다.

07 전기 정답 ⑤

자속밀도가 $B = \mu H[Wb/m^2]$일 때, 투자율이 $\mu = \frac{B}{H}[H/m]$임을 적용하여 구한다.

자계의 세기는 $H = 600[Wb/m]$이며, 자속밀도는 $B = 0.03[Wb/m^2]$이다.

따라서 투자율은 $\mu = \frac{0.03}{600} = 5 \times 10^{-5}[H/m]$이다.

08 전기 정답 ③

변압기의 전압 변동률은 $\varepsilon = pcos\theta \pm qsin\theta[\%]$(지상일 때 +, 진상일 때 −)임을 적용하여 구한다.

저항 강하는 $p = 3[\%]$이고, 리액턴스 강하는 $q = 4[\%]$, 부하의 역률은 $cos\theta = 0.8$이므로 $sin\theta = 0.6$이다.

따라서 변압기의 전압 변동률은 $\varepsilon = (3 \times 0.8) + (4 \times 0.6) = 4.8[\%]$이다.

09 전기 정답 ③

욕조나 샤워시설이 있는 욕실 또는 화장실 등 인체가 물에 젖어있는 상태에서 전기를 사용하는 장소에 콘센트를 시설할 경우에는 정격감도전류 15[mA] 이하, 동작시간 0.03초 이하의 인체감전보호용 누전차단기를 시설해야 한다.

따라서 인체감전보호용 누전차단기의 최대 정격감도전류는 15[mA]이다.

10 전기

$f(t) = t \cdot e^{-at}$가 시간 함수일 때, $t \cdot e^{-at}$를 라플라스 변환하면 $\frac{1}{(s+a)^2}$이 되고, 이를 Z변환하면 $\frac{T \cdot z \cdot e^{-aT}}{(z - e^{-aT})^2}$이 된다.

11 전기 정답 ④

극수 $p = \frac{120 \times f_1}{N_s}$이고, 슬립 $s = \frac{N_s - N}{N_s}$이며, 2차 주파수 $f_2 = s \times f_1$임을 적용하여 구한다.

고정자의 속도 $N_s = \frac{120 \times f}{p} = \frac{120 \times 60}{3} = 2,400 [rpm]$이고, 슬립 $s = \frac{N_s - N}{N_s} = \frac{2,400 - 2,000}{2,400} = \frac{1}{6}$이며, 정격 주파수 $f_1 = 60$이다.

따라서 2차 주파수는 $f_2 = s \times f_1 = \frac{1}{6} \times 60 = 10 [Hz]$이다.

12 전기 정답 ③

정전용량$(C) = \frac{\text{진공에서의 유전율}(\varepsilon_0) \times \text{비유전율}(\varepsilon_s) \times \text{단면적}(S)}{\text{거리}(d)}$이고,

전계의 세기$(E) = \frac{\text{전위차}(V)}{\text{거리}(d)}$이며,

전위차$(V) = \frac{\text{전속밀도}(D)}{\text{진공에서의 유전율}(\varepsilon_0) \times \text{비유전율}(\varepsilon_s)}$임을 적용하여 구한다.

C는 ε에 비례하므로 일정 전하로 충전된 공기 콘덴서의 극판 사이에 비유전율 ε_s의 유전체를 삽입하면 정전용량은 ε_s배가 된다. 또한, E는 V에 비례하고, V는 ε에 반비례하므로 일정 전하로 충전된 공기 콘덴서의 극판 사이에 비유전율 ε_s의 유전체를 삽입하면 전계의 세기는 $\frac{1}{\varepsilon_s}$배가 된다.

따라서 정전용량은 ε_s배, 전계의 세기는 $\frac{1}{\varepsilon_s}$배로 변화한다.

13 전기 정답 ②

자기 에너지는 $W = \frac{1}{2}LI^2 [J]$임을 적용하여 구한다.

인덕턴스에 흐르는 전류는 $I = \frac{V}{\omega L}$, 각주파수는 $\omega = 2\pi f$이므로 자기 에너지는 $W = \frac{1}{2}LI^2 = \frac{1}{2} \times L \times \left(\frac{V}{\omega L}\right)^2 = \frac{1}{2} \times L \times \left(\frac{V}{2\pi f L}\right)^2 = \frac{V^2}{8\pi^2 f^2 L} [J]$이다.

14 전기 정답 ⑤

권선수를 N, 평균 반지름을 r, 전류를 I, 환상솔레노이드 내의 자계 세기를 H_{in}, 환상솔레노이드 외부 자계 세기를 H_{out}이라고 할 때, $H_{in} = \frac{NI}{l} = \frac{NI}{2\pi r} [AT/m]$이고, $H_{out} = 0 [AT/m]$이다.

따라서 환상솔레노이드 내의 자계 세기와 환상솔레노이드 외부 자계 세기를 순서대로 바르게 나열한 것은 ⑤이다.

15 전기 정답 ①

%리액턴스 강하$(\%X) = \frac{I_{1n}X}{V_{1n}} \times 100$임을 적용하여 구한다.

$\%X = \frac{I_{1n} \times 4}{2,000} \times 100$이고, $I_{1n} = \frac{P_n}{V_{1n}} = \frac{10 \times 10^3}{2,000} = 5 [A]$이므로 $\%X = \frac{5 \times 4}{2,000} \times 100 = 1 [\%]$가 된다.

따라서 %리액턴스 강하는 1[%]이다.

01 의사소통	02 의사소통	03 의사소통	04 의사소통	05 의사소통	06 의사소통	07 의사소통	08 의사소통	09 의사소통	10 의사소통
②	①	④	①	④	⑤	⑤	④	③	⑤

11 수리	12 수리	13 수리	14 수리	15 수리	16 수리	17 수리	18 수리	19 수리	20 수리
②	③	③	③	⑤	③	⑤	②	②	③

21 문제해결	22 문제해결	23 문제해결	24 문제해결	25 문제해결	26 문제해결	27 문제해결	28 문제해결	29 문제해결	30 문제해결
②	②	③	③	②	③	③	①	①	③

31 자원관리	32 자원관리	33 자원관리	34 자원관리	35 자원관리	36 자원관리	37 자원관리	38 자원관리	39 자원관리	40 자원관리
⑤	①	④	②	⑤	③	①	②	④	④

41 정보	42 정보	43 정보	44 정보	45 정보	46 정보	47 정보	48 정보	49 정보	50 정보
③	④	②	⑤	④	⑤	②	⑤	⑤	④

01 의사소통능력
정답 ②

2문단에서 베르누이 정리를 이해해 보면 점성이 있는 유체는 원활한 흐름을 유지하기 어려움을 알 수 있다고 하였으므로 베르누이 정리에 따르면 점성이 있는 유체가 점성이 없는 유체보다 원활한 흐름 유지에 좋은 것은 아님을 알 수 있다.

오답 체크

① 4문단에서 마그누스 효과는 회전하는 물체가 유체 속을 지나갈 때 압력이 높은 쪽에서 압력이 낮은 쪽으로 휘어져 나간다고 하였으므로 적절한 내용이다.
③ 1문단에서 베르누이는 비점성 유체의 위치에너지와 운동에너지의 합은 항상 동일하다고 밝힘으로써 자신의 주장을 공식화했다고 하였으므로 적절한 내용이다.
④ 1문단에서 베르누이는 《유체역학》을 통해 유체의 흐름이 빠른 곳의 압력이 유체의 흐름이 느린 곳의 압력보다 작다는 이론을 발표했다고 하였으므로 적절한 내용이다.
⑤ 3문단에서 베르누이의 정리는 비행기 날개의 양력 발생 원리에 적용해 볼 수 있는데, 비행기 날개의 위쪽은 약간 굴곡져 있어 공기의 흐름이 빨라지며, 날개의 아래쪽은 직선으로 되어 있어 공기의 흐름이 느려진다고 하였으므로 적절한 내용이다.

02 의사소통능력
정답 ①

3문단에서 패러데이는 A 코일에 전지를 연결하고, B 코일에 검류계를 연결했다고 하였고, 6문단에서 A 코일을 전지에 연결하기 전에 먼저 B 코일을 검류계에 연결함으로써 전자기 유도 현상을 발견할 수 있었다고 하였으므로 전자기 유도 현상이 실현되기 위해서는 A 코일을 전지에 연결하기 전에 B 코일을 검류계에 먼저 연결해야 함을 알 수 있다.

오답 체크

② 2문단에서 외르스테드는 도선에 흐르는 전류는 자기력을 만든다는 것을 추측했으며, 이로부터 1년 후 패러데이가 외르스테드의 추측을 사실로 확인하여 도선과 자석을 이용한 전동기를 제작했다고 하였으므로 적절하지 않은 내용이다.
③ 5문단에서 패러데이는 전자식 개량법에서 힌트를 얻어 코일에 피복을 입혀 전류의 손실을 차단함으로써 전자기 효과를 증폭시켰다고 하였으므로 적절하지 않은 내용이다.
④ 1문단에서 검류계에 전지가 연결되지 않은 회로를 가져다 대면 검류계의 바늘이 0을 가리킨다고 하였으므로 적절하지 않은 내용이다.
⑤ 6문단에서 자기력은 움직임이 없는 전류를 생성하지 못한다고 하였으므로 적절하지 않은 내용이다.

[03-04]
03 의사소통능력
정답 ④

이 글은 삼각함수의 의미와 삼각비를 일반화한 내용에 대해 설명하고, 고대 그리스의 천문학자에 의해 연구되기 시작한 삼각법이 발전해 18세기 삼각함수론으로 정립되는 과정에 대해 설명하는 글이다. 따라서 '(라) 삼각함수의 의미와 삼각비로 일반화된 삼각함수의 내용 → (가) 삼각함수가 처음 연구되기 시작한 고대 그리스 → (다) 그리스 천문학자들의 삼각법을 기반으로 새로운 삼각법을 도입한 고대 아랍인 → (나) 오일러에 의해 정립된 삼각함수론' 순으로 연결되어야 한다.

04 의사소통능력   정답 ①

(라)문단에서 ∠C를 직각으로 하는 ∠A, ∠B, ∠C의 직각삼각형 각 변이 마주 보는 빗면을 a, b, c라고 할 때 ∠A에 대한 사인, 코사인, 탄젠트 값은 각각 $\frac{a}{c}, \frac{b}{c}, \frac{a}{b}$가 되며, 각에 따라 수치는 달라진다고 하였으므로 직각삼각형에서 사인, 코사인, 탄젠트 값은 각의 크기에 따라 달라짐을 알 수 있다.

오답 체크

② (다)문단에서 알 바타니의 책에는 사인이 'jiba'로 표기되어 있다고 하였으므로 적절하지 않은 내용이다.
③ (나)문단에서 삼각비가 0도에서 90도 사이의 각에 대해 정의한 것과 달리 삼각함수는 모든 수에 대한 정의가 가능하다고 하였으므로 적절하지 않은 내용이다.
④ (다)문단에서 고대 아랍인이 그리스 천문학자의 삼각법을 토대로 새로운 삼각법을 도입하였다고 하였으므로 적절하지 않은 내용이다.
⑤ (가)문단에서 고대 그리스의 천문학자들은 모든 별이 구면에 있음을 전제로 두었다고 하였으므로 적절하지 않은 내용이다.

05 의사소통능력   정답 ④

4문단에서 1982년 프로 야구가 출범하였고, 1986년 아시안 게임이 치러졌다고 하였으므로 우리나라에서 프로 야구가 1986년에 있었던 아시아 게임 시행 이후에 출범된 것은 아님을 알 수 있다.

오답 체크

① 3문단에서 프로 스포츠가 출범하고, 1950년대 컬러 TV가 도입되며 스포츠마케팅은 비즈니스 영역에서 공고히 자리 잡을 수 있었다고 하였으므로 적절한 내용이다.
② 1문단에서 본래 스포츠마케팅은 1차적으로 소비자의 태도를 변화시키거나 행동 의도를 형성하는 일종의 설득 커뮤니케이션으로써 관련 효과의 증대를 위해 활용된다고 하였으므로 적절한 내용이다.
③ 2문단에서 스포츠를 활용한 마케팅은 기업이 현금이나 물품 등을 스포츠 스타나 스포츠 팀, 연맹에 직접 지원하는 스포츠 후원을 통해 실현된다고 하였으므로 적절한 내용이다.
⑤ 3문단에서 1880년 이전까지는 미시적 스포츠마케팅이 이루어졌으며, 플렉은 신문 및 광고 전단지를 만들어 권투를 일반 소비자들에게 홍보하고자 노력했다고 하였으므로 적절한 내용이다.

06 의사소통능력   정답 ⑤

1문단에서 돌발성 난청 환자의 약 30%는 완전히 청력을 잃기도 한다고 하였으므로 돌발성 난청 환자 중 완전히 청력을 잃는 사람도 생길 수 있음을 알 수 있다.

오답 체크

① 3문단에서 돌발성 난청은 응급치료가 중요해 입원 치료와 함께 절대 안정이 필요하다고 하였으므로 적절하지 않은 내용이다.
② 2문단에서 달팽이관 내 막 파열, 내이 면역 질환, 신경학적 질환, 종양, 이독성 약물 등도 돌발성 난청을 유발하는 원인이 된다고 하였으므로 적절하지 않은 내용이다.

③ 3문단에서 돌발성 난청은 발병 원인이 명확하지 않지만 치료 시기가 예후에 큰 영향을 주는 증상이라고 하였으므로 적절하지 않은 내용이다.
④ 1문단에서 돌발성 난청은 이충만감, 이명, 현기증을 동반하기도 한다고 하였으므로 적절하지 않은 내용이다.

[07 - 08]
07 의사소통능력   정답 ⑤

(나)문단에서 RTD 커피에는 아메리카노, 카페라테 등 전통적인 커피는 물론이고 커피 우유, 탄산 커피 등 커피를 주재료로 한 다양한 제품이 포함된다고 하였으므로 RTD 커피에 전통적인 커피만 포함되어 제품의 다양화를 추구하기 어려운 것은 아님을 알 수 있다.

오답 체크

① (다)문단에서 기존의 RTD 커피는 캔 커피 위주였으나 캔 커피보다 용량을 늘린 병 커피와 컵 커피가 등장하면서 커피 프랜차이즈의 제조 커피 대신에 RTD 커피를 마시는 소비자가 증가했다고 하였으므로 적절한 내용이다.
② (라)문단에서 최근 RTD 차는 설탕 대신 꿀이나 스테비아 등을 넣어 출시하면서 건강을 중요하게 생각하는 사람들에게 주목받고 있다고 하였으므로 적절한 내용이다.
③ (가)문단에서 RTD 음료는 대개 편의점과 마트에서 판매되기는 하나 요즘은 프랜차이즈 매장에서도 매출을 높이기 위해 새로운 RTD 음료를 시즌별로 출시하고 있다고 하였으므로 적절한 내용이다.
④ (마)문단에서 세계 각국에서 RTD 음료의 시장 규모가 지속해서 커지는 추세라고 하였으며, 여러 이점 덕분에 최소 향후 몇 년간은 전 세계 RTD 음료의 성장세가 이어질 것으로 분석된다고 하였으므로 적절한 내용이다.

08 의사소통능력   정답 ④

(다)문단은 RTD 커피는 비교적 저렴한 가격이 장점으로 여겨져서 커피 전문 프랜차이즈 수준의 스페셜티 커피를 제공하는 것은 쉬운 일이 아니며 제품의 퀄리티와 가격을 높이는 데 한계가 있다는 내용이고, [전문가 인터뷰]는 RTD 커피의 고급화에는 어느 정도 한계가 있지만 관련 업계에서 다양한 소비자의 욕구 충족을 위해 기존 제품 대비 커피 맛을 높인 프리미엄 제품을 출시하고 있다는 내용이다. 따라서 RTD 커피 제품의 고급화에 한계가 있음에도 불구하고 관련 업계에서 소비자 욕구 충족을 위해 노력하고 있다는 내용을 소개하는 데 활용할 수 있음을 알 수 있다.

09 의사소통능력   정답 ③

(가)는 우리나라 성인의 탄수화물 일일 섭취량은 필요섭취량의 2~3배에 가까우며, 탄수화물이 체지방으로 전환되는 속도가 빠른 탓에 탄수화물의 과잉 섭취는 비만을 촉진시킬 수 있음을 주장하고 있다. (나)는 탄수화물이 부족하게 되면 단기적으로뿐만 아니라 장기적으로도 심각한 건강 장애를 일으키므로 다이어트로 인해 전체적인 섭취 칼로리를 줄이더라도 성인 기준으로 일일 최소 100g 이상의 섭취는 필요함을 주장하고 있다.

따라서 (가)와 (나)의 견해에 대한 설명으로 가장 적절한 것은 ③
이다.

10 의사소통능력　　　　　　　　　　정답 ⑤

제시된 글은 지구 온난화를 유발하고 가속화시키는 데에는 여러 요
인들이 작용하지만, 그중에서도 화석 연료 사용이 지구 온난화에 가
장 큰 영향을 미치며, 이에 따라 화석 연료 사용을 부추기는 인간의
활동이 지구 온난화의 주범이기 때문에 지구의 평균 온도를 낮추기
위해서는 화석 연료를 사용하는 인간의 활동을 억제해야 함을 주장
하고 있으므로 지구 온난화의 여러 주범들 중 인간의 활동이 좌우하
는 기후 변화의 폭이 가장 크다는 사실이 증명되었다는 설명은 논지
를 약화하는 내용으로 가장 적절하지 않다.

11 수리능력　　　　　　　　　　　　정답 ②

서로 다른 n개에서 순서를 고려하지 않고 r개를 택하는 경우의 수는
$_nC_r = \frac{n!}{r! \times (n-r)!}$임을 적용하여 구한다.

[개발부서 직원 정보]에 따르면 직급이 과장인 직원은 남자와 여자
가 각각 2명이고, 직급이 대리 또는 사원인 직원은 남자가 5명, 여
자가 3명이다. 이때, 파견근로자는 반드시 남자 직원과 여자 직원이
1명 이상 포함되도록 선발하므로 파견근로자가 선발되는 모든 경우
의 수에서 파견근로자 3명이 모두 같은 성별인 경우의 수를 제외해
주어야 한다. 이에 따라 파견근로자 대표로 남자 과장을 선발하는 경
우의 수는 $(_2C_1 \times _8C_2) - (_2C_1 \times _5C_2) = 36$가지, 파견근로자 대표로
여자 과장을 선발하는 경우의 수는 $(_2C_1 \times _8C_2) - (_2C_1 \times _3C_2) = 50$
가지이다.
따라서 파견근로자 3명을 선발하는 경우의 수는 $36 + 50 = 86$가지
이다.

12 수리능력　　　　　　　　　　　　정답 ③

지영이네의 정기검침일은 매달 15일이므로 7월분 전기 요금은 하
계할인을 적용받는다.
하계할인 기준 사용전력량 301~500kWh의 저압 기본 요금을 x
라고 하면 지영이네는 매달 저압 전기를 400kWh 사용하므로 7월
분 전기 요금은 $x + \{(93.3 \times 300) + (187.9 \times 100)\} = (x + 46,78$
$0)$원이다. 이때, 지영이네는 다자녀 할인 혜택을 받아 전기 요금의
30%를 할인받으므로

$(x + 46,780) \times 0.7 = 33,971 \rightarrow x = \left(\frac{33,971}{0.7}\right) - 46,780$

$\rightarrow x = 1,750$
따라서 기준 사용전력량 201~400kWh의 저압 기본 요금은 1,750
원이다.

13 수리능력　　　　　　　　　　　　정답 ③

2022년 남성에게 의료용 마약류를 처방한 한방병원 처방건수는
같은 해 남성에게 의료용 마약류를 처방한 치과병원 처방건수의
33,841 / 25,489 ≒ 1.3배로 1.5배 미만이므로 옳지 않은 설명이다.

[오답 체크]
① 2023년 여성에게 의료용 마약류를 처방한 요양병원 처방기관수는
　같은 해 남성에게 의료용 마약류를 처방한 요양병원 처방기관수보다
　1,645 - 1,624 = 21개소 더 많으므로 옳은 설명이다.
② 2022년 종합병원에서 의료용 마약류를 처방받은 남성 환자 1명당 처
　방건수는 16,369,356 / 3,023,658 ≒ 5.4건이므로 옳은 설명이다.
④ 2023년 치과의원에서 의료용 마약류를 처방받은 환자수는 남성과 여
　성 모두 전년 대비 증가하였으므로 옳은 설명이다.
⑤ 2023년 여성에게 의료용 마약류를 처방한 일반병원 처방의사 1명당
　처방건수는 6,892,980 / 11,039 ≒ 624.4건이므로 옳은 설명이다.

14 수리능력　　　　　　　　　　　　정답 ③

2017년 유럽 돼지고기 생산량의 합은 508,494 + 220,267 +
2,147,550 + 5,505,572 + 77,319 + 377,866 + 4,298,789 +
240,700 + 238,602 + 903,000 = 14,518,159M/T이고, 북아메리
카 돼지고기 생산량의 합은 2,141,784 + 1,441,851 + 11,610,981
= 15,194,616M/T로 2017년 북아메리카 돼지고기 생산량의 합이
2017년 유럽 돼지고기 생산량의 합보다 크므로 옳지 않은 설명이다.

[오답 체크]
① 2017년 돼지고기 생산량이 가장 적은 국가는 14,797M/T인 이스라
　엘이고, 2018년 이스라엘의 돼지고기 생산량도 13,323M/T로 가장
　적으므로 옳은 설명이다.
② 2017년 대비 2018년 돼지고기 생산량이 감소한 국가는 이스라엘, 콜
　롬비아, 체코, 독일, 스위스 총 5개국이므로 옳은 설명이다.
④ 2018년 뉴질랜드의 돼지고기 생산량은 전년 대비 47,443 - 46,741
　= 702M/T 증가하였으므로 옳은 설명이다.
⑤ 2018년 한국의 돼지고기 생산량은 콜롬비아의 돼지고기 생산량의
　935,000 / 335,884 ≒ 2.8배로 2.5배 이상이므로 옳은 설명이다.

15 수리능력　　　　　　　　　　　　정답 ⑤

2017~2019년 연도별 한전 및 발전 자회사의 원자력 발전량의 평균
은 (148,427 + 133,505 + 145,910) / 3 = 427,842 / 3 = 142,614
GWh로 142,000GWh 이상이므로 옳은 설명이다.

[오답 체크]
① 2017년 민간의 전체 발전량에서 신재생 발전량이 차지하는 비중은
　{23,185 / (4,700 + 65,664 + 33,340 + 23,185 + 157)} × 100 ≒
　(23,185 / 127,046) × 100 ≒ 18.2%임에 따라 20% 미만이므로 옳
　지 않은 설명이다.

② 2018년 민간의 복합화력 발전량은 같은 해 한전 및 발전 자회사의 복합화력 발전량보다 73,702 − 43,134 = 30,568GWh 더 많으므로 옳지 않은 설명이다.
③ 2019년 한전 및 발전 자회사의 내연력 발전량은 2년 전 대비 {(579 − 513) / 513} × 100 ≒ 12.9% 증가하였으므로 옳지 않은 설명이다.
④ 2019년 한전 및 발전 자회사의 집단에너지 발전량은 전년 대비 감소하였지만, 민간의 집단에너지 발전량은 전년 대비 증가하였으므로 옳지 않은 설명이다.

16 수리능력　　　　　　　　　정답 ③

ⓒ 2020년 부산광역시 발전시설의 전기 사용량은 2년 전인 2018년 대비 1,681 − 1,386 = 295TOE 감소하였으므로 옳은 설명이다.
ⓒ 2018년 경상남도 발전시설의 건물 수는 350동 미만이고, 2018년 전라남도 발전시설의 건물 수는 450동 이상으로 2018년 경상남도와 전라남도 발전시설의 건물 수 차이는 100동 이상이므로 옳은 설명이다.

[오답 체크]
ⓒ 2019년 이후 발전시설의 전기 사용량이 매년 전년 대비 증가한 지역은 서울특별시, 강원도, 충청북도, 충청남도, 전라북도, 경상북도, 경상남도로 총 7곳이므로 옳지 않은 설명이다.
ⓒ 2019년 전라북도, 전라남도, 경상북도, 경상남도 4개 지역에서 발전시설의 건물 수는 경상북도가 전라남도보다 적고, 2019년 발전시설의 전기 사용량도 경상북도가 전라남도보다 적으므로 옳지 않은 설명이다.

17 수리능력　　　　　　　　　정답 ⑤

영향률 = (수혜 근로자 수 / 적용대상 근로자 수) × 100임을 적용하여 구하면, 제시된 기간 중 영향률이 가장 큰 연도는 영향률이 (5,025 / 20,100) × 100 = 25%인 2021년이고, 영향률이 가장 작은 연도는 영향률이 (2,478 / 17,700) × 100 = 14%인 2016년이다. 따라서 영향률이 가장 큰 연도와 영향률이 가장 작은 연도의 영향률 차이는 25 − 14 = 11%p이다.

18 수리능력　　　　　　　　　정답 ②

4월 전국 민간부문 주택 중 규모가 60~85m²인 미분양 호수는 15,798 × 0.692 ≒ 10,932호이므로 옳은 설명이다.

[오답 체크]
① 4월 민간부문 주택 미분양 호수가 5번째로 많은 지역은 경기이지만, 5월 민간부문 주택 미분양 호수가 5번째로 많은 지역은 대구이므로 옳지 않은 설명이다.
③ 3월 전국 민간부문 주택 미분양 호수에서 경북 민간부문 주택 미분양 호수가 차지하는 비중은 (2,488 / 15,270) × 100 ≒ 16.3%로 20% 미만이므로 옳지 않은 설명이다.

④ 전국 민간부문 주택 중 규모가 60m² 이하인 미분양 호수는 4월에 15,798 × 0.268 ≒ 4,234호이고, 5월에 15,660 × 0.268 ≒ 4,197호이므로 옳지 않은 설명이다.
⑤ 5월 광주 민간부문 주택 미분양 호수는 3월 대비 {(73 − 44) / 44} × 100 ≒ 65.9% 증가하였으므로 옳지 않은 설명이다.

19 수리능력　　　　　　　　　정답 ②

출생아 수의 전년 대비 감소 인원은 2019년에 438,420 − 406,243 = 32,177명, 2020년에 406,243 − 357,771 = 48,472명, 2021년에 357,771 − 326,822 = 30,949명, 2022년에 326,822 − 302,676 = 24,146명, 2023년에 302,676 − 272,400 = 30,276명으로 출생아 수가 전년 대비 가장 많이 감소한 해는 2020년이다. 따라서 2020년 자연증가 건수의 전년 대비 감소율은 {(125,000 − 72,000) / 125,000} × 100 = 42.4%이다.

20 수리능력　　　　　　　　　정답 ③

2017년 현금영수증 발급건수 1만 건당 현금영수증 발급금액은 1,086,553 / 479,295 ≒ 2.3억 원으로 2.5억 원 미만이므로 옳지 않은 설명이다.

[오답 체크]
① 제시된 기간 중 현금영수증 가맹점 가입 수가 가장 많은 2019년에 현금영수증 발급금액도 제시된 기간 중 가장 많으므로 옳은 설명이다.
② 2015년 현금영수증 가맹점 1천 개당 현금영수증 발급건수는 504,585 / 2,931 ≒ 172.2만 건이므로 옳은 설명이다.
④ 2016년 이후 현금영수증 발급건수는 매년 전년 대비 감소하였고, 현금영수증 발급금액은 매년 전년 대비 증가하였으므로 옳은 설명이다.
⑤ 2019년 현금영수증 가맹점 가입 수의 2015년 대비 증가율은 {(3,457 − 2,931) / 2,931} × 100 ≒ 17.9%이므로 옳은 설명이다.

21 문제해결능력　　　　　　　　정답 ②

제시된 조건에 따르면 승민이는 진실을 말하고 있다는 준희의 진술이 진실이면 승민이의 진술도 진실이고, 준희의 진술이 거짓이면 승민이의 진술도 거짓이다. 준희와 승민이의 진술이 거짓인 경우 1명이 거짓을 말하고 있다는 조건에 모순되므로 승민이와 준희의 진술은 모두 진실이며, 승민이와 준희는 컴퓨터실을 사용하지 않았다. 또한, 하윤이의 진술이 거짓인 경우, 현정이는 컴퓨터실을 사용하지 않았고, 현정이의 진술과 유진이의 진술은 진실이므로 하윤이와 유진이도 컴퓨터실을 사용하지 않았다. 이는 1명이 컴퓨터실을 사용했다는 조건에 모순되므로 하윤이의 진술은 진실이다. 이에 따라 준희 또는 현정이가 컴퓨터실을 사용했고, 준희는 컴퓨터실을 사용하지 않았으므로 현정이가 컴퓨터실을 사용하여 컴퓨터실에서 발생한 도난 사고의 범인이다. 이때, 하윤이는 범인이 아니라는 현정이의 진술은 진실이고, 현정이는 범인이 아니라는 유진이의 진술이 거짓이다. 따라서 하윤이는 도난 사고의 범인이 아니므로 항상 옳은 설명이다.

① 유진이는 거짓을 말하고 있으므로 항상 옳지 않은 설명이다.
③ 승민이는 컴퓨터실을 사용하지 않았고, 도난 사고의 범인이 아니므로 항상 옳지 않은 설명이다.
④ 현정이는 컴퓨터실을 사용하였고, 도난 사고의 범인이므로 항상 옳지 않은 설명이다.
⑤ 준희는 진실을 말하고 있으므로 항상 옳지 않은 설명이다.

22 문제해결능력   정답 ②

제시된 조건에 따르면 태풍의 중심 기압이 낮을수록 태풍의 순위는 높고, 태풍 5호는 태풍 1호보다 중심 기압이 낮으므로 태풍 5호가 태풍 1호보다 순위가 높다. 이때, 태풍 3호의 순위는 2위이고, 태풍 1호의 순위는 4위 이내이므로, 태풍 5호의 순위는 3위 이내임을 알 수 있다. 또한, 태풍 4호의 순위는 1위 또는 6위이고, 태풍 2호와 태풍 6호의 순위는 이웃하지 않으며, 두 순위 사이에 2개 이하의 태풍이 존재한다.

이때, 태풍 4호의 순위가 1위인 경우 3위가 태풍 5호, 4위가 태풍 1호이고, 태풍 2호와 태풍 6호의 순위가 5위, 6위로 이웃하여 조건에 모순되므로 태풍 4호의 순위는 6위가 된다. 또한, 태풍 1호가 4위 이내임에 따라 태풍 1호가 3위인 경우 태풍 5호는 1위이고, 태풍 2호와 태풍 6호가 각각 4위와 5위로 이웃하여 조건에 모순되므로 태풍 1호는 4위이고 태풍 2호와 태풍 6호의 순위 사이에 2개 이하의 태풍이 존재하므로 각각 3위 또는 5위이며, 태풍 5호의 순위는 1위이다.

1위	2위	3위	4위	5위	6위
태풍 5호	태풍 3호	태풍 2호 또는 태풍 6호	태풍 1호	태풍 2호 또는 태풍 6호	태풍 4호

이에 따라 태풍 2호의 순위가 반드시 3위가 되기 위한 추가 조건이 필요하다. 태풍 2호의 순위가 태풍 1호보다 높다는 조건이 추가되면 태풍 2호의 순위는 3위가 된다. 따라서 '태풍 2호의 순위는 태풍 1호보다 높다.'가 추가로 필요한 조건이다.

① 태풍 2호의 중심 기압이 태풍 6호보다 높은 경우, 태풍 2호의 순위가 태풍 6호보다 낮아 태풍 2호의 순위는 5위가 되므로 추가로 필요한 조건이 아니다.
③ 태풍 2호의 순위가 태풍 1호와 태풍 4호의 순위 사이에 있는 경우, 태풍 2호의 순위는 5위가 되므로 추가로 필요한 조건이 아니다.
④ 태풍 5호의 순위가 가장 높은 경우, 태풍 2호의 순위는 3위 또는 5위이므로 추가로 필요한 조건이 아니다.
⑤ 태풍 6호의 순위가 홀수인 경우, 태풍 2호의 순위는 3위 또는 5위이므로 추가로 필요한 조건이 아니다.

23 문제해결능력   정답 ③

3문단에 따르면 부넘기는 그 구멍이 작아 열기가 바깥으로 빠져나가지 않으며, 고래로 열기가 잘 빨려 들어가도록 하는 역할을 하나, 부넘기는 아궁이에서 고래로 이어지는 구간에 있으므로 옳지 않은 내용이다.

① 5문단에 따르면 열의 전도 현상은 아궁이에서 땐 불의 열기가 방바닥 아래에 깔린 구들장으로 전달되는 원리를 말하며, 전달된 열기를 구들장에 저장했다가 다시 방 전체로 서서히 방출하여 방바닥이 따뜻해지는 원리를 복사 현상이라 하므로 옳은 내용이다.
② 6문단에 따르면 구들장이 한번 달궈지면 온도를 오랜 시간 유지할 수 있어 방바닥의 온도가 장시간 보존되나 방의 온도를 높이기 위해서는 긴 시간이 소요되므로 옳은 내용이다.
④ 4문단에 따르면 부넘기를 지난 열기가 다음 순서로 도달하는 구들 개자리는 고래보다 깊게 파여 있으며, 부넘기에서 넘어온 열기의 속도를 늦추므로 옳은 내용이다.
⑤ 2문단에 따르면 고래 전체에 열이 골고루 퍼지도록 구들장을 놓는 방식에 차이를 두며, 이때 아궁이와 가까운 아랫목은 두꺼운 돌을 놓고, 아궁이와의 거리가 상대적으로 먼 윗목은 온도를 더 빨리 높이기 위해 얇은 돌을 놓으므로 옳은 내용이다.

24 문제해결능력   정답 ③

'5. 작품 규격'에 따르면 수상작은 수상작으로 선정된 이후 ai 또는 psd와 같은 원본 파일을 필수로 제출해야 하므로 옳은 내용이다.

① '3. 공모 일정'에 따르면 공모 접수 마감일인 8월 31일 이후 9월 17일 금요일에 홈페이지 공지나 개별 연락을 통해 수상작이 발표되므로 옳지 않은 내용이다.
② '6. 유의사항'에 따르면 수상 작품은 홈페이지, 온라인이나 오프라인 홍보물로 제작 및 배포, 출판 홍보물, 홍보용 언론광고 등 비영리 또는 공익적 목적으로 활용될 수 있으므로 옳지 않은 내용이다.
④ '4. 시상안내'에 따르면 수상 작품 수는 대상 1작품, 최우수상 1작품, 우수상 2작품, 장려상 3작품으로 총 7개의 작품이고, 시상하는 상금은 총 200 + 100 + (2 × 50) + (3 × 30) = 490만 원이므로 옳지 않은 내용이다.
⑤ '2. 참가 자격'에 따르면 부산, 울산, 경남 소재의 2년제 이상 대학교 및 대학원에 재학 중이거나 휴학 중인 학생에게 참가 자격이 주어지며, 졸업생은 참가할 수 없으므로 옳지 않은 내용이다.

25 문제해결능력   정답 ②

L 사이즈 5판과 M 사이즈 3판 중 종류별로 2판씩 시키고 불고기, 슈림프, 포테이토, 치즈 피자 순으로 L 사이즈 피자를 우선으로 선택해야 하므로 L 사이즈는 불고기 피자 2판, 슈림프 피자 2판, 포테이토 피자 1판을 시키고 M 사이즈는 포테이토 피자 1판, 치즈 피자 2판을 시켜야 한다. 피자별로 주문해야 할 사이즈와 금액에 맞게 할인받기 전 총금액을 구하면 다음과 같다.

구분	할인받기 전 금액
불고기 피자	35,900 × 2 = 71,800원
슈림프 피자	34,900 × 2 = 69,800원
포테이토 피자	28,900 + 23,900 = 52,800원
치즈 피자	18,900 × 2 = 37,800원
총금액	71,800 + 69,800 + 52,800 + 37,800 = 232,200원

이때, 배달 시 피자 1판당 8천 원씩 할인되고 배달료 3천 원을 추가해야 하므로 배달 주문한 총금액은 232,200 − (8,000 × 8) + 3,000 = 171,200원이다. 또한, [통신사 할인]에 따라 K 멤버십을 이용하였을 때 배달료를 제외한 전체금액의 15%인 (171,200 − 3,000) × 0.15 = 25,230원을 할인받아야 하지만 최대 20,000원까지만 할인 가능하므로 할인받은 총금액은 171,200 − 20,000 = 151,200원이고, T 멤버십을 사용했을 때 다른 행사와 중복할인이 불가하므로 할인받기 전 금액에서 50% 할인된 232,200 × 0.50 = 116,100원에 주문할 수 있고 배달료 3천 원을 더하면 총금액은 116,100 + 3,000 = 119,100원이다.

따라서 가장 저렴하게 피자를 배달 주문할 수 있는 방법은 통신사 할인 중 T 멤버십을 사용했을 때이므로 미라 아버지가 주문한 피자의 총금액은 119,100원이다.

26 문제해결능력 정답 ③

A 사원은 만 25세로 대인에 해당하지만, B 사원은 만 23세로 입장료가 무료이므로 A 사원의 요금만 고려하면 된다. 또한, A 사원과 B 사원은 사원증을 가지고 있는 경복궁 인근 직장인 대상에 해당하며, 점심시간에 경복궁을 관람하고자 한다.

A 사원이 점심시간 관람권과 일반권을 혼합하여 구매 시, 3개월 동안 총 12회 이용하기 위해 점심시간 관람권 이용 시 초과하는 2회는 일반권으로 구매하여 일 년 동안 점심시간 관람권 4번, 일반권 8번을 구매해야 하므로 A 사원이 지불해야 하는 요금은 5,000 × 4 + 3,000 × 8 = 44,000원이다.

따라서 A 사원과 B 사원이 점심시간을 이용하여 한 달에 4번씩 총 1년 동안 경복궁을 관람할 수 있는 가장 저렴한 요금은 44,000원이다.

27 문제해결능력 정답 ③

[업무구분 및 물류 종류별 배송 단가]에 따르면 업무구분과 물류 종류에 관계없이 일일 총 업무 건수가 100건 이상이면 일일 업무 건수에 대한 급여의 5%를 추가로 지급하므로 일반 배송으로 박스 39건과 비닐 58건을 배송하고 반품 업무 3건을 한 C 씨의 총 업무 건수는 39 + 58 + 3 = 100건으로 일일 업무 건수에 대한 급여의 5%를 추가로 지급받는다. 이에 따라 C 씨의 일일 업무 건수에 대한 급여는 {(1,100 × 39) + (850 × 58) + (2,300 × 3)} × 1.05 = 104,055원이므로 옳지 않은 내용이다.

① 야간에 근무하는 A 씨가 하루 동안 일반 배송으로 박스 20건과 비닐 35건, 특급 배송으로 박스 18건을 배송하였다면 A 씨의 일일 업무 건수에 대한 급여는 (1,250 × 20) + (1,000 × 35) + (1,550 × 18) = 87,900원이므로 옳은 내용이다.

② 야간에 근무하는 B 씨가 하루 동안 특급 배송으로 박스 37건과 비닐 12건을 배송하였다면 B 씨의 일일 업무 건수에 대한 급여는 (1,550 × 37) + (1,250 × 12) = 72,350원이므로 옳은 내용이다.

④ 주간에 근무하는 D 씨가 하루 동안 특급 배송으로 박스 23건과 비닐 19건을 배송하고 반품 업무 5건을 하였다면 D 씨의 일일 업무 건수에 대한 급여는 (1,450 × 23) + (1,050 × 19) + (2,300 × 5) = 64,800원이므로 옳은 내용이다.

⑤ 야간에 근무하는 E 씨가 하루 동안 일반 배송으로 박스 10건과 비닐 15건, 특급 배송으로 비닐 15건을 배송하였다면 E 씨의 총 업무 건수는 10 + 15 + 15 = 40건으로 총 업무 건수가 40건 이상이므로 총 배송 금액을 추가로 지급받거나 차감하여 지급받지 않음에 따라 E 씨의 일일 업무 건수에 대한 급여 금액은 (1,250 × 10) + (1,000 × 15) + (1,250 × 15) = 46,250원이므로 옳은 내용이다.

28 문제해결능력 정답 ①

'3. 지원예산'에 따르면 총 예산 5,240억 원 중 시설자금과 생산자금으로 5,210억 원이 활용되므로 옳지 않은 내용이다.

② '2. 지원대상'에 따르면 신재생 에너지 설비의 제조 또는 생산 사업자가 사업운영에 필요할 경우 운전자금을 지원받을 수 있으나 이는 중소기업에 한해 지원 가능하므로 옳은 내용이다.

③ '5. 지원 자금 용도별 지원 내용'에 따르면 시설자금은 풍력, 태양광, 바이오 분야 및 기타 에너지원의 용도로 사용할 경우 지원할 수 있으며, 풍력 및 태양과 분야, 기타 에너지원의 대출기간은 5년 거치 10년 분할 상환이며, 바이오 분야의 대출기간은 3년 거치 5년 분할 상환이므로 옳은 내용이다.

④ '4. 지원 자금별 지원 조건'에 따르면 운전자금은 신재생 에너지 관련 제품을 생산하는 중소기업을 대상으로 직전 연도에 관련 제품의 매출 실적이 있는 경우에 한해 지원되므로 옳은 내용이다.

⑤ '5. 지원 자금 용도별 지원 내용'에 따르면 개인 또는 협동조합을 포함한 중소기업은 총사업비의 90% 이내에서 금융지원을 받을 수 있으므로 옳은 내용이다.

29 문제해결능력 정답 ①

제시된 자료에 따르면 유진이네 가족은 한국 인천공항에서 출발하므로 원화 기준으로 요금이 적용되고 이코노미 클래스를 탑승하므로 무료 수하물 허용량은 23kg 이내의 수화물 2개이며 무료 수하물 크기는 가로, 세로, 옆 폭의 합이 158cm 이내여야 한다. 이때, 무료 수하물 개수를 초과한 사람은 아버지로 1개에 대한 요금 KRW 200,000을 지불해야 하고, 동생은 생후 12개월 미만인 유아로 휴대용 유모차 1개까지 무료로 추가 가능하므로 추가 요금은 없다.

또한, 무료 수하물 허용 무게를 초과한 수하물은 아버지 2개, 어머니 2개, 오빠 1개이며 그중 어머니와 오빠의 수하물 각 1개씩 33kg를 초과하였지만, 사전 협의를 받아 허용 가능하므로 초과한 무게에 따른 요금은 아버지가 KRW 100,000, 어머니가 400,000 + 100,000 = KRW 500,000, 오빠가 KRW 400,000으로 총 KRW 1,000,000을 지불해야 한다. 무료 수하물 크기를 초과한 수하물은 어머니 1개, 오빠 1개이며 각 KRW 200,000씩 총 KRW 400,000을 지불해야 한다.

따라서 유진이네 가족이 추가로 지불해야 하는 초과 수하물 요금은 200,000 + 1,000,000 + 400,000 = KRW 1,600,000이다.

30 문제해결능력   정답 ③

- A: 업무 중 휴게 시간에 공장 내부에 위치한 화장실을 이용하다가 화장실의 노후화로 천장 구조물이 떨어지면서 부상을 입은 것은 '제37조 제1항 제1호 나목'에 해당하므로 업무상의 재해로 인정되지만 3일간 요양을 해야 하여 요양급여를 신청한 것은 '제40조 제3항'에 해당하여 인정되지 않으므로 병원비만 지급된다.
- B: 출근하는 길에 회사 셔틀버스 사고로 부상을 입은 것은 '제37조 제1항 제3호 가목'에 해당하므로 업무상의 재해로 인정되어 병원비가 지급된다.
- C: 관리 소홀로 화학 물질이 누출되어 장해를 입은 것은 '제37조 제1항 제2호 가목'에 해당하므로 업무상의 재해로 인정되고, 이에 따라 1년 이상의 요양이 필요하였으므로 병원비와 요양급여 모두 지급된다.
- D: 한 달 이상 반복적으로 심한 욕설과 함께 과한 요구를 하는 고객을 상대한 이후 정신과 진료를 받은 것은 '제37조 제1항 제2호 다목'에 해당하므로 업무상의 재해로 인정되어 병원비가 지급된다.
- E: 출근하는 길에 운전 중 버스와의 접촉사고로 장해가 발생하였으나 사고 조사 결과 음주운전으로 판정된 것은 '제37조 제2항'에 해당하므로 업무상의 재해로 인정되지 않아 병원비가 지급되지 않는다.
- F: 주말에 회사 창업 10주년 축하 파티를 준비하기 위해 플래카드를 설치하다가 사다리에서 추락하여 부상을 입은 것은 '제37조 제1항 제1호 다목'에 해당하므로 업무상의 재해로 인정되어 병원비가 지급된다.

따라서 산업재해보상보험법을 기준으로 판단할 때, 회사에서 처리해야 하는 비용의 총금액은 250 + 20 + 3,250 + 2,000 + 30 + 15 = 5,565만 원이다.

31 자원관리능력   정답 ⑤

□□사는 단일 제품만을 생산하여 판매하므로 매출액은 제품 한 개당 판매 가격 × 제품 판매 개수이며, 제품 한 개당 판매 가격은 7,000원임에 따라 5월의 제품 판매 개수는 9,100,000 / 7,000 = 1,300개임을 알 수 있다. 이때, 변동원가비용은 제품 한 개당 변동원가 × 제품 판매 개수이므로 제품 한 개당 변동원가는 3,250,000 / 1,300 = 2,500원이다. □□사의 6월 매출액은 5월에 비해 20% 증가하였고, 제품 한 개당 판매 가격과 제품 한 개당 변동원가는 유지되었으므로 □□사의 6월 매출액은 9,100,000 × 1.2 = 10,920,000원이고, 제품 판매 개수는 10,920,000 / 7,000 = 1,560개이며, 변동원가비용은 1,560 × 2,500 = 3,900,000원이다.

고정원가비용은 제품 판매 개수와 상관없이 일정하며, 순이익은 매출액에서 변동원가비용과 고정원가비용을 차감한 금액이므로 □□사의 6월 고정원가비용은 5월과 동일한 2,578,000원이고, 6월 순이익은 10,920,000 − 3,900,000 − 2,578,000 = 4,442,000원이다.

따라서 □□사의 6월 순이익은 4,442,000원이다.

> ⏱ **빠른 문제 풀이 Tip**
>
> 매출액과 변동원가비용은 모두 제품 판매 개수에 정비례하므로 제품 한 개당 판매 가격이 유지되고 매출액이 20% 증가하였다면 제품의 판매 개수가 20% 증가한 것임을 알 수 있다. 이때, 제품 한 개당 변동원가 또한 유지됨에 따라 제품 판매 개수에 정비례하는 변동원가비용 또한 동일하게 20% 증가하므로 □□사의 6월 변동원가비용은 3,250,000 × 1.2 = 3,900,000원이다.

32 자원관리능력   정답 ①

[연구용역 계약사항]의 연구 내용 보고에 따르면 착수보고는 계약일로부터 3업무일 이내에 해야 하고, 중간보고는 착수보고 이후 다음 업무일부터 가능하여 착수보고가 가능한 날짜는 계약일인 2일로부터 3업무일 이내이고, 중간보고일인 5일 이전인 3일과 4일이다. 또한, 최종보고는 2회의 중간보고 이후 계약만료 4업무일 전까지 해야 하고, 모든 연구 내용 보고는 일요일에 진행하지 않으며, 일요일은 업무일에 포함되지 않으므로 최종보고가 가능한 날짜는 계약만료일인 17일로부터 4업무일 전이고, 중간보고일인 10일 이후인 11일과 12일이다. 이에 따라 착수보고가 가능한 날짜는 3일과 4일이고, 최종보고가 가능한 날짜는 11일과 12일임을 알 수 있다.

따라서 착수보고와 최종보고가 가능한 날짜를 바르게 연결한 것은 ①이다.

33 자원관리능력 정답 ④

'일용근로자의 구분'에 따르면 고용일수 90일 미만의 기간 동안 근로를 제공하면서 근로를 제공한 날 또는 시간의 근로성과에 따라 급여를 계산하여 받는 근로자는 일용 근로자로 구분하고, '일반 근로소득과 일용 근로소득의 구분'에서 일용 근로소득의 근로소득 원천세액 계산 방법은 (일급 − 15만 원) × 6% × (1 − 0.55)이다. 10일간 하루 9시간씩 시급 19,800원을 받고 근로를 제공한 날에 따라 급여를 계산하여 받기로 한 Q 씨는 일용 근로자로 구분되고, Q 씨의 소득은 일용 근로소득에 해당하므로 일용 근로소득의 근로소득 원천세액 계산을 적용하여 구한다. 하루 9시간씩 시급 19,800원을 받으므로 Q 씨의 일급은 9 × 19,800 = 178,200원이다. 이에 따라 Q 씨에게 징수해야 하는 근로소득 원천세는 1일당 (178,200 − 150,000) × 0.06 × (1 − 0.55) ≒ 760원이고, 10일간 급여를 한 번에 지급받기로 하였으므로 총 760 × 10 = 7,600원이다. 이때, '소액부징수의 적용'에 따르면 원천징수세액이 1,000원 미만인 경우 소득세를 징수하지 아니하지만 지급금액을 기준으로 소액부징수를 판단한다고 하였으므로 10일간 급여를 한 번에 지급받기로 한 Q 씨는 소액부징수가 적용되지 않는다.

따라서 Q 씨에게 징수해야 하는 근로소득 원천세액은 7,600원이다.

34 자원관리능력 정답 ②

[출장여비 규정]에 따르면 출장여비는 출장수당과 교통비의 합으로 이루어져 있으며, Y 시 내 출장은 출장수당 30,000원과 교통비 40,000원을 지급하고, Y 시 외 출장은 출장수당 50,000원과 교통비 60,000원을 지급한다. 이때, 13시 이후 출장 시작 또는 15시 이전 출장 종료 시 출장수당을 50% 차감하여 지급하므로 출장 시작 시각이 14시인 3월 5일과 출장 시작 시각이 13시인 3월 31일은 출장수당을 50% 차감하여 지급받았다.

또한, 업무추진비 사용 시 출장수당을 15,000원 차감하여 지급하고, 관용차량 사용 시 교통비를 20,000원 차감하여 지급하므로 업무 추진비를 사용한 3월 20일과 3월 25일은 각각 출장 수당을 15,000원씩 차감하여 지급받았고, 관용차량을 사용한 3월 5일과 3월 25일은 각각 교통비를 20,000원씩 차감하여 지급받았다. 이에 따라 김현태 대리가 3월 출장내역별로 지급받은 출장여비는 다음과 같다.

출장일	출장수당	교통비	출장여비
3월 5일	30,000 × 0.5 = 15,000원	40,000 − 20,000 = 20,000원	15,000 + 20,000 = 35,000원
3월 11일	50,000원	60,000원	50,000 + 60,000 = 110,000원
3월 20일	50,000 − 15,000 = 35,000원	60,000원	35,000 + 60,000 = 95,000원
3월 25일	30,000 − 15,000 = 15,000원	40,000 − 20,000 = 20,000원	15,000 + 20,000 = 35,000원
3월 31일	50,000 × 0.5 = 25,000원	60,000원	25,000 + 60,000 = 85,000원

따라서 김현태 대리가 지급받을 수 있는 3월 출장여비의 총액은 35,000 + 110,000 + 95,000 + 35,000 + 85,000 = 360,000원이다.

[35 − 36]
35 자원관리능력 정답 ⑤

[영업팀 직원별 평가 내역]에 따르면 초과 실적 점수(점) = (올해 실적 − 개인 목표 실적) / 개인 목표 실적이고, 초과 실적 점수는 소수점 셋째 자리에서 반올림하여 나타낸다. 이에 따라 정리한 직원별 초과 실적 점수는 다음과 같다.

직원	개인 목표 실적	올해 실적	초과 실적 점수
A 부장	9,800만 원	12,000만 원	(12,000 − 9,800) / 9,800 ≒ 0.22점
B 차장	8,000만 원	7,800만 원	(7,800 − 8,000) / 8,000 ≒ −0.03점
C 과장	6,500만 원	7,000만 원	(7,000 − 6,500) / 6,500 ≒ 0.08점
D 대리	5,300만 원	5,800만 원	(5,800 − 5,300) / 5,300 ≒ 0.09점
E 사원	3,500만 원	3,000만 원	(3,000 − 3,500) / 3,500 ≒ −0.14점
F 이사	13,000만 원	16,000만 원	(16,000 − 13,000) / 13,000 ≒ 0.23점
G 부장	9,000만 원	8,800만 원	(8,800 − 9,000) / 9,000 ≒ −0.02점
H 과장	6,800만 원	8,800만 원	(8,800 − 6,800) / 6,800 ≒ 0.29점
I 대리	5,800만 원	6,000만 원	(6,000 − 5,800) / 5,800 ≒ 0.03점
J 주임	4,500만 원	5,800만 원	(5,800 − 4,500) / 4,500 ≒ 0.29점
K 이사	11,500만 원	13,000만 원	(13,000 − 11,500) / 11,500 ≒ 0.13점
L 부장	9,500만 원	10,000만 원	(10,000 − 9,500) / 9,500 ≒ 0.05점
M 차장	7,800만 원	8,300만 원	(8,300 − 7,800) / 7,800 ≒ 0.06점
N 대리	5,500만 원	6,500만 원	(6,500 − 5,500) / 5,500 ≒ 0.18점
O 사원	3,500만 원	4,800만 원	(4,800 − 3,500) / 3,500 ≒ 0.37점

이에 따라 영업팀에서 초과 실적 점수가 가장 높은 직원은 O 사원이고, 초과 실적 점수가 가장 낮은 직원은 E 사원이다.
따라서 영업팀에서 초과 실적 점수가 가장 높은 직원과 가장 낮은 직원의 초과 실적 점수 차는 0.37 − (−0.14) = 0.51점이다.

36 자원관리능력

[영업팀 직원별 평가 내역]에서 기본급이 높은 순서대로 상위 5명은 F 이사, K 이사, A 부장, L 부장, G 부장이다. [영업팀 성과급 산정 방식]에 따르면 성과급 지급액 = 기본급 × {1 + (근무 평가 점수 + 초과 실적 점수 + 직급별 가산점)}이며, 직급별 가산점은 이사 이상의 임원이 0.70점, 부장이 0.60점이다.

이에 따라 기본급이 높은 순서대로 상위 5명인 F 이사, K 이사, A 부장, L 부장, G 부장이 받는 성과급은 다음과 같다.

직원	초과 실적 점수	근무 평가 점수	직급별 가산점	기본급	성과급
A 부장	0.22점	0.80점	0.60점	4,750,000원	4,750,000 × {1 + (0.22 + 0.80 + 0.60)} = 12,445,000원
F 이사	0.23점	0.88점	0.70점	6,100,000원	6,100,000 × {1 + (0.23 + 0.88 + 0.70)} = 17,141,000원
G 부장	−0.02점	0.69점	0.60점	4,590,000원	4,590,000 × {1 + (−0.02 + 0.69 + 0.60)} = 10,419,300원
K 이사	0.13점	0.68점	0.70점	5,850,000원	5,850,000 × {1 + (0.13 + 0.68 + 0.70)} = 14,683,500원
L 부장	0.05점	0.76점	0.60점	4,690,000원	4,690,000 × {1 + (0.05 + 0.76 + 0.60)} = 11,302,900원

따라서 기본급이 높은 순서대로 상위 5명의 직원에게 지급되는 성과급의 총합은 12,445,000 + 17,141,000 + 10,419,300 + 14,683,500 + 11,302,900 = 65,991,700원이다.

37 자원관리능력

간식은 하나의 상점에서 모두 구매하고, A 상점은 상품 4종류를 모두 구매 시 1,500원을 할인받고, B 상점은 150,000원 이상 구매 시 20% 할인받는다. C 상점은 50,000원당 800원 할인받으므로 상점별로 1일 간식 주문 내역을 주문했을 때 총금액은 다음과 같다.

구분	1일 간식 금액
A 상점	{(1,200 × 25) + (1,500 × 15) + (1,300 × 40) + (1,200 × 20)} − 1,500 = 127,000원
B 상점	(1,300 × 25) + (1,400 × 15) + (1,200 × 40) + (1,300 × 20) = 127,500원
C 상점	{(1,500 × 25) + (1,200 × 15) + (1,300 × 40) + (1,100 × 20)} − (800 × 2) = 127,900원

따라서 1일 간식 내역을 가장 저렴하게 주문하는 데 필요한 총금액은 127,000원이다.

38 자원관리능력

제시된 자료에 따르면 법인 자동차의 연간 유지비용은 연간 감가상각비용과 연간 보험료로 구분되며, [법인 자동차 연간 감가상각비용]에 따라 연간 감가상각비용 = (자동차 구매비용 − 잔존 가치) / 내용연수이고, [T 사 영업팀의 법인 자동차 구입 내역]에서 모든 자동차의 잔존 가치는 0원, 내용연수는 5년이므로 T 사 영업팀에서 구입한 자동차의 총 연간 감가상각비용은 {(2,800 + 2,900 + 3,800 + 5,600) − 0} / 5 = 3,020만 원이다. 또한, 영업팀은 모두 만 25세 이상인 팀원으로 구성되어 구입한 모든 자동차에 운전자 최저 연령이 만 25세 이상인 운전자 보험에 가입하였으므로 [법인 자동차 연간 보험료]에 따라 총 연간 보험료는 110 + 110 + 135 + 180 = 535만 원이다. 따라서 T 사 영업팀에서 1년간 법인 자동차를 유지하는 데 필요한 총비용은 3,020 + 535 = 3,555만 원이다.

[39 ~ 40]
39 자원관리능력

'3. 출장자 등에 대한 근로시간'에 따르면 직원이 출장의 사유로 근로시간의 전부 또는 일부를 회사 밖에서 근로하여 근로시간을 산정하기 어려운 때에는 소정 근로시간을 근로한 것으로 보지만, 해당 근로업무를 수행하기 위하여 통상적으로 소정 근로시간을 초과하여 근로할 필요가 있는 경우에는 그 업무의 수행에 필요한 시간을 근로한 것으로 보므로 가장 적절하지 않다.

오답 체크

① '5. 결근 등의 처리'에 따르면 사후허가를 포함한 전결권자의 허가를 받아 결근을 한 경우에는 연차휴가로 처리하므로 적절하다.
② '4. 시간외근무 및 휴일근무'에 따르면 업무처리상 필요하다고 인정될 때에는 '1. 근무시간' 규정 내에서 근무시간외의 근무를 명하거나 휴일 근무를 명할 수 있고, '1. 근무시간'에 따르면 회사의 업무상 필요하다고 인정할 경우 당사자의 합의하에 1주간 12시간 한도 내에서 근무시간을 연장할 수 있어 한 달을 4주로 보면, 한 달 동안 12 × 4 = 48시간 한도 내에서 근무시간외 근무나 휴일근무를 할 수 있으므로 적절하다.
③ '7. 지각·조퇴·외출'에 따르면 질병이나 부상 외의 사유로 인한 지각·조퇴·외출은 누계 8시간을 연차휴가 1일로 계산하므로 적절하다.
⑤ '[별표 1] 복무·보안 위반행위 처분 기준'에 따르면 유연근무 변경 승인 없이 변경 근무를 이행하는 경우 주의 처분을 받게 되므로 적절하다.

40 자원관리능력 정답 ④

'[별표 1] 복무·보안 위반행위 처분 기준'에 따르면 위반사항 종류에 관계없이 시정 2회 시 주의, 주의 2회 시 경고, 경고 3회 시 징계로 처리하며, G 사원이 지난 1년 동안 위반한 위반행위별 처분 기준은 다음과 같다.

위반사항	처분기준	위반횟수
당직근무지 무단이탈	경고	1회
당직근무자의 보안점검 미실시	주의	3회
출장과 관련 없는 사적인 용무수행	경고	1회
출·퇴근시간, 점심시간 미준수	시정	6회
휴가·지각·조퇴·외출·장시간 이석 등 승인 없이 이행	주의	5회
비밀·대외비 문서 방치	경고	1회
일반문서 등 방치	시정	10회
캐비닛 열쇠 방치	시정	3회
캐비닛 및 책상서랍 미시건	시정	3회
무인시스템 해제상태에서 퇴근	시정	1회
업무용 USB(외장하드) 방치	시정	2회

이에 따라 G 사원이 지난 1년 동안 받은 시정 처분은 6 + 10 + 3 + 3 + 1 + 2 = 25회이고, 주의 처분은 3 + 5 = 8회이며, 경고 처분은 1 + 1 + 1 = 3회이다. 이때, 시정 처분 25회는 주의 12회와 같으므로 주의 처분이 총 12 + 8 = 20회가 되고, 주의 처분 20회는 경고 처분 10회와 같으므로 경고 처분이 총 10 + 3 = 13회가 되며, 경고 처분 13회는 징계 4회와 같다.

따라서 G 사원이 받은 징계의 횟수는 4회이다.

41 정보능력 정답 ③

3문단에서 해커들은 보안 시스템에 걸리지 않도록 공격 도구를 작은 크기로 분리하여 암호화 또는 난독화하여 내려받으며 침투 범위를 넓혀 나간다고 하였으므로 가장 적절하지 않다.

오답 체크

① 2문단에서 과거에는 주로 컴퓨터 사용자의 PC 파일을 암호화하는 등의 방식으로 공격하였으나, 암호화 수준이 비교적 낮은 덕분에 복호화 방법을 사용하면 인질이 된 데이터의 복구도 수월했다고 하였으므로 적절하다.

② 4문단에서 랜섬웨어의 피해를 입지 않을 수 있는 최선의 방법 중 하나로 중요한 파일이나 업무용 자료 등은 별도의 저장소에 정기적으로 백업하는 방법이 있다고 하였으므로 적절하다.

④ 3문단에서 해커들은 인질로 삼을 목표 컴퓨터 선정 후 해당 컴퓨터의 가장 취약점을 탐색한다고 하였으므로 적절하다.

⑤ 1문단에서 랜섬웨어는 해커가 해킹 프로그램을 통해 사용자의 컴퓨터 내부에 잠입하여 컴퓨터 내의 문서를 볼모를 잡아 공격한다고 하였으므로 적절하다.

[42 - 43]
42 정보능력 정답 ④

G 고객의 2024년 1월 주문 내역은 긴팔 티셔츠 750벌이며 미얀마의 만달레이에서 제조한 제품이다. 주문 번호는 제품의 제조 순서로 부여된다고 하였으므로 만약 G 고객보다 먼저 주문한 C 고객의 주문 내역이 미얀마의 만달레이에서 제조되었다고 가정하면, C 고객에게 긴팔 티셔츠 1,500벌과 여유수량 3%가 추가 제조 및 증정되었으므로 G 고객이 받을 제품의 시리얼 넘버 중 생산 순서를 나타내는 시리얼 넘버의 뒤 4자리가 1,500 × 1.03 = 1,545보다 커야 한다. 이에 따라 2024년에 미얀마의 만달레이에서 1,540번째로 제조된 반팔 티셔츠에 해당하는 'M106-TO02-241540'는 생산 순서상 적절하지 않다. 또한, C 고객의 주문 내역이 미얀마의 만달레이가 아닌 다른 곳에서 제조되었다고 가정하면, G 고객이 받을 제품의 시리얼 넘버 중 생산 순서를 나타내는 시리얼 넘버의 뒤 4자리가 0001부터 시작되어 0765까지 가능하므로 G 고객이 주문한 제품의 시리얼 넘버로 'M106-TO02-241540'는 적절하지 않다.

43 정보능력 정답 ②

I 고객의 주문 내역은 반팔 티셔츠 2,000벌이며 미얀마에서 2022년에 제조한 제품이다. 동일한 제품 종류의 경우, 보관 장소와 관계없이 선입선출을 원칙으로 하므로 [2024년 1월 이월 재고 관리 현황]에서 2022년 미얀마에서 제조된 반팔 티셔츠 중 생산 순서의 시리얼 넘버가 더 작은 재고인 'M105-TO01-225650~M105-TO01-227399'를 보관하고 있는 대구센터에서 먼저 출고하게 된다. 이때, 대구센터에서 보관하고 있는 반팔 티셔츠는 7,399 - 5,650 + 1 = 1,750벌로 250벌은 2022년 미얀마에서 제조된 반팔 티셔츠 중 생산 순서의 시리얼 넘버가 다음으로 작은 재고인 'M105-TO01-227400~M105-TO01-229999'를 보관하고 있는 광주센터에서 출고되어야 하므로 가장 적절하지 않다.

오답 체크

① [2024년 1월 이월 재고 관리 현황]에 따르면 대구센터에 보관하고 있는 의류 재고는 와이셔츠가 5,107 - 4,100 + 1 = 1,008벌이고 반팔 티셔츠가 7,399 - 5,650 + 1 = 1,750벌로 총 1,008 + 1,750 = 2,758벌이므로 적절하다.

③ [2024년 1월 주문 내역]에 따르면 미얀마에서 제조된 제품의 양은 606 + 1,545 + 765 + 2,000 = 4,916벌이고, 중국에서 제조된 제품의 양은 200 + 1,020 + 900 = 2,120벌로 4,916 / 2,120 ≒ 2.3배이므로 적절하다.

④ [2024년 1월 주문 내역]에 따르면 H 고객은 작년 재고 상품으로 15% 할인을 받아 와이셔츠 900벌을 구매하고 정장 바지 500벌을 구매하였으므로 와이셔츠의 정가가 20,000원, 정장 바지의 정가가 55,000원일 경우 총 (20,000 × 0.85 × 900) + (55,000 × 500) = 42,800,000원을 지불하여야 하므로 적절하다.

⑤ [2024년 1월 이월 재고 관리 현황]에 따르면 상의류 재고는 'C101-TO04-235107~C101-TO04-235500', 'M105-TO01-227400~M105-TO01-229999', 'C101-TO04-234100~C101-TO04-235107', 'M105-TO01-225650~M105-TO01-227399'로 총 $(5,500-5,107+1)+(9,999-7,400+1)+(5,107-4,100+1)+(7,399-5,650+1)=5,752$벌이고, 치마류 재고는 'B112-SK03-236879~B112-SK03-238100', 'M106-SK01-236973~M106-SK01-238800', 'V108-SK02-230783~V108-SK02-231500'로 총 $(8,100-6,879+1)+(8,800-6,973+1)+(1,500-783+1)=3,768$벌이므로 상의류 재고가 치마류 재고보다 $5,752-3,768=1,984$벌 더 많아 적절하다.

[44 - 45]

44 정보능력 정답 ⑤

[오염 물질 배출 관리 세부사항]에 따르면 오염 물질 종류 코드와 오염 물질 상태 확인 코드를 확인하여 배출 조절 알림 코드를 산출한다. 이때, 오염 물질 종류 코드의 두 번째 숫자가 5 미만인 경우 오염 물질 종류 코드의 세 번째 알파벳과 오염 물질 상태 확인 코드의 두 번째 알파벳의 일치 여부를 확인하고, 오염 물질 종류 코드의 두 번째 숫자가 5 이상인 경우 오염 물질 종류 코드의 두 번째 알파벳과 오염 물질 상태 확인 코드의 세 번째 알파벳의 일치 여부를 확인한다. 확인한 오염 물질 종류 코드와 오염 물질 상태 확인 코드의 알파벳이 일치할 경우 배출 조절 알림 값은 오염 물질 상태 확인 코드의 모든 숫자 합 × 2로 산출하며, 확인한 오염 물질 종류 코드와 오염 물질 상태 확인 코드의 알파벳이 일치하지 않을 경우 배출 조절 알림 값은 오염 물질 상태 확인 코드의 모든 숫자 합 × 3으로 산출한다. 또한, 오염 물질 종류 코드의 마지막 알파벳이 대문자인 경우 배출 조절 알림 코드는 배출 조절 알림 값 × 1.5이고, 오염 물질 종류 코드의 마지막 알파벳이 소문자인 경우 배출 조절 알림 코드는 배출 조절 알림 값 + 23으로 구한다. A 라인의 오염 물질 종류 코드 B389Jq의 두 번째 숫자가 5 이상이고, 오염 물질 종류 코드의 두 번째 알파벳 J와 오염 물질 상태 확인 코드의 세 번째 알파벳 y가 서로 일치하지 않으므로 배출 조절 알림 값은 오염 물질 상태 확인 코드의 모든 숫자 합 × 3이다. 이에 따라 배출 조절 알림 값이 $(8+6+7)\times3=63$이고, 오염 물질 종류 코드의 마지막 알파벳은 소문자이다. 배출 조절 알림 코드는 $63+23=86$으로 85 초과의 값임에 따라 A 라인의 Evaluation result는 즉시 중단이므로 옳지 않은 내용이다.

45 정보능력 정답 ④

[오염 물질 배출 관리 세부사항]에 따르면 오염 물질 종류 코드와 오염 물질 상태 확인 코드를 확인하여 배출 조절 알림 코드를 산출하며, C 라인의 오염 물질 종류 코드의 두 번째 숫자는 5 미만이고, 오염 물질 종류 코드의 세 번째 알파벳과 오염 물질 상태 확인 코드의 두 번째 알파벳이 일치하지 않으므로 배출 조절 알림 값은 $(0+9+6)\times3=45$이다. 이때, 오염 물질 종류 코드의 마지막 알파벳이 소문자이므로 배출 조절 알림 코드는 $45+23=68$로 65 초과 85 이하의 값이다.

따라서 C 라인의 Evaluation result는 점검 경고가 가장 적절하다.

46 정보능력 정답 ⑤

4문단에서 DHCP 서비스는 이론적으로 고정적인 번호를 부여받지 않고 컴퓨터 부팅 시마다 IP 주소가 변경된다고 설명할 수 있으나, 실제로는 기존에 부여받은 IP 주소와 같은 주소를 부여받는 경우가 더 많다고 하였으므로 가장 적절하지 않다.

[오답 체크]
① 3문단에서 고정 IP 주소는 주로 IP 주소가 변경되면 안 되는 컴퓨터 등에 사용되며, 사용자가 직접 수동으로 지정한 IP 주소를 할당받을 수 있다고 하였으므로 적절하다.
② 5문단에서 IP 주소 체계는 대역에 따라 클래스 A부터 클래스 E까지 다섯 가지 클래스로 나뉘며, 이 중 클래스 B는 클래스 A와 비교했을 때 네트워크 수는 증가하지만, 각 네트워크의 호스트 수는 줄어든다고 하였으므로 적절하다.
③ 2문단에서 공인 IP 주소는 공인기관에서 인증한 공개형 주소이나, 가상 IP 주소는 주소가 외부에 공개되지 않은 폐쇄형 주소이기 때문에 외부에서 검색이나 접근이 불가능하다고 하였으므로 적절하다.
④ 1문단에서 인터넷에 연결된 기기를 식별할 수 있도록 기기별로 상이하게 할당된 IP 주소는 점으로 구분된 4마디로 표현되며, 1마디당 8비트씩 총 32비트로 구성되어 있다고 하였으므로 적절하다.

47 정보능력 정답 ②

3문단에서 광섬유는 중간 변환 과정 없이 전기 신호를 그대로 송신하는 구리 선과 달리 중간 변환 과정을 거치지만 이로 인한 데이터 손실이 거의 없을 정도로 효율적이라고 하였으므로 가장 적절하지 않다.

[오답 체크]
① 4문단에서 광섬유는 코어 규격에 따라 단일모드와 다중모드로 나뉘며, 단일모드 광섬유는 한 가지 형태로 빛을 전파하기 때문에 손실률이 비교적 낮으며 장거리 전송이 가능하다고 하였으므로 적절하다.
③ 3문단에서 구리 선 1만 가닥이 처리할 수 있는 양을 광섬유는 단 한 가닥만으로도 처리할 수 있어 많은 양의 신호를 한 번에 전송할 수 있다고 하였으므로 적절하다.
④ 1문단에서 광섬유는 굴절률이 높은 곳에서 낮은 곳으로 이동하는 성질의 빛이 외부로 나갈 수 없어 전반사되는 광학현상을 적용한 섬유라고 하였으므로 적절하다.
⑤ 2문단에서 광섬유의 코어는 플라스틱이나 유리로 제작되는데, 이는 전자기적인 간섭을 줄이고 데이터 손실률을 낮추며 고온에서도 잘 견딜 수 있도록 하기 위함이라고 하였으므로 적절하다.

48 정보능력 정답 ⑤

[신입사원 공개 채용 결과]에서 결과를 구하기 위해서는 [신입사원 채용 평가 기준]에서 필기시험 및 면접 점수 평균 점수와 유사한 값으로 반환해야 한다. 이에 따라 범위의 첫 번째 행에서 검색값과 같은 데이터를 찾은 후 검색값이 있는 열에서 지정된 행 번호 위치에 있는 데이터를 입력할 때 사용하는 함수인 HLOOKUP을 사용하는 것이 적절하며, 필기시험 및 면접 점수 평균 점수를 가지고 오기 위해 지정한 수들의 평균을 계산하는 함수인 AVERAGE를 사용하는 것이 적절하다. 이에 따라 HLOOKUP 함수식인 '= HLOOKUP(검색값, 검색 범위, 행 번호, 옵션)'과 AVERAGE 함수식인 '= AVERAGE(범위)'를 적용한다.

따라서 결과를 알기 위해 [D3]셀에 입력할 함수식은 '= HLOOKUP(AVERAGE(B3:C3), $E$13:$H$14, 2, 1)'이 된다.

49 정보능력 정답 ⑤

[가로등 제품 번호 부여 방식]에 따르면 가 브랜드의 브랜드 코드는 KS이고, 2024년의 생산연도 코드는 B1이며, D 모델의 모델 코드는 BG다. 또한, 갈색의 색상 코드는 B7이고, 9m의 길이 코드는 090이다.

따라서 가로등 제품 번호는 KSB1BGB7090이 가장 적절하다.

50 정보능력 정답 ④

2문단에서 신호파의 진폭에 비례하여 반송파의 주파수에 변화를 주는 주파수 변조 방식은 무선 전송 시 진폭 변조 신호를 사용하는 것보다 고주파의 간섭이 약해 잡음을 제거하는 데 유용하고 음질이 좋다고 하였으므로 가장 적절하다.

오답 체크

① 3문단에서 통신망에 아날로그 신호로 전송하는 것보다 디지털 신호로 전송하는 것이 오류 발생 시 복원할 수 있는 가능성이 높아 비교적 먼 거리까지 데이터 전송이 가능하다고 하였으므로 적절하지 않다.
② 2문단에서 진폭 변조 방식은 반송파의 진폭이 송신되는 메시지 신호파의 진폭에 비례하여 변화하는 방식이라고 하였으므로 적절하지 않다.
③ 4문단에서 원거리 통신에 유리한 펄스 부호 변조 방식은 환경 변화에 민감하지 않으며, 잡음이 발생할 가능성이 낮아 정보를 정확히 전달할 수 있다고 하였으므로 적절하지 않다.
⑤ 1문단에서 전기통신에서 데이터를 전기 신호로 변조하면 송신할 때 받는 방해를 줄일 수 있어 용이한 전송이 가능하며, 동일한 신호 전송로에 최대한 많은 양의 신호를 실을 수 있어 전기통신의 속도 향상에 효과적이라고 하였으므로 적절하지 않다.

한국전력공사

합격을 위한 추가 혜택 **6종**

본 교재 인강
30% 할인쿠폰

K7F5 826E K7A3 E000

취업 인강
단과강의 20% 할인 쿠폰

CEKC 826F AD82 A000

* 단과 강의에만 적용 가능

한국전력공사 취업성공전략 동영상강의
수강권

K32K 8270 K7DE 8000

* 쿠폰 등록 시 [마이클래스]로 강의 자동 지급
* 등록 후 30일간 수강 가능

이용방법

해커스잡 사이트(ejob.Hackers.com) 접속 후 로그인 ▶
사이트 메인 우측 상단 [나의 정보] 클릭 ▶
[나의 쿠폰 - 쿠폰/수강권 등록]에 위 쿠폰번호 입력 후 이용

* 이용기한: 2025년 12월 31일까지
* 위 쿠폰은 한 ID당 1회에 한해 등록 및 사용 가능하며, 이벤트 강의 및 프로모션 강의에는
  적용 불가, 쿠폰 중복 할인 불가합니다.
* 이 외 쿠폰 관련 문의는 해커스 고객센터(02-537-5000)로 연락 바랍니다.

한전 고득점을 위한 NCS 마무리 모의고사(PDF) / 전기 전공 이론 핵심 압축 정리(PDF)
이용권

AK37 9AYB G376 A6SX

이용방법 해커스잡 사이트(ejob.Hackers.com) 접속 후 로그인 ▶ 사이트 메인 중앙 [교재정보 - 교재 무료자료] 클릭 ▶
교재 확인 후 이용하길 원하는 무료자료의 다운로드 버튼 클릭 ▶ 쿠폰번호 입력 후 다운로드

* 이 외 쿠폰 관련 문의는 해커스 고객센터(02-537-5000)로 연락 바랍니다.

FREE 무료 바로 채점 및 성적 분석 서비스

바로 이용 ▶

이용방법 해커스잡 사이트(ejob.Hackers.com) 접속 후 로그인 ▶ 사이트 메인 상단 [교재정보 - 교재 채점 서비스] 클릭 ▶
교재 확인 후 채점하기 버튼 클릭

* 2025년 12월 31일까지 사용 가능

수많은 선배들이 선택한
해커스잡
ejob.Hackers.com

1

실시간으로
확인하는
공기업 채용 속보

2

해커스공기업
스타강사의
취업 무료 특강

3

상식·인적성·한국사
무료 취업 자료

4

공기업 취업
선배들의 살아있는
합격 후기

해커스
한국전력공사
NCS + 전공
봉투모의고사

개정 7판 1쇄 발행 2024년 7월 11일

지은이	해커스 NCS 취업교육연구소
펴낸곳	㈜챔프스터디
펴낸이	챔프스터디 출판팀

주소	서울특별시 서초구 강남대로61길 23 ㈜챔프스터디
고객센터	02-537-5000
교재 관련 문의	publishing@hackers.com
	해커스잡 사이트(ejob.Hackers.com) 교재 Q&A 게시판
학원 강의 및 동영상강의	ejob.Hackers.com

ISBN	978-89-6965-495-3 (13320)
Serial Number	07-01-01